百川學海

續百川學海・廣百川學海

中國社會科學院歷史研究所文化史研究室 編

【宋】左圭 【明】吳永 馮可賓 輯

人民出版社

第二册目次

百川學海 己集

王公四六話　謝伋四六談麈
文房四友除授集
胡國器畊祿藁
疏寮子略　疎寮騷略
梅屋獻醜集

王公四六話序

先君子少居汝陰鄉里而游學四方學文於歐陽文忠公而授經於王荆公王深父常夷父既仕從滕元發鄭毅夫論作賦與四六其學皆極先民之淵藴錘每侍教誨常語以爲文爲詩賦之法且言賦之興遠矣唐天寶十二載始詔舉人策問外試詩賦各一首自此八韻律賦始盛其後作者如陸宣公裴晉公吕温李程猶未能極工逮至晚唐薛逢宋言及吳融出於場屋然後曲盡其妙然但山川草木雪風花月或以古之故實爲景題賦於人物情態爲無餘地若夫禮樂刑政典章文物之體略未備也

國朝名輩猶雜五代衰陋之氣似未能革至二宋兄弟始以雄才奥學一變山川草木人情物態歸於禮樂刑政典章文物發爲朝廷氣象其規模閎達深遠矣繼以滕鄭吳處厚劉輝工緻纖悉備具發露天地之藏造化殆無餘巧其隱栝聲律至此可謂詩賦之集大成者亦繇

仁宗之世太平閒暇天下安靜之久故文章與時高下蓋自唐天寶遠訖於天聖盛於景祐皇祐溢於嘉祐治平之間師友淵源講貫磨礲口傳心授至是始克大成就者蓋四百年於斯矣豈易得哉豈一人一日之力哉豈徒此也凡學道學文淵源從來皆然也世所謂箋題表啓號爲四六者皆詩賦之苗裔也故詩賦盛則刀筆盛而其衰亦然錘類次先子所謂詩

賦法度與前輩話言附家集之末又以銍所聞於交游間四六話事實私自記焉其詩話文話賦話各別見云老成雖遠典刑尚存此學者所當憑心而致力也且以昔聞於先子者爲之序欲自知爲文之難不敢苟且於學問而已匪欲誇諸人也宣和四年七月庚申日汝陰王銍序

王公四六話上

宋元憲晚歲有詩云老矣師丹多忘事少之燭武不如人其後元厚之作執政參知政事一日奏事差誤神宗顧謂曰卿如此忘事耶明日乞退遂用元憲語作乞致仕表云少之燭武尚不如人老矣師丹仍多忘事　神宗讀表至此怜其意而留之歐陽文忠公謝致仕表云雖伏櫪之馬悲鳴難戀於君軒而曳尾之龜涵養未離於靈沼元厚之後作致仕表云蹌蹌退舞敢忘舜帝之笙鏞翯翯歸飛亦在文王之靈沼又謝致仕表云冥鴻雖遠正依天宇之高華微藿雖傾尚遡日華之明潤其意謂萬物不離於天地雖致仕亦不離君父也子瞻爲筆說大以此爲妙云古人謝致仕表未有能到此者

元厚之作王介甫再相麻世以爲工然未免偏枯其云忠氣貫日雖金石而爲開讒波稽天孰斧斨之敢闕上句忠氣貫日則可以襯雖金石而爲開是以下句讒波稽天則於斧斨了無干涉此四六之病也元厚之取古今傳記佳語作四六雖金石而爲自開西京雜記載楊雄全語也日華明潤李德裕唐武宗畫像贊也四六尤欲取古人妙語以見工耳

元厚之父作藩郡後聞儂智高餘黨寇二廣移知廣州而所傳乃妄改知越州厚之謝上表云忽聞羽檄之馳謂有龍編之警横氶明光之甲得自虚聲雲中赤白之囊倡爲危事用李德裕獻替記代劉積李石

令中人石元貫奏横水明光之甲曳地何由取他德裕曰從伊十五里精兵明光甲曳地必須破却此賊後所傳果妄遂誅劉稹焉

神宗友愛嘉岐二王不許出閤固辭者數十其後改封先召翰林學士元厚之謂曰卿可於麻辭中道殺勿令更辭也略云列第環宮彌聳開元之盛側門通禁共承長樂之顔

四六有伐山語有伐材語伐材語者如已成之柱桷略加繩削而已伐山語者則搜（搜山一作拔山）山開荒自我取之伐材謂熟事也伐山謂生事也生事必對熟事熟事必對生事若兩聯皆生事則傷於奥澁若兩聯皆熟事則無工蓋生事必用熟事對出也如夏英公辭奉使表略云頃歲先人没於行陣春初毋氏始弃孤遺義不戴天難下單于之拜哀深陟岵忍聞禁佅之音不拜單于用鄭衆事而公羊謂夷樂曰禁佅此生事對熟事格也後永叔作歸田録改云義不戴天難下穹廬之拜情深陟岵忍聞夷樂之聲夏英公免起復奉使表世以爲工然其間一聯云王姬築館接仇之禮既嫌曾子回車勝毋之遊遂輟此聯亦不減前一聯也

先公言本朝自楊劉四六彌盛然尚有五代衰陋氣至英公表章始盡洗去四六之深厚廣大無古無今皆可施用者英公一人而已所謂四六集大成者至王岐公元厚之四六皆出於英公王荆公雖高妙亦出英公但化之以義理而已

表章有宰相氣骨如范堯夫謝自臺官言濮王事責安州通判表云内外皆君父之至慈出處蓋臣子之常節又青州劉丞相罷省官謝起知滑州表云視人郡章或循驚畏諭上恩旨罔不歡欣又云詔令明具止於奉行德澤汪洋易於宣究愛其語整暇有大臣氣象劉丞相守鄆謝表云雖進退必由其道所願學者古人顧功烈如此其卑終難收於士論此眞罷相表也

沈存中緣永樂陷没謫官久之元祐中復官分司以表謝曰洪造與物難回霜霰之餘聖恩及臣更過天地之力又曰雖奮竭之心難伸於已廢之日惟忠孝之志敢忘於未死之前皆新語也

錢易希白子彦遠字子高明逸字子飛俱以賢良登科族人藻醇老既應説書進士俱中第又應中大科熊伯通以啓賀藻知制誥曰七年三第閥賢良文學之科一門四人襲潤色討論之職四人謂易惟演明逸及藻也

蘇子瞻作翰林林子中方以言者去國在外以啓賀曰父子以文章名世盡淵雲司馬之才兄弟以方正決科邁晁董公孫之學與其後爲中書舍人謫二蘇告詞之語異矣

子瞻幼年見歐陽公謝對衣金帶表而誦之老蘇曰汝可擬作一聯曰匪伊垂之而帶有餘非敢後也而

馬不進至爲潁州因有此賜用爲表謝云枯羸之質匪伊垂之而帶有餘斂退之心非敢後也而馬不進後爲兵部尚書又作謝對衣帶表略曰物生有待天地無窮草木何知冒慶雲之渥采魚鰕至陋借滄海之榮光雖若可觀終非其有四六至此涵造化妙旨矣

文章有彼此相資之事有彼此相須之對有彼此相須而曾不及當時事此所以助發意思也唐人方有此格謂之互換格然語猶拙至後人襲用講論而意益妙如楊汝士陪裴晉公東雒夜宴詩曰昔日蘭亭無艶質此時金谷有高人止於此而已至永叔和杜岐公詩曰元劉事業時無取姚宋篇章世不知二美惟公所兼有後生何者欲攀追其後蘇明允代人賀永叔作樞密啓曰在漢之賈誼談論俊美止於諸侯相而陳平之屬寔爲三公唐之韓愈詞氣磊落終於京兆尹而裴度之倫實在相府然陳平裴度未免謂之不文而韓愈賈生亦嘗悲於不遇蓋人之於世美惡必自有倫而天之於人賦予亦莫能備此又何啻出藍更青研朱益丹也後至荆公賀韓魏公罷相啓略云國無危疑人以靜一周勃霍光之於漢能定策而終以致疑姚崇宋璟之於唐善致理而未嘗遭變記在舊史號爲元功固未有獨運廟堂再安社稷弼亮三世救寧四方崛然在諸公之先煥乎如今日之懿若夫進退之當於義出入之適其時以彼相方又爲特美此又妙矣

譚昉曲江人荆公少年仕官韶州之友也特善牋表荆公在金陵稱其一對云車斜韻險競病聲難競病二字曹景宗故事也白樂天與元微之書曰何處春深好詩以斜車二字爲韻往來幾百篇

王荆公父名益以都官員外郎通守金陵而元厚之作金陵幕官其契分久矣荆公既相　神宗欲愼選翰林學士時厚之久在外老於從官荆公對曰有真翰林學士但恐陛下不能用耳上固問之因道姓名上久之曰元絳在外久不以文稱且令爲制誥如何荆公曰陛下果不能用爾況已作龍圖閣直學士難下遷知制誥遂自外徑除翰林學士中外大驚既就列有稱職之譽不久遂參大政故厚之深德荆公其後荆公居金陵厚之以太子少保致仕歸平江以啓謝荆公曰眷林泉之樂方遂乞骸望衮繡之歸徒深引脰

丁晉公文字雖老不衰在朱崖荅胡則侍御書曰夢幻泡影知既往之本無地水火風悟本來之不有在海外十四年及北遷道州謝表云心若傾葵漸暖長安之日身同旅鴈乍浮楚澤之春又謝復祕書監表云炎荒萬里歲律一周傷禽無振羽之期病樹絶沾春之望人亦哀之

唐張籍用裴晉公薦爲國子博士而東平帥李師道辟爲從事籍賦節婦吟見志以辭之云君知妾有夫

贈妾雙明珠感君纏綿意繫在紅羅襦妾家高樓連苑起良人持戟明光裏知公用心如日月事夫誓擬同生死還君明珠雙淚垂何不相逢未嫁時先子元祐中除知陳留縣唐君益帥荊南方董辰沅邊事辟先子通判沅州先子已得陳留而辭之以啓謝君益曰抱璧懷沽雖免匹夫之罪還珠自歎空成節婦之吟

孫貴公素除河東轉運使託先子代作謝表蓋河東堯故都之地曰冨歲三登有唐叔得禾之異輿情百樂與堯民擊壤之歌末云過太行回顧雲下義感親闈望長安遠在日邊心馳帝闕公素讀之笑曰公乃末篇寓忠孝之意也

先子嘗言四六須只當人可用他處不可使方爲有工邵鯱自陝西運使移知鄧州先子以啓賀之云教實自西浸被南明之國民將愛父竚興前古之歌乃邵氏自陝移鄧之啓也

廖友明略作四六最爲高奇嘗謂僕言須要古人好語換却陳言如職名二字便不可入四六如上表云初見吏民已宣條教之類眞可憎惡爾明略賀安厚卿啓曰遠離門墻遁迹江湖之外闕望麾旟榮光河洛之間又賀張丞相啓云中台之光下飾萬物前箸之畫外制四夷進有德而朝廷尊用眞儒而天下服又云日月亭午信無邪陰山川出雲亟有時雨又謝厚卿荅書之啓云寂寞江濵若戎車之陷淖棲遲嵓邑信塞馬之依風暐然晨光照此蔀屋許安世少張自蜀漕責房州倅謝執政啓云賤貧於有道之邦自知愧恥負犯於可封之日無足哀矜議者謂引咎歸己不文過以自矜得責降之義

閻令洵仁善四六而一字不肯妄下必求警策以過人謝再除陝西轉運使表曰識道重來端同老馬操刀却視若宰全牛謝復官表曰悲未見於齊羊笑中分於鄭鹿臨死作發運使表曰轉輸九路回泝萬艘過冒職名出持使旨夢游帝所驚晬色之回春來自日邊覺容光之照水漸浮楚澤回望堯雲伏念臣少也羈孤長而疵賤學宗論語孟子粗識指歸仕遇神考泰陵俱蒙奬擢而臣志未伸於毎對恩不報而逾深髀消乘傳之餘心折號弓之後侵尋晚景辜負明時頃畢通喪適逢初政鑲軍西塞賜對中宸曲荷聖知徑除宰屬忽除怨府升眞儒林未勉螢窻之瘽但愧桑榆之晚三光倒影自一壺中萬里提封幾半天下然而承平既久積弊日深公私困於盜攘官政習於涵養偷安則如抱薪救火欲速則如以堇療飢必待更張庶能漸正然恐約束未周於郡縣謗傷已達於闕朝明月夜光寧無按劍高山流水自有知音仰恃聖明俯殫勤拙矢心論報沒齒爲期

天聖中劉子儀賀五王出閤啓云芝函曉列星飛降天上之書棣蕚晨趨嶽立受日中之字皆隱用五字王字也

唐鄭準爲荆南節度使成汭從事汭本姓郭代爲作乞歸姓表云居故國以狐疑望鄰封而鼠竄名非伯越浮舟難効於陶朱志在投秦出境遂稱於張禄未遑辨雪尋涉艱危其後范文正公以隨母冒姓朱以朱説旣登第後乞還姓表遂全用之云志在投秦入境遂稱於張禄名非伯越乘舟偶効於陶朱議者謂文正公雖襲用古人全語然本實范氏當家故事非攘切也

元豐末劉誼以論常平不便罷提舉官勒停遊金陵以啓投王荆公令其再起稍更新法之不便於民者荆公荅以啓略曰起於不得已蓋將有行老而無能爲云胡不止

盧多遜丞相謫海外國史載其謝表末云流星已遠拱北極以無由海日空懸望長安而不見又其孫載作范陽家誌附其臨終自作遺表略云昔日位居黃閣衆口鑠金此時身謫朱崖蔓草縈骨雖有五代衰氣然亦可哀矣

熙寧中彗星見是歳交趾李乾德叛邕州二廣爲之騷動朝廷遣郭逵趙卨討之荆公作相草出師敕榜有云惟天助順已兆布新之祥爲彗星見而出師也行年河洛記王世充假隋恭帝禪位策文云海飛羣水天出長星除舊之徵克著布新之祥允集荆公用舊意爲新語也

楊子安侍郎坐黨籍謫官洛陽其謝再任宮祠表云地載海涵莫測包荒之度春生秋殺皆成造化之功邸報至丹陽蔡元度在郡見報驚嘆諷味之

熊伯通任金陵爲王荆公幕府官代公作立貴妃表云有警戒相承之道無險詖私謁之心荆公取而用之後人因用此一聯相承不已

鄧温伯知成都謝上表云捫參歷井敢辭蜀道之難就日望雲愈覺長安之遠自後凡官兩川者謝表相承用此一聯

滕元發光禄受知　神宗最在諸公之先以議政與荆公不合遂出爲帥又以妻黨李逢事謫知池安二州旣罷安州許朝見至國門將復用之又中飛語再謫知筠州是時尚艤舟國東普照寺也先子實公之客是時在京師托撰陳情表自辨先子爲公草之盡載於此曰人情不問賢愚莫不畏天而嚴父然而疾痛則呼父窮窘則號天蓋情發于中而言無所擇豈以號呼之故謂無嚴畏之心今臣之所患不止於疾痛而所憂有甚於窮窘若不號呼於君父更將赴愬於何人伏望　聖慈少加矜察臣本無學術亦無材能惟有忠義之心生而自許昔季文子見有禮於君者事之如孝子之養父母也見無禮於君者誅之如鷹鸇之逐鳥雀也臣雖不肖允蹈斯言但信道直行謂人如己旣恃深知於　聖主肯復借交於衆人任其踈愚積成仇怨一日離去左右十有餘年攻臣之言何所不有偶因疑似直欲中傷至如臣頃在京東

謬當帥路材微任重禄過灾生驗凶人始造謀之年乃愚臣未到任之日其時陛下特遣親信就以體量在於臣身並無註誤言事之臣不知本末或罔臣以失察或誣臣以黨奸欲於寬大之朝爲臣終身之累幸賴 聖君之照鑒力排衆議以保全爰自徧州漸移節鎮昨因考滿許赴闕廷中書既不外除交代又已到任官爲近侍理合朝參實欲敘愚臣乆蒙含垢之恩謝陛下稍復善藩之賜況臣素無黨援唯祈一望清光今者纔入國門復除江郡戀闕之心徒切見君之日無期拜命徬徨不知所措尋覲誥意復領裝錢方悟此行非緣重譴臣是以敢陳危懇上冒 天聰輒希行葦之仁曲軫遺簪之眷竊緣筠州闕次尚在來春鄉里田園素來微薄家貧累重四方無歸臣非敢別有僥覬更求録用但患難之後積憂傷心風波之間畏怖成疾伏望 皇帝陛下愍餘生之無幾究前日之異恩攺授臣潁壽湖潤一郡稍便醫藥漸謀歸休異日復得以枯朽之餘一瞻天日之表然後退歸田里歌詠太平自述臣子之遭逢歸詫鄉鄰之父老區區之願求畢於斯滕公讀至戀闕之心徒切見君之日無期起執先子手揮涕曰此予心欲言而不可得者也表入 神宗大悦以滕公知湖州湖乃公所乞也是時林子中作禮部員外郎與公壻何洵直邦彦同曹聞滕公得湖州以詩賀邦彦曰清風樓下兩溪春三十餘年一夢新欲識玉皇香案吏水晶宮主謫僊人謂公初登第時倅湖州距是三十年矣先子爲滕作陳情表手簡尚在今乃誤印在東坡市本文內

王公四六話上

王公四六話下
張洎參政事江南李後主時爲大臣國亡受知　太
宗復作輔臣時王元之禹偁爲翰林學士洎手書古
律詩兩軸與之元之以啓謝云追蹤季札辭吳盡變
爲國風接武韓宣適魯獨明於易象謂其自他國入
中朝也
元之自黃移蘄州臨終作遺表曰豈期游岱之魂遂
協生桑之夢蓋昔人夢生桑而占者云桑字乃四十
八果以是歲終元之亦以四十八而歿也臨歿用事
精當如此足以見其安於死生之際矣
顧起敦詩罷臺官久之得太原倅與先子同官素相
好也敦詩作火山軍試官歸詫得人且言其解頭作
謝啓甚工云夢焦中之鹿奚辨其眞探頷下之珠適
遭其睡先子戲謂敦詩曰主文何太恍惚耶
曾丞相子宣三直玉堂作牋表有氣而備朝廷體其
賀章子厚復資政啓曰浩若江海風波莫之動搖屹
如棟梁蚍蜉無以傾撓其自南遷歸丹陽聞之大觀元
會作表以賀略云九賓在列鏘劒佩而肅鴛鸞五輅
在庭明旂常而載日月蓋雖老而文字不衰亦久在
朝居文字職習性然也
四六貴出新意然用景太多而氣格低弱則類俳矣
唯用景而不失朝廷氣象語劇豪壯而不怒張得從
容中和之道然後爲工王歧公作慈聖皇后山陵使
掩壙慰表云鴈飛銀漢雖閟景於千齡龍繞青山終
儲祥於百世滕元發乞致仕表云雲霄鴻去免罹矰
繳之施野渡舟橫無復風波之懼呂太尉謝賜　神
宗御集表云鳳生而五色帳丹穴之已遥龍藏乎九
淵驚驪珠之忽得凡此之類皆以氣勝與語勝也子
瞻與吉甫同在館中吉父既爲介甫腹心進用而子
瞻外補遂爲仇讎矣元祐初子由作右司諫論吉甫
之罪莫非蠹國殘民至比之呂布自資政殿大學士
貶節度副使安置建州而子瞻作中書舍人行謫詞
又劇口詆之號爲元凶吉甫既至建州謝表末曰龍
鱗鳳翼固絕望於攀援虫臂鼠肝一冥心於造化以
子瞻兄弟與我所爭者虫臂鼠肝而已子瞻見此表
於邸報笑曰福建子難容終會作文字
劉丞相謫死新州至元符末用登極恩追復故宮其
子跂以啓謝執政略曰晩歲離騷難招蒐於鬼域平
生精爽或見夢於故人用李衞公夢於令狐綯乞歸
葬精爽可畏故事也（一本晩歲離騷蒐竟招於異域平生精爽夢猶託於故人）
王荆公與吳沖卿丞相同年同歲又修婚姻之好熙
寧中越兩制舊人三十餘輩用爲三司使樞密使副
又薦代已爲相已爲相沖卿遂擺其跡欲與荆公異
力薦與荆公論事貶斥之人如呂晦叔李公擇程伯
淳還朝又欲稍變新法及力言荆公家事荆公兄弟
不知事荆公去而不復召者沖卿力也公在金陵熟
聞之因中使傳宣撫問以表謝曰晩由科學上誤聖
知智曾昧於保身忠每懷於許國讒誣甚巧竊憂解

免之難危拙更安特荷眷憐之至況遠跡久孤之地實邇言易聞之時而離明昭晳於隱微解澤頻繁於疏逖所謂邇言易聞乃謂沖卿也未幾沖卿薨於位公作挽詞云氣鍾舊國山川秀者識其鄉里本建州也

陸宣公隨德宗自奉天還闕興元元年下悔過制書曰失守宗祧越在草莽不念率德誠莫追於既往永言思咎期有復於將來明徵其義以示天下其後荆公罷相守金陵謝上表末云經體贊元廢任莫追於既往承流宣化收功尚冀於將來用宣公語意乃知文章師承未有無從來者也

王文恪公陶嘗言四六如蕭條二字須對綽約與據鞍矍鑠須對攬轡澄清若不協韻則不名爲聲律矣文恪謝正字啓略云雕虫篆刻童子尚恥於壯夫血指汗顔斲者徒羞於巧匠又謝自陳移守許表一聯云有汲黯之直未死淮陽之郊無黄霸之才願老潁川之守謂陳州淮陽郡許州乃潁川郡黄霸自潁川入爲三公而我不敢願也用事親切有工類如此

韓子華丞相兄弟將相貴仕爲潁川甲族罷相後得帥鄉郡文恪賀啓曰夙推荀氏之龍重致潁川之鳳謂荀氏八龍及黄霸守潁川致鳳凰之瑞也

國朝故事作館職則如登科例有謝啓王异除館職作啓與同舍裴煌如晦而啓中有云伏惟某官天澤育物内恕及人其後云仰荅異恩之賜次酬洪造之私謂洪造如大造也如晦閲之驚起還异啓曰盛文奉還且告留取頭

唐張巡之守濉陽胡羯方熾城孤勢蹙人困食竭以紙布煑而食之而意自如其謝金吾將軍表曰想峨眉之碧峰預遊西蜀追騄駬於玄圃保壽南山逆賊禄山殺戮黎獻膻腥闕庭臣被圍四十七日凡一千八百餘戰主辱臣死當臣致命之時惡稔罪盈是賊滅亡之日其忠勇如此許遠亦有文其祭纛文爲時所稱謂太一先鋒蚩尤後殿蒼龍持弓白虎捧箭又祭城隍文云智井鳩翔老堞龍攖皆文武雄健志氣不衰真忠烈之士也

裴晉公平淮西憲宗解玉帶賜之公臨薨却進之使舊僚作表皆不如意遂令子弟執筆占狀云上府之珍先朝所賜既不敢將歸地下又不可留在人間謹却封進聞者服其切當

令狐楚相自河南召入至閿鄉暴風有裨將飼馬逆旅屋毁馬斃到京公遂大拜裨將南還以馬死畏帥之責以狀請一字爲據公援筆判曰廐焚魯國先師唯恐傷人屋倒閿鄉常侍豈宜問馬時魏義通以檢校常侍代鎮三城

孫魴本畫工之子頗多避就王徽爲中書舍人草魴誥詞云李陵橋上不吟取次之詩顧凱筆頭豈畫尋常之物魴終身恨之

王元之謫居黄州至郡二虎鬭於郡境一死之羣雞

夜鳴冬雷電司天奏守土者當之詔内臣乘馹勞之
即徙蘄州抵蘄上謝表曰宣室鬼神之問敢望生還
茂陵封禪之書止期身後上覽之曰禹偁其亡乎
錢熈泉南才雄之士進四夷來王賦萬餘言　太宗
愛其才擢館職嘗撰三酌酸文世稱精絶略曰渭川
凝碧早抛釣月之流商嶺排青不逐眠雲之客又年
年落第春風徒泣於遷鶯處處羈遊夜雨空悲於斷
鴈鄉人李慶孫哭之曰四夷妙賦無人誦三酌酸文
舉世傳
曾魯公雖年八十筆勢尚雄曾子宣謫守鄱陽手寫
一柬慰之云扶揺方遠六月不得不息消長以道七
日自當來復楊經臣維嘗愛而誦之曰此非知其然
而爲之神驅於氣使爲之也
阮思道子昌齡醜陋吃訥聰敏絶人年十七八海州
試海不揚波賦即席一筆而成文不加點其警句云
收碣石之宿霧斂蒼梧之夕雲八月靈槎泛寒光而
靜去三山神闕湛清影以遥連
先子嘗言王荆公作相天下士以文字頌其道德勳
業者不可以數計也如祥道啓曰六經之書得孔子
而備六經之理得先生而明王禹玉作除相麻詞曰
至學窮於聖原貴名薄於天下熊伯通賀啓曰燭照
數計洞九變之本原玉振金聲破千齡之堙鬱又曰
永惟卓偉之列絶出古今之時鄧温伯作白麻曰道
德合符乎古人學問爲法於海内越升冢宰大熈衆
功力行所學而朝以不疑謀合至神而人莫爲問若
此者劇多然不若子瞻贈太傅誥曰浮雲何有脱屣
如遺此兩句乃能眞道荆公出處妙處也世人謂中
含譏切恐大不然
鄧左轄温伯三入翰林前後幾二十年高文大册每
號稱職其立　哲宗爲皇太子制首曰父子一體也
惟立長可以圖萬世之安國家大器也惟建儲可以
係四海之望末云离明震長綿帝祚於億年解吉渙
亨灑天人於萬宇天下誦之
神宗自潁王即位元豐中陞潁州爲順昌軍節鎮時
元厚之罷參政作潁守令郡中老儒士胡士彦作謝
表公覽之以筆抹去疾書其紙背一揮而成略曰壽
土立社是開王者之封乘龍御天啟應聖人之作按
圖雖舊錫命惟新又曰興言駿命之慶基宜建中軍
之望府謂文武之德聖而順唐虞之道明而昌合爲
嘉名以侈舊服元祐六年立皇后孟氏而梁況之爲
翰林學士其制略曰太母以萬世爲心命虔宗事之
重大臣以兩極陳義請建坤儀之尊謂王道之大所
由興故人倫之始不可緩末云垂光紫庭襲譽彤管
一時諸公皆歎其不可及前後立后制靡能過焉
四六格句須襯者相稱乃有工方爲造微蓋上四字
以喚下六字也此四六之格也前輩作謫樞密使張
遜誥云互置朋黨交攻是非貝錦之詞遂彰於萋菲
挈瓶之智已極於滿盈丁晉公南遷作南岳齋疏文

云補仲山之袞曲盡於巧心和傅説之羹難調於衆口至曾子宣謝宰相表曰方傷錦敗材之初奚堪於補袞況覆餗折足之際何取於和羹此又妙矣傷錦敗材四字後漢傳全語也

神宗首用富鄭公作上相以司空侍中爲昭文館大學士也制乃翰林學士鄭毅夫所草末云上理乎天工則日月星辰以之順下遂乎物宜則山川草木以之蕃近則諸夏仰德以承流遠則四夷傾心（傾心一作聞風）而待命毅夫自負此文敏贍因爲詩曰中使傳宣内翰家君王令草侍中麻紫泥金印封題了紅燭纔燒一寸花元祐中司馬温公作相除左僕射時學士鄧温伯行制其末曰上寅亮於天工則陰陽風雨以之順下咸遂乎物理則山川草木以之靈内阜安於兆民外鎮撫於四裔此二白麻特相類人謂非二公不能稱此大訓也

治平中　英宗患歷代史繁多難見令司馬温公編進君臣事跡温公請置局辟官薦劉恕道原劉攽貢父趙君錫無愧而無愧以親老辭後又辟范淳父在局遂成一代書成則進上　神宗賜名資治通鑑元豐末進五代紀而書成遷公資政殿學士除淳父祕書省正字爲賞典時道原已前死貢父方貶官衡州也元祐初温公還朝作門下侍郎用宰相蔡持正劄子方下國子監開板杭州雕造劇致工也令温公門下士及館職校讎之板成遍賜宰執侍從及校讎官各以表謝獨芸叟表能盡著書始終今載於此略見通鑑本末焉略曰　英宗皇帝患學者不能遍窺況人主何暇周覽思有所述頗難其人疇若臣哉莫如光者　神宗皇帝揮宸翰以錫名敕講筵而進讀曰爲通鑑時則弗迷資彼治原捨茲安出又曰上下馳騁於數千載間出入相隨於十九年内尚假言官之督責孰諳里俗之謗嗤卒成一代之書仰副兩朝之志雖古者興亡事迹固已粲然而光之筋力精神於此盡矣又曰旅遊東國嘗屢歎於斯文留滯周南遂克終於先業嗟君臣之際遇已極丹青何父子之淪亡忽悲風露云張芸叟又有詩謝范學士淳父云通鑑初成賜近臣不遺踈賤帝恩均我投湘水五千里君滯周南二十春東觀汗青身是夢西齋削藁事如新細思當日修書者秪有三人今一人謂劉貢父道原范淳父也淳父時爲講筵芸叟爲臺官也

資治通鑑成温公託范淳父作進書表今刋於通鑑後者是也温公以簡謝淳父云眞得愚心所欲言而不能發者温公書帖無一字不誠實也

吳正肅試賢良方正科殿試策因論古今風俗之變皆隨上所好惡有曰城中大袖外有全帛之奢兩下墊巾衆爲一角之效是時試策猶間用對偶句也　仁宗喜此兩句對輔臣誦之有意大用正肅者實肇於此蓋　仁宗聖性節儉方自家刑之於天下戒在於變俗而稱此聯爾

秦少游觀在元祐諸館職最後自校對黄本書籍方除正字以啓謝諸公當時稱之用三國志蜀秦宓博識諸葛孔明呼爲學士爲唐詩人秦系自號東海釣鼇客張建封始署爲校書郎少游用此當家二故事作啓略云切觀前史具見鄗宗西蜀中郎孔明呼爲學士東海釣客建封任以校書雖爲將相之品題且匪朝廷之選用夫何寡陋遽爾遭逢

豫章潘興嗣家有李後主歸朝後乞潘慎修掌記室手表慎修李氏之舊臣而興嗣之祖也其表略云昨因先皇臨御問臣頗有舊人相伴否臣即乞徐元楀元楀方在幼年於牋表素不諳習後來因出外問得劉鋹曾乞得廣南舊人洪侃今來已蒙遣到徐元楀其潘慎修更不敢陳乞所有表章臣且勉勵躬親臣亡國殘骸死亡無日豈敢别生僥覬干撓天聰只慮章奏之間有失恭慎伏望睿慈察臣素心其銜位稱檢校太尉右千牛衞上將軍上柱國隴西郡公食邑千户後連劄子云奉聖旨光禄寺丞徐元楀右贊善大夫潘慎修並令往李煜處而楊大年作慎修誌文云喬木不勝空悲故國曳裾王府猶見故君者謂此也李後主手表僕嘗摸得之愛其筆札清妙不凡兵火亡失已久因記其梗槩焉後見大年所作慎修墓誌乃云俾事故君是爲上介思喬木於故國尚見世臣曳長裾於王門兼掌記室

范淳父爲其叔祖景仁草進樂表云法已亡於千載之後聲欲求於千載之前事爲至難理若有待又爲吕正獻草遺表云才力綿薄豈期位列於三公疾疢嬰纏敢望年踰於七十世謂能道二公實中事也

司馬温公還朝作門下侍郎至大拜四方賓客賀啓語稍過重者必以書謝卻而還之者至多吕處厚爲太常博士啓賀公曰伏以賢國之基用其賢所以固國忠民之望擢其忠乃以得民制命一頒輿情共悦恭惟某官道高致主德裕庇民磨涅而堅白弗渝用捨而行藏自遂著龜先見昔已推其至誠松柏後凋今乃顯其孤操方當倚注之際勉率奮熈之功庶令四海風謡播休聲而不已千秋史策傳茂實以無窮温公手柬還之曰稱譽太過不敢克當處厚復啓納之曰處厚前日喜公拜命無階踵賀輒貢短啓敘致悃愊伏蒙謙損特甚乃謂稱譽太過不敢克當即時封還使處厚既赧且惕逃罪無地比欲置而弗再然又以前啓凡二十句止百餘字字皆摭實而言殆無半語虚飾故首敘國家輔佐須以忠賢爲本而選用必先從民之望如此則國家安而民悦若公之進退出處謂之忠賢耶非耶今既大用然則天下之人悦乎否啓稱用賢所以固國擢忠乃以得民蓋謂是也又公在先朝專以正道輔拂故啓稱道高致主專欲惠養元元故啓稱德裕庇民久屋散地未嘗隕穫故啓稱磨涅而堅白弗渝力辭貴位略不絓戀故啓稱用捨而行藏自遂往日之明則可謂著龜之先見今

日之事則足見松柏之後凋然處厚復以大名之下
其實難副故又愛公而申勸之曰方當倚注之際勉
率奮熙之功則庶幾四海風謠播休聲而不已千秋
史策傳茂實以無窮蓋此等事又在卒功終譽之後
當竢他日見之乃知此啓並無愧辭今再遣一介仰
塵左右伏惟台慈特賜收留温公乃受焉因備書此
段以見温公之謙德每如是也

神宗初即位王介中父劉攽貢父同考試進士中父
以舉人卷子用小畜字疑畜字與御名同音貢父爭
以爲非中父不從固以爲御名貢父曰此字非御諱
乃中父家之諱也因相詬罵既出試院御史以爲言
貢父坐罷同判太常禮院罰銅歸館有啓謝執政云
虛船觸舟忮心不怨強弩射市薄命何逃前輩稱其
工又貢父謝京東漕表略曰不知足而爲屨是匪難
能懲於羹而吹虀乃非適變亦薄時之奔競功利者
非難爾

表啓中最以長句中四字爲難以其語少而意多因
舊爲新涵不盡無窮意故也前人之語能稱此格者
如劉原父謝館職啓整齊百家是正六藝元厚之謝
表云塤箎萬民金玉百度彭器資上章子厚啓報國
丹心憂時白髮舒信道謝復官表九幽路曉萬蟄户
開蓋可傳載諷味者尤難也

劉貢父作國子監直講　英宗即位久而車駕方出
太學生除直日外並迎駕時有齋直日以不得預也
乃潛出看駕既而衆退以潛出之罪申直講直講難
其辭貢父遽判其狀尾曰黄屋初出莫不咸覩青衿
何爲乃獨塊處可特免罰衆以爲當

王公四六話下

四六談麈序

三代兩漢以前訓誥誓命詔策書疏無駢儷粘綴溫潤爾雅先唐以還四六始盛大槩取便於宣讀本朝自歐陽文忠王舒國敘事之外自爲文章製作混成一洗西崑磔裂煩碎之體厥後學之者益以衆多況朝廷以此取士名爲博學宏詞而內外兩制用之四六之藝咸曰大矣下至往來牋記啓狀皆有定式故謂之應用四方一律可不習知予自少時聽長老持論多矣憂患以後悉皆遺忘山居歷年飽食終日因後生之問可記者輒錄之以資講學之一事如古今五七字話題爲四六談麈云他時有得當附益諸紹興十一年五月十三日陽夏謝伋序

四六談麈

靈石山藥寮

四六施於制誥表奏文檄本以便於宣讀多以四字六字爲句宣和間多用全文長句爲對習尚之久至今未能全變前輩無此體也此起於咸平王相翰苑之作人多倣之

四六之工在於裁剪若全句對全句亦何以見工

四六經語對經語史語對史語詩語對詩語方妥帖

太祖郊祀陶穀作赦文不以籩豆有楚對黍稷非馨而曰豆籩陳有楚之儀黍稷奉惟馨之薦近世王初寮在翰苑作寶籙宮青詞云上天之載無聲下民之虐匪降時人許其裁翦

丁晉公謝表云補仲山之袞雖罄一心調傅說之羹難諧衆口後人改云雖曲盡於巧心終難諧於衆口

王荊公在金陵有中使傳宣撫問并賜銀合茶藥令中外各作一表旣具藁無可於公意者公遂自作今見集中其詞云信使恩言有華原隰寶奩珍劑增賁丘園蓋五事見四句中言約意盡衆以爲不及也

孫巨源作除太尉制云秦官太尉漢代上公語典而重

王岐公在中書最久生日例有禮物之賜集中謝表其用事多同而語不蹈襲唐李衛公作文箴譬諸日月雖終古常見而光景常新

元章簡公厚之致政表云正至衣冠莫綴邇聯之列歲時牛酒尚霑甲令之恩又謝越州表云驅車萬里

虛出玉關之門乘駟一麾幸至會稽之邸謝子耆寧除職表云疲牛抱犢同均豐草之甘倦鳥將鶵不失上林之樂皆爲人稱誦其作王荆公相麻亦世所稱工然腦詞乃云若礪與舟世莫先於汝作有袞及繡人乂佇於公歸或以爲先後失倫

隆祐復位制蔡元長草其詞云雖元符建號已位於中宮而　永泰上賓無嫌於並后陳了翁作蔡彈文云北門翰長乃手草廢詔之人復后麻詞又躬寫慈闈之旨以謂訓出東朝則　先帝當時不得不從事干　泰陵則　陛下今日安敢輕改

熙寧間鄧潤甫作邢妃麻云周南之詠卷耳無險詖私謁之心齊詩之美雞鳴有警戒相成之道後王荆公退居金陵屢用之

四六全在編類古語唐李義山有金鑰宋景文有一字至十字對司馬文正亦有金桴王岐公最多

唐李義山別爲四六集本朝歐陽公亦別爲集夏英公元章簡書肆亦有小集

祭文唐人多用四六韓退之亦然

東坡嶺外歸與人啓云七年遠謫不自意全萬里生還適有天幸所襯字皆漢人語也又黃門謝復官表一毫以上皆出於帝恩累歲偷安有慙於公議秋毫以上皆帝力也用張敖語

政和以後宰執多不荅外郡書啓舊見司馬溫公元祐間荅在外監司郡守賀啓云豈期聖澤遽陟宰司覆餗致凶實民瞻之未允循墻引避頋天意之靡回成命旣頒愧顔無寄重煩謙德遠貺徽言（此藏奉高耶氏祖母之父時爲西川提刑）

陳後山無己賀梁右轄啓云辭榮遁祿雖自計之甚都挈國躋民如人望之未已

劉丞相莘老罷相自鄆徙青謝表云東方大國莫如鄆青微臣何人繼爲帥守趙清憲正夫自禮部侍郎除中司謝表云省部六曹禮爲清選憲臺三院丞總大綱

廖明略正一爲四六甚工舊見爲安厚卿舉掛功德疏云梁木其摧嘆哲人之逝天堂若有須君子而登生也有涯沒而不朽痛兩楹之夢奠把萬里之長城其祭文云昊穹不惠奪我元老唐安得鑑楚弗觀寶盛德且然小智寧保先公云明略平生之學熟於高氏小史

李成季（昭玘）嘗爲起居舍人最工四六漢老之叔也有樂靜先生集行於世

參政漢老坐其兄會稽失守落職謝章云包胥不食而哭秦素心猶在李陵得當而報漢後効難期

隆祐哀冊徐師川撰云作合泰陵賢而不見荅制政房闥聖而不可知席大光偶目昔辭其書遂以命趙叔問

馬涓巨濟宣和間謝復承事郎表云岧嶤丹闕如曽清夢之遊籃縷綠衣猶是廣庭之賜（舊制曾任監察御史以上皆遇）

表章
韓子蒼爲舍人曾公衮以啓賀之韓荅曰舊知四六
之工彌起再三之歎曾爲浙漕謝先公啓云蒸出芝
菌猶能爲瑞世之祥收之桑榆亦未歎逢時之晚
宣和末罪己詔如天變譴見而朕不悟百姓怨懟而
朕不知乃用陸宣公語宇文叔通詞也
顔夷仲黄門爲北界幕代梁才父荅王履道謝舍人
啓云誦佳句新濫𠁊百僚之上恨相見晚果膺當宁
之知
王初寮作宣德門成賞功制云閤道穹隆兩觀搴翔
於霄漢闕庭神麗十扉闔闢於陰陽時謂工則工矣
但喚下句不來

靖康間劉觀中遠作百官賀　徽廟還京表云漢殿
上皇本是野田之叟唐朝肅帝又非揖遜之君何㮚
文縝時爲中書侍郎索筆塗之用此二事別作一聯
云擁篲却行陋未央之過禮執鞚前引笑靈武之曲
恭文縝以四六知名其謝召還表云兩曽參之是非
浮言猶在一王尊之賢佞更世乃明
高麗牋奏比年頗工建炎乞入覲表云惟有春秋之
事可達意於明庭願踰朝夕之池獲升聞於行在又
問候表云金風已趣於西成方圖平秩日脚斲違於
北所適御行朝
余相罷節鉞換觀文吏房請詞程伯起舍人當制問
於先公先公云念雖經武之雄終匪隆儒之體吳丞
相元中宣和間當外制作河北曲赦云桑麻千里皆
祖宗涵養之休忠義百年亦父老教訓之德又作种
師中制云系出終南處士之後世有山西良將之規
王雲子飛早以文受知於豫章宣和當外制其謝表
云洶鯨波之再涉偶遂生還恍芸省之暫游旋從外
補王嘗隨奉使高麗作書狀官也又云敢期文陛之
壹登所望脩門之重入
孫仲益直院草黄懋和罷相制云移股肱者固非朕
志作耳目者言皆汝尤又謝吏部侍郎表云名節壞
於謗讒孰聽鼠牙之訟精神銷於憂患屢驚馬尾之
書
高平范相謝罷相表云常欲慎惜名器俾士夫革奔

競之風不敢妄圖事功兾宗社獲和平之福翟參政
公巽與公書取此云庶幾革奔競之風格和平之福
如公所云也
紹興曲赦福建本翟公巽爲承旨當制翟入參綦叔
厚直院當制遂用其文其曰朕臨朝不怡視古太息
者是也
綦叔厚草蜀將制曰已失秦川之險敢言蜀道之難
辛炳爲中司遽作彈文曰川未失也綦自辨其語上
曰朕知之失卿所言者我能往寇亦能往
陳去非草故相義陽公起復制云眷予次輔方宅大
憂有以宅憂爲言者令貼麻陳改云方服私艱説者
又以爲語忌王初寮草鄭華陽持餘服麻云惟君臣

相與之際當諒乃心俱忠孝兩全之難重違所請
叔祖逍遥公舊爲四六極工極其精思嘗作謝改官
啓云志在天下豈若陳孺子之云乎身寄人間得如
馬少游而足矣有彝編事類號武庫兵火後亡之
叔祖逍遥公初不入黨籍朱震子發内相以初廢錮
乞依黨籍例命一子官伋代作謝啓云念昔先人親
逢命世升堂傳道實有淵源刻石刋章偶逃部黨上
元豊太常之第奉建中宣室之咨忤彼權臣斥從常
調
程門高弟如逍遥公楊中立游定夫皆工四六後之
學者乃謂談經者不習此豈其然乎
林述中適帥福日見之舉召試舍人時除節度使麻
云無怠無荒以來王朕敢忘於慎德有嚴有翼而共
武爾無替於懋功
趙承之鼎臣作謝李元量釜狀元啓云嘉禾當御輙
先農父之嘗神龜效靈偶出豫且之網
政和間北使謝柑實表云聘禮式陳祝帝齡於紫闕
宸恩特異錫仙宴於公郵方敏包未貢之期捧兹德
惟馨之賜天香滿袖染湘水之清寒雲液盈盤浥洞
庭之餘潤梓里豈追於遺母楓庭切願於獻君
范元長内翰靖康中謝淮東茶鹽表云睠兹摘山之
利蓋出當時之權明詔惟行盡復祖宗之舊微生何
幸願還畎畝之中
先公除翰苑以祖諱辭有旨銜内權不繫三字先公
以不帶三字止同職名不可赴院供職又固辭除述
古制云玉帳談兵已興嗟於見晚金鑾草制茲無恨
於同時張達明澂行
靖康内降王氏封國夫人　淵聖中批可入朕之乳
母四字先公奏云當於腦詞下稱　皇帝乳母某氏
而草云蚤參慈保之嚴謹於燥濕之視常殿中子然
瓌作銘志碑碣極高古而不工四六嘗作謝官祠表
詞語云云京師議之晁叔用嘗勸其多作古文少作
詩無爲四六也伋幼時以蘭亭修禊序求跋今載於
此曰右謝伋景思手自軸褾以示常瓌子然曰近時
石本如此本者亦絶少後起晚學敢於蔑古以臆自
用臨摹無毫毛法而精石緻板刋刻不疑流傳散布
見眞者既寡識眞者又衰方誤世矣此本尚可寳也
哉謝景思童年嗜學師前修有俊秀氣未減封胡羯
末也其文今少傳
宣和内禪王循德爲承旨當草赦事出倉卒云紹二
百年之祚運奠三萬里之幅員施及眇躬嗣膺神器
永念纘承之重懼極淵冰載惟臨御之艱憂深朽索
及内禪皇太子詔到天下方曉然
先公初見　上濟州便欲委以文翰宋都登極即有
是除以祖諱辭後自台召至建業初入對上云再以
翰林學士處又固辭方拜兵書其後雖執政如賜藩
鎮大將詔書討賊敕書牓猶以委之
呂成公求退表云侵尋甲子六十有三補報朝廷萬

分無一乃出於李黃門邦直
宣和間掌朝廷牋奏者朝士常十數人主文盟者集衆長合而成篇多精奇對而意不屬知舊事者往往傚之韓似夫樞密謝故相儀國公賜世濟厚德御書碑額表令數客爲之報行者前一段用伋所爲後一段用胡承公作
翟大參以陳通之亂自越援杭其謝降官表云豈比秦人坐視越人之瘠欲安劉氏固知晁氏之危
趙令人李號易安其祭湖州文曰白日正中嘆龐翁之機捷堅城自墮憐杞婦之悲深婦人四六之工者
朱異宣諭七閩刼江夕拜常循俗異宮朝廷薄其罪止令分析江謝表云盡擊鮮更日之歡復擁笏垂魚

之樂
席參政大光作嗣安定制頌　太祖曰爾惟元孫予曰伯父其謝潭帥表云暴揚之惡初過於共兜播告之詞忽同於方召
方彥𡸁上時相啓云三已無怨雖知衆口之爍金萬折必東自信臣心之如水下句完善
常子正同作先公再致政詞云熟本朝之故事追聞正始之風迎代邸而清宮獨奉渭橋之謁屬對似少偏
政和間以僧爲德士冠服如道士有一長老升堂云石窻奪得裴休笏用在今朝曹溪留下祖師衣已爲陳迹又一長老乞入道表云一習蠻夷之風教遂忘父母之髮膚幾同去國之人忽見指天之斗儻得回心而嚮道便當合掌以擎拳
汪退傳初坐陳東歐陽澈事降官後復以啓謝廟堂時相作荅啓云一男子之上書人何足道諸大夫曰可殺公豈容心熊大學叔雅詞也請康間京尹程伯起謝賜出等牙簡表云看山拄頰敢爲晉士之清狂上馬設囊豈有唐賢之風度汪彥章詞
康平仲執權在揚州嘗當宗開封制以舉似伋云想望夷門未泯忽忽之佳氣頓瞻淮甸安能鬱鬱而久居
何文縝以曲學罷三字其謝章云師友淵源妄追探於千載文章户牖期自立於一家獨簡聖知何名曲

學
外大父晁舍人謝落職表云投鼠忌器輒詈天子之從臣剪爪及膚不識朝廷之大體指耿黃門而言
葉石林少蘊知福州其賀朝會表云繄昔艱難孰測聖人之勇迨茲平定益知天子之尊
陸益中德先解人宣和再爲中執法閨門孝友嘗彈蔡條范丞相建炎間荅其啓云久居言路抨彈多權貴之臣屢掌文衡登拔皆純正之士范射策日陸曾謂其不純正舒起居清國詞也
汪彥章賀呂成公初大拜啓云方群臣憂杞國之天縻遑朝夕乃兩手取虞淵之日重正乾坤
孫伯野傅論麗人擾攘中批云至乃用蘇軾語全無

頤忌孫表云不知言語之合前人但見裔夷之負中國

周子武秘自中司帥越日伋在崇道外祠與伋啓云訪羽人於丹丘莫繼後塵之雅躅受釐事於宣室即期前席之榮觀後見李雅州端民云其之詞也

伋在建鄴時華藏民老一沙彌法光試經得度屬韓子蒼作化錢疏座間索筆草云法光身本仕族志慕佛乘依華藏以出家誦楞嚴而得度敢言四事尚乏三衣本來一物也無政須行乞它日寸絲不掛用此酬恩

黃叔言子游守台與伋先狀云倒屣以待諸公要出我門解榻而迎使君未有此客喜接辭之伊邇仍問政之可期

趙祖顯奇與伋同在太學中秋趣人作會啓云庾亮樓邊漸覩掛簷之月楊雄宅畔蔑無載酒之人方孤坐以無聊欲就眠而未可伏惟某人輕財有朱家之度量好客繼鄭莊之風流酒滿尊中屢極談諧之飲錢流地上曾無鄙吝之心東閣之宴飲欲開南樓之興不淺雖一石滅燭在淳于髡豈敢望焉而五斗解酲如劉伯倫不無覬也願戒青州之從事亟濡東海之波臣心若搖旌側聽黃金之諾言猶在耳盍追長夜之歡過此以還未知所措

四六談塵終

文房四友除授集

淳祐丙午安晚先生以少師領奉國節鉞留侍經帷寓第湧金門外養魚莊日有湖山之適僕時備數校讎府官閑無他職頗得奉公從容一日謂僕曰某嘗爲文房四友除授制誥因官湖外而歸舊藁蠹蝕不復存今僅能追憶一二語僕因請聞其略公曰容某思之又數日公連以數則示教曰余因子之請遂得追補成之僕讀而喜曰此前人文集所未有也然既有除授而無謝可乎遂各爲牽課表啓一首以呈公大加稱賞且曰某屢嘗以詞翰薦兄信不辱所舉矣僅語之葺芷而他人未之見也踰年公再入相僕謹閟不敢出今既得請補外無復爭名求進之嫌因取而刋之郡齋庶異日知希逸所以辱知於公無他謬巧又知公於友朋游聚不過以文字爲樂而位窮公相年德俱宻健筆雄詞不少減退巧而不斲雅而能華亦非晚輩所可企望其萬一也淳祐戊申臘月朝奉郎直祕閣權發遣興化軍兼管内勸農事林希逸序

文房四友除授集

安晚先生

中書令管城子毛穎進封管城侯制

制曰造書代結繩之政孰與圖回將軍拔中山之豪式隆任使載疇爵秩庸責時髦中書令管城子食邑若干户食實封若干户毛穎美秀而文神明之胄本長生於月窟亦分配於日辰何特顯於秦漢之間蓋自別於衞聃之裔記夙標於明眎得而稱焉昔見逐於韓盧非其罪也俾歸掌握爰布腹心簡牘是資拔一毛利天下文明以化知百世俟聖人通篆籀於古今公春秋之褒貶自蒙恬始資其用至韓愈復傳其功博學強記無以尚之殫見洽聞有如此者雖嘗賜湯沐之邑未能展摹畫之規賞不酬勞位宜稱德爰剖丹書之券大開孤竹之封期益廣惠施之五車毋但樂渭川之千畮分土壤黑勒勳汗青於戲萬里封侯豈效昔賢之投筆三朝受籍適觀寰宇之同文往盡乃心毋替朕命可進封管城侯依前中書令加食邑若干户食實封若干户

竹溪林史君 名希逸 字肅翁

代毛穎謝表

短才易乏年已逼於二毛新渥載沾封有同於五管何功簡牘有玷綵綸伏念臣東郭裔微宣城居僻羣游巖穴本無嫌於衣褐之徒一落市朝偶見憐於副墨之子志雖酬於脫穎嘲莫解於沐冠何嘗嘆白首

之蹉跎乃誤被黑頭之任使初入連山之筮以同書占及侍衡石之程與執燭伍誰稱髦士見謂筆公曲直巧拙其人是隨每私槧於四友貨錢注記唯上所使誠見縛於微官或責效於短長或視時而冷暖霜毛半減目力易疲莫酬題柱之言安有如椽之夢楮知白嘗反面以臣點汙而見疑石虛中恃龕才欲臣流落而後已獨蒙拂拭未忍弃捐豈非以內札施行無漏言於片字中書進擬或任怨以一勾忠粗竭於毫芒恩乆居於掌握俾乃墨守聊代筆耕上林借一枝已愧卓錐之貧士渭川封千畝重懷孤竹之清風辱此奬提若爲輸寫茲盖恭遇

陛下游戲翰墨收拾英髦察其不二之心憐其欲禿之髮謂非罪見絕豈容無一字之褒使有功不侯是自負丹書之約遂使管窺之士復叨茅胙之榮臣敢不盡力簡編酬恩湯沐對揚麻卷幸襲元鈒之封期效衷心時進公權之諫

安晚先生

石鄉侯石虛中除翰林學士誥

勑朕恢張文治搜攬奇材石崖可磨可鐫挺生國器

王言如綸如綍允藉詞源載嘉鳳味之姿庸陟鼇扉之選石鄉侯石虛中温潤而縝密重厚而剛方風範端凝面目嚴冷巧匠斲山骨剖元化之精英擲地作金聲露斯文之圭角廉而不劌澤乎其容對冰壺以雙清陋肉食之無墨圓成規方成矩凛若通才磨不磷湼不緇屹然雅操披拂則管邑中令切磋則上林客卿秦徒引重於陶泓唐始見推於薛稷毋抱端溪之璞盍呈孔席之珍聘以寶奩登之書府磨厲以須玉出提挈而當案前期鍊色以補天豈研朱而滴露日高丈五影動磚花夜草制三風生玉著若賓儀之清以介與楊億之勁而剛是以似之予其潔也於戲徒得君重文章騰萬丈之光其代予言號令有三代之烈勉加洒濯式副簡求可依前石鄉侯除翰林學士

竹溪林史君

代石虛中謝表

德慙栗玉之非命以濡毫班冠花塼之列

銜而

榮光驟發駭汗交流伏念臣樣不入時器非適用未親宗匠尚欠切磋之功見謂龕材徒慕端方之操幸不折於屢挫幾見買以一官徒吟溪友之詩寧索山人之價少年好古博雅不遺斷缺之文人情厭舊喜新誰顧塵埃之物惟昔共文房之好於今皆儒席之珍毛穎以尖新相誇陳玄以剛介自許無滴水相及之惠有毀瓦求食之譏誰能轉手致之清波固有反面至於下石尋譜牒之遠近目以新人據几案而鄙夷指爲賤士歙賜班而絕席（來歙借字用）陶抗議以論錢（劉陶）獻技者貽笑於馬肝盜名者致身於龍尾（歙有龍尾石）人爭求售世孰聘珍或以火色誚周或以金聲忌綽書難自鬻進無石生之媒洗以索瘢譽乏山公之啓

雖磨不磷所友必端寧守黯之不欺黷肯附條而求進[條蔡]誰爲洒濯巳分泥塗詎圖不直一杯水之才而乃獲寘七寶床之右恩深繅藉時蒙宮錦之盼意重提撕更被寶奩之賜章身既紫對眼常青濡染固勤愧淵源之易涸氣質難化知圭角之未除徒堅石不轉之心莫效璧俱碎之報兹蓋恭遇陛下得肆筆成書之妙有斲琱爲璞之心謂古人之制作尚傳以重厚爲貴若近世之雕鐫雖至而輕薄者多凡辭章之體製不工亦材質之醇疵相半苦厭儕流之纖巧斯收巖穴之沉淪寧不汝瑕俾爲吾用臣敢不自礲爾質務潔其身從我而無所取材小器偶叨於承乏掌制而不善爲斲拙工未免於包羞

安晚先生

陳玄除子墨客卿誥

昔李斯學於荀況爲秦客卿尊寵委任之乃焚書坑儒自畔於孔氏罪不勝誅爾與毛穎陶泓之儔娛侍始皇乃能黯黮蓋覆知黑守白迄全博士書不至煙滅魯共王得科斗文字寫之竹簡亦與有力焉遂使百王文物如五采章施後世炳然目擊其有功於名教甚大與李斯異矣然則傳千古文章之印有三代號令之風磨以歲月責飾聖世其效可彈紀耶俾陞棘列之光華實亦松階之積累宜戒成蠅之誤務滋脫兎之毫往欽乃司毋乏吾事可除子墨客卿

竹溪林史君

代陳玄謝啓

焚膏油而自苦久懷如擣之憂升卿掌以驟華遽沐兼收之寵俯慙小物仰累洪爐伏念某黑水派遥黟川源淺自分爲池中之物伊誰賞爨下之音堅白辨雄見比漆園之傲雌黄口衆競嗤墨子之非擊幼安之缶而歌烏烏解子雲之嘲而守默默面目黎黑志氣消磨未能希擣藥之仙巳甘儕飲墨之士輕重未可問寧覬死灰之復然尺寸垂將來敢作凌煙之遠計竈非肯媚突不得黔徒詫屈原之獨清寧信老子之守黑人皆自售爭先懷金而紆朱巳獨見遺反誚草玄之尚白既論情無膠漆之固疇見知於杵臼之間肉食之色既無塵衣之緇莫滌玄圭誰錫故笏空存家聲莫續於五松陋品驟躋於九棘左右斷無卽墨之譽姓名遽至中書之堂自揆資輕有慚明試兹蓋恭遇其官筆既提而再入瑟無膠以不調博極羣書允謂墨莊之富善無棄物均爲夾袋之儲惟其肯摸索於暗中所以入收拾之數内某敢不執愈堅於金石瑩毋變於丹青磨涅豈無恪守磷緇之訓方圓俱可肯貽卿阜之譏

安晚先生

褚知白詔

詔曰朕讀司馬遷史記知褚先生名舊矣想其議論風采恨不同時卿養素林下潔己不汙操行砥平襟量寬博躬自厚而薄責於人凡古今治忽人物賢不

肖納納容受豈若輕縑有窘邊幅且學貫九流事窮千載六經百氏靡不該洽可謂博學多識之士矣朕稽古之暇富於著述方與毛穎陶泓陳玄三人者朝夕從事獨卿懷長才以傭書自給浮湛市肆間人情畨薄堅忍不顧雖宋人之刻蔡倫之造玉雪楚楚曾不與易豈老於世故猶有結繩之風歟其亟就公車與衆賢雜遝而進以抒心畫以展素蘊用騰洛價毋虆剡藤故茲詔召想宜知悉

竹溪林史君

代褚知白謝表

雲隔幾重自喜卷舒之適風馳一札俾陪雜遝之賢菲薄何堪震疊自愧伏念臣源流好時飄泊剡溪江以濯陽以暴之歸潔而已鄰之厚君之薄也奚擇於斯家有鳳樓之識世以蟬翼爲重雖曹交亦長九尺而衛尉不直一錢謂其文媲白以取青謂其視看朱而成碧一紙豈賢於從事百畨僅浼於參軍徒令沉浸以滿家且疑破碎而害道補綴以進安得趙普之薦賢邊幅是修堪笑子陽之待士自高曾累葉而下有善和千卷之藏刻楮自勞學書徒費誰肯爲之道地乃俾貴于洛陽豈陳玄毛穎之流力期推挽念左伯蔡倫之後久歎寂寥誤與剡聞致叨簡拔茲蓋恭遇

陛下以重規疊矩之聖思席珍待價之才謂尺有短寸有長要使及時而展布毋惡者貴美者賤反令避地以卷懷特命兼收豈必自售臣敢不裁其偏側束以規繩十日一箱當密藏於諫紙千禪萬補願無弃於書囊

右一制一詔二誥令

傳相越公安晚先生老筆三表一啓

公客竹溪林侯肅翁所作

本朝元老大臣多好文憐才王魏公門無它賓惟楊大年至則倒屣晏公尤厚小宋歐陽九居常相追逐倡和於文墨議論之間不待身居廊廟手持衡尺然後物色而用蓋其劑量位置固已定於平日矣竹溪所以受 公之知 公之所以知竹溪有以也夫竹溪出牧于莆以副墨示其友人劉克莊亦 公門下客也雖老尚未廢卷因拾 公與竹溪弃遺各擬一篇 公見之必發呈武藝舞柘枝之笑淳祐戊申季秋望日克莊書

後村劉中書（名克莊 字潜夫）

中書令管城子毛穎進封管城侯制

提筆居公槐之位久倚任於英豪剖符拓孤竹之封肆褒崇於勳舊仍加書社庸勸士林具官其出明視之宗生廣寒之府自伏羲造書而後至蒼頡製字以來居然貫通靡不鈔纂始避秦師之獵甘處隱淪繼入周人之罝遂陪衆俊朕方興文治妙簡譽髦尊顯以史遷之官繇歷乎汾陽之考華顛欲禿豈辭拔楊氏之一毛清節自持素恥營晉臣之三窟雖勳名異乎定遠之燕頷然摹畫妙於右軍之鼠鬚供內廷弄筆之娛開寰宇同書之兆或寫諸琬琰或勒在鼎彝博古通今雖百世可知也策功行賞何萬户足道哉益湯沐之舊畬渙絲綸之新渥於戲古者重分茅之爵是謂封君聖人有微管之言深嘉仲父毋廢朕命以昌斯文

代毛穎謝表

位冠鳳池初乏英髦之譽爵班侯國忽加采食之封沐寵懷慚撝辭敘感伏念臣中山舊族東土寒生昔西伯詢蒭蕘首往遊於周囿及孝王好賓客復延致於梁園遂由衣褐之徒獲預汗青之列居常摹畫軍國之務非但馳騁文字之間盡挫鋒芒不覺顛毛之禿久居掌握豈勝指目之多或誣其就縛於蒙恬或議其見絕於孔子或笑武安之頭銳或嘲蒲璧之心長衆方吹求上獨拂拭屢削牘而祈閑退每賜札而示眷留得於漸濡庶幾直諒友者賜之湯沐豈若恩澤侯哉兹蓋伏遇陛下奎壁之光燭天雲漢之章飾物嘉臣冰霜勵操素無三窟之謀察臣巖穴奮身非有五樓之援䟽分茅之異渥酬執簡之微勞臣敢不盡心服勤碎首圖報上林一枝今以借汝親逢明主之右文渭川千畝比之封君深愧古人之辭富

石鄉侯石虛中除翰林學士誥

朕招延鴻碩興起藝文博約鑽之彌堅既咸推於宗匠號令煥焉可述其遂長於禁林爰錫贊書以旌儒彥具官某内涵珍璞外凜丰稜不膚撓於他人亦眼高於餘子膺朝廷之物色得於築巖加師友之切磋可以攻玉性非燥濕所遷變語不雕鐫而混成一泓之水未足多萬斛之源所從出陋尾注之拙野易以精工矯崑體之輕浮返之古雅不敢儕諸陶冶之列居常置之几桉之旁屬當北門儤直之虛孰堪東里潤色之選求人惟舊朕殊惜居易之老香山取友必端卿何愧九齡之産韶石遂予環於荒遠俾濡墨於禁嚴噫王言如絲賴發明於德意我心匪石益磨礪於忠規若時耆英奚俟訓敕

代石虛中謝表

割紫雲之石聊以自娛上白玉之堂出於親擢持鈍頑之陋質汙清切之邇聯伏念臣品在下中譜尤晚後望脩門之日遠覺幽谷之地寒抱璞櫝藏非敢索

山人之價剖珍包貢不圖近天子之光登之寶床被
以宮錦澡身雖潔仄目實繁議臣山之未醇評臣黷
之太褊洗吹不已竟難求索於疵瘢磨涅縱多終莫
磷緇於堅白豈必涤馬肝之指居然先鳳味而鳴奬
發藻之微勞躋摛文之眞拜與陳玄毛穎同召見非
供鎭紙之需逢李斯趙髙不喜儒獨結衡書之眷仍
分茅之舊爵出視草之新綸茲盖伏遇
陛下操砥礪之權剗雕鐫之弊勒碑浯水穿無老學
之磨應制金鑾或用宮嬪之捧致此支機之具逼於
華盖之躔臣敢不洒濯俗塵切磋舊學藉墨卿以風
顩雖慙臺閣之文以石生爲媒或可致巖穴之士

陳玄除子墨客卿誥

秦重卿爵以客斯爲之漢仍秦舊位亞翰林主人一
等優游文字之間而不責以吏課有賔友之道焉爾
粲然有文磨而不磷雖嘗見闢於孟軻而或者謂其
與孔子盖相爲用來從吾游質凝重而氣芳潔所長
不在於黜竄典謨塗改雅頌而已進之卿列待以客
禮夫膏沃者光燁漬久者色深人之於學何獨不然
予不憚於研磨爾益思於策勵

代陳玄謝啓

召同四友愧濡染之非才仕至九卿忽婆娑而就列
皆猶甄之賜也非媚竈而得之伏念其分上黨之枝
傳絳人之業朝磨鐵研夕映雪窻雖皴裂欲無全膚
然燥濕終不改度嗜古文字班馬之香是薰與人交
游陳雷之膠不解弄翰之池盡黑餬口之突不黔偶
陪泓穎之名流殊乏卿雲之妙思上恩甚渥月輒給
於一枚舊學都荒歲纔磨於寸許中遭點黦稍見擯
踈唾畫駮之俳諧指成蠅之謬誤仲將之點如漆世
豈無於公評內史之灰復然公眞有於大造粤惟先
世僅受松封曾是鯫生驟躋棘列茲盖伏遇某官睟
然見面默而知言潤色廟謨不假丹青之力劑量人
品尤嚴皁白之分既湔黷黰之誣亦玷清華之選某
敢不研精游藝摩頂訓知杜陵金掌之詩可謂榮矣
豫子漆身之事竊有感焉

賜褚知白詔

漢儒推尊誼仲舒至矣然於誼曰賈生於仲舒曰董
生友之而已獨於褚先生者師稱之其爲世所崇尚
如此朕既召穎泓玄置左右三人者皆言汝功用敏
於竹帛材質清於玉雪博記古今之書善摹國家之
事鋪張設飾非汝不可矧方幅之士沓至于朝以煥
三代之文而舒六藝之風雖欲卷而懷之得乎前求
遺逸舉茂異不過令有司物色或下郡國遣詣公車
吾詔書手記不可數得盖以賔師之禮待汝汝其幡
然而起賁然來思副朕右文之意

代褚知白謝表

臣無他技方虞札惡之譏帝有恩言昭示裒褒之意
粉身報淺汗背愧深伏念臣自奮孤根偶逢良匠施
風斤之巧斲加月杵之精研早踐名場不數曳白之

卷後游文館盡見殺青之書雖屬辭之士著價相髙然嗜利之徒見伐未巳謗嘲珣短庭議㪚輕量才則曰牧麤奏技則云愈薄方聖主飾昭回之際信難負於馬圖若愚臣窘邊幅之尤僅可供於驢券曽謂十行之明詔俾陪三益之後塵委穆之以百函之多餉張華至萬畨之富大事則書之策安能措一字之謹嚴小子不知所裁徒自愧成章之狂簡兹蓋伏遇陛下取士常嚴於尺度養材靡縱於斧斨思妙化工陋癡人之刻棄辭根理致異墨客之夭藤深慙謭陋之姿奚補文明之治臣敢不益思展究少效鋪張新智無窮豈必謂蔡侯所造舊聞可輯或能補遷史之亡

擬彈駮四友除授集

擬彈中書令管城侯毛穎䟽

臣聞聖主剪拔之仁雖毫毛之長而不棄人臣去就之義當鋒芒之鈍則宜休惟其有税冕之行故可無免冠之辱今有人焉不羞白首猶作黒頭且以窺管之才冒膺剖符之爵儻縱其爲蹲池之鳳則何異於噤口之烏謹按中書令管城侯毛穎潔以自汙禿而強鋭嘗負恃其才藝遂見逐於韓盧僅脩飾乎文辭卒取譏於弘肇巧隨人意圖盡乃心侍席龍墀甘作斜封之敕盍簪螭陛佯爲直筆之書進則逢君以祈憐退欲欺人而免議魏武畏尖頭之諫何愧如之秦皇不中書之譏殆類是矣宜重班超之嘆且致君苗之焚況當末路之多艱烏有秋毫之足取以其霜毛之頓减堪供甕中之藏以其日力之易疲合作塜上之夢若使出入於黄閣何異漸漬於汙池正恐加以一勾者未必快天下之公非褒之隻字者未必適天下之公是矧惟平居黷貨不免懷金而問之慙儻令急難量功曷當署衣以授之任人望無異於程异心正有忝於公權伏願出自 聖衷特發 睿斷念中書不可爲逸老之地而清朝豈有恩澤之侯策免穎所居之官收回穎所縻之爵姑俾善後别簡英髦或念其久宣掌握之勞盍使之仍領湯沐之邑謹具

奏聞伏候

勑旨

擬駁石鄉侯石虛中除翰林學士奏

準　中書門下省送到録黄一道今月日奉
聖旨石鄉侯石虛中除翰林學士令臣書讀者
右臣聞獨坐玉堂必須時彦代敷綸命難委麄材乃令他山之藏得列禁林之直素非鴻碩寧免封還謹按石鄉侯石虛中樸魯不文頑頓無恥觀其外若渾渾爾叩其中則硜硜然介以持身雖云磨之而不磷巧於逐物未免涅之而即緇養望泗濱非若磬之和聲韜光巖穴非若玉之潤木或逞其猾而陳玄至於見拒或負其狠而毛穎且爲所摧或競絲羅之文或誇眉目之秀無非虛貌之鎮壓安能遜志以磨礲李靖欲與結鄰祇自惑也洪芻不爲作傳豈無見乎今將擢自南山登之西掖正恐成章必露其圭角雅志惟尚於雕鐫但知竊勺水以自多烏得如湧泉之不竭何以潤皇猷之色何以昭雲漢之光欲望
聖慈亟收成命欲華我國必重斯文毋受燕人之欺且致卞和之泣所有録黄臣未敢書讀謹具
奏聞伏候
勑旨

擬駁陳玄除子墨客卿奏

準　中書門下省送到録黄一道今月日奉
聖旨陳玄除子墨客卿令臣書讀者
右臣聞九卿法河海必須清潔之流片楮黯雲煙要皆黰黮之輩茍令躐進有累文明庸不避於怨仇輒少加以辨白謹按陳玄不能潔己動輒汙人石虛中見謂剛方首遭蒙昧褚知白繼被黜黥終難掃除不惟媚竈以致身抑且膠柱於臨事焚膏油以自勵非如韓愈之窮年磨頂踵而不辭實遵墨翟之邪說或黄冠而侍御案或緇衣而倚釋門或點宫粧之娥眉或供日輪之螺黛跡其譎行罔匪異端刮垢磨光雖幸見收於此日知白守黑必難自全於他時今令越彼松階躋之棘列正恐素絲不能以自守白璧不免於有汙志氣消磨精神慘淡難免成蠅之誤徒重用皁之譏欲望
聖慈亟收成命毋使清要之選溷於緘默之流所有録黄臣未敢書讀須致
奏聞伏候
勑旨

擬駁召褚知白奏

準　中書門下省送到録黄一道今月日奉
聖旨召褚知白詣
闕下令臣書讀者
右臣聞賁丘園之帛者所以奬恬退之風躬林泉之節者必當盡舒卷之義今或居則欺人以養素出則徇物而涂汙且竊清名以要好爵不加封駮難免曠瘝謹按褚知白資本輕揚迹似廉潔養以芙蓉之粉嬌騃奚堪儕於紈素之儔氣習未改棲會稽如南山之逕捷居洛陽索少室之價高常躐好峙之侯封亦

縻褚國之公爵呈琅玕而叫閶闔豈如居易之忠嘉悲古藤而弔剡溪卒取明宗之廢弃惟務巧進斯難固窮甚者傳客旨於曹宮鄙之赫唬而不愧供方物於夷島譏其側理而罔羞茲黃緣泓潁之流輒皇惑
聖明之聽若謂功用足以垂竹帛未諳文法之所裁若謂摹畫足以佐邦家祇恐邊幅之已窘少加繩束必難鋪張儻使陪龍陛之朝寧不嗤蟬翼之重
欲望
亟收 綸命聽其卷懷罔俾奇衺之得行庶幾謭薄之知懼所有錄黃目未敢書讀須致
奏聞伏候
勑旨

淳祐庚戌客京師一日於市肆目文房四友除授集制誥各一誥二乃青山鄭公代王命也表三啓一乃竹溪林公代四友謝也倣其體而易其辭者各一乃後村劉公鳩集隱微以彰其博也昔薛稷加四友以九錫至玄香太守猶吐異氣結樓臺以旌其善況今文章宗工遊戲炳蔚四友有知寧不滎澤焜燿乎然旁搜博採事證不遺繼之者幾不能賛一辭予中表李幾復且作一奏三狀代辭免吁至是又窮矣小子狂簡輒爲彈文一駁奏三以附編末非曰仇四友而招其過也進退之正或者尚有取焉則猶得與脩竹彈甘蔗伍言辭蹇拙引援闊踈極知僭踰惟斯文之先覺鍼砭之紫陽後學胡謙厚謹序

此頁缺按華氏翻宋本補

戲言出於思也文可戲乎譬之博奕猶賢乎已漢唐文儒之戲曰客難曰解嘲曰賓戲子虛烏有之問荅翰林墨卿之應疇至韓昌黎作毛穎傳牽聯陳玄陶泓褚先生三人得書大槩述穎出處獨詳始嘉其强敏受任終惜其老秃被棄凡諸儒所爲文戲抑揚開闔同此一機非善謔乎近年 青山鄭公發昌黎未盡之緼託王命出高爵合文房四友例有除授訓辭甚美代謝表啓則有林竹谿增廣八篇則有劉後村人爭傳誦不容更措詞矣新安胡氏子謙厚迺謂褒貶對立褒不可以無貶遂倣彈駁體作四疏豈故立異耶三年前已攜示余今持以求跋余詰之曰子以除命等作純乎褒故設辭以貶之安知好事者不咎子純乎貶泓剥而不已必復之義又生一説見敵乎昌黎大儒無敢議者秪因傳穎柳子厚笑其怪於文而題其後戲終非作文正法也且夫四友之在天下匪但文章家所須若貴若賤皆不可以一日缺雖不免爲人役亦有時而不能徇人人有遇否友實隨之其遇也補造化演絲綸以名世否則交韋布資鉛槧以待時其尊以官稱親之爲友者豈不謂能靈於人子尚從場屋游四友方納交相與培子遠大之業顧無鄙夷使得以指班超君苗藉口將有驗於余言遂爲題後寶祐景辰六月朔可齋老叟陳塏書

以文爲戲曰子虛曰亡是曰毛穎曰革華曰黃甘陸吉往往皆是也而近之學士大夫游情翰墨且以褚知白石虛中竹媛之類作爲制誥矣錡牛衣子也歌豳頌牧之餘竊有取農田之所殖農器之所修其爲畫前之大務輒輯農書爲詔爲制誥爲表凡二十五篇名之曰耕祿稾不謂文也姑亦擊土鼓樂田畯爾

括蒼胡錡序

此頁缺按華氏翻宋本補

耕祿稾

括蒼胡　錡　國器

擬力田詔

詔曰民以食爲天食不可闕則農不可惰堯敬授禹粒乂盤庚曰力穡乃有秋此古者歐民之農使著本而食其力我　國家躬籍以供祀典制地以行仁政詔寬減賦租勉率亦云至矣比年以來嘆愁轉徙壯者不緣南畝而無常心豈斧斤奪其時歟繇役分其力歟厚斂以困之歟朕知無逸艱難亦惟責躬懼德弗類方春時和土膏脉起民事不可緩爾郡國循行阡陌宜究民恫以劭農爲急若有蟊賊痒而稼者鋤之爾父老率子弟孝悌陳敷菑畬播載于胥斯田既順既宣則自今以始歲其有民無阻飢迺朕之意

擬銀青光祿大夫提舉醴泉觀田萬頃特授保康軍節度使兩淮安撫制置大使兼判揚州兼提領措置屯田大使節制本路河南出戍軍馬加食邑實封制

建列纛以分封載嚴維翰奄全淮而作牧兼重留屯疇茲銀信之庸幡爾琳庭之處控師干而衛社隆使指以旌畬允熟輿言誕敷大號銀青光祿大夫提舉醴泉觀田萬頃菑而肯播公以忘私退睦鄉閭有同井相友之義進陪卿伯爲立極經野之謀其至忱則忠乎君其實意則近乎古頃以仁政之潤澤推爲太平之紀綱貢助徹皆便于民不奢不儉租庸調悉寬

其法欲逸欲安持界限以素嚴立經制而益謹無甚富甚貧之弊見謂均平縱近臣近親之家莫敢踰越方坐致豳原之化乃祈歸堯壤之耕亟示勉留爰加優渥品特升於華戟廪爰賦於眞宮少酬在畎之懷終冀惠疇之用矧維揚之重鎮實今日之要區未雨綢繆合謹本根之備及時間暇當爲兵食之圖顧惟禮耕義種之賢足副内修外攘之志統緩疆場申畫郊圻省騎墾湟宜舉充國破羌之策分兵鬬渭必循孔明定蜀之規以耒耜執戈殳以襏襫行介冑象耘沃野戰守有經蟻聚列營坐作聽命期復恢於境宇宜渙錫於山川是用陟防渚之旂旄開廣陵之棨鉞兵事節度悉歸封履之中地利便宜盡入輿圖之内仍申釆錫庸顯恩崇於戲師整戎修徹土冀歌於周雅馬騰士飽平淮宜上於唐勳往服朕言式永終譽可特授保康軍節度使兩淮安撫制置大使兼判揚州兼提領措置屯田大使節制本路河南出戍軍馬加食邑實封

代田萬頃到任謝表

琳館養恬冀息丘園之駕璵戈蹠寵誤分淮甸之弓籲天控避以弗俞跼地勉承而有靦伏念臣量慚淺薄品特下中少事耦耕粗得帶經之樂壯沾圭祿頗懷憂國之忠越内外以若疇辨總秸而定賦千夫萬夫之長愧匪其材九推五推之間備殫其力迺上從盤之請欲陶擊壤之情忽授鉞以總師俾建麾而顓閫矧長淮之境土爲吾國之藩籬民賴懷生軍資討實秉戈執耒宜爲足兵足食之思牧馬飯牛盍講且戰且耕之政鞠旅而菑其芑出車而黍其華弋牛或遺則無載飢之憂徒御或嚴則有峙糧之望顧爲兩徹之計可收日辟之功六月出征敢廢歌豳於七月夏官董正尤當任甸於地官顧無圻畫之良規曷副蕃宣之隆寄茲蓋恭遇皇帝陛下恢復疆宇整齊乾坤一成立中興之基大披圖籍九井張太平之紀丕混車書内將拓梁山奕奕之區外欲歸齊國章章之土知臣粗能積穀故使備邊察臣稍熟分耕故資治塞庚癸政需於飽餉戊己宜增於鉅屯臣敢不實墾實墉迺疆迺理三事就緒勉脩濆浦之戎萬年揚休顧報土田之德

擬常熟縣開國侯穀實進封常熟縣開國公加食邑實封制

慶有年而介福久蹠分井之封播孜績以陟明爰進植圭之秩迺睠奏艱之惠載推報本之恩允穆師言誕揚渙號常熟縣開國侯穀實學深種植仁熟滋培一日無食則飢司民之命三代勴農而教爲道之原其和足召陰陽之和其貴能賤金玉之貴豳歌始播婦饁畝以勤勞魯頌于尊牧在坰而蕃碩行師則藉之輓粟徹疆則資之峙糧持常平使者之權視時登損佐地官司徒之職待國賙頒疇庸既課於屢書班祿宜先於增賦乃刻名於繅璧乃彰用於斝彝爰即

侯疆就陛公爵于以重宅生之寄于以顯育教之庸於戲歲月日時無易而用明朕已建九疇之範水火木金惟修而永賴爾其敘萬世之功益厲後圖嗣有華寵可進封常熟縣開國公加食邑實封

代穀實謝表

八政之疇曰食粗喜屢豐九井之田爲公誤叨進秩增畬錫寵擊壤知恩伏念臣函植無竒簸揚有靦勿正勿忘勿助幸免揠苗實褎實發實堅僅能維秬顧何修而何飾蒙載柞以載芟天子元日而祈于郊至勤聖駕冢宰杪歲而制其用亦賁廟謨偶六穗之告登而三農之胥慶遽超榮於品禄仍加衍於戶租不稼而囷祇負素飡之愧奏艱而粒實歸教藝之仁兹蓋恭遇皇帝陛下心應形聲化調風雨正德惟和惟敘舜厚其生休證用乂用成禹敷其福異畝遂生於同穎穈田不挺於稠華雖已誇狼戾之秋或慮有鵠形之歲獎職方而任貢升廩氏以司儲猥令燕黍之微亦被周禾之命臣敢不茂加播殖益務滋生八月穫十月塲力課服田之事九年耕三年食誓殫憂國之忠

擬隴西郡開國侯來牟進封關内侯加食邑實封制

登實祈春已課兩歧之最薦名告夏爰跳易地之封於皇孔碩之英貽我秦膚之美穀差吉旦穡播猷言隴西郡開國侯來牟外叶坤黄内涵貢白載行于野懷大夫君子之忠斯饗我農成先公風化之業將其來食迄用康年滹沱對竈之時竟能濟業崆峒跨鞍之頃遂底休師庸進績於農書復侑忱於寢廟來咨來茹有在公助祭之恭實好實堅相尊祖配天之道爰易隴西之舊壤聿陞關内之新畬於戲雨露肥磽之不齊爾既勉修於人事山川土田之大啓朕其加錫於侯功往服休恩勉圖後效可進封關内侯加食邑實封

代來牟謝表

代食維好績愧之於善收往即乃封恩誤叨於登進自天錫命易地祇榮伏念臣桑下枯荄丘中槁茁鬖鬖黄髮老風雪之彫殘皦皦素心抱冰霜之潔白生樂國而無鼠苗之感歷元都而有兔葵之思因問俗於關中輒借階於陛下爰進仲舒之策令勿後時至形武帝之憂詔其益種欲使畝畟畛鹿之所皆有春登夏實之資地方慮於不齊意敢希於所報詎期削木之質遽躋沃壤之區兹蓋恭遇皇帝陛下德游祥雲政如時雨五穀共衍謳求平膏沐之懽多黍同登播元和天錫之頌課吏奏漁陽之最談兵却新鄭之師以薦廟而勸相農民以問價而選掄使者肆令稱植亦被播耰臣敢不小大懷忠艱難陳業誦原野南都之盛已幸富饒歌宮室故國之虛尚祈警戒

擬米秫除祭酒誥

唐得祭酒生徒皆喜謂不寂寞矣蓋橋門冠帶之地必資醉經鉅賢而爲之長以爾學殖素醇詞英早粲

粤自脱穎而來詩曰或舂或揄或簸或蹂其所踐揚亦既熟矣頃登米廩教思薰陶士君子已有成周既醉之行今擢表成均維其令儀以式我賓饌使酌道味德者皆沈浸乎醲郁則將用汝作醴往惟欽哉

代米秝謝表

任闇師之耕農功舉實進司成之長賓饌增華揆量逾涯懷榮蹐地伏念臣素無學殖徒有仁根后稷教藝以來芳聯南畝陶潛賦歸而後穎露西疇在前深愧於粃糠若作尚資於麯蘖忽從米廩叨佩水蒼清爲聖人中俾樂道涯之泳醉有君子行使沾德海之流自非沐漢化之鴻醇何以式周朋之燕湑茲蓋恭遇皇帝陛下氣薰嘉協瑞格和平當豐年高廩之秋畀烝爲醴闡七月公堂之教獻饗稱觥將溥陶民俗於温温迺首勸儒風於渾渾肆令淺薄亦被涵濡臣敢不洗戒非彝禮嚴有旨招諸生而浸醲郁盡明立館之規造三代而樂優游共適舞雩之趣

擬馬薮除駕部誥

乘輿法駕公卿奉引太僕御參屬車蓋所以嚴導邑也爾理明㮣悦才有駿聲乘馬在廄摧之秣之于牧之職咸休厥功朕甚嘉之今將駕鑾車涖明堂擢爾司駕僕臣正厥后克正思無邪思馬斯臧爾其搜舉天閑之政使徒御不驚既碩孔安則爲稱厥職其往欽哉毋失朕命

代馬薮謝表

典廄濫負無裨仰秣司輿躐寵有靦分曹聞命凌兢銜恩激烈伏念臣用非穀粟材僅秸稽駒谷逍遥慣飽南山之味駰原濡沃備嘗圉圃之勞苟不弃於牧芻俾進供於飼秣約軝鳴八鑾之節宜預均調法駕備六馬之參盡先審御騰槽有幸導邑何居茲蓋恭遇皇帝陛下臨下以寬馭臣以爵自強不息時乘六位之飛示朴爲先日却千里之獻屬舉我享我將之禮載嚴既閑既庶之司肆使駑疲獲依騎乘臣敢不益鞭而後載範其馳地熟九方幸已塵於太僕天低五路願長擁於屬車

擬良耜除司農卿誥

自大易取益之利以教天下時則有若此選已居開物成務之先矣爾梗柞風雨之姿樟楠雪霜之氣斲而成之惠我南畝其利已博朕所嘉賴擢儀九邑蓋以后稷之化亟原漢文之躬籍田皆爾之力尒其爲朕率趨末之民而知本起惰安之習而力勤俾五穀皆熟有年屢書是爲毋曠厥職其往欽哉

代良耜謝表

土脉起膏俶嚴斲木之教天田擕角誤躋司稷之班聞命凌兢戴恩傴僂伏念臣泥塗未脱畎畝不忘陳王業以歌亟粗知大本利天下以取益祇效小忠我田既臧其笠伊糾乃或耘而或耔始載柞以載芟正以九農播厥百穀侯伯侯亞侯疆侯旅有厭其庶如茨如梁如坻如京終善且有猥慚芻賤濫辱稼卿茲

蓋恭遇皇帝陛下授曆析因分田友助即功以知稼穡靡或遑寧親耕以給粢盛昭然示勸爰重中和書之進載祈秋冬報之豐肆使畚耰亦躋邑棘臣敢不戒其趨末毋或違時擊壤而歌敢云帝力之何有叙疇以乂當思農政之用成

擬水部車龍除水陸轉運使誥

作周川衡已成歲績爲唐發運爰重使名自非負洞達之奇何以稱轉輸之選以爾風猷淵湛器識陂涵輪囷而容之蟠素無滯礙犖角而骨之蛻獨任捲舒見謂圓機九流通之材故有一動萬波隨之譽已咨決汎更賴沃焦旱鬾滌滌蘊隆蟲蟲孰慰兢兢之念小子蹻蹻老夫灌灌共歌板板之詩迺不憚於勤勞爰妙加於迴斡朕深嘉汝最宜究其能俾司將漕之權毋效談河之闊決鴻歌飯已興陂下之耕流馬運糧期進漢中之策勉加濡沃嗣有激昂

代車龍到任謝表

職濫水衡何裨禹疇之用光濡隰轡誤叨漢漕之榮沐浴恩波沱滂感涕伏念臣材畀碌碌量淺沾沾刋木而龍其驅粗竭放菹之力防稻而瀦其畜僅殫掌澮之勞政慚俛仰以隨人所冀卷藏而束閣川適逢於滌滌泉曷道於源源迺沾詔墨之殊龢俾濯篆文之龜拆流濕就燥泄北海以灌涯自下升高激西江而捄涸爰呴斗升之活以將輦駕之輸茲蓋恭遇皇帝陛下德厚海涵道明川理見善莫禦其決化妙流通從諫如轉諸圜迹無凝滯肆令猥瑣亦玷選掄臣敢不觝足施功鞠躬盡瘁鑿渠引渭當溥需涇下之田輓粟飛芻願長富關中之廩

擬趙鑄除金部誥

工欲善其事必先利其器爲農亦然爾仁爲之刃義淬其鋒早入爐錘取鍛取礪迄用有成原田每每拮据捋荼農亦良苦非藉爾何以芟夷哉此詩人所以有良耜臣工之褒朕嘉汝績擢司禹金今而後聚百鍊之精以鑄農器俾啓辟攘剔之有其具以成我黍稷往若予工毋廢厥職

代趙鑄謝表

掌周野之器請事老農修禹府之金誤登劇部自天聞命無地措躬伏念臣生本親鋤質爲至鈍畬田春暮共殫痔艾之勞南畝秋涵爰竭薅荼之力方慚治躍忽拜秩增六齊軜人之工迺令典領三品揚州之貢亦俾甄收豈伊鑛頑足堪器使茲蓋恭遇皇帝陛下政堅所執義成者方治天下猶在罏範于堯鑄求良弼用作礪起自傅巖盡化買刀悉歸銷戟臣敢不切磋磨琢芟夷蘊崇斷矣同心輔大易耒耜之教作而從革成洪範稼穡之功

擬犂春知犍爲郡兼勸農使誥

古有農官我朝分牧者繫農使示厚本也爾剛木近仁遯肥空谷神光牛背訛寢莫羈左迴右抽往來脩直高原卑隰堅栗方苞亦既著勞効矣犍爲名郡也

畀爾一麾爾其求距心之芻化渤海之犢俾千里無曠土亦克用勸則予汝嘉

代犂春到任謝表

雨足周原方協夢魚之兆地分蜀壤將還佩犢之風延見老農具宣聖澤伏念臣梓人傳之矩鑊鐵爐步之範模技雖扼於塗泥性獨耽於畝畎騂其勿用犉爾來思給荆州之民無裨強本供柳中之士何補增屯誤簡三推之知猥被一麾之寵載循漢陌共理嘉陵率彼戎兵市纇繒而田沃助其鄰里勞酒食以疇良勉收破塊之功實藉起膏之賜力殫觳觫報祝汙邪茲蓋恭遇皇帝陛下輝蓄牿亨明離牝吉引重致遠教耒耨以變通綴紺服䌈接車轔而沛艾迺擇人而作牧俾領使以勸耕臣敢不芻豆銜恩蒲鞭示化種四萬頭之益頗廣租分耦五百兩之連尤思糧衛

擬侯亞除耤田令誥

農者天下之本也朕躬耕耤田率勸百姓掌籍者必惟其材蓋是職周爲甸師漢祠先農國朝俾典宗廟社稷之祀爾壯而知本稽事艱難皆熟諳之今擢爾令宜殫竭其勞亦服爾耕以相我農民匪但典祀事而已往欽哉無荒朕命

代侯亞賀皇帝耤田禮成表

帝籍親臨禮重三推之祀皇恩大賚歡陶萬宇之春國典告成臣工稱慶竊以農而安本國重勸民載耒於保介之閒教放月令掌甸爲粢盛之備職隸天官或歌祈社稷之詩或下帥公卿之詔金根登壇朱紘于郊皆非侈觀美之文政以表躬耕之意洋乎今日展也盛儀恭惟皇帝陛下萬物覩乾三登樂泰仁禾善養獨明稽事之艱德稷惟馨恪謹稼彝之奉農祥正而土膏起豳畝饁而春日遲雷動紺轅擁百僚之穆穆風生青耜慶千耦之耘耘爰畢農功載親祠事天地祖宗之歆格和溢奉璋孝弟頌白之泳游恩霑賜帛金雞飛舞寶兕忻愉聿新曠代之逢丕慰輿情之徯臣等叨隨擊壤快覩回鑾賈誼耕耤之言已陪給祭孟軻均田之說尤冀行仁

擬木斛除度支使誥

舜齊七政量居其一蓋微此不足以平天下之心也苟非其材不在茲選爾中通而外直體圓而用方景山松栢是斵是虔就匠之輪以成厥器乃命式于九圜既戒既平時靡有爭朕已嘉汝績矣今擢司計度凡國賦之出納軍儲之斂散一歲幾何悉資筭畫爾其必有昔人不差升斗之長也往祇使事毋忽朕言

代木斛謝表

乾圜合制粗守均平渙汗有華忽陞計度循墻祇奉斂板欽承伏念臣器本易盈筲無足算爲之以信曾陳韓愈之言剖而不爭徒抱莊周之志故在取益則圭撮不容少失有所宜損則黍勺弗使或加職第謹於漢倉政何裨於舜度愧蔑允工之報遽叨經費之諮矧歲計年支貴不差於升斗而沙量籌唱期盡給

於樵蘇慚無聚米之長曷勝足食之任茲蓋恭遇皇帝陛下參天量廣並日德明無黨無偏成洪範農疇之用有容有執尊中庸旣廩之賢以平政而行仁每量能而授職遂令空竭亦在簸揚臣敢不益盡虛心堅持端槩出入幾何之問所合講明會計當矣之言尚思佩服

擬倉部髙廩除提舉常平倉誥

蓄積以備水旱此堯湯用心也然司蓄積之職者必惟其人爾彌高之望有容之德其胷中何止藏百萬矣頃典國儲陳陳露積乃且有賑貧捄乏之心朕甚嘉之常平使節未嘗輕畀今命汝往以究其材漢北邊之給唐京師之糴皆昔賢所講明者可權度而舉行之使吾民含哺鼓腹咸遂一飽之樂則朕益汝嘉往惟欽哉

代髙廩到任謝表

廩曹分職慚無一粟之裨庾節叨榮誤被六絲之遺穀消問俗粒飽知恩伏念臣腹本空虛慮先飢困義重將軍之急劍屢指粮禮知賢者之尊鼎加繼餽幸遂坻京之詠僅逭壓囷之譏方祈學稼以歸耕忽俾集苞而奚度豐凶品約當思戴冑之規貴賤權宜盍究壽昌之策第虞罄乏曷副寵綏茲蓋恭遇皇帝陛下平政行仁博施濟衆先時備具成湯捐瘠之思以己視人大禹溺飢之念故當饋動人才之嘆而旰食有民瘼之憂豈伊罌儲亦塵器使臣敢不棠知所發飯不敢忘馳隰而廣諮詢具宣德意視歲而為斂散加惠黎元

耕祿稾

子略序

六經後以士才藝自聲於戰國秦漢間之往騁辭立言成一家法觀其跌宕古今之變發揮事物之機智力足以盡其神思致足以殫其用其指心運志固不能盡宗於經而經緯表裏亦有不能盡忘乎經者使之純乎道昌乎世豈不可馳騁規畫鉤鉾事功而與典謨風雅並傳乎所逢如此所施又如此終亦六六與群言如一百氏同流可不嗟且措哉嗚呼仲尼皇皇孟子切切猶不克如皋夔如伊吕周召况他乎至若荀况楊雄氏王通韓愈氏是學孔孟者也又不可與諸子同日語或知此意則一言可以明道藝究討謨可以立身養性致廣大盡高明可以著書立言丹青金石垂訓乎後世顧所擇如何耳審哉審哉乃系以諸子之學必有因其學而決其傳存其流而辨其術者斯可以通名家究指歸矣作子略

此葉鈌按華氏翻宋本補

子略目卷一

高似孫　續古

漢書藝文志

史稱劉氏七略剖判藝文揔百家之緒每一書已輒條其篇目撮其指意録而奏之自書災於秦文字掃蕩斷章脫簡不絕如綫上天禄石渠麒麟閣者曾不一二又雜以漢儒記臆綴續之言書益蕪駁校數諸子略所鈔則所謂建藏書之策者不過是耳天不椓喪猶有可傳者而後世乃復與之踈闊鮮克是訂而書益窮矣采劉氏略作子略

晏子 八篇名嬰謚平仲相齊景公孔子稱善與人交有列傳師古曰有列傳者謂太史公書

子思 二十三篇名伋孔子孫爲魯繆公師

曾子 十八篇名參孔子弟子

漆雕子 十三篇孔子弟子漆雕啓後

宓子 十六篇名不齊字子賤孔子弟子師古曰宓讀與伏同

景子 三篇說宓子語似其弟子

世子 二十一篇名碩陳人也七十子之弟子

魏文矦 六篇

李克 七篇子夏弟子爲魏文矦相

公孫尼子 二十八篇七十子之弟子

孟子 十一篇名軻鄒人子思弟子有列傳師古曰聖證論云軻字子車而此志無字未詳其所得

孫卿子 三十三篇名况趙人爲齊稷下祭酒有列傳師古曰本曰荀卿避宣帝諱故曰孫

芊子 十八篇名嬰齊人也七十子之後師古曰芊音弭

內業 十五篇不知作書者

周史六弢 六篇惠襄之間或曰顯王時或曰孔子問焉師古曰即今之六韜也蓋言取天下及軍旅之事弢字與叨同也

周政 六篇周時法度政教

周法 九篇法天地立百官

河間周制十八篇似河間獻王所述也　讕言十篇不知作者陳人君法度如淳曰讕音
粲爛師古曰說者引孔子家語云孔穿所造非也　功議四篇不知作者論功德事
甯越一篇中牟人為周威王師　王孫子一篇一曰巧心
公孫固一篇十八章齊閔王失國問之固因為陳古今成敗也
李氏春秋二篇　羊子四篇百章故秦博士
董子一篇名無心難墨子　俟子一篇李奇曰或作侔子
徐子四十二篇宋外黃人　魯仲連子十四篇有列傳
平原老七篇朱建也宋祁曰老一作君　虞氏春秋十五篇虞卿也
高祖傳十三篇高祖與大臣述古語及詔策也　孝文傳十一篇文帝所稱及詔策
陸賈二十三篇　劉敬三篇
賈山八篇　太常蓼侯孔臧十篇父聚高祖時以
功臣封臧嗣爵　賈誼五十八篇
河間獻王三篇　董仲舒百二十三篇
兒寬九篇　公孫弘十篇
終軍八篇　吾丘壽王六篇
虞丘說一篇難孫卿也　莊助四篇
臣彭四篇　鉤盾冗從李步昌八篇宣帝時數
言事宋祁曰冗當作冗　儒家言十八篇不知作者
桓寬鹽鐵論六十篇師古曰寬字次公汝南人也孝昭帝時丞相御史與諸賢良文學論鹽
鐵事寬撰次之　劉向所序六十七篇新序說苑世說列女
傳頌圖也　揚雄所序三十八篇太玄十九法言十三
樂四箴二　伊尹五十一篇湯相
太公二百三十七篇呂望為周師尚父本有道者或有近世又以為太公術者所增加也師古曰父
讀曰甫也　謀八十一篇

言七十一篇　兵八十五篇
辛甲二十九篇紂臣七十五諫而去周封之　鬻子二十二篇名熊為周師自文王以下問焉
周封為楚祖師古曰鬻音弋六反　筦子八十六篇名夷吾相齊桓公九合諸侯不
以兵車也有列傳師古曰筦讀與管同　老子鄰氏經傳四篇姓李名耳鄰氏
傳其學　老子傅氏經說三十七篇述老子學
老子徐氏經說六篇字少季臨淮人傳老子
劉向說老子四篇　文子九篇老子弟子與孔子並時而稱周平王
問似依託者也　蜎子十三篇名淵楚人老子弟子師古曰蜎姓
也音一元反　關尹子九篇名喜為關吏老子過關喜去吏
而從之　莊子五十二篇名周宋人
列子八篇名圄寇先莊子莊子稱之　老成子十八篇
長盧子九篇楚人　王狄子一篇
公子牟四篇魏之公子也先莊子莊子稱之　田子二十五篇名駢齊人游稷下號天口駢師
古曰駢音步田反　老萊子十六篇楚人與孔子同時
黔婁子四篇齊隱士守道不詘威王下之師古曰黔音其炎反下音胡稼反
宮孫子二篇師古曰宮孫姓也不知名　鶡冠子一篇楚人居深山以鶡為冠師古曰
以鶡鳥羽為冠　周訓十四篇師古曰劉向別錄云人間小書其
言俗薄　黃帝四經四篇
黃帝銘六篇　黃帝君臣十篇起六國時與老子相似也
雜黃帝五十八篇六國時賢者所作　力牧二十二篇六國時所作託之力牧力牧黃
帝相　孫子十六篇六國時
捷子二篇齊人武帝時說　楚子三篇
鄒子四十九篇名衍齊人為燕昭王師居稷下號談天衍
容成子十四篇　張蒼十六篇丞相北平侯

李子三十二篇名悝相魏文侯富國強兵

商君二十九篇名鞅姬姓衛後也相秦孝公有列傳

申子六篇名不害京人相韓昭侯終其身諸侯不敢侵韓師古曰京河南京縣

處子九篇師古曰史記云趙有處子

慎子四十二篇名到先申韓申韓稱之

韓子五十五篇名非韓諸公子使秦李斯害而殺之

游棣子一篇師古曰棣音徒計反

鼂錯三十一篇

鄧析二篇鄭人與子產並時師古曰列子及孫卿並云子產殺鄧析據左傳昭公二十年子產卒定公九年駟歂殺鄧析而用其竹刑則非子產所殺也

尹文子一篇說齊宣王先公孫龍師古曰劉向云與宋鈃俱游稷下鈃音形

公孫龍子十四篇趙人師古曰即爲堅白之辯者

惠子一篇名施與莊子並時

田俅子三篇先韓子蘇林曰俅音仇

我子一篇師古曰劉向別錄云爲墨子之學

隨巢子六篇墨翟弟子

胡非子三篇墨翟弟子

墨子七十一篇名翟爲宋大夫在孔子後

蘇子三十一篇名秦有列傳

張子十篇名儀有列傳

闕子一篇

國筮子十七篇

鄒陽七篇

主父偃二十八篇

徐樂一篇

孔甲盤盂二十六篇黃帝之史或曰夏帝孔甲似皆非

大命三十七篇傳言禹所作其文似後世語師古曰命古禹字宋祁曰一作禽

五子胥八篇名員春秋時爲吳將忠直遇讒死

子晚子三十五篇齊人好議兵與司馬法相似

蒯子五篇名通

由余三篇戎人秦穆公聘以爲大夫

尉繚二十九篇六國時師古曰尉姓繚名也音了又音聊劉向別錄云繚爲商君學

尸子二十篇名佼魯人秦相商君師之鞅死佼逃入蜀師古曰佼音絞

呂氏春秋二十六篇秦相呂不韋輯智略士作

淮南內二十一篇王安

淮南外三十三篇師古曰內篇論道外篇雜說宋祁曰雜邵本作新

東方朔二十篇

荊軻論五篇軻爲燕刺秦王不成而死司馬相如等論之

吳子一篇

公孫尼一篇

伊尹說二十七篇其語淺薄似依託也

鬻子說十九篇後世所加

周考七十六篇考周事也

青史子五十七篇古史官記事也

師曠六篇見春秋其言淺薄本與此同似因託也

務成子十一篇稱堯問非古語

宋子十八篇孫卿道宋子其言黃老意

隋書經籍志

隋代羣書始開皇三年牛弘表請搜訪於是異書間出平陳後經籍稍該召工書者於祕書補續殘闕爲正副本一藏宮中一入祕府煬帝立別錄副本分三品上軸紅琉璃中紺琉璃下用漆東都及觀文殿藏焉又聚魏以來古迹名繪於二閣此爲奇矣而唐舟沉於砥柱存不一二爲之嗟惜隋志之作盡出瀛洲學士之手可謂極一時史筆之妙而志甚淆雜乏詮彙之工因爲輯之難哉

晏子春秋七卷齊大夫晏嬰撰

曾子二卷目一卷魯國曾參撰

子思子七卷魯穆公師孔伋撰

公孫尼子一卷尼似孔子弟子

孟子十四卷齊卿孟軻撰趙岐注鄭玄注七卷劉熙注七卷綦毋邃注亡

孫卿子十二卷楚蘭陵令荀況撰梁有王孫子一卷亡

董子一卷戰國時董無心撰

魯連子五卷錄一卷魯連齊人不仕稱爲先生

賈子一卷漢梁太傅賈誼撰十卷錄

揚子法言十五卷揚雄撰李軌注六卷宋衷注十三卷侯苞注亡

揚子太玄經十卷揚雄自作章句亡宋衷注九卷王肅注亡
陸績宋衷注十卷蔡文邵注十四卷　虞翻注十三卷陸凱注七卷
桓子新論十七卷後漢六安丞桓譚撰　魏子三卷後漢會稽人魏朗撰
牟子二卷後漢太尉牟融撰　典論五卷魏文帝撰
新語二卷陸賈撰　新序三十卷劉向撰
潛夫論十卷王符撰　申鑒五卷荀悅撰
徐氏中論六卷魏太子文學徐幹撰　王子正論十卷王肅撰
杜恕體論四卷魏幽州刺史杜恕撰　顧子新語十二卷吳太常顧譚撰
譙子法訓八卷譙周撰
袁子正論十九卷袁準撰　新論十卷晉散騎常侍夏侯湛撰
志林新書三十卷虞喜撰梁有廣林二十四卷又後林十卷虞喜撰
要覽十卷晉郡儒林祭酒呂竦撰
鬻子周文王師鬻熊撰一卷
老子河上丈人注二卷蜀才注亡　張嗣注二卷鍾會注二卷
羊祜注二卷邯鄲氏注二卷　王尚述注二卷劉仲融注二卷
巨生注二卷張憑注二卷　袁真注二卷釋惠琳注二卷
盧景裕注二十二卷嚴遵指歸十一卷　梁曠注二卷毋丘望之指趣三卷
顧歡義綱一卷韋處玄義疏四卷　孟智周義疏五卷梁武帝講疏六卷
戴詵義疏九卷葛仙翁雜論一卷　何晏序訣一卷何王等私記十卷
梁簡文帝玄示一卷劉遺民玄機三卷　韓壯玄譜一卷宗塞幽易五卷
山琮志一卷並亡李軌音一卷　孫登音一卷戴逵音亡
鶡冠子三卷楚之隱人　列子八卷鄭之隱人列圄寇撰東晉光祿勳張湛注
莊子李叔之義疏亡郭象注三十卷　周弘正講疏八卷李頤注十八卷
梁簡文講疏十卷戴詵義疏八卷　嚴機講疏二卷梁曠南華論二十五卷

李軌音一卷又徐邈集音三卷　徐邈音三卷郭象音一卷
向秀音一卷梁曠音三卷
莊成子十二卷梁有蹇子一卷今亡　任子十卷魏河東太守任嘏撰梁有渾輿經一
卷魏安成令柏威撰亡　唐子十卷吳唐滂撰
抱朴子葛洪撰外內篇共五十一卷　孫子十二卷孫綽撰
符子二十卷東晉員外郎符朗撰
廣成子十三卷商洛公撰張太衡注疑近人作
管子十九卷齊相管夷吾撰　商君書五卷秦相衛鞅撰
慎子十卷慎到撰　韓子二十卷韓非撰
墨子十五卷宋大夫墨翟撰　隨巢子一卷巢似墨翟弟子
昌言十二卷仲長統撰　蔣子萬機論八卷蔣濟撰
胡非子一卷墨翟弟子　尸子二十卷尸佼撰
呂氏春秋二十六卷呂不韋撰　淮南子二十一卷王劉安撰
論衡三十九卷王充撰　風俗通義三十一卷應劭撰
傅子一百二十卷傅玄撰　鬼谷子三卷皇甫謐注又有樂注三卷占氣一卷
金樓子十卷梁元帝撰　子抄三十卷庾仲容撰沈約二十卷亡
燕丹子一卷　世說八卷宋劉義慶撰梁劉孝標注
亢桑子二卷天寶元年詔莊子爲南華眞經列子爲沖虛眞經文子爲通玄眞經然亢桑子求之
不獲襄陽處士王士元謂莊子作庚桑子太史公列子作亢倉子其實一也取諸子文義類者補其亡
牟子一卷牟融　太公六韜五卷
太公金匱二卷　司馬兵法齊將田穰苴三卷
孫子二卷　尉繚子五卷梁惠王時人

唐書藝文志

唐因漢略類經史子集爲四至開元尤盛

凡五萬四千卷唐學者自爲書二萬八千五百卷初隋嘉則殿書卷三十七萬太府卿宋遵貴運入京覆于砥柱正觀中魏徵虞世南顔師古繼爲秘書監請構書選五品以上子孫工書者書藏于内以宫人掌之宫人任籤帙之責繆矣元宗詔馬懷素褚無量整比於乾元殿東序請相宋璟蘇頲同署如貞觀故事後大明宫東都各創集賢書院學士通籍支月給蜀郡麻紙季給上谷墨歲給河間景城清河博平四郡兔千五百皮爲筆材各聚四部本有正副軸帶帙籤亦異色安禄山反尺簡不藏元載相奏以錢一千購一卷文宗時侍講鄭覃言經籍未備詔秘閣搜訪乃復完黄巢亂又益少昭宗播遷在京制置使孫惟晟歛書寓教坊於秘閣詔以書還既徙洛蕩無遺矣今稽藝志殊虧詮叙書之涉於瑣瑣有不可以入子類者合分別録若不可淆錯如此也裁之

晏子春秋七卷晏嬰　曾子二卷曾參
子思子七卷孔伋　公孫尼子一卷
孟子十四卷鄭玄注七卷　趙岐注十四卷
綦毋邃注七卷　劉熙注七卷
張鎰音義三卷　陸善經注七卷
荀卿子十二卷　楊倞注二十卷

董子一卷董無心　魯連子一卷魯仲連
陸賈新語一卷　賈誼新書一卷
桓寬鹽鐵論十卷　劉向新序三十卷
劉向説苑三十卷　揚子法言六卷揚雄
宋衷注十卷　柳宗元注十三卷　李軌注十卷
揚子太玄經十二卷　陸績注十二卷　虞翻注十四卷
范望注十二卷　蔡文邵注十二卷　宋仲孚注十二卷　王涯注六卷
劉緝注十四卷　負俶幽贊十卷
桓子新論十七卷桓譚　王符潛夫論十卷
仲長子昌言十卷仲長統　荀悦申鑒五卷
魏文帝典論五卷　徐氏中論六卷徐幹
王肅政論十卷　杜氏體論四卷杜恕
顧子新論五卷顧譚　譙子法訓八卷
王嬰通論三卷　夏侯湛新論十卷
楊泉物理論十六卷　王通中説五卷
華譚新論十卷　虞喜志林三十卷又後書十卷
顧子義訓十卷顧夷　干寶正言十卷又立言十卷
王劭讀書記三十二卷　盧辯墳典三十卷
魏子三卷魏朗　譙子五卷譙周
周生烈子五卷　袁子正書三十五卷袁準
崔子至言六卷崔靈童　杜信元和子二卷
鬻子一卷鬻熊馮行珪注
老子河上公注二卷又指例二卷　王弼注二卷　蜀才注二卷
鍾會注二卷　孫登注二卷　羊祜注二卷　王尚注二卷

袁眞注二卷　張憑注二卷
劉仲熊注二卷　陶弘景注四卷
樹鍾山注二卷　李允愿注二卷
陳嗣古注二卷　僧惠琳注二卷
惠嚴注二卷　鳩摩羅什注二卷
義盈注二卷　傅奕注二卷
楊上善注二卷　辟閭仁諝注二卷
玄宗注二卷　盧藏用注二卷
邢南和注二卷　馮朝隱注
白履忠注　李播注
尹知章注並亡　吴善經注二卷
成玄英注二卷亡　孫思邈注二卷
任眞子集解四卷　張道集注四卷
盧景裕等注二卷　丘望之章句二卷
王肅玄言二卷　梁曠經品四卷
嚴遵指歸十四卷　何晏講疏四卷
梁武帝講疏十卷　顧歡義疏五卷
孟智周義疏五卷　戴詵義疏六卷
葛洪序訣二卷　韓莊玄音二卷
劉遺民玄譜一卷　馮廓指歸十三卷
賈大隱述義十卷　陳庭玉疏十五卷
陸希聲經傳四卷　成玄英疏七卷
李軌音一卷

鶡冠子三卷　列子八卷列禦寇張湛注
莊子十卷劉向注二十卷　郭象注十卷　崔譔注十卷
司馬彪注二十一卷　楊上善注十卷　音一卷　陸德明文句義十卷
李頤集解二十卷　李充釋論二卷　王玄古集解二十卷　梁簡文講疏三十卷
王穆疏十七卷　成玄英注疏十四卷　音一卷　張隱居指要三十三卷
元載通微十卷　注甘暉注魏包注李含光　孫思邈注柳縱注尹知章注陳庭玉疏並亡
廣成子十二卷張太衡注　商洛公撰
文子十二卷徐靈府注　唐子十卷唐滂
蘇子七卷蘇彦　宣子二卷宣騁
陸子十卷陸雲　抱朴子四十卷葛洪
孫子十三卷孫綽　符子三十卷符朗
賀子十卷賀道養　亢倉子二卷天寶元年詔號莊子爲南華眞經列子爲沖虛眞經文子爲通玄眞經亢桑子爲洞靈眞經然亢桑子太史公列子作亢倉子其實一也
取諸子文義類者補其亡

牟子一卷牟融　尉繚子六卷
呂氏春秋二十六卷　淮南子二十一卷許愼注
王充論衡三十卷　應劭風俗通義三十卷
王肅政論十卷　鍾會芻蕘論五卷
傅子百二十卷傅玄　抱朴子二十卷
金樓子梁元帝　陸士衡要覽三卷
崔豹古今注三卷　孟儀子林二十卷
薛克構子林三卷　沈約子鈔三十卷
庾仲容子鈔十卷　范子計然十五卷
王方慶世説十卷　盧藏用子書要略一卷
馬揔意林三卷　燕丹子一卷
周書陰符九卷　周呂書一卷
司馬法二卷田穰苴　孫子三卷魏文帝注

唐志有陸景典訓譙子法訓周捨正覽劉徽敧器圖之類非合登子録又帝範臣軌政範諫苑之書尤非其類如此者數十家裁之

子鈔

梁諮議參軍庾仲容潁川人

子鈔百十有七家仲容所取或數句或一二百言是有以契其意入其用而他人不可共享者也馬揔意林一遵庾目多者十

餘句少者一二言比子鈔更爲取之嚴録之精且約也戴叔倫序其書曰上以防守教之失中以補比事之闕下以佐屬文之緒有疏通廣博潔淨符信之要無僻放拘刻激蔽邪蕩之患亦足以發其機寫其志矣孔子曰雖小道亦有可觀是於諸子未嘗廢也聖人既遠承學易殊義嚮之少純言議之多詭則百氏之爲家不能盡叶乎一亦理之所必然也當篇籍散闕人所未見之時而乃先識其名又得其語斯足以廣聞見助發揮何止嘗鼎臠啖雞蹠也陸機氏曰傾羣言之瀝液漱六藝之芳潤唐韋展日月如合璧賦云擷英華於百氏漱芳潤於六籍語自此來是庶幾焉

揔唐貞元中任評事字會元扶風人

鬻子 藝文志曰名熊著子十二篇今一卷有六篇

太公金匱 二卷　太公六韜 六卷

曾子 合十八卷　晏子 十四卷

子思子 七卷　孟子 十四卷

管子 十八卷　魯連子 五卷

文子 十二卷同平王時人師老子　鄧析子 二卷

范子 十二卷　墨子 十六卷

纏子 一卷　隨巢子 一卷

胡非子 一卷　尸子 二十卷

韓子 二十卷　列子 八卷

莊子 十卷　鶡冠子 三卷

王孫子 一卷　愼子 一卷

申子 三卷　燕丹子 三卷

鬼谷子 五卷　尹文子 二卷

公孫尼子 一卷　陸賈新語 二卷十二篇

晁錯新書 二卷　賈誼新書 九卷

呂氏春秋 二十六卷　淮南子 二十二卷

桓寬鹽鐵論 十卷　劉向新序 三十卷

劉向說苑 二十卷　揚子法言 十五卷

揚雄太元經 十五卷　桓譚新論 十七卷

王充論衡 三十卷　崔元始正論 五卷

王符潛夫論 十卷　應劭風俗通

商子 五卷　阮子 四卷

姚信士緯 十卷　殷興通論 八卷

抱朴子 五十卷　王叔師正部 六卷

牟子論 一卷　周生烈子

荀悅申鑒　仲長昌言 十二卷

魏文帝典論 五卷　魏子 十卷魏朗

劉卲人物志 三卷　任子 十卷任弈

杜恕篤論 四卷　杜恕體論 四卷

傅子 一百二十卷傅咸　唐子 十卷傍孚惠潤

秦子 二卷菁　梅子新書 一卷按其語晉人也

揚泉物理論 十六卷　揚泉太元經

蔡氏化清經 一卷蔡洪　鄒子 一卷其書多論漢人恐是閻甫

孫敏成敗志三卷字休明　王嬰通論三卷
徐幹四論八卷　蔣濟萬機論八卷
譙周法論八卷　譙周五教五卷並是禮記語
顧譚新言二卷字子默吳太常　鍾會芻蕘論五卷
陸景典論十卷　張儼默記三卷字子節吳大鴻月卿
裴玄新言五卷字彥黄吳大夫　袁準正書
袁準正論　蘇子八卷自云魏人
桓範世要十卷字元則　陸子十卷陸雲
夏侯湛新論十卷　張顯析言十卷
虞喜志林二十四卷　顧子十卷顧夷
諸葛子著略一卷　陳子要言十四卷
符子二十卷符朗　神農本草經六卷

本草經華陀弟子吳普六卷　相牛經一卷
相馬經二卷　相鶴經一卷
周髀三卷趙嬰字君卿　司馬兵法三卷
孫子兵法三卷　黃石公記三卷上下中畧
氾勝之書二卷　夢書十五卷
貝書十卷　淮南萬畢術一卷
九章筭術三卷　張華博物志十卷
戴凱之竹譜一卷　筆墨法

通志藝文略　樞密院編修官莆田鄭樵漁仲譔

本朝藏書家最稱參政蘇公宣獻宋公文忠歐陽公又稱丞相蘇公丞相宋公兄弟而尤盛於邯鄲李氏李氏其目足以與祕府敵

中興以來垂意收拾篤且富無如鄭氏雖曰包括諸氏囊括百家厥功甚茂然秩翦繁歸彙亦欠理擇是又失於患多者也似孫嘗閱天祿石渠書無古書一也無異書二也雜以今人所作蕪雜太甚三也而又攷訂欠精彙類欠確一也所合下　詔更加求訪一也其書無秘副每出外輒易毀失一也當必有能任其事者既采鄭氏目入子子略爲之太息

晏子春秋七卷齊大夫晏嬰　曾子二卷魯國曾參

子思子七卷魯穆公師孔伋　漆雕子十三篇漆雕開後
宓子十六篇孔子弟子宓不齊　世子名碩陳人七十子之弟子二十一篇
公孫尼子一卷七十子弟子　孟子十四篇齊卿孟軻趙岐注
鄭玄注七卷　綦毋邃注七卷　劉熙注七卷　陸善經注七卷
張鎰音二卷　孫奭音二卷
續孟子二卷唐林慎思撰　刪孟子一卷馮休撰
荀卿子十二卷楚蘭陵令荀况楊倞注三卷　芊子十八篇齊人芊嬰七十子之後
王孫子一卷　羊子四篇秦博士羊百章撰
徐子四十二篇宋外黄人　魯仲連子五卷齊人魯連不仕稱先生
賈子十卷漢梁太傅賈誼撰　秦子三卷
何子五卷　劉子三卷梁劉勰撰
揚子法言解一卷揚雄撰李軌注十五卷侯苞注六卷宋衷注十卷

柳宗元注十三卷 司馬光集注十卷　元子新論十七卷後漢六安丞元譚撰
魏子二卷後漢會稽人魏明撰　牟子二卷後漢太尉牟融撰
王子政論十卷王肅撰　顧子新語十二卷吳太常顧譚撰
譙子法訓八卷譙周撰　譙子五教志五卷
周生烈子五卷　袁子正論二十卷袁準撰
袁子正語二十五卷　顧子義訓十卷晉揚州主簿顧夷撰
崔子至言六卷　賈子一卷
元子十卷元結撰　元和子二卷杜信撰
伸蒙子三卷唐林慎思撰　冀子五卷
傅子五卷唐司隸校尉傅元撰舊有百二十卷
鄒子一卷趙鄰機撰　素履子一卷張弧撰
東莞子十卷　商子新書三卷商孝逸撰
孫綽子十卷　樊子三十卷樊宗師撰
老子古本二卷 河上丈人注二卷　河上公注二卷 毋丘望之注二卷
又章句二卷 指趣二卷　嚴遵注二卷 又指歸十一卷
鍾會注二卷 羊祜注二卷　又解釋四卷 蜀才注二卷
孫登注二卷 又音一卷　汪尚注二卷 刘仲融注二卷
袁眞注二卷 張憑注二卷　曹道沖注二卷 盧景裕注二卷
陶景注二卷 陳皐注二卷　鍾植山注二卷 李允愿注二卷
陳嗣古注二卷 僧惠琳注二卷　僧惠嚴注二卷 鳩摩羅什注二卷
僧義盈注二卷 梁曠等注四卷　偃松子注二卷 李納注四卷
道士李榮注三卷 辟閭仁諝注二卷　唐明皇注二卷 傅奕注二卷
吳善經注一卷 成元英注一卷　楊上善注二卷 盧藏用注二卷
李軌疏一卷 戴逵疏一卷　李若愚注一卷 孟智周疏一卷

戴詵疏一卷 趙至堅疏一卷　韋處元疏一卷 江徵疏二卷
王顧等疏二卷 梁武帝疏八卷　賈青夷疏四卷 何晏疏四卷
又講疏四卷 任眞子集注四卷　政和御解二卷 程部集注二卷
張道相集注四卷 又義綱一卷　顧歡義疏一卷 又章門一卷
王弼節解二卷 韓莊指略二卷　指例略二卷 賈大隱述義十卷
又元指八卷 賈善翊傳三卷　元景先生簡要義五卷 崔少元心鑑一卷
呂氏昌言二卷 李畋音解二卷　王守注心鑑一卷
莊子郭象注十卷 崔譔注十卷　向秀注二十卷 司馬彪注二十六卷
音一卷 又疏三卷　晉李頤注三十卷 孟氏注十八卷
楊上善注十卷 盧藏用注十二卷　道士文如晦注十卷 道士成元英注三十卷
又疏十二卷 張昭補注十卷　四家注十五卷 徐邈疏三卷
王穆疏三卷 又疏十卷　戴詵八卷 周宏正講疏八卷
李叔之義疏三卷 張機疏二卷　梁簡文帝講疏三十卷 又內音義一卷
外音義一卷 馮廓正義十卷　陸德明句義三十八卷 又句義二十卷
張隱居指要三十六篇 李充論二卷　陳景朝內要一卷 又餘事一卷
賈參寥統略三卷 李顒集解二十卷　又通眞論三卷 邈一卷
王元集解二十卷　賈善翔直音一卷
鬻子一卷周文王師楚人鬻熊 唐鄭縣尉逢行珪注 王觀注三卷
列子八卷鄭穆公時隱者列禦寇唐加 冲虛眞經本朝加至德
晉張湛注八卷 盧重光注八卷　孫鷁注八卷 政和御注八卷
統略一卷 釋文一卷　指歸一卷 音義一卷
文子十二卷老子弟子 朱弁注十二卷　李暹訓注十二卷 徐靈府注音一卷
統略一卷　家語要言一卷
鶡冠子三卷楚之隱人　莊成子十二卷

蹇子一卷　唐子十卷吳唐滂撰
蘇子十卷晉北中郎參軍蘇彦撰　宣子二卷晉宜城令宣聘撰
陸子十卷陸雲撰　幽求子二十卷杜英撰
抱朴子葛洪撰內篇二十卷外篇三十卷　符子二十卷東晉員外郎符明撰
賀子十卷宋太學博士賀道養撰　少子五卷齊司徒左長史張融撰
無名子一卷張太衡撰　元子五卷
廣成子十三卷商洛撰張太衡注何璨注三卷
亢倉子三卷老聃之徒庚桑楚撰王士元注音略一卷
無能子三卷唐光啓中隱者不得名氏　同光子八卷劉無待撰
元真子三卷張志和撰　達觀子一卷
淨注子二十卷蕭子良撰　天隱子一卷
元中子三卷杜登暉撰　元筌子一卷珞琭子撰
素履子一卷　任子道論一卷魏河東太守任嘏撰
赤松子一卷陳摶撰　管子十八卷齊相夷吾撰漢劉向録校
唐尹知章注舊有三十卷今存十九卷房元齡注二十一卷
愼子二卷戰國時處士愼到撰舊有十卷漢有四十二篇隋唐分爲十卷今亡九卷三十七篇
韓子二十卷韓非撰唐有尹知章注今亡　阮子政論五卷魏清涼太守阮武撰
陳子要言十四卷吳豫章太守陳融撰　鄧析子一卷戰國時鄭大夫
尹文子二卷尹文周之處士　公孫龍子一卷戰國時人舊十四篇今亡
八篇賈大隱注一卷　陳嗣古注一卷
隨巢子一卷墨翟弟子　胡非子一卷墨翟弟子
董子一卷戰國時董無心撰其說本墨氏　鬼谷子三卷皇甫謐注鬼谷先生楚人
也生於周世隱居鬼谷樂臺注三卷唐尹知章注三卷梁陶景注三卷
補闕子十卷梁元帝撰　尸子二十卷秦相衛鞅上客尸佼撰

淮南子二十一卷漢淮南王劉安撰許愼注又高誘注二十一卷
金樓子十卷梁元帝撰　子鈔三十卷梁黟令庾仲容撰云諮議參
軍鈔序　子鈔三十卷沈約撰
子林三十卷薛克撰　子書要略一卷盧藏用撰
子談論三卷　范子計然十五卷
農子一卷　燕丹子一卷丹青王喜太子
青史子一卷　宋玉子一卷楚大夫宋玉撰
郭子三卷東晉中郎郭澄之撰賈泉注　猗玕子一卷元結撰
炙轂子五卷唐王叡撰　乾䐺子一卷溫庭筠撰
太公六韜五卷　太公金匱二卷
司馬兵法三卷　孫子三卷
吳子一卷　尉繚子五卷梁惠王時人

子略卷一

黄帝陰符經　高氏　似孫　續古

觀天之道執天之行盡矣故天有五賊見之者昌五賊在心施行於天宇宙在乎手萬化生乎身天性人也人心機也立天之道以定人也天發殺機日月星辰地發殺機龍蛇起陸人發殺機天地反覆天人合發萬變定基性有巧拙可以伏藏九竅之耶在乎三要可以動靜火生於木禍發必尅姦生於國時動必潰知之修練謂之聖人天地萬物之盜萬物人之盜人萬物之盜三盜既宜三才既安故曰食其時百骸理動其機萬化安人知其神而神不知不神所以神日月有數大小有定聖功生焉神明出焉其盜機也天下莫不見莫能知君子得之固窮小人得之輕命瞽者善聽聾者善視絶利一源用師十倍三反晝夜用師萬倍心生於物死於物機在目天之無恩而大恩生迅雷烈風莫不蠢然至樂性餘至靜則廉天之至私用之至公禽之制在氣生者死之根死者生之根恩生於害害生於恩愚人以天地文理聖我以時物文理哲自然之道靜故天地萬物生天地之道浸故陰陽勝陰陽相推而變化順矣至靜之道律吕所不能契愛有奇器是生萬象八卦甲子神機鬼藏陰陽相勝之術昭昭乎進乎象矣

陰符經

陰符經注

太公等注一卷十一家　七家注一卷
李靖注一卷李筌　張杲注一卷
袁淑真注一卷　蕭真宰注一卷
黄居真注一卷　沈亞夫注一卷
任照一注一卷　蹇昌辰注
杜光庭注一卷　陸佃注一卷
李靖陰符機一卷　陰符太無傳一卷張果傳得於道藏
陰符正義一卷唐韋洪　陰符要義一卷
李筌妙義驪山母傳一卷　陰符辨命論張果一卷
陰符元談元解先生一卷　陰符經一卷杜光庭
陰符十德經一卷葛洪　陰符經疏一卷袁淑真
陰符經頌一卷大元子　陰符經一卷無爲子撰
陰符頌三卷張彬御撰　陰符元義一卷唐張魯
陰符冊經一卷防山長　陰符冊經一卷驪山母注
陰符序一卷李筌　陰符經訣一卷
陰符經序一卷　陰符五賊義一卷
陰符小解一卷　陰符天機經一卷
陰符解題一卷　陰符冊經解一卷

陸龜蒙讀陰符經詩

清晨整冠坐朗詠三百言備識天地意獻詞犯乾坤何事不隱德降靈生軒轅口銜造化斧鑿破機關門五賊忽迸逸萬物爭崩奔虛施神仙要莫救華池源但學戰勝術相高甲兵屯龍蛇競起陸鬬血浮中原

成湯與周武反覆更爲尊下及秦漢得瀆弄兵亦煩姦強自休據仁弱無枝蹲狂喉咨吞噬逆翼爭飛翻家家伺天發不肯匡淫昏生民墜塗炭此屋爲寃魂秖爲謹此書大樸難久存微臣與軒轅亦是萬世孫未能窮意義豈敢求瑕痕曾亦愛兩句可與賢達論生者死之根死者生之根方寸了十字萬化皆胚渾身外更何事眼前徒自喧黄河但東注不見歸崑崙晝短苦夜永勸若傾一樽

皮日休讀陰符經詩

三百八十言出自伊祁氏上以生神仙次云立仁義玄機一以發五賊紛然起結爲日月精融作天地髓不測似陰陽難名若神鬼得之昇高天失之沈厚地具茨雲木老大塊煙霞委似顓頊以降賊爲聖人軏堯乃一庶人得之賊帝摯摯見其德尊脱身授其位舜惟一鰥民冗冗作什器得之賊帝堯白丁作天子禹本刑人後以功繼其嗣得之賊帝舜用以平降水自禹及文武天機㥠然弛姬公樹其綱賊之爲聖智聲詩川競大禮樂山爭峙爰從幽厲餘宸極若孩稚九伯真大盜諸侯實虎兕五星合其耀白日下闕里由是生聖人於焉當亂紀黄帝之五賊拾之若青紫高揮春秋筆不可刋一字賊子虐甚斯姦臣痛於蚩至今千餘年蚩蚩受其賜時代更復改刑政崩且陊余將賊其道所動多訛毀叔孫與臧倉賢聖多如此如何黄帝機吾得多坎躓

陰符經

似孫曰軒轅氏鑿天之奧洩神之謀著書曰陰符雖與八卦相表裏而其辭其旨涉乎幾入乎深唯深也故能通天下之志唯幾也故能通天下之賾唯神也故不疾而速不行而至軒轅氏皆有得於此者堯舜禹以徠皆精一危微行所無事之時陰符之學無所著見豈非行之於心仁於天下者乎湯武有誓輯置有兵八陣有圖遂皆用此以神其武而況有風后握奇一書又爲之經緯乎此黄帝心法而後世以爲兵法者是以此書見之兵家者流殆未曾讀陰符矣嗚呼若符之學一乎兵則黄帝之所以神其兵者豈必皆出於此哉古之聰明叡知神武而不殺故通其變使民不倦神而化之使民宜之此爲陰符之機矣其曰天有五賊見之者昌此又出於羲畫之表人固有五賊特莫之見耳若能見之何止乎昌耶夫子曰老而不死之謂賊此之謂也皮日休之言奇矣皮日休和陸龜蒙讀陰符詩有曰三百八十言出自伊耆氏皮氏所見亦今本耳

風后握奇經

馬隆本作握機叙云風后軒轅臣也幄者帳也大將所居言其事不可妄示人故云握機又稱諸子總有三本其一本三百六十字一本三百八十字蓋呂尚增字以發明之其一行簡有公孫弘等語或云武帝令霍光等習之於平樂館以輔少主備天下之不虞今本衍四字

八陣四爲正四爲奇舊注奇讀如字後人說天地風雲爲四正龍虎鳥蛇爲四奇公

孫弘曰世有八卦陣法其既不用奇正似非風后所傳未可參用餘奇爲握奇（舊注奇讀如奇耦之奇解云說奇正者多矣而握奇云者四爲正四爲奇餘奇爲握奇陣數有九中心奇零者大將握之以應赴八陣之急處）或總稱之先出遊軍定兩端天有衝圓地有軸前後有衝（一作有風雲）風附於天雲附於地衝有重列各四隊前後之衝各三隊風居四維故以圓軸單列各三隊前後之衝各三隊風居四角故以方天居兩端地居中間總爲八陣陣訖遊軍從後躡敵或驚其左或驚其右（驚一作警）聽音望麾以出四奇

天地之前衝爲虎翼風爲蛇蟠圍繞之義也虎居於中張翼以進蛇居兩端向敵而蟠以應之天地之後衝爲飛龍雲爲鳥翔突擊之義也龍居其中張翼以進鳥掖兩端向敵而翔以應之虛實二壘（一作三軍）皆逐

天文氣候向背山川利害隨時而行以正合以奇勝

天地以下八重以列或曰握機望敵即引其後以掎角前列不動而前列先進以次之（公孫弘曰傳項氏陣法依此今按而前列等八字舊文在依此注下誤也故遷次以成文）或合而爲一因離而爲八各隨師之多少觸類而長

天或圓而不動（一作天或圓而不布）前爲左後爲右天地四望之屬是也（一本下有風象二字）天居兩端其次風其次雲（一作其次天衝其次地衝其次風衝其次雲衝）左右相向是也地方布風雲各在後衝之前天居兩端其次地居中間（一作其次地其次天中間）兩地爲比是也（公孫弘曰比爲地爲從天陣變爲地陣或即張弁布擊破敵功圍不定其形故爲動也一本自公孫弘曰動靜二義皆雜出經文中）縱布天一（一作兩天一無兩字而縱字上有雲象龍一句一作龍者象龍）天二次之（天二一作兩天）縱布地四次於天後（一作縱布四地四地次之一無下四地字）縱布四風挾天地之左右（一無地字）天地前衝居其右後衝居其左（一無二句一無天地字一無居其右後衝五字）雲居兩端虛實二壘則此是也（一本下有比爲動也四字一無虛實已下公孫弘曰人多傳韓信注釋天或圓布已下與此微有差異而范蠡樂毅之說相雜今亦錯綜於其中其部隊或三五或三十或五十變通之理寄之明哲不復備載近古以來其文不滿尺多憑口訣以相傳授予今於難解之處增字發明之耳一本其部隊下上五十云陣圖如此變通由人以爲經文誤也按公孫氏稱與其異者天或負布次遊軍定兩端下以爲正經而以天有衝止觸類而長列于續圖雲爲翔鳥之下今馬本尚如此）

握奇經續圖

角音二

初警衆　末收衆

革音五

一持兵　二結陣　三行

四趨走　五急鬬

金音五

一緩鬬　二止鬬　三退

四背　五急背（一本背作趨）

麾法五

一玄　二黃　三白

四青（一作赤）　五赤（一作青）

旗法八

一天玄　二地黃

三風赤　四雲白

五天前上玄下赤

六天後上玄下白
七地前上玄下青（一作赤）
八地後上黃下赤（一作青）

陣勢八

天　地　風
雲　飛龍　翔鳥
虎翼　虵蟠

二革二金為天　三革三金為地
二革三金為風　三革二金為雲
四革三金為龍　三革四金為虎
四革五金為鳥　五革四金為蛇（舊注此八陣名）

（用金鼓之制）

其金革之間加一角音者在天為兼風在地為兼雲在龍為兼鳥在虎為兼虵加二角音者全師進東加三角音者全師進南（一作西）加四角音者全師進西（一作南）加五角音者全師進北鞉音不止者行伍不整金革既息而角音不止者師並旋

三十二隊天衝　十六隊風
八隊天前衝　十二隊地前衝
十二隊地軸（合作二十四隊）　八隊天後衝
十二軸地後衝　十六隊雲

以天地前衝為虎翼天地後衝為飛龍風為虵蟠雲為翔鳥

馬隆總述

治兵以信求勝以奇信不可易戰無常規可握則握可施則施千變萬化敵莫能知

四陳讚

動則為奇靜則為陳陳者陳列戰則不盡分苦均勞佚輪轍　有兵前守後隊勿進

天陳讚

天陳十六內方外圓四面風衝其形象天為陳之主為兵之先潛用三軍其形不偏

地陳讚

地陳十二其形正方雲生四角衝軸相當其體莫測動用無疆獨立不可配之於陽

風陳讚

風無正形附之於天變而為蛇其意漸玄風能鼓動萬物驚焉蛇能圍繞三軍懼焉

雲陳讚（自太公范蠡以來風雲無正形所以附天地）

雲附於地則知無形變為翔鳥其狀乃成鳥能突擊雲能晦冥千變萬化金革之聲

飛龍

天地後衝龍變其中有手有足有背有胷潛則不測動則無窮陳形亦然象名其龍

翔鳥

鷙鳥擊搏必先翱翔勢凌霄漢飛禽伏藏審而下之下必有傷一夫突擊三軍莫當

虵蟠

風爲虵蟠虵呑天真勢欲圍繞性能屈伸四季之中
與虎爲隣後變常山首尾相因

虎翼

天地前衝變爲虎翼伏虎將搏盛其威力淮陰用之
變化無極垓下之會魯公莫測

奇兵讚

古之奇兵兵在陳内今人奇兵兵在陳外兵體無形
形露必潰審而爲之百戰不昧

合而爲一離而爲八

合而爲一平川如城散而爲八逐地之形混混沌沌
如環無窮紛紛紜紜莫知所終合則天居兩端地居
其中散則一陰一陽兩兩相衡勿爲事先動而輒從

遊軍

遊軍之形乍動乍靜避實擊虛視羸撓盛結陳趨地
斷繞四徑後賢審之勢無常定

金革

金有五革有五退則聽金進則聽鼓鼓以增氣金以
抑怒握其機關戰不失度

鞞鼓

紅塵戰深白刃相臨勝負未決人懷懼心乍犇乍背
或縱或擒行伍交錯整在鞞音

麾角

麾法有五光目條流角音有五初驚末收麾者指揮
角者驚覺臨機變化愼勿交錯光目一作光自

兵體

上兵伐謀其下用師棄本逐末聖人不爲利物禁暴
隨時禁衰蓋不得已聖人用之英雄爲將夕愓乾乾
舊闕四字其形不偏樂與身後勞與身先小人偏勝君子
兩全爭者逆德不有破軍必有亡國握機爲陳動則
爲賊後賢審之勿以爲惑夫樂殺人者不得志於天
下聖人之言以戒來者一作天下

似孫曰風后握奇經三百八十四字其妙本乎奇正
相生變化不測蓋潛乎伏羲氏之畫所謂天地風雲
龍鳥虵虎則其爲八卦之象明矣蓋注奇讀如奇耦
之奇則尤可與易準諸儒多稱諸葛武侯八陣唐李
衛公六花皆出乎此唐裴緒之論又以爲六十四陣
之變其出也無窮若此則所謂八陣者特八卦之統
爾焦氏易學卦變至乎四千九十有六奇正相錯變
化無窮是可以名數該之乎然觀太公武韜且言牧
野之師有天陣有地陣此固出於握奇而又有人陣
焉此又出於天地陣之外者非八陣六花所能盡也
獨孤及作風后八陣圖記有曰黃帝順煞氣以作兵
法文昌以命將風后握機制勝作爲陣圖故八其陣
所以定位衡抗於外軸布於内風雲負其四維所次
備物也虎張翼以進虵向敵而蟠飛龍翔鳥上下其
勢所以致用也至若疑兵以固其餘地遊軍以案其
後列門具將發然後合戰弛張則二廣迭舉犄角則
四奇皆出圖成鑮俎帝用經略北逐獯鬻南平蚩尤

遺風寘寘神機未昧項籍得之覇西楚黥布得之奄九江孝武得之攘匈奴唐天寶中客有得其遺制於黄帝書之外篇裂素而圖之按魚復之圖全本於握機膭其妙窮其神者武侯而已獨孤乃以爲項黥武帝得之未之思歟

武侯八陣圖 附

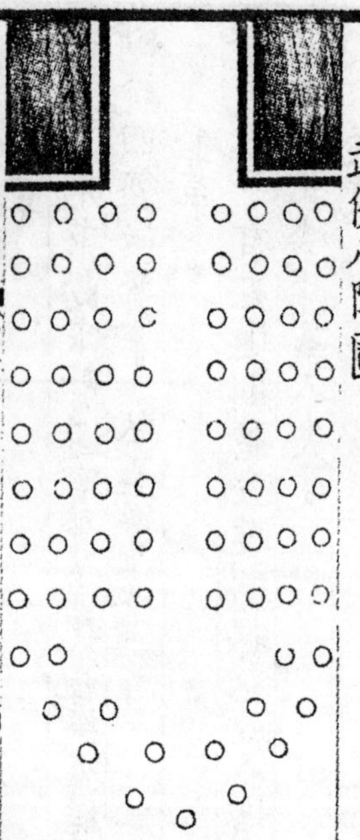

似孫曰蜀漢丞相武鄉侯諸葛亮八陣圖其一圖在沔陽高平故壘酈道元水經以爲傾而難識矣其一圖在新都八陣鄉峙土爲魁植以江石四門二首六十四魁八八成行兩陣並峙周凡四百七十二步魁百有三十其一圖在魚復者隨江布勢填石爲規前障壁門後倚郤月縱八横八魁容二丈内面偃月九六鱗差江自岷來奔怒湍激驚雷迅馬不足以敵其雄也徒華變滄不足窮其力也磊磊斯石載轟載椿知幾何年曾不一仄是非天所愛神所儆者歟昔者風后以陣法佐黄帝戮蚩尤若變與神蓋出於握奇經者也所謂經者本乎先天膭乎八卦錯以九疇非武侯窺其幾洩其用四頭八尾脉落聯因隊相容隨形可首雖曰奇正迭變未有不出於正者故曰黄帝之師百戰百勝者此其得之桓温固甞驚嘆以爲常山虵杜甫又切感嗟稱其石不轉武侯之心則二子所未深知也惟王通氏以爲亮而無死禮樂可興吁知武侯者通乎昔者先王處民以井寄兵於民熟之以禮容用之以節制是誠不陣而可以服人兵者使武侯昌諸用勤諸功甘誓牧誓可也天不壽漢圖石如泣悲夫武侯又有將苑一卷十六策一卷

鬻子

魏相奏記載霍光曰文王見鬻子年九十餘文王曰噫老矣鬻子曰君若使臣捕武逐麋臣已老矣若使坐策國事臣年尚少文王善之遂以爲師今觀其書則曰發政施仁謂之道上下相親謂之和不求而得謂之信除天下之害謂之仁其所以啓文王者决矣其與太公之遇文王有相合者太公之言曰君有六守仁義忠信勇謀又曰鷙鳥將擊卑飛翩翼武狼將擊弭耳俯伏聖人將動必有愚色尤决於啓文王者矣非二公之言殊相經緯然其書辭意大略淆雜若大誥洛誥之所以爲書者是亦漢儒之所綴輯者乎太公又曰天下非一人之天下天下之天下也奇矣藝文志叙鬻子名熊著書二十二篇今一卷六篇唐貞元間柳伯存甞言子書起於鬻熊此語亦佳因録之永徽中逢行珪爲之序曰漢志所載六篇此本凡十四篇子家所傳乃篇十有二

太公金匱六韜

詩曰維師尚父時維鷹揚諒彼武王肆伐大商會朝清明鄭康成稱其天期已至兵甲之疆師率之武故今伐商合兵以清明也牧誓曰時甲子昧爽武王朝至于商郊牧野與詩合也武王之問太公曰何以知人心王時寢疾太公負而起之曰行迨矣勉之武王乃駕鷔冥之車周旦爲之御至于孟津大黃參連弩大才扶胥車（戰具）飛鳧（赤莖白羽以銅爲首）電影（青莖赤羽以銅爲首副也）（晝則爲光夜則爲星）方頭鐵鎚（重六斤一名鐵鉞）行馬（廣二丈二十具）渡溝飛橋（廣五丈轉闗鹿盧）鷹爪方凶鐵把（柄長七尺）天陣（日月斗杓杓一左一右一御一背此爲天陣）地陣（丘陵水泉有左右前後之利）人陣（車馬文武）積楹臨衝（攻具）雲梯飛樓（視城中也）武衛大櫓（三軍所須）雲火萬炬（火具）吹鳴笳審此則康成所曰兵甲之疆師率之武爲可攷歟亦詩所謂檀車煌煌駟騵彭彭者也又攷諸武王曰殷可伐乎太公曰天與不取反受其咎武王又曰諸侯已至士民何如太公曰大道無親何急於元士武王又曰民吏未安賢者未親何如太公曰無故無新如天如地其言若有合於書者詩之上章曰保右命爾爕伐大商上帝臨汝無貳爾心此之謂歟

孔叢子

漢藝文志無孔叢子而孔甲盤盂二十六篇出于雜家而又益以連叢其獨治篇稱孔鮒一名甲世因曰孔叢子盤盂者其事雜也漢書注又以孔甲爲黃帝之史或夏帝時人篇第又不同若非今孔叢子也記問篇載子思與孔子問荅如此則孔子時子思其已長矣然孔子家語後叙及孔子世家皆言子思年止六十二孟子以子思在魯穆公時固常師之是爲的然矣按孔子没於哀公十六年後十六年哀公卒又悼公立三十七年元公立二十一年穆公旣立距孔子之没七十年矣當是時子思猶未生則問荅之事安得有之耶此又出於後人綴集之言何其無所據若此好古之癖每有悅乎異帙奇篇及觀其辭攷其事則往往差謬而同異鳴呼夫子没而微言絶異端起而大義乖皆茍簡於一時而增疑於來世一故爲學者舍六經何師焉

曾子

曾子者曾參與其弟子公明儀樂正子春單居離曾元曾華之徒講論孝行之道天地事物之原凡十篇自修身至于天圓已見於大戴禮篇爲四十九爲五十八它又雜見於小戴禮略無少異是固後人掇拾以爲之者歟劉中壘父子秦漢七略已不能致辨於斯況他人乎然董仲舒對策已引其言有曰尊其所聞則高明行其所知則光大則書固在董氏之先乎又其言曰君子愛日及時而成難者不避易者不從且就業夕自省可謂守業年三十四十無藝則無藝矣五十不以善聞則無聞矣質者吾自三省吾身何其辭費耶子續先太史史記注七十二弟子傳參字子輿晉灼讀音如宋昌驂乘之參因併及之

魯仲連子

仲連生戰國閒可謂大不幸者矣有其材即無其時有其時無其事業此志士之所共嗟也若其辭氣雋放倜儻磊落琅琅乎誓誥之風遺燕將一書有曰智者不背時而棄利勇士不怯死以滅名忠臣不先身而後君辭旨激亮隱然出乎戰國之表其義高矣史記傳仲連言其莫肯干仕嗚呼當是時士掉三寸舌得意天下一言捭闔取富貴如拾芥往往挾詐尚謀揉轥於名利之場如恐不及仲連智謀辯勇非儀秦髡衍輩可伍因事抗議切中事機排難解紛迎刃而破心畏爵賞如逝鴻避弋連之意沉冥斯世久矣仲連可縻不過相齊耳天下諸侯方仄足惴惴將一于秦亦豈一齊所可亡秦者逃歸海上瞭焉著龜茲其所以大過人歟戰國以來一人而已

晏子春秋

孔子刪詩而魯頌居周商之中孔子定書而費誓秦誓在周書之後下僭上臣逼君禮義銷微制度掃地聖人無所施其正救而猶惓惓於詩書至於世日益亂分日益陵三綱五常斲喪乖紊天地之變有不可勝言者而春秋作矣春秋所書莫大於齊晉之霸齊晉之霸莫雄於管仲之謀周室法度爲之蕩然其爲術至慘也至無道也其遺患天下後世者仲也三歸反坫仲於禮也何有以此謀國國安得正而況背義違禮桓公唯甚君臣之際不亦陋乎不特是也自太公疆于齊至于宣公蓋二十三傳矣而弒死十有一嗚呼何其甚亂也獻公殺其兄襄公淫其妹懿公宣公皆以淫惡而見弒當是時禮亡義喪豈復知有君臣上下之分哉在景公時齊之爲齊趨於弱入於危矣公燕群臣請無爲禮是何其言之謬法之蕩也晏子蹴然進曰君言過矣群臣固欲君之棄禮也力強足以勝其長勇多足以殺其君而禮不使也戰國之汚有臣如此亦庶幾焉然而田氏之宗世世齊政責恩斂惠以懷其民民亦忘齊而歸田氏禮之素蕩義之素隳魚爛冰銷有不可禦誦晏子之語究晏子之心豈不哀哉孟子曰一齊人傳之衆楚人咻之

子略卷一

子略卷二

老子注　　高氏　似孫　續古

河上丈人 戰國時人　河上公 漢文帝時人
毋丘望之 漢長陵三老又章句二卷　嚴遵 漢處士又指歸十一卷
王弼 又老子指例略二卷　鍾會
羊祜 又有解釋　蜀才
孫登 晉尚書郎　汪尚 晉江州刺史
劉仲融　袁眞 晉中郎將
張馮　曹道冲
盧景裕　陶弘景
陳皐　鍾植
李允愿　陳嗣古
惠琳 僧　惠嚴 僧
鳩摩羅什　義盈 僧
程韶 集注　任眞子 集注
張道相 道士集三十家注　梁曠 又道經經品四卷
偃松子　李納
李榮 道士　辟閭仁諝
傅奕　楊上善
吳善經 又小解二卷　李若愚
顧歡 義疏一卷又義綱一卷　孟智周 義疏五卷
韋處元 義疏四卷　戴詵 義疏九卷
趙志堅 義疏四卷　王顧 義疏四卷
江徵 義疏十四卷　賈青夷 義疏四卷
梁武帝 講疏四卷又六卷　何晏 講疏四卷又道德問二卷
王肅 妙言道德新記二卷　葛洪 序訣一卷
李元英 義疏十卷　韓莊 元旨二卷
劉遺民 元譜一卷　扶少明 道士道德經譜二卷
陸希聲 道德經傳四卷　杜光庭 廣聖義三十卷
賈大隱 老子述義十卷　元景先生 簡要義五卷
陸修靜 道德經新說一卷　陳景先 道士以微二卷
崔少元 老子心鑑一卷　賈善翊 傳三卷

何晏道德二論 晏又有講疏四卷

何平叔晏注老子始成詣王輔嗣見王注精奇迺神伏曰若斯人可與論天人之際矣因以所注爲道德二論又晏注老子未畢見弼自說注老子旨何意多所短不復得作聲但應喏喏遂不復注因作二論文章叙錄曰自儒者論以老子非聖人絕禮棄學晏說與聖人同著論行於世魏氏春秋曰弼論道約美不如晏自然出拔過之又曰晏少有異才善談易老

裴徽論老子

王輔嗣弱冠詣裴徽徽問曰夫無者誠萬物之所資聖人莫肯致言而老子申之無已何耶弼曰聖人體無無又不可以訓故言必及有老莊未免於有恒訓其所不足 永嘉流人名曰徽字文季河東聞喜人太常潛少弟也仕至冀州刺史王弼別傳曰弼父爲尚書郎裴徽爲吏部郎徽見異之故問

老子

卦始於犧重於文王成於孔子天人之道極矣究人事之始終合天地之運動吉凶悔吝禍福興衰與陰陽之妙迭爲銷復有無相乘盈虛相盪此天地之用聖人之功也易有憂患此之云乎書紀事詩攷俗春秋以明道禮樂以稽政往往因其行事書以記之者也易之作極聖人之蘊奧而天下無遺思矣老子之學於道深矣反覆其辭鉤研其旨其造辭立用特欲出於天地範圍之表而道前古聖人之所未道者然而不出於有無相乘盈虛相盪之中所謂道者蓋犧皇之所鑿周孔之所貫豈復有所增損哉六經之學立經垂訓綱紀萬世老氏用心又將有得於六經之外非不欲返世真淳挈民清淨然善用之者蓋可爲黄昊爲唐虞其不善用之則兩晉齊梁之弊有不可勝言者此非言者之過也世之言老氏者往往以爲其道出於虛無恬漠非道之實而病之其又偏矣太史公所謂尊孔氏者則黜老子尊老子者則黜孔氏柳宗元獨曰老子孔子之異流也不得以相抗何斯言之審且安也揚雄氏太玄則曰孔子文足者也老君玄足者也淵乎斯言

莊子注

向秀 二十卷　司馬彪 十六卷

郭象 十卷　李贖 晉三十卷

崔譔 十卷　楊上善 十卷

盧藏用 十二卷　文如海 道士十卷

成元英 道士三十卷又義疏十二卷　張昭 十卷

李贖 集解二十卷　王元古 集解二十卷

梁簡文帝 講疏三十卷　張機 講疏二卷

李叔之 義疏三卷宋處士　戴詵 義疏八卷

王穆 義疏十卷　周宏正 講疏八卷

陸德明 文義句二十卷　馬廓 古本正義十卷

梁曠 南華論二十五卷　李充 論二卷

張隱居 指要三十三篇　張游朝 南華冈象說十卷

賈參寥 通真論三卷唐人　碧虛子 南華揔章二卷又章句七卷

元載 南華通微十卷

向秀莊子解義

初注莊子者數十家莫能究其旨要向秀於舊注外爲解義妙析奇致大暢玄風 秀別傳曰秀與嵇康呂安爲友趣舍不同嵇康傲世不羈安放逸邁俗而秀雅好讀書二子頗以此嗤之後秀將注莊子先以告康安康安咸曰此書詎復須注徒棄人作樂事耳及成以示二子康曰爾故復勝不安乃驚曰莊周不死矣後注周易大義可觀而與漢世諸儒互有彼此未若隱莊之絕倫也秀本傳或言秀遊託數賢蕭屑卒歲都無注述唯好莊子聊隱崔譔所注以備遺忘云竹林七賢論云秀爲此義讀之者無不超然若已出塵埃而窺絕冥始了視聽之表有神德玄哲能遺天下外萬物雖復使動競之人顧觀所徇皆悵然自有振拔之情矣 唯秋水至樂二篇未竟而秀卒秀子幼義遂零落然猶有別本郭象者爲人薄行有雋才 文士傳曰象字子玄河南人少有才理慕道好學託志老莊時人咸以爲王弼之亞辟司空掾太傅主簿 見秀義不傳於世遂竊以爲己注乃自注秋水至樂二篇又易馬蹄一篇其餘衆篇或定點文字而已 文士傳曰象作莊子注最有清辭道旨 後秀義別本出故今有向郭二莊其義一也

支道林莊子逍遥義

莊子逍遥篇舊是難處諸名賢所可鑚味而不能拔理於郭向之外支道林在白馬寺中將馮太常共語馮氏譜曰馮懷字祖思長樂人歷太常護軍將軍因及逍遥支卓然標新理於二家之表立異義於衆賢之外皆是諸名賢尋味之所不得後遂用支理向子期郭子玄逍遥義曰夫大鵬之上九萬尺鷃之起榆枋小大雖差各任其性苟當其分逍遥一也然物之芸芸同資有待得其所待然後逍遥耳唯聖人與物真而循大變爲能無待而常通豈獨自通而已又從有待者不失其所待不失則同於大通矣支氏逍遥論曰夫逍遥者明至人之心也莊生建言大道而寄指鵬鷃鵬以營生之路曠故失適於體外鷃以在近而笑遠有矜伐於心内至人乘天正而高興遊無窮於放浪物物而不物於物則遥然不我得玄感不爲不疾而速則逍然靡不適此所以爲逍遥也若夫有欲當其所足足於所足快然有似天眞猶飢者一飽渴者一盈豈忘烝嘗於糗糧絕觴爵於醪醴哉苟非至足豈所以逍遥乎此向郭之注所未盡

晉人好言老莊

魏阮籍達莊論曰天道貴順地道貴静聖人修之以建其名吉凶有分是非有經務利高勢惡死重生故天下安而大功成也今莊子周乃齊禍福而一死生以天地爲一物以萬類爲一指無乃繳惑以失真而自以爲誠者也

殷仲堪精覈玄論人謂莫不研究殷乃嘆曰使我解四本談不翅爾周祗隆安記曰仲堪好學而有理思也

殷仲堪云三日不讀道德經便覺舌本間強晉安帝紀曰仲堪有思理能清言

庾子嵩讀莊子開卷一尺許便放去曰了不異人意晉陽秋曰庾敳字子嵩潁川人侍中峻第三子恢閎有度量自謂是老莊之徒曰昔未讀此書嘗謂至理如此今見之正與人意暗同仕至豫州刺史

支道林許謝盛德共集王家許詢謝安王濛謝顧謂諸人今日可謂彦會時既不可留此集固亦難常當共言詠以寫其懷許便問主人有莊子不正得漁父一篇莊子曰孔子遊乎緇帷之林休坐乎杏壇之上孔子弦歌鼓琴奏曲未半有漁者下船而來須眉交白被髪揄袂行原以上距陸而止左手據膝右手持頤以聽曲終而招子貢子路語曰彼何爲者也曰孔氏曰孔子何治子貢曰服忠信行仁義飾禮樂選人倫孔氏之所治也曰有上之君歟曰非也漁人曰仁則仁矣恐不免其身孔子聞而求問之遂言八疵四病以誠孔子謝看題便各使四坐通支道林先通作七百許語叙致精麗才藻奇拔衆咸稱善於是四坐各言懷畢謝問曰卿等盡不皆曰今日之言少不自竭謝後粗難因自叙其意作萬餘語才峯秀逸文字志曰安神情秀悟善談玄遠既自難干加意氣擬託蕭然自得四坐莫不厭心支謂謝曰君一往奔詣故復自佳耳

阮宣子有令聞太尉王夷甫見而問曰老莊與聖教同異對曰將無同大尉善其言辟之爲掾世謂三語掾名士傳曰阮脩字宣子陳留人好老易能言理

郭子玄有雋才能言老莊庾敳嘗稱之每曰郭子玄何必減庾子嵩名士傳曰郭象字子玄自黄門郎爲太傅主簿任事用勢傾動一府敳謂象曰卿自是當世大才我疇昔之意都已盡矣其伏理推心皆此類也

莊子

道德三千言辭絜旨謐澹然六經之外其用則易也莊周則不然浚滌沉潜若老於玄者而泓崢蕭瑟乃

欲超遥於老氏之表是以其說意空一塵倜儻峻拔無一毫蹈襲沿仍之陋極天之荒窮人之僞放肆迤演如長江長河袞袞灌注泛濫乎天下又如萬籟怒號澎湃洶湧聲沉影滅不可控摶率以荒怪詭誕狂肆虛眇不近人情之說瞽亂而自呼至於法度森嚴文辭雋健自作瓌新亦一代之奇才乎戰國多奇士荀卿之學有志斯世者也魯連之辯獨善其身者也寓言一書非深乎道者未易造此顧獨以滑稽發之士至於無所用其才而猶區區於矯拂世俗之弊者不亦恝恝乎方是時天下大壞蕩不可支攘奪争凌斬然一律其意思有以激之回之矯之夷之肆意無忌以放乎辭矯世之私曾不一二而亂天下之過特不可免於中若其言託孔子以自致其過者二十有九章又言堯禹文王太公之事皆非詩書所見而竊快其無稽之論狎聖侮道茲爲亦甚矣學者知之乎

列子

劉向論列子書穆王湯問之事迂誕恢詭非君子之言又觀穆王與化人游若清都紫微鈞天廣樂帝之所居夏革所言四海之外天地之表無極無盡傳記所書固有是事也人見其荒唐幻異固以爲誕然觀太史公史殊不傳列子如莊周所載許由務光之事漢去古未遠也許由務光往往可稽遷猶疑之所謂禦寇之說獨見於寓言耳遷於此詎得不致疑耶周之末篇叙墨翟禽滑釐愼到田駢關尹之徒以及於周而禦寇獨不在其列豈禦寇者其亦所謂鴻蒙列缺者歟然則是書與莊子合者十七章其間尤有淺近迂僻者特出於後人會稡而成之耳至於西方之人有聖者焉不言而自信不化而自行此固有及於佛而世尤疑之夫天毒之國紀于山海竺乾之師聞于柱史此楊文公之文也佛之爲教已見於是何待於此時乎然其可疑可怪者不在此也

文子

柳子厚以文子徐靈府注十二卷李白進訓注十二卷天寶中以文子爲通玄真經子爲老子弟子其辭指皆本之老子其傳曰老子弟子雖其辭指柳子厚以爲時有若可取蓋駁書也凡孟子數家皆入剽竊文詞乂牙相抵而不合人其損益之歟或聚斂以成其書歟乃爲刊去謬亂頗發其意子厚所刊之書世不可見矣今觀其言曰神者智之淵神清則智明智者心之府智公則心平又曰上學以神聽之中學以心聽之下學以耳聽之又曰貴則觀其所舉富則觀其所欲貧則觀其所愛又曰人性欲平嗜欲害之此亦文子之一臠也

子略卷二

子略卷三

高氏 似孫 續古

戰國策

班固稱太史公取戰國策楚漢春秋陸賈新語作史記三書者一經太史公采擇後之人遂以爲天下奇書予惑焉每讀此書見其叢脞少倫同異錯出事或著於秦齊又復見於楚趙言辭謀議如出一人之口雖劉向校定卒不可正其淆駁會其統歸故是書之汩有不可而辨者況於楚漢春秋陸賈新語乎二書紀載殊無奇耳然則太史公獨何有取於此夫載戰國楚漢之事舍三書他無可攷者太史公所以加之采擇者在此乎柳子厚嘗謂左氏國語其閎深傑異固世之所耽嗜而不已也而其說多誣淫不槩於聖余懼世之學者惑其文采而淪其是非作非國語昔讀是書殊以子厚言之或過矣反覆戰國策而後三嘆非國語之作其用意切用功深也予遂效此盡取戰國策與史記同異又與說苑新序雜見者各彙正之名曰戰國策考

管子 尹知章注三十卷杜佑管氏指略二卷

古者盛衰之變甚可畏也先王之制其盛極於周后稷公劉大王王季文武成康周公之所以制周者非一人之力一日之勤經營之難積累之素況又有出於唐虞夏商之舊者及其衰也一夫之謀一時之利足以銷靡破鑿變徙剗蝕而迄無餘脈吁一何易耶九合之力一覇之圖於齊何有也使天下一於兵而忘其爲農天下一於利而忘其爲義孰非兵也而乃攻之以貪騁之以詐孰非利也而乃趨之以便行之以一切先王之所以經制天下者煙散風靡無一可傳嗚呼仲其不仁也哉而況井田既壞槩量既立而商鞅之毒益滋矣封建既隳詩書既燎而李斯之禍益慘矣繄誰之咎耶漢唐之君貪功苟利兵窮而用之無法民削而誅之無度又有出於管仲鞅斯之所不爲者豈無一士之智一議之精區區有心於復古者而卒不復可行蓋三代之法其壞而掃地久矣壞三代之法其一出於管仲乎劉邵之志人物也曰管仲曰商鞅皆以隸之法家李德裕以邵之索隱精微研幾玄妙實天下奇才至以管仲與商鞅俱人物之品往往不倫德裕顧未嘗熟讀其書耳邵所謂皆出於法者其至論歟孔子曰齊一變至於魯魯一變至於道使齊盡變其功利之習僅庶幾於魯耳然則安得而變哉聖人非有志於變齊也古之不可復也爲可嘆耳

尹文子

班固藝文志名家者流錄尹文子其書言大道又言名分又言仁義禮樂又言法術權勢大略則學老氏而雜申韓也其曰民不畏死由過於刑罰者也刑罰中則民畏死畏死則知生之可樂知生之可樂故可以死懼之此有希於老氏者也又有不變之法齊等

之法理衆之法平準之法此有合於申韓然則其學雜矣其學淆矣非純乎道者也仲長統爲之序以子學於公孫龍按龍客于平原君趙惠文王時人也齊宣王死下距趙王之立四十餘矣則子之先於公孫龍爲甚明非學乎此者也鼂氏甞稱其宗六藝數稱仲尼熟攷其書未見所以稱仲尼宗六藝者僅稱誅少正卯一事耳嗚呼士之生於春秋戰國之閒其所以熏烝染習變幻捭闔求騁於一時而圖其所大欲者往往一律而同歸其能屹立中流一掃羣異學必孔氏言必六經者孟子一人而已

韓非子

士生戰國才不一伸抱智懷謀其求售殊切切亦可憐也商鞅以法治秦李斯又以法治秦秦之立國一出於刑罰法律而士以求合者非此不可始皇一見韓非之書喟然嘆曰寡人得見斯人與之游死不恨矣始皇所以惓惓於非者必有所契者今讀其書往往尚法以神其用薄仁義厲刑名背詩書課名實心術辭旨皆商鞅李斯治秦之法而非又欲凌跨之此始皇之所投合而李斯之所忌者非迄坐是爲斯所殺而秦即以亡固不待始皇之用其言也說難一篇殊爲切於事情者惟其切之於求售是以先爲之說而後說於人亦庶幾萬一焉耳太史公以其說之難也固甞悲之太史公之所以悲之者抑亦有所感慨焉而後發歟嗚呼士生不遇視時以趨使其盡遇固

無足道而况說難孤憤之作有如非之不遇者乎揚雄氏曰秦之士賤而拘信哉

墨子

韓非子謂墨子死有相里氏之墨相芬氏之墨鄧陵氏之墨孔墨之後儒分爲八墨離爲三其爲說異矣墨子稱堯曰采椽不斲茅茨不剪稱周曰嚴父配天宗祀文王又引若保赤子發罪惟均出於康誥泰誓篇固若依於經據於禮者孟子方排之不遺一力蓋聞之夫子曰惡似而非者惡莠恐其亂苗也惡鄭聲恐其亂雅也惡紫恐其亂朱也惡鄉原恐其亂德也墨之爲書一切如莊周如申商如韓非惠施之徒雖不闢可也唯其言近乎譎行近乎誣使天下後世人盡信其說其害有不可勝言者是不可不加闢也嗚呼孟子之學一於羽翼群經推尊聖人者歟異時有纏子者修墨子之業唯曰勸善兼愛墨子重之嗚呼學墨子者豈學此乎

鄧析子

劉向曰非子產殺鄧析推春秋驗之按左氏魯定公八年鄭駟歂嗣子太叔爲政明年殺鄧析而用其竹刑君子謂歂嗣於是爲不忠攷其行事固莫能詳觀其立言其曰天於人無厚君於民無厚又曰勢者君之輿威者君之策其意義蓋有出於申韓之學者矣班固藝文志乃列之名家列子固甞言其操兩奇之說設無窮之辭數難子產之治而子產誅之蓋則與

左氏異矣荀子又言其不法先王不是禮義察而不惠辯而無用則亦流於申韓矣夫傳者乃曰歂殺鄧析是爲不忠鄭以衰弱夫鄭之所以爲國者有若裨諶草創之世叔討論之東里子產潤色之庶幾於古矣子產之告太叔曰有德者能以寬服人其次莫如猛子產惠人也固已不純乎德他何足論哉不止竹刑之施而民懼且駭也嗚呼春秋以來列國棊錯不以利勝則以威行與其民揉轥於爭抗侵凌之域豈復知所謂仁漸義摩者其民苦矣固有惠而不知爲政者豈不賢於以薄爲度以威爲神乎析之見殺雖歂之過亦鄭之福也

亢桑子

孔子曰上有好者下有甚焉亢桑子之謂歟開元天寶間天子方鄉道家者流之說尊老氏表莊列皇皇乎清虛沖澹之風矣又以亢桑子號洞靈真經上既不知其人之仙否又不識其書之可經一旦表而出之固未始有此書也襄陽處士王褒來獻其書書褒所作也按漢略隋志皆無此書褒之作也亦思所以趨世好迎上意耶今讀此編往往采諸列子文子又采諸呂氏春秋新序說苑又時采諸戴氏禮源流不一往往論殊而辭異可謂雜而不純濫而不實者矣太史公作莊周列傳固嘗言其語空而無實而柳宗元又以爲空言之尤皆是知其人決其書然柳氏所見必是王褒所作者

鶡冠子

春秋戰國間人才之偉且多有不可勝者不得其時不得其位不得其志退而藏之山谷林莽之間無所泄其謀慮智勇大抵見之論著然其經營馳騁天下之志未始一日忘而其志亦可窺見其萬一者矣是以功名之念有以怵其心利害之機有以蕩其慮而持立獨行之操不足以盡洗見聞之陋也是其爲書不出於黃老則雜於刑名是蓋非一鶡冠子而已也柳子厚讀賈誼鵩賦嘉其詞而學者以爲盡出鶡冠子得其書讀之殊爲鄙淺唯誼所引用者爲甚美餘無可言者列仙傳曰鶡冠子楚人隱居衣弊履穿以鶡爲冠莫測其名著書言道家事則蓋出於黃老矣其書有曰小人事其君務蔽其明塞其聰乘其威以灼熱天下天高而難追有福不可請有禍不可違其言如此是蓋未能忘情於斯世者至曰鳳鳥陽之精麒麟陰之精萬民者德之精嗚呼亦神矣

孫子

昭文章明貴賤辨等列順少長魯兵也不重傷不禽二毛不以阻隘明恥教戰宋兵也少長有禮八節和睦晉兵也制國作政以寄軍令齊兵也僕三千人有紀有綱秦兵也伐晉之舉喪乃止焉楚兵也周衰制隳法蕩政不克綱強弱相凌一趨於武侈兵圖覇干戈相尋甚可畏也其間謀帥行師命意立制猶知篤禮信尚訓齊庶幾三代仁義之萬一焉耳殊未至於

毒也兵流於毒始於孫武乎武稱雄於言兵往往舍正而鑿奇背義而依詐凡其言議反覆奇變無常智術相高氣驅力奮故詩書所述韜匱所傳至此皆索然無餘澤矣先儒曰無以學術殺天下後世是猶言學者也吳越交兵勝負未决武居其間豈無所以爲強吳勝越者二十年間闔廬既以戰死夫差旋喪其國方是時武之術不行於他國特見信於吳而武之言兵亦知爲吳計而已成敗與亡易如反掌固毋待於殺天下後世兵其可以智用歟

吳子

自有春秋而天下日窮於兵孫武以言兵進於吳吳起以言兵售於魏各以書名家然讀吳子其説蓋與孫武截然其不相侔也起之書幾乎正武之書一乎奇吳之書尚禮義明教訓或有得於司馬法者武則一切戰國馳騁戰爭奪謀逞詐之術耳武侯浮西河下中流喟然嘆曰美哉山河之固魏之寶也起言之曰在德不在險德之不修舟中之人盡敵國也斯言之善質於經求之古奚慚焉反覆此編則所教在禮所貴在禮夫以湯武仁義律之起誠有間求之於齊魯晉衛秦楚之論兵者起庶幾乎武侯賢矣聽起者篤矣君臣之遇不爲不厚矣讒間一生棄如敝屣勳名志業迄不一就士之思古安得不嘆息於斯若其當新難之國輔未壯之君馭不附之大臣臨未信之百姓而乃明法審令廢疎遠之公族捐不急之庶官持意太過操制太嚴是所以速禍耳起乃踈於此耶

范子

范子之事不亦奇乎蠡相越王勾踐深謀隱策者一十二年迄亡吳大雪越恥勾踐覇拜蠡上將軍蠡即日上書勾踐扁舟五湖閴然無聲又浮海入齊變姓名鴟夷子皮父子治貲數十萬齊聞之延爲相有頃上相印書散其所有獨懷重寶行次乎陶天下稱陶朱公嗚呼智哉唐王績詩范蠡何智哉單舟戒輕裝與吾言合節蠡方居齊以書儆大夫種曰蜚鳥盡良弓藏狡兎死走狗烹王長頸可共患難不可共樂合亟圖之嗚呼此非蠡之言計然之言也初有計然者遨遊海澤自稱漁父蠡有請曰先生有陰德願令越社稷長保血食計然曰越王鳥喙不可以同利蠡之智其有决於此乎此編卷十有二往往極陰陽之變窮曆數之微其言之妙者有曰聖人之變如水隨形蠡之所以俟時而功以見幾而作者其亦有得乎此計然濮上人姓章名文子其先晉國公子也

鬼谷子 隋志有樂注三卷又有鬼谷先生占氣一卷

戰國之事危矣士有挾雋異豪偉之氣求騁乎用其應對酬酢變詐激昂以自放於文章見於頓挾險怪離合揣摩者其辭又極矣鬼谷子書其智謀其數術其變譎其辭談蓋出於戰國諸人之表夫一闢一闔易之神也一翕一張老氏之幾也鬼谷之術往往有得於闔闢翕張之外神而明之益至於自放潰裂而

不可禦乎嘗觀諸陰符矣窮天之用賊人之私而陰謀詭祕有金匱韜略之所不可該者而鬼谷盡得而泄之其亦一代之雄乎按劉向班固録書無鬼谷子隋志始有之列於縱横家唐志以爲蘇秦之書然蘇秦所記以爲周時有豪士隱者居鬼谷自號鬼谷先生無鄉里族姓名字今攷其言有曰世無常責事無常師又曰人動我静人言我聽知性則寡累知命則不憂凡此之類其爲辭亦卓然矣至若盛神養志諸篇所謂中稽道德之祖散入神明之賾者不亦幾乎郭璞登樓賦有曰揖首陽之二老招鬼谷之隱士又遊仙詩曰青溪千餘仞中有一道士借問此何誰云是鬼谷子可謂慨想其人矣徐廣曰潁川陽城有鬼谷注其書者樂臺皇甫謐陶弘景尹知章（知章唐人）

子略卷三

子略卷四

高氏似孫 續古

呂氏春秋

淮南王尚奇謀募奇士廬館一開天下雋絶馳騁之流無不雷奮雲集蠭議横起瓌詭作新可謂一時傑出之作矣及觀呂氏春秋則淮南王書殆出於此者乎不韋相秦蓋始皇之政也始皇不好士不韋則徠英茂聚畯豪簪履充庭至以千計始皇甚惡書也不韋乃極簡册攻筆墨采精録異成一家言吁不韋何爲若此者也不亦異乎春秋之言曰十里之間耳不能聞帷牆之外目不能見三畝之間心不能知而欲東至開悟南撫多鷃西服壽靡北懐靡耳何以得哉（四極國名）此所以譏始皇也始皇顧不察哉韋以此書暴之咸陽門曰有能損益一字者與千金人卒無一敢易者是亦愚黔之甚矣秦之士其賤若此可不哀哉雖然是不特人可愚也雖始皇亦爲之愚矣異時亡秦者又能屠沽貿販不一知書之人嗚呼

黄石公素書

梁肅圯橋石表曰黄帝氏方平蚩尤時乃玄女啓符風后行誅漢祖方征秦項時乃黄石授兵留侯演成易稱人謀鬼謀百姓與能又曰神道設教而天下服蓋謂是矣東坡以爲子房授書於圯上老人其事甚恠安知非秦之世有隱君子者出而試之世不察以爲鬼物亦已過矣子房以蓋世之才不爲伊尹太公

之謀而特出於荆軻聶政之計以僥倖於不死此圯上老人之所深惜老人者以爲子房才有餘而憂其度量之不足故深折其少年剛鋭之氣使之忍小忿而就大謀高祖之所以勝項籍之所以敗在能忍與不能忍之間耳項籍惟不能忍是以百戰百勝而輕用其鋒高祖忍之養其全鋒而待其弊豈出於張良者乎按黄石公又有三略三卷兵書三卷三奇法一卷陰謀軍祕一卷五壘圖一卷内記敵法一卷祕經一卷記一卷又有張良經一卷其出於三略素書者乎

淮南子

少愛讀楚辭淮南小山篇聱峻瓌磊他人制作不可企攀者又慕其離騷有傳窈窕多思致每曰淮南天下奇才也又讀其書二十篇篇中文章無所不有如與莊列吕氏春秋韓非子諸篇相經緯表裏何其意之雜出文之沿複也淮南之奇出於離騷淮南之放得於莊列淮南之議論錯於不韋之流其精好者又如玉杯繁露之書是又非獨出於淮南所謂蘇飛李尚左吳田由雷被毛被伍被大山小山諸人各以才智辯謀出奇馳雋所以其書駁然不壹雖然淮南一時所延蓋又非止蘇飛之流也當是時孝武皇帝雋鋭好奇蓋又有甚於淮南内篇一陳與帝心合内少君下王母聘方士搜蓬萊神仙譎恠日日作新其有感於淮南所謂崑崙增城璇室懸圃弱水流沙者乎武雖不仙猶饗多壽王何爲者卒不克終士之誤人一至于此然其文字殊多新特士之厭常玩俗者往往愛其書况其推測物理探索陰陽大有卓然出人意表者唯揚雄氏曰淮南説之用不如太史公之用太史公之用聖人將有取焉淮南鮮取焉耳悲夫

賈誼新書

養氣之學孟子一人而已士之有所激而奮者極天地古今之變動山川草木之情狀人物智愚賢否是非邪正之銷長有觸於吾心有奸於吾氣慮遠而志善事切而憂深其言往往出於危激哀傷之餘而其氣有不可遏者舉天地今古山川草木人物盛衰之變皆不足以敵之嗚呼此屈原賈誼之所爲者乎皮日休讀賈誼新書嘆其心切其憤深其辭隱而麗其藻傷而雅唯蘇公軾以爲非才之難所以自用者實難惜乎賈生王者之佐而不能自用其才論亦奇矣以余觀之雖東坡亦不能自用其才况賈生乎又曰觀其過湘作賦以吊屈原紆鬱憤悶趯然有遠舉之志其後卒以自傷哭泣至于夭絶是亦不善處窮者夫謀之一不見用安知終不復用嗚呼此東坡以志量才識論誼者非誼之所及也是蓋孟子之所謂持其志無暴其氣者耳蘇公有之

桓寬鹽鐵論

鹽鐵論者漢始元六年公卿賢良文學所與共議者也漢制近古莫古乎議國有大事詔公卿列侯二千

石博士議郎雜議是以廟祀議伐匈奴議捐朱厓而石渠論經亦有議皆所謂詢謀僉同者也初武帝以師旅之餘國用不足縣官悉自賣鹽鐵酤酒海內虛耗户口減半帝務本抑末不與天下爭利乃詔有司問郡國所舉賢良文學民所疾苦議罷之班氏一贊專美乎此（顔師古曰元帝紀贊班彪所作）然觀一時論議其所問對非不伸異見騁異辭亦無有擧然大過人者其曰行遠者因於車濟海者因於舟成名者因於資則一時趣尚可乎矣又曰九層之臺傾公輸子不能正大朝一邪伊望不能復則一時事體可知矣夫上有樂聞下無隱義得失明者其言達利害決者其慮輕不決一言何取羣議審此亦足以占士氣觀國勢矣然元帝詔書乃曰公卿大夫好惡不同雅說空進而事亡成功此誠言也天下後世同此患也吁

王充論衡

論衡者後漢治中王充所論著也書八十五篇二十餘萬言其爲言皆叙天證數人事析物類道古今大略如仲舒玉杯繁露而其文詳詳則理義莫能覈而精辭莫能肅而括幾於蕪且雜矣漢承滅學之後文景武宣以來所以崇厲表章者非一日之力矣故學者嚮風承意日趍於大雅多聞之習凡所譔録日益而歲有加至後漢盛矣往往規度如一律體裁如一家是足以雋美於一時而不足以準的於來世何則事之鮮純言之少擇也劉向新序說苑竒矣亦復少探索之工闕詮定之密其叙事有與史背者不一二書尚爾況他書乎袁崧後漢書云充作論衡中土未有傳者蔡邕入吳始見之以爲談助談助之言可以了此書矣客有難充書繁重者曰石多玉寡寡者爲珍龍少魚衆少者爲神乎充曰文衆可以勝寡矣人無一引吾百篇人無一字吾萬言爲可貴矣予所謂乏精覈而少肅括者正此謂歟

太元經注

宋衷　陸績
蔡文卲　虞翻
范望　章察（講疏四十六卷 發隱三卷）
王涯（又有說文一卷）　宋惟幹
林瑀（又有說文一卷）　杜元穎
郭元亨　陳漸
范諤昌　林共（圖一卷）
王長文（晉通元一卷）

太元經

易可準乎曰難矣何爲其難也曰天地人之理混淪於未畫之前二三聖人察天之微窺地之奥以神明夫人之用文王因伏羲孔子因羲文而易道極矣文王非舍伏羲孔子非舍羲文而自爲之書也易經三聖以經天地人之道是道也吉凶悔吝消息盈虛雖天地鬼神無所藏其藴而匹夫匹婦可與知者也揚雄氏欲以一人之力而規三聖所成之功是爲難乎子

雲豈不知此者然則子雲亦有得於易之學而欲自神其用其曰天以不見爲玄地以不形爲玄人以腹心爲玄此子雲之所以神者也子雲之意其疾莽而作者乎哀平失道莽輙亂常子雲酌天時行運盈縮消長之數推人事進退存亡成敗之端存之於玄三方象三公九州象九卿二十七家象大夫八十一部象元士而玄者君象也摠而治之起牛宿之一度終牛宿之二十二度而成八十一首七百二十九贊二萬六千二百四十四策明天人終始逆順之理正君臣上下去就之分順之者吉逆之者凶以爲違天咈人賊君臣盗國之戒子雲之意也子雲敢以此準易言者蓋以卦氣起于中孚震離兌坎分配四方六十四卦各主六日七分以周一歲三百六十五日四分日之一据此言之窒矣桓譚曰玄與大易準班固曰經莫大乎易故作太玄是知子雲者乎不知子雲者乎

新序說苑

河間王大雅文獻蔚然風流崇經尚文殫極禮樂而所尚醇正言議彬彬何其雍容不羣如此也三代以下一人而已抑其時所遭者然歟磐石之宗莫可及之者向以區區宗臣老於文學窮經之苦崛出諸儒炯炯丹心在漢社稷奏篇每上無言不危吁亦非以其遭時遇主者如是歟先秦古書甫脫燼刼一入向筆采擷不遺至其正紀綱迪教化辨邪正黜異端以爲漢規監者盡在此書玆說苑新序之旨也嗚呼向誠忠矣向之書誠切切矣漢之政日益委苶而不振迄終於大亂而後已一杯水不足以救輿薪之火此之謂歟觀此則向之抱忠懷誼固有可憐者焉視河間之雅正不迫亦一時歟

抱朴子

自陰符一鑿而天地之幾盡洩玄經一吐而陰陽之妙益空所謂道者非他只天地之奥陰陽之神而已神而明之可以賛化育經範圍可以治國平天下可以脩身養性而致長年可以清凈輕虚而與之俱化予自少惑於方外之說九丹經卦義祕笈幽篇以至吐納之香餐鍊之粹沉潛啓策幾數百家靡不竭其精而賾其隱破其鋌而造乎中猶未以爲得也於是棄去日攻易日讀繫辭所謂天地之幾陰陽之妙相與橐籥之甄治之而吾之道盡在是矣所謂吾之道者非他道也吾自得之道矣及閒觀稚川弘景諸人所録及内外篇則往往皆糟粕而筌蹄矣今輙書此以斷内外篇則吾之道亦幾於鑿且吐矣後之悟者必有會於吾言

文中子

道始於伏羲終於孔子孔子以來二千餘年矣孟軻氏揚雄氏王通氏韓愈氏皆祖述孔子而師尊之若通拳拳於六經之學自孟子而下未有也續書以攷漢晉之事續詩以觀六代之俗修元經以斷南北之

疑易止於讚禮樂止於論嗚呼通之用心足以知聖人矣世率以是疵王氏是殆未知其所以知聖人者乎善乎日休皮氏之言曰禮之篇二十有五詩之篇三百六十元經之篇三十一易之篇七十孟子能踵孔子而賛其道𠷣乎千世可繼孟子者通也按杜執禮所作文中子世家又有樂論三十篇讀書一百五十篇元經九五十篇蓋受書於東海李育學詩於會稽夏琠問禮於河東關子明正樂於北平霍汲攷樂於族父仲華聖人之大旨天下之能事至是畢矣陸龜蒙序之謂之王氏六經嗚呼蓋自孟子歷兩漢數百年而僅稱揚雄歷六朝數百年而僅稱王通歷唐三百年而唯一韓愈六經之學其著於世者若此已

是匪難乎異時房衛諸公共恢文武以濟貞觀之盛亦天命也此蓋出於司空表聖之言其尚知道乎

元子

元子曰人之毒於鄉毒於國毒於鳥獸草木不如毒其形毒其命人之媚於時媚於君媚於朋友郡縣不如媚於廐媚於室人之貪於權貪於位貪於取求聚積不如貪於道貪於閑靜人之忍於毒忍於媚忍於詐惑貪溺不如忍於貧苦忍於棄廢英哉斯言次山平生辭章奇古峻絶不蹈襲古今其觀柳柳州抑文英崛唐代文人惟二公而已猶有一說頌者所以美盛德之形容也如江漢諸詩所以寫宣王中興之美者皆系之雅唐旣中興而磨崖一碑乃以頌稱漫郎豈不能致思乎此耶初結居商餘山著書其序謂天寶九年庚寅至十二年癸巳一萬六千五百九十五言分十卷是蓋有意存焉卷首有元氏家録紀其世次

皮子隱書

皮日休隱書六十篇有曰古之用賢也爲國今之用賢也爲家又曰古之官人也以天下爲己累故己憂之今之官人也以己爲天下累故人憂之又曰古之隱也志在其中今之隱也爵在其中又曰古之決獄得民情也哀今之決獄得民情也喜古之殺人也怒今之殺人也笑嗚呼斯言也痛快哉

子略卷四

騷略目

卷一

卷二

卷三

騷略目

騷略卷一

高氏 似孫續古

離騷不可學可學者章句也不可學者志也楚山川奇草木奇原更奇原人高志高文又高一發乎詞與詩三百五文同志同後之人沿規襲武摹倣制作言卑氣嫚志鬱弗舒無復古人萬一武帝詔漢文章士修楚辭大山小山竟不一企況騷乎嗚呼詩亡矣春秋不作矣騷亦不可再矣獨不能忘情於騷者非以原可悲也獨恨夫騷不及一遇夫子耳使騷在删詩時聖人能遺之乎嗚呼余固不能窺原作猶或知原志者輒抱微款妄意抒辭題曰騷略越山川曽識舜禹作蒼梧帝作思禹又經句踐君臣作越王臺作鴟夷子皮吴為越所滅失於棄胥也作浙水府始皇東游以功被石作秦游王謝諸人殊鍾情於越迄為蒼生一起作東山其以德著于服祠者侑之歌作江夫人作崿山雨命之曰九懷嗚呼後之視今今之視昔也知我者騷乎

九懷

望九疑兮雲雨心慘慘兮思君冉冉兮愁痕楚波深兮斑竹活歷嵳峩兮極眺訊遐心兮誰將蛟何躍兮衝波鴻何驚兮離網湘有蘋兮渚有荃欲將誠兮無能宣蒼莽兮何之孰亮余兮㛹娟羽何音兮鏘鏘鳳何儀兮濟濟朝騰余軔兮梧陰夕娛兮清澧蹇躊躇兮自喜遡清川兮如洗植館兮雲中樹之兮石磊磊

貝闕兮鱗堂雜青楓兮始霜芷路兮蘅薄桂飛橑兮
蘭房相芰荷兮可衣美秋菊兮曾粮瑤華兮在席江
有蘺兮吐芳被薜兮帶蘺表之兮以蘭香彙衆卉兮
揚徽貯芳辛兮同薰哀絃切兮入雲靈來下兮繽紛
揖余璫兮中流遺余玦兮北渚儼奉君兮嘉薦乃遺
余兮芳杜時契闊兮難再聊歌風兮自語

蒼梧帝 湘夫人

攬九州兮余憂民將魚兮誰瘳水受令兮安流芟芃
芃兮方秋老帝力兮茫茫射神魚兮飛舟朝帝君兮
不下莽故疆兮生埃踏蒼龍兮倏東棲靈游兮故宮
擢桂棟兮蘭房蕙幬兮荃床翳殘書兮鏵饕杳空山
兮神揚神揚兮何極有人來兮爲之太息濕剋石兮

酒寒隱懷君兮傷惻蓀橈兮桂櫂海若兮獻月采水
碧兮紫淵弄蠙珠兮冰宂無一芳兮可酬心難吐兮
猶咽砥柱兮湯湯龍門兮阻長事難古兮悲傷迹蒼
莽兮蹇余以何往朝欲逝兮河津夕濯衣兮西溆花
漲兮波惡魚鬬兮雲舞沐余冠兮嵳嵳濯予璫兮楚
楚靈心懌兮來下乃遺余兮芳杜玩芳杜兮三嗅時
不來兮孰與

思禹 湘君

草長兮菲菲越山青兮霏微王在珮兮欲語望故宮
兮如歸酒闊兮猶香僾流光兮庭幃芳俎進兮蘭藉
玉鱗寒兮牲肥靈翱兮醉只笙噓雲兮霑衣鼓輕舠
兮無留月共載兮依依樂莫樂兮知幾哀莫哀兮別

離鵰鴰愁兮忘飛

越王臺 東皇太

江欲冷兮丹楓月將缺兮初鴻天如灰兮沉波櫂有
聲兮追風易莫易兮謀功難莫難兮圖終東山兮誰
作若斯人兮猶窮水下鷺兮溶溶山插雲兮叢叢叫
夫君兮不聞拊遺聲兮如空君不來兮誰晤余心憂
兮冲冲

鴟夷子皮 雲中君

越山兮青青江波兮噴薄萬里兮長風引驚瀾兮去
之夫君兮以淵爲期水何爲兮勞苦越山兮升雲江
水兮未平舉酒兮訊君將與余兮心傾若有人兮颷
雲旗舞神魚兮踏文螭奏水星兮叫冰夷橫壯氣兮

海爲飛糜臺兮生草言如毛兮人杲杲夕宿兮江皐
越兵西兮如拉槁一沐浴兮九江水揚波兮淙淙飛
余橈兮鴈渚舍余璫兮漁矼望美人兮未來心不怡
兮難降有酒兮如冰呼膾具兮魚龍腥澆磊塊兮洗
磅礴有老父兮愁偏醒

浙水府 少司命

君之來兮鞭潮令冰夷兮毋驕撫余車兮安驅海難
塡兮魂銷龍翼翰兮旣東旌翠昏兮生埃蛟抗刃兮
波赤嚥霧光兮蓬萊樂莫樂兮佳游哀莫哀兮忘歸
簫鍾兮鐃鼓呉歌兮楚舞魚飛兮鴈奔君之樂兮俱
俱甜蹕兮嵳峩陳席兮楚楚撰德兮蒼崖秦夲聲兮
豪詡騎雜遝兮鑾玲瓏窮禹迹兮窺踐宮民如蟹兮

誰能聰海水作兮號魚龍歡未殫兮樂未終金母號
兮漢旌紅
秦遊 東君
江上兮青山水既去兮復還引微風兮無瀾擢桂槳
兮閑閑望美人兮來下靈翩翩兮從女嬃中流兮揚
舲鴈邕邕兮遵渚玉衣兮晝裳御清氣兮前青鳳穆
川后兮靜波湘君遺兮蘭芳行貞兮昭昭瑫明兮玉
娟天門兮爲開萬夫哀兮惟女賢翠帷下兮沉沉花
飲露兮陰陰素鱗寒兮不動寄風瑟兮瑶音涉江兮
采蘋剪綃兮蠲塵奉瑶華兮結辭靈不見兮愁人愁
人兮柰何目眇眇兮微波路杳靄兮脩長其柰何兮
夕歌

江夫人 大司命
若有人兮山阿樂莫樂兮在邁絜余珮兮有蘭㥦余
裳兮有蘺淩八荒兮騁望悵山河兮悲壯倒天漢兮
濯江淮眇風雲兮晤懷竹樹兮冥蒙海月兮曈曨君
何爲兮山中鴻奔南兮逼輕舟歌聞天兮擊中流氣
浩浩兮横九州山冉冉兮生雨水汪汪兮迷浦鳺一
叫兮花愁期美人兮春渚
東山 河伯
砥蒼崖兮燕危磐枕淵洄兮夏留寒谷懷煙兮川引
霧出漁鄉兮入樵路屋如懸兮石將危蕩蘭舟兮揚
桂旗江有蘺兮溪有蓀沙一抹兮雲垂垂耒宜雨兮
颿宜風香在鑪兮各爲功村醪熟兮春無度水羞香

兮雪登俎晴陰節兮花亂飛老漁歌兮野巫舞靈埃
樂兮憺忘歸人無忘兮雨而雨維余舟兮欵神闗石
鬖鬖兮蘺漫漫帷之褰兮風毿急石可憩兮苔痕斑
潭中人兮夜漁急神魚舞兮陰妃泣報靈君兮千呂
集水如練兮月冥冥若有絃兮作湘聲舟欲去兮且
復留耿不寐兮空隱憂
崿山雨 山鬼
山中楚辭
山中可樂不可說也既釐越一壑多種
草木多釀酒日與客游不知日之夕西
時之老也乃輯歌語爲山中楚辭

一
山如罨兮栖柔煙鳥徘徊兮翠如褰蔭松栢兮牽丹
泉猿在上兮鶴在前拍浮丘兮延偓佺話坎離兮生
坤乾問山月兮今何年月得道兮玄之玄
二
月澄午兮收雲嚼鮮芳兮予酒朝列宿兮將舉烔其
北兮惟斗斡四令兮無情活元氣兮昒昒一壘兮上
訴思超凡兮辭垢
三
穆東皇兮受命樂山中兮俱春風引樹兮欣欣雨生
波兮粼粼天有心兮康予朝復朝兮趨新春空勞兮
又去山青青兮予親
四

若古兮多奇御夏兮髙明褰千山兮在下石吐泉兮泠泠采新果兮半熟被踈絺兮全輕非老子兮孰悟亦晉人兮孚盟風來南兮洗琴棊落落兮爭聲心有官兮自王天相知兮同醒

五

桂樹兮團欒籬菊兮可采石磊磊兮㳂荔鴈嗷嗷兮離變人心悽兮易涼時令遷兮誰綷攬古昔兮自悵視彭殤兮何待吁嗟秋兮不以悲而能輕不以愁而爲怠若得意兮騷者酒淋騷兮如海

六

木蔌蔌兮皆冬汎山林兮迎雪匠此妙兮磅礴信天人兮豪傑當是時鴈分顯淡之雲花弄扶踈之月洒

涉雋兮少對詩造微兮自悅天山兮誰飢蔡州兮誰決眇斯人兮毋作雪霏霏兮空潔

欸乃辭

客有遺王右丞捕魚圖者愛其風景蕭遠漁事安閑無一毫較利競名之意切慕其趣樂其髙爲之歌曰欸乃辭

帝子降兮北渚目眇眇兮愁予嫋嫋兮秋風洞庭波兮木葉下揭揭兮寒熒濊濊兮輕罛有鵜兮在梁鴻何爲兮離網白蘋深兮騁望水之清兮濯纓翁不語兮嗔偏醒欸乃一聲兮天水淥

後欸乃辭

柳子厚漁翁詩蕭蕭湘君湘夫人清風不可以筆墨機緘索也世人論次楚辭乃以天對晉對推之知者淺矣因掇杜公句伴漁翁詩爲後欸乃辭嗟嘆之不足也

洞庭瀟湘白雪中中有雲氣隨飛龍漁父天寒網罟凍山木盡亞洪濤風又歌曰漁翁瞑踏孤舟立滄浪水深青冥闊不見湘妃鼓瑟時至今斑竹臨江活又歌曰漁翁夜傍西巖宿曉汲清湘燃楚竹煙銷日出不見人欸乃一聲山水淥

騷略卷一

騷略卷二

高氏似孫續古

崿臺神絃曲

神絃曲出於唐娱靈者也崿臺介剡山
水間神境奇拔中抱霖雨時甫濯靈繇
甲戌春奉 先公綍車過臺下酹江有
祈風反須臾一帆脫矢直擣山步灘磧
不驚神光赫流肇敏桴鼓乃依楚辭章
句度迎神送神辭刻諸山中用毋忘英
造

迅雙槳兮刊中流風與力兮颿無留暫逝鴻兮呵慵
蚪芷泣香兮木鳴樛宛有人兮山之幽翠蒻孛兮旌
柔柔朝陽溘兮夕陰洲月不動兮雪霜浮期靈君兮
一徠游虛谷應兮寒颼颼酒可醺兮蘋可羞靈不鄙
兮攄吾愁

二

水清清兮石鑿鑿浪攻崖兮風洗壑天飛凉兮衆木
作元氣漻兮魚龍惡若有人兮老叢崿跨黃羆兮度
蘅幄夕鴻溟兮曉名嶽懷霖雨兮時雹雹靈來娭兮
瑟蘭勺水光開兮煙罷漠律予辭兮徼眇邈林劃嘯
兮靈歟樂

花飛引

蘇楚自廬山來與予同在山中數月酒
必酒詩必詩予平生友如楚者不一二
數其去也各灑淚花竹間不勝依依乃
書此送之西

花少思兮離離企佳人兮不來風娟娟兮吹愁綠滿
樹兮香在苔鳩哀兮山裂芳菲兮今歇香新知兮誰
悦期佳人兮柰何別

蓬萊游

植臺松桂杉篁之表翠樾如圍一壓不
汩字以蓬萊游而有其辭

綠連霧兮窈窕翠生香兮輕浮花得道兮無妍鳥涉
仙兮何愁心太平兮太平功如水兮先秋喬松來兮
樂聲去余蓬萊樂兮堪游

二

木采采兮交蔭雲飛來兮隨鶴月欲去兮仍西風吹
花兮未落花未落兮猶春酒依依兮如昨王與謝兮
讓余蓬萊游兮堪樂

秋蘭辭少司命

秋蘭歌三閭大夫以奉司命者至漢張
衡賦兩言之秋蘭被涯又曰纗秋蘭之幽華而酈炎秋蘭
榮何晚曹植秋蘭被長坂潘岳流聲馥秋蘭傅玄秋蘭
豈不馨江淹秋蘭被幽崖諸人疑於蘭眷眷者
而九歌遺情輒鬱弗彰悲夫乃抒蘭辭
酹大夫

秋蘭兮青青得道兮如素娟娟兮好脩行隱隱兮不
渝夫人兮孰懷美蘭何爲兮靚處秋蘭兮英英含章

兮自明山中兮無人其與誰兮晤傾悲復樂兮樂復
悲悵來者兮不可期悲莫悲兮有所思樂莫樂兮心
相知贈子兮雜珮朝能來兮夕能會暮雨兮生愁心
繚悷兮何能嘅訊蒼蒼兮如何天不語兮雲嵯嵯吐
琬琰兮自通宛清揚兮山之阿望美人兮不來闃寥
寥兮浩歌雲裾兮風裳引沆瀣兮朝陽澹自樂兮儍
尚羊豈無人兮而不香

小山叢桂

招隱士淮南小山之所作也漢淮南王
安好書招致賓客游士八公之徒爲辭
賦篇章曰大山小山猶大雅小雅也而
騷之意度氣藴小山能知之然其詞有

曰山中兮不可以久留乃作小山叢桂
庶幾於招隱者仍反其詞焉

桂樹叢生兮山之幽偃蹇布護兮翠交流鎜谿錯互
兮雲崒霄石戔戔兮溜鳴瑤鶴陰陰兮猿嗷嗷攀援
桂枝兮聊佳留聊佳留兮遲遲訊有華兮東籬風景
兮不可支襟將舒兮孰怡碕兮曲山崒峞嶭賾遂兮
心怳惚滈兮汐寥兮瑟檉蘿密叢灌盤紆兮杳藏日
嶙峋鑿落兮董龍回複榛薄茲葺兮葩華葇郁青蘿
素蔓兮薇蕪或毓兕勇熊道兮來嘯來伏山中林林
兮嵬嵬冷冷兮濟濟蛩唧兮禽嘶秋風兮自來攀桂
枝兮聊須留桂花開兮芙蓉寒桂花落兮芰荷乾若
人兮悲秋山中兮胡爲不可留

章華宮對

楚王見大夫於章華之上妃嬙奏瑤勺絃管玉金振
作王曰宋玉嘗稱有女清淑夭鮮居色之麗有是夫
大夫曰臣聞女不畏醜而畏乎妬自古然也臣不敢
言楚王曰寡人則異於是試爲寡人言之大夫進曰
臣聞宋玉以風賦諫神女賦諫又以大言賦諫雖進
規展忠不一蹈原之危且切而其含意微妙詞亦婉
矣所謂清淑夭鮮居色之麗者特喻夫士耳女以色
爲命也文獨不爲之命歟色有自畏文豈不然言何
益楚王曰善迄爲寡人言之大夫曰唯唯臣聞宋玉
嘗歷九土行五都游咸陽道京洛出入鄭衛溱洧之
間當是時春日載陽緜蠻倉庚有女清揚爰求柔桑

中有一姝窈窕含光温柔容冶瑩不受粧玉磋其美
又慕其莊爰弛于行敷之詩章其詩曰靜女其姝俟
我於城隅愛而不見搔首踟蹰女曰參差荇菜左右
采之窈窕淑女琴瑟友之王又曰爰采唐矣沫之鄉
矣云誰之思美孟姜矣女又曰舒而脫脫兮無感我
帨兮無使尨也吠時乃度益恭辭益肅揚詩守禮終
不過差是足稱也於是楚王稱善而歎曰寡人不能
有也大夫爲寡人圖之大夫避曰臣不敢臣不敢

朝丹霞

歲辛酉元日夜半夢升天雲炁形爍光
流玉霄朱門金鋪丹碧璀璨金榜在上
曰丹霞宮

帝君被髮仗劍坐於中閾武士金冑肅
然揮呵曰汝本朝
太宗皇帝也予斂服端拜心神竦昂歷
屋數十間見霞衣星冠出入者百數乃
依入者以趨至庭下爲天樞院須吏兩
貂蟬擁靈君賛曰天樞上相予拜相亦
拜大青杯設茶冷如氷東横兩朱几几
上籤卷秩秩因輒問此何書耶相曰郊
年進
上帝故事也以其一授予黃羅而金欄
一行三字字大書一黑床設大玉盆予
曰此非洗玉盆乎相笑曰是俄揖予與
過一二十廊至小軒甚窈靚軒下六井
銅爲欄顧予曰一井有水水通海自海
井導爲六耳又過小廊至一齋几三楹
環設可一二十几几各一研予捧玩驚
喜最後一石刻曰陽嘉元年相舉以賜
予自勉以道予拜而受夢忽寤時巳五
鼔既以詩記其事因閲唐顧况朝
上清辭愛其幽古婉暢脫去塵滓依稀
其趣作朝丹霞
沐佳施兮清靈滌三生兮無腥迅玄挺兮嘉會蜕吾
骨兮坯吾形
杳倏駕兮潜青宜舞剛風兮鵠分翎上何有兮無能
名老積炁兮寒冷冷
窈復窈兮流火庭物受鍊兮愁六丁爍此鼎兮神無
停雪盡垢兮朝朱陵
轉璇樞兮上亭亭一語契兮驚群星味清淨兮不可
經玄復玄兮發新硎
晝琳琅兮黃金繩帝監觀兮燕清寧聞不聞兮皦無
際毛髮竦兮心爲氷
井有波兮通滄溟玉抱德兮誰能銘憺來歸兮析然
醒道有成兮其當升

幽蘭賦

蘭曽伴屈大夫政復何恨然非屈大夫
無知蘭者予固非知蘭亦非知大夫者
後五百年或有知予者焉
皇以度而揆予兮宛貞貞而孔安含素光以致蠲兮
考幽人之所槃澹群動而不競兮約洵美而且閑媚
孤風之脩脩兮幾激貪而律頑一既分而爲乾兮老
群星之芒寒又一索而坤動兮百嘉熾而多蕃予乃
持其神秀兮成天地之所難陵高姿以吐妙兮抱幽
古而遐觀峭夷齊之特立兮非盜蹠之可奸懿西子
之孤靚兮豈嫫母之並歡彼釡礫之自珍兮有瓚璺
之獨刓又蒿蕕之盛蔚兮幸蘅若之未殘匀明水以
薦芳兮三沐浴乎清瀾耿積雪其如素兮尚有知予
寸丹眇洞庭之始波兮木舞葉其珊珊湅沅湘而欲
合兮騁白蘋而渺漫招帝子而不來兮弃予瑞于江

干導微馨以輸誠兮律九歌其銷魂

騷略卷二

騷略卷三

水仙花前賦

高氏似孫續古

水仙花非花也幽楚窈眇脫去埃滓全如近湘君湘夫人離騷大夫與宋玉諸人世無能道花之清明者輒見乎辭

天以一而生神坎既習而成玄滐沖奥以致潤抱孤貞以成妍禹何智以能海羲不神而開乾際鬯焘之無畔壯英心之自仙悲莫悲乎巫咸之鄉哀莫哀乎原胥之淵迅英挺以如濯肯徘徊而自憐至若鮫館截綃而凝霜貝庭含璣而媚川著茫乎三島之接霧杳眇乎十洲之滙天雲兩開霽水空澄鮮一色如磨萬波不顯亦有帝女兮泣竹湘君兮鼓絃神妃兮解佩冰夷兮扣舷是皆凝姿約素挺粹含娟以婉自將以淑相宣芳以氣屬妙以辭傳指北渚以將下薄西津而驟旋或搴芳若或采佳荃有蘭可餐有蘋可搴於是樂極忘歸塵空失躅萬慮俱泯餘情獨荃扣冰娥以勻斟訪瑤母而絜孎挹水星以請命託神祇而垂甄已矣乎超萬刼以自蛻麗一徼而獨涓懷琬琰以成潔抱雪霜以爲堅參至道以不死秉至精而長年是蓋芭水德之靈長合五行之自然者乎

水仙花後賦

予既作前水仙賦疑不足以滐予之情者乃依稀洛神賦爲後辭尚庶幾乎

余從太史游覽山川汎瀟汨下澧沅摩嶷雲息梧煙歲莫天寒僕痡車顛雨乃釋鑣乎葿涯進秣乎芝壓周旋乎荆㳺騁望乎湘淵於是神疑目駭心離意惻即之懍況適焉彷彿覩一美人于水之側乃拊從者而訊之曰汝有識於彼者乎彼何人者甚閑且潔也從者進曰僕聞茲水之靈曰湘夫人然則太史公之所遇其或是乎其形維何僕願知之余告之曰其狀也皓如鷗輕翾如鵠停瑩浸玉潔秀含蘭馨清明兮如閬風之翦雪皎淨兮如瑶池之宿月其始來也烱然層冰出蛟鑿其徐進也粲然清霜宿瓊枝沇詳弗矜燕婉中度不穠不纖非怨非訴美色含光輕姿約素瓌容雅態芳澤不汙素質窈裊流暉娷媠抱德貞

亮吐心芳蠲婉嫿幽靜志泰神閑柔於脩辭既丰且鮮飭躬被服稽圖合章戋五采之英珥兮錯九芝之明瑲舞碧霓之脩帶兮妥英雲之輕裝顏有鍊而如灼體非薰而彌香沐姱容之練練乘清氣之徜徉於是舒懷肆逸且娯且嬉羽蓋翳映翠旌繽紛彈金摇之欲墮兮玩晴洲之青蘋余衷耽其靜孌兮黯澹蕩而馳神媒不靈於締歡兮託湘波以通勤暢中靈之胥悟兮捐予瑲於水濱懿玉儀之靖莊允約矩而應規輕瑶華而不御兮指二南而揚詩謂皎日之可鑒兮非暗室之自欺數解佩之夙遇兮風嫋嫋而凝思志貞介而言妙兮誓守禮以將之於是靈脩竦然嬿婉徘徊拊孤影以欲翥心將飛而仍回褰蓀幬之芳烈燕芷房之玫瑰感幽志之悽激兮喟揚音而彌哀雨乃衆眞縹緲並游嘯侶或濟西澨或臨北渚或采幽蘅或茹芳杜約洛川之神妃會巫陰之奇女清莫清乎姮栖愁莫愁乎牛渚濟輕裾之裔裔泠清飈而雲舉體迅飛鴻儀若輕雲流睇横波餘芳氤氲其度有則不顛不危優柔靡忒必兢必祇温乎如玉曄兮陸離精采相授羌余其悲於是川后歛颮冰夷却濤龍伯獻珠鮫人貢綃躍三虬以指塗鼘蒼芒而夾御雙螭帖其馴乘儼華斿之布濩駕鸞嘯而先驅翡翠翼而齊騖於是趨彭蠡過洞庭洗月轂飛星軿流清聲而吐奇誦坤乾之大經晝三靈而不汨潜一意而長醒恍揚袂以如失雪微沉而靄纓拊佳期之不來

日冉冉而西征覔微素之孰寄誰其將予英瓊揚清波而微注指潛淵而自驚恍精采之相授迄難陳其餘情於是游倦思歸路異神留遺思杳眇寤寐好逑褰悠悠而何之指寒川而薄甜蘭菲菲而襲予睇碧雲而摇曳信心會而神交豈綢繆之未契竦僕夫之儆予命速駕乎蘭枻其毋惑於所悦當陳古而爲之制

松江蟹舍賦

鴟夷子皮既相句踐𨷺闔閭殄夫差吊子胥無纖恨於越人乃騁懷於西吾乃昂然作喟然吁曰兎死犬烹鴻罹于罦古人所危吳其亟圖方將朝三江夕五湖一去不回樂哉此桴䒷其遺於人間情嫋嫋於姑

蘇水統乎笠澤天包乎具區松陵亙潮太湖交瀦川納壑府波畫村墟石鏄碕岸崖蘯剔嶇波程杳渺水路盤迂迴渚碁布聚落星敷采之於山則綠膩女桑黃苞橘奴収菽貢梨剝棗擷茶取之於水則絲被紫蓴筍含青菰采菱春芡食蓮燒蘆是皆舟子所鄉魚郎所廬葭菼兮爲域莞葦兮爲郛鴻鷺兮爲鄰鶄鵁兮爲徒時則天澄月淨風恬靄舒或霧氣之濛沫或煙雨之扶踈棹歌亂發漁榜疾徐命儔嘯侶靡一不魚蔭柳邊之罩槮注隔花之罾罛兒奏輕笱婦呼飛罛水事濊濊一發靡虛乃有鱠殘之鯽四鰓之鱸環異叢毓鱗甲紛挐鯉皆會於漁市羨足給於魚租至於露老霜來日月其徂萬螯生涼含黃腯膚其武郭索其雄睢盱其心易躁其腸實枯勇鼓而喧集齊奔而並驅鴟夷公顧而笑曰昔者吳之將微民甚嬉虞厥有躁亂害于菑畬是固汝輩之所騁者歟吳人趨而告者當是時也善有鮮鑒貞有罕乎樂鴆乎毒習甘乎諛一盬方妍漂香沉珠樂極危生淪胥以鋪是故非蟹罪也維我吳人以漁爲娛每施勤於篦斷皆得志於江塗方洞庭兮始霜熟萬稼兮豐腴執一穗兮朝魁目洪溟兮爭趨工緯蕭兮承流截竄沸兮防逋燎以乾葦檻以青篾喧動涼飈驚飛宿梟其多也如涿野之兵其聚也如太原之俘蟹事卓犖八荒所無今敢藉以涼荻東之風蒲願奉一醉獻諸大夫大夫嗒然笑曰嗟汝吳兮巨麗樂太伯兮開初括干粵兮自裕跨蠻荊兮遠摹干星紀兮經略控軫野兮車書至若藪澤幽靈川瀆滮滂灌注兮天下之半鬱拂兮瀛州之居忘越矢之倏西嘆麋臺之交蕪余方超萬物兮如蚍豈一蟹兮樂且吳人再拜進曰大夫高矣儂聞宅金湯之固者莫崇乎德者也建竹帛之功者莫勇乎謀者也目吳越之成敗愾君臣之嗟戲然儂者生長水國子孫澤隅朝莫一艇暑寒一篷老魚鼈而爲命狎鷗鸕而不孤久與世以相忘亦傷今而欲痛大夫方將謝軒冕樂樵漁儻玄機兮相高庶嘉遁兮不渝今儂有粳可炊有酒可沽幸江山兮如待祈風月兮無辜大夫爲之欣然曰若子者是豈以蟹爲業者歟非渭水之遺智必山澤之脩臞深樂其言藏道於愚欲去兮徘徊欲逝兮勤渠舉酒酬酢道古哀歟與之釋縛爲之拍浮剞甲如山瓮橙如鋪意晤忘言酒深相扶指青天兮自誓幸來世兮知予眇煙水兮莫流迅孤舟兮長呼蟹翁者三嘆於邑四顧躊躇揖長江而如失聆浩歌而莫能俱其歌曰天高兮月寒天風兮水急鴻遠兮汲汲人有慕兮何嘆及老霜澤兮遺漁斷有蟹兮罛有魚酒荅天兮天知予子不得兮愁何如又歌曰洞庭兮既波松江兮未雪一舸兮自決知者樂兮樂者哲蟹健兮魚肥風吹觴兮酒淋衣知有蟹兮不知時若斯人兮其庶幾

後長門賦

荷君門之嘉采兮早服勤於下房挹清暉以長新兮

知秉柔以自莊拜姆師之攸初兮輯圖訓以爲綱曾儆戒之有詩兮又窈窕之有章友琴瑟以從容兮叵勺斟於宮商裁白玉以爲節兮妙約珩而結璜筆彤彤而垂史兮日好修而靡皇惟寅承於渥澤兮蔚春榮之齊芳每自懲於華敷兮那與春而俱昌信凋落之依時兮一葉賫而欲黃感天序之難一兮悵人生之靡常蹇兢兢於深薄兮嗟寵綏之不可量憶嘗參君琱輿兮游君玉堂又嘗奉君瓊巵兮侍君瑤廂輦深怯於同登兮爰下拜以徬徨態不期而倏來兮委微軀而輒當君亦諒其微誠兮謂雖柔而亦剛妄自肎於夙夜兮肯或負於蒼蒼者耶宛披靡之多娛兮左蘭茝而右昭陽方並進於采麗兮仍翕趨於嘉良綴明璣以如旒兮烱截堄而飾璫信競媚以取榮兮此凋謝其奚傷懸明月以自照兮感孤禽之嘶嘶覽翠袂以深浥兮耿餘悲於寸腸悵玉戶之如隔兮夜寥寥乎未央勺千古以凝監兮盛與衰其交相女恃色以爲命兮寧專美於施嬙下蘭宮而周覽兮企璧門之鸞翔遡仙掌而如擢兮渴露英之瀼瀼雜珊瑚之叢碧兮羅珍物之琳琅群窈窕之華麗兮嗟夙願之莫償月在梧而如冰兮風入槐而吹霜鴈無憀而將寒兮蟀似語而號涼結幽蘅以藉枕兮席荃蘭以敷床攬翠被以展轉兮味宿薰而猶香愁與夢以難靈兮不自達於君傍誰以海而爲漏兮滴秋聲而加長夜漫漫其若歲兮懷鬱鬱其誰揚告女官以輸芹

兮願一陳於吾王王乙夜而陳書兮必有監於興亡非宋玉之有聞兮夫誰陳乎高唐仰懋德之無逸兮宜千萬年無疆願毋輕於螻蟻兮尚飭龜於淫荒

讀易賦

嗟古人之不余欺兮吐微言以昭宣苞萬微以自圖兮肯造端於坤乾杳兩氣之吸噓兮邀元化以齊甄産六子以該輔兮諧初畫以俱旋人以事而鼓桴兮物以數而琱鐫昧罔窺其橐籥兮智或殫其觔緜嗚呼文與孔孰囿命兮肯自放於踣顛迄以道而著龜兮特探幾於羲先老世故之轇轕兮信吾辰之迍邅泯無悶之可汰兮假羲翁以俱傳西伯不知其所以兮扂父亦莫知其攸然任吉凶之盪摩兮付吝悔之爭挺覽天人以自索兮坦日用於平平於嗟乎九歌其誰作兮太圖絜而娟娟既以身爲心累兮猶輸情於蘭荃又豈知薇有可采兮匪伯夷之隘焉抑不如歸去來兮樂夫天命以自研余亦消息盈虛兮有余師者聖賢索遺文以退儆兮三加省而逾堅審爻象以耽玩兮紮日星而陳前數固非可偏揲兮理亦非可以獨筌嗚呼天生余有命兮余有命其在天妙矣夫知之精之者在玄之而又玄尚有得於古人兮幸加我以數年誓將老於斯經兮其毋忘乎三折編

秋蘭賦

客有遺予秋蘭者比家山所毓尤清癯特香味稍減豈涼未深耶系之以辭

眇銀渚之如傾兮訊宵涼之方㓜儆有風之西香兮竦孤貞之俄秀宛青葉而紫莖兮花四三㷀且瘦心兩兩而一知兮驚汝我之俱舊吁靈均之有靈兮炯不死而猶壽九其歌之迢迢兮豈韶勺之可奏洞庭波而舞葉兮菊英英而趨茂何獨憐此幽深兮了非聞而非嗅香渚北之雲興兮帝子澹乎先後擷微芳而薦嘉兮吽湘臯而寒溜余既莫之偶兮律遺聲而孰扣勺明水以酬君兮耿斯意之不可又君亦裴回而忘歸兮指衡荃而將授予更曰芳之克肖兮豈氛凡之能垢不然易其何言兮今琅琅乎其臭

騷略卷三

獻醜集

閨女弄妝自謂天下色也出見施嬙始知獻醜予以詩文獻醜者也自重痼之餘户外事一不以綴意獨嗜筆硯如奇聲美味每有題著必拊几嗟賞謂意語天出不知前有古人今有作者及示人人傳以爲笑始悔不藏之也然則醜可藏乎曰不可安知不有窺而笑者哉抑笑可禁乎曰不可禁笑則愈笑也與其藏醜而人窺笑禁笑而人愈笑孰若獻醜之笑之爲快也故氏其集曰獻醜嘉熙丁酉中秋日梅屋許棐自序

梅屋記

予小莊在秦溪極北屋庳地狹水南别築數椽爲讀書所四簷植梅因扁梅屋丁亥震凌屋仆梅壓移扁故廬客顧扁而問曰昔吟逋愛梅未嘗一日去梅爾愛梅無梅屋扁梅屋猶飢人畫餅奚益請去扁予曰向也以梅爲梅今也以心爲梅扁何問焉扁可以理觀不可以物視片木二字而已理觀四壁天地萬卷春風庾嶺香孤山玉豈襟袖外物哉斷斷以爭其無喋喋以衒其有皆非物理之平也請别具隻眼客曰唯

瘞木文

溝中之斷僕取爲薪斤斧將奏予止而哀之曰女巢鳳凰者乎棲鴟梟者乎傲歲寒而蒼翠者乎媚春光而紅紫者乎何楠杙不齒轅輻不録而泛泛水中爲不刻之舟乎使造化者完女根株布女枝葉復生於仁壽之域或使匠氏斲爲琴瑟文爲犧象不朽於禮樂之鄉女欲之乎木以臆對曰天地一紅爐也古今一燄光也堯桀同埃孔跖共燼豈獨予可哀而爲是拘拘者哉請爨之予不忍瘞于後圃贊且識曰出乎是反乎是與焚溺異木乎木乎超生死類

朱黄二君説 二君朱黄二筆也阿阿膠也

阿丈人揖朱黄君而問曰吾膠漆二友爲梅屋校雠有功請各第而言之黄君曰辭訛理舛非我莫攻點謬畫差非我莫蓋且中央色也當受衆采北面朱君赭容奮髯而怒曰句讀我判四聲我分又文之美惡我標我準實破暗之燈火拯謬之丹砂也彼雌其名而不雌伏耶阿丈人評之曰朱君事業果赫赫滿人目然頫濯髮者易秃苦用心者早衰外澤顔色者内未必無枯槁之疾黄君曰然請書爲主人養生之鑒

海塩廣福永爲賢首教院記

竹軒住廣福之明年榛葳芟夷廊廡環接學袍鱗萃慈像金鮮復舊觀之漸歟一日偕知寺淨喜來白梅屋居士曰君與寺鄰吾爲君友壞梁又有而祖監丞題墨前因後緣如此不絶敢有請焉廣福賢首道場也彼宗連住二三十年教異事殊隨葺隨毀更夂燕雀亦無容身地矣吾持此教居此寺是客去主歸時也一身當百廢不敢不勉第恐主席未煖客單已侵主退客留寺興廢未可知也淨請援郡剎真如故事

聞於禮部部然其然符郡郡帖縣及寺一邑官吏士民又莫不然其然也欲鏤帖以照來者子爲我證明居士曰萬物興廢有數而況寺乎寺當廢八萬四千毋陀羅臂不能扶其毀當興九十五種外道心不能害其成今寺廢數極數極寺興如冬株剥落春陽必回華孕芳舒客寒不能遏也然則華嚴世界不從天隊則自地湧又其不然舍金雲委施力川增衆妙混成自然愜當是時和尚趺坐一席戒水澄源慧燈韜熖無佛無祖天地一塵昔未來未嘗不來今未去未嘗不去非來非去是名常住是帖也何必刻淨喜曰石已具姑刻之

梅屋書目序

予貧喜書舊積千餘卷今倍之未足也肆有新刊知無不市人有奇編見無不録故環室皆書也或曰嗜書好貨均爲一貪貪書而飢不若貪貨而飽貪書而勞不若貪貨而逸人生不百年何自苦如此荅曰今人予不知之自古不義而富貴者書中略可考也竟何如哉予少安於貧壯樂於貧老忘於貧人不鄙吏予之貧鬼不揶揄予之貧書之賜也如彼百年何樂之有哉書目未有序童子志之

送張南窻序

南窻張君鴈山片玉也一日抱琴過我酒三行起而辭曰梅屋吾與琴相好江湖二十年程山行水不外一日弃月驛涼宵雪店寒曉手不釋弦弦亦不釋手但未能如阮千里無貴賤長幼使之彈而無忤色也將卜居西湖與琴終老因過子以獻一曲曲曰抱琴來兮鴈山低抱琴歸兮鴈山崔嵬卜居兮西湖之厓身伯牙兮心子期予謝之曰人琴俱清又居西湖孤山之梅添香矣他日予到西湖見鷗鷺當門花竹繞屋而中有琴聲者必君之居也訪君君罷琴而接之乎

融春室記

予多病畏寒未冬爲縮𣪊蝸矣陋室第三桁下分立四楅中垂一簾對懸樂天東坡二先生像當窻晴日煖肌骨暢柔爐温火深神氣和浹未信天地間別有春也嗚呼室舊室也歲殘歲也何昨也冬而今也春吾疑二先生在焉霜雪不敢犯又疑葉葉春風自書卷中流出不然是造物者憐我寒痼異今於一室也然不敢私一室之春願融而爲天下之春貧褐富裘同一温纊家居客寓同一煕臺此予之心也二先生之心也

王文書目序

王文以書謁而貌有羸色予問其故對曰文載書自杭而湖自湖而秀村縈郭滯日引月長舟不減輕囊不增重蠹飽而人飢別圖什一之利而未忍不獨貌羸心亦凋矣予曰女書不售他利可圖士不讀書無業可換況當天子興太平以詩書化天下天下之士方鮮醒陋目刳鈌怠心吾見家韓檠而户鄴架爾羸

然之貌爲欣然之色矣姑小待

責井文

夏五小旱井無涓泉予俯睨而責之曰吾謂女炎夏涵冷凜冬抱温不趨其時者也朝瓢冰澄莫罌玉溜不易其操者也今衆源猶活爾泉獨枯泄竇塵積甃縫煙生始悔知女者淺期女者之太深也予寧休炊息飲誓不屈耿恭之膝言訖倦繭而睡見童子蓬頭土面焦唇燥吻喁喁而告曰吾井神也使爾釜不生塵衣不疑垢者誰乎使爾筆硯津津濡雲染霧樽罍灩灩泛月浮花者又誰乎久濟亡功一渴成怨何少恩耶當扣天閽闢泉户償子無窮之汲覺不知其所之但聞西簷之雨

送教上人序

人不游學自塗耳目者也士而游學渺渺江湖寥寥師友何處非重費哉故以貧塗耳目者十常八九僧天地一刹也聞鍾展鉢望塔投師安有士之一費如是而不游學守巢鳥耳鄉僧修教讀智者書參皎然靈一句法又飛錫鷲峰目書外之書耳句外之句離山出海之龍象歟鷲峰予舊吟行之地也老矣不能侶馳作送行序

樵談并序

樵身也談心也向月磵雲崖和樹聲答泉響高亦可低亦可繁亦可簡亦可猿鶴不猜鹿豕不忌恐饒舌者語世人世人笑之耳世人不談王道樵亦能笑之

耕堯田者有水慮耕湯田者有旱憂耕心田者無憂無慮日日豐年

擘書覆瓿裂衣史黏窻誰不惜之士厄窮途落寬穽聞者不憐遇者不顧聽其死生是賢紙上之字仇腹中之文哀哉

與邪佞人交如雪入墨池雖融爲水其色愈汙與端方人處如炭入熏爐雖化爲灰其香不滅

小人出事剥竊入事熏修是攘雞賽神攫金妝佛神佛其據我乎

逢彼躁忿如塗雪著面而易融逢彼笑怒如隙風侵肌而不覺

子怨父貧兄攘弟富妻妾視豐儉爲悲懽奴僕視盛衰爲勤怠市道不在門外矣

殺人者死定法也酷吏殺人不死謬將殺人不死庸豎殺人不死法定乎

凶人祭祀吉神不饗如君子不受小人之苞苴吉人祭祀凶神不臨如小人不登君子之俎豆

聞君子議論如啜苦茗森嚴之後甘芳溢頰聞小人諂笑如嚼糖冰爽美之後寒沍凝腹

或問優孟學孫叔敖抵掌談笑歲餘與叔敖無辨今人終身學孔顏何百不一如曰心學滑稽易口耳學聖賢難

畫工數筆術者片言僧道一經半呪動得千金文士

剗精鉥心不博人一笑吁士也賤何獨在兹

擕魚上砧送蟹入釜無不惻然及坑才陷藝惟恐不深是不忍於細而忍於大

鬮金閱玉不幸甚矣而先人手澤亦卷分帙散永爲不全之書是遭無談之秦也哀哉

貴蓄孔鸝賤視賔客肥飼猿鹿瘦役輿臺不義而富貴者之積習也

衣垢不湔器鈌不補對人猶有慚色行垢不湔德鈌不補對天豈無愧心

古人歎未知爲人父之道而有子今人未知爲人子之道而有子

庸匠誤器器可他求庸婦誤衣衣可別製庸師誤子弟子弟可復胚乎

龍有蛇之一鱗不害其爲靈玉有石之一脉不害其爲寶士有百行一行偶違不害其爲君子

自己之僊真僊也不求真仙而求繪鍾塑呂惑矣

堯行舜趨周冠孔裳者恐未可以貌定也使其見遺金於曠寂之途遇色婦於空閑之室而一不動心是堯舜返蒐周孔復肉不然仁義之賊也

或問浮屠氏以身爲旅伯何必殫費金朱華耀土木曰小人性貪非窮奢極侈無以起其信心

君子對青天而懼聞雷電而不驚履平地而恐涉風波而不疑

讀孔孟之書而不嗜殺人者未爲仁人也讀孫吳之書而不嗜殺人者仁人也

東家富財車馬接踵西家富德風雪閉門

燕處文梁壘深鷇煖鳩棲弱葦巢折身危蕭曹得其託勳成烈就慶衍後人且增失其託義破忠殘餒貽先世然則劉季豪傑之文梁項羽英雄之弱葦也

上交之難甚矣百諂未必喜一忠刻骨怨之百巧未必録一拙終身弃之所以古人高尚其事

虎不食虎人食人虎不食子人食子哀哉

破爪傷膚壞梳摘髮色爲之變藜珍瘞身列艷靡骨心爲之安

倚富者貧倚貴者賤倚彊者弱倚巧者拙倚仁義不貧不賤不弱不拙

天不能家訓户飭賢一人以誨衆人之愚天不能家贍户給富一人以濟衆人之貧非以賢私一身富私一家也

瘖犬説

别墅二犬一犬瘖廢羣佃交議曰職吠者無聲當與不鳴鴈俱死予召而喻之曰夫瘖於聲者未必瘖於心也是畜呼之而來叱之而去不瘖於進退者也賓戚升堂噤而迎之塗人過門哆而逐之又不瘖於親疎者也視夫衛輒吠父王莽吠君管象吠兄弟怒聲徒嘈嘈於天下後世耳爾不原其心而嗚者生瘖者死是目持聽衡謬操刑柄生者幸而死冤矣羣佃相

視而歎曰吾儕瘖於心者也念不到此敢不與是畜
俱生拱而退

獻醜集

九

百川學海　庚集

選詩句圖

高氏　似孫　集

杜公訓兒熟精選理兒豈能熟公自熟耳蚤參公法全律用六朝句不特公也宋襲晉齊沿宋凡茲諸人互相憲述神而明之人莫知之惟李善知之予亦知之乃爲圖詁略表所以憲述者法精且祕悟其杜矣姑畀兒兒熟否雖然莫欺也力諸壬午十一月二十一日

漢

李陵 漢書曰陵字少卿爲侍中建章監降匈奴爲右校正

嘉會難再遇三載爲千秋

遠望悲風至對酒不能酬 劉休玄詩日夕涼風起對酒長相思

行人難久留各言長相思

努力崇明德皓首以爲期 蘇武詩願君崇令德隨時愛景光

蘇武 漢書曰武字子卿爲移中監使匈奴十九年歸拜典屬國

昔爲鴛與鴦今爲參與辰

絲竹厲清聲慷慨有餘哀

願爲雙黄鵠送子俱遠飛 古詩願爲雙鳴鶴奮翅起高飛 阮籍詩願爲雙飛鳥比翼共翱翔 建安中無名詩中有雙飛鳥自名曰鴛鴦

馥馥我蘭芳芬馨良夜發

良友遠離别各在天一方 曹植詩之子在萬里江湖迴且深 陸機詩遊子眇天末還期不可尋

班婕妤 五言歌録日成帝選婕妤居增成舍趙飛燕寵盛婕妤失寵帝崩婕妤充園陵

出入君懷袖動搖微風發 古詩從風入君懷四坐莫不歎曹植詩願爲西南風長逝入君懷君懷長不開賤妾當何依

常恐秋節至涼風奪炎熱 古詩歌行曰常恐秋節至焜黃華葉衰

魏

文帝 魏志曰文帝諱丕字子桓太祖太子也爲五官中郎將太祖薨嗣位爲丞相魏王受漢禪即皇帝位

雙渠相溉灌嘉木繞通川 西京賦曰嘉木樹庭上林賦曰通川過於中庭

草蟲鳴何悲孤鴈獨南翔 曹植詩孤鴈飛南遊過夜長哀吟左思詩拔軒臨前庭嗷嗷晨鴈翔

天漢迴西流三五正縱横 古詩河漢清且淺相去復幾許鮑昭詩夜移衡漢落徘徊帷戶中

丹霞夾明月華星出雲間 張載詩朝霞迎白日丹氣臨湯谷

游魚潛綠水翔鳥薄天飛 阮籍詩綠水揚洪波曠野莽茫茫

秋風發微涼寒蟬鳴我側

春鳩鳴飛棟流猋激櫺軒

曹植 魏志曰植字子建善屬文封陳王

貞闕出浮雲承露槩太清 廣雅曰抗摩也槩與抗同古字通顏延年詩流雲藹青闕皓月鑒丹宮

浮沉各異勢會合何時諧

明月澄清景列宿正參差 謝朓詩曉星正寥落晨光復決漭曹植詩圓景光未滿衆星粲以繁

樹木發春華清池激長流 盧諶詩下泉激洌清曠野增遼索

朝遊江北岸日夕宿湘沚

秋蘭被長坂朱華冒綠池 劉楨詩芙蓉散其華菡萏溢金塘潘岳詩綠池汎淡淡青柳何依依謝靈運詩澤蘭漸被逕芙蓉始發池陸機詩幽蘭盈通谷長秀被高岑

清時難屢得嘉會不可常 李陵詩佳會難載逢

之子在萬里江湖迴且深

應瑒 魏志曰汝南應瑒字德璉太祖辟爲丞相掾屬後爲五官將文學謝靈運鄴中集詩序曰瑒汝頴之士流離世故頗有飄薄之歎

朝鴈鳴雲中音響一何哀 陸機詩孤鴻號外野朔鳥鳴北林張載詩仰聽離鴻鳴俯聞蜻蛚吟謝靈運詩秋泉鳴北澗哀猿響南巒

往春翔北土今冬客南淮 謝靈運詩嗷嗷雲中鴈舉翮自委羽求涼弱水湄違寒長沙渚成公綏鴈賦曰濵弱水之陰岸

應璩 文章錄曰璩字休璉博學好屬文明帝時歷散騎侍郎曹爽多違法度璩爲詩以諷焉典著作卒文章志曰璩汝南人也

文章不經國筐篋無尺書 新序孫叔敖曰筐篋之囊簡書

問我何功德三入承明廬 曹植詩謁帝承明廬逝將歸舊疆

劉楨 魏志曰楨字公幹少有文學太祖辟丞相掾屬太子嘗請諸文學酒酣命甄氏出拜坐中皆伏楨獨平視太祖聞之收楨減死輸作著文賦數十篇謝靈運鄴中集詩序曰楨卓犖偏人而文最有氣所得頗經奇

清風凄已寒白露塗中庭 謝朓詩梢梢枝早勁塗塗露晚晞楚辭曰白露紛以塗塗王逸曰塗塗厚貌也

白日入虞淵懸車息駟馬 陸機詩虞淵引絶景四時逝若飛

王粲 魏志曰粲字仲宣山陽人獻帝西遷粲從至長安以西京擾亂乃之荊州依劉表後太祖辟爲右丞相掾魏國建爲侍中謝靈運鄴中集詩序曰粲家本秦川貴公子孫遭亂流寓自傷情多

生爲百夫雄死爲壯士規 漢書項羽謂樊噲曰壯士也呂氏春秋曰張儀壯士也

涼風撤蒸暑清雲却炎暉

曲池揚素波列樹敷丹榮 列女傳津吏女曰水揚波兮杳冥冥

南登霸陵岸回首望長安 阮籍詩徘徊蓬池上還顧望大梁又詩登高望九州悠悠分曠野徐悱詩登陴起遐望迴首見長安鮑照詩升高臨四關表裏望皇州又詩登艫眺淮甸掩泣望荆流潘岳詩卷然顧鞏洛山川邈離異顏延年詩前登陽城路日夕望山川又詩卻倚雲夢林前瞻京臺囿謝眺詩灞涘望長安河陽視京縣又詩引領見京室宮雉正相望沈約詩南瞻儲胥觀西望昆明池謝靈運詩西顧太行心北眺邯鄲道盧諶詩北眺沙漠垂南望舊京路

萑蒲竟廣澤葭葦夾長流

山岡有餘映巖阿增重陰 通俗文曰日陰曰映

方舟泝大江日暮愁我心 郭璞曰方舟併兩船也

上有特棲鳥懷春向我鳴

今日不極懽含情欲待誰 古樂府今日尚不樂當復待何時

詩人樂美土雖客猶願留 古詩客行雖云樂不如早旋歸

迴身入空房託夢通精誠

晉

郭璞 臧榮緒晉書曰璞字景純河東人璞性放散不脩威儀爲佐著作後轉王敦記室參軍敦謀逆爲敦所害又云有人見其睡形變鼉精也

臨源挹清波陵岡掇丹荑

翡翠戲蘭苕容色更相鮮 鄒潤甫遊仙詩潛穎隱九泉女蘿緣高松此亦遊仙也

寒露拂陵苕女蘿辭松柏

潛穎怨青陽陵苕哀素秋 爾雅曰苕陵苕也

謝混 臧榮緒晉書曰混字叔源善屬文爲左僕射以黨劉毅誅沈約宋書曰混丹陽

西池人

惠風蕩繁囿白雲屯曾阿 邊讓章華臺賦曰惠風春施陸機詩躑躅遵林渚惠風入我懷

景昃鳴禽集水木湛清華

盧諶 徐廣晉記曰諶字子諒范陽人有才理顯宗徵散騎常侍段末波愛其才託以道險不遣末波死諶依石季龍冉閔誅石氏諶隨閔軍遇害

北眺沙漠垂南望舊京路 江淹詩飲馬出城濠北望沙漠路

平陸引長流岡巒挺茂樹

中原厲迅飈山阿起雲霧

凝霜霑蔓草悲風振林薄 阮籍詩朱華振芬芳

妙詩申篤好精義貫幽賾

傅咸 王隱晉書曰咸字長虞北地人爲司隸校尉

日月光太清列宿耀紫微 謝靈運詩列宿炳天文負海橫地理

孫楚 臧榮緒晉書曰楚字子荆太原人征西扶風王駿與楚舊好起參軍爲馮翊太守

晨風飄歧路零雨被秋草 李陵詩欲因晨風起送子以賤軀

孰能察此心鑒之以蒼昊

石崇 臧榮緒晉書曰崇字季倫渤海人也早有智慧稍遷至衛尉初崇與賈謐善謐既誅趙王倫專任孫秀崇有妓曰綠珠秀使人求之崇不許秀勸倫殺崇遂被害

苟生亦何聊積思常憤盈 蔡琰詩心吐思兮胷憤盈

飛鴻不我顧佇立以屏營 上二句云願假飛鴻翼乘之以遐征魏文帝喜霽賦曰思寄目於鴻鸞擧六翮而輕飛

朝華不足懽甘與秋草并 古詩傷彼蕙蘭花含英揚光輝過時而不采將隨秋草萎

傳語後世人遠嫁難爲情 漢書張禹曰有愛女遠嫁
潘岳 文章志曰岳字正叔有清才應州辟後以父老歸養終乃出仕位太常
南山鬱岑崟洛川迅且急 謝靈運詩河流有急瀾浮驂無緩轍又詩遡流
觸驚急臨圻阻參錯曹植詩江介多悲風淮泗馳急流
青松蔭脩嶺綠蘩被廣隰
亹亹孤獸騁嚶嚶思鳥吟 阮籍詩走獸交横馳飛鳥相隨翔
山澤紛紆餘林薄杳阡眠
陸機 王隱晉書曰機字士衡吳郡人爲牙門將軍吳平太傅楊駿辟祭酒轉太子洗
馬後成都王穎以機爲司馬參大將軍軍事爲穎所害
孟諸吞雲夢百二侔秦京 又詩發軫高洛汭驛馬大河陰謝朓詩江南佳
麗地金陵帝王州又詩宛洛佳遨遊春色滿皇州又詩洞庭張樂地瀟湘帝子遊又詩鵾起登
吳山鳳翔陵楚甸又詩二別阻漢坻雙崤望河澳又詩東限琅琊臺西距孟諸陸謝靈運詩越
海陵三山遊湘歷九疑顏延年詩振纖發吳州秣馬陵楚山又詩江漢分楚望衡巫奠南服又
詩三湘淪洞庭七澤藹荊牧又詩入河起陽峽踐華因削成盧諶詩北踰芒與河南臨伊與洛
江淹詩南關繞桐柏西嶽出魯陽袁淑詩長安五陵間秦地天下樞鮑昭詩朝遊鴈門上暮還
樓煩宿謝靈運詩北渡黎湯津南登紀郢城
曲池何湛湛清川帶華薄
清露被皐蘭凝霜霑野草 楚辭曰皐蘭被徑兮斯露漸
京洛多風塵素衣化爲緇 謝朓詩誰能久京洛淄塵染素衣劉休玄詩卧
覺明燈晦坐見輕紈緇
南望泣玄渚北邁涉遠林 又詩永歎遵南渚遺思結南津
輕條象雲構密葉成翠幄 齊都賦曰翠幄浮遊
凝冰結重澗積雪被長巒
猛獸凴林嘯玄猿臨岸嘆

激楚佇蘭林回芳薄秀木 上林賦曰激楚結風
大火貞朱光積陽熙自南 鮑昭詩赤阪横西阻火山赫南威潘岳詩南陸
迎脩景朱明送末垂崔駰賦曰迎夏之首末春之垂
孤獸思故藪離鳥悲舊林 張載詩流波戀舊浦行雲思故心
蕙草饒淑氣時鳥多好音
谷風拂脩薄油雲翳高岑 王僧達詩聿來歲序暄輕雲出東岑
和風飛清響鮮雲垂薄陰 又詩零露垂鮮澤朗月耀其輝
清川含藻景高崖被華丹
招摇西北指河漢東南傾 鮑昭詩夜移河漢落徘徊帷户中
昭昭清漢暉粲粲光天步 謝靈運詩照灼爛霄漢遥裔起長津
人生無幾何爲樂常苦晏
江蘺生幽渚微芳不足宣 魏武帝詩蒲生我池中葉何一離離劉楨詩磷
磷水中石蘋藻生其涯謝靈運詩微尚不及宣
念君久不歸濡迹涉江湘
但恨功名薄竹帛無所宣 王讚詩師涓久不奏誰能宣我心
夏條集鮮藻寒冰結衝波 文子曰夏條可結
陸雲 王隱晉書曰雲字士龍少與兄機齊名虎日二陸爲吳王郎中令出宰浚儀有
惠政機被收并收雲
通波激枉渚悲風薄丘榛 楚辭曰朝發枉渚淮南子注曰叢木曰榛陸機
詩頓轡倚嵩巖側聽悲風響
時暮復何言華落理必賤
南津有絕濟北渚無河梁 劉休玄詩河廣川無梁山高路難越謝朓詩風
雲有鳥路江漢限無梁魏文帝詩願飛安得翼欲濟河無梁曹植詩伊洛廣且深欲濟川無梁
傅玄 臧榮緒晉書曰玄字休弈北地人善屬文舉秀才至司隸校尉

繁星依青天列宿自成行

纖雲時髣髴渥露沾我裳曹植魏德論曰纖雲不形陽光赫戲劉楨詩皎月垂素光玄雲爲髣髴

良時無停景北斗忽低昂

王康琚古今詩英華曰晉王康琚爵里未詳

鶗鴂先晨鳴哀風迎夜起陸機詩哀風中夜流孤獸更我前

推分得天和矯性失至理

張華臧榮緒晉書曰華字茂先范陽人好文義博覽爲太常博士轉兼中書郎遷司空爲趙王倫所害

蘭蕙緣清渠繁華蔭緑渚佳人不在茲取此欲誰與

佳人處遐遠蘭室無容光

繁霜降當夕悲風中夜興

左思臧榮緒晉書曰思字太沖齊國人博覽文史作三都賦徵爲秘書

左眄澄江湘右盼定羗胡顏延年詩藐盼覯青崖衍漾覯緑疇廣雅曰盼視也方言曰澄清也馬融論語注曰盼動目貌

白雪停陰岡丹葩耀陽林

石泉漱瓊瑶纖鱗亦浮沉陸機詩山溜何泠泠飛泉漱鳴玉楚辭曰飲石泉兮蔭松柏

桑條旦夕勁緑葉日夜黄

弱葉棲霜雪飛榮流餘津

殷仲文檀道鸞晉陽秋曰仲文字仲文陳郡人爲驃騎行參軍以桓玄之姊夫玄僭立用爲長史帝反正出爲東陽太守愈益憤怒後照鏡不見其面數日禍及

景氣多明遠風物自淒緊

爽籟警幽律哀壑扣玄牝大戴禮曰丘陵爲牡溪谷爲牝

阮籍臧榮緒晉書曰籍字嗣宗陳留人容貌傀傑志氣閎放爲尚書郎遷步兵校尉袁宏竹林名士傳曰籍以步兵校尉闕廚中有數斛酒求爲校尉大將軍甚奇愛之

二妃遊江濱婉孌有芬芳

膏沐爲誰施其雨怨朝陽

松柏翳岡岑飛鳥鳴相過

鳴鴈飛南征鶗鴂發哀音

湛湛長江水上有楓樹林楚辭曰湛湛江水兮上有楓樹孟康漢書注曰江陵爲南楚吳爲東楚彭城爲西楚

三楚多秀士朝雲進荒淫

芳樹垂緑葉清雲自逶邐

一身不自保何況戀妻子沈約曰榮悴去就此人本無保身之術況復妻子者乎

自非王子晉誰能常美好又詩焉見王子喬可以慰我心謝靈運詩始憶安期術得盡養生年古詩仙人王子喬難可與等期

歐陽建王隱晉書曰石崇外甥歐陽建渤海人也爲馮翊太守趙王倫之爲征西撓亂關中建每匡正不從有隙及倫篡立勸淮南王允誅倫未行事覺倫收崇建及母妻無少長皆行斬刑孫盛晉陽秋曰建字堅石

松柏隆冬悴然後知歲寒

不涉太行險誰知斯路難

張載臧榮緒晉書曰載字孟陽武邑人有才華拜著作佐郎遷領著作稱疾告歸

白露中夜結木落柯條森

弱草不重結芳蕤豈再馥

浮陽映翠林迴飈扇緑竹

飛雨灑朝蘭輕露栖叢菊

金風扇素節丹霞啓陰期
寒花發黃采秋草含綠滋 江淹詩庭樹發紅彩閨草含綠滋劉休玄詩堂上流塵生庭中綠草滋古詩迴風動地起秋草萋已綠
陽鳥收和響寒蟬無餘音
朝霞迎白日丹氣臨湯谷
翳翳結繁雲森森散雨足 論衡曰初出為雲繁雲為翳又詩雲根臨八極雨足灑四溟
淒風起東谷有渰興南岑 江淹詩有渰興春節愁霖貫秋序
客葉日夜疎叢林森如束 左思詩綠葉日夜黃
澤雉登壟雊寒猿擁條吟 王粲詩波流激清響猴猿臨岸吟
潘岳 臧榮緒晉書曰岳字安仁中牟人摛藻清艷司空太尉府舉秀才高步一時為衆所疾世說曰孫秀既恨石崇不與綠珠潘岳昔遇之不以禮秀為中書令岳於省內謂秀曰孫令憶疇昔周旋不秀曰中心藏之何日忘之岳於是始知不免後收石崇同日收岳石先送市亦不相知潘後至石謂潘曰安仁卿亦復爾邪潘曰可謂白首同所歸岳金谷集詩乃成其讖王隱晉書曰岳父文德為琅琊太守孫秀時為小吏岳於秀不以仁遇也

落英隕林趾飛莖秀陵喬
川氣冒山嶺驚湍激巖阿
白水過庭激綠槐夾門植 曹植詩樹木發春華清池激長流
歸鴈映蘭洔游魚動圓波 謝叔源詩褰裳順蘭沚徙倚引芳柯李善曰沚與洔同
鳴蟬厲寒音時菊耀秋華
司馬彪 臧榮緒晉書曰彪字紹統拜散騎侍郎
卞和潛幽冥誰能證奇璞

苕苕椅桐樹寄生於南嶽 古詩冉冉孤生竹結根泰山阿左思詩鬱鬱澗底松離離山上苗何劭詩青青陵上松亭亭高山栢劉楨詩鳳凰集南嶽徘徊孤竹根又詩亭亭山上松瑟瑟谷中風江淹詩蒼蒼山中桂團團霜露色
何劭 臧榮緒晉書曰劭字敬宗陳國人善屬篇章遷左僕射傅咸集曰何敬宗咸之從內兄也
道深難可期精微非所慕 魏武帝詩道深未可得名山歷觀行
閑房來清風廣庭發暉素 古長歌行昭昭素明月暉光燭我牀陸機詩清露墜素暉明月一何朗
吉士懷貞心悟物思遠託
俯臨清泉涌仰觀嘉木敷 謝靈運詩俯濯石下泉仰看條上猿又詩企石挹飛泉攀林擿葉卷
王讚 臧榮緒晉書曰讚字正長義陽人博學有俊才歷散騎侍郎

朔風動秋草邊馬有歸心
人情懷舊鄉客鳥思故林 文子曰鳥飛反鄉依其所生
張協 臧榮緒晉書曰協字景陽載弟也兄弟守道不競以屬詠自娛後為黃門侍郎
達人知止足遺榮忽如無 託疾絕人事
郭泰機 傅咸集曰河南郭泰機寒素後門之士
寒女雖妙巧不得秉杼機 傅咸荅泰機詩曰貧寒猶手拙操杼安能工古詩曰札札弄機杼
天寒却運速況復鴈南飛
劉琨 王隱晉書曰劉琨字越石中山靜王之後永嘉中為并州刺史與盧志親善志子諶琨先辟之後為從事中郎段匹磾領幽州牧諶求為匹磾別駕為匹磾所害
朱實隕勁風繁英落素秋 劉楨書曰肅以素秋

功業未及建夕陽忽西流

曹攄 臧榮緒晉書曰攄字顏遠譙國人篤志好學參南國中郎將遷高密王左司馬流人王逌等寇掠城邑攄與戰軍敗而死

密雲翳陽景霖潦淹庭除

凜凜天氣清落落卉木踈 杜篤首陽山賦曰長松落落

褰裳不足難清陽未可俟

精義測神奧清機發妙理 盧諶詩理以精神通匪曰形骸隔

棗據 宋書七志曰據字道彥潁川人遷中庶子

深谷下無底高巖暨穹蒼

玄林結陰氣不風自寒涼

張翰 七志曰翰字季鷹吳郡人文藻新麗齊王冏辟爲東曹掾天下亂東歸

青條若揔翠黃花如散金

嘉卉亮可觀顧此難久耽

宋

謝瞻 宋書七志曰瞻字宣遠東郡人能屬文爲黃門郎以弟晦權貴求爲豫章太守卒

夕霽風氣涼閑房有餘清 何劭曰閑房來清氣

輕霞冠秋日迅商薄清穹 張載詩秋氣吐商氣蕭瑟掃前林

頹陽照通津夕陰曖平陸 楚辭曰日晻晻而下頹

繁林收陽彩密苑解華叢

巢幕無留燕遵渚有來鴻

綢繆結風徽烟熅吐芳訊 演連珠曰肆義芳訊顏延年詩君子吐芳訊感物側餘衷

范曄 沈約宋書曰曄字蔚宗潁陽人爲高祖相國掾遷太子詹事坐反誅

蘭池清夏氣脩帳含秋陰 三輔黃圖曰蘭池觀在城外

睇目有極覽遊情無近尋

遵渚攀密隨山上嶇嶔

顏延年 沈約宋書曰延年字延之琅琊人讀書無所不覽文章之美冠絕當時爲秘書監太常

寢興日已寒白露生庭蕪

陽陸團精氣陰谷曳寒煙

元天高北列日觀臨東溟

昔醉秋未素今也歲載華

歲候方過半荃蕙豈久芬 古詩香風難久居空令蕙草殘江淹詩不惜蕙草晚所悲道路寒

巖除去漢宇襟衛徙吳京

春江壯風濤蘭野茂稊英

江漢分楚望衡巫奠南服

三湘淪洞庭七澤藹荊牧 謝靈運詩洞庭空波瀾

松風遵路急山煙冒壠生

離獸起荒蹊驚鳥縱橫去 阮籍詩離獸東南下

夜蟬當夏急陰蟲先秋聞

庭昏見野陰山明望松雪

朔風厲嚴寒陰氣下微霜

弔屈汀洲浦謁帝蒼山蹊 謝朓詩雲去蒼梧野水還江漢流

陰風振涼野飛雪瞀窮天 陸機詩涼野多險難瞀武賦切郭璞曰瞀冥也

謝靈運 沈約宋書曰靈運陳郡人文章之美江左莫逮辟琅琊王大司馬爲臨川郡守爲有司所糾徙付廣州遂令趙欽等要合鄉里健兒於三江口篡取有司奏依法收

罰詔棄市廣州又云襲封康樂侯
衆賓悉精妙清辭灑蘭藻顏延年詩芬馥歌蘭若清越奪琳珪劉楨詩君
侯多壯思文雅縱横飛
潛蚪媚幽姿飛鴻響遠音
初景革緒風新陽改故陰楚辭曰欸秋冬之緒風王逸曰緒餘也顏延年
詩倚巖聽緒風攀林結留荑王逸曰留荑香草也
秋岸澄夕陰火旻團朝露
初篁苞緑籜新蒲含紫茸服虔漢書注曰篁叢竹也籜竹皮也江淹賦曰
擢紫茸茸蒼頡篇曰茸草貌李善曰此蒲華也
沈冥豈别理守道自不攜漢書曰蜀嚴湛冥又幽而不改其操尸子曰守
道固窮
慮澹物自輕意愜理無違淮南子曰澹然無慮孫卿子曰内省則外物輕

矣
乘月聽哀狖浥露馥芳蓀
池塘生春草園柳變鳴禽
山桃發紅萼野蕨漸紫苞詩疏曰蕨山菜也
首夏猶清和芳草亦未歇張衡歸田賦曰仲春令月時和氣清楚辭曰芳
草歇而不被
季秋邊朔苦旅鴈違霜雪王僧達詩仲秋邊風起孤蓬卷霜根列子曰禽
獸之智違寒就温
林壑斂暝色雲霞收夕霏
芰荷迭映蔚蒲稗相因依阮籍詩迴風吹四壁寒鳥相因依謝朓詩汀葭
稍靡靡江菼復依依
白雲抱幽石緑篠媚清漣

亂流趨正絶孤嶼媚中川
石横水分流林密蹊絶蹤
野曠沙岸淨天高秋月明
春晚緑野秀巖高白雲屯謝混詩惠風蕩繁囿白雲屯曾阿謝惠連詩屯
雲蔽曾嶺驚風涌飛流
巖下雲方合花上露猶泫
蘋萍泛沈深菰蒲冒清淺
荒林紛沃若哀禽相叫嘯
銅陵映碧澗石磴瀉紅泉靈運山居賦曰訊丹沙於紅泉
瑶華未堪折蘭苕已屢摘路阻莫贈問云何慰離析陸機詩上山采瓊蘂
穹谷饒芳蘭采采不盈掬悠悠懷所歡江淹詩搴裳摘明珠徙倚折蕙若
寸心若不亮微命察如絲

遠巖映蘭薄白日麗江皐楚辭曰朝騁鶩兮蘭薄
曉霜楓葉丹夕曛嵐氣陰夏侯湛山路吟曰道逶迤兮嵐氣清埤蒼曰嵐
山氣也
密林含餘清遠峯隱半規呂氏春秋曰冬不用篗清有餘也張載詩白日
隨天迴皦皦圓如規
昏旦變氣候山水含清暉左思詩非必絲與竹山水有清音
山行窮登頓水涉盡洄沿又詩過澗旣厲急登棧亦陵緬又詩辛勤風波
事欵曲洲渚言又詩客游倦水宿風潮難具論
巖峭嶺稠疊洲縈渚連綿又詩川渚屢逕復乘流翫迴轉沈約詩山嶂遠
重疊竹樹近蒙籠又詩連峯競千仞背流各百里江淹詩嵒崿轉奇秀岑崟還相蔽
石淺水潺湲日落山照耀
連嶂疊巘崿青翠杳深沈文字集略曰崿崖也

崖傾光難留林深響易奔

側逕既窈窕環洲亦玲瓏又詩逶迤傍隈隩迢遞陟陘峴曹攄詩轗軻石行難窈窕山道深

雲日相輝映空水共澄鮮

不惜去人遠但恨莫與同

謝惠連沈約宋書曰謝惠連陽夏人聰敏能屬文族兄靈運深加知賞辟州主簿不就後爲司徒彭城王法曹爲雪賦以高麗見奇年二十七卒

屯雲蔽曾嶺驚風涌飛流

零雨潤墳澤落雪灑林丘

蕭瑟含風蟬寥唳度雲鴈

寒商動秋幃孤燈曖幽幔

白露滋園菊秋風落庭槐

臨津不得濟佇檝阻風波

斐斐氣幕岫泫泫露盈條

陶潛沈約宋書曰潛字淵明或云字元亮潯陽人有高趣爲鎮軍建威參軍後爲彭澤令去職卒于家

昭昭天宇闊皛皛川上平李顒離思篇烈烈寒氣嚴寥寥天宇清陸機詩歲莫凉風發昊天肅明明謝惠連詩皎皎天月明奕奕河宿爛說文曰通白曰皛

采菊東籬下悠然見南山江淹擬陶詩素心正如此開徑望三益

山氣日夕佳飛鳥相與還

秋菊有佳色裛露掇其英

孟夏草木長繞屋樹扶踈

詩書敦夙好園林無世情

微雨從東來好風與之俱

涼風起將夕夜景湛虚明

日暮天無雲春風扇微和張翰詩暮春和氣應白日照園林何劭詩暮春忽復來和風與節俱

王僧達沈約宋書曰僧達琅琊人善屬文至中書令以釁犯上賴賜死

珪璋既文府精理亦道心

仲秋邊風起黄沙千里昏

崇情符遠迹清氣溢素襟思玄賦曰盍遠迹以飛聲陸景典語曰清氣漂於青雲之上聲類曰襟交領也

惠而能好我問以瑶華音

麥隴多秀色楊園流好音魏文帝登城賦曰嘉麥被隴陸機詩蕙草饒淑氣時鳥多好音

劉休玄沈約宋書曰南平穆王鑠字休玄文帝第四子好學有文才元兇弒立以

爲中軍將軍世祖入討歸世祖進侍中司空後以藥内食中毒殺之

寒螿翔水曲秋兔依山基淮南子曰寒螿翔水

玉宇來清風羅帳延秋月古詩明月何皎皎照我羅牀幃

落宿半遥城浮雲靄曾闕鄭玄詩箋曰曾重也魏文帝詩員闕出浮雲承露槃太清

芳年有華月佳人無還期

願垂薄暮景照妾桑榆時陸機詩願君廣末光照妾薄暮年

淚容不可飾幽鏡難復治曹植詩膏沐誰爲容

誰爲客行久屢見流芳歇潘岳詩流芳未及歇

袁淑孫嚴宋書曰淑字陽源陳郡人好屬文彭城王起爲祭酒遷至左衛率劭當行簒逆淑諫見害

荆魏多壯士宛洛富少年曹植詩名都多妖女京洛出少年王逸荔枝賦

日宛洛少年
夕寐北河陰夢還甘泉宮又詩云影節去函谷投珮出甘泉
義分明於霜信行直如弦鮑昭詩清如玉壺冰直如朱絲繩
寒燠豈如節霜雨多異同
伐木青江湄設置守毚兎
鮑昭沈約宋書曰昭字明遠文辭贍逸爲中書舍人後爲臨海王子頊掌書記子頊敗爲亂兵所殺
歸華先委路別葉早辭風
羽檄起邊亭烽火入咸陽徐悱詩甘泉警烽候上谷拒樓蘭
開芳及稚節含采各驚春
鱗鱗夕雲起獵獵曉風遒
獸肥春草短飛鞚越平陸魏文帝典論曰弓燥手柔草淺獸肥

騰沙鬱黃霧飜浪揚白鷗
胡風吹朔雪千里度龍山蔡琰詩處所多霜雪胡風春夏起楚辭層冰峨峨飛雪千里范雲詩寒沙四面平飛雪千里驚
王微沈約宋書曰微字景玄好學無不通覽舉秀才爲吏部郎
弄絃不成曲哀歌送苦言
孟冬寒風起東壁正中昏張華詩東壁立昏中涸陰寒節升潘岳詩南陸迎脩景朱明送末垂張載詩大火流坤維白日馳西陸阮籍詩是時鶉火中日月正相望又詩炎暑惟兹夏三旬將欲移劉楨詩四節相推斥季冬風且涼廣雅曰斥推也
誰知心曲亂所思不可論沈約詩夢中不識路何以慰相思繆襲嘉夢賦日心灼爍其如陽不識道之焉如
沈約劉璠梁典曰約字休文吳興人少爲蔡興宗所知引爲安西記室梁興稍遷至侍中丹陽尹建昌侯謚曰隱

所累非外物爲念在玄空
翠鳳翔淮海襟帶繞神坰徐敬業詩表裏窮形勝襟帶盡巖巒
茅棟嘯愁鴟平岡走寒兎任預雪詩寒鳶響雲嘯悲鴻覺夜嗷王粲詩狐狸馳赴穴飛鳥翔故林淮南子曰兎歸窟而蟹翔
白水滿春塘旅鴈每迴翔劉楨詩方塘含白水中有鳧與鴈謝靈運詩旅鴈違霜雪
野棠開未落山櫻發欲然
虛館清陰滿神宇暧微微南都賦曰清廟肅以微微
傾壁忽斜豎絕頂復孤貟
夕陰帶曾阜長煙引輕素
山中有桂樹歲暮可言歸
勿言一罇酒明日難重馳蘇武詩我有一罇酒將以贈遠人

愛而不可見宿昔減容儀
陸厥蕭子顯齊書曰厥字韓卿吳人善屬文舉秀才選太子傅功曹掾
鳧鵠嘯儔侶荷芰始參差蜀都賦曰鴻儔鵠侶
歲暮寒飈及秋水落芙蕖
惜哉時不與日暮無輕舟劉琨詩時哉不我與王粲詩我願執此鳥惜哉無輕舟曹植詩願欲一輕濟惜哉無方舟
謝脁蕭子顯齊書曰脁字玄暉陳郡人文章清麗解褐爲豫章王參軍遷吏部郎知衛尉江祐等謀立始安王遙光脁不肯祐白遙光收脁獄死
仟眠起雜樹檀欒蔭脩竹
紫殿肅陰陰彤庭赫弘敞顏延年詩兩闈阻通軌對禁限清風韓厥詩屬叨金馬署又點銅龍門范雲詩攝官青瑣闥遥望鳳凰池劉楨詩拘限清切禁中情無由宣陸機詩挈身登祕閣祕閣峻且玄

紅藥當階飜蒼苔依砌上 魏文帝詩蜘蛛繞戶牖野草當階生張載詩青
苔依空牆蜘蛛網四屋
江路西南永歸流西北騖 宋孝武之江州詩山曲棠幽雨江路結流寒
田鶴遠相叫沙鴇忽爭飛
遠樹曖仟仟生煙紛漠漠
魚戲新荷動鳥散餘花落
秋河曙耿耿寒渚夜蒼蒼 劉楨詩月出照園中珍木鬱蒼蒼曹植詩太谷
何寥廓山樹鬱蒼蒼
金波麗鳷鵲玉繩低建章
天際識歸舟雲中辨江樹
餘霞散成綺澄江靜如練
大江流日夜客心悲未央

日隱澗疑空雲聚岫如複
喧鳥覆春洲雜英滿芳甸
良辰定何許夙昔夢佳期
切切陰風暮桑柘起寒煙
雲去蒼梧野水還江漢流
渫雲已漫漫多雨復萋萋 魏都賦曰窮岫渫雲
日華川上動風光草際浮
日出衆鳥散山暝孤猿吟
馳暉不可接何況隔兩鄉 又詩過客無留軫馳暉有奔箭李善曰馳暉日
也
春草秋更綠公子未西歸 古詩秋草萋已綠
非君美無度孰爲勞寸心

故人心尚爾故人心不見 古樂府詩相去萬餘里故人心尚爾
梁
丘遲 梁史曰丘遲字希範吳興人能屬文及辟徐州從事高祖踐祚拜中書郎遷司
徒從事中郎卒集題曰兼中書侍郎丘遲上
藤垂島易陟崖傾嶼難傍 謝朓詩交藤荒且蔓樛枝聳復低說文曰島海
中山劉淵林吳郡賦注曰海中洲上有山石曰嶼
巢空初鳥飛荇亂新魚戲
森森荒樹齊析析寒沙漲 江淹詩悲風撓重林雲霞肅川漲淹詩漲作平
聲
風遲山尚響雨息雲猶積 丘遲集積作漬
虞羲 虞羲集序曰羲字子陽會稽人能屬文始安王引爲侍郎兼建安征虜府主簿
功曹又兼記室參軍

飛狐白日晚瀚海愁陰生 漢書酈食其曰距飛狐之口臣瓚曰飛狐在代
郡西南又曰霍去病臨瀚海
任昉 劉璠梁典曰昉字彥升樂安人辭章之美冠絕當時爲新安太守
伊人有涇渭非余揚濁清
疊嶂易成響重以夜猿悲
滄江路窮此湍險方自茲 潘岳詩世故尚未夷崤函方險澁
徐悱 何之元梁典曰悱字敬業勉之子爲晉安內史有學業
表裏窮形勝襟帶盡巖巒
此江稱豁險茲山復鬱盤 蜀都賦曰豁險吞若巨防子虛賦曰其山則盤
紆茀鬱
范雲 梁書曰雲字彥龍爲零陵郡內史
寒沙四面平飛雪千里驚

風斷陰山樹霧失交河城（漢書侯應書曰陰山草木茂盛又曰車師治交河城）
寄書雲間鴈為我西北飛
江淹（梁書曰淹字文通考城人好學以文章顯至散騎常侍）
倚棹汎涇渭日暮山河清
綠竹夾清水秋蘭被幽涯（枚乘兎園賦曰脩竹檀欒夾池水曹植詩秋蘭被長坂朱華冒綠池）
神飇自遠至左右芙蓉披（曹植詩神飇接丹轂輕輦隨風移魏文帝詩蘭芷生芳芙蓉披）
涼風盪芳氣碧樹先秋落
從容冰井臺清池映華薄（陸機詩曲池何湛湛清川帶華薄）
丹霞蔽陽景綠泉涌陰渚（張載詩丹霞啓陰期又詩階下伏泉涌）
青苔日夜黃芳蕤成宿楚（張載詩密葉日夜踈又詩溪壑無人迹荒楚鬱蕭森謝朓詩寒城一以眺平楚正蒼然）
日落長沙渚萬里曾陰生（又詩氣生川岳陰煙滅淮海見）
藉蘭素多意臨風默含情（嘯賦曰藉臯蘭之猗靡）
雨絕無還雲葉落豈留英（鸚鵡賦曰何今日之雨絕張載詩芳蕤豈再馥）
窈靄瀟湘空翠澗澹無滋
南中氣候暖朱華凌白雪（王逸楚辭注曰南方冬暖草木常華謝靈運詩南州實炎德桂樹凌寒山）
蘭逕少行迹玉臺生網絲（張載詩房櫳無行迹又詩蜘蛛網四屋）
丹葩耀芳蕤綠竹蔭閑敞
曲櫺激鮮飇石室有幽響（陸機詩泠泠鮮風過）
太微凝帝宇瑤光正神縣

桐林帶晨霞石壁映新晰（又詩極眺清波深緬映石壁素）
文軫薄桂海聲教燭冰天
涼葉照沙嶼秋榮冒水潯（說文曰潯傍深也）
氣清知鴈引露華識猿音
日暮碧雲合佳人殊未來（又詩朝與佳人期日夕望清閣魏文帝詩朝與佳人期日夕殊不來陸機詩借問嘆何為佳人眇天末又詩芳草久已茂佳人竟不歸）
朝食琅玕實夕飲瑤池津
處欣故無累養德乃入神
一時排冥筌泠然空中賞
時菊耀巖阿雲霞冠秋嶺（潘岳詩時菊耀秋華）
幸及風雪霽青春滿江臯
風散松架險雲鬱石道深
北渚有帝子蕩漾不可期
煙景若離遠末響寄瓊瑤
桂水日千里因之平生懷（李陵詩浮雲日千里）
君在天一涯妾身長別離（古詩各在天一涯陸機詩遊子在天末還期不可尋）

古詩辭

馨香盈懷袖路遠莫致之
盈盈一水間脉脉不得語
斗酒相娛樂聊厚不為薄
涉江采芙蓉蘭澤多芳草
采之欲遺誰所思在遠道（此句接上句張華詩佳人不在茲取此欲誰與陸機詩感物戀所歡采此欲貽誰楚辭曰搴芳洲兮杜若將以遺兮遠者）

玉衡指孟冬衆星何歷歷
思君令人老軒車來何遲又詩思君令人老歲月忽已晚
傷彼蕙蘭花含英揚光暉過時而不采將隨秋草萎
晨風懷苦心蟋蟀傷局促
燕趙多美人美者顏如玉曹植詩南國有佳人容華若桃李陸機詩京洛多妖麗玉顏侔瓊蕤
生平不滿百常懷千歲憂
涼風率已厲游子寒無衣
一心抱區區懼君不識察張載詩流俗多昏迷此理誰能察
遠道不可思夙昔夢見之劉休玄詩流盻臨長道遥遥行遠之
客從遠方來遺我雙鯉魚呼兒烹鯉魚中有尺素書長跪讀素書書上竟何如上有加餐食下有長相憶又詩客從遠方來遺我一書劄上言長相思下言久離別置書

懷袖中三歲字不滅寸心抱區區懼君不識察又詩客從遠方來遺我一端綺相去萬餘里故人心尚爾文綵雙鴛鴦裁爲合懽被著以長相思緣以結不解以膠投漆中誰能別離此

選詩句圖

張衡四愁詩
我所思兮在泰山欲往從之梁父艱側身東望涕霑
翰美人贈我金錯刀何以報之英瓊瑶路遠莫致倚
逍遥何爲懷憂心煩勞
我所思兮在桂林欲往從之湘水深側身南望涕霑
襟美人贈我金琅玕何以報之雙玉盤路遠莫致倚
惆悵何爲懷憂心煩傷
我所思兮在漢陽欲往從之隴阪長側身西望涕霑
裳美人贈我貂襜褕何以報之明月珠路遠莫致倚
踟躕何爲懷憂心煩紆
我所思兮在鴈門欲往從之雪紛紛側身北望涕霑
巾美人贈我錦繡段何以報之青玉案路遠莫致倚

增歎何爲懷憂心煩惋
張載四愁詩
我所思兮在營州欲往從之路阻脩登崖遠望涕泗
流我之懷矣心傷憂佳人遺我緑綺琴何以贈之雙
南金願因流波超重深終然莫致增永吟
迢迢牽牛星　古詩
迢迢牽牛星皎皎河漢女纖纖擢素手札札弄機杼
終日不成章泣涕零如雨河漢清且淺相去復幾許
盈盈一水間脉脉不得語
鼓吹曲　謝朓
江南佳麗地金陵帝王州逶迤帶渌水迢遞起朱樓
飛甍夾馳道垂楊蔭御溝凝笳翼高蓋疊鼓送華輈

獻納雲臺表功名良可收

銅雀妓　謝朓

繐幃飄井榦樽酒若平生鬱鬱西陵樹詎聞歌吹聲
芳襟染淚迹嬋媛空復情玉座猶寂寞况迺妾身輕

擬休上人　江淹

西北秋風至楚客心悠哉日暮碧雲合佳人殊未來
露采方汎艷月華始徘徊寶書爲君掩瑤琴詎能開
相思巫山渚悵望陽雲臺膏鑪絕沈燎綺席生浮埃
桂水日千里因之平生懷

此卷缺以弘治年華氏翻宋本重校摸補

石林詩話卷上

趙清獻公以清德伏一世平生畜雷氏琴一張鶴與白龜各一所向與之俱始除帥成都蜀風素侈公單馬就道以琴鶴龜自隨蜀人安其政治聲藉甚元豐間既罷政事守越復自越再移蜀時公將老矣過泗州渡淮前已放鶴至是復以龜投淮中既入見先帝問聞卿前以匹馬入蜀所携獨琴鶴廉者固如是乎公頓首謝故其詩有言馬尋舊路如歸去龜放長淮不再來者自紀其實也

劉貢父天資滑稽不能自禁遇可諧謔雖公卿不避與王荆公素厚荆公後當國亦屢謔之雖每為絶倒然意終不能平也元豐末為京東轉運使貶衡州監酒雖坐他累議者或謂嘗以時相姓名為戲惡之也元祐初起知襄州淳于髠墓在境内嘗以詩題云微言動相國大笑絶冠纓流輩有餘智滑稽全姓名師儒空稷下衡蓋盡南荆贅壻不為辱旅墳知客卿又有續謝師厚善謔譯詩云善謔知君意何傷衛武公蓋記前事且以自解云

晏元獻公留守南郡王君玉時已為館閣校勘公特請於朝以為府簽判朝廷不得已使帶館職從公外官帶館職自君玉始賓主相得日以賦詩飲酒為樂佳時勝日未嘗輙廢也嘗遇中秋陰晦齋厨夙為備公適無命既至夜君玉密使人伺公曰已寢矣君玉亟為詩以入曰只在浮雲最深處試憑絃管一吹開公枕上得詩大喜即索衣起徑召客治具大合樂至夜分果月出遂樂飲達旦前輩風流固不凡然幕府有佳客風月亦自如人意也

歐陽文忠公記梅聖俞河豚詩春洲生荻芽春岸飛楊花破題兩句已道盡河豚好處謂河豚出於暮春食柳絮而肥殆不然今浙人食河豚始於上元前常州江陰最先得方出時一尾至直千錢然不多得非富人大家預以金噉漁人未易致二月後日益多一尾纔百錢耳柳絮時人已不食謂之斑子或言其腹中生虫故惡之而江西人始得食蓋河豚出於海初與潮俱上至春深其類稍流入于江公吉州人故所知者江西事也

姑蘇州學之南積水瀰數頃傍有小山高下曲折相望蓋錢氏時廣陵王所作既積土山因以其地瀦水今瑞光寺即其宅而此其别圃也慶曆間蘇子美謫廢以四十千得之為居旁水作亭曰滄浪歐陽文忠公詩所謂清風明月本無價可惜秖賣四萬錢者也子美既死其後不能保遂屢易主今為章僕射子厚家所有廣其故址為大閣又為堂山上亭北跨水復有山名洞山章氏併得之既除地發其下皆嵌空大石又得千餘株亦廣陵時所藏益以增累其隙兩山相對遂為一時雄觀土地蓋有所歸也

王荆公晚年詩律尤精嚴造語用字間不容髪然意與言會言隨意遣渾然天成殆不見有牽率排比處

如含風鴨緑鱗鱗起弄日鵝黄裊裊垂讀之初不覺有對偶至細數落花因坐久緩尋芳草得歸遲但見舒閑容與之態耳而字字細攷之若經檃括權衡者其用意亦深刻矣嘗與葉致遠諸人和頭字韻詩往返數四其末篇有云名譽子眞矜谷口事功新息困壺頭以谷口對壺頭其精切如此後數月復取本追改云豈愛京師傳谷口但知鄉里勝壺頭今集中兩本並存

蔡天啓云荆公每稱老杜鉤簾宿鷺起丸藥流鶯囀之句以爲用意高妙五字之模楷他日公作詩得青山捫虱坐黄鳥挾書眠自謂不減杜語以爲得意然不能舉全篇余嘗（頃以語薛肇明）肇明後被旨編公集求之終莫得或云公但得此一聯未嘗成章也

禪宗論雲門有三種語其一爲隨波逐浪句謂隨物應機不主故常其二爲截斷衆流句謂超出言外非情識所到其三爲函蓋乾坤句謂泯然皆契無間可伺其深浅以是爲序予嘗戲謂學子言老杜詩亦有此三種語但先後不同波漂菰米沉雲黑露冷蓮房墜粉紅爲函蓋乾坤句以落花游絲白日静鳴鳩乳燕青春深爲隨波逐浪句以百年地僻柴門逈五月江深草閣寒爲截斷衆流句若有解此當與渠同參

歐陽文忠公詩始矯崑體專以氣格爲主故其言多平易踈暢律詩意所到處雖語有不倫亦不復問而學之者往往遂失於快直頫困倒廩無復餘地然公詩好處豈專在此如崇徽公主手痕詩玉顔自昔爲身累肉食何人與國謀此自是兩段大議論而抑揚曲折發見於七字之中婉麗雄勝字字不失相對雖崑體之工者亦未易比言意所會要當如是乃爲至到

許昌西湖與子城密相附緣城而下可策杖往來不涉城市云是曲環作鎮時取土築城因以其地導潩水瀦之略廣百餘畝中爲横堤初但有其東之半耳其西廣於東增倍而水不甚深宋莒公爲守時因起黄河春夫浚治之始與西相通則其詩所謂鑿開魚鳥忘情地展盡江湖極目天者也其後韓持國作大亭水中取其詩名之曰展江然水面雖闊西邊終易堙塞數十年來公厨規利者遂涸以爲田歲入纔得三百斛以佐醸酒而水無幾矣予爲守時復以還舊稍益開浚渺然眞有江湖之趣莒公詩更有一篇中云向晚舊灘都浸月過寒新水便生煙尤風流有味而世不傳往往但記前聯耳

賈文元曲水園在許昌城北有大竹三十餘畝潩河貫其中以入西湖最爲佳處初爲本州民所有文潞公爲守買得之潞公自許移鎮北門而文元爲代一日挈家往游題詩壁間云畫船載酒及芳辰丞相園林潩水濵虎節麟符抛不得却將清景付閑人遂走使持詩寄北門潞公得之大喜即以地券歸賈氏文元亦不辭而受然文元居京師後亦不復再至園今

荒廢竹亦殘毀過半矣

杜正獻公自少清羸若不勝衣年過四十鬚髮即盡白雖立朝孤峻凛然不可屈而不爲奇節危行雍容持守不以有所不爲爲賢而以得其所爲爲幸歐陽文忠公素出其門公謝事居宋文忠適來爲守相與歡甚公不甚飲酒惟賦詩唱酬是時年已八十然憂國之意猶慷慨不已每見於色歐公嘗和公詩有云貌先年老因憂國事與心違始乞身公得之大喜常自諷誦當時以謂不惟曲盡公志雖其形皃亦在摸寫中也

元豐初虜人來議地界韓丞相玉汝自樞密院都承旨出分畫玉汝有愛妾劉氏將行劇飲通夕且作樂府詞留別翌日神宗已密知忽中批步軍司遣兵爲般家追送之玉汝初莫測所因久之方知其自樂府發也盖上以恩禮待下雖閨門之私亦恤之如此故中外士大夫無不樂盡其力劉貢父玉汝姻黨即作小詩寄之以戲云嫖姚不復顧家爲誰謂東山久不歸卷耳幸容携婉孌皇華何啻有光輝玉汝之詞由此亦遂盛傳於天下

神宗皇帝天性儉約奉慈壽宫尤盡孝道慈聖太后嘗以乘輿服物未備因同天節作珠子鞍轡爲壽神宗一御於禁中後藏去不復用一日與兩宫幸後苑賞花慈聖輦至神宗即降步親扶慈聖出輦屢却不從聞者太息慈聖上仙李奉世時爲侍郎進挽詩有云珠韉昔御恩猶在玉輦親扶事已非盖記此二事神宗覽之泣下

蔡天啓云嘗與張文潛論韓柳五言警句文潛舉退之暖風抽宿麥清雨卷歸旗子厚壁空殘月曙門掩候蟲秋皆爲集中第一

司馬温公熙寧間自長安得請留臺歸始至洛中嘗以詩言懷云三十餘年西復東勞生薄宦等飛蓬所存舊業惟清白不負明君有朴忠早避喧煩眞得策未逢危辱早收功太平觸處農桑滿贏取閒閒鶴髮翁出處大節世固不容復議是時雖以論不合去而神宗眷禮之意愈厚然猶以避煩畏辱爲言况其下者乎元祐初起相至是十七年矣度公之意初盖未嘗以自期也

外祖晁君誠善詩蘇子瞻爲集序所謂温厚静深如其爲人者也黄魯直常誦其小雨愔愔人不寐卧聽羸馬齕殘蔬愛賞不已他日得句云馬齕枯萁喧午夢誤驚風雨浪翻江自以爲工以語舅氏無咎曰吾詩實發於乃翁前聯余始聞舅氏言此不解風雨翻江之意一日憇於逆旅聞傍舍有澎湃鞺鞳之聲如風浪之歴船者起視之乃馬食於槽水與草齟齬於槽間而爲此聲方悟魯直之好奇然此亦非可以意索適相遇而得之也

元豐間蘇子瞻繫大理獄神宗本無意深罪子瞻時相進呈忽言蘇軾於陛下有不臣意神宗改容曰軾

固有罪然於朕不應至是卿何以知之時相因舉軾檜詩根到九泉無曲處世間唯有蟄龍知之句對曰陛下飛龍在天軾以爲不知己而求之地下之蟄龍非不臣而何神宗曰詩人之詞安可如此論彼自詠檜何預朕事時相語塞章子厚亦從旁解之遂薄其罪子厚嘗以語余且以醜言詆時相曰人之害物無所忌憚有如是也

開簾風動竹疑是故人來與徘徊花上月空度可怜宵此兩聯雖見唐人小說中其實佳句也鄭谷詩睡輕可忍風敲竹飲散那堪月在花意蓋與此同然論其格力適堪揭酒家壁與市人書扇耳天下事每患自以爲工處着力太過何但詩也

蜀人石翼黄魯直黔中時從游最久嘗言見魯直自矜詩一聯云人得交游是風月天開圖畫即江山以爲晚年最得意每舉以教人而終不能成篇蓋不欲以常語雜之然魯直自有山園燕坐圖畫出水作夜窗風雨來之句余以爲氣格當勝前聯也

詩下雙字極難須使七言五言之間除去五字三字外精神興致全見於兩言方爲工妙唐人記水田飛白鷺夏木囀黄鸝爲李嘉祐詩王摩詰竊取之非也此兩句好處正好添漠漠陰陰四字此乃摩詰爲嘉祐點化以自見其妙如李光弼將郭子儀軍一號令之精彩數倍不然如嘉祐本句但是詠景耳人皆可到要之當令如老杜無邊落木蕭蕭下不盡長江袞袞來與江天漠漠鳥雙去風雨時時龍一吟等乃爲超絶近世王荆公新秋浦溆綿綿静薄晚園林往往青與蘇子瞻浥浥爐香初泛夜離離花影欲摇春皆可以追配前作也

詩終篇有操縱不可拘用一律蘇子瞻林行婆家初閉戶翟夫子舍尚留關始讀殆未測其意蓋下有娟娟缺月黄昏後嫋嫋新居紫翠間繫懣豈無羅帶水割愁還有劔鋩山四句則入頭不怕放行寧傷於拙也然繫懣羅帶割愁劔鋩之語大是險諢亦何可屢打

長篇最難晉魏以前詩無過十韻者蓋常使人以意逆志初不以序事傾盡爲工至老杜述懷北征諸篇窮極筆力如太史公紀傳此固古今絶唱然八哀八篇本非集中高作而世多尊稱之不敢議此乃揣骨聽聲耳其病蓋傷於多也如李邕蘇源明詩中極多累句余嘗痛刊去僅各取其半方爲盡善然此語不可爲不知者言也

江干初雪圖眞蹟藏李邦直家唐蝎本世傳爲摩詰所作末有元豐間王禹玉蔡持正韓玉汝章子厚王和甫張邃明安厚卿七人題詩建中靖國元年韓師朴相邦直厚卿同在二府時前七人者所存唯厚卿而已持正貶死嶺外禹玉追貶子厚方貶玉汝和甫邃明則死久矣故師朴繼題其後曰諸公當日聚巖廊半謫南荒半已亡惟有紫樞黄閤老再開圖畫看

瀟湘是時邦直在門下厚卿在西府紫樞黄閤謂二人也厚卿復題云曽游滄海困驚瀾晚涉風波路更難從此江湖無限興不如秪向畫圖看而邦直亦自題云此身何補一毫芒三辱清時政事堂病骨未爲山下土尚尋遺墨話存亡余家有此模本并録諸公詩續之每出慨然自元豐至建中靖國幾三十年諸公之名宦亦已至矣然始皆有願爲圖中之游而不暇得故禹玉云何日扁舟載風雪却將蓑笠伴漁人玉汝云君恩未報身何有且寄扁舟夢想中其後廢謫流竄有雖死不得免者而江湖間此景無處不有皆不得一償厚卿至爲危辭蓋有激而云豈此景無不可得亦自不能踐其言耳

韓持國雖剛果特立風節凛然而情致風流絶出流輩許昌崔象之侍郎舊第今爲杜君章家所有廳後小亭僅丈餘舊有海棠兩株持國每花開時輙載酒日飲其下竟謝而去歲以爲常至今故老猶能言之余嘗於小亭柱間得公二絶句其一云濯錦江頭千萬枝當年未解惜芳菲而今得向君家見不怕春寒雨濕衣尚可想見當時氣味韓忠憲公嘗帥蜀持國兄弟皆侍行尚少故前兩句云爾其二云長條無風亦自動柔艷着雨更相宜漫其後句曾存之家池中島上亦有海棠十許株余爲守時歲亦與王幼安諸人席地屢飲然此公勝處不能繼也

詩之用事不可牽強必至於不得不用而後用之則事辭爲一莫見其安排鬬湊之迹蘇子瞻嘗爲人作挽詩云豈意日斜庚子後忽驚歲在巳辰年此乃天生作對不假人力温庭筠詩云有用甲子相對者云風卷蓬根屯戊巳月移松影守庚申兩語本不相類其題云與道士守庚申時聞西方有警事解后適然固不可知然以其用意附會觀之疑若得此對而就爲之題者此蔽於用事之弊也前輩詩材亦或預爲儲蓄然非所當用未嘗強出余嘗從趙德麟假陶淵明集本蓋子瞻所閲者時有改定字末手題兩聯云人言盧杞是姦邪我覺魏公真嫵媚又槐花黄舉子忙促織鳴懶婦驚不知偶書之耶或將以爲用也然子瞻詩後不見此語則固無意於必用矣王荆公作韓魏公挽辭云木稼曽聞達官怕山頽今見哲人萎或言亦是平時所得魏公之薨是歲適雨木氷前一歲華山崩偶有二事故不覺尒

世言社日飲酒治聾不知其何據五代李濤有春社從李昉求酒詩云社公今日没心情爲乞治聾酒一瓶惱亂玉堂將欲徧依稀巡到第三廳昉時爲翰林學士有月給内庫酒故濤從乞之則其傳亦已久矣社公濤小字也唐人在慶侍下雖官高年皆稱小字濤性踈達不羈善諧謔與朝士言亦多以社翁自名聞者無不以爲笑然亮直敢言後官亦至宰相

韓退之雙鳥詩殆不可曉頃嘗以問蘇丞相子容云意似是指佛老二學以其終篇本末考之亦或然也

杜子美病柏病橘枯椶枯楠四詩皆興當時事病柏當爲明皇作與杜鵑行同意枯椶比民之殘困則其篇中自言矣枯楠云猶含棟梁具無復霄漢志當爲房次律之徒作惟病橘始言惜哉結實小酸澁如棠梨末以比荔枝勞民疑若指近倖之不得志者自漢魏以來詩人用意深遠不失古風惟此公爲然不但語言之工也

劉貢父以司空圖詩中咄喏二字辯晉書所載石崇豆粥咄嗟而辦爲誤以喏爲嗟非也孫楚詩自有三命皆有極咄嗟不可保之語此亦豈是以喏爲嗟古今語言固有各於一時本不與後世相通者咄嗟皆聲也自晉以前未見有言咄殷浩所謂咄咄逼人蓋拒物之聲嗟乃嘆聲咄嗟猶言呼吸疑是晉人一時語故孫楚亦云爾

頃見晁無咎舉魯直詩人家圍橘柚秋色老梧桐張文潛斜日兩竿眠犢晚春波一眼去凫寒皆自以爲莫能及

王荆公詩有老景春可惜無花可留得莫嫌柳渾青終恨李太白之句以古人姓名藏句中蓋以文爲戲或者謂前無此體自公始見之余讀權德輿集其一篇云藩宣秉戎寄衡石崇位勢年紀信不留弛張良自媿樵蘇則爲惬瓜李斯可畏不顧榮官尊每陳農畝利家林類巖巘負郭躬斂積忌滿寵生嫌養蒙恬勝智疎鍾皓月曉晚景冉霞異澗谷永不緩山梁異無累頗符生肇學得展禽尚志從此直不疑支離疎世事則德輿已嘗爲此體乃知古今文章之變殆無遺蘊德輿在唐不以詩名然詞亦雅暢此篇雖主意在立別體然亦自不失爲佳製也

石林詩話卷上

石林詩話卷中

楊大年劉子儀皆喜唐彥謙詩以其用事精巧對偶親切黄魯直詩體雖不類然亦不以楊劉爲過如彥謙題漢高廟云耳聞明主提三尺眼見愚民盜一抔雖是着題然語皆歇後一抔事無兩出或可畧土字如三尺律三尺喙皆可何獨劒乎耳聞明主眼見愚民尤不成語余數見交游道魯直意殊不可解蘇子瞻詩有買牛但自捐三尺射鼠何勞挽六鈞亦與此同病六鈞可去弓字三尺不可去劒字此理甚易知也

蘇子瞻嘗兩用孔稚圭鳴蛙事如水底笙簧蛙兩部山中奴婢橘千頭雖以笙簧易鼓吹不礙其意同至巳遣亂蛙成兩部更邀明月作三人則成兩部不知爲何物亦是歇後故用事寧與出處語小異而意同不可盡牽出處語而意不顯也

學者多議子瞻木杪見龜趺以爲語病謂龜趺不當出木杪殊未之思此題程筠光墓歸真亭也東南多葬山上碑亭往往在半山間未必皆平地則下視之龜趺出木杪何足怪哉

李廌陽翟人少以文字見蘇子瞻子瞻喜之元祐初知舉廌適就試意在必得廌以魁多士及放章援程文大喜以爲廌無疑遂以爲魁既拆號悵然出院以詩送廌歸其曰平時謾識古戰場過眼終迷日五色蓋道其本意廌自是學亦不進家貧不甚自愛嘗以書責子瞻不薦已子瞻後稍薄之竟不第而死

劉季孫平之子能作七字家藏書數千卷善用事送孔宗翰知揚州詩有云詩書魯國真男子歌吹揚州作貴人多稱其精當爲杭州鈐轄子瞻作守深知之後嘗以詩寄子瞻云四海共知霜鬢滿重陽曾插菊花無子瞻大喜在潁州和季孫詩所謂一篇向人寫肝肺四海知我霜鬢須蓋記此也

文同字與可蜀人與蘇子瞻厚爲人靖深超然不攖世故善畫墨竹作詩騷亦過人熈寧初時論既不一士大夫好惡紛然同在館閣未嘗有所向背時子瞻數上書論天下事退而與賓客言亦多以時事爲譏誚同極以爲不然每苦口力戒之子瞻不能聽也出爲杭州通判同送行詩有北客若來休問事西湖雖好莫吟詩之句及黄州之謫正坐杭州詩語人以爲知言

楊文公在翰林以譏佯狂去職然聖眷之不衰聞疾愈即起爲郡未幾復以判祕監召既到闕以詩賜之曰瑣闥往年司制誥共嘉藻思類相如蓬山今日詮墳史還仰多聞過仲舒報政列城歸覲後疏恩高閣拜恩初諸生濟濟彌瞻望鉛槧諮詢辯魯魚祖宗愛惜人材保全忠賢之意如此文公後卒與寇萊公力排宮闈協定大策功雖不終其盡力於國者亦可以無愧也

古詩有離合體近人多不解此體始於孔北海余讀

類文得北海四言一篇云漁父屈節水潛匿方與時進止出寺施張呂公飢釣闔口渭旁九域有聖無土不王好是正直女固子臧海外有截隼逝鷹揚六翮不奮羽儀未彰龍蛇之蟄比他可忘玟琁隱耀美玉韜光無名無譽放言深藏按轡安行誰謂路長此篇離合魯國孔融文舉六字徐而考之詩二十四句每章四句離合一字如首章云漁父屈節水潛匿方與時進止出寺施張第一句漁字第二句水字漁犯水字而去水則存者爲魚字第三句有時字第四句有寺字時犯寺字而去寺則存者爲日字離魚與日而合之則爲魯字下四章類此殆古人好奇之過欲以文字示其巧也

劉丞相莘老殿試時蘇丞相子容爲詳定官子容後尹南京莘老復僉判在幕中相與歡甚元祐初莘老自中司入爲左丞子容猶爲翰林學士承旨及莘老遷黄門子容始爲左丞莘老宿東省嘗以詩寄子容云膺門早歲預登龍僉幕中間託下風敢謂彈冠煩貢禹每思移疾避胡公蓋記前事而子容荅之有末路自驚黄髮老平時曾識黒頭公之句當時以爲盛事又三年莘老既相而罷子容始踐其位云

王荆公少以意氣自許故詩語惟其所向不復更爲涵蓄如天下蒼生待霖雨不知龍向此中蟠又濃緑萬枝紅一點動人春色不須多平治險穢非無力潤澤焦枯是有材之類皆直道其胷中事後爲羣牧判官從宋次道盡假唐人詩集博觀而約取晚年始盡深婉不迫之趣乃知文字雖工拙有定限然亦必視初壯雖此公方其未至時亦不能力強而遽至也

高荷荆南人學杜子美作五言頗得句法黄魯直自戎州歸荷以五十韻見魯直極愛賞之嘗和其言有云張侯海內長句晁子廟中雅歌高郎少加筆力我知三傑同科張謂文潛晁謂無咎也無咎聞之頗不平荷晩爲童貫客得蘭州通判以死既不爲時論所與其詩亦不復傳云

杜牧詩清時有味是無能閑愛孤雲靜愛僧擬把一麾江海去樂游原上望昭陵此蓋不滿於當時故末有望昭陵之句汪輔之在場屋能作賦略與鄭毅夫滕達道齊名以意氣自負既登第久不得志常鬱鬱不樂語多譏刺元豐初始爲河北轉運使未幾坐累謫官累年遇赦牽復知虔州謝表有云清時有味白首無能蔡持正爲侍御史引杜牧詩爲證以爲怨望遂復罷

古今人用事有趁筆快意而誤者雖名輩有所不免蘇子瞻石建方欣洗腧厠姜龐不解歎蚼蟓據漢書腧厠本作厠腧蓋中衣也二字義不應可顚倒用魯直啜羮不如放麑樂羊終媿巴西本是西巴見韓非子蓋貪於得韻亦不暇省爾

寇萊公南遷道過襄州嘗留一絶句於驛亭曰沙堤築處迎丞相驛吏催時送逐臣到了輸他林下客無

榮無辱自由身林下客大槩言之初無所主名也胡祕監旦素不爲公所喜時適居郡下既聞之遂以林下客爲公爲己發且有稱快之語聞者無不皆笑

詩人以一字爲工世固知之惟老杜變化開闔出奇無窮殆不可以形迹捕如江山有巴蜀棟宇自齊梁遠近數千里上下數百年只在有與自兩字間而吞納山川之氣俯仰古今之懷皆見於言外滕王亭子粉墻猶竹色虚閣自松聲若不用猶與自兩字則餘八言凡亭子皆可用不必滕王也此皆工妙至到人力不可及而此老獨雍容閑肆出於自然略不見其用力處今人多取其已用字模放用之偃蹇狹陋盡成死法不知意與境會言中其節凡字皆可用也

讀古人詩多意所喜處誦憶之久往往不覺誤用爲己語緑陰生晝寂孤花表春餘此韋蘇州集中最爲警策而荆公詩乃有緑陰生晝寂幽草弄秋妍之句大抵荆公閲唐詩多於去取之間用意尤精觀百家詩選可見也如蘇子瞻山圍故國城空在潮打西陵意未平此非誤用直是取舊句縱横役使莫彼我爲辨耳

慶曆八年王則叛貝州既誅始析河北大名定武眞定高陽爲四路置帥更命儒臣以輯邊備魏公自鄆州徙鎮各大輿方略事無不自親嘗有題養眞亭詩云所期清策慮不是愛精神又云吏民還解否吾豈苟安人其志可見矣郡圃號衆春會歲飢涉春未嘗一游陳薦在幕府以詩請公云水底魚龍思鼓吹沙頭鷗鷺望旌旗公亟荅之云細民溝壑方援手别館鶯花任送春在鎮五年政聲流聞自是天下遂屬以爲相

王荆公在鍾山有馬甚惡蹄齧不可近一日兩校牽在庭下告公請鬻之蔡天啓時在坐曰世安有不可調之馬第久不騎驕耳即起捉其鬉一躍而上不用銜勒馳數十里而還荆公大壯之即作集句詩贈天啓所謂蔡子勇成癖能騎生馬駒者後又有身着青衫騎惡馬日行三百尚嫌遲心源落落堪爲將却是君王未備知士大夫盛傳荆公以將帥之材許天啓紹聖初章申公當國首欲進天啓侍從會執政有不悦者乃出爲永興軍路提舉常平因欲稍遷爲帥會丁内艱不果猶是用荆公遺意也

元豐間嘗久旱不雨裕陵禁中齋禱甚力一日夢有僧乘馬馳空中口吐雲霧既覺而雨大作翌日遣中貴人道夢中所見物色於相國寺三門五百羅漢中第十三尊略彷彿即迎入内視之正所夢也王丞相禹玉作喜雨詩云良弼爲霖辜宿望神僧作霧應精求元參政厚之仙驥籥雲穿仗下佛花吹雨匝天流蓋記此相國寺羅漢本江南李氏時物在廬山東林寺曹翰下江南盡取其城中金帛寶貨連百餘舟私盜以歸無以爲之名乃取羅漢每舟載十許尊獻之詔因賜於相國寺當時謂之押綱羅漢云

荆公詩用法甚嚴尤精於對偶嘗云用漢人語止可以漢人語對若參以異代語便不相類如一水護田圍繚去兩山排闥送青來之類皆漢人語也此惟公用之不覺拘窘卑凡如周顒宅在阿蘭若婁約身隨窣堵波皆以梵語對梵語亦此意嘗有人面稱公自喜田園安五柳但嫌尸祝擾庚桑之句以爲的對公笑曰伊但知柳對桑爲的然庚亦自是數蓋以十日數之也

舊中書南廳壁間有晏元獻題詠上竿伎一詩云百尺竿頭褭褭身足騰跟掛駭傍人漢陰有叟君知否抱甕區區亦未貧當時固必有謂文潞公在樞府嘗一日過中書與荆公行至題下特遲留誦詩久之亦未能無意也荆公他日復題一篇於詩後云賜也能言未識眞誤將心許漢陰人桔槔俯仰何妨事抱甕區區老此身

張景脩字敏叔常州人余大父客也少刻苦作詩至老不衰典雅平易時多佳句元豐末爲饒州浮梁令邑子朱天錫以神童應詔景脩作詩送之天錫到闕會忘取本州公據爲禮部所却因擊登聞鼓院繳景脩所送詩爲證神宗一見大稱賞之翌日以語宰相王禹玉恨四方有遺材即令召對禹玉言不欲以一詩召人恐長浮競不若俟其秩滿赴部命之遂止令中書籍記姓名比景脩罷官任神宗已升遐亦命矣大觀中始與余同爲祠曹郎中年已幾七十有詩數千篇大父元祐自湖南憲請宫祠歸景脩嘗以詩寄曰聞說年來請洞霄江湖奉使久勤勞有神仙處閒方得用老成時退更高借宅但須新種竹尋仙想見舊栽桃浮梁居士塵埃甚須髮而今也二毛其詩大抵類此流落無聞亦可惜也

常待制秩居汝陰與王深父皆有盛名於嘉祐治平之間屢召不至雖歐陽文忠公亦重推禮之其詩所謂笑殺潁川常處士十年騎馬聽朝雞者是也熙寧初荆公當國力致之遂起判國子監太常禮院馨譽稍減於前嘗一日大雪趨朝與百官待門於仗舍秩已來寒甚不可忍喟然若有所恨者乃舉文忠詩以自戲曰凍殺潁川常處士也來騎馬聽朝雞

前輩詩文各有平生自得意處不過數篇然他人未必能盡知也毗陵正素處士張子厚善書余嘗於其家見歐陽文忠子棐以烏絲欄絹一軸求子厚書文忠明妃曲兩篇廬山高一篇略云先公平日未嘗矜大所爲文一日被酒語棐曰吾詩廬山高今人莫能爲唯李太白能之明妃曲後篇太白不能爲唯杜子美能之至於前篇則子美亦不能爲唯吾能之也因欲别録此三篇也

余居吳下一日出閶門至小寺中壁間有題詩一絶云黄葉西陂水漫流蘧蒢風急滯扁舟夕陽暝色來千里人語雞聲共一丘意極喜初不書名氏問寺僧云吳縣冠主簿所作今官滿去矣歸而問之吳下士

大夫云冠名國寶盖與余同年然皆莫知其能詩余與國寶牓下未嘗往來亦謾不省其爲人已而數爲好事者舉此詩始有言國寶徐州人久從陳無己學乃知文字淵源有所自來亦不難辨恨不得多見之也

宋景文公子京不甚爲韓魏公所知故公當國子京多補外嘉祐末始再入爲翰林學士偶朝會子京因病謁告以表自陳云不獲預率舞之列魏公見之殊不樂

元祐初駕幸太學呂丞相微仲有詩中間押行字韻館閣諸人皆和秦學士觀一聯云法天壁水遥迎仗映月深衣不亂行諸生聞之亦鬨然觀爲人喜傲謔然此句實迫於趂韻未必有意也

高麗自太宗後久不入貢至元豐初始遣使來朝神宗以張誠一館伴令問其復朝之意云其國與契丹爲鄰每因契丹誅求藉不能堪國主王徽常誦華嚴經祈生中國一夕忽夢至京師備見城邑宫闕之盛覺而慕之乃爲詩以記曰惡業因緣近契丹一年朝貢幾多般移身忽到中華裏可惜中宵漏滴殘余大觀間館伴麗人常見誠一語録備載此事故事使人到闕不過月許日即遣發余館伴時上欲留觀殿試放牓及上池遂幾七十日使者頗修謹詳雅余撫之既厚每相感餞行至古雲館而别其副韓繳如馬上忽使人持一大玉帶贈余云此唐故物其家世傳以爲寶今以爲獻且於笏上自書一詩相示云泣涕汎瀾欲别離此生無復再來期謾將寶玉陳深意莫忘思人見物時余以麗使故事無解换例力辭之其詞雖樸拙然亦可見其意也

唐詩僧自中葉以後其名字班班爲當時所稱者甚多然詩皆不傳如經來白馬寺僧到赤烏年數聯僅見文士所録而已陵遲至貫休齊己之徒其詩雖存然無足言矣中間雖皎然最爲傑出故其詩十卷獨全亦無甚過人者近世僧學詩者極多皆無超然自得之氣往往反拾掇摸倣士大夫所殘棄又自作一種僧體格律尤凡俗世謂之酸餡氣子瞻有贈惠通詩云語帶煙霞從古少氣含蔬笋到公無嘗語人曰頗解蔬笋語否爲無酸餡氣也聞者無不皆笑

池塘生春草園柳變鳴禽世多不解此語爲工盖欲以奇求之耳此語之工正在無所用意猝然與景相遇借以成章不假繩削故非常情所能到詩家妙處當須以此爲根本而思苦言難者往往不悟鍾嶸詩品論之最詳其略云思君如流水既是即目高臺多悲風亦惟所見清晨登隴首羌無故實明月照積雪非出經史古今勝語多非補假皆由直尋顏延之謝莊尤爲繁密於時化之故大明泰始中文書殆同書抄近任昉王元長等辭不貴奇競須新事邇來作者寖以成俗遂乃句無虚語語無虚字牽攣補衲蠹文已甚自然英旨罕遇其人余每愛此言簡切明白易

曉但觀者未嘗留意耳自唐以後既變以律體固不能無拘窘然苟大手筆亦自不妨削鐻於神志之間斲輪於甘苦之外也

姑蘇城外寒山寺夜半鍾聲到客船此唐張繼題城西楓橋寺詩也歐陽文忠公嘗病其夜半非打鍾時蓋公未嘗至吳中今吳中山寺實以夜半打鍾繼詩三十餘篇余家有之往往多佳句王荆公編百家詩選從宋次道借本中間有暝色赴春愁次道改赴字作起字荆公復定為赴字以語次道曰若是起字人誰不能到次道以為然

張文定安道未第時貧甚衣食殆不給然意氣豪舉未嘗少貶與劉潜李冠石曼卿往來山東諸郡任氣使酒見者皆傾下之沛縣有漢高祖廟并歌風臺前後題詩人甚多無不推頌功德獨安道高祖廟詩曰縱酒踈狂不治生中陽有土不歸耕偶因亂世成功業更向翁前與仲爭又歌風臺曰落魄劉郎作帝歸樽前感慨大風詩淮陰反接英彭族更欲多求猛士為蓋自少已不凡矣

京師職事官舊皆無公廨雖宰相執政亦僦舍而居每遇出省或有中批外奏急速文字則省吏徧持於私第呈押既稽緩又多漏泄元豐初始建東西府於右掖門之前每府相對為四位俗謂之八位裕陵幸尚書省迴當特臨幸駐輦環視久之時張侍郎文裕以詩慶宰執元參政厚之和云黃閣勢連東鳳闕紫樞光直右銀臺蓋東府與西闕相近西府正直右掖門崇寧末蔡魯公罷相始賜第於梁門外大觀初再入因不復迁府居自是相繼何丞相伯通鄭丞相達夫與今王丞相將明皆賜第援魯公例皆於私第治事而二府往往多虛位或為書局官指射以置局與元豐本意稍異也

俞紫芝字秀老揚州人少有高行不娶得浮屠心法所至翛然而工於作詩王荆公居鍾山秀老數相往來尤愛重之每見於詩所謂公詩何以解人愁初日芙渠映碧流未怕元劉妨獨步不妨陶謝與同游者是也秀老嘗有夜深童子喚不起猛虎一聲山月高之句尤為荆公所賞亟和云新詩比舊仍增峭若許追攀莫太高秀老卒於元祐初惜時無發明之者不得與林和靖一流槩見於隱逸其弟澹字清老亦不娶滑稽善諧謔洞曉音律能歌荆公亦喜之晚年作漁家傲等樂府數闋每山行即使澹歌之然澹使酒好駡不若秀老之介靜一日見公云吾欲去為浮屠但貧無錢買祠部爾公欣然為置祠部澹約日祝髮既過期寂無耗公問其然澹徐曰吾思僧亦不易為公所贈祠部已送酒家償舊債矣公為之大笑黃魯直嘗作三詩贈澹其一有云客夢超然世去髮脫塵冠平明視清鏡正爾良獨難蓋述荆公事也

石林詩話卷中

石林詩話卷下

姑蘇南園錢氏廣陵王之舊圃也老木皆合抱流水奇石參錯其間最爲上王翰林元之爲長洲縣宰時無日不携客醉飲常有詩曰他年我若功成後乞取南園作醉鄉今園中大堂遂以醉鄉名之大觀末蔡魯公罷相欲東還詔以園賜公公即戲以詩示親黨云八年帷幄竟何爲更賜南園寵退師堪笑當時王學士功名未有便吟詩

至和嘉祐間場屋舉子爲文尚奇澁讀或不能成句歐陽文忠公力欲革其弊既知貢舉凡文涉彫刻者皆黜之時范景仁王禹玉梅公儀等同事而梅聖俞爲參詳官未引試前唱酬詩極多文忠無譁戰士銜枚勇下筆春蠶食葉聲最爲警策聖俞有萬蟻戰時春日暖五星明處夜堂深亦爲諸公所稱及放牓平時有聲如劉輝輩皆不預選士論頗洶洶未幾詩傳遂閧然以爲主司耽於唱酬不暇詳考校且言以五星自比而待我曹爲蠶蟻因造爲醜語自是禮闈不復敢作詩終元豐末幾三十年元祐初雖稍稍爲之要不如前日之盛然是牓得蘇子瞻爲第二人子由與曾子固皆在選中亦不可謂不得人矣

蘇明允至和間來京師既爲歐陽文忠公所知其名翕然韓忠憲諸公皆待以上客嘗遇重陽忠憲置酒私第惟文忠與一二執政而明允乃以布衣參其間都人以爲之異禮席間賦詩明允有佳節屢從愁裏過壯心時傍醉中來之句其意氣尤不少衰明允詩不多見然精深有味語不徒發正類其文如讀易詩云誰爲善相應嫌瘦後有知音可廢彈婉而不迫哀而不傷所作自不必多也

張先郎中字子野能爲詩及樂府至老不衰居錢塘蘇子瞻作倅時先年已八十餘視聽尚精強家猶畜聲妓子瞻嘗贈以詩云詩人老去鶯鶯在公子歸來燕燕忙蓋全用張氏故事戲之先和云愁似鰥魚知夜永懶同蝴蝶爲春忙極爲子瞻所賞然俚俗多喜傳詠先樂府遂掩其詩聲識者皆爲恨云

元厚之知荆南嘗夢至仙府與三人者聯書名傍有告之曰君三人蓋兄弟也覺而思之莫知所謂未幾召入爲學士時韓持國維楊元素繪先已在院一日因書奏列名三人名皆從絞絲始悟夢中兄弟之意豈造物以是爲戲耶已而持國元素皆外補厚之尹京後三年復與元素還職而鄧文約相繼爲直院則三人之名又皆從絞絲蓋終始皆同决非偶然以此推之仕宦升沉進退亦何可以人力計許大夫選嘗作四翰林詩記其事厚之和云聯名適似三株樹傳玩驚看五朵雲此亦一時之異也

晉魏間詩尚未知聲律對偶然陸雲相謔之辭所謂日下荀鳴鶴雲間陸士龍者乃指爲的對至四海習鑿齒彌天釋道安之類不一乃知此體出於自然不待沈約而後能也舊不解四海彌天爲何等語因讀

梁慧皎高僧傳載鑿齒與安書云夫不終朝而雨六合者彌天之雲也弘淵源而潤八極者四海之流也故摘其語以爲戲耳始晉初爲佛學者皆從其師姓如支遁本姓關從支謙學故爲支道安以佛學皆本釋迦爲師請以釋命氏遂爲定制則釋道安者亦其姓也

詩語固忌用巧太過然緣情體物自有天然工妙雖巧而不見刻削之痕老杜細雨魚兒出微風燕子斜此十字殆無一字虛設雨細着水面爲漚魚常上浮而淰若大雨則伏而不出矣燕體輕弱風猛則不能勝惟微風乃受以爲勢故又有輕燕受風斜之語至穿花蛺蝶深深見點水蜻蜓款款飛深深字若無穿字款款字若無點字皆無以見其精微如此然讀之渾然全似未嘗用力此所以不礙其氣格超勝使晚唐諸子爲之便當入魚躍練波抛玉尺鶯穿絲柳織金梭體矣七言難於氣象雄渾句中有力而紆餘不失言外之意自老杜錦江春色來天地玉壘浮雲變古今與五更鼓角聲悲壯三峽星河影動搖等句之後常恨無復繼者韓退之筆力最爲傑出然每苦意與語俱盡和裴晉公破蔡州回詩所謂將軍舊壓三司貴相國新兼五等崇非不壯也然意亦盡於此矣不若劉禹錫賀晉公留守東都云天子旌旗分一半八方風雨會中州語遠而大體也

人之材力信自有限李翺皇甫湜皆韓退之高第而二人獨不傳其詩不應散亡無一篇存者計是非其所長故不多作耳退之集中有題湜公安園池詩後云爾雅注蟲魚定非磊落人又有用將濟諸人捨得業孔顏意若譏其徒爲無益而勸之使不作者翺見於遠遊聯句惟前之詎灼灼此去信悠悠一出之後遂不復見亦可知矣然二人以非所工而不作愈於不能而強爲之亦可謂善用其短矣

元豐既行官制準唐故事定宰相上事儀以御史中丞押百官班拜於階下宰相荅拜於阼階上時王禹玉除左僕射蔡持正右僕射神宗命即尚書省行之二人力辭帝不可曰既以正治官不得不正其名分於始此國體非爲卿設也二人乃受命時元厚之已致仕居吳以詩賀王禹玉有前殿聽宣中禁制南宮看集外朝班星辰影落三階下桃李陰成四海間之句時最爲盛事自是相繼入相者皆不復再講此禮信不可常行也

劉季孫初以左班殿直監饒州酒王荆公爲江東提刑巡歷至饒按酒務始至廳事見屏間有題小詩曰呢喃燕子語梁間底事來驚夢裏閑說與傍人應不解杖藜携酒看芝山大稱賞之問專知官誰所作以季孫言即召與之語嘉歎升車而去不復問務事既至傳舍適郡學生持狀立庭下請差官攝州學事公判監酒殿直一郡大驚遂知名云

舊說徐敬業敗與駱賓王俱不死皆去爲浮屠以免

賓王居杭州靈隱寺因續宋之問詩人始知之而唐新書不載今宋詩乃見賓王集中惟破題鷲嶺鬱岧嶢龍宫隱寂寥兩句是宋作自樓觀滄海日門聽浙江潮以後五韻皆賓王所續方武后初革命天下所共嫉敬業與賓王首唱義則世哀之而爲隱藏理或有之此詩不知後人因其傳而録之賓王集耶或本集固自爲賓王作而收之也然賓王集乃古本非後人所裒次者若此詩當時已自録於集中則賓王之不死亦一證也

魏晉間人詩大抵專工一體如侍宴從軍之類故後來相與祖習者亦但因其所長取之耳謝靈運擬鄴中七子與江淹雜擬是也梁鍾嶸作詩品皆云其人詩出於某人亦以此然論陶淵明乃以爲出於應璩此語不知其所據應璩詩不多見惟文選載其百詩一篇所謂下流不可處君子愼厥初者與陶詩了不相類五臣注引文章録云曹爽用事多違法度璩作此詩以刺在位意若百分有補於一者淵明正以脫略世故超然物外爲意顧區區在位者何足槩其心哉且此老何嘗有意欲以詩自名而追取一人而模放之此乃當時文士與世進取競進而争長者所爲何期此老之淺蓋嶸之陋也

江淹擬湯惠休詩日莫碧雲合佳人殊未來古今以爲佳句然謝靈運圓景早已滿佳人猶未還謝玄暉春草秋更緑公子未西歸即是此意嘗怪兩漢間所作騷文未嘗有新語直是句句規模屈宋但換字不同耳至晉宋以後詩人之辭其敝亦然若是雖工亦何足道蓋當時祖習共以爲然故未有識之者耳

嵇康幽憤詩云性不傷物頻致怨憎昔慙下惠今愧孫登蓋志鍾會之悔也吾嘗讀世説知康乃魏宗室壻審如此雖不忤鍾會亦安能免死耶嘗稱阮籍口不臧否人物以爲可師殊不然籍雖不臧否人而作青白眼亦何以異籍得全於晉直是早附司馬師陰託其庇耳史言禮法之士嫉之如讎賴司馬景王全之以此而言籍非附司馬氏未必能脫禍也今文選載蔣濟勸進表一篇乃籍所作籍忍至此亦何所不可爲籍著論鄙世俗之士以爲猶虱處乎褌中籍委折於司馬氏獨非褌中乎觀康尚不屈於鍾會肯賣魏而附晉乎世俗但以迹之近似者取之槩以爲嵇阮吾每爲之太息也

晉人多言飲酒有至於沉醉者此未必意眞在於酒蓋方時艱難人各懼禍惟託於醉可以粗遠世故蓋自陳平曹參以來已用此策漢書記陳平於劉吕未判之際日飲醇酒戲婦人是豈眞好飲耶曹參雖與此異然方欲解秦之煩苛付之清淨以酒杜人是亦一術不然如蒯通輩無事而獻説者且將日走其門矣流傳至嵇阮劉伶之徒遂全欲用此爲保身之計此意惟顔延年知之故五君詠云劉伶善閉關懷情滅聞見韜精日沉飲誰知非荒宴如是飲者未必劇

飲醉者未必眞醉也後世不知此凡溺於酒者往往以嵇阮爲例濡背腐脇亦何恨於死耶

古今論詩者多矣吾獨愛湯惠休稱謝靈運爲初日芙渠沈約稱王筠爲彈丸脫手兩語最當人意初日芙渠非人力所能爲而精彩華妙之意自然見於造化之妙靈運諸詩可以當此者亦無幾彈丸脫手雖是輸寫便利動無留礙然其精圓快速發之在手筠亦未能盡也然作詩審到此地豈復更有餘事韓退之贈張籍云君詩多態度藹藹春空雲司空圖記戴叔倫語云詩人之辭如藍田日暖良玉生煙亦是形似之微妙者但學者不能味其言耳

王介字中甫衢州人博學善譏謔嘗舉制科不中與

王荆公遊甚款然未嘗降意少相下熙寧初荆公以翰林學士被召前此屢召不起至是始受命介以詩寄云草廬三顧動幽蟄蕙帳一空生曉寒用蕙帳事蓋有所諷荆公得之大笑他日作詩有丈夫出處非無意猿鶴從來自不知之句蓋爲介發也

詩禁體物語此學詩者類能言之也歐陽文忠公守汝陰嘗與客賦雪於聚星堂舉此令往往皆閣筆不能下然此亦定法若能者則出入縱橫何可拘礙鄭谷亂飄僧舍茶煙濕密洒歌樓酒力微非不去體物語而氣格如此其卑蘇子瞻凍合玉樓寒起粟光搖銀海眩生花超然飛動何害其言玉樓銀海韓退之兩篇力欲去此弊雖冥搜奇譎亦不免有縞帶銀杯之句杜子美暗度南樓月寒生北渚雲初不避雲月字若隨風且開葉帶雨不成花則退之兩篇工殆無以愈也

韓魏公初鎭定武時年纔四十五德望偉然中外莫不傾屬公亦自以天下爲任御事不憚勤勞晚作閱古堂嘗爲八詠其疊石藥圃溝泉三篇卒章云主人未有銘功處日視崔嵬激壯懷吾心盡欲醫民病長得憂民病不銷誰知到此幽閑地多少餘波濟物來其意氣所懷固已見於造次賦詠之間終成大勳豈徒言之而已哉

五代王仁裕知貢舉王丞相溥爲狀元時年二十六後六年遂相周世宗猶及本朝以太子太保罷歸班

年纔四十二前此所未有也溥初拜相仁裕猶致仕無恙嘗以詩賀溥云一戰文場援趙旗便調金鼎佐無爲白麻驟降恩何極黃髮初聞喜可知跋勑按前人到少築沙堤上馬歸遲立班始得遙相見親洽爭如未貴時溥在位每休沐必詣仁裕從容終日蓋唐以來座主門生之禮尤厚今王丞相將明霍侍郎端友牓南省奏名時知舉四人安樞密處厚劉尚書彥脩與今鄧樞密子常范右丞謙叔吾亦忝點檢試卷官鄧范不唯及見其登庸可以繼仁裕且同在政府則仁裕所不及也

石林詩話卷下

六一居士詩話

李文正公進永昌陵挽歌辭云奠玉五回朝上帝御樓三度納降王當時群臣皆進而公詩最爲首出所謂三降王者廣南劉鋹西蜀孟昶及江南李後主是也若五朝上帝則誤矣太祖建隆盡四年明年初郊改元乾德至六年再郊改元開寳開寳五年又郊而不改元九年巳平江南四月大雩告謝于西京蓋執玉祀天者實四也李公當時人必不繆乃傳者誤云五二字一作之耳

仁宗朝有數達官以詩知名常慕白樂天體故其語多得於容易嘗有一聯云有禄肥妻子無恩及吏民有戲之者云昨日通衢遇一輜輧車載極重而羸牛甚苦豈非足下肥妻子乎聞者傳以爲笑

京師輦轂之下風物繁富而士大夫牽於事役良辰美景罕或一作獲宴遊之樂其詩至有賣花擔上看桃李拍酒樓頭一作前聽管絃之句西京應天禪院有祖宗神御殿盖一作寺在水北去河南府十餘里歲時朝拜官吏常苦晨興而留守達官簡貴每朝罷公酒三行不交一言而退故其詩曰正夢寐中行十里不言語䖏喫一作飯三杯其語雖淺近皆兩京之實事也

梅聖俞嘗於范希文席上賦河豚魚詩云春洲生荻芽春岸飛楊花河豚當是二字一作於此時貴不數魚鰕一有其狀已可怪其毒亦莫加忿腹若封豕怒目猶吳蛙庖煎苟失所入喉爲鏌鎁若此喪軀體何須資齒牙持問南方人黨護復矜誇皆言美無度誰謂死如麻我語不能屈自思空咄嗟退之來潮陽始憚餐籠蛇子厚居柳州而甘食蝦蟇二物雖可憎性命無舛差斯一作兹味曾不比中藏禍無涯甚美惡亦稱此言誠可嘉河豚常出於春暮群遊水上食絮而肥南人多與荻芽一作笋爲羮云最美故知詩者謂祇破題兩句已道盡河豚好䖏聖俞平生苦於吟詠以閑遠古淡爲意故其構思極艱此詩作於罇俎之間筆力雄贍頃刻而成遂爲絶唱

蘇子瞻學士蜀人也嘗於淯井監得西南夷人所賣蠻布弓衣其文織成梅聖俞春雪詩一有朔風三日暗吹沙蛟龍卷起噴成花花飛萬里奪曉月白石爛堆愁女媧大明廣庭踏朝賀雉尾不掃粘官靴宮中才人承聖顔捧觴稱壽呼南山三公免責百姓喜斗酒十千誰復慳此詩在聖俞集中未爲絶唱蓋其名重天下一篇一詠傳落夷狄而異域之人貴重之如此耳子瞻以余尤知聖俞者得之因以見遺余家舊畜琴一張乃寳曆三年雷會所斲距今二百五十年矣其聲清越如擊金石遂以此布更爲琴囊二物眞余家之寳玩也

吴僧賛寧國初爲僧録頗讀儒書博覽強記亦自能撰述而辭辯縱横人莫能屈時有安鴻漸者文詞儁敏尤好嘲詠嘗街行遇賛寧與數僧相隨鴻漸指而嘲曰鄭都官不愛之徒時時作隊賛寧應聲荅曰秦始皇未坑之輩往往成羣時皆善其捷對鴻漸所道乃鄭谷詩云愛僧不愛紫衣僧也

鄭谷詩名盛於唐末號雲臺編而世俗但稱其官爲鄭都官詩其詩極有意思亦多佳句但其格不甚髙以其易曉人家多以教小兒余爲兒時猶誦之今其

集不行於世矣梅聖俞晚年官亦至都官一日會飲余家劉原父戲之曰聖俞官必止於此坐客皆驚原父曰昔有鄭都官今有梅都官也聖俞頗不樂未幾聖俞病卒余爲序其詩爲宛陵集而今人但謂之梅都官詩一言之謔後遂果然斯可歎也

陳舍人（從易）當時文方盛之際獨以醇儒古學見稱其詩多類白樂天蓋自楊劉唱和西崑集行後進學者爭效之風雅一（一作之）變謂之崑體繇是唐賢諸詩集幾廢而不行陳公時偶得杜集舊本文多脫誤至送蔡都尉詩云身輕一鳥其下脫一字陳公因與數客各用一字補之或云疾或云落或云起或云下莫能定其後得一善本乃是身輕一鳥過陳公歎服以

爲雖一字諸君亦不能到也　偶得（偶一作收）

國朝浮圖以詩名于世者九人故時有集號九僧詩今不復傳矣余少時聞人多稱其一曰惠崇餘八人者忘其名字也余亦略記其詩有云馬放降來地鵰盤戰後雲又云春生桂嶺外人在海門西其佳句多類此其集已（一作既）亡今人多不知有所謂九僧者矣是可歎也當時有進士許洞者善爲辭章俊逸之士也因會（一作命）諸詩僧分題出一紙約曰不得犯此一字其字乃山水風雲竹石花草雪霜星月（一作日）禽鳥之類於是諸僧皆閣筆洞咸平三年進士及第時無名子嘲曰張康渾裹馬許洞鬧裝妻是也

孟郊賈島皆以詩窮至死而平生尤自喜爲窮苦之句（一作辭）孟有移居詩云借車載家具家具少於車乃是都無一物耳又謝人惠炭云暖得曲身成直身人謂非其身備嘗之不能道此句也賈云鬢邊雖有絲不堪織寒衣就令織得（二字一作堪織）能（一作所）得幾何又其朝飢詩云坐聞西牀琴凍折兩三絃人謂其不止忍飢而已其寒亦何可忍也

唐之晚年詩人無復李杜豪放之格然亦務以精意相高如周朴者構思尤艱每有所得必極其雕琢故時人稱朴詩月鍛季煉未及成篇已播人口其名重當時如此而今不復傳矣余少時猶見其集其句有云風暖鳥聲碎日高花影重又云曉（一作晚）來山鳥鬧雨過杏花稀誠佳句也

聖俞嘗謂予曰詩家雖率（一作主）意而造語亦難若意新語工得前人所未道者斯爲善也必能狀難寫之景如在目前含不盡之意見於言外然後爲至矣賈島云竹籠拾山果瓦瓶擔石泉姚合云馬隨山鹿放雞逐野禽棲等是山邑荒僻官況蕭條不如縣古槐根出官清馬骨高爲工也余曰語之工者固如是狀難寫之景含不盡之意何詩爲然聖俞曰作者得於心覽者會以意殆難指陳以言也雖然亦可畧道其髣髴若嚴維柳塘春水慢花塢夕陽遲則天容時（一作物）態融和駘蕩豈不如在目前乎又若溫庭筠雞聲茅店月人迹板橋霜賈島怪禽啼曠野落日恐行人則道路辛苦羈愁旅思豈不見於言外乎

聖俞子美齊名於一時而二家詩體特異子美筆力豪雋以超邁橫絶爲奇聖俞覃思精微以深遠閑淡爲意各極其長雖善論者不能優劣也余嘗於水谷夜行詩畧道其一二云子美氣尤雄萬竅號一噫有時肆顛狂醉墨灑滂霈譬如千里馬已發不可殺盈前盡珠璣一一難柬汰梅翁事清切（一作句）石齒漱寒瀨作詩三十年視我猶後輩文辭愈精（一作清）新心意雖老大有如妖韶女老自有餘態近詩尤古（一作苦）硬咀嚼苦（一作且）難嘬又如食橄欖眞味久愈在蘇豪以氣轢舉世徒驚駭梅窮獨我知古貨今難賣語雖非工謂粗得其髣髴然不能優劣之也

呂文穆公未第時薄（或作嘗）遊一縣（志其縣名）胡大監旦方隨其父宰是邑遇呂甚薄客有譽呂（二字一作喻胡）曰呂君工於詩宜少加禮胡問詩之警句客舉一篇其卒章云挑盡寒燈夢不成胡笑曰乃是一渴（俗語轉音溘）睡漢爾呂聞之甚恨而去明年首中甲科使人寄聲語胡曰渴睡漢狀元及第矣胡答曰待我明年第二人及第輸君一籌旣而次牓亦中首選

聖俞嘗云詩句義理雖通語涉淺俗而可笑者亦其病也如有贈漁父一聯云眼前不見市朝事耳畔惟聞風水聲說者云患肝腎風（四字一作此漁父肝藏熱而腎藏虛也）又有詠詩者云（一無此六字）盡日覔不得有時還自來本謂詩之好句難得爾而說者云此是人家失却猫兒詩人皆以爲笑也

王建宮詞一百首多言唐宮禁中事皆史傳小說所不載者往往見於其詩如內（一作兩）中數日無呼喚傳得滕王蛺蝶圖滕王元嬰高祖子新舊唐書皆不著其所能惟名畫録畧言其善畫亦不云其工蛺蝶也又畫斷云工於蛺蝶及見於建詩爾或聞今人家亦有得其圖者唐世一藝之善如公孫大娘舞劒器曹剛彈琵琶米嘉榮歌皆見於唐賢詩句遂知名於後世當時山林田畝潛德隱行君子不聞於世者多矣而賤工末藝得所附託乃垂於不朽蓋其各有幸不幸也

李白戲杜甫云借問別來太瘦生總爲從前（一作來）作詩苦太瘦生唐人語也至今猶以生爲語助如作麽生何似生之類是也

陶尚書穀嘗曰尖簷帽子卑九厮短勒靴兒末厥兵末厥亦當時語余天聖景祐間已聞此句時去陶公尚未遠人皆莫曉其義王原叔博學多聞見稱於世最爲多識前言者亦云不知爲何說也第記之必有知者耳

詩人貪求好句而理有不通亦語病也如袖中諫草朝天去頭上宮花侍燕歸誠爲佳句矣但進諫必以章䟽無直用稾草之理唐人有云姑蘇臺下寒山寺半夜鍾聲到客船說者亦云句則佳矣其如三更不是打（一作撞）鍾時如賈島哭僧云寫留行道影焚却坐禪身時謂燒殺活和尚此尤可笑也若步隨青山影

坐學白塔骨又獨行潭底影數息樹邊身皆島詩何精麤頓（一無此字）異也

松江新作長橋制度宏麗前世所未有蘇子美新橋對月詩所謂雲頭灧灧開金餅水面沈沈臥彩（一作綵）虹者是也時謂此橋非此句雄偉不能稱也子美兄舜元字才翁詩亦遒勁多佳句而世獨罕傳其與子美紫閣寺聯句無媿韓孟也恨不得盡見之耳

晏元獻公文章擅天下尤善（一作喜）為詩而多稱引後進一時名士往往出其門聖俞平生所作詩多矣然公獨愛其兩聯云寒魚猶着底白鷺已飛前又絮暖鮆魚繁豉添蓴菜（一作綠）紫余嘗於聖俞家見公自書手簡再三稱賞此二（一作兩）聯余疑而問之聖俞曰此非我之極致豈公偶自得意於其間乎乃知自古文士不獨知己難得而知人亦難也

楊大年與錢劉數公唱和自西崑集出時人爭效之詩體一變而先生老（一作老先生）輩患其多用故事至於語僻難曉殊不知自是學者之弊如子儀（一作大年）新蟬云風來玉宇烏先轉（一作覺）露下金莖鶴未知雖用故事何害為佳句也又如（一有大年二字）峭帆橫渡官橋柳疊鼓驚飛海岸鷗其不用故事又豈不佳乎蓋其雄文博學筆力有餘故無施而不可非如前世號詩人者區區於風雲（一作雪）草木之類為許洞所困者也

西洛故都荒臺廢沼遺迹依然見於詩者多矣惟錢文僖公一聯最為警絕云日上故陵煙漠漠春歸空苑水潺潺裴晉公綠野堂在午橋南往時嘗屬張僕射（齊賢）家僕射罷相歸洛（一作終）日與賓客吟宴於其間惟鄭工部（文寶）一聯最為警絕云水暖鳧鷖行哺子溪深桃李臥開花人謂不減王維杜甫也錢詩好句尤多而鄭句不惟當時人莫及雖其集中自及此者亦少

閩人有謝伯初者字景山當天聖景祐之閒以詩知名余謫夷陵時景山方為許州法曹以長韻見寄頗多佳句有云長官衫色江波綠學士文華蜀錦張余答云參軍春思亂如雲白髮題詩愁送春蓋景山詩有多情未老已（一作先）白髮（三字一作頭先白）野思到春如亂雲之句故余以此戲之也景山詩頗多如自種黃花添野景旋移高竹聽秋聲園林換葉梅初熟池館無人燕學飛之類皆無媿於唐賢而仕宦不偶終（一作以）於困窮而卒其詩今已不見於世其家亦流落不知所在其寄余詩殆今三十五年矣余猶能誦之蓋其人不幸既可哀其詩淪棄亦可惜因錄於此詩曰江流無險似瞿唐滿峽猿聲斷旅（一作盡）腸萬里可堪人謫官經年應合鬢成霜長官衫色江波綠學士文華蜀錦張異域化為儒雅俗遠民爭識校讎郎才如夢得多為累情似安仁久悼亡下國難留金馬客新詩傳與竹枝娘典辭懸待修青史諫草當來集皁囊莫為明時暫遷謫便將纓足濯滄浪

石曼卿自少以詩酒豪放自得其氣皃偉然詩格奇

峭又工於書筆畫遒勁體兼顏柳爲世所珍（一作好）余家嘗得南唐後主澄心堂紙曼卿爲余以此紙書其籌筆驛詩詩曼卿平生所自愛者至今藏之號爲三絕眞余家寶也曼卿卒後其故人有見之者云恍惚如夢中言我今爲鬼仙也所主芙蓉城欲呼故人往遊不得忿然騎一素（一作青）騾去如飛其後又云降於亳州一舉子家又呼（一有其字）舉子去不得因留詩一篇與之余亦略記其一聯云鶯聲不逐春光老花影長隨日脚流神（一作鬼）仙事怪不可知其詩頗類曼卿平生語舉子不能道也

王建霓裳詞云弟子部（一作歌）中留一色聽風聽水作霓裳（一有羽衣二字）曲今教坊尚能作其聲其舞則廢而不傳矣人間又有望瀛府獻仙音二曲云此其遺聲也霓裳曲前世傳記論說頗詳不知聽風聽水爲何事也白樂天有霓裳歌甚詳亦無風水之說第記之或有遺亡（四字一作必有知）者爾

龍圖趙學士（師民）以醇儒碩學名重當時爲人沈厚端默羣居終日似不能言而於文章之外詩思尤精如麥天晨氣潤槐夏午陰清前世名流皆所未到也又如曉鶯林外千聲囀芳草階前一尺長殆不類其爲人矣

退之筆力無施不可而嘗以詩爲文章末事故其詩曰多情懷酒伴餘事作詩人也然其資（一作發）談笑助諧謔敘人情狀物態一寓於詩而曲盡其妙此在雄文大手固不足論而予獨愛其工於用韻也蓋其得韻寬則波瀾橫溢泛入傍韻乍還乍離（一作去作還）出入回合殆不可拘以常格如此日足可惜之類是也得韻窄則不復傍出而因難見巧愈險愈奇如病中贈張十八之類是也余嘗與聖俞論此以謂譬如（一作夫）善馭良馬者通衢廣陌縱橫馳逐惟意所之至於水曲蟻封疾徐（一有彌字）中節而不少蹉跌乃天下之至工也聖俞戲曰前史言退之爲人木強若寬韻可自足而輙傍出窄韻難獨用而反不出豈非其拗強而然歟坐客皆爲之笑也

自科場用賦取人進士不復留意於詩故絕無可稱者惟天聖二年省試采侯詩宋尚書（祁）最擅場其句有色映堋雲爛聲迎羽月遲（一作馳）尤爲京師傳誦當時舉子目公爲宋采侯

六一居士詩話

東萊呂紫微詩話

晁伯禹載之學問精確少見其比嘗作昭靈夫人祠詩云殺翁分我一盃羮龍種由來事杳冥安用生兒作劉季暮年無骨葬昭靈

晁之道詠之西池唱和詩有旌旗太一三山外車馬長楊五柞中柳外雕鞍公子醉水邊紈扇麗人行殆絕唱也

高秀實茂華人物高遠有出塵之姿其爲文稱是嘗和予高郵道中詩有中涂留眼占星聚一夕披顏覺霧收之句便覺予詩急迫少從容閑暇處

汪信民革嘗作詩寄謝無逸云問訊江南謝康樂溪堂春木想扶踈高談何日看揮麈安步從來可當車但得丹霞訪龐老何須狗監薦相如新年更勵於陵節妻子同鉏五畝蔬饒德操節見此詩謂信民曰公詩日進而道日遠矣蓋用功在彼而不在此也

洪龜父朋寫韻亭詩云紫極宮下春江横紫極宮中百尺亭水入方洲界玉局雲映連山羅翠屏小楷四聲餘翰墨主人一粒盡仙靈文簫采鸞不復返至今神界花冥冥作詩至此殆無遺恨矣

宣和末林子仁敏功寄夏均父倪詩云嘗憶它年接緒餘饒三落托我迂踈溪橋幾換風前柳僧壁今留醉後書忘記下四句饒三德操也

表叔范元實既從山谷學詩要字字有來處嘗有詩云夷甫雌黄須倚閣君卿脣舌要施行

從叔知止少年作詩云彭澤有琴常無弦大令舊物惟青氊我亦四壁對默坐中有一床供晝眠元實深賞愛之云殆似山谷少時詩也

從叔大有少時詩云范睢才拊穰侯背蔡澤聞之又入秦不減王荆公得意詩也

外弟趙才仲少時詩夕陽緣間明等句精確可喜才仲少學柳文曾内相肇晁文以道説之皆以才仲能爲古人之文也

夏均父倪文詞富贍儕輩少及嘗以天寒霜雪繁游子有所之爲韻作十詩留别饒德操不愧前作也

晁季一貫之嘗訪杜子師輿不遇留詩云草堂不見浣溪老折得青松度水歸

衆人方學山谷詩時晁叔用沖之獨專學老杜詩衆人求生西方時高秀實獨求生兜率

叔用嘗戲謂余云我詩非不如子我作得子詩只是子差熟耳余戲答云只熟便是精妙處叔用大笑以爲然

王立之直方病中盡以書畫寄交舊余亦得書畫數種與余書云劉玄德生兒不象賢蓋譏其子不能守其圖書也余初未與立之相識而相與如此夏均父嘗寄立之詩云書來整整復斜斜蓋謂其病中作字如此

饒德操酷愛徐師川俯雙廟詩開元天寶間袞袞見諸公不聞張與許名在臺省中之句

張先生子厚與從祖子進同年進士也張先生自登科不復仕居毗陵紹聖中從祖自中書舍人出知睦州子厚小舟相送數程別後寄詩云籬鷃雲鵬各有程匆匆相別未忘情恨君不在蓬籠底共聽蕭蕭夜雨聲先生少有異才多異夢嘗作夢録記夢中事予舊寶藏今失之先生夢中詩如楚峽雲嬌宋玉愁月明溪淨印銀鈎襄王定是思前夢又抱霞衾上玉樓又無限寒鴉冒雨飛紅樹高高出粉墻之句殆不類人間人也紹聖初嘗訪祖父滎陽公於歷陽既歸乘小舟泝江至烏江還書云今日江行風浪際天嘗記往在京師作詩云苦猒塵沙隨馬足却思風浪拍船頭也

汪信民於文無不精到嘗代滎陽公作張先生哀詞云惟古制行必中庸兮降及末世戾不通兮首陽柱下更拙工兮其餘忘之矣

紹聖初滎陽公自淛中赴懷州叔祖赴睦州邂逅於鎮江別後叔祖寄絕句云江南江北來昨夜同枝宿平明一聲起四顧已極目

江西諸人詩如謝無逸富贍饒德操蕭散皆不減潘邠老（大臨）精苦也然德操爲僧後詩更高妙殆不可及嘗作詩勸予專意學道云向來相許濟時功大似頻伽餉遠空我已定交木上座君猶求舊管城公文章不療百年老世事能排雙頰紅好貸夜窻三十刻胡床趺坐究幡風

邠老嘗寄德操均父詩云文如二稚徒懷璧武似三明却韔弓松檜參天西邑路時時騎馬訪龐公文如二稚謂德操武似三明謂均父也後德操爲僧名如璧殆詩之讖也

吳春卿參政以資政殿大學士知河南過郭店謁文靖公墓詩云漢相巖巖真國英門庭曾是接諸生陽秋談論四時具河嶽精神一坐傾議者以爲頗盡文靖儀觀論議云

滕元發（甫）賀正獻公拜相啓云玉璜釣瀨家傳渭水之符金鼎調元代出山東之相又云寰區大抃盡還仁祖之風朝野一辭復見申公之政當時稱誦之

劉師川莘老丞相幼子力學有文嘗贈舍弟詩云大

阮平坐予所愛小阮相逢亦傾蓋濟陰未識情更親信手新詩落珠貝楊氏作公誰料理臧孫有後誠可喜長亭木落風雨多無酒飲君如別何余時爲濟陰縣主簿大阮謂知止也

曾子固舍人爲太平州司户時張伯玉（瑑）作守歐公王荆公諸人皆與伯玉書以子固屬之伯玉殊不爲禮一日就設廳召子固作大排唯賓主二人亦不交一談也既而召子固於書室謂子固曰人皆謂公爲曾夫子必無所不學也子固辭避而退一日請子固作六經閣記子固屢作終不可其意迺謂子固曰吾試爲之即令子固書曰六經閣者諸子百家皆在焉不書尊經也其下文不能具載又令子固問書傳中

隱晦事其應答如流子固大服始有意廣讀異書矣
晁丈以道言劉斯立跂初登科以賢稱就亳州見劉貢父所稱引皆劉所未知於是始有意讀書以道又言少年讀書時嘗鄙薄蔭補得官以蔭補得官不是作官後從李德叟游德叟輕賤科名議論高遠方有意真爲學矣
叔祖待制公嘗與賔客飲酒時大有尚幼侍側叔祖令大有作四聲大有應聲云微雨變雪
元祐中諸院族人居榆林甚盛嘗一日同游西池有士子方行觀嘆曰紈袴不餓死儒冠多誤身從叔叔巽應聲問曰秀才汝讀書破萬卷下筆如有神也未士子甚驚嘆

東萊公嘗與羣從出城至村寺中寺僧設冷淘止具酢無它物令衆對入寺冷淘惟有酢叔巽應聲對云出門蒸餅便無鹽衆服其敏
崇寧初晁以道居登封滎陽公嘗寄詩云將謂清風全掃地世間今復有盧鴻以道和詩云渭濵人老釣綸中晚達那知有早窮顧我巖棲終作底漫將病目送飛鴻
崇寧末東萊公迎侍滎陽公居眞州船場晁以道赴官明州來訪公留連數日而去別後以詩寄公云鳳老不竹食子復將衆雛一門三世行名教文章俱自可不富貴天德公已餘公乎默終日誰言得親踈人間亦何事前賢重作書公豈不窮愁聊爲筆墨娛掩卷長歎息曷不巖廊歟却慙小人計不當君子居可恨只江水潮生明月初挾拖讋北客別去敢踟蹰回首望丹穴涕泣日漣如
曾元嗣續政和間嘗作十友詩蓋謂顏平仲岐關止叔沼饒德操節髙秀實茂華韓子蒼駒及余諸人凡十人也其稱予詩云呂家三相盛天朝流澤于今有鳳毛世業中微誰料理却收才具入風騷
崇寧初滎陽公守曹州陳無己以詩寄公云往時三呂共脩途擬上青雲近玉除中道勒回犇電足今年還直邇英廬縱談尚記華嚴夜枉道難回刺史車乘興寬爲七字句逢人聊代八行書紹聖初滎陽公罷經筵出舍城東華嚴寺無己與晁伯禹載之唐季實

之問皆來訪公每晨興公未起三人者皆揖於門外及寢公就枕三人者皆揖於門外如親子弟云
崇寧初滎陽公自曹州與相州太守劉壽臣唐老學士兩易會於滑州滑守陳伯修師錫殿院也坐中有詩云金馬舊游三學士玉麟交政兩諸侯荅記當時事也
楊念三丈道孚克一呂氏重甥張公文潜之甥也少有才思爲舅所知年十五時在鄂渚作詩云洞庭無風時上下皆明月微波不敢興甚靜蛟蜃穴
元符初滎陽公謫居歷陽道孚爲州法曹掾嘗從公出游以職事遽歸遺公詩云雨綠霜紅郭外田山濃水淡欲寒天參軍抱病陪清賞一㩳呼歸亦可怜公

甚稱之

李方叔（廌）嘗作寒食詩千株蜜炬出嚴闉走馬天街賜近臣我亦茅簷自鑽燧煨針燒艾檢銅人又嘗贈汝州太守詩云安得吾皇四百州皆如此邦二千石方叔祭東坡文云皇天后土實表平生忠義之心名山大川復收自古英靈之氣

滎陽公紹聖中謫居歷陽閉户却掃不交人物嘗有詩云老讀文書興易闌須知養病不如閑竹牀瓦枕虛堂上卧看江南雨外山

滎陽公元符末起知單州登城樓詩云斷霞孤鶩欲寒天無復青山礙目前世路崎嶇飽經歷始知平地是神仙

東萊公元祐中西池詩云遊人初避熱多傍柳陰行崇寧中閑居符離嘗步至村寺作詩贈僧云柳外陰中一鐸鳴老僧拄杖出門行自言老病難看讀只坐蒲團到五更

饒德操初見潘邠老和山谷中興碑詩讀至天下寧知再有唐皇帝紫袍迎上皇嘆曰潘十後來做詩直至此地位耶

邠老送山谷貶宜州詩可是中州着不得江南已遠更宜州山谷極稱賞之

何斯舉（頡）嘗和余詩云秋水因君話河伯接籬持酒對山公斯舉即陳無己詩所謂黃塵投老得何郎準擬明年共我長者也然斯舉與予初不相識

晁叔用嘗作廷珪墨詩脱去世俗畦畛高秀實深稱之其詩云君不見江南墨官有諸奚老超尚不如廷珪後來承晏頗秀出喧然父子名相齊百年相傳紋破碎彷彿尚見蛟龍背雷光屬天星斗昏雨痕倒海風雷晦却憶當年清暑殿黃門侍立才人見銀鈎灑落桃花牋牙床磨試紅絲硯同時書畫三萬軸二徐小篆徐熙竹御題四絕海内傳祕府毫鋩惜如玉君不見建隆天子開國初曹公受詔行掃除王侯舊物人今得更寫西天貝葉書

東萊公嘗言少時作詩未有以異於衆人後得李義山詩熟讀規摹之始覺有異

東萊公深愛義山一春夢雨常飄瓦盡日靈風不滿旗之句以爲有不盡之意

楊道孚深愛義山嫦娥應悔偷靈藥碧海青天夜夜心以爲作詩當如此學

仲姑清源君嘗言前身當是陶淵明愛酒不入遠公社故流轉至今耳

吕正憲夫人最能文嘗雪夜作詩云夜深人在水晶宫

吕正憲夫人知識過人見元祐初諸公進用人才之盛嘆曰先公作相要進用一箇好人費盡無限氣力如今日用人可謂無遺才矣吕正憲作相時蓋元豐間也

孔毅甫（平仲）學士建中靖國間作吕正憲夫人挽詩云賛夫成相業聽子得忠言其子蓋傳正（安詩）舍人

也傳正有賢行紹聖初以左史權中書舍人欲論事而懼其親老未敢夫人聞之屢促其子論列時事傳正由此遂貶夫人不以爲恨也挽詩乃蘇子由作

紹聖初蘇子由罷門下侍郎知汝州呉傳正當制行詞云薄責尚期改過原情本出愛君

李廌去言公擇尚書猶子少能文詞年十七八時作詩云去國城春桃李花楓林葉病尚天涯今年九日風前帽北客南舟雨後沙忘下四句汪信民甚稱之以爲有過其姪商老處然商老詩文冨贍宏博非後生容易可到方臘之亂去言有詩蒼黄避地小兒女漂泊連床老弟兄亦佳句也

夏均父稱張彦實詩出江西諸人彦實送均父作江

守詩云平時袞袞向諸公投老猶推作郡公未覺朝廷疏汲黯極知州郡要文翁均父每諷誦之

張子厚先生紹聖中蘇常道中題予授讀詩卷後云一水帝鄉路片雲師子山不知此何人詩也

正獻公自同知樞密院出知定州謝上表有云特以百年舊族荷累聖不貲之恩一介微軀辱上主非常之遇又云謂臣世服近僚有均休共戚之義察臣旁無厚援絶背公死黨之嫌又云進不敢希功而生事退不敢弛備以曠官

正獻公自中司罷後數年起知河陽謝上表云三學士之職嘗忝兼榮中執法之司亦蒙眞授蓋公嘗爲翰林學士兼侍讀學士寶文閣學士官至侍郎拜中

丞銜內不帶權字公爲中丞時官已至侍郎故云亦蒙眞授也

正獻公知揚州賀景靈宮成表有云即上都之福地再廣眞庭會列聖之睟容益嚴昭薦又云回廊曼衍圖拱極之近僚祕殿重深列儀坤之正位

正獻公守河陽范蜀公司馬温公往訪公其燕設口號有云玉堂金馬三朝侍從之臣清洛洪河千古圖書之奥

夏英公賀文靖公兼樞密使啓云三公之尊古無不統五代多故政乃有歸又云部分諸將獨出於禁中制決奇謀不關於公府又云當清明之盛旦布焜煌之冊書啓事乃宋子京作

孫廣伯衍謝東萊公舉改官啓云清朝薦士大門蒙座主特達之知絳帳傳經賤子辱侍講非常之遇蓋孫公莘老受知正獻公廣伯常從滎陽公學也

朱巽子權荆門人崇寧初嘗客予家未有聞也其後赴舉滎陽公送之以詩子權後見胡康侯給事康侯問朱子久從呂公亦嘗聞呂公議論乎朱曰未也獨記公有送行詩卒章云它日稍成毛義志再求師友究淵源康侯曰是乃呂公深教子以子學問爲未至故勉子再求師友爾子權由是發憤爲學與兄震子發俱從師請問焉

叔祖待制尊德樂道以父師禮事滎陽公嘗寄公詩有久矣摳衣闕過庭之句

汪信民嘗和予欲晴詩云釜星晚雜出雨脚晨可歇

又嘗和予春日絶句云宴坐黌堂一事無居官蕭散似相如偶違濁酒風前約不見繁英雨後踈

張丈文潛大觀中歸陳州至南京答予書云到宋冒雨時見數花淒寒重裘附火端坐略不類季春氣候也

顔夷仲岐舊嘗從滎陽公問學予爲濟陰主簿夷仲適在曹南嘗贈予詩念昔從學日同升夫子堂夫子蓋謂滎陽公也予罷官歸作詩留别夷仲云昔者同升夫子堂如今俱是鬢蒼浪蓋用其語也

饒德操作僧後有送别外弟蔡伯世詩云要做仲尼眞弟子須參達磨的兒孫時諸説禪者不一故德操專及之

未改科已前有吳儔賢良爲廬州教授嘗誨諸生作文須用倒語如名重燕然之勒之類則文勢自然有力廬州士子遂作賦嘲之云教授於盧名儔姓吳大段意頭之没全然巴鼻之無

前輩有士人登科作太原職官能文輕脱嘲侮同官爲衆所怒太原帥戒之因作啓事謝帥云才非一鶚難居累百之先智異衆狙遂起朝三之怒副總管武人嘗戲之使對句云快咬韲虀窮措大其人應聲對曰善飡倉米老衙官雖云輕佻然自改科後士人亦不能爲此語矣

李尚書公擇初見秦少游上正獻公投卷詩云雨砌墮危芳風軒納飛絮再三稱賞云謝家兄弟得意詩只如此也

予舊藏秦少游上正獻公投卷張丈文潛題其後云予見少游投卷多矣黄樓賦哀鐏鍾文卷卷有之豈其得意之文歟少游平生爲文不多而一一精好可傳在嶺外亦時爲文此卷是投正獻公者今藏居仁處居仁好其文出以示予覽之令人愴恨時大觀改元二月也

文潛嘗爲其甥楊道孚作眞賛云其氣揚以善動其神騖以思用盡觀老氏之言乎君子行不離輜重蓋規之也

楊十七學士應之國賓力行苦節學問瞻博而弘致遠識特異流俗嘗題所居壁云有竹百竿有香一爐

有書千卷有酒一壺如是足矣伊川正叔先生嘗以爲交游中惟楊應之有英氣

邢和叔尚書常以丹遺伊川先生先生以詩謝之云至神通化藥通神遠寄衰翁救病身我亦有丹君信否用時還解壽斯民

司馬温公既辭樞密副使名重天下韓魏公元臣舊德猶加歆慕在北門與温公書云多病寖劇闕于修問但聞執事以宗社生靈爲意屢以直言正論開悟上聽懇辭樞弼必冀感動大忠大義充塞天地横絶古今固與天下之人歎服歸仰之不暇非於紙筆一二可言也又書云音問罕逢闕于致問但與天下之人欽企高誼同有執鞭忻慕之意未嘗少忘也又書

云伏承被命再領西臺在于高識固有優游之樂其如蒼生之望何此中外之所以鬱鬱也

王荆公嘗寄正獻公書云備官京師二年疵吝積於心每不自勝一詣長者即廢然而反夫所謂德人之容使人之意消者於晦叔得之矣以安石之不肖不得久從左右以求其放心而稍近於道猥以私養竊禄所以重貪汙之罪惓惓企望何以勝懷因書見教千萬之望

崇寧初楊丈道孚見寄數絶有云東平佳公子好學到此郎别去今幾日結交皆老蒼又一絶云不知更事多但覺拜人少其餘忘之

張子厚先生嘗游山寺詩有凍僕堆堆依竈燎山僧

草草具盤飧井丹已猒嘗葱葉庚亮何勞惜薤根之句蓋寺僧具食極疏略也

晁丈以道嘗以所爲易解示謝丈顯道它日顯道還其書因批其後云事忙不及相難

以道嘗令子弟門人學易先治李鼎祚解或以語楊丈中立中立問其故其人云以其集衆說楊丈笑曰集衆說不好者

潘邠老哭東坡絶句十二首其最盛傳者元祐絲綸兩漢前典刑意得寵光宣裕陵聖德如天大誰道微臣敢議天公與文忠總遇讒讒人有口直須緘聲名百世誰常在公與文忠北斗南

歐陽季默嘗問東坡魯直詩何處是好東坡不答但極口稱重黄詩季默云如卧聽踈踈還密密曉看整整復斜斜豈是佳耶東坡云此正是佳處

山谷贈晁无咎詩曰執持荆山玉要我雕琢之蓋无咎初從山谷理會作詩故无咎舊詩往往似山谷

僧守訥圓照師門人本衣冠家子弟後從圓照師祝髮辯博能文元符末　上皇踐阼遠近稱頌新政守訥以詩寄滎陽公云野夫生長　仁皇世再見　仁皇御太平是時天下稱　上皇爲小仁宗云

劉跂斯立莘老丞相長子賢而能文建中靖國間丞相追復斯立以啓謝諸公云晚歲離騷旋招魂於異域平生精爽猶見夢於故人

李光祖元亮野夫學士之孫少有俊聲與蔡嶷同學

舍嶷既貴元亮猶蹉跎場屋嶷在金陵以同舍故先謁之元亮以啓事謝之云跌足而見長者古猶非之輕身以先匹夫今無是也

知止叔少時嘗作初凉詩云西風吹木葉庭户作凉時夜有愁人嘆寒先病骨知予每喜誦此句爾來少年能爲此詩者蓋少矣

范正平子夷丞相忠宣公長子少有高節專務静退紹聖中　欽聖向后爲其家作功德寺爲屋數百間百姓訴其地民間地也朝廷下其事開封府府尹王震户部尚書蔡京皆定以爲官地民訴不已再委開封尉覈實時子夷適爲開封尉驗治實民間地　哲宗問正平何人家執政對曰純仁子也　上曰名家

有守詔改寺城外王震蔡京各贖金用事者怒之開封縣有兩尉一尉治内一尉治外子夷治外尉也治内尉失囚被譴遂并子夷衝替子夷不恤也常以爲好事到手難得豈可不做做而被罪其庸多矣後益連蹇不進恬如也常乘一馬甲小謝公定贈詩云一官如馬小衆眼似衫青

崇寧間談命術者多言叔祖待制子進與曾内翰子開皆宰相命也或有以吉凶占於紫姑神者代書村童即書於紙云待曾吕相方發人皆以二公可必相也然皆不驗豈鬼神亦但聞人所說而遂以爲然乎叔祖有詩云夢寐西山結草廬逝將臨水詠游魚何人見夘求時夜更着閑言問藐姑

崇寧初叔祖待制自瀛帥改知潁州過曹南省滎陽公見學院諸生作詩因和之騏驥方騰踏蚊虻敢撲緣明年小期集請看十蘆鞭紹聖間謫知歸州過太平州亦和諸生詩其末句有何處孤城號秭歸之句

東萊吕紫微詩話

珊瑚鉤詩話卷第一

右承議郎通判常州軍州事主管學事賜緋魚袋張　表臣編

古之聖賢或相祖述或相師友生乎同時則見而師之生乎異世則聞而師之仲尼祖述堯舜憲章文武顔回學孔子孟軻師子思之類是也義易成于四聖詩書歴乎帝王晉之乘楚之檮杌魯之春秋其義一也孔子曰其事則齊桓晉文其文則史其義則丘竊取之矣揚雄作太玄以準易法言以準論語作賦箴皆有所準班孟堅作二京賦擬上林子虚左太沖作三都賦擬二京屈原作九章而宋玉述九辨枚乘作七發而曹子建述七啓張衡作四愁而仲宣述七哀陸衡作擬古而江文通述雜體雖華藻隨時而體律相倣李唐羣英唯韓文公之文李太白之詩務去陳言多出新意至於盧仝貫休輩効其顰張籍皇甫湜輩舉其步則怪且醜僵且仆矣然退之南山詩乃類杜甫之北征進學解乃同於子雲之解嘲鄆州溪堂之什依於國風平淮西碑之文近於小雅則知其有所本矣近代歐公醉翁亭記步驟類阿房賦晝錦堂記議論似盤谷序東坡黄樓賦氣力同乎晉問赤壁賦卓絶近於雄風則知有自來矣而韓文公廟記鍾子翼哀詞時出險怪蓋游戲三昧間一作之也善學者當先量力然后措詞未能祖述憲章便欲超騰飛翥多見其喑嘆而狼狽矣

杜甫云軒墀曾寵鶴杜牧云欲把一麾江海去皆用事之誤蓋衛懿公好鶴鶴有乘軒者則軒車之軒耳非軒墀也顔延年詩云屢薦不入官一麾乃出守則麾麾去耳非麾旄也然子美讀萬卷書不應如是殆傳寫之繆若云軒則善矣牧之豪放一時引用之誤或有之耶

東坡讀隋書地理誌云黄州永安郡州東有永安城圖經謂春申君故城蓋非是春申之居乃在呉國今無錫惠山有春申君廟庶幾是乎予謂楚都申郢故黄歇封於春申如齊之孟嘗魏之信陵趙之平原各在其地也黄之永安爲春申故城蓋始封也謂之春者蘄春壽春是也謂之申者申光之間是也其必兼二城而封焉猶田文之食常薛耳後楚并呉秦侵申郢楚遷壽春黄歇始請呉之故宫都焉然行相事未嘗去國所以有廟者後人作之也

東坡作詩歎賈梁道爲魏忠臣然不能紹其子於後而使充懷姦附晉以首成濟之禍子無羞徐世勣爲唐佐命乃不能正其君於初而使敬業發憤僞周以倡誅武之謀嗚呼豈忠孝之道父不能傳之於其子子不能獻之於其父耶熈豐間王氏變法新進附之而仲弟平甫譏焉不其賢乎呂公守正舊交佐之而子弟之背焉不其戾乎噫是是非非非是是非人各有心不可革而化耶安得嵇下二家世濟忠誠者乎

黃帝史倉頡四目神明觀察衆象始爲古文古文者科斗是也周宣史籀變古文而爲大篆是謂籀文秦焚詩書丞相李斯始變籀文而爲小篆是名玉箸獄吏程邈刱作新書法務徑促是名隸書後漢王次仲初作八分是爲楷法楷法之變行草生焉張伯英王右軍之徒善之此古今通行之書體也篆法又有繆書者不知所起用以書符印取綢繆糾纆之象有倒薤者世傳務光辟湯之禪居清泠之陂植薤而食清風時至見葉交偃像爲此書以寫道經有鳥書者周史佚作所寫赤雀丹烏之祥以書旂幡取飛翔之狀有懸針者漢曹喜所作象針鋒纖抽之勢以書五經篇目取貫穿經指之義有垂露者亦喜所刱取草木婀娜垂露之象皆出新意有飛白者生於隸法漢靈帝旆理鴻都門蔡邕見役人以堊成字心有悅焉歸而作之用以題宮殿門榜有散隸者小變隸體晉黃門郎衛巨山所作也又云兼善蟲書或云蟲書即蟲鳥之書予疑鳥書自謂雀烏之祥專作禽鳥之象當別有蟲篆如孫臏斬龐涓於古木之下作蟲書以揭之今人傳寫蟲蛾之狀殆其遺法耶

東坡云董儲郎中安丘人能詩於寶元康定間其書尤工而人莫知僕以爲勝李西臺也豫章與李端叔書云比得荊州一詩人高荷極有筆力使之凌厲中州恐不減晁張恨公不識耳夫高董之詞翰二公稱道如此必非常常者而人或不知識矧今之世抱負材術而嗟不遇者可勝歎哉

東坡先生人有尺寸之長瑣屑之文雖非其徒驟加奬借如曇秀吹將草木作天香妙總知有人家住翠微之句仲殊之曲惠聰之琴皆咨嗟歎美如恐不及至於士大夫之善又可知也觀其措意蓋將攬天下之英才提拂誘掖教載成就之耳夫馬一驂驥坂則價十倍士一登龍門則聲烜赫足以高當時而名後世矣嗚呼惜公逝矣而吾不及見之也

予讀杜詩云江漢思歸客乾坤一腐儒功業頻看鏡行藏獨倚樓歎其含蓄如此及云虎氣必騰上龍身寧久藏蛟龍得雲雨鵰鶚在秋天則又駭其奮迅也草深迷市井地僻懶衣裳經心石鏡月到面雪山風愛其清曠如此及云退朝花底散歸院柳邊迷君隨丞相後我住日華東則又怪其華豔也久客得無淚故妻難及晨囊空恐羞澀留得一錢看嗟其窮愁如此及云香霧雲鬟濕清輝玉臂寒笑時花近靨舞罷錦纏頭則又疑其侈麗也至讀識歸龍鳳質威定虎狼都風塵三尺劍社稷一戎衣則又見其發揚而蹈厲矣五聖聯龍衮千官列鴈行聖圖天廣大宗祀日光輝則又得其雄深而雅健矣許身一何愚自比稷與契雖乏諫諍姿恐君有遺失則又知其許國而愛君也對食不能飡我心殊未諧人生無家別何以爲烝黎則知其傷

時而憂民也未聞夏商衰中自誅褒妲堂堂太宗業樹立甚宏達斯則隱惡揚善而春秋之義耳巡非瑶水遠迹是雕墻後天王守太白竚立更搔首斯則愛深思遠而詩人之旨耳至於上有欝藍天垂光抱瓊臺風帆倚翠蓋暮把東皇衣乃神仙之致耶惟有摩尼珠可照濁水源欲問第一義回向心地初乃佛乘之義耶嗚呼有能窺其一二者便可名家况深造而具體者乎此予所以稚齒服膺華顛未至也

韓退之作羅池廟碑迎享送神詩蓋出於離騷而晁无咎効之作揚府君碣系云苊之山兮石如砥木蕭蕭兮草靡靡侯愛我邦兮歸萬里山中人兮春

復秋日慘慘兮雲幽幽侯壯長兮所居游侯之來兮民喜風飄帷兮雨霑几鼓淵淵兮舞侯卮紛進拜兮侯鄰里侯不可見兮德可思侯行不來兮民心悲謂侯飲食兮無去斯福爾之土兮以慰民之思予謂雜之韓文中豈復可辨耶

度世古玄歌云始青之下月與日兩半銅斗合成一大如彈丸黃如橘就中佳味甜如蜜出彼玉堂入金室子若得之慎勿失退之樊宗師銘云惟古於詞必已出降而不能乃剽賊後皆指前公相襲從漢迄今用一律寥寥久哉莫覺屬神徂聖伏道絶塞既極乃通發紹述文從字順各有職有欲求之此其躅宋子京唐姦臣賛云三宰嘯凶牝奪晨林甫將藩黃屋奔蜀質敗謀輿元蹙崔柳倒持李宗覆韓宋之文皆宗於古然退之爲之則有餘子京勉之則不足又施於史詞似非所宜矣

高郵陸仲仁畫王右軍支道林許遠游三高圖以獻晁以道以道命予題詩於後中有云已乘雲氣騎鳳麟六百餘歲無斯民想像璧月何當親虎頭摩詰俱泯淪誰其畫者陸仲仁遠紹乃祖高無倫以道歎曰後世視陸生爲何等人耶予觀高郵寺壁曹仁熙畫水感事傷時呈以道舍人舍人先有題詠高不可及予詩云曹生畫手信有神毫端風雨生奫潫波濤不合來翻屋鮫鰐何須欲噬人湯湯此水勢方割陽侯欝怒馮夷搏鼉擲鯨呿海岳驚

霧塞雲昏光景薄開元將軍愛驊騮拳奇滅没隘九州時危此物豈易得寫此尚可銷人憂未有乃孫畫乃水逋客見之心欲死雷奔電擊走中原魚怖龍愁寧忍視先生道眼高崑崙聊將妙語破迷津中流險絶待舟楫四海浩蕩須經綸我衰甘作淮海客身脫垂涎頭雪白驚心未定畏湍湍欲覓平波泛家宅此身端的老江湖雨笠煙蓑是所圖它年但飽揚州米今日寧論斃社珠以道覽之云此詩波瀾亦可駭矣因舉昔人云斯文可愛可畏亦可妬也

詩以意爲主又須篇中練句句中練字乃得工耳以氣韻清高深眇者絶以格力雅健雄豪者勝元輕

白俗郊寒島瘦皆其病也

篇章以含蓄天成爲上破碎雕鎪爲下如楊大年西崑體非不佳也而弄斤操斧太甚所謂七日而混沌死也以平夷恬澹爲上恠險蹶趨爲下如李長吉錦囊句非不奇也而牛鬼蛇神太甚所謂施諸廊廟則駭矣

精麤不可不擇也不擇則龍蛇蛙蚓往往相雜矣

瑕瑜不可不知也不知則瓊杯玉斚且多玷缺矣

斯文盛於漢魏之前而衰於齊梁之後杜老云縱使王揚操翰墨劣於漢魏近風騷又云竊攀屈宋宜方駕恐與齊梁作後塵意謂是耳

退之作南海神廟碑序祀事之大神次之尊固已讀之令人生肅恭之心其述孔公嚴天子之命必躬必親云遂陞舟風雨少弛雲駮陰解日光穿漏又云省牲之夕載暘載陰將事之夜天地開除月星明穊五鼓既作牽牛正中公乃盛服以入即事又云牲肥酒香神具醉飽百神祕怪怳惚畢出蜿蜿蜒蜒來享飲食又云祥飈送颿旗纛旄麾飛揚晻藹穹龜長魚踴躍後先其造語用字一至如此不知何物爲五臟何物爲心胷耶

又退之大理評事王適墓誌云聞金吾李將軍年少喜士乃躓門告曰天下奇男子王適願見白事一見語合意盧從史節度昭義軍張甚奴視法度士欲聞無顧忌大語有以君平生告者即遣客鉤致君曰狂子不足以共事立謝客仕至鳳翔判官不樂去王涯獨孤郁欲薦不可病卒銘曰鼎也不可以柱車馬也不可使守閭佩玉長裾不利走趨祇繫其逢不繫巧愚不諧其須有銜不祛鑽石埋銘以列幽墟予歎曰斯文中之虎耶晁无咎爲其季父沇丘縣令端中作誌亦無甚行事但嗟其不遇而云詩文草隸則元和以前勝士也黄庭堅見而歎曰永懷而善怨欝然類騷黄未嘗以此許人也銘曰目賤耳貴藍田之璞以爲塊東家尚爾而況乃雄輩虎炳不玩以遠没身雜蒸苴以爲辝兮以慰夫離散之魂舉斯世而一人知兮則吾不既以聞尚遺此後昆予曰斯文中之鳳耶不然何魁雄如彼而煥爛若是乎

金陵鳳凰臺在城之東南四顧江山下窺井邑古題詠惟謫仙爲絕唱其詩曰鳳凰臺上鳳凰游鳳去臺荒江自流吳時花草埋幽徑晉代衣冠成古丘三山半落青天外二水中分白鷺洲總爲浮雲能蔽日長安不見使人愁予游覽壁間刻宋齊丘詩與梁棟間懸今人詩而乃無此篇予作絕句曰騎鯨仙伯已凌波柰爾三山二水何地老天荒成脉脉鳳凰臺上獨來過

睢陽雙廟俗謂之五侯廟雙廟者爲張許忠烈而始建廟也五侯者南雷賈與同功皆受封爵亦作其像於廊廡耳古今歌詠惟王荊公黄豫章爲警策

王詩云就死得處所至今猶耿光此獨身如在誰令國不亡黃詩云縱使賀蘭非長者未妨南八是男兒予官宋城題詩云張許昭鴻烈南雷貫共靈無瑕雙白璧有曜五華星懷哲音容在傷時涕淚零向來丹鳳闕猶帶犬羊腥蓋當是時金人始去城下之役故云耳又絕句云漁陽突騎薊關東百戰孤城挫賊鋒唐室興亡繫公等九原可作更誰從自以爲無媿前人

劉禹錫作金陵詩云千尋鐵鏁沉江底一片降旗出石頭當時號爲絕倡又六朝中石頭城詩云山圍故國週遭在潮打空城寂寞回白樂天讀之曰吾知後人不復措筆矣其自矜云餘雖不及然亦不辜樂天之賞耳

前人作詩未始和韻自唐白樂天與元微之爲江浙觀察往來置郵筒倡和始依韻而多至千言少或百數十言篇章甚富其自耀云曹公謂劉玄德曰天下英雄唯使君與操耳予於微之亦云豈詩人豪氣例愛矜誇耶安知後世士有異論

陳叔易居陽翟澗上村號澗上丈人無仕宦意崇觀間朝廷召之郡守勸駕不得已而起晁以道時致仕居嵩山有詩云處士誰人爲作牙盡携猿鶴到京華從今鄰壑堪惆悵六六峰前只一家而叔愈過澗上丈人陳恬故居詩云北山去已遠南山去已近駈車兩山間舉策聊一問昔有隱君子出處頗矛盾平生勇且剛垂老畏而慎皆譏之也後靖康間以道亦起而女弟四娘適唐氏者頗復誚其出焉

長松之名前世未有以道居嵩少叔易作詩求之云松上花兮松下根食之年貌與松鄰君今既是松間客採送衰翁亦可人以道答云長松不經黃帝手小斸漫翻嵩室雲縱有何堪寄夫子鼎頭寶氣自氤氳予亦和之云暫隱嵩高六六峰未乘雲氣御飛龍自餐白石求黃石更採長松寄赤松

東坡稱陶靖節詩云平疇交遠風良苗亦懷新非古之耦耕植杖者不能識此語之妙也僕居中陶稼穡是力夏秋之交稍旱得雨雨餘徐步清風獵獵禾黍競秀濯塵埃而泛新綠乃悟淵明之句善體物也

白樂天有西省北院新作小軒東通騎省與李常侍飲詩東坡爲中書舍人歎本省不得來往謂執政曰説公應使簡要道通何必樹籬插棘蓋謂此也大抵近世爲禁太密問人則踈晁以道書楊大年館宿詩示予曰嚴更初道爭傳鼓下直朱門對掩關夜半不聞宣室召水沉香斷漆書閑且云當宿閣下矣乃在司馬門外使人恨生身之晚不得見太平之風也予因和其詩云翰林歷歷侵華蓋禁掖明明侍紫微自昔詞臣最清切帝宸高拱借光輝

退之雙鳥詩或云謂佛老或云謂李杜東坡李太白

贊云天人幾何同一漚謫仙非謫乃其游揮斥八極隘九州化爲兩鳥鳴相酬一鳴一止三千秋開元有道爲少留縻之不可矧肯求乃知謂李杜也

珊瑚鉤詩話卷第一

珊瑚鉤詩話卷第二

劉仲原得銅斛二於左馮翊其一云始元四年造其二云甘露元年十月造數量皆同云容十斗後刻云重四十斤以今權量校之容三斗重十有五斤乃知古今不同漢書于定國飲酒至一碩不亂晉劉伶一飲一碩五斗解酲則是飲三斗而一斗五升扶頭耳魏誌云曹公帳下有典君持一雙戟八十斤則是一戟重十五斤兩戟共重三十斤耳

五馬之事不見于書以詩言之孑孑干旟在浚之都素絲組之良馬五之周禮注云州長建旟太守視之法御五馬或云古乘駟馬車至漢太守出則加一馬漢官儀注云

退之有言曰清而容物恕以及人蘇子美進邸之會謂人曰食中無饅羅畢夾座上安得有國舍虞比竟以此語招覆鼎之禍畢氏羅氏蕃人之好以羊彘之肉餅異而食者因號畢羅或問湯餅謂之不托何也曰未有刀机時以手托之既用刀机則不托矣出李濟翁資暇集

飲酒痛醻謂之舉白唐人云卷白波義起於漢擒白波賊戮之言意氣之快耳如今人稱文字警絕謂之掃凡馬取杜甫一掃萬古凡馬空也

呼驢曰衛未知所本豈衛地多驢故云耳耶命龜曰蔡亦是意也

樂部中有促拍摧酒謂之三臺唐士云蔡邕自侍書

御史累還尚書不數日間遍歷三臺樂工以邕洞曉音律故製曲以悅之又始作樂必曰絲抹將來蓋絲竹在上鐘鼓在下絲以起之樂乃作亦唐以來如是非古所謂合止柷敔也

寒食之名起於禁火拜掃之儀因於禮經昔者宗子去在它國庶子無廟孔子許望墓爲壇以時祭祀此其本也端五之號同於重九角黍之事肇於風俗昔日屈原懷沙忠死後人每年以五色絲絡粔籹而弔之此其始也後世以五字爲午則誤矣

弈碁取一道人行五子謂之蹙融融者戎也生於黃帝蹙鞠戎旅之間爲戲耳庾元規曰蹙戎者今之蹙融也漢謂之格五取五子相格之義以名之耳

樗蒲起自老子今謂之呼盧取純色而勝之之義以名之耳

唐開元中教舞馬四百蹄衣以文繡飾以珠玉和鑾金勒星粲霧駭俯仰赴節曲盡其妙每舞藉以巨榻杜詩云鬬雞初賜錦舞馬既登床初明皇命五方小兒分曹鬬雞勝者纒以錦叚舞馬則藉之以榻耳祿山之亂散徙四方魏博田承嗣一日享軍樂作而馬舞不休以爲妖而殺之後人嗟其不遇頹太初曰引重致遠馬之職也變其性而爲倡優其謂之妖而死也宜矣

予年十五時感傷寒至六七日困重將斃父母環而泣之忽夢二皂持馬呼予乘之自城武東北道濟兗郡縣直抵嶽祠入西偏門列諸曹院至一所見紫衣人據案云爾安得殺其命取鏡燭之非是遣予去若一僧相引巡觀諸院因徒甚衆既而復出廟門二皂持馬在焉已據鞍於街東民居若茶肆者覩胥吏十輩內一人乃姑丈惠澤字慎微亟下馬揖之渠已蔽身簾箔間挽而出之問何似且云姑丈棄世數年矣安得在此爲吏渠唯一叩之主何事曰戶案還知某之壽命有官祿否乎曰非某所司然嘗切見之公有年在它日當來作監河侯乃相別上馬復遵舊塗歸焉至城北墮一池颯然悟汗出徧躰而疾去矣常誌之豈予不偶於世而將官於地下乎今潦倒流離從人貸粟生不爲監河侯而死乃爲之可發一笑

新官併宿謂之爆直或云豹直南山有文豹霧雨七日不下食者欲以澤其毛衣而成其文章取豹伏之象非爆迸之義杜牧詩云南朝四百八十寺多少樓臺煙雨中帝王所都而四百八十寺當時已爲多而詩人侈其樓閣臺殿焉近世二浙福建諸州寺院至千區福州千八百區秔稻桑麻連亘阡陌而游惰之民竄藉其間者十九非爲落髮修行也避差役爲私計耳以故居積貨財貪毒酒色鬬毆爭訟公然爲之而其弊未有過而問者有識之士每歎息於此

盧秉侍郎嘗爲江南郡掾於傳舍中題詩云青衫白

髮病叅軍旋糶黃粱置酒罇但得有錢留客醉也勝騎馬傍人門王荆公見而稱之立薦于朝不數年登貳卿近時韓駒待制董耘尚書以詩文見知貴近聞于天子自諸生三四年至法從嗚呼士有片文隻字而遭遇如此者

靖康元年冬十一月虜騎長驅薄王畿無一障之阻春爲城下盟歸渡大河莫或邀擊予竊料其知吾無謀審吾無勇必且再至冬十月作將歸賦以書投胡少汲欲求侍養公以啓事見答曰伏承主簿祕書寵以華牋副之佳什屬辭近右陳義甚高橫槊賦詩不廢軍中之樂登高舒嘯少賒社下之歸祝頌之深歎染奚既遂堅留在帥幕下數日淵聖手詔省至曰金人分兩道深入必犯京師卿可提所部兵前來捍虜又曰金人分兩道深入已渡大河卿可將見在兵速來赴援公即日出次於郊不三四日遇敵於杞力戰敗績予傷之以詩曰選將它年重作師此日難傷心閲東道白首戴南冠公宿儒戎事非長庶幾以禮與人相終始者

外祖陳公大雅爲人剛果文章似之再舉不第裂冠文身示不復踐場屋能詩爲清獻趙公所知踰八十乃死死翌日復蘇索筆題詩曰胡柳陂中過令人念戰功兵交千騎没血染一川紅朱氏皆豚犬唐家盡虎龍壯圖成慷慨擲劒向西風題畢乃逝味其言豈葛從周王彥璋之徒歟英雄之氣毅然

猶在也

陳無己先生語予曰今人愛杜甫詩一句之内至切取數字以髣像之非善學者學詩之要在乎立格命意用字而已予曰如何等是曰冬日謁玄元皇帝廟詩敘述功德反復外意事核而理長閬中歌辭致峭麗語脉新奇句清而躰好茲非立格之妙乎江漢詩言乾坤之大腐儒無所寄其身縛雞行言雞蟲得失不如兩忘而寓於道茲非命意之深乎贈蔡希魯詩云身輕一鳥過力在一過字徐步詩云花蘂上蜂鬚功在一上字茲非用字之精乎學者躰其格高其意練其字則自然有合矣何必規規然髣像之乎

王臨川詩云細數落花因坐久緩尋芳草得歸遲此與杜詩見輕吹鳥毳隨意數花鬚命意何異予詩云雲移鳥滅没風霽蝶飛翻此與東坡飛鴻羣往白鳥孤没作語何異茲可爲智者道不可與愚者説也

予挈家過吳江有詞云垂虹亭下扁舟住松江煙雨長橋暮白紵聽吳歌佳人淚臉波勸傾金鑿落莫作思家惡緑鴨與鱸魚如何可寄書有士人覽之曰不聞鴨解附書云何言鴨予不答信乎柳子厚云作之難知之又難雌霓之賞爲少也晁元升作田直孺墓表云故承議郎田君既葬八年其連姻宣德郎晁端智來治茲城拜君墓下感松檟就荒

阡陌蕭然謂其里人曰君有德於爾鄉而不加敬其流風餘烈尚接人耳目而封域遽至此況歷世之久拱木盡矣宜無有知者柰何乃屬其族兄晁端中爲文以表之將託於金石未刻也无咎見之意若未快曰敢以一字易叔父之未安者乎曰云何曰欲換連姻二字爲婭可否蓋姊妹之夫曰婭也

唐周邯自蜀買奴曰水精善沉水乃崑崙曰水之屬也邯疑瞿唐之險必有恠使水精入之久乃出曰下有關不可渡得珠貝而還每遇潭洞多令探求輒得珎寶至汴或云八角井有神龍時遊水面意有頷下物復使覘之經夕始出躍于井口有金爪拏而入焉遂亡奴又有農夫耕地得劒磨洗適市值賈胡售以百千未可至百萬約來旦取之夜歸語妻子此何異而價至是庭中有石偶以劒指之立碎詰旦胡人載鏹至則歎吒曰劒光已盡不復買農夫苦問之曰此是破山劒唯可一用吾欲持之破寶山耳農夫惋恨旬月不能已予有詩云采玉應求破山劒探珠仍遣水精奴用此事耶

杜詩云虎氣必騰上龍身寧久藏蕃劒詩也世傳虎丘常有劒氣狀如虎延津劒躍化爲龍也晉元康三年武庫火咸見漢高祖斬白蛇劒穿屋壁飛去許眞人名旌陽有蛟害人投劒斬之至唐復出漁者網而獲之又武勝之知靜江縣事忽於灘中見雷公踐微雲逐一小蛇勝之以石投焉得一銅劒有文曰許旌陽斬蛟第三劒云予作劒詩曰蛇蛟已盡定飛去雷電欻驚重下來

開元中河西將宋青春驍猛虜畏之西戎犯邊每戰運劒大呼執馘而旋未嘗中鋒鏑後獲吐蕃主帥問曰衣大蟲皮者爾輩何不能害曰常見青龍突陣而來兵刃所及如擊銅鐵我以爲神助將軍也乃知劒之異澶淵之役安床子弩于城上使卒守之困着弩邊忽寤驚起擊而發之遂中虜首軍退予曾戲作詩曰床弩天誅韓闥覽劒鋒神助宋將軍

韓嫣以佞倖竊富貴作金彈射飛鳥長安人常逐之曰家飢寒遂彈丸荆山下多美玉居人以璞抵鵲符載蓄寶劒水斷蛟龍它日截飯肉而食劒乃頑頓西戎獻寶刀割玉如泥周穆王常藏之予曾戲題曰射飛何必捐金彈抵鵲虚煩用夜光切玉昆吾寧刺豕斷蛟干越豈刲羊

李衛公鎮南徐甘露寺僧有戒行公贈以方竹杖出大宛國蓋公之所寶也及公再來問杖無恙否僧欣然曰已規圓而漆之矣公嗟惋彌日予近在淞江攝帥幕暇日與同僚遊甘露寺偶題近作小詞於壁間云樓橫北固盡日厭厭雨欵乃數聲歌但渺漠江山煙樹寂寥風物三五過元宵尋柳眼覓花英春色知何處落梅嗚咽吹徹江城暮脉脉數飛鴻杳歸期東風凝佇長安不見烽起夕陽間塊欲斷酒初醒獨下危梯去其僧頑俗且瞶愀然謂同

官曰方泥得一堵好壁可惜寫了予知之戲曰近日和尚耳明否曰背聽如舊予曰恐賢眼目亦自來不認得物事壁間之題謾圬墁之便是甘露寺祖風也聞者大笑

晁以道贈予詩曰春去欣搜粟秋來謾護軍以予勸率鄉人捐貲助國及募畿東兵赴援也又曰迷樓賦就夢何處雙廟詩成淚不孤以予嘗作是賦陳古義以刺今及作此詩哀往事以傷時耳又曰顧我何堪鳴玉佩如今不得侍金華予乃戲之曰公鳴玉佩來幾何時耶蓋公元祐黨人之家上書邪等禁錮不得仕二十餘年靖康中始落致仕爲中書舍人兼太子詹事後得待制已暮齡矣

世傳丹砂煉爲黃金碎以染筆入石不去名曰紅沫予侍先人官歷陽嘗覽李翔作白字書霸王廟碑而其法不傳亦紅沫之類歟

武侯創八陣圖與木牛流馬法後人俱不能得故予八陣圖詩云八陣功成妙用藏木牛流馬法俱亡後來識得常山勢縱有桓溫恐未詳

東坡死李方叔誄之曰道大不容才高爲累皇天厚土知平生忠義之心名山大川還千古英豪之氣可謂簡而當矣晁无咎死張文潛銘之曰車堅馬良不得出門策駑駕朽道上紛紛茲亦可悲耶

珊瑚鉤詩話卷第二

珊瑚鉤詩話卷第三

杜詩第一篇贈韋左丞文云今欲東入海即將西去秦或問云何曰道不行故也又云尚憐終南山回首清渭濱嘗擬報一飯況懷辭大臣白鷗没浩蕩萬里誰能馴何謂也曰鳥獸不可與同羣終南清渭且徘徊而不忍别況辭大臣而欲去國哉自以謂得言之解

遊龍門奉先寺云天闕象緯逼雲卧衣裳冷予曰星河垂地空翠濕衣欲覺聞晨鐘令人發深省予曰鍾磬清心欲生緣覺

玄都壇歌云王母晝下雲旗翻予解云味道集虛仙真降焉故秋興詩曰西望瑤池降王母

同諸公登慈恩寺塔詩云回首叫虞舜蒼梧雲正愁予解曰周滿瑤池樂未央卒云黃鵠去不息哀鳴何所投君看隨陽鴈各有稻粱謀解曰黃鵠譬高舉遠引莫知所如往者隨陽鴈譬志在隨人拘干禄仕者天寶十三載先生始得官時上荒淫天下且亂故有虞舜之思周滿之戒且歎識者見幾而作吾人懷禄未快也

示從孫濟云權門多噂沓且欲尋諸孫解曰噂噂沓沓言不忠信貌詩所以言背憎也且復尋諸孫則莫如我同姓萱草秋已死竹枝霜不繁淘米少汲水汲多井水渾刈葵莫放手放手傷葵根所來爲宗族亦不爲盤飧小人利口實薄俗難可論勿受

外嫌猜同姓古所敦解曰萱忘憂而已死竹可愛而不蕃則荒落甚矣水濁而不復其清源葵傷而不芘其根本則宗族乖離之况也此詩人因物而興飲中八仙歌云李白一斗詩百篇長安市上酒家眠天子呼來不上舡自稱臣是酒家仙解曰范傳正李白碑云白多陪侍從之遊他日泛白蓮池公不在宴皇情既洽召公作序公時被酒高力士扶以登舟世云不上舡舡襟紐何穿鑿如此

曲江三章云即事非今亦非古予曰在今古間長歌激越梢林莽予曰振響林谷比屋豪華固難數吾人甘作心似灰弟姪何傷淚如雨予曰按先生進雕賦表云今賈馬之徒得排金門上玉堂者衆矣獨臣衣不蓋躰常寄食於人夫衆豪華而已貧賤所謂士賢能而不用國之耻也吾雖甘心若死灰然而弟姪之傷涕零如雨何耶蓋行成而名不彰友朋之罪也親戚不能致其力聞長歌之哀所以涕淚也耶又曰短衣匹馬隨李廣看射猛虎終殘年予曰猶足以消英豪之氣凡如是者甚衆許多不載

曹王皐封於曹濟陰濟北諸李皆其裔也有貞觀開元兩朝賜書五千卷世寳而讀之仕者蟬聯不絶沈立諫議藏書萬卷爲閣以居之而子孫不能肆業有士人題詩曰莫遣中有蠧書魚蓋恐其壞而不能世也

蓋巖者徐之永安鎮邵氏僕也朴魯有絶力能兼衆人之役其主不以爲異一夕有豪賊六人刼持其家舉室盡逃恣所取傷五人殺首者一人將出巖手刃追之衆謂一夫不足畏巖力戰賊駭汗伺其困益奮俄仆一賊餘乃引去然終無一人助之復追追賊曰還爾物因擲金帛道上巖不知其計也却顧逗遛遂遠莫及巖齧臂指自恨無人主其才而使己盡滅賊明日邑吏至邏近郊獲餘黨徵巖於邑邑白大府賞以法聞巖之勇者莫不驚異或曰彼偶然奮不顧死耳予曰非也人惟處死之難徒勇而無義雖死不貴巖之勇以衛其主奮一身以當衆賊卒以取勝可謂難矣嗚呼巖僕隷也今之爲僕者或聚千指緩急鮮有爲用况以寡敵衆如巖之忠勇者身居賤隷而其爲凛然適於義彼有居朝廷尸禄位而以士夫自名一持於患害反畏縮求免不欲一毫損於己况能死忠以自見乎然則巖非特異於童僕也因傳其事以爲世有責者勸焉濟北晁端中元升記予讀元升書蓋巖事知君子之用心也善善惡惡所以風天下耶惜乎巖之絶力始不蒙主人之異顧巖之忠勇終不聞主人之厚賞天下之事每每如此君子所爲歎息也哉

天寳末禄山陷西京大搜文武朝臣及宫嬪樂工不旬日得梨園弟子數百人大會於凝碧池樂作梨

園舊人不覺歔欷相對泣下羣逆露刃脅之而悲不已有雷海清者投噐于地西向慟哭支解於庭聞之者莫不傷痛時王維被拘於菩提寺賦詩曰萬户傷心生野煙百僚何日再朝天秋槐花落深宮裏凝碧池頭奏管絃它日緣此詩得不死然愧於雷海清多矣

杜牧之息夫人詩曰細腰宮裏露桃新脉脉無言幾度春至竟息亡緣底事可憐金谷墜樓人與所謂莫以今朝寵能忘舊日恩看花滿眼淚不共楚王言語意遠矣蓋學有淺深識有高下故形於言者不同也

春回上林苑花滿洛陽城崔湜詩也湜弱冠登科不十年掌貢舉父揖同省爲侍郎及登宰輔始三十有七容止端雅文辭清麗嘗暮出端門下天津橋馬上吟此句時張說爲工部侍郎望之沓然而歎曰此句可効此位可得其年不可及也使湜令終當時朝士豈能出其右哉故杜詩云文章一小技於道未爲尊或以此也

李抱眞鎭潞州軍資匱乏有僧爲衆所信公謂曰假和尚之道以濟吾軍如何僧曰無不可者公曰但言請於毬場焚身某當自使宅穿一地道通連火作即潛入僧喜從之遂陳狀積薪貯油因爲七日道場晝夜香燈梵唄公亦引僧視穴使不疑公率監軍僚吏膜拜以俸入檀施堆于其傍由是士女駢闐捨財億計七日遂擊鍾舉火已塞地道矣須臾灰燼明日藉所施得數十萬軍資取足別求所謂舍利者選地造塔葬焉出尚書故實

張燕公遭姚元之奏明皇怒曰卿與御史共按其事急呼中丞李林甫以詔付之林甫曰說多智謀是必困之處於劇地崇曰丞相得罪未宜太逼曰公必不忍即說害林甫以詔付餘御史中路以墜馬告初說旬月前有門下生切寵婢將寘于法生呼曰公無緩急用人乎見色不能禁人之常情何靳靳於一婢耶說奇其語釋之且付以婢生去杳不聞問忽一日直詣說有憂色曰感公之恩欲報久矣今聞公爲姚相所譏禍且至願得公平生所寳以免難公歷指數之曰未也又疑思良久忽曰近有以雞林夜明簾爲獻者生曰足矣因請手札數行懇求於九公主且曰上獨不念在東宮時恩始終其惠乃反以讒見怒耶明日公主謁上具奏之上感動勑高力士就御史臺宣所按事並罷書生亦不復見昔留侯致白璧以謝項仇孟嘗獻狐裘以脫楚難蔡昭愛佩刀無辜見留虞叔捐圭則庶幾免罪姚崇之事近之若書生者不護小行而能排難解紛殆俠士之流乎亦聰明疏通善知人矣

客有獻李衛公以古木者云有異公命剖之作琵琶槽自然其文成白鴿予嘗語晁次膺曰公綠頭鴨琵琶詞誠妙絕蓋自曉風殘月之後始有移舡出

塞之曲然其亦曾有一詩公曰云何曰白鴿潛來入紫槽朱鸞飛去唳青霄江邊塞上情何限瀛府霓裳曲再調謾道靈妃鼓瑤瑟虛傳仙子弄雲璈小憐破得春風恨何似今宵月正高曰詩亦不惡酒有若下謂烏程也九醞謂宜城也千日中山也蒲桃西涼也竹葉豫北也士窟春滎陽也石凍春富平也燒春劍南也桑落陝右也烏孫國有青田核莫知其木與實而核如五六升瓠空之盛水俄而成酒劉章曾得二焉集賓設之一核才盡一核又熟可供二十客名曰青田壺歷城北有使君林魏正始中鄭公慤三伏避暑于此取大蓮葉置硯格上盛酒三升以簪刺葉令酒與柄通屈莖吸之鄉氣清冽名曰碧筩酒予詩曰釀憶青田核觴宜碧藕筩直須千日醉莫放一杯空近時以黃柑醞酒號洞庭春色以糯米藥麴作白醪號玉友皆奇絕者耳

予暇日曾作酒具詩三十首有引曰咸通中皮襲美著酒中十詠其自序云夫聖人之誡酒禍也深矣在書為沉湎在詩為童羖在禮為豢豕在史為狂藥余飲至酣徒以為融肌柔神消沮迷喪頹然无思以天地大順為隄封傲然不持以洪荒至化為爵賞抑無懷氏之民乎葛天氏之民乎噫天之不全予也多矣獨以麴糵全之於是徵其具悉為之詠以繼東皐子酒譜之後而有酒星酒泉酒篘酒床酒壚酒樓酒旗酒樽酒城酒鄉之詠以示吳中陸魯望魯望和之且曰昔人之於酒有注為池而飲之者有象為龍而吐之者親盜甕間而卧者將實舟中而浮者徐景山有酒鎗嵇叔夜有酒杯皆傳於世故復添六詠予覽之慨然歎曰予亦嗜酒而好詩者也昔退之有言送王含曰少時讀醉鄉記私怪隱居者無所累於世而猶有是言豈誠旨於味耶及讀阮籍陶潛詩然後知彼雖偃蹇不欲與世接然猶未能平其心或謂事物是非相感發於是有託而逃焉者也雖然尚未有盡者中古之時未知麴糵杜康肇造爰作酒醴可名酒后近世以來人徒酣酗李白一斗為詩百篇自名酒仙酈食其辨士也初見沛公稱高陽酒徒杜根賢者也逃難宜城為酒家傭保鄭廣文貧而好飲蘇司業送酒錢杜子美無錢賖酒而詩言酒債周官有酒正則掌之者必有其人以法式授酒材則醞之者必有其物翰林詩曰鸕鷀杓鸚鵡杯夫杓者勺也勺酒而錯之杯中者也工部詩曰莫笑田家老瓦盆自從盛酒長兒孫夫盆者槃也載酒而寘之座中也韓奕詩云顯父餞之清酒百壺壺便提挈故陶令挂之於車上呂公負之於杖頭遇興則傾之鴟夷之異名者耳絲衣詩云兕觥其觩旨酒思柔觥為爵罰而于定國飲至一石不亂劉伯倫既醉以五斗解酲快飲痛釂則用之蓋觚角之出類者

耳注云觚受二升觶三升角四升散五升而觥七
升又兕角爲之形器特異於是更作酒后酒仙酒
徒酒保酒錢酒債酒正酒材酒杓酒盆酒壺酒觥
一十二詩而附益之庶古今同志而終始相成之
義耶詩多不載
古今詩體不一太師之職掌教六詩風賦比興雅頌
備焉三代而下雜體互出漢唐以來鐃歌鼓吹拂
舞予俞因斯而興晉宋以降又有回文反復寓憂
思展轉之情雙聲疊韻狀連駢嬉戲之態郡縣藥
石名六甲八卦之屬不勝其變古有采詩官命曰
風人以見風俗喜怒好惡皮日休云踈杉低通灘
冷鷺立亂浪此雙聲也陸龜蒙嘗曰膚愉吳都姝

眷戀便殿宴此疊韻也劉禹錫曰東邊日出西邊
雨道是無晴却有晴杜詩曰俱飛蛺蝶元相逐並
蔕芙蓉本自雙又曰滿目飛明鏡歸心折大刀此
皆風言又戲作俳優體二首純用方語云異俗吁
可怪斯人難並居家家養烏鬼頓頓食黃魚舊識
難爲態新知已暗踈治生且耕鑿只有不關渠西
歷青羌坂南留白帝城於菟侵客恨粔籹作人情
瓦卜傳神語畬田費火耕是非何處定高枕笑浮
生予嘗有語云碧藕連根絲不斷紅蕖着子意何
多亦風人類也又夔州山中詩云作甽捉詹鉺呼
田欵乃儂山塘莫車水梅雨正分龍亦方語也
予近作示客云剌美風化緩而不迫謂之風采摭事

物摛華布體謂之賦推明政治莊語得失謂之雅
形容盛德揚勵休功謂之頌幽憂憤悱寓之比與
謂之騷感觸事物託於文章謂之辭稽事較功考
實定名謂之銘援古剌今箴戒得失謂之箴猗遷
抑揚永言謂之歌非鼓非鐘徒歌謂之謡步驟馳
騁斐然成章謂之行品秩先後敘而推之謂之引
聲音雜比髙下短長謂之曲吁嗟慨歎悲憂深思
謂之吟吟詠情性總合而言志謂之詩蘇李而上
髙簡古澹謂之古沈宋而下法律精切謂之律此
詩之語衆體也帝王之言出法度以制人者謂之
制絲綸之語若日月之垂照者謂之詔制與詔同
詔亦制也道其常而作彝憲者謂之典陳其謀而

成嘉猷者謂之謨順其理而迪之者謂之訓屬其
人而告之者謂之誥即師衆而申之者謂之誓因
官使而命之者謂之命出於上者謂之教行於下
者謂之令時而戒者勑也言而喻之者宣也諮而
揚之者贊也登而崇之者冊也言其倫而析之者
論也度其宜而揆之者議也别嫌疑而明之者辨
也正是非而著之者説也記者記其事也紀者紀
其實也纂者纘而述焉者也策者條而對焉者也
傳者傳而信之也序者緒而陳之也碑者披列事
功而載之金石也碣者揭示操行而立之墓隧也
誄者累其素履而質之鬼神也誌者識其行藏而
謹其終始也檄者激發人心而喻之禍福也移者

自近移遠使之周知也表者布臣子之心致君父之前也牋者修儲后之問仰宮閫之儀也簡者質言之而略也啓者文言之而詳也狀者言之於公上也牒者用之於官府也捷書不緘插羽而傳之者露布也尺牘無封指事而陳之者劄子也青黄黼黻經緯以相成者總謂之文也此文之異名也客有問古今體制之不一者勞於應答乃著之篇以示焉予以百司從車駕止建康一日謁内相朱子發論文甚洽適有數清貴俱在座顧不肖而謂諸人曰玆人文學該贍尤長於詩然坐是以窮耳意謂古人有言詩能窮人故也予奮然答曰内翰之言誤矣夫詩非能窮人待窮者而後工耳此歐陽文忠公之語也以不肖觀之猶爲未當詩三百六篇其精深醇粹博大宏遠者莫如雅頌然鴟鴞之詩周公所作也泂酌之詩召公所作也詩云吉甫作頌穆如清風其詩孔碩其風肆好顧不美乎數君子者顧不達而在上功名富貴人乎何詩能窮人又何必待窮者而後工耶漢唐以來不暇多舉近時歐陽公王荆公蘇東坡號能詩三人者亦不貧賤又豈碌碌者所可追及然則謂詩能窮人者固非矣謂待窮者而後工亦未是也夫窮通者時也達則行于天下窮則獨善其身政不在能詩與不能詩也座客爲之憮然

珊瑚鉤詩話卷之三終

劉攽貢父詩話

太宗好文每進士及第賜聞喜宴常作詩賜之累朝以爲故事　仁宗在位四十二年賜詩尤多然不必盡上所自作景祐初賜詩落句云寒儒逢景運報德合如何論者謂質厚宏壯眞詔旨也

劉子贈人詩云惠和官尚小師達祿須干取下惠聖之和師也達而子張學干之事或有除去官字示人曰此必蕃僧也其名達祿須干聞者大笑詩有詩病俗忌當避之此偶自諧合無若輕薄子何非筆力過也

景祐中宋宣獻上楊太妃挽詩云神歸梁小廟禮祔漢餘陵文士稱其用事精當楊昌言詩曰先帝遺弓劒排雲上紫清同時受顧託今日見升平雖不用事意思宏深足爲警語

景祐末元昊叛夏鄭公出鎮長安梅送詩曰亞夫金鼓從天落韓信旌旗背水陳時獨刻公詩於石

僧惠崇詩云河分崗勢斷春入燒痕青然唐人舊句而崇之弟子吟贈其師詩曰河分崗勢司空曙春入燒痕劉長卿不是師偷古人句古人詩句似師兄杜工部有峽束蒼江起巖排石樹圓頊蘇子美遂用峽束蒼江巖排石樹作七言句子美豈竊詩者大抵諷古人詩多則往往爲己得也

王元之謫黃州詩曰又爲太守黃州去依舊郎官白髮生在朝與執政不相能作江豚詩以譏之曰江雲漠漠江雨來天意爲霖不干汝（俗云豚出則有風雨）又曰飡啗蝦魚頗肥腯（識其肥大）

人多取佳句爲句圖持小巧美麗可喜皆指詠風景影似百物者尒不得見雄材遠思之人也梅聖俞愛嚴維詩曰柳塘春水慢花塢夕陽遲固善矣細較之夕陽遲則繫花春水慢何須柳也工部詩云深山催短景喬木易高風此可無瑕纇又曰蕭條九州內人少豺狼多少人愼莫投多虎信所過飢有易子食獸猶畏虞羅若此等句其含蓄深遠殆不可模倣

詩以意爲主文詞次之或意深義高雖文詞平易自是奇作世効古人平易句而不得其意義翻成鄙野可笑盧仝云不即溜鈍漢非其意義自可掩口寧可効之耶韓吏部古詩高卓至律詩雖稱善要有不工者而好韓之人句句稱述未可謂然也韓云老公眞箇似童兒汲井埋盆作小池直諧戲語耳歐永叔江鄰幾論韓雪詩以隨車翻縞帶逐馬散銀杯爲不工謂坳中初蓋底凸處遂成堆爲勝未知眞得韓意否也永叔云知聖俞詩者莫如其然聖俞平生所自負者皆其所不好聖俞所卑下者皆其所稱賞知心賞音之難如是其評古人之詩得無似之乎

潘閬字逍遥詩有唐人風格有云久客見華髮孤棹桐廬歸新月無朗照落日有餘輝漁浦風水急龍山煙火微時聞沙上鴈一一皆南飛（歲暮自桐廬歸錢塘）僕以謂不減劉長卿

太宗晚年燒煉丹藥潘閬嘗獻方書及帝升遐懼誅匿舒州潛山寺爲行者題詩於鍾樓云遶寺千千萬萬峯忘第二句頑童趂暖貪春睡忘却登樓打曉鍾孫僅爲郡官見詩曰此潘逍遥也告寺僧呼行者潘巳亡去

王益柔勝之爲館職年少意頡頏張掞叔文亦新貼職年長而官巳高每群聚輒居上座王密於屏風題云四十餘年老健兒此唐徐州節度王智興自詠詩句翌日會食王正座詩下衆無不哂

李絢公素有詩贈同姓人曰吾宗天下著王勝之輒取注之曰居甘泉者以謳著京師名倡李氏居甘泉坊善謳賣藥者以木牛著京師李家賣藥以木牛自表人呼爲李木牛圍棊者以憨著李乃國手而神思昏濁人呼爲李憨子裁幞頭者以拗著李家幞頭天下稱善而必與人乖刺歲久自以拗李呼作詩者以豁達著豁達老人喜爲詩所至輒自題寫詩句鄗下而自稱豁達李老嘗書人新素墻壁主人憾怒訴官杖之拘執使市石灰更圬漫訖告官乃得縱舍聞者哂之此數人因勝之有云遂自託不朽

梅昌言出鎮太原黃覺送詩曰五馬雍容出鎮時都人爭看好風儀文章一代喧高價忠直三朝受聖知帳下軍容森劒戟門前行色擁旌旗雲籠吉戍黃榆暗雪滿長郊白草衰出去暫開貔虎幕歸來須占鳳凰池鬢間未有一莖白陶鑄蒼生固不遲梅雅自修飾容狀偉如大喜之

黃覺仕官不遂嘗送客都門外不及寓邸舍會一道士取所携酒炙呼飲之既而道士舉杯摭水寫呂字覺始悟其爲洞賓也又曰明年江南見君覺果得江南官及期見之出懷中大錢七其次十又小錢三曰數不可益也予藥數寸許告覺曰一以酒磨服之可保一歲無疾覺如其言至七十餘藥亦垂盡作詩曰床頭曆日無多子屈指明年七十三果是歲卒

李商隱有錦瑟詩人莫曉其意或謂是令狐楚家青衣名也

祥符天禧中楊大年錢文僖晏元獻劉子儀以文章立朝爲詩皆宗尚李義山號西崑體後進多竊義山語句賜宴優人有爲義山者衣服敗敝告人曰吾爲諸館職撏撦至此聞者歡笑大年漢武詩曰力通青海求龍種死諱文成食馬肝待詔先生齒編貝忍令索米向長安義山不能過也元獻王文通詩曰甘泉柳苑秋風急却爲流螢下詔書子儀畫義山像寫其詩句列左右貴重之如此

楊大年不喜杜工部詩謂爲村夫子鄉人有強大年者續杜句曰江漢思歸客楊亦屬對鄉人徐舉乾坤一腐儒楊默然若少屈歐公亦不甚喜杜詩謂韓吏部絕倫吏部於唐世文章未嘗屈下獨稱道李杜不巳歐貴韓而不悅子美所不可曉然於李白而甚賞愛將由李白超趠飛易爲感動也

孟東野詩李習之所稱食薺腸亦苦強歌聲不歡出門如有礙誰謂天地寬可謂知音今世傳郊集五卷詩百篇又有集號咸池者僅三百篇其間語句尤多

寒澁疑向五卷是名士所刪取者東野與退之聯句語詩宏壯博辯若不出一手王深父云退之容有潤色也

張籍樂府詞清麗深婉五言律詩亦平澹可愛至七言詩則質多文少材各有宜不可強衣飾文昌有謝裴司空馬詩曰乍離華廄移蹄澁初到貧家舉眼驚此馬却是一遲鈍多驚者詩詞微而顯亦少其比

白樂天詩云請錢不早朝請作平聲唐人語也今人不用廝字唐人作斯音五代已作入聲陶穀云尖簷帽子卑凡廝是也白曰金屑琵琶槽雪擺胡騰衫琵琶與今人同杜曰阜鵰寒始急白曰千呼萬喚始出來人皆爲語病事之終始音上聲有所宿留今甫然者音去聲二公詩自非語病

唐詩賡和有次韻（先後無易）有依韻（同在一韻）有用韻（用彼韻不必次）吏部和皇甫陸渾山火是也今人多不曉劉長卿餘干旅舍云搖落莫天迥丹楓霜葉稀孤城向水閉獨鳥背人飛渡口月初上鄰家漁未歸鄉心正欲絕何處擣征衣張籍宿江上館云楚驛南渡口夜深來客稀月明見潮上江靜覺鷗飛旅宿今已遠此行殊未歸離家久無信又聽擣砧衣兩詩偶似次韻皆奇作也

管子曰事無終始無務多業此言學者貴能成就也唐人爲詩量力致功精思數十年然後名家杜工部云更覺良工用心苦然豈獨畫手心苦耶

真宗問近臣唐酒價幾何莫能對丁晉公獨曰斗直三百上問何以知之曰臣觀杜甫詩速須相就飲一斗恰有三百青銅錢亦一時之善對

海陵人王綸女輒爲所憑自稱仙人字善數品形製不相犯吟雪詩云何事月娥欺不在亂飄瑞葉落人間（說云天上有瑞木開花六出）他詩句詞意飄逸類非世俗可較題金山云濤頭風捲雪山脚石蟠虬常謂綸爲清非孺子不曉其義亦有詩贈曰君爲桐葉我爲春風春風會使秋桐變秋桐不識春風面居數歲神舍女去懵然無知嫁爲廣陵呂氏妻

鞠皮爲之實以毛蹙蹋而戲（見霍去病傳注穿城蹋鞠）晚唐已不同矣歸氏子弟嘲皮日休云八片尖皮砌作毬火中燀了水中揉一包閑氣如常在惹踢招拳卒未休今柳三復能之述曰背裝花屈膝（屈口勿反）白打大廉斯進前行兩步蹺後立多時柳欲見晉公無由會公蹴毬後園偶迸出柳挾取之因懷所業戴毬以見公出書再拜者三每拜毬起復於背脊幞頭間公乃笑而奇之遂延於門下然弟子拜師常理也獨毬多賤人能之每見勞於富貴子弟莫不拜謝而去此師拜弟子也術不可不慎此亦可喻大云

洪州西與滕王閣相對一僧盡覽詩板告郡守曰盡不佳因朗吟曰洪州太白方積翠倚穹蒼萬古遮新月半江無夕陽守異之遣出閣僧有朋多詩如虹收千嶂雨潮展半江天又曰詩因試客分題僻棊爲饒

人下着低亦巧思也

王丞相嗜諧謔一日論沙門道因曰投老欲依僧客遽對曰急則抱佛脚王曰投老欲依僧是古一句客亦曰急則抱佛脚是俗諺全語上去投下去脚豈不的對也王大笑

孟蜀時花蘂夫人號能詩而世不傳王平父因治館中廢書得一軸八九十首而存者纔三十餘篇大約似王建句若厨船進食簇時新列坐無非侍從臣日午殿頭宣索鱠隔花催喚打魚人月頭支給買花錢滿殿宫娥近數千遇着唱名都不語含羞急過御床前

山東二經生同官因舉鄭谷詩云任是深山更深處也應無計避王徭一生難之曰野鷹安得王徭一生解之曰古人寧有失也是年必當率翎毛耳

刁景純有見無類必往復歸每至三鼓宋祈判館集僚屬而刁或連日不赴因邀而譙讓之王原叔戲改杜贈鄭廣文云景純過官舍走馬不曾下驀地趂朝歸便遭官長駡李獻臣曰我爲足之云多羅四十年偶未識摩䴥（時西戎唃氏子名摩䴥）近有王宣政時時與紙錢刁（嘗爲王宣政作墓銘）以古文篆隸加褾軸客挂刁聽事會一日大雨不出周步廳廡間始見此圖問之從者曰挂此已數日矣先造者往往能通念也

蘇子美翫偉與宋中道並立下眎之笑曰交不着（京師市井語也）號爲錐宋爲其穎利而么麽云贈詩曰譬如利錐末所到物已破後倅洺州洺本趙地有毛遂塚聖俞遂舉處囊事爲送行詩戲之

司馬温公論九旗之名旗與旂相近詩曰言觀其旂左傳龍尾伏辰取虢之旂然則此旂當爲芹音周人語轉亦如關中以中爲蒸虫爲塵丹青之青爲萋也五方語異閩以高爲歌荆楚以南爲難荆爲斤昔閩士作清明象天破題云天道如何仰之罙高會攷官同里遂中選荆楚士題雪用先字後曰十二峯巒旋旋添反讀添爲天字也向敏中鎮長安土人不敢賣蒸餅恐觸中字諱也

楊安國判監集學官飲必誦詩譜以侑酒舉盃屬客曰詩之興也諒不於上皇之世且飲酒裴如晦亦舉盃曰古者伏羲氏之王天下也不能飲矣一坐皆咲而楊不悟

泗州塔人傳下藏眞身後閣上碑道興國中塑僧伽像事甚詳退之詩曰火燒水轉掃地空則眞身焚矣塔本喻都料造極工巧俗謂塔頂爲天門蘇國老詩曰上到天門最高處不能容物只容身以譏在位者

古詩云袖中有短書欲寄雙飛燕以燕時物故寓言尒蜀人自京以鴿寄不浹旬而達舶船浮海亦以鴿通信非虚言也史以陸機黄耳爲犬能寄書恐不然自洛至呉更歷江淮殆數千里安能諭人而從舟楫乎或者爲奴名不然當爲神犬也

史著赫連勃勃之暴烝土築城意謂釜甑熟之然不

知北方土工用春首聚土陽氣烝發用築則堅牢特甚故尔近有獻策築吴江爲瓮堤土人欲以巨瓮實土稍稍下之不思土實則瓮重不可致虛致水中則泛泛曷可止雖執政亦惑之然治河皆有瓮堤形似瓮耳不用陶器也

汪白爲平糴詩刺時病云穴垣補墻隙墻成垣已隳斷屨補穿屨屨成屨亦虧

晏元獻尤喜江南馮延巳歌詞其所自作亦不減延巳樂府木蘭花皆七言詩有云重頭歌詠響琤琮入破舞腰紅亂旋重頭入破皆絃管家語也歐陽文忠公見張安陸迎謂曰好雲破月來花弄影韓吏部集有李習之兩句云前之詎灼灼此去信悠悠若無可取鄭州掘一石刻刺史李翱詩曰縣君愛磚渠遶水恣行游都性樂山野掘地便池溝兩岸植芳草中間漾清流所向既不同磚鑿名自修從他後人見景趣誰爲幽王深父編次入習之集此别一李翱尔而習之不能詩也吏部讀皇甫湜詩亦譏其掎摭糞壤梅聖俞謂尹師魯以古文名而不能詩

陳亞以藥名詠白髮云若是道人頭不白老人當日合烏頭貟郎上官佖嘗勸石少傅中立慎緘石勃然曰上官佖如下官口何

韓吏部贈玉川詩曰水北山人得聲名去年去作幕下士水南山人又繼往鞍馬僕從塞閭里少室山人索價高兩以諫官徵不起又曰先生抱材須大用宰相未許終不仕王向子直謂韓與處士作牙人商度物價也古稱駔儈今謂牙非也劉道原云本稱互郎主互市唐人書互爲牙因訛爲牙理或信然今言萬爲力千爲撇非訛也若隱語尔

陳文惠堯佐以使相致仕年八十有詩云青雲岐路游將徧白髮光陰得最多搆亭號佚老後歸政者往往多効之公喜堆墨書游長安佛寺題名從者誤側硯汙鞋公性急遂窒筆於其鼻客笑失聲若皇甫湜怒其子不暇取杖遂齕臂血流

今人呼秃尾狗爲厥尾衣之短後者亦曰厥故歐公記陶尚書詩語末厥兵則此兵正謂末賊尔末厥對卑九字

世語虛僞爲何樓蓋國初京師有何家樓其下賣物皆行濫者非沽濫稱也世語優人爲何市樂說者謂南都石駙馬家樂甚盛詆誚南市中樂人非也蓋唐元和時燕吴行役記其中已有河市字大抵不隸名軍籍而在河市者散樂名也世謂事之陳久爲瓚蓋五代時有馬瓚爲府幕其人曾藹有所聞見他人已猒熟而已甫爲新奇道之故今多稱瓚爲猒熟京師人貨香印者皆擊鐵盤以示衆人父老云以國初香印字逼近太祖諱故託物默諭

梁周翰真宗即位始知誥贈柳開詩曰九重城闕新天子萬卷詩書老舍人時楊大年朱昂同在禁掖楊未及滿三十而二公皆老數見靳侮梁謂之曰公毋侮我老此老亦將留與公尔朱昂聞之背面揺手掖

下謂梁曰莫與莫與大年死不及五十
余靖兩使契丹虜情益親能胡語作胡語詩虜主曰卿能道我爲卿飲靖舉曰夜筵設邏後盛也臣拜洗受賜兩朝厥荷通好情幹勤厚重微臣雅魯拜舞祝若統福祐聖壽鐵擺嵩高俱可忒無極主大笑遂爲醻觴漢史有槃木白狼詩譯出夷語殆不若靖眞胡語也劉沆亦使虜使凌壓之契丹館客曰有酒如澠繫行人而不住沆應聲曰在北曰狄吹出塞以何妨仁宗待虜有禮不使纖微迕之二公俱謫官

古人多歌舞飲酒唐太宗每舞屬群臣長沙王亦小舉袖曰國小不足以回旋張燕公詩云醉後歡更好全勝未醉時動容皆是舞出語摠成詩李白云要須

回舞袖拂盡五松山醉後涼風起吹人舞袖環今時舞者必欲曲盡奇妙又恥效樂工藝益不復如古人常舞矣古人重歌詩自隋以前南北舊曲頗似古如公莫舞丁督護亦自簡澹唐來是箏曲又不復入聽矣近世樂府爲繁聲加重疊謂之纏聲促數尤甚固不容一唱三歎也胡先生許太學諸生鼓琴吹簫及以方響代編磬所奏唯采蘋鹿鳴數章而已故稍曼延傍邇鄭衛聲或問之曰無他直纏聲鹿鳴采蘋尓

梅聖俞幼戲謝師直詩曰古錦裁詩句班衣戲坐隅木奴今正熟肯効陸郎無師直小名錦衣奴至十歲讀此方悟之

石曼卿獨行京師一豪士揖之而語曰公幸過我家石許之同入委巷抵大第藻飾宏麗錦繡珠翠殆非人間所擬歌舞歡醉丐書爲揮籌筆驛詩數篇以金帛數百千贈之復使騶從送還恍然不知其誰翌日殆無復省所居矣他日遇諸塗又遺以白金數兩謂曰詩中意中流水遠愁外舊山青最爲佳句

趙少師初在漣水守館不數年後以學士知漣水繼來者名其堂豹隱曼卿有詩曰能非清渭逢何莫龍卧南陽去不還年少客游今郡守蔚然疑在立談間後莫偕者

曹參嘗爲功曹而杜詩云功曹無復歎蕭何誤矣按光武嘗謂鄧禹何以不掾功曹陳子昂云吾聞中山相乃屬放麑翁放麑本秦西巴孟孫氏之臣謂之中

山亦誤矣唐韓皐鼓廣陵散其説謂毋丘儉諸葛誕刺揚州舉兵討晉不成而散於廣陵尓劉道原謂漢魏時揚州刺史治壽春儉誕皆死壽春是時廣陵屬徐州至隋唐始爲揚州不可不察也

景祐中羌人叛詔遣士獻方畧率皆得官有題関西驛舍曰弧星熒熒照寒野漢馬蕭蕭五陵下廟堂不肯用奇謀天子徒勞聘賢者萬里危機入燕薊八方殺氣衝靈夏逢時還似不逢時已矣吾生眞苟且

宋次道次西都詩以野狐落對五鳳樓言野狐落唐人名宮人所聚也

太宗時同年數輩取名似姓者爲句云郭鄭鄭東東野絳馬張張夏夏侯瑀熙寧初有崔度崔公度王韶

王子韶又有章君陳陳君章如以西門豹對東方虬也王丞相云馬子山騎山子馬（馬給事字子山穆王八駿有山子馬之名）久之人對曰錢衡水盜水衡錢（錢某爲衡水令）人謝之曰正欲作對尒實非有盜也

永州何仙姑不飲食無漏世傳其神異岳州天慶觀柱以震折有倒書謝仙火字仙姑云雷部夫婦二人長闊各三尺銀色莫不該信有熟於江湖間事者曰南方賈人各以火自名一火猶一部也此賈名仙刻木記己物耳是亦不可知也嘗有道人自言隋唐間人譚黄巢事甚悉因曰黄太晚節至此張安道尚書云巢六兄弟而巢最小當第六由是推之則道人之言信然乎

江州琵琶亭前臨江左枕湓浦地尤勝絕夏梅詩最佳（英公公儀）夏云年光過眼如車轂職事羇人似馬銜若遇琵琶應大笑何須涕泣滿青衫梅云陶令歸來爲逸賦樂天謫官起悲歌有絃應被無絃笑何況臨絃泣更多又有葉氏女（名桂女字月流）詩曰樂天當日最多情淚滴青衫酒重傾明月滿船無處問不聞商女琵琶聲

詞人以也字作夜音杜云青袍也自公白公云也向慈恩寺裏游不可如字讀也

張湍爲河南司録府當祭社買豬以呈尹而豬輒突入湍家湍即捉殺之湍對尹曰律云豬無故夜入人家主人登時殺之勿論尹笑之爲別市豬

張介以命術游公卿間寓居錢塘西湖上嘗自京師南歸士大夫率爲詩贈之呂許公王沂公時方執政亦皆有詩夏鄭公留守南京爲詩繼二公曰上公詩筆千金重逋客歸裝一舸輕莫到青山更招隱且留賢哲爲蒼生鄭公在朝數爲御史糾劾疑時宰諷旨作青雀詩青雀孤飛毛羽單卑棲豈敢礙鵷鸞明珠自有千金價莫爲他人作彈丸

自唐以來試進士詩號省題近年能詩者亦時有佳句蜀人楊諤宣室受釐落句云願前明主席一問洛陽人滕甫西旅來王云寒日邊聲斷春風塞草長傳聞漢都護歸奉萬年觴諤有詩名題驪山詩云行人問宮殿耕者得珠璣最爲警策

唐人飲酒以令爲罰韓吏部詩云令徵前事爲白傅詩云醉翻襴衫拋小令今人以絲管歌謳爲令者即白傅所謂大都欲以酒勸故始言送而繼承者辭之搖首挼舞之屬皆却之也至八遍而窮斯可受矣其舉故事物色則韓詩所謂耳近歲有以進士爲舉首者其黨人意侮之會其人出令以字偏傍爲率曰金銀釵釧鋪次一人曰絲綿紬絹綱至其黨人曰鬼魅魍魎魁俗有謎語曰急打急圓慢打慢圓分爲四段送在窑前初以陶瓦乃謂令耳

陳文惠善爲四句詩在江湖有詩云平波渺渺煙蒼蒼菰蒲才熟楊柳黄扁舟繫岸不忍去秋風斜日鱸魚鄉文惠年六十餘才爲知制誥其後遂至眞宰使

相致仕文惠喜堆墨書深自矜負號前無古人後無來者與石少傅同在政府石欲戲之政事堂有黑漆大飯床長五六尺許石取白堊横畫其中可尺餘而謂陳曰吾頗學公堆墨字陳聞之歡甚石顧小吏二人舁飯床出曰吾已能寫口字陳爲悵然

江鄰幾善爲詩清淡有古風蘇子美坐進奏院事謫官後死吳中江作詩云郡邸獄冤誰與辨皐橋客死世同悲用事甚精當嘗有古詩云五十踐衰境加我在明年論者謂莫不用事能令事如己出天然渾厚乃可言詩江得之矣江天質淳雅喜飲酒鼓琴圍棊人以酒召之未嘗不往飲未嘗不醉已醉眠人强起飲之亦不辭也或不能歸即留宿人家商度風韻陶

靖節之比江嘗通判廬州有酒官善琴以坐局不得出江且就之郡中沙門羽士及里巫能棊者數人呼與同往郡人見之習熟因畫爲圖前列騶導有一人騎馬青蓋其後沙門羽士褐衣數人葛巾芒屩累累相尋意思蕭散惜時無名手此畫不足傳後何必减嵇阮也

道人張無夢在　眞宗朝以處士見除校書郎無夢善攝生梅昌言知蘇州無夢求見之先與詩壺中一粒長生藥待與蘇州太守分好爲大言處之不宜自比李少君而然無夢年九十死無夢語人少時將欲屛居山中十歲自以謂不動及出見婦人美色乃復歎然又入山十餘年乃始寂定勸人飲食毋用鹽醋煑餅淡食更有自天然味無夢老病耳聾其死亦無他異

蜀人李士寧好言鬼神詭異事爲余言嘗泛海値風廣利王使存問已又嘗一夜有人傳相公命已及往燕設甚盛飲食醉飽既寤乃在梁門外疑所謂相公者二相神也人皆言士寧能佗心通士寧過予予故默作念侮戲之竟日士寧不知惡在其通也士大夫多遺其金帛錢物士寧以是財用常饒足人又以爲有術能歸錢與李少君類矣

劉攽貢父詩話終

後山居士詩話

王師圍金陵唐使徐鉉來鉉伐其能欲以口舌解圍謂　太祖不文盛稱其主博學多藝有聖人之能使誦其詩曰秋月之篇天下傳誦之其句云云　太祖大笑曰寒士語尒吾不道也鉉内不服謂大言無實可窮也以請殿上驚懼相目　太祖曰徼時自秦中歸道華下醉卧田間覺而月出有句曰未離海底千山黒纔到天中萬國明鉉大驚殿上稱壽

孟嘉落帽前世以爲勝絶杜子美九日詩云羞將短髪還吹帽笑倩傍人爲正冠其文雅曠達不减昔人謂詩非力學可致正須胷中度世耳

望夫石在處有之古今詩人共用一律唯夢得云望來已是幾千歲只似當年初望時語雖拙而意工黄叔度魯直之弟也以顧況爲第一云山頭日日風和雨行人歸來石應語語意皆工江南有望夫石每過其下不風即雨疑況得句處也

歐陽永叔不好杜詩蘇子瞻不好司馬史記余每與黄魯直怪歎以爲異事

費氏蜀之青城人以才色入蜀宫後主嬖之號花蘂夫人効王建作宫詞百首國亡入備後宫　太祖聞之召使陳詩誦其國亡詩云君王城上竪降旗妾在深宫那得知十四萬人齊解甲更無一箇是男兒　太祖悦盖蜀兵十四萬而王師數萬尒

韓退之南食詩云鱟實如惠文山海經云鱟如惠文惠文秦冠也蠔相粘如山蠔牡蠣也

白樂天云笙歌歸院落燈火下樓臺又云歸來未放笙歌散畫戟門前蝎燭紅非富貴語看人富貴者也

楊蟠金山詩云天末樓臺横北固夜深燈火見揚州王平甫云莊宅牙人語也解量四至吳僧錢塘白塔院詩曰到江吳地盡隔岸越山多余謂分界堠子語也

黄魯直云杜之詩法出審言句法出庾信但過之耳杜之詩法韓之文法也詩文各有體韓以文爲詩杜以詩爲文故不工耳

黄魯直謂白樂天笙歌歸院落燈火下樓臺不如杜子美云落花遊絲白日静鳴鳩乳燕青春深也孟浩然云氣蒸雲夢澤波動岳陽城不如九僧云雲間下蔡邑林際春申君也蘇子瞻曰子美之詩退之之文魯公之書皆集大成者也學詩當以子美爲師有規矩故可學退之於詩本無解處以才高而好尒淵明不爲詩寫其胷中之妙尒學杜不成不失爲工無韓之才與陶之妙而學其詩終爲樂天尒

退之詩云長安衆富兒盤饌羅羶葷不解文字飲惟能醉紅裙而老有二妓號絳桃柳枝故張文昌云爲出二侍女合彈琵琶箏也又爲李干志叙當世名貴服金石藥欲生而死者數輩著之石藏之地下豈爲一世戒邪而竟以藥死故白傳云退之服硫黄一病竟不痊也荆公詩云力去陳言誇末俗可怜無補費

精神而公文體數變莫年詩益善故知言不可不慎
也
子美懷薛據云獨當省署開文苑兼泛滄浪學釣翁
省署開文苑滄浪憶釣翁據之詩也
王摩詰云九天宮殿開閶闔萬國衣冠拜冕旒子美
取作五字云閶闔開黃道衣冠拜紫宸而語益工
楊大年傀儡詩云鮑老當筵笑郭郎笑他舞袖太郎
當若教鮑老當筵舞轉更郎當舞袖長語俚而意切
相傳以爲笑
吳越後王來朝 太祖爲置宴出內妓彈琵琶王獻
詞曰金鳳欲飛遭掣搦情脉脉看即玉樓雲雨隔
太祖起拊其背曰誓不殺錢王

武人出慶宮色最後庭裕陵得之會教坊獻新聲爲
作詞號瑶臺第一層
宋玉爲高唐賦載巫山神過楚襄王蓋有所諷也而
文士多效之者又爲傳記以實之而天地百神舉無
免者余謂欲界諸天當有配偶其無偶者則無欲者
也唐人記后土事以譏武后尒
黄詩韓文有意故有工老杜則無工矣然學者先黄
韓不由黄韓而爲老杜則失之拙易矣
永叔謂爲文有三多看多做多商量多也
余以古文爲三等周爲上七國次之漢爲下周之文
雅七國之文壯偉其失騁漢之文華贍其失緩東漢
而下無取焉

陳繹批荅曾魯公表云爰露乞骸之請黄裳爲曾侍
讀制曰備負勸講乞骸備負乃表語非詔語也曾魯
公謂人曰使布何所道
詩欲其好則不能好矣王介甫以工蘇子瞻以新黄
魯直以竒而子美之詩竒常工易新陳莫不好也
熙寧初有人自常調上書迎合宰相意遂丞御史蘇
長公戲之曰有甚意頭求富貴没些巴鼻便姦邪有
甚意頭没些巴鼻皆俗語也
某公用事排斥端士矯飾僞行范蜀公詠僧房假山
曰倏忽平爲險分明假奪眞蓋剌之也
魯直謂荆公之詩莫年方妙然格高而體下如云似
聞青秧底復作龜兆坼乃前人所未道又云扶輿度
陽焰窈窕一川花雖前人亦未易道也然學二謝失

於巧尒
蘇詩始學劉禹錫故多怨刺學不可不慎也晚學太
白至其得意則似之矣然失於粗以其得之易也
王荆公莫年喜爲集句唐人號爲四體黄魯直謂正
堪一笑尒司馬温公爲定武從事同幕私幸營妓而
公諱之甞會僧廬公往迫之使妓踰墻而去度不可
隱乃具道公戲之曰年去年來來去忙蹔偷閑卧老
僧牀驚回一覺游仙夢又逐流鶯過短墻又杭之舉
子中老牓第其子以緋讓之客賀之曰應是窮通自
有時人生七十古來稀如今始覺爲儒貴不着荷衣
便着緋壽之醫者老娶少婦或嘲之曰偎他門户傍

他墻年去年來來去忙採得百花成蜜後爲他人作嫁衣裳真可笑也

熙寧初外學置官師職簡地親多在幕席徐有學官喜誶語同府苦之詠蠅以刺之曰衣服有時遭點染杯盤無日不追隨

唐人不學杜詩惟唐彦謙與今黄亞夫庶謝師厚景初學之魯直黄之子謝之婿也其於二父猶子美之於審言也然過於出奇不如杜之遇物而奇也三江五湖平漫千里因風石而奇尓

謝師厚廢居於鄧王左丞存其妹婿也奉使荆湖枉道過之夜至其家師厚有詩云倒着衣裳迎戶外盡呼兒女拜燈前

世稱杜牧南山與秋色氣勢兩相高爲警絶而子美才用一句語益工曰千崖秋氣高也

魯直有癡弟畜漆琴而不御蟲蝨入焉魯直嘲之曰龍池生壁蝨而未有對魯直之兄大臨旦見床下以溺器畜生魚問知其弟也大呼曰我有對矣乃庯子養溪魚也

歐陽公謫永陽聞其倅杜彬善琵琶酒間請之杜正色盛氣而謝不能公亦不復强也後杜置酒數行遽起還内微聞絲聲且作且止而漸近久之抱器而出手不絶彈盡暮而罷公喜甚過所望也故公詩云坐中醉客誰最賢杜彬琵琶皮作絃自從彬死世莫傳皮絃世未有也

尚書郎張先善著詞有云雲破月來花弄影簾幕卷花影墮輕絮無影世稱誦之張三影王介甫謂雲破月來花弄影不如李冠蒙朧澹月雲來去也冠齊人爲六州歌頭道劉項事慷慨雄偉劉潛大俠也喜誦之

往時青幕之子婦妓也善爲詩詞同府以詞挑之妓荅曰清詞麗句永叔子瞻曾獨步似恁文章寫得出來當甚强

黄詞云斷送一生唯有破除萬事無過盖韓詩有云斷送一生唯有酒破除萬事無過酒才去一字遂爲切對而語益峻又云杯行到手更留殘不道月明人散謂思相離之憂則不得不盡而俗士改爲留連遂

使兩句相失正如論詩云一方明月可中庭可不如滿也

子瞻謂孟浩然之詩韻高而才短如造内法酒手而無材料尓

魯直乞猫詩云秋來鼠輩欺猫死窺瓮翻盤攪夜眠聞道貍奴將數子買魚穿柳聘銜蟬雖滑而可喜千載而下讀者如新

龍圖孫學士覺喜論文謂退之淮西碑叙如書銘如詩

子瞻謂杜詩韓文顔書左史皆集大成者也

少游謂元和聖德詩於韓文爲下與淮西碑如出兩手盖其少作也

王夫人鼌載之之母也謂庶子功名貴富有如韓魏公而未有文士也

退之作記記其事尒今之記乃論也少游謂醉翁亭記亦用賦體

莊荀皆文士而有學者其說劒成相賦篇與屈騷何異揚子雲之文好奇而卒不能奇也故思苦而詞艱善爲文者因事以出奇江河之行順下而已至其觸山赴谷風摶物激然後盡天下之變子雲唯好奇故不能奇也

歐陽公謂退之爲樊宗師志便似樊文其始出於司馬子長爲長卿傳如其文惟其過之故兼之也

退之以文爲詩子瞻以詩爲詞如教坊雷大使之舞雖極天下之工要非本色今代詞手唯秦七黄九尒

唐諸人不迨也

韓退之上尊號表曰析木天街星宿清潤北嶽醫閭神鬼受職曽子賀赦表曰鈎陳太微星緯咸若崑崙渤澥濤波不驚世莫能輕重之也後當有知之者

國初士大夫例能四六然用散語與故事尒楊文公刀筆豪贍體亦多變而不脫唐末與五代之氣文喜用古語以切對爲工乃進士賦體尒歐陽少師始以文體爲對屬又善叙事不用故事陳言而文益高次退之云王特進莫年表奏亦工但傷巧尒

元祐初起范蜀公於家固辭其表云六十三而致仕因不待年七十九而造朝豈云知禮是時文潞公年八十餘一召而來人各有所志也

昔之黠者滑稽以玩世曰彭祖八百歲而死其婦哭之慟其隣里共解之曰人生八十不可得而翁八百矣尚何尤婦謝曰汝輩自不諭尒八百死矣九百猶在也世以癡爲九百謂其精神不足也又曰令新視事而不習吏道召胥魁具道笞十至五十及折杖數令遽止之曰我解矣笞六十爲杖十四耶魁笑曰五十尚可六十猶癡耶長公取爲偶對曰九百不死六十猶癡

唐語曰二十四考中書令謂汾陽王也而無其對或以問平甫平甫應聲曰萬八千户冠軍侯不唯對偶精切其貴亦相當也

范文正公爲岳陽樓記用對語說時景世以爲奇尹師魯讀之曰傳奇體尒傳奇唐裴鉶所著小說也

柳三變游東都南北二巷作新樂府骫骳從俗天下詠之遂傳禁中仁宗頗好其詞每對必使侍從歌之再三三變聞之作宫詞號醉蓬萊因内官達後宫且求其助　仁宗聞而覺之自是不復歌其詞矣會改京官乃以無行黜之後改名永仕至屯田員外郎

寗拙毋巧寗朴毋華寗粗毋弱寗僻毋俗詩文皆然

魏文帝曰文以意爲主以氣爲輔以詞爲衛子桓不足以及此其能有所傳乎

魯直與方蒙書頃洪甥送令嗣二詩風致灑落材思高秀展讀賞愛恨未識面也然近世少年多不肯治

經術及精讀史乃縱以助詩故致遠則泥想達源自能追琢之必皆離此諸病漫及之尒與洪朋書云龜父所寄詩語益老健甚慰相期之意方君詩如鳳雛出鷇雖未能翔于千仞竟是真鳳尒

老杜云長鑱長鑱白木柄我生託子以爲命黄獨無苗山雪盛短衣數挽不揜脛往時儒者不解黄獨義攺爲黄精學者承之以予攷之蓋黄獨是也本草赭魁注黄獨肉白皮黄巴漢人蒸食之江東謂之土芋余求之江西謂之土卵煑食之類芋魁云

余讀周書月令云反舌有聲佞人在側乃解老杜百舌過時如發口君側有讒人之句

韋蘇州詩云憐君卧病思新橘試摘才酸亦未黄書

後欲題三百顆洞庭須待滿林霜余往以爲蓋用右軍帖中贈子黄甘三百者比見右軍一帖云奉橘三百枚霜未降未可多得蘇州蓋取諸此

余評李白詩如張樂於洞庭之野無首無尾不主故常非墨工槧人所可擬議吾友黄介讀李杜優劣論曰論文正不當如此余以爲知言

與潘邠老書曰大受今安在其詩甚有理致語又工也

又曰但詠五言覺翰墨之氣如虹猶足貫日尒

禮部員外郎裴説寄邊衣詩曰深閨乍冷開香篋玉筯微微濕紅頰一陣霜風殺柳條濃煙半夜成黄葉重重白練明如雪獨下閑階轉凄切秖知抱杵擣秋砧不覺高樓已無月時聞塞鴈聲相喚紗窻只有燈相伴幾展齊紈又嬾裁離腸恐逐金刀斷細想儀形執牙尺回刀剪破澄江色愁捻金針信手縫惆悵無人試寛窄時時舉手句殘淚紅牋漫有千行字書中不盡心中事一半殷勤託邊使裴説詩句甚麗零陵揔記載説詩一篇尤詼詭也

世語云蘇明允不能詩歐陽永叔不能賦曾子開秦少游詩如詞韓詩如秋懷别元協律南溪始泛皆佳作也

鮑照之詩華而不弱陶淵明之詩切於事情但不文耳

子厚謂屈氏楚詞如離騷乃效頌其次効雅最後效

右丞蘇州皆學於陶王得其自在

眉山長公守徐嘗與客登項氏戲馬臺賦詩云路失玉鈎芳草合林亡白鶴野泉清廣陵亦有戲馬臺其下有路號玉鈎斜唐高宗東封有鶴一焉乃詔諸州爲老氏築宫名以白鶴公蓋誤用而後所取信故不得不辯也

裕陵常謂杜子美詩云勳業頻看鏡行藏獨倚樓謂甫之詩皆不迨此

吕某公歸老于洛常游龍門還閽者執筆曆請官稱公題以詩云思山乘興看山回烏帽綸巾入帝臺門吏不須詢姓字也曾三到鳳池來

曹南院爲秦帥唃氏方興舉國入寇公自出禦之戰

于三都谷大敗之㖿氏遂褁其幕府獻詩云賢守新成蓋代功臨危方始見英雄三都谷路全師入十萬胡塵一戰空殺氣尚疑橫塞外捷音相繼徧寰中君王看降如綸命旌節前驅馬首紅

太祖夜幸後池對新月置酒問當直學士爲誰曰盧多遜召使賦詩請韻曰些子兒其詩云太液池邊看月時好風吹動萬年枝誰家玉匣開新鏡露出清光些子兒　太祖大喜盡以坐間飲食器賜之

韓魏公爲陜西安撫開府長安李待制師中過之李有詩名席間使爲官妓賈愛卿賦詩云願得貔貅十萬兵犬戎巢穴一時平歸來不用封侯印只問君王乞愛卿

某守與客行林下曰柏花十字裂願客對其倅晚食菱方得對云菱角兩頭尖皆俗諺全語也

杭妓胡楚龍靚皆有詩名胡云不見當時丁令威年來處處是相思若將此恨同芳草却恐青青有盡時張子野老于杭多爲官妓作詞而不及靚靚獻詩云天與群芳十樣葩獨分顏色不堪誇牡丹芍藥人題徧自分身如鼓子花子野於是爲作詞也

王岐公詩喜用金玉珠壁以爲富貴而其兄謂之至寶丹

閩士有好詩者不用陳語常談寫投梅聖俞荅書曰子詩誠工但未能以故爲新以俗爲雅尓

蘇公居潁春夜對月王夫人曰春月可喜秋月使人愁耳公謂前未及也遂作詞曰不似秋光只與離人照斷腸老杜云秋月解傷神語簡而益工也

余登多景樓南望丹徒有大白鳥飛近青林而得句云白鳥過林分外明謝朓亦云黃鳥度青枝語巧而弱老杜云白鳥去邊明語少而意廣余每還里而每覺老復得句云坐下漸人多而杜云坐深鄉里敬而語益工乃知杜詩無不有也

周盤龍以武功爲散騎常侍齊武帝戲之曰貂蟬何如兜鍪對曰貂蟬生於兜鍪外大父潁公罷相建節出師太原其詩曰兜鍪却自貂蟬出敢用前言戲武夫李待制師中以相業自任嘗帥秦以事去其詩曰兜鍪不勝任猶可冠貂蟬

東坡居惠廣守月餽酒六壺吏嘗跌而亡之坡以詩謝曰不謂青州六從事翻成烏有一先生

王斿平甫之子嘗云今語例襲陳言但能轉移尓世稱秦詞愁如海爲新奇不如李國主已云問君能有幾多愁恰似一江春水向東流但以江爲海尓

後山居士詩話終

許彦周詩話

詩話者辨句法備古今紀盛德録異事正訛誤也若含譏諷著過惡誚紕繆皆所不取僕少孤苦而嗜書家有魏晉文章及唐詩人集僅三百家又數得奉教聞前輩長者之餘論今書籍散落舊學廢忘其能記憶者因筆識之不忍棄也嗟乎僕豈足言哉人之於詩嗜好去取未始同也強人使同己則不可以己所見以俟後之人烏乎而不可哉建炎戊申六月初吉日襄邑許顗序

詩壯語易苦語難深思自知不可以口舌辨

燕燕于飛差池其羽之子于歸遠送於野瞻望弗及泣涕如雨此辭可泣鬼神矣張子野長短句云眼力不知人遠上溪橋東坡送子由詩云登高回首坡隴隔惟見烏帽出復没皆遠紹其意

李太白作草創大還詩云髣髴明窻塵死灰同至寂初不曉此語後得李氏鍊丹法至明窻塵丹沙妙藥也

老杜北征詩曰微爾人盡非於今國猶活獨以活國許陳元禮何也蓋禍亂既作惟賞罰當則再振否則不支持矣元禮首議太眞國忠輩近乎一言興邦宜得此語儻無此舉雖有李郭不能展用

淮陰勝而不驕乃能師李左車最奇特事荆公詩云將軍北面師降虜此事人間久寂寞李廣誅霸陵尉薄於德矣東坡詩云今年定起故將軍未肯先誅霸陵尉用事當如此向背

箜篌狀如張箕探手摘絃出聲盧玉川詩云捲却羅袖彈箜篌此語亦未可譏誚司馬温公嘗語程正叔云辯證古人誤處當兩存之勿加詆呰也

韓退之詩云銀燭未銷窻送曙金釵半醉座添春殊不類其為人乃知能賦梅花不獨宋廣平

退之見神仙亦不伏云我能屈曲自世間安能從汝巢神山賦謝自然詩曰童騃無所識作誰氏子詩曰不從而誅未晚耳惟華山女詩頗假借不知何以得此

凡作詩若正爾塡實謂之點鬼簿亦謂之堆垜死屍能如猩猩毛筆詩云平生幾緉屐身後五車書又如云管城子無食肉相孔方兄有絶交書精妙明密不可加矣當以此語及三隅也

詩人寫人物態度至不可移易元微之李娃行云髻鬟峨峨高一尺門前立地看春風此定是娼婦退之華山女詩云洗粧拭面着冠帔白咽紅頰長眉青此定是女道士東坡作芙蓉城詩亦用長眉青三字云中有一人長眉青烱如微雲淡䟽星便有神仙風度

季父仲山先大夫同祖弟也讀書精苦作詩有源流昔嘗上書晚以特奏名得一官政和間　御製宮詞三百首嘗和進今録一絶於此染指可以知鼎味也其詞曰輕寒滲滲透衾羅玉箭銅壺漏水多常是未明供御服夢回頻問夜如何時道君皇帝在睿思殿

宣進甚急意謂得美官翌日臺章論列作詩害經旨遂報罷調南劍州順昌縣尉後卒於揚州云

先伯父治平四年舉進士第一少從丁寶臣以文字爲歐陽文忠公王歧公所稱重其試公生明賦曰依違牽制者既已去矣則明白洞達者乃其自然此不刊之語也嘗作詠史詩曰天下有誅賞故非君所私太宗泣君集意恐勞臣疑至公一以廢智術相維持哀哉功名士汲汲尚趨時推斯志也雖蹈滄海餓西山可也在熙寧間爲荆公薦竟不委曲得貴達然亦爲司馬温公呂獻可呂微仲范堯夫諸公所知元豐七年自都官外郎奔祖父喪卒於黄州東坡解衣賻之

有李氏女者字少雲本士族嘗適人夫死無子棄家着道士服往來江淮間僕頃年見之金陵其詩有云幾多柳絮風飜雪無數桃花水浸霞殊無脂澤氣又喜煉丹砂僕亦得其方大抵類魏伯陽法而有銖兩加精詳者也嘗語僕曰我命薄政恐不能成此藥耳後二年再見之其瘦骨立蓋丹未成而少雲已病僕問曰子丹成欲仙乎惟甚瘦則鶴背能勝也笑曰忍相戲耶病中作梅花詩云素艷明寒雪清香任曉風可憐渾似我零落此山中尋卒後檢方書見丹法及此詩録之

晦堂心禪師初退黄龍院作詩云不住唐朝寺閑爲宋地僧生涯三事衲故舊一枝藤乞食隨緣過逢山任意登相逢莫相笑不是嶺南能此詩深静平實道眼所了非世間文士詩僧所能髣髴也

僧義了字廓然本士族鍾離氏事佛慈璣禪師爲侍者僕頃年迨見佛慈老人廓然與僕在嵩山游甚久頗能詩僕愛其兩句云百年休問幾時好萬事不勞明日看不獨喜其語蓋取其學道休歇灑落自在如此

東坡作妙善師寫御容詩美則美矣然不若丹青引云將軍下筆開生面又云褒公鄂公毛髮動英姿颯爽來酣戰後説畫玉花驄馬而曰至尊含笑催賜金圉人太僕皆惆悵此語微而顯春秋法也

李太白詩云玉窻青青下落花花已落又曰下增之不贅語益奇

請紫姑神大抵能作詩然不甚過人舊傳一士人家請之既降偶書院中子弟作雨詩因率爾請賦頃刻書滿紙其警句云簾捲滕王閣盆飜白帝城可喜也

近時僧洪覺範頗能詩其題李愬畫像云淮陰北面師廣武其氣豈止吞項羽公得李祐不肯誅便知元濟在掌股此詩當與黔安並驅也頃年僕在長沙相從彌年其他詩亦甚佳如云含風廣殿聞棊響度日長廊轉柳陰頗似文章巨公所作殊不類衲子又善作小詞情思婉約似少游至如仲殊參寥雖名世皆不能及

東坡贈李常詩戒其殺生末云君勿棄此篇嚴詩編

杜集謂嚴武也工部集中有武倡和數首又梅花詩云
凴仗幽人收艾蒳國香和雨入莓苔艾蒳香名正松
上莓苔也出本草及沈氏香譜又紅梅詩云玉人頩
頰固多姿頩怒色普庚切見神女賦婦人怒則面赤
杜詩飯抄雲子白雲之子雨也言如雨點爾荀子雲
篇又葛洪丹經用雲子碎雲母也今蜀中有碎礫狀
如米粒圓白雲子石也又杜詩云萬里戎王子何年
别月支異花開絶域幽蔓匝清池漢使慙空到神農
竟不知露飜兼雨打開拆漸離披不曉此詩指何物
張騫慙空到又本草不收定非蒲萄也
齊梁間樂府詩云愛惜加窮袴防閑託守宫今日牛
羊上空隴當時近前面發紅

老杜作麗人行云賜名大國虢與秦其卒曰愼勿近
前丞相嗔虢國秦國何預國忠事而近前即嗔耶東
坡言老杜似司馬遷蓋深知之
司空圖唐末竟能全節自守其詩有緑樹連村暗黄
花入麥稀誠可貴重又云四座賓朋兵亂後一川風
月笛聲中句法雖可及而意甚委曲
鮑明遠松栢篇悲哀曲折其末不以道自釋僕竊恨
之
明遠行路難壯麗豪放若決江河詩中不可比擬大
似賈誼過秦論
老杜作曹將軍丹青引云一洗萬古凡馬空東坡觀
呉道子畫壁詩云筆所未到氣已吞吾不得見其畫

矣此兩句二公之詩各可以當之
李長吉詩云楊花撲帳春雲熱才力絶人遠甚如柳
塘春水慢花塢夕陽遲雖爲歐陽文忠所稱然不迨
長吉之語
古人文章不可輕易反復熟讀加意思索庶幾其見
之東坡送安惇落第詩云故書不厭百回讀熟讀深
思子自知僕嘗以此語銘坐右而書諸紳也東坡在
海外方盛稱柳柳州詩後嘗有人得罪過海見黎子
雲秀才說海外絶無書適渠家有柳文東坡日夕玩
味嗟乎雖東坡觀書亦須着意研窮方見用心處耶
柳柳州詩東坡云在陶彭澤下韋蘇州上若晨詣超
師院讀佛經詩即此語是公論也

六朝詩人之詩不可不熟讀如芙蓉露下落楊柳月
中踈鍛鍊至此自唐以來無人能及也退之云齊梁
及陳隋衆作等蟬噪此語吾不敢議亦不敢從
陶彭澤詩顔謝潘陸皆不及者以其平昔所行之事
賦之於詩無一點愧辭所以能爾
東坡海市詩荆公鍾山詩超然邁倫能追逐李杜陶
謝
荆公愛看水中影此亦性所好如秋水寫明河迢迢
藕花底又桃花詩云晴溝漲春渌週遭俯視紅影移
魚舠皆觀其影也其後云攀條弄芳畏晼晚已見黍
雪盤中毛事見家語
李邯鄲公作詩格句自三字至九字十一字有五句

成篇者盡古今詩之格律足以資詳博不可不知也

伯父娶邯鄲孫女嘗聞邯鄲公與小宋飲酒舉一物隷僻事以多者爲勝飮不勝者他人莫敢簉席

梅聖俞詩句句精鍊如焚香露蓮泣聞磬清甌邁之類宜乎爲歐陽文忠公所稱其他古體若朱絃疏越一唱三歎讀者當以意求之寵嬖曹氏作一日曲爲曹氏也

孟浩然王摩詰詩自李杜而下當爲第一老杜詩云不見古人王右丞又云吾憐孟浩然皆公論也

東坡祭柳子玉文郊寒島瘦元輕白俗此語具眼客見詰曰子盛稱白樂天孟東野詩又愛元微之詩而取此語何也僕曰論道當嚴取人當恕此八字東坡論道之語也

歐陽文忠公重讀徂徠集詩英辯超然能破萬古毀譽食糟民詩忠厚愛人可爲世訓

作詩壓韻是一巧中秋夜月詩押尖字數首之後一婦人詩云蚌胎光透殼犀角暈盈尖又記人作七夕詩押潘岳字衆人竟和無成詩者僕時不曾賦後因讀藏經呼喜鵲爲芻尼乃知讀書不厭多

寫生之句取其形似故辭多迂弱趙昌畫黄蜀葵東坡作詩云檀心紫成暈翠葉森有芒揣摸刻骨造語壯麗後世莫及

杜牧之題桃花夫人廟詩云細腰宫裏露桃新脉脉無言度幾春畢竟息亡緣底事可憐金谷墜樓人僕嘗謂此詩爲二十八字史論

宣和之初何㮚文縝丞相爲中書舍人　道君皇帝以御畫雙鵲賜之諸公多賦詩韓駒子蒼待制時爲校書郎賦詩二章曰君王妙畫出神機弱羽爭巢並占時想見春風鳷鵲觀一雙飛上萬年枝舍人簪筆上蓬山輦路春風從駕還天上飛來兩烏鵲爲傳喜色到人間

韋蘇州詩云落葉滿空山何處尋行迹東坡用其韻曰寄語庵中人飛空本無迹此非才不逮蓋絶唱不當和也如東坡羅漢賛云空山無人水流花開此八字還許人再道否

張籍王建樂府宫辭皆傑出所不能追逐李杜者氣不勝耳

孟東野詩苦思深遠可愛不可學僕尤嗜愛者長安無緩步一詩

蘇大監文饒文敎作鴻溝詩云置俎均牢彘戕冠信沐猴方矜几上肉已墮幄中籌海嶽歸三尺衣冠閟一丘路人猶指似山下是鴻溝

陳無己賦宗室畫詩云滕王蛺蝶江都馬一紙千金不當價又作曾子固挽辭云丘園無起日江漢有東流近世詩人莫及

外祖父邵安簡公布衣時上平元昊策又嘗勸　仁廟早立太子晚年自樞府出知越州又移知鄆州其薨也歧公作挽辭云被褐曾陳定羌策汗青猶著立

儲書春風澤國吟殘落夜雨溪堂宴豆踈前輩詩不獨語句精鍊且是着題

鄭周卿僕鄉人也公肅右丞之孫能詩一日鄭之他郡而愛妾死作詩云鶴歸空有恨雲散本無心於情念中猶稍自在也後娶熊氏晉如之女丙午丁未年知鄆州中都縣連年與盜賊鏖戰隤然獨存權朝美曾録其功上之後不報今不知消息可憐哉

曹景宗探韻得競病字詩云去時兒女啼歸來笳鼓競借問路旁人何如霍去病沈約詩人嗟賞之

李衛公作步虛辭云仙女侍董雙成桂殿夜寒吹玉笙曲終却從仙官去萬户千門空月明河漢女玉鍊顔雲駢往往到人間九霄有路去無迹裊裊天風吹珮環嗚呼皆人傑也哉

季父仲山在揚州時事東坡先生聞其教人作詩曰熟讀毛詩國風與離騷曲折盡在是矣僕嘗以謂此語太高後年齒益長廼知東坡先生之善誘人也

韓退之詩云酩酊馬上知爲誰此七字用意哀怨過於痛哭

阮步兵醉六十日而停昏雖似智矣然禮法之士憎之如仇幾至於死幸武帝保護之耳而老杜詩云遂令阮籍輩熟醉爲身謀此工部善看史書當有解此意者

春秋五傳東髙閣獨抱遺經究終始此詩退之稱盧玉川也玉川子春秋傳僕家舊有之今亡矣辭簡而遠得聖人之意爲多後世有深於經而見盧傳者當知退之之不妄許人也

夢中賦詩往往有之宣和己亥僕在洪州宿城北鄭和叔家夜夢行大路中寒沙没足其旁皆田苗丘隴一婦人皂衣素裳行田間曰此中無沙易行僕從之不能登婦人援僕手登焉月明如晝彌望皆野田麥苗婦人求詩引僕藉草坐有矮塼臺一上有紙筆僕題詩四句云閑花亂草春春有秋鴻社燕年年歸青天露下麥苗濕古道月寒人迹稀拍筆塼上有聲驚覺宛然記憶是歲大病後亦無他

聯句之盛退之東野李正封也城南聯句云紅皺曬簷瓦黃團掛門衡是説乾棗與瓜蔞讀之猶想見西北村落間氣象征蜀聯句云刑神詫犛旄陰焰颭犀札盡彫刻之功而語仍壯李正封善押韻如從軍聯句押水沙囊涸皆不可及

畫山水詩少陵數首後無人可繼者惟荆公觀燕公山水詩前六句差近之東坡煙江疊嶂圖一詩亦差近之

退之桃源行云種桃處處皆開花川原遠近蒸紅霞狀花卉之盛古今無人道此語

本朝王元之詩可重大抵語迫切而意雍容如身後聲名文集草眼前衣食簿書堆又云澤畔騷人正憔悴道傍山鬼漫歋歈大類樂天也

玉川子送伯齡詩云努力事干謁我心終不平玉川子在王涯書院中會食不能自別枉陷於禍哀哉

栢舟仁人之詩也憂心悄悄愠於羣小簡兮賢者之詩也碩人俁俁公庭萬舞赫如渥赭公言錫爵能容忍如此宜乎賢矣

鍾山有一詩云當年睥睨此山阿欲着紅樓貯綺羅今日重來無一事却騎羸馬下坡陁此王雱詩直不爲荆公所喜然此詩實可傳也

詩有力量猶如弓之鬭力其未挽時不知其難也及其挽之力不及處分寸不可强若出塞曲云落日照大旗馬鳴風蕭蕭鳴笳三四發壯士慘不驕又八哀詩云汝陽讓帝子眉宇眞天人虬髯似太宗色映塞外春此等力量不容他人到

洪覺範在潭州水西小南臺寺覺範作冷齋夜話有

曰詩至李義山爲文章一厄僕至此蹙額無語渠再三窮詰僕不得已曰夕陽無限好只是近黄昏覺範曰我解子意矣即時删去今印本猶存之蓋已前傳出者

僕年十七歲時先大夫爲江東漕李端叔髙秀實皆父執也適在金陵二公游蔣山僕雖年少數從杖屨之後在定林說元微之詩引事皆有出處屈曲隱奥髙秀實皆能言之僕不覺自失因思古人讀書多出語皆有來處前輩亦讀書多能知之也

髙秀實又云元氏艷詩麗而有骨韓渥香奩集麗而無骨時李端叔意喜韓渥詩誦其序云咀五色之靈芝香生九竅咽三危之瑞露美動七情秀實云勸不得也勸不得也

李太白詩云問予何事棲碧山笑而不荅心自閑桃花流水窅然去别有天地非人間東坡嶺外詩云老父爭看烏角巾應緣曾現宰官身溪邊古路三义口獨立斜陽數過人賀知章呼李白爲謫仙人世傳東坡是戒禪師後身僕竊信之

白樂天詩云春色辭門柳秋聲到井梧此語未易及誰人把盞慰深幽開自無憀落更愁幸有清溪三百曲不辭相送到黄州南枝北枝春事休榆錢可穿柳帶柔定自沈郎作詩瘦不應春能生許愁此東坡魯直梅詩二章作詩名貌不出者當深攷二詩

宣和癸夘年僕游嵩山峻極中院法堂後簷壁間有

詩四句云一團茅草亂蓬蓬驀地燒天驀地空爭似滿爐煨榾柮慢騰騰地熱烘烘字畫極草草其旁隸書四字云勿毀此詩寺僧指示僕曰此四字司馬相公親書也嗟乎此言豈有感於公耶又於柱間大字隸書曰旦光顚來其上一字公兄也第三字程正叔也又壁間題云登山有道徐行則不困措足於實地則不危皆公隸書

林和靖梅詩云踈影横斜水清淺暗香浮動月黄昏大爲歐陽文忠公稱賞大凡和靖集中梅詩最好梅花詩中此兩句尤奇麗東坡和少游梅詩云西湖處士骨應槁只有此詩君壓倒僕意東坡亦有微意也然和靖詩對屬清切如贈煆藥秀才詩云鵾鵬懶擊

三千水龍虎鬬封六一泥

小杜作華清宮詩云雨露偏金穴乾坤入醉鄉如此天下焉得不亂

宋顔延之問己與靈運優劣於鮑照照曰謝五言如初發芙蓉自然可愛君詩鋪錦列繡亦彫繢滿眼此明遠對面褒貶而人不覺善論詩也特出之

韓熙載仕江南每得俸給盡散後房歌姬熙載披衲持鉢就諸姬乞食率以爲常東坡以玉帶贈寶覺寶覺酬以舊衲東坡作詩謝之曰病骨難堪玉帶圍鈍根仍落箭鋒機欲教乞食歌姬院故與雲山舊衲衣江南野史亦載韓事與此小異

錢希白內翰作擬唐詩百篇備諸家之體自序曰今之所擬不獨其詞至於題目豈欲抛離本集或有事跡斯亦見之本傳故其擬張籍上裴晉公詩曰午橋莊上千竿竹緑野堂中白日春富貴極來惟歎老功名高後轉輕身嚴更未報皇城裏勝賞時游洛水濱昨日庭趨三節度淮西曾是執戈人擬古當如此相似方可傳

王晉卿得罪外謫後房善歌者名囀春鶯乃東坡所見也亦遂爲密縣馬氏所得後晉卿還朝尋訪微知之作詩云佳人已屬沙吒利義士今無古押衙僕在密縣與馬縉輔游甚久知之最詳縉輔在其兄處猶見之國色也西清詩話中載此事云過潁昌見之傳誤也

李義山詩字字鍛鍊用事宛約仍多近體惟有韓碑詩一首古體有曰塗抹堯典舜典字點竄清廟生民詩豈立段碑時躁辭耶

岑參詩亦自成一家蓋嘗從封常清軍其記西域異事甚多如優鉢羅花歌熱海行古今傳記所不載者也

黄魯直愛與郭功父戲謔嘲調雖不當盡信至如曰公做詩費許多氣力做甚此語切當有益於學詩者不可不知也

春水滿四澤夏雲多奇峯秋月揚明輝冬嶺秀孤松此顧長康詩誤編入陶彭澤集中

元撰作樹萱録載有人入夫差墓中見白居易張籍李賀杜牧諸人賦詩皆能記憶句法亦各相似最後老杜亦來賦詩記其前四句云紫領寬袍漉酒巾江頭蕭散作閑人秋風有意吹蘆葉落日無情下水濱嗟乎若數君子皆不能脫然高蹈猶爲鬼耶殊不可曉也若以爲元撰自造此辭則數公之詩尚可庶幾而少陵四句非元所能道也

唐時有清遠道士同沈恭子游虎丘詩曰余本長殷周遭罹歷秦漢計之至唐則二千餘歲矣顔魯公愛而刻之且有詩曰客有神仙者於茲雅麗傳蓋指爲神仙也李衛公追和魯公刻清遠道士詩曰逸人綴清藻前哲留篇翰則逸人指清遠而前哲謂魯公也其後皮日休陸龜蒙輩皆和之仙耶鬼耶則不必問

然僕獨深愛其詩中數句云吟挽川之陰步上山之岸山川共澄澈光彩交凌亂白雲蓊欲歸青霧忽消半嗚呼借使非神仙亦一才思也

天棘夢青絲洪覺範硬差天棘作柳高秀實云天棘天門冬也當以秀實之言爲正顛天聲相近又酷似青絲又江南徐鉉家本云天棘蔓青絲若蔓生如青絲尤見是天門冬秦州詩云無風雲出塞不夜月臨關無風雲動不夜而月當細思之句法至此古今一人而已

杜牧之作赤壁詩云折戟沉沙鐵未銷自將磨洗驗前朝東風不借周郎便銅雀春深鎖二喬意謂赤壁不能縱火爲曹公奪二喬置之銅雀臺上也孫氏霸

業繫此一戰社稷存亡生靈塗炭都不問只恐捉了二喬可見措大不識好惡

韓退之聽穎師彈琴詩云浮雲柳絮無根蒂天地闊遠隨飛揚此泛聲也謂輕非絲重非木也啾啾百鳥羣忽見孤鳳凰泛聲中寄指聲也躋攀分寸不可上吟繹聲也失勢一落千丈強順下聲也僕不曉琴聞之善琴者云此數聲最難工自文忠公與東坡論此詩作聽琵琶詩之後後生隨例云云柳下惠則可吾則不可故特論之少爲退之雪冤

黃嗣徽少年時讀書有俊聲不幸爲後母訴於官隸軍籍王岐公丞相宣籍得之聞其識字使鈔書一日觀宋復古郎中所畫山水使子弟賦詩嗣徽亦請賦公頷之頃刻成一絕句曰匣有瑤琴箧有書棲遲猶未卜吾廬主人况是丹青手乞取生涯似畫圖岐公大嗟賞之及問知曲折以故人子奏於朝乞以門客恩澤承務郎特補之命下之日暴卒窮命如此哉

王君玉內翰初登第調揚州江都縣令題九曲池詩云越調隋家曲當年亦九成哀音已亡國廢沼尚留名儀鳳終沉影鳴蛙秪沸聲凄涼不可問落日背蕪城晏元憲閱詩賞歎薦爲館職又嘗乞夢於后土祠夜得報云君年二十七官至四品時年正二十七大惡之過歲乃稍自安後以禮部侍郎樞密直學士致仕未改官制時正四品年七十二云

五年不出青門道邂逅尋春此一回忽憶秦州貴公

子桃花落盡合歸來此高秀實城東寄王越州詩

羅隱詩云只知事逐眼前過不覺老從頭上來此語殊有味

若有人兮坐山楹雲衮兮霞纓秉芳兮欲寄路漫兮難征獨惆悵而狐疑蹇獨立兮忠貞此寒山語雖使屈宋復生不能過也

蜀陝路間有溪曰韓溪蕭文終追淮陰處也劉涇巨濟題詩一絕云豪傑相從意氣中憐才傾倒獨蕭公後來可是無奇客東閣投名尚不通

李義山錦瑟詩曰錦瑟無端五十絃一絃一柱思華年莊生曉夢迷蝴蝶望帝春心託杜鵑滄海月明珠有淚藍田日暖玉生煙此情何待成追憶只是當時

已惘然古今樂志云錦瑟之為器也其柱如其絃數其聲有適怨清和又云感怨清和昔令狐楚侍人能彈此四曲詩中四句狀此四曲也章子厚曾疑此詩而趙推官深為說如此

老杜詩不可議論亦不必稱讚苟有所得亦不可不記也如唐太宗相工見之龍鳳之姿天日之表而杜詩云眞氣驚戶牖可謂工而盡又經昭陵詩云文物多師古朝廷半老儒直辭寧戮辱賢路不崎嶇太宗智勇英特武定天下而能如此最盛德也

古樂府云藁砧今何在言夫也山上復有山言出也何當大刀頭破鏡飛上天言月半當還也王明之在姑蘇嘗有所愛比至京師為歧公丞相強留之逾時作詩云黃金零落大刀頭玉筯歸期畫到秋紅錦寄魚風逆浪碧簫吹鳳月當樓伯勞知我經春別香蠟窺人一夜愁好去渡江千里夢滿天梅雨是蘇州此詩之巧可傳也

段成式與溫廷筠雲藍紙詩賦序云予在九江出意造雲藍紙輒分送五十枚其詩曰三十六鱗充使時數番猶得表相思蓋龍八十一鱗鯉三十六鱗也至宋景文詩云君軒結戀蕭蕭馬尺素愁凴六六魚又使六六三十六也

南齊楊侃性豪侈舞人張靜婉腰圍一尺六寸能掌上舞唐人作楊柳枝辭云認得楊家靜婉腰後人除卻家字只使楊靜婉誤矣

元稹微之樂府古題序云詩之為二十四名賦頌銘贊文誄箴詩行詠吟題怨嘆篇章操引謠謳歌曲辭調皆詩人六義之餘

王筠為沈約作草木十詠直寫文辭不加篇題約曰此詩指物呈形無假題注東坡作竹鼺鼠詩模寫肥腯醜濁之態讀之亦是想見風彩漁陽參撾起於禰衡參字音七鑒反徐鍇引古歌辭以證此字云邊城晏開漁陽摻黃塵蕭蕭白日暗

李義山賦云豈如河畔牛星隔年祇聞一過不及苑中人柳終朝剩得三眠注漢苑中有人形柳一日三起三倒

楊炎歌云雪面淡娥天上女鳳簫鸞翅欲飛去玉釵翹碧步無塵楚腰如柳不勝春為元載侍姬瑤英作也

五馬事無知者陳正敏云孑孑干旟在浚之都素絲組之良馬五之以謂州長建旟作太守事又漢官儀注駟馬加左驂右騑二千石有左驂以為五馬然前輩楊劉李宋最號知僻事豈不知讀漢官儀注而疑之耶故俱存之不敢以為是以俟後之知者

李太白云子夜吳歌動君心李義山詩云鶯能子夜歌云晉有子夜者善歌非時數也

先伯父熙寧九年四月二十七日夜夢至一處牓曰清香館東偏有別院東壁有詩牌云題冀公功德院山東李白其詩曰秋風吹桂子只在此山中待得春

風起還應生桂叢桂叢日以滿清香何處斷只爲愛清香故號清香館伯父自作記夢一篇書之甚詳嘗記季父説少張元豐五年自房陵召還一日忽獨言曰清香館自後多不屑世間事或默坐終日人莫敢問其曲折

古詩云上山採交藤交藤何首烏也服之令人多慾生子有采采芣苢之意衛風云伊其相謔贈之以芍藥陸農師説芍藥破血欲其不成子姓耳不知眞有此意否

季父仲山病中夢至一處泛舟環水皆奇峯可愛賦詩云山色濃如滴湖光平如席風月不相識相逢便相得既寤而言之後數日卒叔父楚若先大父母弟甫壯而亡少時獨不爲時學愛穀梁春秋與柳柳州文作詩用事無一言蹈襲者其所著撰號阨奇集自序曰水激之以亂石則有聲麝藏之以褻器則馨齊不下者二城田單因而縱兵文獨不待阨而後奇乎兵火間散落不可復得略記其敘數句以見其措意如此

長安慈恩寺有數女仙夜游題詩云黃子陂頭好月明強踏華筵到曉行煙波山色翠黛横折得落花遠恨生化爲白鶴飛去明夜又題一首云湖水團團夜如鏡碧樹紅花相掩映北斗闌干移曉柄有似佳期常不定長安南山下一書生作小圃蒔花木一日有犢車麗女來飲於庭邀書生同席既去作詩云相思無路莫相思風裏楊花只片時惆悵深閨獨歸處曉鶯啼斷緑楊枝皆鬼仙詩婉約可愛

司馬公諱池　仁廟朝待制温國文正公之父也作行色詩云冷於陂水淡於秋遠陌初窮見渡頭頼得丹青無畫處畫成應遣一生愁又黃公諱庶魯直之父作大孤山詩云銀山巨浪獨夫險比干一片崔嵬心人傳温公家舊有一琉璃盞爲官奴所碎洛尹怒令糾録聽温公區處公判云玉爵弗揮典禮雖聞於往記彩雲易散過差宜恕於斯人又魯直作詩用事壓韻皆超妙出人意表蓋其傳襲文章種性如此

饒德操爲僧號倚松道人名曰如壁作詩有句法苦學副其才情不愧前輩尤善作銘贊古文其作佛米贊謂武將念佛以米記數得三升也將軍念佛難於遣辭而曰時平主聖萬國自靖不殺而武不征而正矯矯虎臣無所用命移將東南介我佛會久聞我曹念佛三昧喑嗚叱吒化爲佛聲三令五申易爲佛名一佛一米爲米三升自升而㪷自㪷而斛念之無窮太倉不足觀此雖柳子厚曲折不過是矣

柳子厚守柳州日築龍城得白石微辨刻畫曰龍城柳神所守驅厲鬼山左首福土氓制九醜此子厚自記也退之作羅池廟碑云福我兮壽我驅厲鬼兮山之左蓋用此事

唐高宗御羣臣宴賞雙頭牡丹詩上官昭容一聯云勢如連璧友情若臭蘭人計之必一英奇女子也

東坡受知　神廟雖謫而實欲用之東坡微解此意論賈誼謫長沙事蓋自況也後作　神廟挽詞云病馬空思櫪枯葵已泫霜此非深悲至痛不能道此語在元祐間獲㫋章作告　裕陵文云將帥用命爭酬未報之恩神靈在天難逃不漏之網後人輒謂東坡以微文謗訕天乎寧有是哉

俞秀老紫芝詩有云有時俗事不稱意無限好山都上心雖峭然中實人情也

有客泊湘妃廟前夜半偶不寐見輿衛入廟中置酒鼓瑟心悸不敢窺殆明方散隱隱絕水浮空去因入廟中見詩四句墨色猶未乾云碧杜紅蘅縹緲香冰絲彈月弄新涼峯巒向曉渾相似九嶷堪疑九斷腸

神恠不足言但詩殊佳故録之

錢昭度能詩嘗作呂申公夷簡生日詩曰磻溪重得呂維嶽再生申當時詩格律止此然可謂着題也已

晁無咎在崇寧間次李承之長短句韻以弔承之曰射虎山邊尋舊迹騎鯨海上追前約便與世江湖永相忘還堪樂不獨用事的確其指意高古深悲而善怨似離騷故特録之

韓退之云横空盤硬語妥帖力排奡蓋能殺縛事實與意義合最難能之知其難則可以論詩矣此所以稱孟東野也

楊舜韶友夔長僕十餘歳向同在姑蘇時盗發孫堅墓楊作詩云闔廬城邊荒古丘昔誰葬者孫豫州久無行客爲下馬時有牧童來放牛嗚呼舜韶今亡矣他詩皆工必傳於世也

楊華既奔梁元魏胡武靈后作楊白華歌令宮人連臂踏之聲甚凄斷柳子厚樂府云楊白華風吹渡江水坐令宮樹無顔色揺蕩春心幾千里回看落日下長秋哀歌未斷城烏起言婉而情深古今絶唱也魏舊歌云陽春二三月楊柳齊作花春風一夜入閨闥楊花飄落入南家含情出户脚無力拾得楊花淚沾臆秋去春來雙燕子願嗡楊花入窠裏此辭亦自奇麗録之以存古出樂府廣題云

風定花猶舞鳥鳴山更幽世傳荆公改舞字作落字其語頓工然風定花猶落廼梁謝貞八歳時所作春

日閑居詩也從舅王筠奇之曰追步惠連矣

會老堂口號曰金馬玉堂三學士清風明月兩閑人初謂清風明月古通用語後讀南史謝譓傳曰入吾室者但有清風對吾飲者惟當明月歐陽文忠公文章雖優辭亦精緻如此

老杜衡州詩云悠悠委薄俗鬱鬱回剛腸此語甚悲昔蒯通讀樂毅傳而涕泣後之人亦當有味此而泣者也

陳克子高作贈別詩云淚眼生憎好天色離觴偏觸病心情雖韓渥温庭筠未嘗措意至此

王豐父待制歧公丞相之子少年詞賦登科文章世其家我先伯父狀元寔歧公客僕亦獲事待制公世

所見者表章序記應用之文耳其詩精密人鮮知者如白髮衰天癸丹砂養地丁意脉貫串尚勝三甲六丁之語此所謂參禪中參活句也又作拄杖詩云老境得爲丘壑伴醉鄉還勝子孫扶其風味雍容如此天下有公論僕不敢私豐父丈嘗與僕言班孟堅兩都賦華壯第一然只是文辭若叔皮北征賦云劇蒙公之疲民兮爲強秦兮築怨此語不可及僕嘗三復玩味之知前輩觀書自有見處

李夫人賦序云帝悲感爲作詩曰是邪非邪立而望之偏僕因曰此則退之走馬來看立不正之所祖述也

陶彭澤歸去來辭云既自以心爲形役奚惆悵而獨悲是此老悟道處若人能用此兩句出處有餘裕也

東坡詩不可指摘輕議辭源如長河大江飄沙卷沫枯槎束薪蘭舟繡鷁皆隨流矣珍泉幽澗澄澤靈沼可愛可喜無一點塵滓只是體不似江河讀者幸以此意求之

鮮于子駿作九誦東坡大稱之云友屈宋於千載之上觀堯祠舜祠二章氣格高古自東漢以來鮮及前輩稱賛人略緣實也

世間花卉無踰蓮花者蓋諸花皆藉暄風暖日獨蓮花得意於水月其香清涼雖荷葉無時亦自香也梁江從簡爲採荷調云欲持荷作柱荷弱不勝梁欲持荷作鏡荷暗本無光此語嘲何敬從而波及蓮荷矣

春時穠麗無過桃柳桃之夭夭楊柳依依詩人言之也老杜云顛狂柳絮隨風去輕薄桃花逐水流不知緣誰而波及桃花與楊柳矣

樂府記大言小言詩録昭明辭而不書始於宋玉何也豈誤耶有說耶

梁武帝作白紵舞辭四句令沈約改其辭爲四時白紵之歌帝辭云朱絃玉柱羅象筵飛管促節舞少年短歌留目未肯前含笑一轉私自憐嗟乎麗矣古今當爲第一也

作詩淺易鄙陋之氣不除大可惡客問何從去之僕曰熟讀唐李義山詩與本朝黄魯直詩而深思焉則去也客言李杜詩中說馬如相馬經有能過之者乎僕曰毛詩過之曰六經固不可擬然亦未嘗子細說馬相態行步也僕曰願熟讀之兩驂如舞此騁語所謂花踏羊行是也兩驂如手此馭語所謂熟使喚是也思之便覺走過掣電傾城知與神行電邁涉恍惚爲難騎耳

韓退之元和聖德詩云駕龍十二魚魚雅雅其深於詩者耶

裴休題泐潭云泐潭形勝地祖塔在雲湄浩劫有窮日真風無墜時歲華空自老消息竟誰知到此輕塵慮功名自可遺詩格律止此然裴參黄蘖其語不誇不怨不怒也

孤村芳草遠斜日杏花飛大丞相萊國公寇忠愍之

語
蜀道觀中鑿井得一碑刻文似賦似賛曰有物有物
可大可夊採乎蠶食之前用乎火化之後成湯自上
而臨下夸父壷中而見受氣應朝光功參夜漏白英
聚而雪懸黄酥凝而金醜轉制不已神趣鬼驟金歟
玉歟天年上壽無著於文訣之在口後有隱士言是
漢時陰真人所著鍊丹法後雜著於子王碑僕恨不
得其門户聊復存之

許彦周詩話終

宋本缺以弘治年華氏翻宋本重校摸補

司馬温公詩話

詩話尚有遺者歐陽公文章名聲雖不可及然記事一也故敢續書之

文德殿百官常朝之所也宰相奏事畢乃來押班常至日旰守堂卒好以厚朴湯飲朝士朝士有久無差遣厭苦常朝者戲爲詩曰立殘堦下梧桐影喫盡街頭厚朴湯亦朝中之實事也

惠崇詩有劒静龍歸匣旗閑虎繞竿其尤自負者有河分崗勢斷春入燒痕青時人或有譏其犯古者嘲之河分崗勢司空曙春入燒痕劉長卿不是師兄多犯古古人詩句犯師兄進士潘閬常謔之曰崇師尔當憂獄事吾去夜夢尓拜我尓豈當歸俗耶惠崇曰此乃秀才憂獄事尓惠崇沙門也惠崇拜沙門倒也秀才得無詣沙門島耶

梅聖俞之卒也余與宋子才選韓欽聖宗彦沈文通遘俱爲三司僚屬共痛惜之子才曰比見聖俞面光澤特甚意爲充盛不知乃爲不祥也時欽聖面亦光澤文通指之曰次至欽聖矣衆皆尤其暴謔不數日欽聖抱疾而卒余謂文通曰君雖不爲呪詛亦戲殺耳此雖無預時事然以其與聖俞同時事又相類故附之

鄭工部詩有杜曲花香醲似酒灞陵春色老於人亦爲時人所傳誦誠難得之句也

科場程試詩國初以來難得佳者天聖中梓州進士楊諤始以詩著其天聖八年省試蒲車詩云草不驚皇輸山能護帝輿是歲以策用清問字下第景祐元年省試宣室受釐詩云願前明主席一問洛陽人諤是年及第未幾卒慶曆二年韓欽聖試動門賜立戟詩云凝峯畫旛轉交鎩彩支繁范景仁云曾見眞本如此傳欽聖作迎風畫旛轉映日彩支繁故兩存之

蘇州進士丁偃試邇英延講藝詩云白虎前芳掩金華舊事輕天心非不寤垂意在蒼生有古詩諷諫之體偃是歲奏名甚高 御前下第自是二十年始及第尋卒滕元發甫皇祐五年御試律聽軍聲詩云萬國休兵外群生奏凱中以是得第三人最爲場屋所稱

鮑當善爲詩景德二年進士及第爲河南府法曹薛尚書映知府當失其意初甚怒之當獻孤鴈詩云天寒稻粱少萬里孤難進不惜死君庖爲帶邊城信薛大嗟賞自是游宴無不預焉不復以掾屬待之時人謂之鮑孤鴈薛嘗暑月詣其廨舍當方露頂狼狽入易服把板而出忘其幞頭薛嚴重左右莫敢言者坐久之月上當顧見髮影大慙以公服袖掩頭而走

林逋處士錢塘人家於西湖之上有詩名人稱其梅花詩云踈影横斜水清淺暗香浮動月黄昏曲盡梅之體態

魏野處士陝人字仲先少時未知名嘗題河上寺柱云數聲離岸櫓幾點別州山時有幕僚本江南文士

也見之大驚邀與相見贈詩曰怪得名稱野元來性不羣借冠來謁我倒屣起迎君仍爲延譽由是人始重之其詩效白樂天體　眞宗西祀聞其名遣中使召之野閉戶踰垣而遁王太尉相旦從車駕過陝野貽詩曰昔時宰相年年替君在中書十一秋西祀東封俱已了如今好逐赤松游王袖其詩以呈上累表請退上不許野又嘗上寇萊公準詩云好去上天辭將相却來平地作神仙又有啄木鳥詩云千林蠹如盡一腹餒何妨又竹杯珓詩云吉凶終在我反覆謾勞君有詩人規戒之風卒贈著作郎仍詔子孫租稅外其餘科役皆無所預仲先詩有妻喜栽花活童誇鬬草贏眞得野人之趣以其皆非急務也仲先詩有

燒葉爐中無宿火讀書窗下有殘燈仲先既没集其詩者嫌燒葉貧寒太甚故改葉爲藥不唯壞此一句乃幷一句亦無氣味所謂求益反損也仲先贈先公詩有文雖如貌古道不似家貧先公監安豐酒稅赴官嘗有行色詩云冷於陂水澹於秋遠陌初窮見渡頭猶賴丹青無處畫畫成應遣一生愁豈非狀難寫之景也

丁相謂善爲詩在珠崖猶有詩近百篇號知命集其警句有草解忘憂憂底事花能含笑笑何人少時好蹴踘長韻其二聯云鷹鶻騰雙眼龍蛇繞四肢蹋來行數步蹺後立多時

寇萊公詩才思融遠年十九進士及第初知巴東縣有詩云野水無人渡孤舟盡日橫又嘗爲江南春云波渺渺柳依依孤村芳草遠斜日杏花飛江南春盡離腸斷蘋滿汀洲人未歸爲人膾炙

陳文惠公堯佐能爲詩世稱其吳江詩云平波渺渺煙蒼蒼菰蒲纔熟楊柳黃扁舟繫岸不忍去秋風斜日鱸魚香又嘗有詩云雨網蛛絲斷風枝鳥夢揺詩家零落景采石合如樵

龐穎公籍喜爲詩雖臨邊典藩文案委日不廢三兩篇以此爲適及疾亟余時爲諫官以十餘篇相示手批其後曰欲令吾弟知老夫病中嘗有此思耳字已慘澹難識後數日而薨

韓退處士絳州人放誕不拘浪跡秦晉間以詩自名

常跨一白驢自有詩云山人跨雪精上便不論程嗅地打不動笑天休始行爲人所稱好着寬褁鶴氅醉則鶴舞石曼卿贈詩曰醉狂玄鶴舞閑臥白驢號章獻太后上僊群臣進挽歌數百首唯曼卿一聯首出曰震出坤柔變乾成太極虛　太后稱制曰　仁宗端拱至是始親萬機曼卿詩切合時宜又不卑長樂也

李長吉歌天若有情天亦老人以爲奇絕無對曼卿對月如無恨月長圓人以爲勍敵

詩云牂羊墳首三星在罶言不可久古人爲詩貴於意在言外使人思而得之故言之者無罪聞之者足以戒也近世詩人唯杜子美最得詩人之體如國破

山河在城春草木深感時花濺淚恨別鳥驚心山河在明無餘物矣草木深明無人矣花鳥平時可娛之物見之而泣聞之而悲則時可知矣他皆類此不可徧舉

劉槩字孟節青州人喜爲詩慷慨有氣節舉進士及第爲幕僚一任不得志棄官隱居野原山去人境四十里好游山常獨挈飯一甖窮探幽險無所不至夜則宿於巖石之下或累日乃返不畏虎豹蛇虺富丞相甚禮重之常在府舍西軒有詩云昔年曾作瀟湘客憔悴東秦歸未得西軒忽見好溪山如何尚有楚鄉憶讀書誤人四十年有時醉把欄干拍

唐之中葉文章特盛其姓名湮沒不傳於世者甚衆

如河中府鸛雀樓有王之美暢諸（一云暢當）二詩暢詩曰迥臨飛鳥上高謝世人間天勢圍平野河流入斷山王詩曰白日依山盡黃河徹海流欲窮千里目更上一層樓二人者皆當時賢士所不數如後人擅詩名者豈能及之哉

陳亞郎中性滑稽嘗爲藥名詩百首其美者有風雨前湖夜軒牕半夏涼不失詩家之體其鄙者有贈乞雨自曝僧云不雨若令過半夏定應曝作胡蘆巴又詠上元夜游人云但看車前牛領上十家皮沒五家皮蔡君謨嘗嘲之曰陳亞有心終是惡亞應聲曰蔡襄除口便成衰

楊朴字契玄鄭州人善爲詩不仕少時嘗與畢相同學畢薦之太宗召見面賦蓑衣詩云狂脫酒家春醉後亂堆漁舍晚晴時除官不受聽歸山以其子從政爲長水尉朴嘗爲七夕詩云年年乞與人間巧不道人間巧已多

劉子儀與夏英公同在翰林子儀素爲先達章獻臨朝時子儀主文在貢院聞英公爲樞密副使意頗不平作堠子詩云空呈厚貌臨官道大有人從捷逕過

先朝春月多召兩府兩制三館於後苑賞花釣魚賦詩自趙元昊背誕西陲用兵廢缺甚久嘉祐末　仁宗始復修故事群臣和　御製詩是日微陰寒韓魏公時爲首相詩卒章云輕雲閣雨迎天仗寒色留春入壽盃二十年前曾侍宴台司今日喜重陪時內侍

都知任守忠嘗以滑稽侍上從容言曰韓琦詩譏陛下上愕然問其故守忠曰譏陛下游宴太頻上爲之笑

熈寧初魏公罷相留守北京新進多陵慢之魏公欝欝不得志嘗爲詩云花去曉叢蜂蝶亂雨勻春圃桔槹閑時人稱其微婉

元豐初官者王紳效王建作宮詞百首獻之頗有意思其　太皇太后生日詩云太皇生日冣尊榮獻壽宮中未五更天子捧觴仍再拜寶慈侍立到天明寶慈　皇太后宮名也　太后幸景靈宮駕前露面雙童女詩曰平明彩仗幸琳宮紫府仙童下九重整頓瓏璁時駐馬畫工闇地貌真容

歐陽公云九僧詩集已亡元豐元年秋余游萬安山玉泉寺於進士閔交如舍得之所謂九詩僧者劍南希晝金華保暹南越文兆天台行肇沃州簡長貴城惟鳳淮南惠崇江南宇昭峨眉懷古也直昭文館陳充集而序之其美者亦止於世人所稱數聯耳交如好治經所爲奇僻自謂得聖人微旨先儒所不能到貧無妻兒不應舉常寄食僧舍僧亦不厭苦之始居龍門山猶苦游人往來多從居萬安山屏絶人事專以治經爲事凡數十年用心益苦而去人情益遠衆非笑之交如不變益堅雖非中行其志亦可怜也

范景仁鎮喜爲詩年六十三致仕一朝思鄉里遂輕行入蜀故人李才元大臨知梓州景仁枉道過之歸至成都日與鄉人樂飲散財於親舊之貧者遂游峩眉青城山下巫峽出荆門凡朞歲乃還京師在道作詩凡二百五篇其一聯云不學鄉人誇駟馬未饒吾祖泛扁舟此二事他人所不能用也

嘉祐中有劉諷都官簡州人亦年六十三致仕夫婦徙居頼山景仁有詩送之云移家尚恐青山淺隱几惟知白日長時有朱公綽送諷詩云䟽草焚來應見史橐金散盡只留書皆爲時人所傳誦

大名進士耿仙芝詩著其二聯云淺水短蕪調馬地淡雲微雨養花天爲人所稱

唐明皇以諸王從學命集賢院學士徐堅等討集故事兼前世文辭撰初學記劉中山子儀愛其書曰非止初學可爲終身記

宗袞嘗曰殘人矜才逆詐恃明吾終身不爲也猶唐相崔渙曰抑人以遠謗吾所不爲

杜甫終於耒陽槀葬之至元和中其孫始改葬於鞏縣元微之爲誌而鄭刑部文寶謫官衡州有經耒陽子美墓詩豈但爲誌而不克遷或已遷而故冢尚存耶

北都使宅舊有過馬廳按唐韓渥詩云外使進鷹初得按中官過馬不教嘶注云乗馬必中官馭以進謂之過馬既乗之然後蹀躞嘶鳴也蓋唐時方鎮亦倣之因而名廳事也

司馬溫公詩話終

庚溪詩話卷上

西郊野叟述

藝祖皇帝嘗有詠月詩曰未離海底千山暗纔到天中萬國明大哉言乎撥亂世反之正見於此詩矣又竊聞上微時客有詠初日詩者語雖工而意淺陋上所不喜其人請 上詠之即應聲曰太陽初出光赫赫千山萬山如火發一輪頃刻上天衢逐退羣星與殘月蓋本朝以火德王天下及 上登極僭竊之國以次削平混一之志先形於言規模宏遠矣

太宗皇帝既輔 藝祖皇帝創業垂統暨登寶位尤留意斯文每進士及第賜聞喜宴必製詩賜之其後累朝遵爲故事宰相李昉年老罷政居家每曲宴必宣赴坐昉獻詩曰微臣自愧頭如雪也向鈞天侍玉皇 上俯和曰珍重老臣純不已我慚寡昧繼三皇時皆榮之蘇易簡在翰林一日 上召對賜酒謂之曰君臣千載遇易簡應聲曰忠孝一生心呂端參知政事上一日宴後苑釣魚賜之詩斷句曰欲餌金鈎殊未達磻溪須問釣魚人端賡以進曰愚臣鈎直難堪用宜問濠梁結網人既而端遂拜相君臣會遇形於賡詠此與唐虞賡載事雖異而意同也

眞宗皇帝聽斷之暇唯務觀書每觀一書畢即有篇詠命近臣賡和故有御製觀尚書詩春秋周禮禮記孝經詩各三章 御製讀宋書陳書各二章讀後魏書三章讀北齊書二章讀後周書隋書唐書各三章讀五代梁史後唐史晉史漢史周史各二章可謂好文之主也

仁宗皇帝當持盈守成之世尤以斯文爲急每進士聞喜宴必以詩賜之景祐元年所賜詩末句曰寒儒逢景運報國合如何言宏大而有激勵眞詔旨也山東李庭臣嘗言瓊管吏人有持錦臂韝鬻於市者其上織成詩一聯云恩袍草色動仙籍桂香浮乃景祐五年賜進士詩也 聖製固宜遠播而仁化所覃雖夷獠亦知敬愛庭臣遂以千金易之作小屏几硯間見之者莫不改容瞻敬嘉祐初龍圖閣直學士尚書吏部郎中梅摯公儀出守杭州 上特製詩以寵賜之其首章曰地有吳山美東南第一州梅既到杭欲侈 上之賜遂建堂山上名曰有美歐陽脩爲記以述之亦人臣之榮遇也 堯壽聖太上皇帝當內脩外攘之際尤以文德服遠至於 宸章睿藻日星昭垂者非一至紹興二十八年將 郊祀有司以太常樂章篇序失次又義弗協請遵 眞宗 仁宗朝故事親製祭享樂章詔從之自 郊丘 宗廟原廟等共十有四章肆筆而成 睿思雅正宸文典贍所謂大哉王言也至於一時閑適寓景而作則有漁父辭十五章又清新簡遠備騷雅之體其辭有曰薄晚煙林淡翠微江邊秋月已明輝縱遠柂適天機水底閑雲片段飛又曰青草開時已過船錦鱗躍處浪痕圓竹葉酒柳花氊有意沙鷗伴我眠又曰水涵微雨湛

虛明小笠輕蓑未要晴明鑑裏縠紋生白鷺飛來空
外聲辭多不能盡載觀此數篇雖古之騷人詞客老
於江湖擅名一時者不能跂及其中又一章曰春入
渭陽花氣多春歸時節又清和衡晓霧弄滄波載
與俱歸又若何此又有進用賢才之意關治體也
今上皇帝以英睿之資宸文聖作渙然超卓方居王
邸時從　太上皇帝視師江左經由京口題詩金山
曰屹然天立枕中流彈壓東南二百州狂虜來臨須
破膽何勞平地戰貔貅辭莊而旨深已包不戰而屈
人兵之意矣　今上皇帝躬受内禪踐阼以來未嘗
一日暫忘　中興之圖每形於詩辭如新秋雨過述
懷有曰平生雄武心覽鏡朱顏在豈惜常憂勤規恢
須廣大如春晴有感曰春風歸草木曉日麗山河物
滯欣逢泰時豐自此多神州應未遠當繼沛中歌觀
此則規恢之志大矣如　幸祕閣宴羣臣賜詩曰稽
古右文懋菲德禮賢下士法前王欲臻至治觀熙洽
更鑿嘉猷爲賛襄俯和史浩丞相詩有曰誰歌元首
明自得股肱喜又曰虛心欲受人忠言資逆耳朕瘠
天下肥至樂無易此觀此則任賢聽諫虛己愛民之
心切矣至如詠　德壽宮冷泉亭古風有曰孰云人
力非自然千巖萬壑藏雲煙上有崢嶸倚空之翠壁
下有潺湲漱玉之飛泉一堂虛敞臨佳沼窓蔭交加
森翠葆山頭草木四時芳閱盡歲寒常不老又曰日
長雅趣超塵俗散步逍遥快心目山光水色無盡時

長將挹向杯中醁觀此則篤於奉　親盡天下之養
者無不至矣如春賦曰浹土膏之流潤將勸功於九
農碧草萋其帶露遊絲飄其曳空丹綠衆芳超遥兮
春風春風兮歸來信吹萬之不同又曰碧實朱英穠
苞艷葩榮於春者冬必悴耕於夏者秋必花擢喬松
於歲寒出奇卉於天涯知深仁之被物曾何間四時
與幽遐吾將觀登臺之熙熙包八荒而爲家穆然若
東風之振槁灑然若膏雨之萌芽則生生之德無時
不在又何美乎眩目之芳華觀此則所以賛天地化
育一視而同仁者深矣眞帝王之用心也
當今　皇太子夙稟岐嶷之資篤日就月將之道方
其處恭邸時在三王中閲經史習藝業爲最多每爲
詩篇辭語高妙巖肖　時備員講讀官每講退則與同
僚詠歎敬服不已今育德春宮之久諒製作深造灝
靈之體但以在遠不可得而聞竊覩賡　主上新秋
雨過述懷詩有曰中興日月異王氣山河在萬物飾
昭回稽首王言大其辭如是其旨宏遠矣
漢高帝大風歌不事華藻而氣槩遠大眞英主也至
武帝秋風辭言固雄偉而終有感慨之語故其末年
幾至於變魏武魏文父子横槊賦詩雖遒壯抑揚而
乏帝王之度六朝以後人主言非不工而纖麗不逞
無足言也
唐文皇既以武功平隋亂又以文德致太平於篇詠
尤其所好如曰昔乘匹馬去今驅萬乘來辭氣壯偉

固人所膾炙又嘗觀其過舊宅詩曰新豐停翠輦譙邑駐鳴笳一朝辭此去四海遂成家蓋其詩語與功烈真相副也

唐宣宗微時以武宗忌之遁跡爲僧一日遊方遇黄蘗禪師同行因觀瀑布黄蘗曰我詠此得一聯而下韻不接宣宗曰當爲續成之黄蘗云千巖萬壑不辭勞遠看方知出處高宣宗續云溪澗豈能留得住終歸大海作波濤其後宣宗竟踐位志先見於此詩矣然自宣宗以後接懿僖之時寓內遂不靖則作波濤之語豈非讖耶

岐陽石鼓文前世未傳至唐始盛稱而韋應物韓退之皆爲歌詩以詠之應物歌其略曰周人大獵兮岐之陽刻石表功兮煒煌煌石如鼓形數止十風雨缺訛苔蘚澁端逶迤兮相糺錯乃是宣王之臣史籀作退之歌其略曰周綱陵遲四海沸宣王憤起揮天戈大開明堂受朝賀諸侯劒佩鳴相磨蒐于岐陽騁雄俊萬里禽獸皆遮羅鐫功勒成告萬世鑿石作鼓隳嵯峨以應物之歌考之直以爲宣王之鼓也歐陽永叔集古録疑其唐以前不傳又疑漢魏以後凡碑大書深刻者多已磨滅而此又遠數百年文細刻淺豈得尚存然以余論之古物埋没不見於世者多矣陵谷遷變此鼓或埋於土中或淪於水濵或隱蔽於幽僻之地至唐始見於世物雖古而風日雨雪所侵未久模打者亦未多故缺訛尚寡不可知也而歐公又云退之好古不妄又其字畫亦非史籀不能作也然則寶此豈不賢於訛他石刻哉

杜少陵子美詩多紀當時事皆有據依古號詩史頃見蔡條西清詩話云唐史載王珪母盧氏嘗謂其子汝必貴但未見汝與游者珪一日引房元齡杜如晦過之母曰汝貴無疑及質之少陵送重表姪王砅詩曰我之曾老姑爾之高祖母則珪母杜氏非盧氏也又曰爾祖未顯時歸爲尚書婦隋朝大業末房杜俱交友長者來在門荒年自餬口家貧無供給客位但箕帚俄頃羞頗珍寂寥人散後入怪鬢髮空吁嗟爲之久自陳剪髻鬟鬻市充杯酒上云天下亂宜與英俊厚向竊窺數公經綸亦俱有次問最少年虬髯十八九子等成大名皆因此人手下云風雲合龍虎一吟吼願展丈夫雄得辭兒女醜秦王時在坐真氣驚户牖及乎正觀初尚書踐台斗夫人常肩輿上殿稱萬壽六宮師柔順法則化妃后至尊均嫂叔盛事垂不朽其詩詳諦如此而史謬誤之甚今以余考之云然其詩曰爾祖未顯時歸爲尚書婦又曰及乎正觀初尚書踐台斗尚書者蓋指珪也爲尚書婦者迺爲珪妻也然則少陵所稱杜氏實珪之妻而史所稱迺珪之母也兩事自不同想以其詩中有剪髻鬟充杯酒事與陶侃母同故亦以爲珪母也余又以唐史珪傳考之珪母乃李氏亦非盧氏也然則西清詩話非獨不詳考事實又併姓氏亦誤也嗚呼以珪之賢上

稟訓於賢母下得助於賢妻宜其爲一代宗臣也
少陵詩非特紀事至於都邑所出土地所生物之有無貴賤亦時見於吟詠如云急須相就飲一斗恰有青銅三百錢丁晉公謂以是知唐之酒價也建炎己酉歲車駕駐蹕建康毗陵錢申仲紳赴召命僕亦以事至彼與之同邸申仲以能詩自負嘗作詩話甚詳余偶用其剪紙刀渠頗靳之且曰此刀唯吾鄉所造者頗佳他處不及也余戲之曰仙鄉剪刀雖佳然不及太原者也錢曰太原唯出銅器未聞出剪刀也余曰君深於詩而不知此耶子美詩云焉得并州快剪刀剪取吳松半江水吾豈妄言哉錢大笑因而定交

世謂六一居士歐陽永叔不好杜少陵詩觀六一詩話載陳從易舍人初得杜集舊本多脫誤其送蔡都尉詩云身輕一鳥其下脫一字陳公與數客各用一字補之或云疾或云落或云起或云下其後得善本乃身輕一鳥過陳嘆服以爲雖一字諸君不能到也又曰唐之晚年無復李杜豪放之格但務以精意相高而已又集古目録曰秦嶧山碑非眞杜甫直謂棗木傳刻爾杜有李潮八分小篆歌云嶧山之碑野火焚棗木傳刻肥失眞故也六一於杜詩既稱其雖一字人不能到又稱其格之豪放又取以證碑刻之眞僞詎可謂六一不好之乎後人之言未可信也
江南五月梅熟時霖雨連旬謂之黃梅雨然少陵曰南京西浦道四月熟黃梅湛湛長江去冥冥細雨來蓋唐人以成都爲南京則蜀中梅雨乃在四月也及讀柳子厚詩曰梅實迎時雨蒼茫值晚春愁深楚猿夜夢斷越雞晨海霧連南極江雲暗北津素衣今盡化非爲帝京塵此子厚在嶺外詩則南粵梅雨又在春末是知梅雨時候所至早晚不同
杜子美遊龍門奉先寺詩曰天闕象緯逼雲臥衣裳冷此寺在洛陽之龍門按韋述東都記龍門號雙闕以與大内對峙若天闕然此詩天闕指龍門也後人謂其屬對不切改爲天關王介甫改爲天闕蔡興宗又謂世傳古本作天闚引莊子用管闚天爲證以余觀之皆臆說也且天闕象緯逼雲臥衣裳冷廼此寺中即事耳以彼天闕之高則勢逼象緯以我雲臥之

幽則冷侵衣裳語自混成何必屑屑較瑣碎失大體哉
澄江朱正民舉直嘗云少陵今夕行措意不苟其語云今夕何夕歲云徂則言歲除夜也更長燭明不可孤則言夜永人多守歲不寐當有以自遣也咸陽客舍一事無則言旅中少況且無幹也相與博塞爲歡娛則言爲此猶賢乎已也蓋謂窮冬佳節旅中永夕無事方可爲此自遣耳他時不可也則正民觀少陵詩亦不苟矣正民乃余先太夫人族弟沈晦元用牓登科其人簡率而議論有直氣爲廣德軍教授含山縣令而卒惜哉
白樂天有新製綾襖詩曰水波紋襖造新成綾軟綿

勻温復輕百姓多寒無可救一身獨煖亦何情卒章曰爭得大裘長萬丈與君都蓋洛陽城可謂有善推其所為之心矣又觀新製布裘詩曰桂布白似雪吴綿軟於雲布重綿且厚爲裘有餘温誰知嚴冬月支體暖如春中夕忽有念撫裘起逡巡丈夫貴兼濟豈獨善一身安得萬里裘蓋裹周四垠穩暖皆如我天下無寒人後詩正與杜子美茅屋為秋風所破歌曰安得廣厦千萬間大庇天下寒士俱歡顏風雨不動安如山觀樂天前詩則與楚人亡弓楚人得之相類觀樂天後詩及子美詩可與人亡弓人得之其意同也

東坡先生學術文章忠言直節不特士大夫所欽仰而　累朝聖主寵遇皆厚　仁宗朝登進士科復應制科擢居異等　英宗朝自鳳翔簽判滿任欲以唐故事召入翰林宰相限以近例且召試秘閣　上曰未知其能否故試之如軾豈不能耶宰相猶難之及試又入優等遂直史館　神宗朝以議變更科舉法上得其議喜之遂欲進用以與王安石論新法不合補外王黨李定之徒媒蘖浸潤不止遂坐詩文有譏諷赴詔獄欲寘之死賴　上獨庇之得出止責置齊安方其坐獄時宰相有譖於　上曰軾有不臣意上改容曰軾雖有罪不應至此時相舉軾檜詩云根到九泉無曲處世間唯有蟄龍知　陛下飛龍在天軾以為不知己而求地下蟄龍非不臣而何　上曰詩人之詞安可如此論彼自詠檜何預朕事時相語塞又　上一日與近臣論人才因曰軾方古人孰比近臣曰唐李白文才頗同　上曰不然白有軾之才無軾之學　上累有意復用而言者力沮之　上一日特出手札曰蘇軾黜居思咎閱歲滋深人才實難不忍終棄因量移臨汝　哲宗朝起知登州召為南宮舍人不數月遷西掖遂登翰苑紹聖以後熙豐諸臣當國元祐諸臣例遷謫崇觀間蔡京蔡卞等用事拘以黨籍禁其文辭墨跡而毀之政和間忽弛其禁求軾墨跡甚銳人莫知其由或傳　徽宗皇帝寶籙宮醮筵常親臨之一日啓醮其主醮道流拜章伏地久之方起　上詰其故荅曰適至上帝所值奎宿奏事良久方畢始能達其章故也　上歎訝之問曰奎宿何神爲之所奏何事對曰所奏不可得知然為此宿者廼本朝之臣蘇軾也　上大驚不惟弛其禁且欲訪其文辭墨跡一時士大夫從風而靡　光尭太上皇帝朝盡復軾官職擢其孫符自小官至尚書今上皇帝尤愛其文梁丞相叔子乾道初任掖垣兼講席一日内中宿直召對上因論文問曰近有趙夔等注軾詩甚詳卿見之否梁奏曰臣未之見　上曰朕有之命内侍取以示之至乾道末　上遂為軾御製文集敘贊命有司與集同刊之因贈太師謚文忠又賜其曾孫嶠出身擢為臺諫侍從嗚呼昔揚雄之文當時人忽之且欲覆醬瓿雄亦自謂後世復有揚

子雲當好之今東坡詩文迺蒙當代累朝神聖之主知遇如此使忌能之臣譖言不入且道流之語未必可信解注之士出於一時之意而當宁以軾之忠賢而確信之身後恩寵異常此誠堯舜之君樂取諸人以爲善而軾遂被此光榮不其偉哉

姑蘇楓橋寺唐張繼留詩曰月落烏啼霜滿天江楓漁火對愁眠姑蘇城外寒山寺半夜鐘聲到客船六一居士詩話謂句則佳矣柰半夜非鳴鐘時然余昔官姑蘇每三鼓盡四鼓初即諸寺鐘皆鳴想自唐時已然也後觀于鵠詩云定知別後家中伴遥聽維山半夜鐘白樂天云新秋松影下半夜鐘聲後温庭筠云悠哉旅榜頻回首無復松窓半夜鐘則前人言之不獨張繼也又皇甫冉秋夜宿嚴維宅云昔聞開元寺門向會稽峯君住東湖下清風繼舊蹤秋深臨水月夜半隔山鐘陳羽梓州與温商夜別亦曰隔水悠悠午夜鐘然則豈詩人承襲用此語耶抑他處亦如姑蘇半夜鳴鐘耶

庚溪詩話卷上

庚溪詩話卷下

西郊野叟述

東坡謫居齊安時以文筆游戲三昧齊安樂籍中李宜者色藝不下他妓他妓因燕席中有得詩曲者宜以語訥不能有所請人皆咎之坡將移臨汝於飲餞處宜哀鳴力請坡半酣笑謂之曰東坡居士文名久何事無言及李宜恰似西川杜工部海棠雖好不吟詩

王直方詩話載周知微明老作雙頭白蓮圖及寒食詩頗奇余靖康間在京師寓景德寺偶見一士大夫文編中載明老數詩皆妙其詠浮萍詩曰小靨浮青水拍隄隄邊草色更相宜一番穀雨晚晴後萬點楊花春盡時解與曲池藏寶鑑不教新月妬娥眉恠來別岸波光闊知是漁郎艇子移又作邊帥上元遊宴口號一聯曰後車鶯燕春聲早前騎熊羆夜氣遒又詠鴈曰暮天斜去空成字遠地頻來不寄書此皆佳句也餘詩不復可記然其人不遇而沒他詩文想有可取者亦不多見惜哉

蔡元長京既貴享用侈靡喜食鶉每預蓄養之烹殺過當一夕夢鶉數千百訴於前其一鶉居前致辭曰食君廩中粟作君羹中肉一羹數百命下箸猶未足羹肉何足論生死猶轉轂勸君宜勿食禍福相倚伏觀此亦可爲饕餮而暴殄天物者之戒

蔡天任載乃天啓之弟也頗亦工詩晚年筆力窺陶

謝之藩籬無錫錢伸仲紳退居漆塘有園林之勝一時知名士大夫如陳去非葛勝仲汪彥章孫仲益諸人皆爲之賦詩唯天任詩語簡而意遠雲亭詩曰白雲何時來英英冠山椒西風莫吹去使我心摇摇通惠泉詩曰水行天地間萬派同一指胡爲穿石來要洗巢由耳芳美亭詩曰高人不惜地自種無邊春莫隨流水去却汙世間塵遂初亭詩曰著亭傍林泉偶與初心期佳處時自領未應魚鳥知諸公服其韻勝也鄭毅夫獬詩云夜來過嶺忽聞雨今日滿溪俱是花語意清絶頃在澄江見外叔祖朱少魏良臣書帙中録一詩云坐見茅齋一葉秋小山叢桂鳥聲幽不知疊嶂夜來雨清曉石楠花亂流其下注云司馬才叔作近閱曾端伯慥所編詩選乃載於可正平詩中一首孰是然能狀霽後景物語不凡也

梅和勝執禮宣和初爲給事中與時相王甫論事不合改禮部侍郎遂黜守蘄復落職責守滁王甫罷相復職知鎮江靖康初以翰林學士召其謝表有曰喜照壁間而見蝎乍離楓下而聞鐘蓋照壁喜見蝎此韓退之詩句也離楓下聞鐘事偶不記後數年因閲劉夢錫自武陵例召赴京詩曰雲雨湘江起卧龍武陵樵客躡仙蹤十年楚水楓林下今日乍聞長樂鐘蓋用夢錫詩語也和勝浦江人方未冠時家極貧而親老無以爲養大雪中以詩謁邑宰云有令可干難閉户無人堪訪懶移舟邑令延之令訓其子弟方應舉未捷有詩自遣云天之未喪斯文也吾亦何爲不豫哉後蔡嶷牓登科終於户部尚書死于靖康之難

蔡攸既與王甫童貫興燕山之役攸父京以詩寄攸曰老懶身心不自由封書寄與淚横流百年信誓當深念三伏征塗合少休目送旌旗如昨夢心存關塞起新愁緇衣堂下清風滿早早歸來醉一甌徽廟聞之命鄧珙索之京即録以進呈　上讀之徐曰好改作六月王師好少休也蓋時白溝報不捷故有是語觀京此語亦深知是役之非也何不早納忠於吾君而力止其子行及此始以詩諷何太晚也

毘陵薦福寺紅梅閣士大夫多留題惟程給事致道俱嘗有詩其略曰春風如醇酒著物物不知居然北枝後追此白日遲春風日浩蕩醉色回冰肌所恨培雪根向來歲寒枝差池弄芳晚坐令顏色移顏色固嫵媚清香無故時意新妙又存規戒不苟作也

葉少蘊夢得石林詩話以楊大年劉子儀喜唐彥謙題漢高帝廟云耳聞明主提三尺眼見愚民盜一坏語皆歇後如三尺律三尺喙皆可何獨劒乎又蘇子瞻云買牛但自捐三尺射鼠何勞挽六鈞亦與此同病然余按漢高帝紀曰吾以布衣提三尺取天下又韓安國傳高帝曰提三尺取天下者朕也皆無劒字唯注曰三尺謂劒也出處既如此則詩家用其本語何爲不可又曰子瞻用孔稚圭鳴蛙事如水底笙簧蛙兩部山中奴婢橘千頭已遣亂蛙成兩部更邀明

月作三人則兩部不知爲何物今按孔珪傳珪不樂世務門庭草萊不翦中有蛙鳴或問之珪笑曰我以此當兩部鼓吹然則嘗觀此傳者亦豈不知兩部爲何物哉若謂出處僻人少有知者則何待人之淺也

晉宋間沃洲山白道猷詩曰連峯數千里脩竹帶平津茅茨隱不見鷄鳴知有人後秦少游詩云菰蒲深處疑無地忽有人家笑語聲僧道潛號參寥有云隔林髣髴聞機杼知有人家在翠微其源乃出於道猷而更加鍛鍊亦可謂善奪胎者也

詩詞中多用南雲晏元獻公寄遠詩曰一紙短書無寄處數行征鴈入南雲紹興庚午歲余爲臨安秋賦考試官同舍有舉歐陽公長短句詞曰鴈過南雲行人回淚眼因問曰南雲其義安在余荅曰嘗見江總詩云心逐南雲去身隨北鴈來故園籬下菊今日幾花開恐出於此耳

昔人臨岐執別回首引望戀戀不忍遽去而形於詩者如王摩詰云車徒望不見時見起行塵歐陽詹云高城已不見况復城中人東坡與其弟子由別云登高回首坡隴隔時見烏帽出復没或紀行人已遠而故人不復可見語雖不同其惜別之意則同也

昌黎韓退之和裴晉公詩云秋臺風日迥正好看前山後東坡和陶詩云前山正可數後騎且莫驅此語雖不同而寄情物外夷曠優游之意則同也

王摩詰漢江臨汎詩曰江流天地外山色有無中六一居士平山堂長短句云平山欄檻倚晴空山色有無中豈用摩詰語耶然詩人意所到而語偶相同者亦多矣其後東坡作長短句曰記取醉翁語山色有無中則專以爲六一語也

武陵桃源秦人避世於此至東晉始聞於人間陶淵明作記且爲之詩詳矣其後作者相繼如王摩詰韓退之劉禹錫本朝王介甫皆有歌詩爭出新意各相雄長而近時汪彦章藻一篇思深語妙又得諸人所未道者其詩曰祖龍門外神傳璧方士猶言仙可得東行欲與羨門親咫尺蓬萊滄海隔那知平地有青春只屬尋常避世人關中日月空萬古花下山川長一身中原別後無消息聞說胡塵因感昔誰教晉鼎判東西却愧秦城限南北人間萬事愈堪憐此地當時亦偶然何事區區漢天子種桃辛苦望長年

吳門蠡口瀨太湖乃范蠡自此乘扁舟泛五湖也鄭毅夫獬有詩曰千重越甲夜成圍戰罷君王醉不知若論破吳功第一黃金只合鑄西施

嚴子陵釣臺屹立於桐江之濱往來題詠者極多前賢所作人皆膾炙久矣不可盡載頃見一絕不知名氏云范蠡忘名載西子介推逃跡累山樊先生政爾無多事聊把漁竿坐水村又見閩人陳政一貫道題一絕云足加帝腹似癡頑詎肯折腰求好官明主莫將臣子待故人只作友朋看又皆自出新意也

魏野仲先在

章聖朝隱居陜府東郊召之不至王文正公旦冠忠愍公準皆與之相好其詩句傳於人多矣其詠啄木鳥詩云千林蠹如盡一腹餒何妨司馬温公頗稱之然又有一聯云莫因饑不足斵愛蠹偏多其言有規戒矣至斷句云勤勤詠還屬無擁好枝柯蓋仁人之言也世之貪進因媒蘖他人以售己而傷及善類者聞之亦少媿矣仲先又有竹杯珓詩云吉凶終在我翻覆謾勞君尤有所箴也又秋夕懷人詩云空看新鴈字不得故人書亦爲佳句

潘子賤待制良貴以清德直節退居鄉閭近二十年所居弊屋數間略無生事然自得其樂平昔無所好談禪之外亦喜爲詩巖肖之 先君光禄靖康間爲京城守禦司屬官嘗以守禦策獻之朝而議者沮之京城失守督將士與虜戰遂以身殉國及歸葬日公爲挽詩曰醜虜登城日中華將士奔人皆趨北闕君獨死南門秘計無人用英聲有史存秋原悲淚落桂酒與招魂巖肖每一讀之痛貫心膂時爲挽詩者數十人唯公詩事核而言簡也又一日從容侍公坐公出所作詩文一帙相示今唯記其詠梅詩一聯云九畹蕙蘭爲上客千山桃李盡庸人句意清高多類此其他不能盡記也

唐儲光羲詩曰翰林有客卿獨負蒼生憂中夜起躑躅思欲獻厥謀君門峻且深跼足空夷猶又陶翰詩曰駿馬黄金勒彫弓白羽箭射殺左賢王歸奏未央殿欲言塞下事天子不召見東出咸陽門哀哀淚如霰此二詩一則文士居近列懷忠而不獲吐一則武將任邊瑣有功而不得伸觀此則上之人不可不屬通臣下之情也

唐明皇初好賢樂士殊有帝王之志遂致開元之治及其晚節信讒好佞遽改初志遂致天寶之亂初李適之用爲左相一日遂以李林甫之譖罷其政事適之杜門無以自遣詠詩曰避賢初罷相樂聖且銜杯爲問門前客今朝誰復來林甫益譖之遂累貶宜春太守復因御史過宜春恐之使仰藥自殺則明皇之信讒一至於此又如薛令之爲東宮侍讀別無吏職而俸廪甚薄戲題其壁曰朝日上團團照見先生盤盤中無所有苜蓿長闌干飯澁匙難綰羹稀箸易寬只可謀朝夕何由度歲寒上幸東宮見之索筆續之曰啄木觜距長鳳凰毛羽短若嫌松桂寒任逐桑榆暖令之懼而謝病歸遂不復用然尚可諉曰言有觖望也又如孟浩然因王維私邀至内直俄而上至浩然匿之上詢知其實因曰朕聞其人而未見也何懼而匿詔使出問其近所作詩浩然再拜自誦歲暮歸山詩曰北闕休上書南山歸弊廬不才明主棄多病故人疎上怒曰卿不求仕朕何嘗棄卿柰何誣我遂放還不復見録則明皇之褊而不容本無人君之量然則開元之初亦矯情强勉而爲之者也

古今以體物語形於詩句或以人事喻物或以物喻

人事如唐許渾題崔處士幽居云荆樹有花兄弟樂橘林無實子孫忙語亦工矣及觀柳子厚過盧少府郊居云蒔藥閑庭延國老開罇虛室值賢人則語尤自在而意勝至東坡因章質夫以書送酒六壺書至而酒不至坡荅以詩云豈意青州六從事化爲烏有一先生則上下意相關而語益奇矣

宋景文有詩曰捫虱須逢英俊主釣鼇豈在牛蹄灣以小物與大爲對而語壯氣勁可嘉也而東坡一聯曰聞說騎鯨游汗漫亦嘗捫虱話悲辛則律切而語益奇矣

前人詠落花世傳二宋兄弟元憲公（庠　公序）景文公（祁）詩爲公元憲詩云漢皋珮冷臨江失金谷樓危到地香景文詩云將飛更作迴風舞已落猶成半面粧固佳矣而余襄公（靖　安道）詩亦工云金谷已空新步障馬嵬徒見舊香囊不減二宋也而景文公又有五言殘花詩一聯云香歸蜜房盡紅入燕泥乾雖不用事亦自是佳句

元祐間東坡與曾子開（肇）同居兩省扈從車駕赴　宣光殿子開有詩其略曰鼎湖弓劒僊游遠渭水衣冠輦路新又云階除翠色迷宮草殿閣清陰老禁槐詩語亦佳坡兩和其斷句辛字韻皆工云輦路歸來聞好語共驚堯顙類高辛又云最後數篇君莫厭擣殘椒桂有餘辛按楚辭昔三后之純粹兮固衆芳之所在雜申椒與菌桂兮豈維紉夫蕙茝蓋以椒桂蕙茝皆草木之香者喻賢人也詩人押嶮韻冥搜至此可謂工矣而西清詩話遂改其句云讀罷君詩何所似擣殘椒桂有餘辛以謂坡譏唱首多辣氣此何理也坡爲人慷慨疾惡亦時見於詩有古人規諷體然亦詎肯效閭閻以鄙語相詈哉恐誤後人心術不得不辯

六一居士詩話載梅聖俞賦河豚魚詩云春洲生荻芽春岸飛楊花河豚於此時貴不數魚鰕此魚常出於春暮食柳絮而肥南人多與荻芽爲羹最美知詩者謂祗破題兩句已道盡河豚好處然余嘗寓居江陰及毘陵見江陰每臈盡春初已食之毘陵則二月初方食其後官於秣陵則三月間方有之蓋此魚由海而上近海處先得之魚至江左則春已暮矣江陰毘陵無荻芽秣陵等處則以荻芽芼之然則聖俞所詠殆江左河豚魚也聖俞詩多古淡而此詩特雄贍故尤爲人稱美如曰忿腹若封豕怒目猶吳蛙烹炰苟失所入喉爲鏌鋣又曰退之來潮陽始憚餐籠蛇子厚居柳州而甘食蝦蟇二物雖可憎性命無舛差斯味曾不比中藏禍無涯甚美惡亦稱此言誠可嘉眞佳作也

吳中每暑月則東南風數日甚者至踰旬而止吳人名之曰舶趠風（趠音敎　敎切）云海外舶船禱于神而得之乘此風到江浙間也東坡吳中詩曰三旬已過黃梅雨萬里初來舶趠風余官吳門庚午歲夏六月既望

之三日風作踰旬而止暑氣頓减余因作賦以廣之其略曰度華厦而既爽入窮閻而亦清無雌雄之或異信造物之均平蓋彌旬而後止失六月之炎蒸又曰彼蠻檣與海檝得乘時伺便而至耳謂區區專意於此曹則亦豈天壤之至理蓋欲脫吾民於焦灼竊意造物其專在是也即其後徃來吳中不常至丙子歲余罷尚書郎寓居無錫至六月晦前三日此風作凡七日而止按坡詩謂梅雨已過此風初來則當在五月或六月初而余兩見之乃在六月望後與六月晦前或曰節氣有早晚也然庚午歲梅雨過兩旬而風來丙子歲梅雨過一月始來得非此風早晚本無定東坡亦據當時所見而言耶

元祐間有　旨修上清儲祥宮成命翰林學士蘇軾作碑紀其事坡叙事既得體且取道家所言與吾儒合者記之大有補於治道紹聖元符間黨禁興遂毀其碑命翰林學士蔡京別爲之京之文類三舍舉子經義程文耳正如唐時仆韓退之平淮西碑命段文昌改作後人有詩曰淮西功業冠吾唐吏部文章日月光千載斷碑人膾炙不知世有段文昌余於儲祥宮碑亦云後見韓无咎元吉云是江子我詩

本朝詩人與唐世相亢其所得各不同而俱自有妙處不必相蹈襲也至山谷之詩清新奇峭頗造前人未嘗道處自爲一家此其妙也至古體詩不拘聲律間有歇後語亦清新奇峭之極也然近時學其詩者或未得其妙處每有所作必使聲韻拗捩詞語艱澁曰江西格也此何爲哉呂居仁作江西詩社宗派圖以山谷爲祖宜其規行矩步必踵其跡今觀東萊詩多渾厚平夷時出雄偉不見斧鑿痕社中如謝無逸之徒亦然正如魯國男子善學柳下惠者也

陳亞少卿有惜竹詩曰出檻亦不剪從教長舊叢年年到朱夏葉葉是清風其兼收並蓄使物各効其用則此詩深可尚也余比因洗竹戲用其韻曰直幹解新籜低枝蔽舊叢芟繁留嫩綠引月更添風其去冗除繁使物無所壅蔽則余詩亦自有味也

錢塘吳山有美堂廼
仁宗朝梅摯公儀出守杭　上賜之詩有曰地有吳山美東南第一州梅以　上詩語名堂士大夫留題甚衆東坡倅杭因令筆吏盡錄之而未著其姓名黜定詩之高下遂以賈收耘老詩爲冠其詩曰自刋宸畫入雲端神物應須護翠巒吳越不藏千里色斗牛常占一天寒四簷望盡回頭懶萬象搜來下筆難誰信靜中疎拙意略無蹤跡到波瀾坡因此與耘老游從王荆公介甫辭相位退居金陵日遊鍾山脫去世故平生不以勢利爲務當時少有及之者然其詩曰穰侯老擅關中事長恐諸侯客子來我亦暮年專一壑每逢車馬便驚猜既以丘壑存心則外物去來任之可也何驚猜之有是知此老胷中尚蔕芥也如陶淵明則不然曰結廬在人境而無車馬喧問君何能

爾心遠地自偏然則寄心於遠則雖在人境而車馬亦不能喧之心有蔕芥則雖擅一壑而逢車馬亦不免驚猜也

衆禽中唯鶴標致高逸其次鷺亦閑野不俗又皆嘗見於六經如鳴鶴在陰其子和之鶴鳴于九皋聲聞于天振鷺于飛于彼西雝易與詩嘗取之矣後之人形於賦詠者不少而規規然祗及羽毛飛鳴之間如詠鶴云低頭乍恐丹砂落曬翅常疑白雪銷此白樂天詩丹頂西施頰霜毛四皓鬚此杜牧之詩此皆格卑無遠韻也至於鮑明遠鶴賦云鍾浮曠之藻思抱清迥之明心杜子美云老鶴萬里心李太白畫鶴贊云長唳風宵寂立霜曉劉禹錫云徐引竹間步遠含雲外情此乃奇語也如詠鷺云拂日疑星落凌風似雪飛此李文饒詩立當青草人先見行近白蓮魚未知此雍陶詩亦格卑無遠韻也至於杜牧之晚晴賦云忽八九之紅芰如婦如女墮蘂黦顔似見放棄白鷺潜來邈風標之公子窺此美人兮如慕悅其容媚雖語近於纖艶然亦善比興者至於許渾云雲漢知心遠林塘覺思孤僧惠崇云曝翎沙日暖引步島風清照水千尋迥棲煙一點明此乃奇語也

韓退之聯句云遥岑出寸碧遠目增雙明固爲佳句後見謝無逸云忽逢隔水一山碧不覺舉頭雙眼明若敷衍退之語然句意清快亦自可喜也

蔡天啓肇嘗從王介甫游一日語及盧仝月蝕詩辭語奇嶮介甫曰人少有誦得者天啓立誦之不遺一字一日又與介甫同泛舟適見羣凫數百掠舟而過介甫戲曰子能數之乎天啓一閲即得其數因遣人詢之放畜者其數不差可謂機警也天啓紹聖元符間爲中書舍人坐嘗與元祐諸公游遂遭斥不復用嘗守睦州到任謝表有曰城譙閴寂一葉落而知秋島嶼縈廻二水合而成字復有詩曰疊嶂巧分丁字水臘梅遲見二年花人謂能狀桐廬郡景物也

唐以前僧寺中或僧有疾病者未有安養之所唐末一山寺有僧卧病久因自題其户曰枕有思鄉淚門無問疾人塵埋牀下履風動架頭巾適有部使者經從過寺中見其題因詢其詳惻然憐之邀歸壇菴療治之其後部使者貴顯因言於朝遂令天下寺院置延壽寮專安養病僧也

江南李泰伯嘗著書非孟子名曰常語時有一士人頗滑稽而饕餮聞有饋李以酒者欲以計求之因録所業詩數篇投之其首章乃非孟詩也詩曰焚廩捐階事可嗤孟軻深信不知非嶽翁方且爲天子女壻如何弟殺之言雖鄙俚然頗合李之意李喜甚留飲連日酒盡方去他日士人又聞有饋李以酒者復著論一篇名曰疑孟以投之李讀畢諭之曰前此酒本擬留作數日計君至一飲遽盡旬餘殊索寞也公之論固佳然此酒不可復得也士人遂觖望逡巡而退傳者以爲笑

京師景德寺東廊三學院壁間題曰明月斜秋風冷今夜故人來不來教人立盡梧桐影皆傳呂先生洞賓所題也

閩中一士人姓楊家貧而事親孝忽七月七日一道人自稱姓回至其家久之因取囊中藥點化一小石爲金贈之曰助爾甘旨之費楊力辭曰不願得此祇欲求一詩爲陋室之光道人因用朱題於壁間曰楊君眞慤士孝行動穹壤上帝憐其勤七夕遣回往須史藥頑石助子爲孝養子既不我受吾亦不汝強風埃難久留願子志勿爽行看首鼠紀青雲如返掌後不知其所終

靖康間遊京師天清寺於僧房壁間得一絕云空餘緑綺琴慵把新聲寫不見臨卬人誰是知音者不題名氏想有感而題之也

盧贊元襄宣和末靖康間爲吏部侍郎詩篇極多向甞得其數十篇皆清拔可喜後因兵火失之尚記其贈鼓琴者曰試將鍾子山水意一洗退之氷炭腸恨失其全篇

紹興初余之官建康艤舟溧陽郵亭見壁間題云十年棄微官歸來事却掃扁舟訪安期要覓如瓜棗不知膏粱珍惡食詩自好田園苦無多生理但草草濁酒時一樽孤斟任醉倒然不著名氏不知何人所作觀其言淡而旨遠決非汨没名利而不知返者也

昔年過邵伯埭登斗野亭見梁間題曰地勢如披掌天形似覆盤三星羅户牖北斗掛闌干晚色芙蕖靜秋香穲稏寒更無山礙眼剩覺水雲寬此劉燾無言詩此詩蓋盡得斗野之景物也

王梵志詩曰倖門如鼠穴也須留一箇若還都塞了好處却穿破此言近乎曹相國所謂以獄市爲寄也

何晉之大圭廣德人早年有俊聲政宣間爲館職但其人拓弛不羈不能自重仕宦晚亦不偶其詠殊有可喜者常記其一詩曰茅屋松牕小隱家茶煙漠漠水斜斜簷間乳燕未成語庭下石榴爭放花賴有詩書銷白日倦隨車馬走黃沙林泉舊約好徑去風雨滿江垂釣車又嘗記其一聯云蜂垂倒世界蚊聚小雷霆又嘗爲姓韓貴人作樂語乃以唐吏部漢將軍爲對亦有巧思

昔過陽羨艤舟溪寺臨溪一亭壁間題曰碧雲亭上碧雲飛竟日迴環面翠微梅蕚破香知臘盡柳梢含緑認春歸風前古澗琴三疊雪後羣峯玉一圍遥想上人清太甚水精宮裏說禪機碧雲亭未知在何地詩亦未知何人作見其詞意清絶因筆之

濠梁許伯揚庭爲柳詞五章寄意於古而詞語清新其一曰不見昭陽宮内柳黄金齊撚輕柔東君昨夜到皇州玉階金井無處不風流悵望翠華春欲暮六宮都鎖春愁暖風吹動繡簾鈎飛花委地時轉玉香毬其二曰不見隋河堤上柳緑陰流水依依龍舟東下疾於飛千條萬葉濃翠染旌旗記得當年春去也

錦帆不見西歸故拋輕絮點人衣如將亡國恨訴與路人知其三曰不見陶家門外柳柴扉一徑遥通閉門終日掩清風感君高節緑蔭向人濃籬落蕭踈雞犬静日長飛絮濛濛先生一醉萬緑空經時髙卧不到翠陰中其四曰不見都門亭畔柳春來緑盡長條柳邊行色馬蕭蕭一枝折贈相見又何朝酒盡曲終人去也風前亦自無聊衹應於我恨偏饒東君特地付與沈郎腰其五曰不見灞陵原上柳往來過盡蹄輪朝離南楚暮西秦不成名利贏得鬢毛新莫恠枝條憔悴損一生唯苦征塵兩三煙樹倚孤村夕陽影裏愁殺宦游人以樂府臨江僊按之可歌也

政宣間修西京洛陽大内掘地得一碑隷書小詞一闋名後庭宴其詞曰千里故鄉十年華屋亂魂飛過屏山簇眼重眉褪不勝春菱花知我銷香玉雙雙燕子歸來應解笑人幽獨斷歌零舞遺恨清江曲萬樹緑低迷一庭紅撲簌余見此碑墨本於李丙仲南家仲南云得之張魏公姪椿處也

吴興陸蒙老元光嘗爲常之晉陵宰頗喜作詩時州幕官有好讒謗同列者一日同會忽聞蟬聲幕官謂陸曰君既能詩可詠此也陸辭之不可因即席爲之曰緑陰深處汝行藏風露從來是稻粱莫倚高枝縱繁響也宜回首顧螳螂因以是譏之其人媿而少戢

周少隱紫芝蚤年嘗學爲詩於一士大夫姓劉者嘗傳劉君路中遇雪詩曰四野同雲漫不收停驂一望思悠悠乍踈還密如人事易聚難消似客愁倍費橐金歸酒醆苦添風色上征裘驛亭今夕定無寐淅瀝寒聲未肯休

舊傳有太守因旱祈雨於龍潭得小雨而未甚應因作一絶云祈雨精誠尚未通浮雲開闔有無中潭龍恐我羞歸去略灑些些表不空因寫投此詩潭中繼即大雨隨足

兵部侍郎劉朝美儀鳳蜀之普州人性酷嗜書喜傳録初以禮部郎兼攝祕書少監後即眞凡祕府書籍傳寫殆遍如國史之類又置副本親自校讐至杜門絶交遷兵侍猶傳寫不已張持國之綱爲副端言其書癖至曠廢職事以是罷歸蜀蜀人闕壽卿耆孫爲著作佐郎以詩餞行曰公識乆不作世無公是非衹因飜故紙不覺蹈危機東壁蔓初斷西山蕨正肥十年成底事贏得載書歸

林懿成季仲嘗爲太常少卿永嘉人頗喜爲詩嘗與會稽虞仲琳少崔相好虞頗通性理之學林以詩送其行曰男兒何苦弊羣書學到根原物物無曾子當年多一唯顔淵終日只如愚水流萬折心無競月落千山影自孤執手沙頭休話別與君元不隔江湖又嘗爲婺守題赤松山黄初平祠云路轉溪回草木香有人荷笠山之陽定知我是金華守笑道牧民如牧羊又云羽仗霓旌去不還空餘甸水落人間至今山下無枯旱便是田家九轉丹詩語佳而意新也

嘗見蘭溪范茂安許云嚴陵一士人忘其姓名能詩好爲大言而間有可取者如咏林影曰日月明方見乾坤暗即收又詠扇曰大柄如歸手蚊虻莫浪飛言皆類此不能盡記也

陳楠待制紹興中嘗從諸大將爲謀議官頗好修養之方且自以爲得道嘗題其所居曰神仙多是大羅客我比大羅超一格有輕薄續其後曰行滿三千我四千功成八百我九百

靖康之變中原爲虜竊據當時文人勝士陷於彼者不少紹興庚申辛酉河南關陝之地暫復有自關中驛舍壁間得詩二絕云鞞鼓轟轟聲徹天中原廬井半蕭然鶯花不管興亡事粧點春花似昔年又云渭平沙淺鴈來棲渭漲沙移鴈不歸江海一身多少事清風明月我霑衣

方靖康之變燕人有隨虜過相州因謁韓魏公祠堂題詩祠中一聯云有客能吟丞相栢無人敢伐召公棠魏公勳德之重而外夷亦知景慕如此也

紹興間陳侍郎相之徃使虜至燕山驛壁間得一詞云書劒憶游梁當時事底處不堪傷念蘭楫嫩漪向吳南浦杏花微雨窺宋東牆禁城外燕隨青步障絲惹紫遊韁曲水古今禁煙前後綠楊樓閣芳草池塘回首斷人腸流年去如電雙鬢如霜欲遣當年遺恨頻近清觴聽出塞琵琶風沙淅瀝寄書鴻鴈煙月微茫不似海門潮信猶到潯陽然不著名氏必中原士大夫淪異域者所作也以樂府風流子按之可歌也

陳簡齋去非詩名夙著而其弟之詩亦可喜見張林甫舉其夏日晚望一聯云前山猶細雨高樹已斜陽恨不見其全篇

夢筆驛迺江淹舊居姚宏令聲一絕可警後學者詩云一宵短夢驚流俗千里高名掛里閭遂使晚生矜此意癡眠不讀一行書

所至驛舍旅邸留題壁間亦多有可取者見李仲南丙言臨安旅邸壁間一絕云太一峯前是我家滿牀書籍舊生涯春城戀酒不歸去老却碧桃無限花又言建州崇安分水驛壁一絕云江南三月已聞蟬麥熟梅黃繭作綿料得故園煙雨裏輕寒猶作勒花天又呂叔潛大虬言鎮江丹陽玉乳泉壁間一絕云騎馬出門三月暮楊花無柰雪漫天客情最苦夜難度宿處先尋無杜鵑三詩皆可喜然皆不著名氏也

康待制執權奉祠寓居永嘉籍妓中有姓山者頗慧麗康時命之侑樽俎一日妓之父以事繫縣中當坐罪倡泣涕懇求救於士大夫康憫之戲爲一絕云昔日緹縈亦如許盡道生男不如女河陽滿縣皆春風忍使梨花偏帶雨明日倡詣縣投狀乞代父罪且連此詩於狀前邑宰一見遂笑而釋之

庚溪詩話卷下終

宋本缺以弘治年華氏翻宋本重校模補

竹坡老人詩話卷第一

杜少陵遊何將軍山林詩有雨抛金鎖甲苔卧綠沉鎗之句言甲抛於雨爲金所鎖鎗卧於苔爲綠所沉有將軍不好武之意余讀薛氏補遺乃以綠沉爲精鐵謂隋文帝賜張奫以綠沉之甲是也不知金鎖當是何物後又讀趙德麟侯鯖謂綠沉爲竹乃引陸龜蒙詩一架三百竿綠沉森杳冥此尤可笑

戴良少所推服每見黄憲必自降薄悵然若有所失母問汝何不樂乎復從牛醫兒所來耶王履道詩不見牛醫黄叔度即尋馬磨許文休語雖工然牛醫乃叔度之父耳非叔度也

聰聞復錢塘人以詩見稱於東坡先生余遊錢塘甚久絶不見此老詩松園老人謂余言東坡倅錢塘時聰方爲童行試經坡謂坐客言此子雖少善作詩近參寥子作昏字韻詩可令和之聰和篇立成云千點亂山横紫翠一鈎新月掛黄昏坡大稱賞言不減唐人因笑曰不須念經也做得一箇和尚是年聰始爲僧

東坡詩云君欲富餅餌會須縱牛羊殊不可曉河朔土人言河朔地廣麥苗彌望方其盛時須使人縱牧其間踐蹂令稍疎則其收倍多是縱牛羊所以富餅餌也

維揚之擾衣冠皆南渡王邦憲客宛陵與其鄉人相遇作集句云揚子江頭楊柳春衣冠南渡多崩奔柳條弄色不忍見東西南北更堪論誰謂他鄉各異縣豈知流落復相見青春作伴好還鄉爲問淮南米貴賤其叙事有情致爲可喜近時集句所未有也

集句近時往往有之唯王荆公得此三昧前人所傳如雨荒深院菊風約半池萍之句非不律切但苦無思耳

孔毅父喜集句東坡嘗以指呼市人如使兒戲之觀其寄孫元忠詩云不恨我衰子貴時經濟實藉英雄姿君有長才不貧賤莫令斬斷青雲梯驊騮作駒已汗血坐看千里當霜蹄省郎京君必俯拾軍符侯印取豈遲殆不減胡笳十八拍也

紹興初有退相寓永嘉獨陳用中彦才雖鄰不謁及再相有薦之者止就部注邑連江戲作小詩云命賤安能比鉅公偶然年月與時同只因日上爭些子笑向連江作醉翁蓋其所生年月時適與時宰同但日差異耳

東坡遊西湖僧舍壁間見小詩云竹暗不通日泉聲落如雨春風自有期桃李亂深塢問誰所作或告以錢塘僧清順者即日求得之一見甚喜自是而順之名出矣余留錢塘七八年間有能誦順詩者往往不逮前篇政以所見之未多耳然而使其止於此亦足傳也

米元章少時作邑會歲大旱遣吏捕蝗甚急有鄰邑宰忽移文責之謂吏驅蝗入境元章取公牒作一絶大書其背而遣之云蝗蟲本是天災不由人力擠排

若是弊邑遺去却煩貴縣發來見者大笑

東萊蔡伯世作杜少陵正異甚有功亦時有可疑者如峽雲籠樹小湖日落船明以落爲蕩且云非乂在江湖間者不知此字之爲工也以余觀之不若落字爲佳耳又春色浮山外天河宿殿陰以宿爲没没字不若宿字之意味深遠明甚大抵五字詩其點化正在一字間而好惡不同乃如此良可怪也

客有誦淵明閑情賦者想其於此亦自不淺或問坐客淵明有侍兒否皆不知所對有一人言有之問其何以知曰所謂雍端年十三不識六與七此豈非有侍兒耶於是坐客皆發一笑

杜少陵之子宗武以詩示阮兵曹兵曹荅以斧一具

而告之曰欲子斫斷其手不然天下詩名又在杜家矣余嘗觀少陵作宗武生日詩云自從都邑語已伴老夫名詩是吾家事人傳世上情則宗武之能詩爲可知矣惜乎其不可得而見也

士大夫學淵明作詩往往故爲平澹之語而不知淵明制作之妙已在其中矣如讀山海經云亭亭明玕照落落清瑶流豈無雕琢之功蓋明玕謂竹清瑶謂水與所謂紅皺曬簷瓦黄團繫門衡者異矣

余讀秦少游擬古人體所作七詩因記頃年在辟雍有同舍郎澤州貢士劉剛爲余言其鄉里有一老儒能效諸家體作詩者語皆酷似效老杜體云落日黄牛峽秋風白帝城尤爲奇絶他皆類此惜乎今不復記其姓名矣

賀方回嘗作青玉案詞有梅子黄時雨之句人皆服其工士大夫謂之賀梅子郭功父有示耿天隲一詩王荆公嘗爲書之其尾云廟前古木藏訓狐豪氣英風亦何有方回晚倅姑孰與功父遊甚懽方回寡髮功父指其髻謂曰此眞賀梅子也方回乃捋其鬚曰君可謂郭訓狐矣功父自髯而鬍故有是語

鄭谷雪詩如江上晚來堪畫處漁人披得一蓑歸之句人皆以爲奇絶而不知其氣象之淺俗也東坡以謂此小學中教童蒙詩可謂知言矣然而谷亦不可謂無好語如春陰妨柳絮月黒見梨花風味固似不淺惜乎其不見賞於蘇公遂不爲人所稱耳

世傳楊文公方離襁褓猶未能言一日其家人携以登樓忽自語如成人因戲問之今日上樓汝能作詩乎即應聲曰危樓高百尺手可摘星辰不敢高聲語怕驚天上人舊見古今詩話載此一事後又見一石刻乃李太白夜宿山寺所題字畫清勁而大且云布衣李白作而此又以爲楊文公作何也豈好事者竊太白之詩以神文公之事歟抑亦太白之碑爲僞耶

韓退之城南聯句云紅皺曬簷瓦黄團繫門衡黄團當是瓜蔞紅皺當是棗退之狀二物而不名使人瞑目思之如秋晚經行身在村落間杜少陵北征詩云或紅如丹砂或黒如點漆此亦是說秋冬間籬落所見然比退之頗似省力

有作陶淵明詩跋尾者，言淵明讀山海經詩有形夭無千歲猛志固有在之句，竟莫曉其意。後讀山海經云刑天獸名也，好銜干戚而舞，乃知五字皆錯。形夭乃是刑天，無千歲乃是舞干戚耳。如此乃與下句相協。傳書誤繆如此，不可不察也。

樞密張公稌仲喜談兵，論邊事面目極嚴冷，而作小詩有風味。岐王宮有侍兒出家爲比丘尼者，公賦詩云：六尺輕羅染麴塵，金蓮步穩襯緗裙。從今不入襄王夢，翦盡巫山一朵雲。殊可喜也。

徐陵玉臺新詠序云：南都石黛，最發雙蛾；北地燕支，偏開兩臉。崔正熊古今注云：燕支出西方，土人以染，中國謂之紅藍，以染粉爲婦人色。而俗乃用烟脂或臙脂字，不知其何義也。杜少陵林花着雨臙脂濕，亦用此二字；而白樂天三千宮女燕支面，却用此二字，殊不可曉。

潮州韓文公祠有異木，世傳退之手植，去祠十數步種之輒死。有題文公祠者云：韓木有情春谷暖，鱷魚無種海潭清。是也。

余頃年遊蔣山，夜上寶公塔，時天已昏黑，而月猶未出，前臨大江，下視佛屋崢嶸，時聞風鈴鏗然有聲，忽記杜少陵詩夜深殿突兀，風動金琅璫，恍然如已語也。又嘗獨行山谷間，古木夾道交陰，唯聞子規相應木間，乃知兩邊山木合，終日子規啼之爲佳句也。又暑中瀕溪與客納涼，時夕陽在山，蟬聲滿樹，觀二人洗馬於谿中，曰此少陵所謂晚涼看洗馬，森木亂鳴蟬者也。此詩平日誦之，不見其工，唯當所見處乃始知其爲妙。作詩正欲寫所見耳，不必過爲奇險也。

夔峽道中昔有杜少陵題詩一首，以天字爲韻，榜之梁間，自唐至今無敢作詩者。有一監司過而見之，輒和少陵韻，大書其側。後有人嘲之云：想君吟詠揮毫日，四顧無人膽似天。過者無不笑之。

大梁羅叔共爲余言，頃在建康士人家見王荆公親寫小詞一紙，其家藏之甚珍。其詞曰：留春不住，費盡鶯兒語。滿地殘紅宮錦汙，昨夜南園風雨。小憐初上琵琶，曉來思繞天涯。不肯畫堂朱户，東風自在揚花。荆公平生不作是語，而有此何也？儀真沈彦述謂余言：荆公詩如繁綠萬枝紅一點，動人春色不須多；春色惱人眠不得，月移花影上闌干等篇，皆平父詩，非荆公詩也。沈乃元龍家壻，故嘗見之耳。叔共所見未必非平父詞也。

余家藏山谷謝李邦直送密雲龍茶詩，所謂密雲從龍小蒼璧，元豐至今人未識者是也。用川麻矮紙作鉅軸，書如拳許大字，畫飛動，可與瘞鶴銘、離堆記爭雄。政和甲午，攜以示李端叔，端叔和山谷韻，又用此韻作詩見貽，且跋其尾云：元豐八年九月，魯直入館，是月裕陵發引，前一日百官集朝堂，與余適相值，邂逅邦直送茶，居兩日聞有詩，又數日相見於文德班中，爲余口占。政和四年中元前一日，宣城周少隱出

此詩相示蓋二十有九年矣感舊愴然因借其韻書于卷尾是日太平乂不雨而雨黄昏月出已而復雨紹興兵至姑谿詩帖兩牛腰併與山谷墨妙爲之一空

李石柳公權俱與唐文宗論詩李石云人生不滿百常懷千歲憂晝短苦夜長暗時多也何不秉燭遊歡之照也古人作詩之意未必爾然人臣進言要當如此及文宗有人皆苦炎熱我愛夏日長之句公權但云薰風從南來殿閣生微涼而已殊不寓規諫之意何也蓋責文宗享殿閣之涼而不知人間之苦所以譏之深矣曉人豈不當如是耶

竹坡老人詩話卷第一

竹坡老人詩話卷第二

冰肌玉骨清無汗水殿風來暗香滿繡簾一點月窺人攲枕釵横雲鬢亂起來庭户悄無聲時見踈星渡河漢屈指西風幾時來不道流年暗中换世傳此詩爲花蘂夫人作東坡嘗用此作洞僊歌曲或謂東坡託花蘂以自解耳不可知也

王荆公作集句得江州司馬青衫濕之句欲以全句作對久而未得一日問蔡天啓江州司馬青衫濕可對甚句天啓應聲曰何不對梨園弟子白髮新公大喜

梁太祖受禪姚垍爲翰林學士上問及裴延裕行止曰頗知其人文思甚捷垍曰向在翰林號爲下水船太祖應聲曰卿便是上水船議者以垍爲急灘頭上水船魯直詩云花氣薰人欲破禪心情其實過中年春來詩思何所似八節灘頭上水船山谷點化前人詩而其妙如此詩中三昧手也東南之有蠟梅蓋自近時始余爲兒童時猶未之見元祐間魯直諸公方有詩前此未嘗有賦此詩者政和間李端叔在姑谿元夕見之僧舍中嘗作兩絶其後篇云程氏園當尺五天千金爭賞凭朱欄莫因今日家家有便作尋常兩等看觀端叔此詩可以知前日之未嘗有也

近世士大夫家所藏杜少陵逸詩本多不同余所傳古律二十八首其間一詩陳叔易記云得於管城人家册子葉中一詩洪炎父記云得之江中石刻又五

詩謝仁伯記云得於盛文肅家故書中猶是吳越錢氏所録要之皆得於流傳安得無好事者亂眞然而如巴西聞收京云傾都看黄屋正殿引朱衣又云尅復誠如此安危在數公又舟過洞庭一篇云蛟室圍青草龍堆擁白砂護江蟠古木迎擢舞神鴉又一篇云説道春來好狂風大放顛吹花隨水去翻却釣魚船此决非他人可到其爲此老所作無疑西湖諸寺所存無幾唯南山靈石猶是舊屋寺僧言頃時有數道人來丐食拒而不與乃題詩屋山而去至今猶存字畫頗類李北海是唐人書也其詩云南塢數回泉石西峯幾疊煙雲登携孰以爲侶頹窩李甲蕭耘後好事者譯之前一句乃吕字第二句洞字第三句賓字是洞賓與三人者來耳李甲近世人東坡以比郭恕先善畫而有文餘不知其爲何人當亦是神仙也

東平王興周爲余言東平人有居竹間自號竹谿翁者一夕有鬼題詩竹間云墓前古木號秋風墓尾幽人萬慮空唯有詩魂銷不得夜深來訪竹谿翁世傳鬼詩甚多常疑其僞爲此詩傳於興周鄉里必不妄矣鬼之能詩是果然也

凡詩人作語要令事在語中而人不知余讀太史公天官書天一鎗棓矛盾動摇角大兵起杜少陵詩云五更鼓角聲悲壯三峽星河影動揺蓋暗用遷語而語中乃有用兵之意詩至於此可以爲工也

白樂天長恨歌云玉容寂寞淚闌干梨花一枝春帶雨人皆喜其工而不知其氣韻之近俗也東坡作送人小詞云故將別語調佳人要看梨花枝上雨雖用樂天語而别有一種風味非點鐵成黄金手不能爲此也

自古詩人文士大抵皆祖述前人作語梅聖俞詩云南隴鳥過北隴叫高田水入低田流歐陽文忠公誦之不去口魯直詩有野水自添田水滿晴鳩却喚雨鳩來之句恐其用此格律而其語意高妙如此可謂善學前人者矣

林和靖賦梅花詩有疎影横斜水清淺暗香浮動月黄昏之語膾炙天下殆二百年東坡晚年在惠州作梅花詩云紛紛初疑月掛樹耿耿獨與參横昏此語一出和靖之氣遂索然矣張文潛云調鼎當年終有實論花天下更無香此雖未及東坡高妙然猶可使和靖作衙官政和間余見胡份司業和曾公袞梅詩云絶艷更無花得似暗香唯有月相知亦自奇絶使醉翁見之未必專賞和靖也

世所傳退之遺文其中載嘲鼾睡二詩語極恠譎退之平日未嘗用佛家語作詩今云有如阿鼻尸長喚忍衆罪其非退之作决矣有如鐵佛聞皺眉石人戰摇體之句太似鄙陋退之何嘗作是語小兒輩亂眞如此者甚衆烏可不辨

有數貴人遇休沐携歌舞燕僧舍者酒酣誦前人詩因過竹寺逢僧話又得浮生半日閑僧聞而笑之貴

人問師何笑僧曰尊官得半日閑老僧卻忙了三日謂一日供帳一日燕集一日掃除也

羅叔共言頃歲錢塘有葛道人者無他技能以業屨爲生得金即沽酒自飲往來湖山間數歲矣人無知之者一日爲寺僧修屨口中微有聲狀若哦詩者僧怪而問之葛生笑曰今日偶得句耳問之乃云百囀已休鶯哺子三眠初罷柳花飛自是人始知其爲詩人世之露才揚己急於人知者聞斯人之風亦可少愧矣

詩人造語用字有着意道處往往頗露風骨如滕元發月波樓詩野色更無山隔斷天光直與水相連是也只一直字便是着力道處不惟語稍崢嶸兼亦近俗何不云野色更無山隔斷天光自與水相連爲微有蘊藉然非知之者不可以語此

有明上人者作詩甚艱求捷法於東坡東坡作兩頌以與之其一云字字覓奇嶮節節累枝葉咬嚼三十年轉更無交涉其一云衝口出常言法度法前軌人言非妙處妙處在於是乃知作詩到平淡處要似非力所能東坡嘗有書與其姪云大凡爲文當使氣象崢嶸五色絢爛漸老漸熟乃造平澹余以謂不但爲文作詩者尤當取法於此

劉元素名博文與余爲同郡其爲人靜退有守好作詩而語不妄發內子朱賢而善事其夫每舉按齊眉則相敬如賓一日元素與客飲分韻得柳眉其詩云青眼相看君可知精神渾在艷陽時只因嫁得東君後兩淚相看是別離詩成坐客皆不悅後數日而其妻亡蓋詩讖也

郭功父晚年不廢作詩一日夢中作遊采石二詩明日書以示人曰予決非久於世者人問其故功父曰余近詩有欲尋鐵索排橋處只有楊花慘客愁之句豈特非余平日所能到雖前人亦未嘗有也忽得之不祥不逾月果死李端叔聞而笑曰不知杜少陵如何活得許多歲

詩中用雙疊字易得句類如水田飛白鷺夏木囀黃鸝此李嘉祐詩也王摩詰乃云漠漠水田飛白鷺陰陰夏木囀黃鸝摩詰四字下得最爲穩切若杜少陵風吹客衣日杲杲樹攪離思花冥冥無端落木蕭蕭下不盡長江衮衮來則又妙不可言矣

楊次翁守丹陽米元章過郡留數日而去元章好易他人書畫次翁作羹以飯之曰今日爲君作河豚其實他魚元章疑而不食次翁笑曰公可無疑此贋本耳其行送之以詩有淮海聲名二十秋之句林子中見之謂次翁曰公言無乃過與次翁笑曰二十年來何處不知有米顛子邪余游濡須識次翁之孫侃爲余道此

杜牧之嘗爲宣城幕遊涇溪水西寺留二小詩其一云李白題詩水西寺古木回岩樓閣風半醉半醒遊三日紅白花開山雨中此詩今載集中其一云三日

去還住一生焉再遊含情碧溪水重上粲公樓此詩今榜壁間而集中不載乃知前人好句零落多矣

晁以道家有宋子京手書杜少陵詩一卷如握節漢臣歸乃是禿節新炊間黃粱乃是聞黃粱以道跋云前輩見書自多不如晚生少年但以印本爲正也不知宋氏家藏爲何本使得盡見之想其所補亦多矣

韓退之城南聯句云庖霜鱠玄鯽淅玉炊香秔語固奇其魯直云庖霜刀落鱠執玉酒明船雖依退之而駸駸直與少陵分路而揚鑣矣若明眼人見之自當作兩等看不可與退之同調也

錢塘關子東爲余言熙寧中有長老重喜會稽人少以捕魚爲生然日誦觀世音菩薩不少休舊不識字一日輒能書而又能作偈頌嘗作頌云地爐無火一囊空雪似楊花落歲窮乞得苧麻縫敗衲不知身在寂寥中此豈捕魚者之所能哉解悟如此蓋得觀音智慧力也

余讀東坡和梵天僧守詮小詩所謂但聞煙外鐘不見煙中寺幽人行未已草露濕芒屨唯應山頭月夜夜照來去未嘗不喜其清絶過人遠甚晚遊錢塘始得詮詩云落日寒蟬鳴獨歸林下寺松扉竟未掩片月隨行屨時聞犬吠聲更入青蘿去乃知其幽深清遠自有林下一種風流東坡老人雖欲回三峽倒流之瀾與溪壑爭流終不近也

杜牧之華清宮三十韻無一字不可人意其叙開元一事意直而詞隱曄然有騷雅之風至一千年際會三萬里農桑之語置在此詩中如使伶優與嵇阮輩並席而談豈不敗人意哉

錢塘強幼安爲余言頃歲調官都下始識博士唐庚因論坡詩之妙子美以來一人而已其叙事簡當而不害其爲工如嶺外詩叙虎飲水潭上有蛟尾而食之以十字說盡云潛鱗有飢蛟掉尾取渴虎只著渴字便見飲水意且屬對親切他人不能到也

韓退之薦士詩云孟軻分邪正眸子看瞭眊杳然粹而精可以鎮浮躁蓋謂孟東野也余嘗讀孟東野下第詩云棄置復棄置情如刀劒傷及登第則自謂春風得意馬蹄疾一日看盡長安花一第之得失喜憂至於如此宜其雖得之而不能享也退之謂可以鎮浮躁恐未免於過情

東坡喜食燒猪佛印住金山時每燒猪以待其來一日爲人竊食東坡戲作小詩云遠公沽酒飲陶潛佛印燒猪待子瞻採得百花成蜜後不知辛苦爲誰甜

東坡性喜嗜猪在黃岡時嘗戲作食猪肉詩云黃州好猪肉價賤如糞土富者不肯喫貧者不解煮慢着火少着水火候足時他自美每日起來打一碗飽得自家君莫管此是東坡以文滑稽耳後讀雲仙散録載黃昇日食鹿肉二斤自晨煮至日影下西門則曰火候足矣乃知此老雖煮肉亦有故事他可知矣

竹坡老人詩話卷第二

竹坡老人詩話卷第三

福唐黃文若言南徐刁氏子字麟游十歲賦竹馬詩云小兒騎竹作驊騮猶走東西意未休我已童心無一在十年渾付水東流後十歲果卒客有誌其墓者以比李長吉蓋文章早成古人有之然亦人之所忌也

道士林靈素以方術顯於時有附之而得美官者頗自矜有驕色或戲作靈素畫像詩云當日先生在市廛世人那識是眞仙只因學得飛昇後雞犬相隨也上天

紅燭秋光冷畫屏輕羅小扇撲流螢瑤階夜色凉如水坐看牽牛織女星此一詩杜牧之王建集中皆有之不知其誰所作也以余觀之當是建詩耳蓋二子之詩其清婉大略相似而牧多險側建多平麗此詩葢清而平者也

西京作斤賣五谿無人採此髙力士詩也魯直作食筍詩云尚想髙將軍五谿無人採是也張文潛作薺羮詩乃云論斤上國何曽飽旅食江城日至前嘗慕藜羮最清好固應加糝愧吾緣則是髙將軍所作乃薺詩耳非筍詩也二公同時而用事不同如此不知其故何也

承議郎任隨成字師心劉景文甥也嘗謂余言景文昔爲忻州守間數日率一謁晉文公祠旣至祠下必與神偶語久之乃出文公亦時時來謁景文景文閉閤若與客語者則神之至也一日於廣坐中謂一掾曰天帝當來召君吾亦當繼往坐客皆相視失色已而掾果無疾而逝劉亦相繼而亡去後一日死而復甦起作三詩乃復就瞑其一云中宮在天半其上乃吾家紛紛鸞鳳舞往往芝木華揮手謝世人聳身入雲霞公暇詠天海我非世人譁其二云仙都非世間天神繞樓殿髙低霞霧勻左右虬龍徧雲車山嶽聳風輦天地擅從茲得舊渥萬動毫端變其三云從來英傑自銷磨好笑人天事更多良上巽中爲進發千車安穩渡銀河詩成謂其家人曰吾今掌事雷部中不復爲世間人矣

馮均州爲余言頃年平江府雍熙寺每深夜月明有婦人歌小詞於廊廡間者就之不見其詞云滿目江山憶舊遊汀洲花草弄春柔長亭艤住木蘭舟好夢易隨流水去芳心空逐曉雲愁行人莫上望京樓客有聞而録之者姑蘇士子慕容嵓卿見而驚曰君何從得此詞客語之故嵓卿悲歎久之曰此余亡妻之詞無知之者明日視之乃其妻旅櫬所在

大梁景德寺峨眉院壁間有呂洞賓題字寺僧相傳以謂頃時有蜀僧號峨眉道者戒律甚嚴不下席者二十年一日有布衣青裘昂然一偉人來與語良久期以明年是日復相見於此願少見待也明年是日日方午道者沐浴端坐而逝至暮偉人果來問道者安在曰亡矣偉人歎息良久忽復不見明日書數語

於堂側壁間絶高處其語云落日斜西風冷幽人今夜來不來教人立盡梧桐影字畫飛動如翔鸞舞鳳非世間筆也宣和間余遊京師猶及見之

李京兆諸父中有一人嘗爲博守者不得其名其人極廉介一日逕監司於城門吏報酉時守亟命閉關已而使者至不得入相與語於門隙使者請入見曰法當閉鑰不敢啓關請以詰朝奉迎又京遞至發緘視之中有家問即令滅官燭取私燭閱書閱畢命秉官燭如初當時遂有閉關迎使者滅燭看家書之句廉白之節昔人所高矯枉太甚則其弊遂至於此

東坡在黄州時嘗赴何秀才會食油果甚酥因問主人此名爲何主人對以無名東坡又問爲甚酥坐客皆曰是可以爲名矣又潘長官以東坡不能飲每爲設醴坡笑曰此必錯著水也他日忽思油果作小詩求之云野飲花前百事無腰間唯繫一葫蘆已傾潘子錯著水更覔君家爲甚酥李端叔嘗爲余言東坡云街談市語皆可入詩但要人鎔化耳此詩雖一時戲言觀此亦可以知其鎔化之功也

唐人作樂府者甚多當以張文昌爲第一近時高郵王觀亦可稱而人不甚知觀嘗作遊俠曲云雪擁燕南道酒闌中夜行千里不見讎怒須如立釘出門氣吹霧南山雞未啼腰間解下聶政刀袖中擲下朱亥椎冷笑邯鄲乳口兒此篇詞意大似李太白恨未入文昌之室耳至莫惱翁篇云穀垂乾穗豆垂角雨足年登不勝樂烏巾紫領銀髭鬢長白酒滿盆翁自酌翁醉不知秋色凉兒扶翁鬚孫撼牀莫惱翁翁年已高百事慵遂與文昌爭衡矣

本朝樂府當以張文潛爲第一文潛樂府刻意文昌往往過之頃在南都見倉前村民輸麥行余嘗見其親槀其後題云此篇效張文昌而語差繁乃知其喜文昌如此輸麥行云余過宋見倉前村民輸麥止車槐陰下其樂洋洋也晚復過之則扶車半醉相招歸矣感之因作輸麥行以補樂府之遺場頭雨乾場地白老稚相呼打新麥半歸倉廩半輸王免教縣吏相催廹羊頭車子毛布囊淺泥易涉登前岡倉頭買券槐陰凉清嚴官吏兩平量出倉掉臂呼同伴旗亭酒美單衣換半醉扶車歸路凉月出到家妻具飯一年從此皆閑日風雨閉門公事畢射狐罝兎歲蹉跎百壺社酒相經過

元微之作李白優劣論謂太白不能窺杜甫之藩籬況堂奥乎唐人未嘗有此論而稹始爲之至退之云李杜文章在光焰萬丈長不知羣兒愚那用故謗傷則不復爲優劣矣洪慶善作韓文辨證著魏道輔之言謂退之此詩爲微之作也微之雖不當自作優劣然指稹爲愚兒豈退之之意乎

黄師是赴浙憲東坡與之姻家置酒餞其行使朝雲侍飲坐間賦詩有緑衣有公言之句後人乃謂緑衣小官猶惜其不留是有公言也時朝雲語師是曰他人皆進用而君數補

外何也是謂公言而綠衣則東坡指朝雲也
呂舍人作江西宗派圖自是雲門臨濟始分矣東坡寄子由云贈君一籠牢收取盛取東軒長老來則是東坡子由爲師兄弟也陳無己詩云鄉來一瓣香敬爲曾南豐則陳無己承嗣鞏和尚爲何疑余嘗以此語客爲林下一笑無不撫掌
古今詩人多喜效淵明體者如和陶詩非不多但使淵明愧其雄麗耳韋蘇州云霜露悴百草時菊獨妍華物性有如此寒暑其柰何掇英泛濁醪日入會田家盡醉茅簷下一生豈在多非唯語似而意亦大似蓋意到而語隨之也
頃歲朝廷多事郡縣不頒曆所至晦朔不同朱希眞

避地廣中作小盡行一詩云藤州三月作小盡梧州三月作大盡哀哉官曆今不頒憶昔昇平淚成陣我今何異桃源人落葉爲秋花作春但恨未能與世隔時聞喪亂空傷神與夫山中無曆日寒盡不知年無間然矣
江淮間有水禽號魚虎翠羽而紅首顏色可愛人罕識之崔德符通羊道中詩所謂翠裘錦帽初相識魚虎彎環略岸飛是也余至興國數月郡去通羊二百里猶未及識詢之土人亦無識者每誦德符詩想像一見而已
張文潛中興碑詩可謂妙絶今古然潼關戰骨高於山萬里君王蜀中老之句議者猶以肅宗即位靈武

明皇旣而歸自蜀不可謂老於蜀也雖明皇有老於劒南之語當須說此意則可若直謂老於蜀則不可
揚子雲好著書固已見誚於當世後之議者紛然往往詞費而意殊不盡唯陳去非一詩有譏有評而不出四十字揚雄平生書肝腎閑雕鐫晚於玄有得始悔賦甘泉使雄早大悟亦何事於玄賴有一言善酒箴眞可傳後之議雄者雖累千萬言未必能出諸此也
柳子厚別弟宗一詩云零落殘紅倍黯然雙垂別淚越江邊一身去國六千里萬死投荒十二年桂嶺瘴來雲似墨洞庭春盡水如天欲知此後相思夢長在荆門郢樹煙此詩可謂妙絶一世但夢中安能見郢

樹煙煙字只當用邊字蓋前有江邊故耳不然當改云欲知此後相思處望斷荆門郢樹煙如此却似穩當
汪內相將赴臨川曾吉父以詩迎之有白玉堂中曾草詔水晶宮裏近題詩之句韓子蒼改云白玉堂深曾草詔水晶宮冷近題詩吉父聞之以子蒼爲一字師
柳子厚與浩初上人看山詩云海畔尖山似劒鋩秋來處處割愁腸若爲化得身千億散上峯頭望故鄉議者謂子厚南遷不得爲無罪蓋未死而身已在刀山矣
杜子美北征詩云海圖拆波濤舊繡移曲折天吳及

紫鳳顛倒在短褐可謂窮矣及賦韋偃畫古松詩則云我有一疋好東絹愛之不減錦繡段已令拂拭光零亂請君放筆爲直幹子美乃有餘絹作畫材何也余嘗戲作小詩示少陵云百尺寒松老幹枯韋郎筆妙古今無何如莫掃鵞谿絹留取天吳紫鳳圖使少陵尚無恙當爲我一捧腹也

今日校讎國集適此兩卷皆公在宣城時詩其爲兒時先人以公眞藁指示某是時已能成誦今日讀之如見數十年前故人終是面熟但句中時有與昔時所見不同者必是痛遭俗人改易爾如病起一詩云病來久不上層臺（謂宣城疊嶂雙溪也）愡有蜘蛛徑有苔多少山茶梅子樹未開齊待主人來此篇最爲奇絕今乃

改云爲報園花莫惆悵故教太守及春來非特意脉不倫然亦是何等語又如櫻桃欲破紅改作綻紅梅粉初墜素改作梅葩殊不知綻葩二字是世間第一等惡字豈可令入詩來又喜雨晴詩云豐穰未可期疲瘵何日起乃易疲瘵爲瘦飢若當時果有瘦飢二字則此老大段窘也

竹坡老人詩話卷第三終

竹坡其誰乃宣城都公周少隱自謂然詩話非具史筆則未易作要見其詮次高下抑揚品題有眼目耳非擅能詩聲則何以有所決擇州教官戴文舉姻家也出其編遺郡丞魏公茂丞又轉而示守陸子東併勉鏤板於郡鬥爲貽傳未見之書當世墨客子卿焉可嘉也歲在丁亥六月既望論兼書

宋本缺以弘治年華氏翻宋本重校摸補

百川學海 筆集

歷代帝王名臣法帖

第一

漢章帝書　晉武帝書
西晉宣帝書　東晉元帝書
東晉明帝書　東晉康帝書
東晉哀帝書　東晉簡文帝書
東晉孝文王書　東晉武帝書
宋明帝書　齊高帝書
梁武帝書　梁高帝書
梁簡文帝書　唐太宗書
唐高宗書　陳長沙王陳叔懷書
陳永陽王陳伯智書

第二

漢張芝書　後漢崔子玉書
魏鍾繇書　吴青州刺史皇象書
晉丞相張華書　晉丞相桓温書
晉丞相王導書　晉丞相王敦書
晉中書令王洽書　晉司徒王珉書
晉司徒王珣書　晉侍中王廙書
晉太宰高平郗鑒書　晉侍中郗愔書
晉中書郎郗超書　晉尚書令衞瓘書
晉黄門郎衞恒書　晉太傅陳郡謝安書
晉散騎常侍謝万書

第三

晉太尉庾亮書　晉車騎將軍庾翼書
晉太守沈嘉書　晉侍中杜預書
晉王循書　晉劉超書
晉散騎常侍謝璠伯書晉黃門郎王徽之書
晉謝莊書　晉侍中司馬攸書
晉劉瓌之書　晉王坦之書
晉王渙之書　晉王操之書
晉王凝之書　晉征西司馬索靖書
晉侍中劉穆之書　晉尚書王劭書
晉車騎將軍紀瞻書　晉司徒王廞書
晉太守張翼書　晉陸雲書
晉海陵恭侯王邃書　晉中書令王恬書

晉太守山濤書　晉侍中卞壼書
晉謝發書　宋特進王曇書
宋中散大夫羊欣書　宋太常卿孔琳書
齊侍中王僧虔書

第四

梁尚書王筠書　梁特進沈約書
梁交州刺史阮研書　梁征南將軍蕭確書
梁蕭思話書　梁蕭子雲書
陳朝陳逵書　唐中書令褚遂良書
唐祕書少監虞世南書　唐率更令歐陽詢書
唐諫議大夫柳公權書　唐李邕書
唐諫議大夫褚庭誨書　唐尚書郎薛稷書

唐洺州刺史徐嶠之書　唐東宮長史陸柬之書
唐薄紹之書

第五

蒼頡篆書　夏禹篆書
魯司寇仲尼篆書　史籀篆書
秦丞相李斯書　秦程邈書
宋儋書　衞夫人書
古法帖　隋朝法帖
隋僧智果書　何氏書
蔡琰書　古法帖
僧懷素書　張旭書
古法帖

第六

晉王羲之書

第七

晉王羲之書

第八

晉王羲之書

第九

晉王獻之書

第十

晉王獻之書

法帖釋文第一

漢章帝

辰宿列張盈昃海鹹河淡鱗羽翔龍師火帝鳥官人皇始制文字乃服衣退邇壹體固談彼短無恃己長尺璧非尚寸陰是競孝當竭力忠興温若思慎終宜令學優登仕攝職從政都邑二京背芒面洛浮渭既集墳典亦

晉武帝

省啓知既下須防具具揚州寒到有者比尚擬之動静更啓也數遣信還

西晉宣帝

之白阿史病轉差未皆外曹尚書云得書法

東晉元帝

安軍未報平和之如何深可爲事也

八月九日眷頓首忽中秋但有遠懷便微冷恒何如比殊不能佳惟勿得慰抱念及不多司馬眷頓首

東晉明帝康帝哀帝簡文帝文孝王武帝書皆楷法故不復釋

宋明帝

鄭脩容有兄喪今成服汝可令汝内人知之再報休祐休範二家内人知也或報

齊高帝

吾今至破堈在路粗可尋還遲見卿不遠願信知卿深意也

梁武帝

數朝脚氣轉動不得多有憂懸情也二謝處委曲復當有情故舊數有書問不可復有興也知何時再言話報之

梁高帝簡文帝

唐太宗

肖氣　參具　邑欲怕死　欲似死　遽操翰墨

故斯表意　爲善之暇想足怡神　不知信復

今爲北邊動静　遣無　久嬰沈疾虛弊何言

昨旦臨朝略無勞倦　不佳旦來何似　軒丘御宸

六相宣其景化嬀水乗時五臣濟其鴻業

數日來氣發今旦服一飲子不得相見

高宗

太子無事欲僻洛城西門仗聽更不須覆

陳長沙王叔懷

云須儆吾既不司此行極是園中梅始發既無工力治未花之與儆令付此不多叔懷答自足何用此花

永陽王陳伯智

熱甚汝習讀爲勞吾疾劣遣不具伯智疏寒嚴比氣力何似僕疾劣甚情想遇令信旨此不多陳伯智疏

法帖釋文第一

法帖釋文第二
漢張芝
知汝殊愁且得還爲佳也冠軍𨓈暢釋當不得極蹤
可恨吾病來不辨行動潛不可耳終年纏此當治何
理耶且方有諸分張不知比去復得一會不講竟不
竟可恨汝還當思更就理一昨遊悉誰同故數往虎
丘不此甚蕭索祖希時面因行藥欲數處看過還復
共集散耳不見奴粗悉書云見左軍彌數論聽故也
今欲歸復何適報之遣不知緫散　侍郎耶言別
事有及過謝憂勤
二月八日復得鄱陽等多時不耳爲慰如何平安等
人當與行不足不過彼與消息

八月九日芝白府君足下不日秋涼平善廣深彌邁
想思無違前比得書不遂西行望遠懸想何日不懃
捐業漂没不當行李又去春送舉喪到美陽須待伴
比故遂簡絶有緣復相聞餐食自愛張芝幸甚幸甚
崔子玉
賢女委頓積日治此爲憂懸憔心今已極佳足下勿
復憂念有信來數附書知聞以解其憂
魏鍾繇
吳皇象
文武將墜乃俾俊臣整我皇綱董此不虔古君子即
戎從身昭其果毅尚其桓桓師尚七十氣冠三軍詩
人作歌如鷹如鸇天有泰一五將三門地

臣象言頭闇容𧀰加以年老凡百乖織無所聞宜特
蒙哀傷殊異之遇安感騎乘之懽遊息之燕淳和足
使忘軀命榮觀足以光心脊延望翹翹念在効報而
走垂須終何才力以答新恩唯尚有借近趙走文
過首貧尚尋天恩智方當私成無任顏愛自彌文唯
晉張華
得書爲慰僕諸惛疾已甚𨓈西卧歸還乃悉比將念
反不具張華呈
桓温
大事之日僕在都謂無所復見慰勞又計時事也逐
節郎來已具言意餘所慰勞諸相具荅邊將粗當尓
耳僕無所使治度意

王導
省示具卿辛酸之至吾甚憂勞卿此事亦不𨓈忘然
書足下所欲致身處尚在轂中王制正自欲不得許
卿當如何導亦天明往
導白改朔情增傷感濕丞自何如頗小覺損不帖有
應下懸耿連哀勞蒲悶不具王導
王敦
敦頓首頓首蜡節忽過歲暮感悼傷悲今邑想自如
常比苦腰痛憒憒得示知意反不以悉王敦頓首頓
首
王洽
洽白辱告承問洽故爾劣劣兾以復叙還日不具王

洽再拜
洽白向感塞不成叙得告承問殊乏劣白不具王洽
再拜

王珉
十八日珉白以二書繁至未更近問懸情不適似可
不吾羸疾故爾憂深力書不具王珉敬問　得書
至之吾亦
今欲出耳吾此月急遣廿四是王濟祖日欲必赴卿
可勉過明吾當下解相待餐出亦遣報既至王家畢
卿可豫檄光公令作一頓美食可投其飦也王珉相
報

王珣
三月四日珣頓首末冬衆感得七月書知問即日何
如秋槩憂之劣不具王珣頓首白

王廙
廿四日廙白唯久白想適妙來行未面遅想得示知
同云蕺何生相見近及不多王廙白
七月十三日告藉之等近日遣王秋書不言月行復
半念汝　思不可堪居柰何柰何兩涼不差
娗何如汝所患遂差未懸心不可言阿母蒙恩上下
悉佳宜可行　瘧如復斷要取未斷愁人宜復具日
發與别冈冈不可言今遣使未北反書不足白復會
日消息廙疏

郗鑒

郗愔
九月七日愔報比得章知弟漸佳至慶想今漸勝食
進不新差難将適猶懸憂遣不具愔報
廿四日愔報比書想悉達日諒弟佳不及數字愔報
遠近何　王右軍竟去不付石首千一節
想親親悉如常敬豫何當來耶道祖故未善差愔在
尚書不見來多日

郗超

衞瓘
頓州民衞瓘惶恐死罪中闕音敬望想想懷在外累
年始尓得還情甚踊躍旦望卅里上頜節度明日乃
入奉説欣承福祚得白不具瓘惶恐死罪

衞恒
一日有恨知問未面爲歎欲七日去耶恒白

謝安
柰何柰何臨書悽悶

謝万
汝等各可可知近聞邑邑吾涉道動下疢乏劣力及
不具具告父疏

法帖釋文第二

法帖釋文第三
晉庾亮
媞音氏又音啼弟江淮呼母也
庾翼
翾飛也音栩　吾哀勞何賴愛護時不足下頃氣力
孰若别時
沈嘉
嘉頓首頓首歲有感懷深寒切想各平安僕勞弊遣
不具沈嘉頓首頓首
杜預
十一月十四日預頓首歲忽已終别久益兼其勞道
遠書問又簡闊得來說知消息申省次若言面
親故數移轉想祖父白具云也祖父知足下來言小
大云具絶汝親親也有信數附書信以慰吾心也
王循
七月廿四日循　頓首秋月感思深得近示爲慰餘
熱比復可不僕疾患故尒不平復頓勿力書不盡王
循　頓首
劉超
謝璠伯
此計江東精兵不可卒得唯當善養見者而事慮日
多如比來憂懷實已萬端
王徽之
得信承嫂疾不減憂灼寧復可言吾便欲往恐不見

汝等湖水泛漲不可渡遂復隔絶不然尋已往彼故
遣疏知吾遠懷不具徽之等告
謝莊
弟昨還方承一日忽患悶當時乃尒大惡殊不易追
企怛想諸治昨來已漸勝眠食復云何頃日寒重春
節至居患者無不增動今作何治眼風不異耳指遣
承問謝莊白呈左僕射
司馬攸
劉瓌之
瓌之頓首頓首末陽遠感閏知有患耿耿知以自屈
恨不相見力及不比望瓌之
王坦之王涣之王操之王凝之
索靖
載妖蘡過感灾畄莫告咎皐陶　士繩罪報鞫按
據琥裁割章戮羞屈愬謾逆曲歸想輟寂鬬爭念復
靴鼓肆陳愛　於　琴瑟以詠歌其命禽爵翔榮獸
乃歌舞聲翳麗城越動飛走脉土處農姫業掌稷
七月廾六日具書靖白雖數相聞不解勞倦信具得
書　云宅及計來東言展有期索靖白
劉穆之
所欲足下家弊耳倉卒無禄故推遷不得不相用事
已御出寧復吾所得迴復足下且當就之公還當思
更律啓申師情事也劉穆之白
王劭

紀瞻

瞻白昨信來　今蓋又貧家無以將意今粉二斗少香所謂物微意全者也力書不多紀瞻頓首

王歆

張翼

廿三日　卿翼頓首節過多懷得近書爲慰意尙如深勞弊頓弖力還不具

陸雲

三月十六日雲白春節餘不適得示知足下平安爲思面未如何由如何信數之及卿既清邃可之經高言人歎之當今征南取之也

王邃

王恬

得示知足下問吾故不差殊劣劣力不具王恬白

山濤

卞壺

足下佳不朝　郎上獲諸誠文墨至便在舍事許攺愛子紙下物知此草勿令一人見也吾今敕書事令不發亟付卿發發便客令人傳之壹白

謝發

未欲旨問悲酸悒悒想不久可得還耳執筆惻感

王曇

昨服散差耳然不過佳請和所宜如更增劇恐難爲力耳未能令遣俗有餘念頓耳王曇答和南

羊欣

書欲何言

孔琳

日月深酷撫膺崩叫心肝分膾尋繹懊憹觸感隕絕孤思悒悒自郡地最當柰何不孝柰何念痛悼難勝得去月二示知君所患故爾不差甚有幽悒熱盛比復何似想已轉佳眠食極勝也善將治之孤子並疾患歎具悒悒脚中轉劇近明散未覺益慨頓何賴扶力迷甚不次孤子孔琳柰何頓首

王僧虔

法帖釋文第三

法帖釋文第四

王筠

沈約

今年約垂　始得此　沈約白十一月十六日

阮研

道增至得書深慰已熱卿何如吾甚匆匆始過嶠今
便下水未因見卿爲歎善自愛異日當至上京有因
道增行所具少字不具阮研頓首

蕭確

故以孝事君則忠以敬事長則順忠順不失以事其
上然後能保其祿位而守其祭祀蓋士之孝也詩云
夙興夜寐無忝尒所生

蕭思話

一月二日思話白節近認寒切足下復何如比何一
涉道久當諸惡耶少首望近吾所患猶尒思話白

蕭子雲

陳逵

十二月廿五日逵白歲終感慘寒切足下何如遣不
悉陳逵

伯禮啓明願問訊足前許借　蠡今遣請受願付
佳仰干悚息謹啓

褚遂良

諸何足言　更得汝狀　汝悉也

虞世南

率一兩日　訪問願爲奉答
賢兄處見臨樂毅論便是青過於藍欣抃無已數願
學耳世南近臂痛發書不堪覼縷也虞世南呈十三
日遣書謹空得書爲慰可言也

潘六云司未得近問莫耶數小奴等計不日當有狀
來

歐陽詢

吳君何當至　定須寄信意　未能平復
極欲知君等

柳公權

未即展豁尚增　後使送往耶

李邕

褚庭誨

薛稷

徐嶠之

陸柬之

近得告爲慰上下無恙恙不得吳興近問懸心得藥
書散勢耿耿嘗也

薄紹之

知弟定欲　江參軍　薄紹之白

法帖釋文第四

法帖釋文第五
蒼頡
夏禹
仲尼
史籀
李斯
程邈
宋儋
衛夫人
古法帖
兄子皆佳能數爲也
隋朝帖

智果
奕奕皆有一種風氣　奕奕如有神力　豈須文譜
范懷約眞書有分草書無功故知簡牘非易　志其
名　李斯見重一時耶
何氏
吞聲飲氣不勞頓爾他便生異議速自詳荅取竟勿
滯留也
去留深情故當所尒餘散輩停歲積故切思歸三月
下旬還非賒冀叙不遥　路行乃寂絶傷心
蔡琰
我生之初尚無爲我生之後漢祀衰
古法帖

孤不度德量力欲　義於天下而措術淺短遂至昌
蹶然至于今日志猶不息君謂計將安出
亮曰董卓已來豪傑並起跨州連郡不可勝數曹操
比於袁紹則名微而衆寡故能剋紹以弱爲強今日
擁百萬之衆協挾天子而令諸侯誠能不可與爭鋒也
右帖四前二具載王獻之帖中此不復釋後
二帖亦與獻之筆法同
懷素
右軍云吾眞書過鍾而草故不減張僕以爲眞不如
鍾草不及張所爲世之所重以其能懷素書之不足
以爲道其言當不虚也
張旭

足下晚後不知疾痛如何深極憂難比也上下安之
必得發耶
得足下十五日問爲慰僕前患差張旭書
古法帖
既移屋近西墻微援裏地成大寛援裏起小三架如
步廊政可一丈梁得使二家通出入作門閤也此屋
之東故應作墻直步廊一壁太單空園中彌宜移三
閒屋故當不甚難重複粗畫圖如别耳
足下既有意適閑曠亦當惡暑耶遊矚踈數慰對告
今少吾今年病垂耳始小差大小會使疾惛忽移日
耳每每深望遠言慰尚賒慨然玄過之音介忽忽
書復既與直人理略絶何緣復有周旋理長史斷闊

亦不減卿唯公事時相瞻望耳吾面信遂至今不著
不可解計至故應必有香但不知好惡云何耳須得

法帖釋文第五

法帖釋文第六

王羲之

適得書知足下問吾欲中治甚憒〻向宅上靜佳眠
都不知足下來一甚無意恨不躄面王羲之
知欲東先期共至謝欲處云何欲行想忘耳過此如
命差涼君可不今日定頓不遅面力知問王羲之
比奉對對兄以釋豈一汝不可言未知集聚日但有
慨歎各慎護前與嫂試求屏風遂不得答爲也
奄至此禍情願不遂緬然永絕痛之深至情不能已
況汝豈可勝任柰何柰何無由敘哀悲酸
日月如馳嫂棄背再周去月穆　大祥奉瞻廓然永
惟悲摧情如切割汝亦增慕省疏酸感
兄靈柩垂至永惟崩慕痛貫心膂痛當柰何計
慈顔幽翳垂卅年而吾忽忽不知堪臨始終不發言
哽絕當復柰何吾頃至忽忽比加下
省別具足下小大問爲慰多分張念足下懸情武昌
諸子亦多遠宦足下兼懷並數問不老婦頃疾篤救
命恒憂慮餘粗平安知足下情至
旦夕都邑動靜清和想足下使還　時州將桓公
告慰情企足下數使命也謝無奕外任數書問無他
仁祖日往言尋悲酸如何可言
伏想嫂安和自下悉佳松上下至乖隔十八年復得
一集且悲且慰何指喻嫂疾至篤憂懷甚深穆松難
爲情地自慰猶小差然故忽忽糞得涼漸和耳

諸從並數有問粗平安唯脩載在遠音問不數懸情
司州疾篤不果西公私可恨足下所云皆盡事勢吾
無間然諸問想足下別具不復一一
此諸賢粗可時見省甚爲簡　遠須異多小患而吾
疾篤不得數爲歎耳
宰相安和殷生無恙時面兄當宣兄懷　啾豆鼠傷
如佳今送能啾不
得足下旃罽胡桃藥二種知足下至戎鹽乃要也是
服食所須知足下謂須服食方回近之未許吾此志
知我者希此有成言無緣見卿以當一笑
秋中感懷異雨冷足下各可耳脾風遂欲成患甚憂
之力知問王羲之頓首

又不能不痛熈孝　政尓復何於求之度政當求之
内事餘理不絶求之一條當有冀不信冈然前塗頗
乙乙誨之以悟其心疾不退潛損亦當日深豈可以
常理待之此豈常憂不審食復何如云肌色可可所
堪轉勝復以比慰馳竦耳
吾有七兒一女皆同生婚娶以畢唯一小者尚未婚
耳過此一婚便得至彼今内外孫有十六人足慰目
前足下情至委曲故具示
省足下別疏具彼土山川諸奇揚雄蜀都左太沖三
都殊爲不備悉彼故爲多奇益令其遊目意足也可
得果當告卿求進少人足耳至時示意遲此期眞以
日爲歲想足下鎮彼土未有動理耳要欲及卿在彼

登汶領峨眉而旋實不朽之盛事但言此心以馳於
彼矣
云譙周有孫高尚不出今爲所在其人有以副此志
不令人依依足下具示
嚴君平司馬相如揚子雲皆有後不
夫人遂善平康也足下各可不冀行復面王羲之頓
首
想小大悉佳蔡家賓至君情感益深唯當撥遣之耳
知足下散勢小差此慰無以爲喻云氣力故尓復以
胡怛想散患得差餘當以漸消息耳
吾頃無一日佳衰老之弊日至夏不得有所啾而猶
有勞務甚劣

昨得熈廿六日書云患氣懸情
知足下連不快何尓耿耿善將適吾積羸困而下積
日不斷情慮尚深殊乏自力不能悉
小佳更致問一一適脩載書平安
羲之白奉告慰反側伏想比安和伯熊過見之悲酸
大都可耳惟垂心羲之平平一日白比具羲之白送
此鯉魚征與敬耶不在不乃邑邑不
月半哀悼兼至柰何柰何得告承復下懸耿至匆匆頗
不具王羲之再拜
今遣鄉里人往口言也行成旅以從是月也景風司
至星火殷宵伯趙鳴而載陰奕鳩習而揚武時可以
升高遠望禮可以出宿餞行有詔具僚爰開祖

廿二日羲之報近得書即日又得永興書甚慰想在
道可耳吾疾故尔沉滯憂悴解日面近不具羲之報
四月二十三日羲之頓首昨書不悉君可不腫劇憂
之力遣不具
羲之頓首闊別稍久眷與時長寒嚴足下何如想清
豫耳披懷之暇復何致樂諸賢從就理當不踈吾之
朽疾日就羸頓加復風勞諸無意賴促膝未近東望
慨然所冀日月易得還期非遠耳深敬宜音問在數
遇信忽遽萬不一陳
旦極寒得示承夫人復小欬不善得眠助反側小尔
復進何藥念足下猶悚息卿可不吾昨暮復大吐小
噉物便尔旦來可耳知足下念王羲之頓首

卿與虞休意書有所問足下旨爲致誠答令旨意致
來勿忘此意自決令以資嚴知小大疾患念勞心
四月五日羲之報建安靈柩至慈蔭幽絶垂卅年永
惟慕痛徹五內永酷奈何無由言昔臨紙摧哽羲之
報
吾昨得一日一起腹中極調適無所爲憂但頓情不
可言耳
侍中書書徐侯遂危篤恐無復冀深令人反側
敬豫乃成委頓令人深憂
適十五日問清和爲慰復得南後問不想十二便速
王之始興奴長就令人邑邑想無所至耳還具示問
追尋傷悼但有痛心當奈何奈何得告慰之吾昨頻

哀感便欲不自勝舉旦復服散行之益頓乏推理皆
如足下所誨然吾老矣餘願未盡惟在子輩耳一旦
哭之垂盡之年將無復理此當何益冀小却漸消散
耳省卿書但有毀塞足下念顧言散所豁多也王羲
之頓首
不得臨川問懸心不可言子嵩之子來數有使冀因
得問問示之
得袁二謝書具爲慰袁生暫至都已還未此生至到
之懷吾所也
想小大皆佳知賓猶爾耿耿想得夏節佳也念君勞
心賢姊大都轉差故有時嘔食不已至足言年衰
疾久亦非可倉卒大都轉差爲慰以大近不復服散

常將陟厘也此藥爲益如君告
適太常司州鎮軍諸人廿五六書皆佳司州以爲平
復此慶慶可言餘親親皆佳大奴以還吴也冀或見
之
司州供給寥落去無期也不果者公私之望無理或
復是福得大等書慰心今因書也野數言跡平安定
太宰中郎
近因得里人書想至知故面腫耿耿今差不吾比日
食意如差而髀中故不差以此爲至患至不可勞力
數字令弟知問耳
疾患差也念憂勞王羲之頓首
想弟必有過理得暫寫懷若此不果復期欲難冀臨

書多歎吾不復堪事比成此書便大頓
卄日羲之頓首節日感歎深念君增傷灾雨君可也
僕可耳力數字王羲之頓首
定聽他母子哀此遂不還可令未也
適重熈書如此果尓乃甚可憂張平不立勢向河南
者不知諸侯何以當之熈表故未出不說説荀侯疾
患想當轉佳耳若熈自勉此一役當可言淺見實不
見今時兵任可處理
二謝在此近終日不同之此歎恨不得方回知幸知
幸後問令人怛怛

法帖釋文第六

法帖釋文第七

七月一日羲之白忽然秋月但有感歎信反得去月
七日書知足下故羸疾問觸暑遠涉憂卿不可言吾
故羸乏力不具王羲之白
得都下九日書見桓公當陽去月九日書久當至洛
但運遟可憂耳蔡公遂委篤又加癖下日數十行深
可憂慮得仁祖卄六日問疾更委篤深可憂當今人
物眇然而艱疾若此令人短氣
謝光禄亦垂命可憂念二朝奄忽傷人懷今年彫落
可哀歎
徂暑感懷深得書知足下故頓乏食差不耿耿吾故
亦耳未果爲結力不具王羲之
月半念足下窮思深至不可居忍雨濕體氣各何如
參軍得針灸力不甚懸情當深寛割晴通省苦遣不
具王羲之白
長素差不懸耿小大佳也得敬豫九日問故進退
之深知念許君與足下意政同但今非致言地甚勑
勑亦不知范生以居職未以卿示輙便及之吾尚不
能惜小節目但一開無解已又亦終無能爲益適足
爲煩瀆足下呼尓不
每念長風不可居忍昨得其書既毀頓又復壯温深
可憂謝生多在山不復見且得書疾惡冷耿〻想數
知問雖得還不能數可歎
初月二日羲之頓首忽然今年感兼傷痛切心柰何

柰何念君哀窮不已羲之皇恐
足下時事少可數來至人相尋下官吏不東西未委
若爲言叙乖足下不返重遣信往問願知心素
吾恠足下參朝少晚不審有何事情致使如然也王
羲之再拜
前從洛至此未及就彼參承願夫子勿悒悒矣當日
緣明府共飲遂闕問願足下莫見責羲之頓首
十一月廿七日羲之報得十四十八日二書知問爲
慰寒切比各佳不念憂勞久懸情吾食至少劣劣力
因謝司馬書不具羲之報
十月七日羲之報前過足下所得其書想殊有勞弊
然叔兄子孫有數人足慰目前情至取答委曲故具

示可令必達以副此志且山川甚有形勢遠想慨然
又出藥精要有驗信次可致當大惠也從弟分別吾
深憂慮卿女轗軻想何可處差充喜言不多耳羲之
皇象草章旨信送之勿三當付良信
遠婦疾猶尒其餘可耳今取書付想具
阮生何如此粗平安數絶問爲慰
羲之白君晚可不想比果力不具王羲之
得遠嘉興書計今日必度喜遅可言足下至慰今有
書想足下有旨信别告具之
云足下尚停數日半百餘里瞻望不得一見卿此何
可言足下疾苦晴便大熱　恒中至不易可得過夏
不甚憂卿還具示問

得告承長平未佳善得適適君如常也知有患者耿
耿念勞心食少勞甚頓還白不具王羲之再拜
足下小大佳也諸疾苦憂勞非一如何復得都下近
問不吾得敬和廿三日書無他重熈住定爲善謝二
侯省飛白乃致佳造次尋之乃欲窮本無論小進也
稱此將青於藍
知比得丹楊書甚慰乖離之歎當復可言尋答其書
足下反事復行便爲索然良不可言此亦分耳遅面
具具
太常故患胛炎僉體中可可耳僕射事已行以表讓
未知恕不未復司州旨告懸竦鄱陽歲使應有書而
未得

向亦得萬書委曲備悉使人慨然見足下乃悉知叔
虎剋昨發月半略必至未見勞參軍
熱日更甚得書知足下不堪之同此無賴早且乘涼
行欲往遅散也王羲之
知賢室委頓何以使爾甚助耿耿念勞心知得廿四
問亦得叔虎廿二日書云新年乃得發安石昨必欲
剋潘家欲剋廿五日也足下以語張令未前所經由
足下近如似欲見令送
七月六日羲之白多日不知問邑邑得二日書知足
下昨問耿耿今已佳也
期已至遅還具足下問耳當力東論道家無緣省苦
但有悲慨不得東此月問

信云舍子別送乃是北方物也何以欲此欲幾許
致此四紙飛白以為何似能學不
月末必往遲見君無以為喻
鄉里人擇藥有發簡而得此藥者足下豈識之不乃
云服之令人仙不知誰能試者形色故小異莫與嘗
見者謝二侯
昨見君歡後無喻然未善悉想宿昔可耳胸中云何
一善消息值周轉勝也耿耿疾患小差與弘遠俱詣
遲共寫懷王羲之
承足下還來已久　欲參慰為染患不能得往問眷
仰情深豈此委具一兩日少可尋冀言展若因行李
願存故舊今遇賢弟還得數張紙勞動幸不怪耳謹

此代申不具釋智永
此帖世多論為差誤蓋
太宗皇帝取其書類右軍遂參列其間所以
貴之耳
太宗於草聖最為深妙何乃特不曉此釋智
永字耶
雪候既不已寒甚盛冬平可苦患足下亦當不堪之
轉復知問王羲之
知遠比當造次遲見此子真以日為歲足下得審問
旨令吾
苟侯佳不未果就卿深企懷耳安好音信那可遇得
歸洛也計令解有懸休尋

知君當有分住者念處窮毒而復分乖尚可居情想
反理斷當
旦反想至所苦差不耿耿僕腳中不堪沈陰重痛不
可言不知何以治之憂深力不具王羲之頓首
深以自慰理有大斷其思豁之令盡足下勿乃憂之
足下殊當憂吾故具示問
晚復毒熱想足下所苦並以佳猶耿耿吾至頓劣異
涼意散力知問王羲之頓首
足下家極知無可將接為雨遂乃不復更諸弟兄問
疾深護之不具王羲之白耳
僕近脩小園子殊佳致果雜藥深可致懷也儻因行
往希見比二處動靜故之常患馳情散騎癰轉利慶

慰姊故諸惡反側永嘉至奉集欣喜無喻餘可耳得
華直疏故亦諸惡不差懸憂順何似未復慶等近消
息懸心君並何為耶此猶未得盡集理行大剋遲此
無喻龍保等平安也謝之甚遲見之
離不可居叔當西耶遲知問
知彼清晏歲豐又所使有無鄉故是名處且山川形
勢乃亦何可以不遊目
朱處仁今何在往得其書信遂不取答今因足下答
其書可令必達
愛為退臨書但有惆悵知足下行至吳念違
彼鹽井火井皆有不足下目見不為欲廣異聞具
示足下今年政七十耶知體氣常佳此大慶也想復

勲加頤養吾年垂耳順推之人理得尓以爲厚幸但
恐前路轉欲逼耳以尓要欲一遊目汶領非復常言
足下但當保護以俟此期勿謂虚言得果此緣一段
奇事也

法帖釋文第七

法帖釋文第八

王羲之

羲之死罪小大悉以來未　不可懷未復諮誨問懸
情計賓命行應至遲下公遠具承問妹極得散力以爲
至慰期等故尓耳因縁不多白羲之死罪
不審定何日當北遇信文白遲承後問
伏想清和士人皆佳適桓公十月末書爲慰云所在
荒甚可憂殺生數問比事勢復云何想安西以至能
數面不或云頓歷陽尓耶無縁同爲歎遲知問運民
不可得而要當得甚虗叛散
頓爲此足勞人意八日羲之頓首多日不知君問得
一昨書知君安善爲慰僕似小差而疲劇昨若耶觀
望乃苦輿上隱痛前後未有此也然一日一昔勞復
不極以此爲慰耳力不
鄉里人樂著縣戸令送其名可爲領受君頃就轉佳
不僕自秋便不佳令故不善差頃還少噉脯又時噉
麪亦不以爲佳亦自勞弊散係轉久此亦難以求泰
不去人間而欲求分外此或速弊皆如君言
便大熱足下晚可耳甚患此熱力不具王羲之上
此書因周常侍想必至
吾唯辨辨便知無復日也諸懷不可言知彼人已還
吾此猶有小人往來不欲來者其野近當往就之耳
不大思其方不見可久理而任之者悠然此可歎息
得西問無他想彼人甚平安此粗佳玄度來數日爲

慰
中郎女頗有所向不今時婚對自不可復得僕德意
君頗冷不大都此亦當在君耶發瘧比日疾患欲無
賴未面邑〻反不具王羲之
得書知問腫不差乏氣忽忽面近羲之報
足下各如常昨還殊頓匈中淡悶干嘔轉亂食不可
強疾高難下治乃甚憂之力不具王羲之
得書知足下問吾既不佳賢內妹未差延期
須狼毒市求不可得足下或有者分三兩停須故示
得書知問吾夜來腹痛不堪見卿甚恨想行復來脩
齡來經日今在上虞月末當去重熙旦便西與別不
不可不知安所在未審時意云何甚令人耿耿

一昨得安西六月書無他無所知表亦復常言耳
闊轉久勞想豈舍知足下常得之卒未近緣如何足
下數令知問
十一月四日羲之白冬中感懷深始欲寒足下常疾
何如不得近問邑〻吾故苦心痛不得食經日甚爲
虛頓力反不具王羲之白
周益州送此邛竹杖鄉尊長或須今送　不得執手
此恨何深足下各自愛數惠告臨書悵然
阮公故爾可憂時放恕人事今令遂言何可守篤大
灸不得力而從事以至甚無計自必出唯須小佳鐵
石今出取救足下可復助旦令得通
家月末必至上虞妹亦俱去

此蒸濕難爲人得示知足下故尔堪行想不成病耳
吾至無賴行剋王羲之頓首
不得西問耿耿
近令送此宅圖云可得卅畝尔者爲佳可與水丘共
行視佳者決便當取問其賈謝生多在山下不復見
且得書疾惡冷耿〻想數知問雖得還不能數可歎
不審比出日集聚不一尓緬然恐東旋未期諸情罔
飛白不能乃佳意乃篤好此書至難或作復與卿
羲之白昨故遣書當不相遇知君還喜慰足下時行
想今善除猶耿耿僕時行以十一日而不保如比日
便成委頓今日猶當小勝不知能轉佳不積不卿至
劣劣力還不具王羲之白

不審復何似永日多少看未九日當採菊不至日欲
共行也但不知當晴不耳倫等還殊慰意增慨知足
下疾患小佳當惠緣想必能果遲此善散非直思想
而已也尋復有問足下以數示由爲諸力不具
月半哀感柰何柰何念邑〻罔極之至不可居處比
日何似痺差不悒悒力知　王羲之頓首
知彼乃尓切切汝乃獨坐但有憂邑懸遠不能得遣
人且吾無復久意果去當南視汝等也
一昨得安西六日書無他無所大說故不復付送讓
都共表亦復常言耳如見子書道嵩自必果今復與
書督之足下勑令至并與遠書也奉黄甘二百不能
佳想故得至耳船信不可得不知前者至不

尊夫人不和想小尒今以佳念累息卿佳不吾故劣
〻力知問王羲之敬問
日五期結極以大先師之言皆著推此言之無驗如
此事君當欲知故及宜停宅
先生適書亦小小不不能佳大都可耳
三月十六日羲之白一昨省不悉兩快君可不万石
轉差也灸得力不不得後問懸悒不知懷君云當有
旨信遲望其至僕劣〻故遣不具還具示王羲之
取卿女知耳爲長史休種知何似耿耿
適欲遣書云得示知足下得涼以爲佳甚慰知多疾
患念勞心吾故不欲食幾以爲事恐不可久邑〻思
面行故果之王羲之
此郡之弊不謂頓至於此諸逋滯非復一條獨坐不
知何以爲治自非常才所濟吾無故舍逸而就勞歎
恨無所復及耳夏人事請託亦所未忽小都冀得小
差須日當何理

法帖釋文第八

法帖釋文第九

王獻之

相過終無復日悽切在心未嘗暫捉一日臨坐目想
勝風但有感慟當復如何常謂人之相得古今洞盡
此處殆無恨于懷但痛神理與此而窮耳盡此感深
殆無　處常恨況相遇之難而乖其所同省告不覺
灌流既已往矣亦復何言獻之
諸舍復何如吾家多患憂面以問慰情不知可耳承
永嘉比復患下上下諸疾患乃尒樵馳豈可懷不審
今復何如婢即平和耳貞壽不成病不蠶還慰姊意
今已嘗向發分張諸懷可言殊嘗復憂懸婢腹痛見
差不劉家疾患即差秀已還也
諸女無日事懸心阮新婦何日至慰姊目下
獻之死罪授衣諸感悲情伏惟哀慕兼慟痛毒難居
見徐雋并使君書承比極勝但承此凶問當復大頓
耳比日憂馳無復意不審尊體云何脚及可痛氣得
此哀號何如先大惡時灸創特不堪此不乃爲患眠
食幾許使君今地實難爲識然所以爲識政在此耳
獻之白奉別告承安和慶慰極冷不審尊體復何如
獻之比日如復小勝因夜行忽復下如欲作癖今服
藥盡溫燥理冀當可耳然異極都不得復小失和卿
惡亦不復得妄近生冷體氣頓至此令人絶歎行有
佳酒便服
想彼悉佳汝復見諸女不此近下故尒耳

獻之白承姑比日復小進退其尒不得一極和憂悚猶深不審以服散未必得力耳比騶相聞故云惡懸懷使君數得書也

獻之白思戀觸事彌至獻之既欲過餘杭州將若比還京必視之來月十左右便當發奉兄無復日比告何喻願復盡珎重理獻之白

獻之白節過歲終衆感纏心伏惟同之奉月初告承極不平復頭眼半體疾恒惡兄告說姊故殊黃瘦憂馳可言寒切不審尊體復何如眠食轉進不氣力漸復先耳遅復旨告獻之故尒獻之

願餘上下安和知婢日夕疏慰意育故羸懸心倪比健也適奉永嘉去月十二日動靜故常患不寧諸女

無復消息獻之

再拜夏節近感思深惟窮號崩絕不可忍處晴快不審體中何似食啜復多少甚馳情不審諸舍復何如未復西動靜不寧此多患反側願深寬勉故承問思戀無往不慰省告對之悲塞未知何日復得奉見何以喻此心唯願盡珍重理遅此信反復知動靜

十二月廿七日具疏操之獻之再拜歲盡無復日感思兼懷不自勝兄亦同之柰何〻〻奉十二日告承掾安和慰馳情姊三兄諸患故尒不損憂馳晴快不審尊體並復何如遅復來告操之故平〻已再服散冀得力獻之亦惡憒勿謹拜疏不具操之等再拜

衛軍猶未平和而哀勞殊未得盡消息理常以不寧僕射得散力甚慰表解臺職不知得恕不復冠軍告懸企

獻之白兄靜息應佳何以復小惡耶伏想比消息理盡轉勝耳礜石深是可疑事兄喜患散輒發癰勢為積乃不易願復更思獻之唯賴消息內外極生冷而心腹中恒無他此一事是差但疾源不除自不得佳論事當隨宜思之也獻之姊性纏綿觸事殊當不可獻之方當長愁耳

獻之白不謂鄱陽一門艱故至此追尋悲惋益不自勝柰何〻〻政坐視其滅盡使人悲慗賴子高在此不尒無可成獻之

阮新婦勉身得雄甚善散騎殊常喜也

雖奉對積年可以為盡日之歡常苦不盡觸頫之暢方欲與姊極當年之足以之偕老豈謂乖別至此諸懷悵塞實深當復何由日夕見姊耶俯仰悲咽實無已〻〻唯當絕氣耳

夏日感思兼悼切割心懷痛當柰何〻〻得思道書慰意薄執汝比各可不吾並故諸惡勞益勿〻獻之白疏

獻之白思戀轉不可言瞻近而未得奉見但有歎塞遅諸信還具動靜獻之白

白東告具天寶疾患問何其倉卒之子孫常欣倫早成家以此娛上下豈謂奄失此女悲惜深至惻切心懷嬡哀念當可為心情願不可保使人惋惋悲政常

隨事豁之耳嫂先積弊復有此痛心不審不乃惡不
甚以憂馳眠食復多少願遣無益盡消息理
吾十一日發吳興違遠兄姊感戀無喻俞慶等別不可
言比奉告故多患姊經感極頓憂馳益深適諮議十
六日告風疾故尔反側餘可行未東動静不寧吾宜
速吳與丞別兄進猶戀冈勞亦極惡馳情二女晚生
皆佳未復華姜疏比來得直疏故惡故足當視華也
汝兒女並可不
廿九日獻之白昨遂不奉恨深體中復何如弟甚頓
匆匆不具獻之再拜
承服腎氣丸故以爲佳獻之比服黄耆甚勲平平耳
亦欲至十齋當可知

得書爲慰吾先夜遂大得服湯酒諸治漸相故頓極
難勞知足下便去不得面別怏恨深保愛臨書增懷
王獻之
玄度時往來以此爲慰與公使適還數日具都下問
人情所憂良可歎息諸吳數問斷前來經日極爲差
云仁祖欲請爲軍司不知行不
慕容有易賴意耶
薄冷足下沈痼已經歲月豈宜觸此寒耶人生禀氣
各有攸處想示消息
益部耆舊傳令送想催驅寫取了慎不可過淹留吾
去月從孫家求信次頓尔頻爲亂反側錫大佳柳六
惠言錫可常餌亦覺有益耳

前告先以陳事意必是更有家信未知期説見德遠
書所致人耶何可足下令耶
鬱〻澗底松離〻山上苗以彼徑寸莖蔭此百尺條
世冑躡高位英雋沈下僚
一月廿九日告仲宗奉世諸兒禍變無常黄門隕背
哀痛摧剥不自勝任柰何柰何及書感塞父姑告
念外甥欲問郗新婦更篤憂慮深
獻之白思戀轉不可言瞻近而未得奉見但有歎塞
遅諸信還具動承冠軍故尔不覺轉勝灸無所覺憂
馳深汝燋悚可耳
可必不耳企遅此大都如常秀順至慰意順心痛委
頓燋勞諸舍不能集會深哽塞仰料静婢自常不和
知從事甚簡致此佳也

法帖釋文第九

法帖釋文第十

王獻之

吾當託桓江州助汝吾此不辦得遣人船迎汝當具東改枋三四吾小可者當自力無御迎汝故可得五六十人小枋諸謝當有便是見今當語之大理盡此信還具白髀痛可堪而以作書絕欲不可識

疾不退潛處當日深豈可以常理待之此豈常憂不審食復何如肌色可可所堪轉勝復以此慰馳竦耳消息亦不可不恒精以經心向秋冷疾下亦應防也

獻之下斷來恒患頭項痛復小尒耳

省前書故有集聚意當能果不足下小大佳不聞官前逼遣足下甚急想以相體恕耳足下兄子以至廣州耶當有得集理不念懸心也耳

近與鐵石共書令致之想久達不得君問以復經月懸情豈可言頃更寒不適頗有時氣君頃各可耳遅旨問僕大都小佳然疾根聚在右髀脚重痛不得轉動左脚又腫疾候極是不佳幸食眠意事爲復可〻冀非藏病耳

知鐵石前往快作樂諸君善處世一達於當年不復過此僕端坐將百日爲尸居解日耳不知那得一散懷何其相思之深臨書意塞

玄度何來遅深足人憂懸耶常謂有理因祠監多感足下事甚善然所造極難想足下每思先後公豈須言親〻不已意耳安石停此過半日猶得一宿何物喻之一十當浦送近道所以致歎陽諸懷兒不可言且不復得卿送有諸歎今此貪上道忽動小行多書夜十三四起所去多又風不差脚更腫轉欲書疏自不可已唯絕歎於人理耳二妹復平〻昨來山下差靜政當還委曲前書具想勝常也諸人悉何如承冠軍定入計今向達都汝奉見欣慶但恐停日不多耳慶等已至也鶩差不甚懸心宜道尋去奴定西諸分張少言

新婦服地黃湯來似減眠食尚未佳憂懸不去心君等前所論事想必及謝生未還何尒進退不可解吾當書問也

鴨頭丸故不佳明當必集當與君相見

不審阿姨所患得差否極令懸惻想東陽諸妹當復平安不審頃者情事漸差耶彼郡今載甚不能佳不知早晚至當遂至郡深想望

歎奴此月唯省一書亦不足慰懷深悉足下情素耳

七月二日獻之白孫權據有江東以歷三世國險而民附賢能爲用斯可與爲援而不可圖也益州天府之地高祖因之以成帝業荆州北據漢河利盡南海西連巴蜀東通吳會此用　之國而其不能治天所以資將軍將軍既是帝室之胄信義著於四海來之大國誠難至也

鄱陽書停諸舍便有月末具散騎書知情至草〻未發遣奉去月問承婦等復不能差深憂慮耳

獻之白不審疾得損未極憂及更能出入未前書云
至於散情嫂疾苦療得所深喜慰想必爲問敬和晚
際似差耶諸舍也能向諸弟各也
獻之白極熱敬惟府君此月内得書來時幾得問希
此消息極悶〻軍中復如何患膿不能潰意甚無賴
君有好藥必時復與府中多少極濟事耶
承冠軍故尓不覺轉勝灸無所覺憂馳深汝燋悚可
言
服油得力更能噉數麪只五六日停也不至絶艱辛
也足下明當必果想即日如何深想憶
近奉阿姑告知平安極慰人意獻之遂不堪暑氣力
恒惙恐是惡風大都將息近似小却
白承舍内分違近豫遂就難以喻痛濟理獻之白
復面悲積蕃首以不佳耿〻僕近動散委頓錐轉折
猶惙然發上尚以未定日冀以言首力還不復耳
還此令有書何以至不知諸舍故多患念勞以令差
也得領軍書故在風丹楊書當疾動耿耿亦足得鄱
陽近書爲慰丹楊疾者不果來甚悵恨
得西問不寢復云何令人邑〻具示
東家尚未欲下李參軍無政日有此議能自來此方
寸無使聞上極不妙之事獻之頓首
八月十九日具疏操之獻之再拜昨日諸願悉達奉
奉告慰馳心極冷不審尊體復何如操之劇故不差
常惡亦故爾憒〻獻之昨來復下如欲作癧殊乏極

服石的九冀得力謹謹不具操之等再拜
獻之白不審尊體復何如昨夜眠多少願盡寛喻理
憂馳可復言若得消息者獻之嫂等承更惡不審頃
痊復不必須散時終得力耶此藥甚佳想姊舉體不
能行履服遂差安西且無恙府君屬有和稀久滯行
路同人絶得此心故當擕其長幼詣汝上下知彼駱
驛有書示不足以慰吾意耶冬間必欲至足下所居
承使君明練不謂漸有勝也君散集驟然其大都可
耳吾上於月半間耶
鄱陽歸鄉承脩東轉有理吾賢異欲事必俟勝歡慰
于懷耶吾終權宜至承今年饑饉仰唯年支都乏絶
不謂乖又至於此耶吾脚尚未差極憂也
獻之等再拜不審海監諸舍上下動静比復常憂之
姊告無他事崇虗劉道士鵞群並復歸也獻之等當
須向彼謝之獻之等再拜
敬祖日夕還山陰與嚴使知聞頗多歲月令屬天寒
擬適遠爲當柰何柰何尓豈不令念姊遠路不能追
求耳
太宗皇帝嘗遣使購募古先帝王名臣墨帖
集爲十卷淳化三年冬
詔刊之後大臣登二府皆以賜焉歐陽脩云
往時禁中火災焚其板或云尚在但不賜元
祐四年臣得本於前金部員外郎臣吕和卿
命工模刻之後二年復取帖中草書世所病

讀者爲釋文十卷並行於時所以上廣
太宗皇帝垂意訓示天下後世之學者耳元
祐七年五月十有九日前承議郎臣劉次莊
謹題
太宗皇帝深於草書嘗論之智永帖中矣
眞宗皇帝亦善草聖
仁宗皇帝喜飛白飛白蓋王羲之以爲難而
不敢自以爲善者
仁宗皇帝乃獨善之
英宗皇帝最善書儒臣王廣淵以書得侍從
神宗皇帝喜徐浩書熙寧元豐間天下化之
臣爲宗正時聞

先帝大喜鍾王書天下復將化之而
先帝駕龍上天入太清矣七月八日臣次莊書

海岳名言

襄陽米芾

歷觀前賢論書徵引迂遠比況奇巧如龍跳天門虎卧鳳閣是何等語或遺辭求工去法逾遠無益學者故吾所論要在入人不爲溢辭

吾書小字行書有如大字唯家藏眞蹟跋尾間或有之不以與求書者心既貯之隨意落筆皆得自然備其古雅壯歲未能立家人謂吾書爲集古字蓋取諸長處總而成之既老始自成家人見之不知以何爲祖也

江南吴峴登州王子韶大隸題榜有古意吾兒尹仁大隸題榜與之等又幼兒尹知代吾名書碑及手大字更無辨門下許侍郎尤愛其小楷云每小簡可使令嗣書謂尹知也

老杜作薛稷慧普寺詩云鬱鬱三大字蛟龍岌相纏今有石本得視之乃是勾勒倒收筆鋒筆筆如蒸餅普字如人握兩拳伸臂而立醜恠難狀由是論之古無眞大字明矣

葛洪天台之觀飛白爲大字之冠古今第一歐陽詢道林之寺寒儉無精神柳公權國清寺大小不相稱費盡筋骨裴休率意寫牌乃有眞趣不陷醜恠眞字甚易唯有體勢難謂不如畫笲勾其勢活也

字之八面唯尚眞楷見之大小各自有分智永有八面已少鍾法丁道護歐虞筆始勾古法亡矣柳公權師歐不及遠甚而爲醜恠惡札之祖自柳世始有俗書

唐官告在世爲褚陸徐嶠之體殊有不俗者開元已來緣明皇字體肥俗始有徐浩以合時君所好經生字亦自此肥開元已前古氣無復有矣

唐人以徐浩比僧虔甚失當浩大小一倫猶吏楷也僧虔蕭子雲傳鍾法與子敬無異大小各有分不一倫徐浩爲顏眞卿辟客書韻自張顛血脉來教顏大字促令小小字展令大非古也

石刻不可學但自書使人刻之已非已書也故必須眞跡觀之乃得趣如顏眞卿每使家僮刻字故會主人意修改披撆致大失眞唯吉州廬山題名題訖而去後人刻之故皆得其眞無做作凡差乃知顏出於褚也又眞蹟皆無蚕頭鷰尾之筆與郭知運爭坐位帖有篆籀氣顏傑思也柳與歐爲醜恠惡札祖其弟公綽乃不俗於兄筋骨之説出於柳世人但以怒張爲筋骨不知不怒張自有筋骨焉

凡大字要如小字小字要如大字褚遂良小字如大字其後經生祖述間有造妙者大字如小字未之見也

世人多寫大字時用力捉筆字愈無筋骨神氣作圓筆頭如蒸餅大可鄙笑要須如小字鋒勢備全都無刻意做作乃佳自古及今余不敏實得之榜字固已滿世自有識者知之

石曼卿作佛號都無回互轉摺之勢小字展令大大字促令小是顛教顏眞卿謬論蓋字自有大小相稱且如寫太一之殿作四窠分豈可將一字肥滿一窠以對殿字乎蓋自有相稱大小不展促也余嘗書天慶之觀天之字皆四筆慶觀字多畫在下各隨其相稱寫之挂起氣勢自帶過皆如大小一般雖眞有飛動之勢也

書至隸興大篆古法大壞矣篆籀各隨字形大小故知百物之狀活動圓備各各自足隸乃始有展促之勢而三代法亡矣

歐虞褚柳顔皆一筆書也安排費工豈能垂世李邕脫子敬體乏纖濃徐浩晚年力過更無氣骨皆不如作郎官時婺州碑也董孝子不空皆晚年惡札全無妍媚此自有識者知之沈傳師變格自有超世眞趣徐不及也御史蕭誠書太原題名唐人無出其右爲司馬係南岳眞君觀碑極有鍾王趣餘皆不及矣

智永臨集千文秀潤圓勁八面具備有眞蹟自顛沛字起在唐林夫處他人所收不及也

字要骨格肉須裹筋筋須藏肉帖乃秀潤生布置穩不俗險不怪老不枯潤不肥變態貴形不貴苦苦生怒怒生怪貴形不貴作作入畫畫入俗皆字病也

少成若天性習慣若自然茲古語也吾夢古衣冠人授以摺紙書書法自此差進寫與他人都不曉蔡元長見而驚曰法何太遽異耶此公亦具眼人章子厚以眞自名獨稱吾行草欲吾書如排筭子然眞字須有體勢乃佳爾

顏魯公行字可教眞便入俗品

尹仁等古人書不知此學吾書多小兒作草書大段有意思

智永硯成臼乃能到右軍若穿透始到鍾索也可永勉之

一日不書便覺思澁想古人未嘗片時廢書也因思蘇之才恒公至洛帖字明意殊有工爲天下法書第一

半山莊臺上多文公書今不知存否文公與楊凝式書人尠知之余語其故公大賞其見鑒

金陵幙山樓隸榜石闗蔚宗二十一年前書想六朝宮殿榜皆如是

薛稷書慧普寺老杜以爲蛟龍岌相纏今見其本乃如柰重兒握蒸餅勢信老杜不能書也

學書須得趣他好但爲乃入妙別爲一好縈之便不工也

海岳以書學博士　召對　上問本朝以書名世者凡數人海岳各以其人對曰蔡京不得筆蔡卞得筆而乏逸韻蔡襄勒字沈遼排字黃庭堅描字蘇軾畫字　上復問卿書如何對曰臣書刷字

海岳名言

寶章待訪録

襄陽米芾

漢河間憲王購書必録古簡梁武元隋唐文帝金題玉躞錦質繡章破紙斷麻取而華國天寶以後或進書得官亦知上篤好本朝太宗混一僞邦國書皆聚然士民之間尚或藏者既非寳鑑皆以世傳聞見浸多懼久廢忘因作寶章待訪録以俟訪圖書使焉元祐丙寅八月九日

目覩

晉右軍王羲之書雪晴帖

右眞蹟在承務郎吳郡蘇激處集賢校理舜欽子也帖尾有古跋君倩字及褚氏字印

陳僧智永眞草書歸田賦

右眞蹟在襄陽魏泰處故南昌人裴題曰虞世南白麻紙有古跋曰開成五年白馬寺臨一過潭記其官潭泰遊湖外携行賞跋累日

唐率更令歐陽詢書衛靈公天寒鑿池帖

右眞蹟麻紙在魏泰處

唐彭王傅徐浩書張九齡司徒告

右眞蹟用一尺髙絹書多渇筆詞云正大厦者柱石之力臣帝業者輔相之功生則保其雄名没猶稱其盛德今在其孫曲江人嶺南縣令張仲容處其官於桂林借留半月仍以紙覆裹欲爲重背仲容惜其印縫古紙不許九齡神道碑亦浩書

唐中書令褚遂良枯木賦

右唐粉蠟紙搨書也在承議郎合肥魏倫處收以爲眞蹟魏氏刻石某官杭過潤借觀于甘露寺

唐太師顔眞卿書送辛子序

右眞蹟楮紙書在寶文閣學士謝景温處前後爲好事者以筆描二大印其文亂仍書鉉字其中幸不合縫鑒非鉉筆甚累墨寶其佐寶文于潭屢經賞閱

陳僧智永千文

右唐粉蠟紙搨書有古跋云契闊艱難不敢失墜信好事也在前國子監直講楊褒處得於外舅王安國某元豐五年過金陵見之内二眞字雙鈎塡者然人猶未信爲搨焉

陳僧智永千文

右楮紙書唐人臨寫在宣德郎陳升處恭公姪作梵夾冊雖非眞蹟秀潤圓活逼眞今已罕得某嘗三閲

智永千文半卷

右黄麻紙唐人臨書在刑部尚書丹陽蘇頌處

王右軍蘭亭燕集序

右唐粉蠟紙雙鈎摹本在蘇激處精神筆力毫髮畢備下眞蹟一等此幾馮承素輩搨賜大臣者舜欽父集賢校理者購于蜀僧元靄某與激友善每過公必一出遂親爲背飾

唐太師顔眞卿乞米帖

右眞蹟楮紙在朝請郎蘇澥處度支郎中舜元子也得於關中安氏士人多有臨搨本此卷古玉軸縫有舜元字印范仲淹而下題跋某嘗十餘閱

唐率府長史張旭四帖

右眞蹟在杭州陸氏大姓也舊有五帖第一秋深第二前發第三汝官第四昨日第五承湏今所存四帖汝官後有一古印文記不可辨昨日承湏二帖簇紙也陸氏子素從奉議郎關景仁學關因借撫三大帖余丱見石本於鎮戎軍及冠官桂林朝奉大夫關杞爲使者語及始知石在關氏二十五官潭杞通判邠州以石本見寄三十五官杭而景

仁爲錢塘令陸氏子登進士第者來謁與關謝而閱之既見眞蹟獨秋深一帖詰之良久顰蹙而言嘉祐中太守沈文通借觀拆留不還自此不復借出因亦不復借關遣工撫得之即歸詰遘弟遨時爲郡從事乃言在其姪延嗣處後復得閱令歸余家

王右軍來戲帖

右麻紙六朝人所臨寫旁注小眞字數枚復以雌黄覆之在蘇州故相丁謂孫景處後以一萬質于鄆州梁子志處故相梁適孫也又有唐雙鈎撫帖亦在丁景處某皆有題跋

韓擇木八分

硯以爲第一今人罕用澤州道人呂翁作澄泥硯堅重如石手觸輙生暈上著呂字青濰州石末硯皆瓦硯也柳公權以爲第一當時未見歙石以爲上品耳

硯賦

傅玄硯賦云木貴其能軟石美其潤堅劉道友以浮查爲硯知古亦有木硯

銅硯蜯硯

劉聰謂晉懷帝曰頃贈朕柘木銅硯袁彖贈庾翼蜯硯

水精硯

丁恕有水精硯大纔四寸許爲風字樣用墨即不出光發墨如歙石

玉硯

鎮潼留後李充伯得玉材琢爲圓硯發墨可愛

碧玉硯

許漢陽筆以白玉爲管硯乃碧玉以玻璃爲匣

鐵硯

青州熟鐵硯甚發墨有柄可執晉桑維翰鑄生鐵硯

漆硯

晉儀注太子納妃有漆硯

竹硯

異物志云廣南以竹爲硯

滌硯

凡硯須日滌之縱未能亦須日易其水洗宜用小氊

紋故歲久不脫裴休書杜甫詩只存一甫字其嘗爲杜板行以紀其事沈牌其官潭借留書齋半歲搨得之石本爲撫石僧希白務于勁快多改落筆端直無復縹眇縈回飛動之勢

唐太子率更令歐陽詢書荀氏漢書節

右楮冊小楷在潭州南楚門胡氏淳處

唐歐陽詢書道林之寺牌

右在潭州道林寺筆力險勁勾勒而成有刻板本又江南廬山多裴休題寺塔諸額雖乏筆力皆種種可愛

羲之千文

右楮紙書字筆力圓熟在宣州觀察支使王仲詵處故相珪之姪謬題賀知章書四字于韻字下非也

顔魯公頓首夫人

右眞蹟楮紙破爛過半在駙馬都尉王晉卿家

孫過庭草書千文

右眞蹟黄麻紙書縫有梁秀收閲字印王氏圖書四字隨圈四轉其異製也在如上

懷素詩一首

右眞蹟絹書在王晉卿第

張長史虎兒等三帖

右楮紙眞蹟同上

晉武帝王渾王戎王衍郗愔陸統桓温陸雲謝安謝萬等十四帖

右眞蹟在駙馬都尉李公炤第武帝王戎書字有篆籀氣象奇古墨色如漆紙皆磨破上有開元二字小印太平公主胡書印美哉不可得而加矣世之奇書也王涯永存珍祕印殷浩之印梁秀收閲古書記字印内郗愔一帖即閣本法帖所録者昔使王著取淳家書與閣下書雜模模此卷中獨取愔兩行餘在所棄哀哉謝安慰問帖字清古在二王之上宜乎批子敬帖尾也

晉謝奕謝安桓温三帖

右眞蹟麻紙書在李公炤家上有鍾紹京書印寶蒙審定字印印謝安一帖爲後人恐墨淡復用深墨塡過使人惋怛與前卷並有絹帖書爵號自爲名筆

黄素黄庭經

右同上字札古無褚薛體殆六朝人所作縫有鍾紹京印後有陶穀漢時跋云此換鵞經也甲戌九月十一日百計取得此書詳觀誠無唐盛時是銛鋒筆行書雖恐非右軍誠爾界行有鍾紹京書印二字小印卷末眞寫胎仙二字用陳氏圖書印印之又有錢氏忠孝之家印紙跋云山陰道士劉君以羣鵞獻右軍乞書黄庭經此是也逸少眞書此經與樂毅論太史箴告誓文累表也蘭亭洛神賦皆行書其他並草書也草十行敵行書一字行書

十行敵眞書一字耳又續題云此乃明州刺史李
振景福中罷任過浚郊遺光禄朱卿朱卿名友文
即梁祖之子後封博王王薨予獲於舊邸時貞明
庚辰秋也晉都梁苑因重背之中書舍人陶穀記
是日降麻以京兆安彦威兼副都統米某跋云印
小字乃唐越公鍾紹京印也此書在李太師第固
是甲觀

顔魯公郭定襄爭坐位第一帖

右褚紙眞蹟用先豐縣先天廣德中牒起草秃筆
字字意相連屬飛動詭形異狀得於意外也世之
顔行第一書也縫有顔氏守一圖書字印在宣教
郎安師文處長安大姓也爲解鹽池句當官携入

京欲背予得見之安自云季明文鹿脯帖在其家

晉王右軍稚恭進鎮帖

右麻紙書蹟後有太常卿蕭祐題跋在前著作郎
丁仲修處

晉王羲之官奴帖

右雙鈎麻紙本亦在王仲修處

唐張右史季明賀八清鑑等帖

右褚紙眞蹟筆法勁古不類他書世間季明第一
書也在承議郎蘇液處世多刻石

懷素千文

右絹書眞蹟在蘇液處沈遘刻板本是也

懷素書任華草書歌

右眞蹟兩幅絹書字法清逸歌辭奇偉在駙馬都
尉王晉卿第尚方有三幅乃其後幅適完嘗請出
第觀復歸尚方

李邕多熱要葛粉帖

右白麻紙眞蹟上有唐氏雜蹟字印陳氏圖書字
印勾德元圖書記字印紫微舍人石揚休物今在
其孫前宿州支使夷庚處前一帖與光八郎謝恵
鹿帖眞蹟余過甬上於夷庚處購得之

懷素草書祝融高座帖

右絹書兩行此字入神石紫微嘗刻石有六行在
不見前四行問夷庚云在王洙參政家此亦爲其
子弟購去矣

陳賢草書帖

右六七紙字奇逸難辨如日本書上亦有唐氏雜
蹟字印在駙馬都尉李公炤家

顔眞卿祭叔濠州使君文

右眞蹟楮紙書改抹多在長安安氏子師文携至
京

顔眞卿蹤拙帖

右麻紙書眞字清勁秀發亦與李大夫時顔責硤
州別駕此顔第一帖也

懷素三帖

右絹帖云貧道勞中如刀刺第二帖見顔公第三
帖律公發懷素不與世之第一帖也亦見于師文

懷素自序
右在湖北運判承議郎蘇泌處前一帖破碎不存其父舜欽補之
庾翼帖全幅上有竇蒙審定印
張芝王翼二帖非眞
虞世南汝南公主墓誌
歐陽詢碧牋四帖草聖
顔眞卿與李大夫奏事張潋二帖
懷素草書三幅楊凝式書三帖
皇象急就唐撫奇絶
右在故相張公齊賢孫名直清字汝欽處今爲楚州山陽主簿

王右軍相温破羌帖有開元印唐懷充跋
右筆法入神奇絶帖與王仲脩學士家稚恭帖同是神物有開元印懷充跋在蘇澄道淵之子之純處今爲歙州判官
王獻之送梨帖有黎氏印連柳公權跋王右軍言叙帖兩行有貞觀半印徐僧權字
右在左藏庫副使劉季孫處據柳公權跋於唐太宗書前雜出獻之書乃將其父書却黏於獻之帖後云又一帖柳誤以父爲子矣況不知書者乎
李邕四帖內一幅碧牋有唐氏雜迹印勾德元圖書記印陳氏圖書印與石夷庚所藏多熱帖同
右在章子厚家

王右軍筆陣圖前有自寫眞紙緊薄如金葉索索有聲
右同上章公自云借於趙竦今爲蔡河撥發
王右軍紙妙筆精帖有貞觀印王大令日寒帖有唐氏雜迹印
右故相王曾家物在其孫景融處後爲前龍圖待制沈括存中取之古跋右軍作羊欣大令作薄紹之仍將大中歲跋刮去數字塡爲薛邕記之而故相薛居正題曰和傅遺余此蓋和凝爲薛氏故物歸居正耳唐太宗雅不喜子敬書故時人以他名名之以應募所謂紹之書曰乃于耳字不刮去及不次獻之頓首字猶在一分許可識大中所跋既不能辨復爲不鑒之人所收遂使至寶永失其眞吁可痛也

的聞

唐僧懷素自序
右在朝奉郎蘇液處杭州沈氏嘗刻板本泌激皆舜欽子蘇氏自參知政事易簡之子耆耆子舜欽欽之子激四世好事有精鑒亦張彦遠之比已上三事並激云見之
洪元眘集右軍越州兩碑
右眞蹟在越州僧正子文處嘗通許借未果
褚遂良書黄庭經
右聞緑綾所書丁謂孫倩處質在無錫民家士多

因邑官借出

王右軍書家譜

右在山陰縣王氏家越州教授王渙之以書抵某具言有此書

虞世南書經

右同上在越州上虞

晉中令王獻之已復此節帖

右在朝請大夫新昌石元之家關景仁屢見之嘗摹石某見兩本字札精妙

虞世南書汝南公主銘起草

右在通直郎洛陽王護處見摹本給事中舉元子云眞蹟在洛陽好事家有古跋

歐陽詢四帖

右同上

顏魯公書韻海

右聞大書朱字魯公書小字他人作蘇駒云在其父刑部尚書處

柳公權書柳尊師墓誌

右眞蹟在錢塘唐坰處

張長史千文三帖

右同上模石乃李師中也洛陽人

歐陽詢鄱陽帖

右同上模石在靈隱寺

褚遂良臨王右軍二帖

右同上並坰自云未肯輕出

老子西昇經褚遂良書閻立本畫

右在觀文殿學士洛陽馮京處

晉王惲眞草帖晉張翼帖宋阮研帖宋蕭思話表文帝批荅

右在駙馬都尉李瑋處某並見石本後見李云在高橋楊氏未獲見

顏眞卿寒食帖

右綾紙書在中書舍人錢勰處世多石本

王右軍王潤帖

右蘇州教授閭丘籲云在承議郎建安王寔處有古跋令裝書人背乂不還及剪却半跋皆唐名公也付理不可得匠人願陪四十千即知其切眞得金已多

蘭亭摹本

右正議大夫章惇跋蘇激所收蘭亭云此與吾家所收同

褚遂良奉書寧帖

右在關杞某見石本

晉葛玄飛白天台字

右見石本眞蹟聞在台州

唐東宮長史陸東之書十八學士贊

右西京留臺王璀云在舍弟珪處

唐高閑書令狐楚詩

右真蹟在户部尚書康季常家其見石本在湖州

歐陽詢二帖

右在朝議大夫晁端彦處其本與蘇州進士周沔

懷素書蕭常侍日下三帖

右同上

宋羊欣宋翼二帖并褚令模蘭亭

右見中書舍人蘇軾云在故相王隨之孫景昌處撫石在湖州墨妙亭屢見石本今在沈存中括家

柳公權紫絲靸蘭亭詩二帖

右待制王廣淵撫石跋云龍圖大諫李公師府暇日出書請撫石李師中也洛陽人

張長史全本千文

右見臨淮令曾孝蘊云在京師謝氏亦寶文公遠族也

顔魯公帖一軸五幅

右見湖州巡檢供奉官石裔駙馬之孫云在其兄處

王子敬帖

右宣義王頎云其父所收未得將出

寶章待訪録終

此卷缺弘治年華氏翻宋本重校摸補

米元章書史

金匱石室汗簡殺青悉是傳録河間古簡爲法書祖張彦遠志在多聞上列沮蒼按史發論世咸不傳徒欺後人有識所罪至於後愚妄作組織神鬼止可發笑余但以平生目歷區別無疑集曰書史所以指南識者不點俗目

劉原父收周鼎篆一器百字刻跡煥然所謂金石刻文與孔氏上古書相表裏字法有鳥跡自然之狀宗室仲忽李公麟收購亦多余皆嘗賞閲如楚鍾刻字則端逸遠高秦篆咸可冠方今法書之首秦漢石刻塗壁都市前人已詳余閲書白首無魏遺墨故斷自西晋晋賢十四帖檢校太師李瑋於侍中王貽永家購得第一帖張華眞楷鍾法次王濬次王戎次陸機次郗鑒次陸玩表晋元帝批答次謝安次王衍次右軍次謝萬兩帖次王珣次臣詹晋武帝批答次謝方回次郗愔次謝尚内謝安帖有開元印縫兩小璽建中翰林印安及萬帖有王涯永存珍祕印大卷前有梁秀收閲古書印後有殷浩印殷浩以丹梁秀以赭是唐末賞鑒之家其間有太平公主胡書印王溥之印自五代相家寶藏侍中國壻丞相子也

太宗皇帝文德化成靖無他好留意翰墨潤色太平淳化中嘗借王氏所收書集入閣帖十卷内郗愔兩行二十四日帖乃此卷中者仍於謝安帖尾御書親跋三字以還王氏其帖在李瑋家余同王涣之飲于李氏園池閲書晝竟日末出此帖棗木大軸古青藻花錦作標破爛無竹模晉帖上反安冠簪樣古玉軸余尋製擲棗軸池中拆玉軸王涣之加糊共裝爲一坐大笑要余題跋乃題曰李氏法書第一（天下法書第一也）

又晋謝奕桓温謝安三帖爲一卷上有竇蒙審定印謝安帖後以濃墨模榻遂全暈過後歸副車王詵家分爲三帖云失謝安帖以墨重暈唐人意寶此帖而反害之也後人可以爲戒李瑋云亦購于王氏

又黄素黄庭經一卷是六朝人書絹宇並無唐人氣格縫有書印字是曾入鍾紹京家黄素縝密上下是爲絲織成欄其間用朱墨界行卷末跋台僊二字有陳氏圖書字印及錢氏忠孝之家印陶穀跋云山陰道士劉君以羣鵝獻右軍乞書黄庭經此是也此書乃明州刺史李振景福中罷官過浚郊遺光禄朱卿卿名友文即梁祖之子後封博王王薨余獲于舊邸時貞明庚辰秋也晋都梁苑因重背之中書舍人陶穀記是日降制以京兆尹安彦威兼副都統余跋云書印字唐越國公鍾紹京印也晋史載爲寫道德經當舉羣鵝相贈因李白詩送賀監云鏡湖流水春始波狂客歸舟逸興多山陰道士如相見應寫黄庭換白鵝世人遂以黄庭經爲換鵝經甚可笑也此名因開元後世傳黄庭經多惡扎皆是僞作唐人以畫賛猶爲非眞則黄庭内多鍾法者猶是好事者爲之耳

又有唐摹右軍帖雙鈎蠟紙摹末後一帖是奉橋三

百顆霜未降未可多得韋應物詩云書後欲題三百顆洞庭更待滿林霜蓋用此事開皇十八年三月二十七日參軍學士諸葛頴諮議參軍開府學士柳顧言釋智果跋其尾

晉右將軍會稽内史王羲之行書帖眞跡天下法書第二右軍行書第一也帖辭云羲之死罪伏想朝廷清和稚恭遂進鎮東西齊舉想剋定有期也羲之死罪長慶其年月日太常少卿蕭祐鑒定在王珪禹玉家後有禹玉跋以門下省印印之時貴多跋後爲章惇子厚借去不歸其子仲脩專遣介請未至是竹絲乾筆所書鋒勢鬱勃揮霍濃淡如雲煙變怪多態淸字破損余親臨得之

王羲之玉潤帖是唐人冷金紙上雙鈎摹帖云官奴小女玉潤病來十餘日了不令民知昨來忽發痼至今轉篤又苦頭癰頭癰已潰尚未足憂痼病少有差者憂之燋心良不可言頃者艱疾未之有良由民爲家長不能克己勤修訓化上下多犯科誡以至於此民惟歸誠待罪而已此非復常言常辭想官奴辭已具不復多白上負道德下愧先生夫復何言此帖連在稚恭帖後字大小一如蘭亭想其眞跡神妙右軍快雪時晴帖云羲之頓首快雪時晴佳想安善未果爲結力不次王羲之頓首山陰張侯是眞字數字帶行今世無右軍眞字帖末有君倩二字疑是梁秀縫有褚氏字印是褚令所印蘇氏有三本在諸房一余易得之一劉涇巨濟易得無褚印

晉太宰中書令王獻之字子敬十二月帖黄麻紙辭云十二月割至否中秋不復不得想未復還慟理爲即甚省如何然勝人何慶等慶等大軍下一印曰鍔書是唐相王鍔印後有君倩字前有絹小帖是褚遂良題曰大令十二月帖此帖運筆如火筯畫灰連屬無端末如不經意所謂一筆書天下子敬第一帖也元與快雪帖相連蘇太簡家物上有國老才翁子美題跋云鹵僧守一所藏先令以命服得之子美子激字志東與余分藏以書畫寳玩易之

王羲之筆精帖内兩字集在諸家碑上縫有正觀半印王獻之日寒帖有唐氏雜跡印後有兩行謝安批所謂批後爲荅也唐太宗不敬獻之慰問帖故於帖上刮去不次獻之白字謂之羊欣以應募而以前帖爲薄紹之書跋尾書官姓名云大曆某年月日下刮去古姓名五代人題曰薛邕記之後題一行曰某年和傳遺余押字是薛丞相居正此是和凝丞相改爲薛氏故物以遺薛也其後歸王文恵家文恵孫居高郵并收得褚遂良黄絹上臨蘭亭一本乞貲之官許余以五十千質之余時遷葬丹徒約王君友壻宗室時監羅務令輥亦欲往別約至彼交帖王君後余五日至余方襄大事未暇見之事竟見云適沈存中借去吾拊髀驚曰此書不復歸矣余遂過沈問焉沈曰且勿驚破得之當易公王維雪圖其父嘗許見與也

余因不復言後數日王君攜褚書見過大歎曰沈使其壻以二十星貲其行請以二十千留褚書余因不復取後十年王君卒其子居高郵欲成姻事因賀鑄持至儀眞求以二十千售之後蘇頌丞相家與沈之子博毅同會問所在曰分與其弟矣翌日蘇舜元子云屢見之

王獻之送梨帖云今送梨三百顆晚雪殊不能佳上有梨幹黎氏印所謂南方君子者跋尾半幅云因太宗書卷首見此兩行十字遂連此卷末若珠還合浦劍入延平大和三年三月十日司封員外郎柳公權記後細題一行曰又一帖十二字連之余辨乃右軍書云思言敘卒何期但有長歎念告公權誤以爲子

敬也縫有正觀半印世南孝先字跋孝先是本朝王曾丞相字劉季孫以一千置得余約以歐陽詢眞跡二帖王維雪圖六幅正透犀帶一條硯山一枚玉座珊瑚一枝以易劉見許王詵借余硯山去不即還劉爲澤守行兩日王始見還約再見易而劉死矣其子以二十千賣與王防唐太宗書竊類子敬公權能於太宗書卷辯出而復誤連右軍帖爲子敬公權知書者乃如此其跋馮氏西昇經唐經生書也乃謂之褚書者同也蓋能書者未必能鑒余既跋定之蘇子瞻於是跋詩曰家雞野鶩同登俎春蚓秋蛇總入奩君家兩行十二字氣壓鄴侯三萬籤蓋以晉史太宗贊貶子敬也然唐太宗力學右軍不能至復學虞行書欲上攀右軍故大罵子敬耳子敬天眞超逸豈父可比也

王羲之來戲帖黃麻紙字法清潤是少年所書滿一幅其間數字難辨六朝寫經褊字注之後人復以雌黃塗蓋歲久膠落字見五分在丁晉公孫受繪像恩澤者房下云晉公故物也欲以二十千見歸余即以其直取君以與余來往議此帖書粘於後質於其鄰大姓賈氏得二十千蓋意其可贖也今十五年矣猶在賈氏曾經人用薄紙搨書墨即透數行仍汙靜地深可歎息其家又有韓擇木八分一卷唐人薄紙摹五帖一幅

王羲之桓公破羌帖有開元印唐懷充跋筆法入神

在蘇之純家之純卒其家定直乆許見歸而余使西京未還宗室仲爰力取之且要約曰米歸有其直見歸即還余遂典衣以增其直取回仲爰已使庸工裝背剪損古跋尾參差矣痛惜痛惜

王右軍筆陣圖前有自寫眞紙緊薄如金葉索索有聲趙竦得之于一道人章惇借去不歸王右軍書家譜在山陰縣王氏右軍東方朔畫贊糜破處歐陽詢補之在丁諷學士家歸宗室令畤劉涇以僧繇畫梁武帝像易去

樂毅論智永跋云梁世摹出天下珍之其間書誤兩字遂以雌黃治定然後用筆今世無此改誤兩字本流傳余於杭州天竺僧處得一本上有改誤兩字又

不闕唐諱是梁本也
晉庾翼稚恭真跡在張丞相齊賢孫直清汝欽家古黄麻紙全幅無端末筆勢細弱字相連屬古雅論兵事有數疊字上有竇蒙審定印後連張芝王廙草帖是唐人偽作薫紙上深下淡筆勢俗甚語言無倫遂使至寶雜於瓦礫可歎余屢言與汝欽不肯拆也
濮州李丞相家多書畫其孫直祕閣李孝廣收右軍黄麻紙十餘帖一樣連成卷字老而逸暮年書也略記其數帖辭一云白石枕殊佳物深感卿至一云卿事時了甚快羣凶日夕云云此使鄴下一日爲戰場極令人惆悵豈復有慶年之樂耶思卿一面無緣可歎可歎一云九日以當力見一云重熙八日過信安一云祠物當治護信到便遣來忽忽善錯也一云謝書云云今送一云鶡等不佳令人獘見此輩吾衰老不復堪此餘不記也後有先君名印下一印曰尊德樂道今印見在余家先君嘗官濮與李東之少師以碁友善意其奕勝之余時未生此帖一卷世未見其比故是右軍名札也又有歐陽詢故事十餘帖老筆相連其子通書評書一卷張顛絹帖一卷七八帖乃少時書並在李孝廣處
中貴髙樓楊氏收數帖蕭思話表一思話字有鍾法此乃無而武帝批答四字君臣筆氣一同紙古後破前完此是唐人所爲然亦佳作今人不能爲也又王珉書真草是真跡有鍾張法張翼當是作宋翼魏人非真又阮研草帖竒古非偽又一帖如竹片書亦好事者爲之並無古印跋可考
陳僧智永真草書歸田賦在襄陽魏泰處後有一跋題云開成某年白馬寺臨一過潭記白麻紙書世人收智永書未有若此真也虞世南出於此書魏誤題曰虞世南書耳
唐彭王傅徐浩書贈張九齡司徒告浩九齡之甥在其孫曲江仲容處用一尺絹書多渴筆有鋒芒辭云正大厦者柱石之力匡帝業者輔相之功生則保其雄名殁猶稱其盛德飾終未允於人望加贈特至於國章故荆州大都督張九齡維嶽降神濟川作相開元之際寅亮成功讜言定於社稷先覺合於蓍蔡永懷賢相可謂大臣東帛所加樵蘇必禁荆州之贈相府未崇爰從八命之秩更重三台之位可特贈司徒嘗借留余家半月唐中書令褚遂良枯木賦是粉蠟紙搨書後有未能二字余辯是雙鈎唐人不肯欺人若無此雙鈎二字則皆以爲真矣在承議郎壽春魏綸處余於潤州見之
智永千文唐粉蠟紙搨書内一幅麻紙是真跡末後一幅上有雙鈎摹字與歸田賦同意也料是將真跡一卷各以一幅真跡在中搨爲數十軸若未無鈎填一字固難辨也是賈安公物作潤筆送王荆公其弟安國得之今在葉濤處安國壻也有古跋云契闊艱難不敢失墜學歐陽詢行體

唐越國公鍾紹京書千文筆勢圓勁在丞相恭公孫陳玕處今爲宗室令穰所購諸貴人皆題作智永余驗出唐諱闕筆及以遍學寺碑對之更無少異大年於是盡剪去諸人跋余始跋之

呂夏卿子通直君有歐陽詢草書千文蔡襄跋爲智永通直出示余欲跋答以必改評乃跋君欣然遂於古紙上跋正通直君失其名字

唐人臨智永千文半卷在丞相蘇頌家

蘇耆家蘭亭三本一是參政蘇易簡題贊曰有若像夫子尚興闕里門虎賁類蔡邕猶旁文舉尊昭陵自一閉眞跡不復存今余獲此本可以比璵璠第二本在蘇舜元房上有易簡子耆天聖歲跋范文正王堯臣參政跋云才翁東齋書嘗盡覽爲蘇泊才翁子也與余友善以王維雪景六幅李王翎毛一幅徐熙梨花大折枝易得之毫髮備盡少長字世傳衆本皆不及長字其中二筆相近末後捺筆鉤迴筆鋒直至起筆處懷字内折筆抹筆皆轉側褊而見鋒蹔字内斤字足字轉筆賊毫隨之於斫筆處賊毫直出其中世之摹本未嘗有也此定是馮承素湯普徹韓道政趙模諸葛正之流搨賜王公者褫花眞玉軸紫錦裝背在蘇氏舜元房題爲褚遂良摹余跋曰樂毅論正書第一此乃行書第一也觀其改誤字多率意爲之咸有褚體餘皆盡妙此書下眞跡一等非深知書者未易道也贊曰熠熠客星豈晉所得養器泉石留腴翰墨戲著標談書存爲式鬱鬱昭陵玉盌已出戎温無類誰寶眞物水月非虛移模奪質繡繅金鐍瓊機綿綍猗歟元章守之勿失第三本唐粉蠟紙摹在舜欽房第二本所論數字精妙處此本咸不及然固在第一本上也是其族人沂摹蓋第二本毫髮不差世當有十餘本一絹本在蔣長源處一紙本在其子之文處是舜欽本一本在滕中處是歸余家本也一本在之友處

泗州南山杜氏父爲尚書郎家世杜陵人收唐刻板本蘭亭與吾家所收不差有鋒勢筆活余得之以其本刻板回視定本及近世妄刻之本異也此書不亡于後世者賴存此本遇好事者見求即與一本不可再得世謂之三米蘭亭

宗室叔盎收蘭亭遂不及吾家本在舜欽本上因重背易其後背紙遂乏精彩然在都門最爲佳本王鞏見求余家印本曰此湯普徹所摹與贈王詵家摹本一同今甚思之欲得此以自解爾錢塘關景仁收唐石本蘭亭佳於定本不及余家板本也

唐太師顏眞卿不審乞米二帖在蘇澥處背縫有吏部尚書銓印與安師文家爭坐位帖責峽州別駕帖縫印一同爭坐位帖是唐鐵縣獄狀硾熟紙韓退之以用生紙録文爲不敏也生紙當是草上所用内小字是於行間添注不盡又於行下空紙邊横寫與刻本不同此帖在顔最爲傑思想其忠義憤發頓挫鬱

屈意不在字天眞璧露在於此書石刻粗存梗槩爾余少時臨一本不復記所在後二十年寶文謝景溫尹京云大豪郭氏分内一房欲此帖至折八百千衆乃許取視之縫有元章戲筆字印中間筆氣甚有如余書者面喻之乃云家世收久不以公言爲然

峽州別駕帖白麻紙眞字云疎拙抵罪聖慈含弘猶佐列藩不遠伊邇是也字類糾宗碑清甚又祭濠州使君文鹿肉帖並是魯公眞跡

山陽簿張君齊賢丞相之後收魯公二帖云奏事官至又曰爲憲之功後帖張溆郎官求辟類乞米帖及李太保帖

朱巨川告顏書其孫灌園屢持入秀州崇德邑中不用爲蔭余以金梭易之又一告類徐浩書在邑人王衷處亦巨川告也劉涇得余顏告背紙上有五分墨至今裝爲祕玩然如徐告粗有徐法爾王詵與余厚善愛之篤一日見語曰固願得之遂以韓馬易去馬尋於劉涇處換一石也此書至今在王詵處

送劉太沖序碧牋書王欽臣故物後有王參政名印王云因與唐坰兩出書各誤收卷去坰以將才不偶命而德其無鄰字剪去碧牋宜墨神彩艷發龍蛇生動覩之驚人不裝背揭去背紙以厚紙散卷之略一出即卷去其子云與智永千文柳公權書柳尊師誌歐陽鄱陽帖並同葬矣亦可歎息也或謂盜爲王詵賺去

蘇之才收碧牋文殊一幅曾公妙迹又有與夫人帖一幅當是其婢今在王詵家

曾公寒食帖綾紙書在錢勰處世多石刻

曾公一軸五帖見石裔言在兄處副車之孫也

懷素絹帖第一帖胷中刺痛第二帖恨不識顏尚書第三帖律公好事是懷素老筆並在安師文處元祐戊辰歲安公攜至留吾家月餘臨學乃還後有呂汲公大防巳下題今歸章公惇

懷素千文絹本眞迹在蘇液家沈遺家刻板本是後歸章惇家

懷素詩一首絹上眞迹王鞏易與王詵家

懷素絹帖一軸雜論故事後人分剪爲二十餘處王詵累年遂求足元數又一云史陵者絹帖以六朝古賢一幀易與王詵

懷素書任華歌眞跡兩幅絹書字法清逸歌辭奇偉在王詵家詵云尚方有其後三幅

懷素草書祝融高坐對寒峰綠絹帖兩行此字最佳石紫微常刻石有六行今不見前四行問夷庚云與王欽臣家雜色纈絹背以詩代懷帖同軸今聞王之子爲宗室所賺是懷素天下第一好書也

懷素自叙眞迹在蘇泌家前一幅破碎不存其父集賢校理舜欽自寫補之

懷素草書楮紙三幅在故相洛陽張公孫直清家

馮京家收懷素絹上詩一首張伯高少時絹上草書

兩幅張書今歸薛紹彭

薛紹彭有懷素一軸絹書肅宗行書綾紙千文賻于錢景湛處又王仲至處褚書麻紙一幅楊凝式小字黃麻紙一幅余皆見之歐陽詢孝經一卷薛臨寄錢公未見眞迹

唐率府長史張顛字伯高眞迹四帖在杭州陸氏大姓家舊有五帖第一秋深第二前發第三汝官第四昨日第五承顔今所存四帖汝官後有古印文訛不可辨昨日承顔二帖小襞紙也陸氏子素從關景仁學關因借摹三大帖余比見石本于關中宋氏及官桂林關杞爲使者語及始知石在關氏又五年官潭關杞通判邵州以石本見寄又三年官杭而關景仁爲錢塘令因陸氏子登第者來謁與關同往謝而閱之獨失秋深第一帖詰之嚬蹙而言嘉祐中爲太守沈遘借閱拆留余遣工摹餘帖即歸詰遘弟遼時爲郡從事乃云在其姪延嗣處余往見遂得閱後賻得之

張伯高虎兒等三帖楮紙非眞迹在王詵家蘇氏物也黃魯直贈小兒詩云我有元暉古印章印刓不忍與諸郎虎兒筆力能扛鼎教字元暉繼阿章取此爲故事也

張伯高賀八清鑑帖楮紙眞迹字法勁古不類他書世間伯高第一書也蘇液家世多石刻後歸章惇家

伯高全本千文曾孝蘊云在京師謝氏處謝氏景温

寶文遠族也

伯高五帖黃經紙少時書辭云往往與來五指包管等是也在楊傑家傑父學草故收得遂語斷處即剪作一軸黃油拳經紙與王仲至千文一同並無古印跋伯高名犯廟諱字余於皎然詩集中得之

蘇之純藏張顛草書又蘇泌房所藏詞云國士何日得至南中皆非伯高眞迹亦無古印跋

唐坰處黃楮紙伯高千文兩幅與刁約家兩幅一同是暮年眞迹每辯六七字刁氏者後有李王徐鉉跋爲人僞刻建業文房之印印之連合縫印破字每見令人歎息

唐辯才弟子草書千文黃麻紙書在龍圖閣直學士吴郡滕元發處滕以爲智永書余閱其前空才字全不書固已疑之後復空水字遂定爲辯才弟子所書故特闕其祖師二名耳

唐虞世南枕卧帖雙鈎唐摹在關杞處上有褚氏圖書古印關嘗謂余曰昔越州一寺修佛殿於梁栱内藏一函古摹帖數十本所可記者王右軍十七帖世南枕卧帖十闕九帖褚遂良奉書寧帖上皆有褚氏圖書印毫髮乾濃畢備關與僧善賻得枕卧十闕九奉書寧三帖

虞書積時帖古雙鈎摹在洛陽李熈處維之孫也縫亦有褚氏印余嘗借摹

世南理頭眩藥方雙鈎摹本在鮑傳師家後爲俗人

添入義之兩字傳入晉州法帖以為義之書聾瞽可笑

虞世南書經在上虞僧寺

世南汝南公主銘起草洛陽王護處見摹本云真迹在洛陽好事家有古跋後十年見真迹在故相張公孫直清處其後止貞觀十年十一月丁亥朔十六日旁小字注云赫赫高門在裴丞相家是其銘然此幅文但至半而止行下有空白紙猶空十一字此葢卒日猶未言葬也闕文尚多安得便言赫赫高門不當後幅却與前幅不相連屬也其前褾紅綾色如新有名幾玄題其褾云故祭酒崔十八丈綽常與寇章賀拔甚皆以鑒賞相尋每稱伏膺虞書多歷年所自會昌以來時觀斯帖因致其真隸有加頃年崔丈每送予兄弟下第東歸必云此去獲見汝南帖亦何減於昇第耶所惜者闕其銘文耳咸通二年春於存神室輟獻子凝良足嗇愛也幾玄不知何人也虞帖為時所重如此今好事家絕不曾見真迹摹本枕卧積時蚪牙頭風四摹帖一關中刻石帖今法帖所載耳世最少者子敬虞帖今好事家一字亦無耳

唐僧高閑草書千文楮紙上真迹在李熙處

唐禮部尚書沈傳師書道林寺詩在潭州道林寺四絶堂以杉板略薄布粉不蓋紋故歲久墨不脱至裴度書杜甫詩粉多只存一甫字在松板節余甞為杜板行以紀其事沈板余官潭留書齋半歲臨學後為摹石僧希白摹務欲勁快多改落筆端直無縹緲縈回飛動之勢

唐太宗率更令歐陽詢書荀氏漢書節楮冊小楷在潭州南楚門外胡世淳處

歐陽詢書道林之寺牌在潭州道林寺筆力勁險勾勒而成有刻板本又江南廬山多裴休題寺塔諸額雖乏筆力皆真率可愛

唐末人學歐尤多四明僧無作學真字八九分行字肥弱用筆寬又有七八家不逮此僧唐賊張廷範亦學歐陽詢多有此賊跋一覆鈎摹歐帖上有此賊印云清河張廷範印及題曰便是至寶也惜之惜之永為所寶之寶皆學歐行余跋曰唐弘文館學士歐陽詢書唐人所摹後一行印文曰清河張廷範私記廷範唐賊也時衰代替賊之所好涉于衣冠此攘奪所生也今太平君子或富貴則崇貨利乃賊所先故不剪除既著其賊又為太平君子之勸其書扎印記翩翩自喜之心忘其為賊之著也嗟乎　國初孫妃弟驃騎孫思皓學歐本朝無人過也

歐陽詢黄麻紙草書孝經是馬季良龍圖孫大夫直温所收今歸薛紹彭家

宗室令穰收歐陽詢三軸第一軸蘇彦語箴次幅故事兩叚有開元縫印翰林之印李林甫等臣跋及知書樓官名氏末後唐賊蔣玄暉題宣徽兩院使印余以智永三行帖陸柬之頭陁寺碑一幅易得語箴第

二軸草帖五紙第三軸行書故事皆有開元姚宋印
跋草帖乃暮年書精彩動人行書少時書也
歐陽詢草書也字末筆倒麽不見其所出余家得正
觀御府右軍三帖末後一帖也字乃歐法所出世之
眞迹與石刻帖並無此也字耳
歐陽詢碧牋草聖四幅在故相齊賢孫張公直清處
孫過庭草書書譜甚有右軍法作字落脚差近前而
直此乃過庭法凡世稱右軍書有此等字皆孫筆也
凡唐草得二王法無出其右又有千文一本是少年
書不遠書譜並在王鞏家今歸王詵家
陳賢草書帖六七紙字亦奇逸難辨如日本書上亦
有唐氏雜迹字印在李瑋家又多似歐陽詢草

洪元愼集右軍越州寺碑眞迹在越州僧正子文處
嘗通書許借未果余託提刑喬執中攜告往質看亦
不肯出欲沿幹至越會家難不果去今要度牒易
陸東之十八學士賛西京留臺王𤣱云在舍弟珪處
老子西昇經裴度柳公權跋爲褚公書與閻立本畫
圖同在馮當世家吾見之皆非也是唐初書畫與柳
跋是眞跡二君亦不能鑒耳
唐高閑書令狐楚詩在尚書李常家
柳公權紫絲鞁蘭亭詩二帖待制王廣淵摹石跋云
龍圖大諫李公師府暇日出書因請摹石乃李東之
少師也洛陽人今在富鄭公子宿州使君家
唐摹皇象急就章有隸法在故相張齊賢孫直清處

唐李邕四帖内一帖碧牋有唐氏雜印勾德元圖書
記陳氏圖書印與石夷庚所藏多熱帖同自丁喬大
夫歸章惇家丁晋公故物也
多熱要葛粉帖白麻紙上有唐氏雜迹印陳氏圖書
印勾德元圖書印乃紫微舍人石揚休物今在其孫
前宿州支使夷庚處前一帖與光八郎謝惠鹿帖眞
迹余過莆上於夷庚處易得之光八郎帖今歸王詵
吕公孺處李邕三帖第一歿少傅帖深黄麻紙淡墨
淳古如子敬第二緡雲帖淡黄麻紙第三碧牋勝和
帖以尚書户部印印縫古印有陳氏圖書勾德元圖
書記唐氏雜迹印丙子歲第一歸薛紹彭第二歸高
公繪第三余以六朝畫古賢韓馬銀博山金華洞天

石古鼎復志記數種物易得于其孫端問余嘗以碧
牋臨三帖與眞無異吕復攜去裝褫矣陳氏台仙勾
德元唐氏三人者大是一賞鑒人世之名書上無不
有其書印德元當是中正本朝人通史學
馮京家收唐摹黄庭經有鍾法後有褚遂良字亦是
唐一種僞好物
李鋳收唐人歐行書兵箴劉冲之丞相家物
劉涇書來漣猗曰收唐絹本蘭亭無奇獲且漫眼耳
殊非自標制語也余荅以詩曰劉郎無物可縈心沉
迷蟲縑與斷簡求新不獲狂時發自謂下取且漫眼
猗嗟斯人今實尠我欲從之官有限何時大叫劉子
前跽閱墨皇三復返君貽余詩嘗曰秘笈墨皇曾敬

識林希送余詩壷嶺共傾銀雲水墨皇猶展玉樓風壷嶺謂硯山也

劉涇倅莫王貽永侍中孫爲守得摹帖一卷乃曾曹參軍李懷琳僞作七賢帖後人所撰也内摶赤猿帖云僕不想欻爾夢摶赤猿其力甚於貔虎良久反覆余乃觀天背地覩穹亦當不爽但僕之不達安得不憂吉乎報我凶乎詳告三日阮籍白繇君此帖比今刻石字多乃懷琳所撰語也而法書要録所載七賢帖太宗知其僞愛之以正觀字印之入御府又有李氏衞帖云衞稽首和南近奉勑寫急就章遂不得與師書耳但衞不能拔賞隨世所學規摹鍾繇遂多歷年二十着詩論草隷通解不敢上呈衞有一弟子王逸少甚能學衞眞書咄咄逼人筆勢洞精字體遒媚師可詣晉尚書館書耳仰憑至鑒大不可言弟子李氏衞和南此帖比今閣帖字亦多亦其所撰也次無名帖次郗超帖亦摹在閣帖中次陸機衞恒帖衞亦摹入閣帖也後余以畫易于劉涇分前四帖與李鍔皆正觀間一種僞好物

楊凝式字景度書天眞爛熳縱逸類顔魯公爭坐位帖秘閣校理蘇澥家有三帖第一白麻紙曰景度上大仙第二第三小字與薛紹彭家所藏正書相似余三次易得後以第一易與王詵第二易與劉涇余家今收楮紙上詩云春來冰未泮冬至雪初晴爲報方袍客豐年瑞巳成王以畫易于趙叔盎紛披老筆王安石少嘗學之人不知也元豐六年余始識荆公於鍾山語及此公大賞歎曰無人知之其後與余書簡皆此等字

張直清家楊凝式數帖眞行甚好

劉瑗收碧牋王帖上有勾德元圖書記保合大和印及題顯德歲嘗愛吾家顧愷之淨名天女欲以畫易吾荅以若有子敬帖便可易伯玉荅曰此猶披沙揀金此語甚妙余白首收晉帖止得謝安一帖開元建中御府物曾入王涯家右軍二帖正觀御府印子敬一帖有褚遂良題印又有丞相王鐸家印記及有顧愷之戴逵畫淨名天女觀音遂以所居命爲寶晉齋

朱長文收錦織成諸佛闊四赤長五六赤上有織成牌子題晉永和年造與余家一古書囊織成山水神仙錦一同雲鳳山禽猿鹿如畫也

余收子敬范新婦唐摹帖獲于蘇激家後有倩仲跋余題詩曰正觀款書丈二紙不許兒奇專父美何爲寥寥寶是似遭亂眞歸火兼水千年誰人能繼趾不自名家殊未智嗟尒方來眼須洗玉躞金題半歸米又和云雲物龍蛇森動紙父子王家眞濟美張翼小兒寧近似滄溟浩對蹄涔水騰蛇無足驪多趾以假易眞信用智龜澼雖多手屢洗卷不生毛誰似米又和云直裂紋勻眞古紙跋印多時俗眼美誠懸尚復誤疑似有渭方能辨涇水眞僞頭面拳趺趾久假中分辨愚智寶軸時開心一洗百氏何人傳至米黄庭

堅和題于後云王令遺墨方尺紙尾題倩仲實子美百家藏本略相似如日行天見諸水拙者羈鈎輒斬趾田恒取齊弁聖智錦囊昏花百過洗湖海濯纓人姓米蔣之奇一韻和三首呂升卿和二首林希和三首劉涇和兩首余章和一首余後二首又再和者共成一軸林子虛借去未還

劉涇收許渾烏絲欄手寫詩一百篇字法極不俗第一篇湘潭雲盡暮煙出巴蜀雪銷春水來盡是面覩西南世界一段物色自有識者知之剪前一幅易與杜介一幅在王詵處

劉涇在宿州平生初收白麻紙臨顏書太冲序乃其祕笈第一物至潤收封敎行李文饒太尉告許渾詩

次得智永板本千文其後得余家十七帖日本書及日本告吳融司空圖贈譽光歌張顛譽光亞栖等書韓馬戴牛又楊傑處得正觀御府內史官奴帖余以十七帖以下諸物易歸余家余先於唐坰處易得右軍尚書帖云得于僧清道亦有正觀印印文遂復合仍帶元截紙痕一條故一物也林希見余家此軸嗟嘆云祕府所有殆不過是希嘗見閣下一卷正觀字印相去五寸許不相連若眞印印則四枚理無平匀若僞雕必只一鈕用皆齊一也余聞之愠甚懶展閱愠極試取視之左右上下無一相當者疾呼輿過林語所以公擊節曰公此書愈妙也此公精思如此方是時劉涇不信世有晉帖後十五年始得子鸞字帖云是右軍余云恐是陳子鸞未經余目後薛紹彭書來亦云六朝書又得梁武像見報余時使漣漪答君詩云劉郎收畫早甚早折枝花草首徐熙十年之後始聞道取吾韓戴爲神奇邇來白首進道與學者信有髓與皮始知十簇但遮壁牛馬祗可褁獘帷莪莪太平老寺主白紗冒首無冠緌武士後列肅大劒宮女旁侍蟬脩眉神清眸子知寡欲齒露脣反法定饑世人覩服似摩詰不識六朝居士衣僧縧匆輒亂唐突梁時筆法了可知道子見之必再拜曹盧何物望藩籬本當第一品天下卻緣顧筆在漣漪劉君旣收右軍子鸞帖作贊見寄其略曰執黑帝矩作黑風雨大一尺許星五十五奇文也時君罷虢州未別除余

戲答曰清明去郡則得郡安用作業解洗業以戲之

薛紹彭以書畫情好相同嘗寄書云書畫間久不見薛米余答以詩云世言米薛或薛米猶言弟兄與兄弟四海論年我不早品定多知定如是劉涇過薛見書大叫書來云云余答以詩云唐滿書奩晉不收卻緣自不信雙眸發狂爲報蔘龍子不怕人稱米薛劉

劉君舊不收晉帖云無眞只收唐帖故有是句

余臨大令法帖一卷在常州士人家不知何人取作廢帖裝背以與沈括一日林希會章惇張詢及余於甘露寺淨名齋各出書畫至此帖余大驚曰此芾書也沈悖然曰其家所收久矣豈是君書芾笑曰豈有變主不得認物耶

余居蘇與葛藻近居每見余學臨帖即收去遂裝黏作二十餘帖㓛名畫記所載印記作一軸裝背一日出示不覺大笑葛與江都陳史友善遂贈之君以爲眞余借不肯出今在黄材家

余臨張直清家虞永興汝南公主墓誌浙中好事者以爲眞刻石右軍帖尤多

裝書褾前須用素紙一張捲到書時紙厚已如一軸子看到跋尾則不損古書所用軸頭以木性輕者紙多有益於書油拳麻紙硬堅損書第一池紙匀硾之易軟少毛澄心其製也今人以歙爲澄心可笑一卷即兩分理軟不耐卷易生毛古澄心以水洗浸一夕明日鋪於卓上㬠乾漿硾已去紙復元性乃今池紙

也特擣得細無筋耳古澄心有一品薄者最宜背書台藤背書滑無毛天下第一餘莫及

唐人背右軍帖皆硾熟軟紙如綿乃不損古紙又入水蕩滌而㬠古紙加有性不糜蓋紙是水化之物如重抄一過也余每得古書輙以好紙二張一置書上一置書下自傍濾細皁角汁和水霈然澆水入紙底於蓋紙上用活手軟按拂垢膩皆隨水出内外如是續以清水澆五七遍紙墨不動塵垢皆去復去蓋紙以乾好紙滲之兩三張背紙已脱乃合于半潤好紙上揭去背紙加糊背焉不用絹壓四邊只用紙免摺背重硼損古紙勿倒襯帖背古紙隨隱便破只用薄紙與帖齊頭相拄見其古損斷尤佳不用貼補古人勒成行道使字在筒尾中乃所以惜字今俗人見古厚紙必揭令薄方背若古紙去其半損字精神一如摹書又以絹帖勒成行道一時平直良久舒展爲堅所隱字上却破京師背匠壞物不少王詵家書畫屢被揭損余諭之今不復揭又好用絹背雖熟猶新硬古紙墨一時蘇磨落在背絹上王所藏書譜桓謝帖俱爲絹磨損近好事家例多絹背磨損面上皆成絹文余又以右軍與王述書易得唐文皇手詔以棗花黄綾背詔面上一齊隱起花紋余尋重背以台州黄巖藤紙硾熟揭一半背滑淨軟熟卷舒更不生毛余家書帖多用此紙一一手背手裝方入笈古背佳者先過自揭不開乾紙印了面向上以一重新紙四邊

著糊黏卓上帖上更不用糊令新紙虛硼壓之紙乾下自乾愼不可以帖面金漆卓揭起必印墨余背李邕光八郎帖光王琚也揭起黏一分墨在金漆卓上一月餘惜不洗卓此帖今易與王詵上有唐氏雜迹陳氏圖書印得于石夷庚昌言故物也後石攜第三厲少府到京帖王因與以五十星洗鑼不肯易今居陳州有右軍古鳳池紫石硯蘇子瞻以四十千置往矣古硯心凹所謂硯瓦如銅瓦筆至水即圓古書筆圓有助于器也今世傳古畫晉賢圖猶存其製余收晉硯一智永硯一心如臼天章寺僧所獻也

右軍唐摹四帖一帖有裹鮮字薛道祖所收命爲裹鮮帖兩幅是冷金硬黄一幅是楮薄紙摹右軍暮年

更妙帖也其一幅云欲與彦仁集界上平自可且何所諮人乃王道平平其平字音便又見晉人語氣上有弘文印印在帖心面上不印縫四邊亦有小開元字印御府帖也

宋子房收得唐開元摹右軍帖末有李林甫等臣跋今歸王詵翰林印皆在也内異熱一帖歸薛紹彭

王詵收勑一道是賜浙西節度旌節與顔魯公前中書門下如今制後郭子儀書名立人無下一畫字長題月日到眞卿二字名如今落日押字左手下角孔目官名又知唐勑制皆眞名不花押今時以片紙黏於前頭連勑落日書押字如常式文牒似不敬也三公第一等人各書名雖大紙吏文亦足收也許彦先有南州刺史告眞卿二字吏部尚書時字甚淳勁

蘇耆書畫紀述與鳳師賞閱數日内史與王述書乃云此郡之獘不謂頓至於此諸逋滯非復一條獨坐不知何以爲治自非常才所濟吾無故捨逸而就勞歎恨無所復及尔交人事請託亦未見北都冀得小差頃日當何理此帖刻在江南十八家帖中本朝以碑本刻入十卷中較之不差毫髮

又二帖云増慨安西是也上有筆精墨妙印蘇耆題二字余得於王詵以文皇手詔易之文皇詔宋素臣尚書家物余跋賛云龍彩鳳英天開日升亟戡多難力致太平雲章每發目動神驚

晁端彦收懷素與皇少卿簡大紙一軸筆勢簡古老筆也是書障索潤筆簡

呂昌道大夫家有懷素兩帖少年所書也今歸錢勰家又王欽臣侍郎有懷素以詩代懷寄浩公碧緑地雜色續上草書老筆特妙

呂穆仲侍郎收李陽冰白麻篆一卷筆細與縉雲石刻相似

文勛有一軸黄麻篆陽冰少時書

蘇台文收張從申墨迹一卷是唐坰言余未見

夢英諸家篆皆非古失實一時人又從而贈詩使人愧笑

唐玄度諸體書粗有古意李瑋家一様有兩冊

世傳秦傳國璽多種唐同時傳二本題曰其一徐浩本其一越州刺史王密本徐嶠鈕王雀鈕何所審定相國寺中有刻作板本賣又一本潤僧收與印本又不同盖以藍田水蒼玉爲之取水德而魚虫鶴蟮蛟龍皆水族物大略是取此義以扶水德然帝王自有眞符爾

關景輝家刻石子敬帖節過觸事云云甚奇妙云眞迹在越州石元之大夫家今在其子縣尉處

畫摹多似人物馬牛尤易似書臨難似第不見眞耳對之則慙惶殺人

蘇州邵元伯中允之子收蘇沂所摹張顛賀八清鑑帖與眞更無少異又摹懷素自敘嘗歸余家今歸吾友李鍔一如眞迹

程師孟語余四十千買得古摹蘭亭一本白玉軸欲出示竟不曾取今在子宏處王安上曾見之

唐人摹右軍丙舍帖暮年書在吕文靖丞相家淑問處法書要録載是臨鍾繇帖薛紹彭模得兩本一以見贈

柳公權書陰符經有會昌月日姓名爲馬玘借去未還今知其子永稽能保惜在合肥江南文房物也

王仲修收唐湖州刺史楊漢公書有鍾法與襄州羅讓能書碑同余家亦收一幅後題會昌年臨寫鍾表今易歸薛紹彭家

唐司議郎陸柬之書頭陁寺碑前少兩幅獲于吳郡世未有此書内空山字後筆以氏族志撿之父名山才遂以爲定及王詵處收錢氏陸臨蘭亭遂皆空山字王仲孜收蘭亭詩一卷詞云悠悠大象運殆是一種分開物余以頭陁碑一幅及智永帖换宗室令穰歐書語箴一幅與薛紹彭分收

智永臨右軍五帖獲于吳郡末云玄度忽腫至可憂慮疾候自恐難耶史稱玄度服巨勝實莫知所終此可鑒也因托薛紹彭書考姚會稽公襄陽丹陽二太夫人告贊爲潤筆薛以書畫還往出處必同每以鑒定相高得失評較余在漣漪寄君詩云老來書興獨未忘頗得薛老同倘佯天下有識誰鑒定龍宫無術療膏肓淮風吹戟稀訟牒典客閉閤閑壺漿吟樹對山風景聚墨池濯研龜魚藏珠臺賓氣每貫月月觀桂實時飄香銀淮燭天限織女煙海括地生靈光攜兒乃是翰墨侣挾竹不使輿衛將象管細軸映瑞錦玉麟棐几鋪雲肪依依煙華動勃鬱矯矯龍蛇起混茫持此以爲風月伴四時之樂渠未央部刺不糾翰墨病聖恩養在林泉鄉風沙漲天烏帽客胡不東來從此荒

薛書來云購得錢氏王帖余答以李公炤家二王以前帖宜傾囊購取寄詩云歐怪褚妍不自持猶能半蹈古人規公權醜怪惡扎祖從兹古法蕩無遺張顛與柳頗同罪鼓吹俗子起亂離懷素獦獠小解事僅趨平淡如盲醫可憐智永硯空臼去本一步呈千嗤法帖所載可見已矣此生爲此困有口能談手不隨誰云心存乃筆到天工自是祕精微二王之前有高古有志欲購忘高貲殷勤分治薛紹彭散金購取重跋題薛和云聖草神蹤手自持心潛模範識前規惜哉法書垂世久妙帖堂堂或見遺寶章大軸首尾具破古欺世宋使離當時鑒目獨子着有如痼病工難醫至今所收上卷五流傳未免識者嗤世間無論有晉魏幾人解得眞唐隋文皇鑒定號得士河南精識能窮微即今未必無褚獠寧馨動欲千金貲古囊緘襟可復得白玉爲躞黄金題盖謂子弟索重價難購也

薛書來云新收錢氏子敬帖獻之字上刮去兩字以爲孤子余以爲操之字俗人恐以爲操之故刮去因寄詩爲梁唐不收慰問帖云蕭李駿子弟不收慰問

帖妙迹固通神水火土更刼所存慰問者班班在箱笈使惡乃神護不然無寸札自此輒畫相後人眼徒眨君和云聖賢尺牘閒吊問相酬答下筆或無意與合自妍捷名迹後人貴品第分眞雜前世無大度危亂相乘躡白髮如蓮帽騶馬似瓜貼觸事爲不祥凶語棄玉躞料簡純吉書乃有十七帖當時博搜訪所得固巳狹于此半千歲歷世同灰劫眞聖掃忌諱盡入淳化箧巍巍覆載量細事見廣業唐人工臨寫野馬成百疊硬黃脫眞迹勾填本摹搨今惟典刑在後世皆可法

薛書來論晉帖誤用字余因作詩云何必識難字辛苦笑揚雄自古寫字人用字或不通要之皆一戲不當問拙工意足我自足放筆一戲空

余嘗硾越竹光滑如金版在油拳上短截作軸入笈番覆一日數十張學書作詩寄薛紹彭劉涇云越筠萬杵如金板安用杭油與池蠒高壓巴郡烏絲欄平欺澤國清華練老無他物適心目天使殘年同筆硯圖書滿室翰墨香劉薛何時眼中見薛和云書便瑩滑如碑版古來精紙惟閩蠒杵成剡竹光凌亂何用區區書素練細分濃淡可評墨副以谿嵒難乏硯世間此語誰復知千里同風未相見其論筆硯間物云研滴須琉璃鎭紙須金虎格筆須白玉研磨須墨古越竹滑如苔更須加萬杵自對翰墨卿一書當千户

無錫唐氏有雙鈎右軍十七帖有精彩錢塘僧了性收一卷楮紙一同唐垌家有一卷是錢氏物紙白唐氏又收碧綾黃庭經云是褚遂良書非也上有江南李重光清輝二字小印云是丁晉公家族人所質錢氏所收誥博帖云臣節分嚴外無典掌之所故不簿上而諸位咸有法書臨搨甚多常州使君景湛房下往往爲人購去薛紹彭收肅宗千文是也上皆有希聖字印忠孝之家圓錢印錢氏書堂印錢勰房下有史孝山出師頌題作蕭子雲亦奇古又有寫白樂天詩一首是唐人書亦秀潤天氣殊未佳顔魯公帖綠棗花綾是唐人勾填圈深墨淺夫金玉爲器毀之則再作何代無工字使其身在再寫則未必復工蓋天眞自然不可預想想字形大小不爲篤論人人若同此中妙懷素自言初不知却是造妙語既再作不可復得搨而藏諸何陋之有

古帖多前後無空紙乃是剪去官印以應募也今人收貞觀印縫帖若是黏着字者更不復再入開元御府蓋貞觀書武后時朝廷無紀綱駙馬貴戚丐請得之開元購時剪印不去者不敢以出也開元經安氏之亂内府散蕩乃敢不去開元印跋再入御府也其次貴公家或是賂入須除滅前人印記所以前後紙慳也今書更無一軸有正觀開元同用印者但有建中與開元大中弘文印同用者皆此意也唐自是習成祕閣風氣相高至梁客將太常卿張廷範唐賊猶收書至多賊侵衣冠士崇殖貨所謂奪倫是何氣象

姑蘇衣冠萬家每歲荒及迫節往往使老婦駔擕書
畫出售余昔居蘇書畫遂加多
管軍苗履長子忘其名癸未歲都下法雲寺解后去
長安一大姓村居家其石匣中所藏玉軸晉魏古帖
數十軸目甞見之余每入夢想洛陽有書畫友每約
不借出各各相過賞閱是宋子房言其人屢與王詵
尋購得書余甞目爲太尉書駏平生欲調洛蘇一官
以購書畫不可得今老矣目加昏鑒不能精也
胡奕脩家有徐浩書經未見
眞紙色淡而勻靜無雜漬斜紋皴裂在前若一軸前
破後加新甚衆
薰紙煙色上深下淺染紙濕色紙紋棲塵勞紙作贋
紋軟
畫可摹書可臨而不可摹惟印不可僞作作者必異
王詵刻勾德元圖書記亂印書畫余辨出元字脚遂
伏其僞木印銅印自不同皆可辨
印文須細圈須與文等
我太宗祕閣圖書之印不滿二寸圈文皆細上閣圖
書字印亦然　仁宗後印經院賜經用上閣圖書字
大印麄文若施於書畫占紙素字畫多有損於書帖
近三館祕閣之印文雖細圈乃麄如半指亦印損書
畫也王詵見余家印記與唐印相似始盡換了作細
圈仍皆求余作篆如塡篆自有法近世塡皆無法如三省銀印其篆文皆反戾故用來無一宰相不被罪雖沒猶貶中書仍屢絕省公卿名字則朝廷安也御史臺印左戾史字倒屈入用來少有中丞得免者宣撫使印從亡自置鮮有復命者人家私印大主吉凶也
貞觀開元皆小印便於印縫弘文之印一寸半許開
元有二印一印小者印書縫大者圈刓角一寸已上
古篆於鶺鴒頌上見之他處未嘗有
王詵每余到都下邀過其第即大出書帖索余臨學
因櫃中翻索書畫見余所臨王子敬鵝羣帖染古色
麻紙滿目皴紋錦囊玉軸裝剪他書上跋連於其後
又以臨虞帖裝染使公卿跋余適見大笑王就手奪
去諒其他尚多未出示又余少時使一蘇州背匠之
子呂彥直今在三館爲背王詵甞留門下使雙鈎書
帖又甞見摹黃庭經一卷上用所刻勾德元圖書記
乃余驗破者
本朝太宗挺生五代文物已盡之閒天縱好古之性
眞造八法草入三昧行書無對飛白入神一時公卿
以上之所好遂悉學鍾王至李宗諤主文既久士子
始皆學其書肥褊朴拙是時不騰錄以投其好用取
科第自此惟趣時貴書矣宋宣獻公綬作參政傾朝
學之號曰朝體韓忠獻公琦好顏書士俗皆學顏書
及蔡襄貴士庶又皆學之王文公安石作相士俗亦
皆學其體自此古法不講能隸書者武勝留後劉璦
能草書者承議郎滕中宗室仲忽能行書者宣德郎
鮑愼由能篆書者宣德郎趙霆已上是學古人書者
餘未見

米元章書史終

書斷列傳第一

古文　大篆　籒文
小篆　八分　隸書
章草　行書　飛白
草書　汲冢書　李斯
蕭何　蔡邕　崔瑗
張芝　張昶　劉德升
師宜官　梁鵠　左伯
胡昭　鍾繇　鍾會
韋誕

古文

按古文者黄帝史蒼頡所造也頡首有四目通於神明仰觀奎星圜曲之勢俯察龜文鳥跡之象博采衆美合而爲字是曰古文孝經援神契云奎主文章蒼頡倣象是也

大篆

按大篆者周宣王太史史籒所作也或曰柱下史始變古文或同或異謂之爲篆篆者傳也傳其物理施之無窮甄酆定六書三曰篆書八體書法一曰大篆又漢書藝文志史籒十五篇並此也以史官製之用以教授謂之史書凡九千字

籒文

周太史史籒所作也與古文大篆小異後人以名稱書謂之籒文七略曰史籒者周時史官教學童書也與孔氏壁中古文體異甄酆定六書二曰奇字是也

小篆

小篆者秦丞相李斯所作也增損大篆異同籒文謂之小篆亦曰秦篆

八分

按八分者秦羽人上谷王次仲所作也王愔云王次仲始以古書方廣少波勢建初中以隸草作楷法字爲八分言有模楷始皇得次仲文簡略赴急疾之用甚喜遣召之三徵不至始皇大怒制檻車送之於道化爲大鳥飛去

隸書

按隸書者秦下邽人程邈所作也邈字元岑始爲縣吏得罪始皇幽繫雲陽獄中覃思十年益小篆方圓而爲隸書三千字奏之始皇善之用爲御史以奏事煩多篆字難成乃用隸字以爲隸人佐書故曰隸書

章草

按章草漢黄門令史史游所作也衛恒李誕並云漢初而有草法不知其誰蕭子良云章草者漢齊相杜操始變藁法非也王愔云漢元帝時史游作急就章解散隸體麤書之漢俗簡惰漸以行之是也

行書

按行書者後漢頴川劉德升所造也行書即正書之小僞務從簡易相間流行故謂之行書王愔云晉世以來工書者多以行書著名鍾元常善行書是也爾

後王羲之獻之並造其極焉

飛白

按飛白書者後漢左中郎蔡邕所作也王隱王愔並云飛白變楷制也本是宮殿題署勢既勁文字宜輕微不滿名爲飛白王僧虔云飛白八分之輕者邕在鴻都門見匠人施堊帚遂創意焉

草書

按草書者後漢徵士張伯英所造也梁武帝草書狀曰蔡邕云昔秦之時諸侯爭長羽檄相傳望烽走馹以篆隸難不能救急遂作赴急之書今之草書也

汲冢書

汲冢書蓋魏安釐王時衛郡汲縣耕人於古冢中得之竹簡漆書科斗文字雜寫經史與今本校驗多有異同耕人姓不（不字呼作彪其名曰准出春秋後序文選中註出尚書故實）

李斯

秦丞相李斯曰自上古作大篆頗行於世但爲古遠人多不詳今删略繁者取其合體參爲小篆斯善書自趙高已下咸見伏焉刻諸名山碑璽銅人並斯之筆書秦望紀功石乃曰吾死後五百三十年當有一人替吾迹焉（出蒙恬筆經）斯妙篆始省改之爲小篆者蒼頡篇七章雖帝王質文世有損益終以文代質漸就澆醨則三皇結繩五帝畫象三王肉刑斯可況也古文可爲上古大篆爲中古小篆爲下古三古謂實草隸謂華妙極於華者羲獻精窮其實者籀斯始皇以和氏之璧琢而爲璽令斯書其文今泰山嶧山及秦望等碑並其遺迹亦謂傳國之偉寶百世之法式斯小篆入神大篆入妙

李斯書如爲冠蓋不易施手（出書評）

蕭何

前漢蕭何善篆籀爲前殿成覃思三月以題其額觀者如流何使禿筆書（出羊欣筆陣圖）

蔡邕

後漢蔡邕字伯喈陳留人儀容奇偉篤孝博學能畫善音明天文術數工書篆隸絕世尤得八分之精微體法百變窮靈盡妙獨步今古又刱造飛白妙有絕倫喈八分飛白入神大篆小篆隸書入妙女琰甚賢明亦工書伯喈入嵩山學書於石室内得一素書八角垂芒篆寫李斯并史籀用筆勢伯喈得之不食三日乃大叫喜歡若對數十人喈因讀誦三年便妙達其旨伯喈自書五經於太學觀者如市（出羊欣筆法）

蔡邕書骨氣洞達爽爽爲神（出袁昂書評）

崔瑗

崔瑗字子玉安平人曾祖蒙父駰子玉官至濟北相文章蓋世善章草書師於杜度媚趣過之點畫精微神變無礙利金百鍊美玉天姿可謂冰寒於水也袁昂云如危峰阻日孤松一枝王隱謂之草賢章草入神小篆入妙

張芝

張芝字伯英性好書凡家之衣帛皆畫而後練尤善章草又善隸書韋仲將謂之草聖又云崔氏之肉張氏之骨其章草急就章字皆一筆而成伯英草行入神隸書入妙

伯英書如漢武愛道憑虛欲仙出袁昻書評

張昶

張昶字文舒伯英季弟爲黄門侍郎尤善章草書類伯英時人謂之亞聖文舒章草入神八分入妙隸入能

劉德升

劉德升字君嗣潁川人桓靈之世以造行書擅名既以草刱亦甚妍美風流婉約獨步當時胡昭鍾繇並師其法世謂鍾繇善行狎書是也而胡書體肥鍾書體瘦亦各有君嗣之美也

師宜官

師宜官南陽人靈帝好書徵天下工書於鴻都門至數百人八分稱宜官爲最大則一字徑丈小則方寸千言甚矜能而性嗜酒或時空至酒家因書其壁以售之觀者雲集酤酒多售則鏟滅之後爲袁術將鉅鹿耿球碑術所立宜官書也

宜官書如鵬羽未息翩翩自逝出袁昻書評

梁鵠

梁鵠字孟皇安定烏氏人少好書受法於師宜官以善八分書知名舉孝廉爲郎亦在鴻都門下遷選部郎靈帝重之魏武甚愛其書常懸帳中又以釘壁以爲勝宜官也于時邯鄲淳亦得次仲法淳宜爲小字鵠宜爲大字不如鵠之用筆盡勢也

左伯

左伯字子邑東萊人特工八分名與毛弘等列小異於邯鄲淳亦擅名漢末又甚能作紙漢興有紙代簡至和帝時蔡倫工爲之而子邑尤行其妙故蕭子良答王僧虔書云子邑之紙研妙暉光仲將之墨一點如漆伯英之筆窮神盡思妙物遠矣邈不可追

胡昭

胡昭字孔明潁川人少而博學不慕榮利有夷皓之節甚能籀書眞行又妙衛恒云胡昭與鍾繇並師於劉德升俱善草行而胡肥鍾瘦尺牘之迹動見模楷羊欣云胡昭得張芝骨索靖得其肉韋誕得其筋張華云胡昭善隸書茂先與荀勗共整理記籍又立書博士置弟子教習以鍾胡爲法可謂宿士矣

鍾繇

魏鍾繇字元常繇少隨劉勝入抱犢山學書三年遂與魏太祖邯鄲淳韋誕等議用筆繇乃問蔡伯喈筆法於韋誕誕惜不與乃自搥胷嘔血太祖以五靈丹救之得活及誕死繇令人盜掘其墓遂得由是繇筆更妙繇精思學書卧畫被穿過表如厠終日忘歸每見萬類皆書象之繇善三色書最妙者八分出羊欣筆陣圖

繇尤善書於曹喜蔡邕劉德升眞書絕世剛柔備焉

點畫之間多有異趣可謂幽深無際古雅有餘秦漢以來一人而已雖古之善政遺愛結於人心未足多也尚德哉若其行書則羲之獻之之亞草書則衞索之下八分則有魏受禪碑稱此爲最也太和四年薨迨八十矣元常隸行入神草八分入妙鍾書有十二種意外巧妙絶倫多奇出袁昂書評

鍾會

鍾會字士季元常少子善書有父風稍備筋骨美兼行草尤工隸書遂逸致飄然有凌雲之志亦所謂劍則干將鏌鋣焉會嘗詐爲荀勗書就勗母鍾夫人取寶劍會兄弟以千萬造宅未移居勗乃潛畫元常形像會兄弟入見便大感慟勗書亦會之類也會隸行草章草並入妙

韋誕

魏韋誕字仲將京兆人太僕端之子官至侍中伏膺於張伯英兼邯鄲淳之法諸書並善題署尤精明帝凌雲臺初成令仲將題榜高下異好宜就點正之因危懼以戒子孫無爲大字楷法袁昂云如龍拏虎據劍拔弩張張茂先云京兆韋誕誕子熊潁川鍾繇繇子會並善隸書初青龍中洛陽許鄴三都宮觀始就詔令仲將大爲題署以爲永制給御筆墨皆不任用因奏蔡邕自矜能書兼斯喜之法非紈素不妄下筆夫欲善其事必利其器若用張芝筆左伯紙及臣墨兼此三具又得臣手然後可以逞徑丈之勢方寸千言然草跡之妙亞乎索靖也嘉平五年卒年七十五仲將八分隸書章草飛白入妙小篆入能兄康字元將工書子熊字少季亦善書時人云名父之子克有二事世所美焉

又云魏明帝凌雲臺成誤先釘榜未題署以籠盛誕轆轤長絙引上使就榜題去地二十五丈誕危懼戒子孫絶此楷法出書法錄

書斷卷第一

書斷列傳第二

王羲之　王獻之　王脩
荀輿　謝安　王廙
戴安道　康昕　韋昶
蕭思話　王僧虔　王融
蕭子雲　蕭特　智永
智果

王羲之

晉王羲之字逸少曠子也七歲善書十二見前代筆說於其父枕中竊而讀之父曰爾何來竊吾所秘羲之笑而不答母曰爾看用筆法父見其小恐不能秘之語羲之曰待爾成人吾授也羲之拜請今而用之

使待成人恐蔽兒之幼令也父喜遂與之不盈朞月書便大進衛夫人見語太常王策曰此兒必見用筆訣近見其書便有老成之智流涕曰此子必蔽吾名晉帝時祭北郊更祝版工人削之筆入木三分三十三書蘭亭序三十七書黃庭經書訖空中有語卿書感我而況人乎吾是天台丈人自言眞勝鍾繇羲之書多不一體（出羊欣筆陣圖）

逸少善草隷八分飛白章行備精諸體自成一家法千變萬化得之神功逸少隷行草章草飛白五體俱入神八分入妙妻郗氏甚工書有七子獻之最知名玄之凝之徽之操之並工草

又

羲之嘗以章草答庾亮亮示翼翼見乃歎伏因與羲之書云　吾昔有伯英章草十紙過江顛沛遂乃亡失嘗歎妙跡永絕忽見足下答家兄書煥若神明頓還舊觀舊說羲之罷會稽住戢山下旦見一老姥把十許六角竹扇出市王聊問此欲貨耶一枚幾錢答云二十許右軍取筆書扇扇五字姥大悵惋云老舉家朝飡唯仰於此云何書壞王答云無所損但道是王右軍書字請一百既入市人競市之後數日復以數十扇來詣請更書王笑而不答又云羲之曾自書表與穆帝專精任意帝乃令索紙色類長短闊狹與王表相似使張翼寫効一毫不異乃題後答之羲之初不覺後更詳看迺歎曰小人亂眞乃爾羲之性好

鵝山陰曇禳村有一道士養好者十餘王清旦乘小船故往看之意大願樂乃告求市易道士不與百方譬說不能得之道士言性好道久欲寫河上公老子縑素早辦而無人能書府君若能自屈書道德經各兩章使合羣以奉羲之停半日爲寫畢籠鵝而歸大以爲樂又嘗詣一門生家設佳饌供給意甚感之欲以書相報見有一新榧几至滑淨王便書之草正相半門生送王歸郡比還家其父已刮削都盡兒還失書驚懊累日（出圖書會粹）

又

晉穆帝永和九年暮春三月三日常遊山陰與太原孫統承公孫綽興公廣漢王彬之道生陳郡謝安石

高平郄曇重熙太原王藴叔仁釋支遁道林并逸少子凝徽操之等四十有一人脩祓禊之禮揮毫製序興樂而書用蠶繭紙鼠鬚筆遒媚勁健絶代更無凡二十八行三百二十四字有重者皆搆别體就中之字最多出法書要録

王獻之

王獻之字子敬尤善草隷幼學於父次習於張芝尒後改變制度别剏其法率尒師心冥合天矩初謝安請爲長史太元中新造太極殿安欲使子敬題榜以爲萬代寶而難言之乃説韋仲將題凌雲臺之事子敬知其旨乃正色曰仲將魏之大臣寧有此事使其若此知魏德之不長安遂不之逼子敬年五六歲時

學書右軍從後潛掣其筆不脫乃歎曰此兒當有大名遂書樂毅論與之學竟能極小真書可謂窮微入聖筋骨緊密不減於父如大則尤直而寡態豈可同年唯行草之間逸氣過也及論諸體多劣右軍緫而言之季孟差耳子敬隷行草章草飛白五體皆入神八分入能

又

羲之爲會稽子敬出戲見北館新白土壁白淨可愛子敬令取掃帚沾泥汁中以書壁爲方丈一字晻曖斐亹極有勢好日日觀者成市羲之後見歎其美問誰所作答曰七郎羲之於是作書與所親曰子敬飛白大有直是圖於此壁子敬好書觸遇造玄有一好

事年少故作精白紗褫著往詣子敬便取褫書之草正諸體悉備兩袖及標略周自歎比來之合年少覺王左右有凌奪之色於是掣褫而走左右果逐及於門外鬭爭分裂衣少年纔得一袖而已子敬爲吳興羊欣父不疑爲烏程令欣時年十五六書已有意爲子敬所知子敬往縣入欣齋欣著新白絹裙晝眠子敬乃書其裙幅及帶欣覺歡樂遂寶之後以上朝廷出圖書會粹

又

獻之嘗與簡文帝書十許紙題最後云下官此書甚合作願聊存之此書爲桓玄所寶玄愛重二王不能釋手乃撰縑素及紙書正行之尤美者各爲一秩嘗

置左右及南奔雖甚狼狽猶以自隨將敗並投于江或謂小王爲小令非也獻之爲中書令卒於官族弟珉代之時以子敬爲大令季琰爲小令出法書要録

王脩

王脩字敬仁仲祖之子官至著作郎少有秀令之譽年十三著賢令論劉真長見之嗟歎不已善隷行書嘗就右軍求書乃寫東方朔畫讃與之王僧虔曰敬仁書殆窮其妙王子敬每看咄咄逼人昇平元年卒年二十四始王導愛好鍾氏書喪亂狼狽猶衣帶中盛尚書宣示過江後以賜逸少逸少乞敬仁敬仁卒其母見此書平生所好以入棺敬仁隷行入妙殷仲堪書亦敬仁之亞也

荀輿

荀輿能書嘗寫狸骨方右軍臨之至今謂之狸骨帖出尚書故實

謝安

謝安字安石學正於右軍右軍云卿是解書者然知解書爲難安石尤善行書亦猶衛洗馬風流名士海内所瞻王僧虔云謝安入能書品録也安石隸行草並入妙兄尚字仁祖萬石並工書

王廙

晉平南將軍侍中王廙右軍之叔父工隸飛白祖述張衛法復索靖書七月二十六日一紙每寳翫之遭永嘉喪亂乃四疊綴衣中以渡江今蒲州桑泉令豆盧器得之疊跡猶在出國史異纂

戴安道康昕

晉戴安道隱居不仕總角時以雞子汁溲白瓦屑作鄭玄碑自書刻之文既奇麗書亦妙絶又有康昕亦善草隸王子敬常題方山亭壁數行昕密改之子敬後過不疑又爲謝居士題畫像以示子敬子敬歎能以爲西河絶矣昕字君明外國人官至臨沂令

韋昶

晉韋昶字文休仲將兄康字元將涼州刺史之玄孫官至潁川太守散騎常侍善古文大篆及草狀貌尤古亦猶人則抱素木則封冰奇而且勁太元中孝武帝改治宫室及廟諸門並欲使王獻之隸草書題榜獻之固辭乃使劉瓌以八分書之後又使文休以大篆改八分爲或問王右軍父子書君以爲云何答曰二王自可謂能未是知書也又妙作筆王子敬得其筆歎爲絶世義熙末卒年七十歲餘文休古文大篆草書並入妙

蕭思話

宋蕭思話蘭陵人父源冠軍琅琊太守思話官至征西將軍左僕射工書學於羊欣得其體法雖無奇峰壁立之秀運用連崗盡望勢不斷絶亦可謂有功矣王僧虔云蕭全法羊風流媚好殆欲不減筆力恨弱袁昂云羊眞孔草蕭行范篆各一時之妙也

王僧虔

琅琊王僧虔博涉經史兼善草隸太祖謂虔曰我書何如卿曰臣正書第一草書第三陛下草書第二正書第三臣無第二陛下無第一上大笑曰卿善爲詞也然天下有道丘不與易也虔歷左僕射尚書令謚簡穆公僧虔長子慈年七歲外祖江夏王劉義恭迎之入中齋施諸寳物恣其所取慈唯取素琴一張孝子圖而已年十歲共時輩蔡約入寺禮佛正見沙門等懺悔約戲之曰衆僧今日何乾乾慈應聲答卿如此不知禮何以興蔡氏之宗約興宗之子也謝超宗見慈學書謂之曰卿書何如虔公答云慈書與大人猶雞之比鳳超宗鳳之子慈歷侍中贈太常卿約歷太子詹事出談藪

又

齊高帝嘗與王僧虔賭書畢帝曰誰爲第一僧虔對曰臣書臣中第一陛下書帝中第一帝笑曰卿可謂善自謀矣出南史

王融

齊末王融圖古今雜體有六十四書少年倣傚家藏紙貴而風魚蟲鳥是七國時書元長皆作隸字故貽後來所詰湘東王遣沮陽令韋仲定爲九十一種次功曹謝善勛增其九法合成百體其中以八卦爲書爲一以太爲兩法徑丈一字方寸千言出法書要録

蕭子雲

梁蕭子雲字景喬武帝謂曰蔡邕飛而不白羲之白而不飛飛白之間在卿斟酌耳嘗大書蕭字後人匣而寶之傳至張氏賓護東都舊第有蕭齋前後序皆名公之詞也出尚書故實

武帝造寺令蕭子雲飛白大書蕭字至今一字存焉李約竭産自江南買歸東洛建一小亭以翫號曰蕭齋出國史

蕭特

海鹽令蘭陵蕭特善草隸高祖賞之曰子敬之書不如逸少蕭特之迹遂過其父出談藪

僧智永

陳永欣寺僧智永師遠祖逸少歷紀專精攝齋升堂眞草唯命智永章草及草書入妙行入能兄智楷亦工書丁覘亦善隸書時人云丁眞永草

又

智永嘗於樓上學書業成方下出國史異纂

梁周興嗣編次千字文而有王右軍者人皆不能曉其始乃梁武教諸王書令殷鐵石於大王書中搨一千字不重者每字片紙雜碎無序武帝召興嗣謂曰卿有才思爲我韻之興嗣一夕編綴進上鬢髮皆白而賞錫甚厚右軍孫智永師自臨八百本散與人外江南諸寺各留一本永公住吳興永欣寺積年學書後有禿筆頭十甕每甕皆數石人來覓書并請題額者如市所居户限爲之穿穴乃用鐵葉裹之人謂爲鐵門限後取筆頭瘞之號爲退筆塚自製銘誌出尚書故實

嘗居永欣寺閣上臨書所退筆頭置之於大竹簏簏受一石餘而五簏滿出法書要録

僧智果

隋永欣寺僧智果會稽人也煬帝甚善之工書銘石其爲瘦健造次難類嘗謂永師曰和尚得右軍肉智果得骨夫筋骨藏於膚肉山水不猒高深而比公稍乏清幽傷於浅露若吴人之戰輕進易退勇力而非武虚張誇耀無乃小人儒乎智果隸行草入能

書斷列傳第二

書斷列傳第三

唐太宗　購蘭亭序　漢王元昌
歐陽詢　歐陽通　虞世南
褚遂良　薛稷　高正臣
王紹宗　鄭廣文　李陽冰
張旭　僧懷素

唐太宗

唐太宗貞觀十四年自眞草書屏風以示羣臣筆力遒勁爲一時之絕嘗謂朝臣曰書學小道初非急務時或留心猶勝棄日凡諸藝業未有學而不得者也病在心力懈怠不能專精耳又云吾臨古人之書殊不能學其形勢惟在其骨力及得骨力而形勢自生耳嘗召三品已上賜宴於玄武門帝操筆作飛白書衆臣乘酒就太宗手中相競散騎常侍劉洎登御牀引手然後得之其不得者咸稱洎登牀罪當死請付法帝笑曰昔聞婕妤辭輦今見常侍登牀出尚書故實

購蘭亭序

王羲之蘭亭序僧智永弟子辯才嘗於寢房伏梁上鑿爲暗檻以貯蘭亭保惜貴重於師在日貞觀中太宗以聽政之暇銳志翫書臨羲之眞草書帖購募備盡唯未得蘭亭尋討此書知在辯才之所乃勑追師入內道場供養恩賚優洽數日後因言次乃問及蘭亭方便善誘無所不至辯才確稱往日侍奉先師實嘗獲見自師沒後荐經喪亂墜失不知所在既而不獲遂放歸越中後更推究不離辯才之處又勑追辯才入內重問蘭亭如此者三度竟靳固不出上謂侍臣曰右軍之書朕所偏寶就中逸少之蹟莫如蘭亭求見此書勞於寤寐此僧耆年又無所用若得一智略之士設謀計取之必獲尚書左僕射房玄齡曰臣聞監察御史蕭翼者梁元帝之曾孫今貫魏州莘縣負才藝多權謀可充此使必當見獲太宗遂召見翼奏曰若作公使義無得理臣請私行詣彼須得二王雜帖三數通太宗依給翼遂改冠微服至洛潭隨商人船下至越州又衣黃衫極寬長潦倒得山東書生之體日暮入寺巡廊以觀壁畫過辯才院止於門前辯才遙見翼乃問曰何處檀越翼就前禮拜云弟子是北人將少許蠶種來賣歷寺縱觀幸遇禪師寒溫既畢語議便合因延入房內即共圍棊撫琴投壺握槊談說文史意甚相得乃曰白頭如新傾蓋若舊今後無形迹也便留夜宿設缸面藥酒果等江東云缸面猶河北稱甕頭謂初熟酒也酣樂之後請賓賦詩辯才探得來字韻其詩曰初醞一缸開新如萬里來披雲同落莫步月共徘徊夜久孤琴思風來旅鴈哀非君有祕術誰照不然灰蕭翼探得招字韻詩曰邂逅款良宵殷勤荷勝招彌天俄若舊初地豈成遙酒蟻傾還泛心猿躁似調誰憐失羣翼長苦業風飄妍蚩略同彼此諷味恨相知之晚通宵盡歡明日乃去辯才云檀越閑即更來翼乃載酒赴之興後作詩如

此者數四詩酒爲務其俗混然經旬朔翼示師梁元帝自畫職貢圖師嗟賞不已因談論翰墨翼曰弟子先傳二王楷書法弟子自幼來耽翫今亦數帖自隨辯才欣然曰明日可將來此看翼依期而往出其書以示辯才辯才熟詳之曰是卽是矣然未佳善也貧道有一眞跡頗是殊常翼曰何帖才曰蘭亭翼笑曰數經亂離眞迹豈在必是響搨僞作耳辯才曰禪師在日保惜臨亡之時親付於吾付受有緒那得參差可明日來看及翼到師自於屋樑上檻內出之翼見訖故駁瑕指纇曰果是響搨書也紛競不定自示翼之後更不復安於伏梁上并蕭翼二王諸帖並借留置于几案之間辯才時言八十餘每日於窻下臨學數徧其老而篤好也如此自是翼往還旣數童弟等無復猜疑後辯才出赴靈汜橋南嚴遷家齋翼遂私來房前謂童子曰翼遺却帛子在床上童子卽爲開門翼遂於案上取得蘭亭及御府二王書帖便赴永安驛告驛長凌愬曰我是御史奉勑來此今有墨勑可報汝都督知都督齊善行聞之馳來拜謁蕭翼因宣示勑旨具告所由善行走使人召辯才辯才仍在嚴遷家未還寺遽見追呼不知所以又遣云侍御須見及師來見御史乃是房中蕭生也蕭翼報云奉勑遣來取蘭亭蘭亭今已得矣故喚師來取別辯才聞語而便絕倒良久始蘇翼便馳驛南發至都奏御太宗大悅以玄齡舉得其人賞錦綵千段擢拜翼爲員外郎加入五品賜銀瓶一金鏤瓶一馬腦椀一並實以珠內廐良馬兩匹兼寶裝勒轡宅莊各一區太宗初怒老僧之祕恡俄以其年耄不忍加刑數月後仍賜物三千段穀三千石便勑越州支給辯才不敢將入己用迴造三層寶塔塔甚精麗至今猶存老僧因驚悸患重不能强飯唯歠粥歲餘乃卒帝命供奉搨書人趙模韓道政馮承素諸葛貞等四人各搨數本以賜皇太子諸王近臣貞觀二十三年聖躬不豫幸玉華宮含風殿臨崩謂高宗曰吾欲從汝求一物汝誠孝也豈能違吾心耶汝意如何高宗哽咽流涕引耳而聽受制命太宗曰吾所欲得蘭亭可與我將去後隨仙駕入玄宮矣今趙模等所搨在者一本尚直錢數萬也(出法書要錄)

又

一說王羲之嘗書蘭亭會序隋末廣州好事僧有三寶寶而持之一曰右軍蘭亭書二曰神龜(以銅爲之龜腹受一升以水貯之龜則動四足行所在能去)三曰如意(以鐵爲之光明洞徹色如水晶)太宗特工書聞右軍蘭亭眞跡求之得其他本若第一本知在廣州僧而難以力取故令人詐僧果得其書僧曰第一寶亡矣其餘何愛乃以如意擊石折而棄之又投龜一足傷自是不能行矣(出紀聞)

漢王元昌

唐漢王元昌神堯之子善行書諸王仲季並有能名韓王曹王亦其亞也曹則妙於飛白韓則工於草行

魏王魯王亦韓王之倫也

歐陽詢

唐歐陽詢字信本博覽今古官至銀青光祿大夫率更令書則八體盡能筆力勁險高麗愛其書遣使請焉神堯歎曰不意詢之書名遠播夷狄貞觀十五年卒年八十五詢飛白隸行草入妙大篆章草入能

又

率更嘗出行見古碑索靖所書駐馬觀之良久而去數步復下馬佇立疲則布毯坐觀因宿其傍三日而後去今開通元寶錢武德四年鑄其文乃歐陽率更書也 出國史異纂

歐陽通

唐歐陽通詢之子善書瘦怯於父嘗自矜能書必以象牙犀角爲筆管狸毛爲心覆秋兔毫松烟爲墨末以麝香紙必須堅緊薄白滑者乃書之蓋自重其書薛純陁亦效歐草傷於肥鈍亦通之亞也 出朝野僉載

虞世南

虞世南字伯施會稽人仕隋爲祕書郎煬帝知其才嫉其鯁直一爲七品十餘年仕唐至祕書監文皇曰世南一人遂兼五絶一曰博學二曰德行三曰書翰四曰詞藻五曰忠直有一於此足謂大臣而世南兼之行草之餘尤所偏工本師於釋智永及其暮齒加以遒逸卒年八十九伯施隸行草入妙

褚遂良

褚遂良河南人父亮太常卿遂良官至右僕射善書少則伏膺虞監長則師祖右軍眞書甚得其媚趣顯慶中卒年六十四遂良隸行入妙亦嘗師受史陵然史亦有古直傷於踈瘦也

又

遂良問虞監曰某書何如永師曰吾聞彼一字直五萬官豈能若此者曰何如歐陽詢曰聞詢不擇紙筆皆能如志官豈得若此褚曰既然某何更留意於此虞曰若使手和筆調遇合作者亦深可貴尚褚喜而退 出國史異纂

薛稷

薛稷河東人官至太子少保書學褚尤尚綺麗媚好膚肉得師之半矣可謂河南公之高足甚爲時所珍尚稷隸行入能

又

稷外祖魏徵家富圖籍多有虞褚舊跡鋭精模倣筆態遒麗當時無及之者及善畫博採古跡埒於祕書 出譚賓録

高正臣

高正臣廣平人官至衛尉卿習右軍之法睿宗愛其書張懷素之先與高有舊朝士就高乞書憑書之高嘗爲人書十五紙張乃戲換其五紙又令示高再看不悞客曰有人換公書高笑曰必是張公也乃審詳之得其三紙客曰猶有在高又觀之竟不能辨高

嘗許人書一屛幛踰時未獲其人乃出使淮南臨別大悵惋高曰正臣故人在申州正與僕書一類公可便往求之遂立申此意陸柬之嘗爲高書告身高皇嫌之不將入秩後爲鼠所傷乃持去張公曰此鼠甚解正臣意風調不合一至於此正臣隸行草入能

王紹宗

王紹宗字承烈官至祕書少監祖述子敬欽羨柬之其中小眞書體象尤甚其行書及章草次於眞常與人書云鄙夫書翰無工者特由水墨之積習恒精心率意虛神靜思以取之每與吳中陸大夫論及此道明朝必不覺已進陸後於密訪知之嗟賞不少將余比虞士以虞亦不臨寫故也但心準目想而已聞虞眠布被中恒手畫腹皮與余正同也承烈隸行草入能

鄭廣文

鄭虔任廣文博士學書而病無紙知慈恩寺布柿葉數間屋遂借僧房居止日取紅葉學書歲久殆遍後自寫所製詩并畫同爲一卷封進玄宗御筆書其尾曰鄭虔三絕（出尚書故實）

李陽冰

李陽冰善小篆自言斯翁之後直至小生曹喜蔡邕不足言開元中張懷瓘撰書斷陽冰張旭並不載絳州有篆字與古不同頗爲恠異李陽冰見之寢臥其下數日不能去驗其書是唐初不載書者名姓碑有碧落二字時人謂之碧落碑（出國史補）

張旭

張旭書得筆法傳崔邈顏眞卿旭言始吾聞公主與檐夫爭路而得筆法之意後見公孫氏舞劒器而得其神飲醉輒草書揮毫大叫以頭揾水墨中天下呼爲張顛醒後自視以爲神異不可復得後輩言筆札者歐虞褚陸或有異論至長史無間言（出國史補）

又

旭釋褐爲蘇州常熟尉上後旬日有老父過狀判去不數日復至乃怒而責曰敢以閑事屢擾公門老父曰其實非論事但覩少公筆跡奇妙貴爲篋笥之珍耳長史異之因詰其何得愛書答曰先父愛書兼有著述長史取示之信天下工書者也自是備得筆法之妙冠于一時（出幽閑鼓吹）

僧懷素

長沙僧懷素好草書自言聖三昧棄筆堆積埋山下號筆塚（出國史補）

書斷列傳卷第三

書斷雜編卷第四

程邈已下

秦獄吏程邈善大篆得罪始皇囚於雲陽獄增減大篆體去其繁複始皇善之出爲御史名曰隸書扶風曹喜後漢人不知其官善篆隸小異李斯見師一時陳留蔡邕後漢人左中郎將善篆採喜之法眞定直父碑文猶傳於世篆者師焉杜陵陳遵後漢人不知官善篆隸每書一坐皆驚時人謂爲陳驚坐上谷王次仲後漢人作八分楷法師宜官後漢不知何許人宜官能爲大字一丈小字方寸千言耿球碑是宜官書甚自矜重或空至酒家先書其壁觀者雲集酒因大售至飲足削書而退安定梁鴻後漢人官至選部尚書乃師宜官法魏武重之常以書懸帳中宮殿題署多是鴻手也出王僧虔名書録

邯鄲淳已下

陳留邯鄲淳爲魏臨淄侯文學得次仲法名在鴻後毛弘鴻弟子祕書八分皆傳弘法又有左子邑與淳小異亦有名京兆杜度爲魏齊相始有草名安平崔瑗漢濟北相亦善草書平符堅得摹瑗書王子敬云極似張伯英瑗子寔官至尚書亦能草弘農張芝高尚不仕善草書精勤絶倫家之衣帛必先書而後練臨池學書池水盡墨每書云忩忩不暇草時人謂爲草聖芝弟昶漢黄門侍郎亦能草今世人中云芝書者多是昶也出王僧虔名書録

姜詡已下

姜詡梁宣田彦和及司徒韋誕皆伯英弟子並善草誕最優魏宫館寶器皆是誕手魏明帝起凌雲臺誤先釘榜而未之題以籠盛誕轆轤引上書之去地二十五丈誕甚危懼乃誡子孫絶此楷法誕子少季亦有能稱羅暉趙袭不詳何許人與伯英同時見稱西州而矜許自與衆頗惑之伯英與朱寛書自敘云上比崔杜不足下方羅趙有餘河間張起亦善草不及崔張劉徳升善爲行書不詳何許人潁川鍾繇魏太尉同郡胡昭公車徵二家俱學於德升而胡書肥鍾書瘦鍾書有三體一曰銘石之書最妙者也二曰章程書三曰狎書相聞者也繇子會鎮西將軍絶能學父書改易鄧艾上章事莫有知者河東衛覬魏尚書僕射善草及古文略盡其妙草體微瘦而筆跡精熟覬子瓘爲晉太保採芝法以覬法參之更爲草藁藁是相聞書也瓘子恒亦善書博識古文字燉煌索靖張芝姊之孫晉征西司馬亦善草陳國何元公亦善草書吳人皇象能草世稱沉著痛快滎陽暢晉祕書

令史善八分出王僧虔名書錄

王羲之

王羲之告誓文今之所傳即其藁本不具年月日朔其眞本維永和十年三月癸卯九日辛亥而書亦眞開元初潤州江寧縣瓦官寺修講堂匠人於鴟吻内竹筒中得之與一沙門至八年縣丞李延業求得上岐王王以獻便留内不出或云其後却借岐王十二年王家失火圖書悉爲灰燼此書亦見焚矣出國史異纂

王廙

王廙羲之之叔也善書畫嘗謂右軍曰吾諸事不足法唯書畫可法晉明帝師其畫王右軍學其書出尚書故實

潞州盧

東都頃年創造防秋館穿掘多蔡邕鴻都學所書石經後洛中人家往往有之王羲之借船帖書之尤工者也故山北盧匡寶惜有年盧公致書借之不得云只可就看未嘗借人也盧除潞州旌節在途纔數程忽有人將書帖就盧求售閱之乃借船帖也驚異問之云盧家郎君要錢遣賣耳盧歎異移時不問其價還之後不知落於何人京師書儈孫盈者名甚著盈父曰仲容亦鑒書畫精於品目豪家所寶多經其手眞僞無所逃焉公借船帖是孫盈所蓄人以厚價求之不果盧公時其急切減而賑之日久滿百千方得盧公韓太沖外孫也故書畫之尤者多閱而識焉出尚

書故實

桓玄

晉書中有飲食名寒具者亦無注解處後於齊民要術并食經中檢得是今所謂饊餅桓玄嘗盛陳法書名畫請客觀之客有食寒具不濯手而執書畫因有涴玄不懌自是會客不設寒具出尚書故實

褚遂良

貞觀十年太宗謂魏徵曰世南没後無人可與論書徵曰褚遂良後來書流甚有法則於是召見太宗嘗以金帛購王羲之書跡天下爭齎古書詣闕以獻時莫能辨其眞僞遂良備論所出咸爲證據一無舛誤十四年四月二十二日太宗爲眞草書屏風以示羣

臣筆力遒利爲一時之絶購求得人間眞行凡三百九十紙裝爲七十卷草書二千紙裝爲八十卷每聽政之暇時閱之嘗謂朝臣曰書學小道初非急務時或留心亦勝棄日凡諸藝未嘗有學而不得者也病在心力懈怠不能專精耳今吾學古人之書殊不學其形勢唯在求其骨力得其骨力形勢自生出譚賓錄

蘭亭眞跡

太宗酷好書法有大王書跡三千六百紙率以一丈二尺爲一軸寶惜者獨蘭亭爲最置於坐側朝夕觀鑒嘗一日附耳語高宗曰吾千秋萬歲後與吾蘭亭將去也及奉諱之日用玉匣貯之藏於昭陵出尚書故實

王方慶

龍朔二年四月高宗自書與遼東諸將許敬宗曰許圉師愛書可於朝示之神功二年上問鳳閣侍郎王方慶曰卿家合有書法方慶奏曰臣十代再從伯祖羲之先有四十餘紙貞觀十二年先臣進訖有一卷臣近已進訖臣十一代祖洽九代祖珣八代祖曇首七代祖僧綽六代祖仲寶五代祖騫高祖規曾祖褒并九代三從伯祖晉中書令獻之已下二十八人書共十卷見在上御武成殿召羣臣取而觀之仍令鳳閣舍人崔融作序目為寶章集以賜方慶朝野榮之出譚賓錄

二王真跡

開元十六年五月內出二王真跡及張芝張昶等書總一百六十卷付集賢院令集字搨兩本進分賜諸王其書皆是貞觀中太宗令魏徵虞世南褚遂良等定其真偽八十卷小王張芝等跡各隨多少勒為卷帙以貞觀字為印印縫及卷之首尾其草跡又令褚遂良真書小字帖紙影之其中古本亦有是梁隋官本者梁則滿騫徐僧權沈熾文朱异隋則江總姚察等署記太宗又令魏褚等卷下更署名以記之其蘭亭本相傳云在昭陵玄宮中樂毅論長安中太平公主奏借出外搨寫因此遂失所在五年敕陸元悌魏哲劉懷信等檢校換褾每卷分為兩卷總見在有八十卷餘並失墜元悌又割去前代記署以己之名氏代焉玄宗自書開元二字為印記之右軍凡一百三十卷小王二十八卷張芝張昶各一卷右軍真行書唯有黃庭告誓等卷存焉又得滑州人家所藏右軍扇上真尚書宣示及小王行書白騎遂等二卷其書有貞觀年舊褾織成字出譚賓錄

八體

張懷瓘書斷曰篆籀八分隸書章草草書飛白行書通謂之八體而右軍皆在神品右軍嘗醉書數字點畫類龍爪後遂有龍爪書如科斗玉筯偃波之類諸家共五十二般出尚書故實

李都

李都荊南從事時朝官親熟自京寓書書蹤甚惡李寄詩戲曰華緘千里到荊門章草縱橫任意論應笑鍾張虛用力却教羲獻枉勞魂惟堪愛惜為珍寶不敢留傳誤子孫深荷故人相厚處天行時氣許教吞出抒情詩

東都乞兒

大曆中東都天津橋有乞兒無兩手以右足夾筆寫經乞錢欲書時先用擲筆高尺餘以足接之未嘗失落書跡楷書不如出酉陽雜俎

盧弘宣

李德裕作相日人有獻書帖德裕得之執翫頗愛其書盧弘宣時為度支郎中有善書名召至出所獲者書帖令觀之弘宣持帖久之不對德裕曰何如弘宣有恐悚狀曰是某頃年所臨小王帖太尉彌重之出盧

氏叢記

嶺南兎

嶺南兎嘗有郡牧得其皮使工人削筆醉失之大懼因剪己髮爲筆甚善更使爲之工者辭焉語其由因實對遂下令使一户輸人鬚或不能致輒責其直（出嶺南異物志）

書斷雜編卷第四

七

續書譜序

姜夔字堯章番易布衣也自號爲白石生好學無所不通嘗請于　朝欲是正頌臺樂律以議不合而罷有大樂議琴瑟攷鐃歌等書傳於世予略識於一友人處知其爲名士頗敬之不知其能書也近閱其手墨數紙運筆遒勁波瀾老成又得其所著續書譜一卷議論精到三讀三歎眞擊畫學之蒙者也夫自大學不明而小學盡廢游心六藝者固已絶無堇有而堯章迺用志刻苦筆法入能品予固恨其不遇於時又自恨向者不能盡知而不獲摳衣北面以請也因爲鋟木以志吾過云嘉定戊辰天台謝采伯元若引

續書譜

番易姜夔堯章

總論

眞行草書之法其源出於蟲篆八分飛白章草等圜勁古淡則出於蟲篆點畫波發則出於八分轉換向背則出於飛白簡便痛快則出於章草然而眞草與行各有體製歐率更顏平原輩以眞爲草李邕西臺輩以行爲眞亦以古人有專工正書者有專工草書者有專工行書者信乎其不能兼美也或云草書千字不抵行書十字行書十字不抵眞書一字意以爲草至易而眞至難豈眞知書者哉大抵下筆之際盡倣古人則少神氣專務遒勁則俗病不除所貴熟習兼通心手相應斯爲妙矣白雲先生歐率更書訣亦能言其梗槩孫過庭論之又詳皆可參稽之

眞

眞書以平正爲善此世俗之論唐人之失也古今眞書之妙無出鍾元常其次則王逸少今觀二家之書皆瀟洒縱横何拘平正良由唐人以書判取士而士大夫字畫類有科舉習氣顏魯公作干禄字書是其證也矧歐虞顏柳前後相望故唐人下筆應規入矩無復晉魏飄逸之氣且字之長短小大斜正踈密天然不齊孰能一之謂如東字之長西字之短口字之小體字之大朋字之斜黨字之正千字之踈萬字之密畫多者宜瘦畫少者宜肥魏晉書法之高良由各

盡字之眞態不以私意參之耳或者專喜方正極意歐顔或者專務匀圓專師虞永或謂體須精匾則自然平正此又有徐會稽之病或云欲其蕭散則自不塵俗此又有王子敬之風豈足以盡法書之美哉眞書用筆自有八法吾嘗採古人字列之以爲圖今略言其指點者字之眉目全藉顧盼精神有向有背隨字異形橫直畫者字之骨體欲其堅正匀淨有起有止所貴長短合宜結束堅實丿(音瞥)乀(音拂)者字之手足伸縮異度變化多端要如魚翼鳥翅有翩翩自得之狀挑剔者字之步履欲其沈實晉人挑剔或帶斜拂或橫引向外至顔柳始正鋒爲之正鋒則無飄逸之氣轉折者方圓之法眞多用折草多用轉折欲少駐

駐則有力轉欲不滯滯則不遒然而眞以轉而後遒草以折而後勁不可不知也懸針者筆欲極正自上而下端若引繩若垂而復縮謂之垂露翟伯壽問於米老曰書法當如何米老曰無垂不縮無往不收此必至精至熟然後能之古人遺墨得其一點一畫皆昭然絕異者以其用筆精妙故也大令以來用筆多失一字之間長短相補斜正相拄肥瘦相混求妍媚於成體之後至於今世尤甚

用筆

用筆不欲太肥肥則形濁又不欲太瘦瘦則形枯不欲多露鋒芒則意不持重不欲深藏圭角則體不精神不欲上小下大不欲左低右高不欲前多後少歐率更結體雖太拘而用筆特備衆美雖少楷而翰墨灑落追蹤鍾王來者不能及已顔柳結體既異古人用筆復溺一偏予評二家爲書法之一變數百年間人爭効之字畫剛勁高明固不爲無助而魏晉風軌掃地矣然柳氏大字偏傍清勁可喜更爲奇妙近世亦有倣之者則俗濁不足觀故知與其太肥不若瘦硬也

草

草書之體如人坐卧行立揖遜忿爭乘舟躍馬歌舞擗踊一切變態非苟然者又一字之體率有多變有起有應如此起者當如此應各有義理王右軍書羲之字當字得字深字慰字最多多至數十字無有同

者而未嘗不同也可謂所欲不踰矩矣大凡學草書先當取法張芝皇象索靖等章草則結體平正下筆有源然後倣王右軍申之以變化鼓之以奇崛若泛學諸家則字有工拙筆多失誤當連者反斷當斷者反續不識向背不知起止不悟轉換隨意用筆任筆賦形失悟顛錯反爲新奇自大令以來已如此矣況今世哉然而襟韻不高記憶雖多莫湔塵俗若使風神蕭散下筆便當過人自唐以前多是獨草不過兩字屬連累數十字而不斷號曰連綿遊絲此雖出於古人不足爲奇更成大病古人作草如今人作眞何嘗苟且其相連處特是引帶嘗攷其字是點畫處皆重非點畫處偶相引帶其筆皆輕雖復變化多端未

嘗亂其法度張顛懷素最號野逸而不失此法近代山谷老人自謂得長沙三昧草書之法至是又一變矣流至於今不可復觀唐太宗云行行若縈春蚓字字如綰秋蛇惡無骨也大抵用筆有緩有急有有鋒有無鋒有承接上文有牽引下字乍徐還疾忽往復收緩以倣古急以出奇有鋒以燿其精神無鋒以含其氣味橫斜曲直鉤環盤紆皆以勢爲主然不欲相帶則近於俗橫畫不欲太長長則轉換遲直畫不欲太多多則神癡以捺代乀以發代丞丞亦以捺代之唯ノ則間用之意盡則用懸針意盡須再生筆意不若用垂露耳

用筆

用筆如折釵股如屋漏痕如錐畫沙如壁拆此皆後人之論折釵股者欲其屈折圓而有力屋漏痕者欲其無起止之跡錐畫沙者欲其匀而藏鋒壁拆者欲其無布置之巧然皆不必若是筆正則藏鋒筆偃則鋒出一起一倒一晦一冥而神奇出焉常欲筆鋒在畫中則左右皆無病矣故一點一畫皆有三轉一波一拂又有三折一ノ又有數樣一點者欲與畫相應兩點者欲自相應三點者必一點起一點帶一點應四點者一起兩帶一應筆陣圖云若平直相似狀如筭子便不是書又如口（音圍）當行草時尤當泯其稜角以寬閑圓美爲佳心正則筆正意在筆前字居心後皆名言也故不得中行與其工也寧拙與其弱也寧勁與其鈍也寧速然極須淘洗俗姿則妙處自見矣大要執之欲緊運之欲活不可以指運筆當以腕運筆執之在手手不主運運之在腕腕不知執又作字者亦須略考篆文須知點畫來歷先後如左右之不同刺刺之相異王之與玉示之與衣以至秦奉泰春形同理殊得其源本斯不浮矣孫氏有執使轉用之法執謂深淺長短使謂縱橫牽掣轉謂鉤環盤紆用謂點畫向背豈偶然哉

用墨

作楷墨欲乾然不可太燥行草則燥潤相雜潤以取妍燥以取險墨濃則筆滯燥則筆枯亦不可不知也筆欲鋒長勁而圓長則含墨可以運動勁則有力圓

則妍美予嘗評世有三物用不同而理相似良弓引之則來舍之則急往世俗謂之揭箭好刀按之則曲舍之則勁直如初世俗謂之回性筆鋒亦欲如此若一引之後已曲不復挺又安能如人意耶故長而不勁不如勿長勁而不圓不如不勁蓋紙筆墨皆書法之助也

行書

嘗夷攷魏晉行書自有一體與草不同大率變真以便於揮運而已草出於章行出於真雖曰行書各有定體縱復晉代諸賢亦苦不相遠蘭亭記及右軍諸帖第一謝安石大令諸帖次之顏楊蘇米亦後世可觀者大要以筆老爲貴少有失誤亦可輝映所貴乎

濃纖間出血脉相連筋骨老健風神灑落姿態備具眞有眞之態度行有行之態度草有草之態度必須博習可以兼通

臨

摹書最易唐太宗云卧王濛於紙中坐徐偃於筆下可以啗蕭子雲唯初學書者不得不摹亦以節度其手易於成就皆須是古人名筆置之几案懸之坐右朝夕諦觀思其運筆之理然後可以摹臨其次雙鈎蠟本須精意摹搨乃不失位置之美耳臨書易失古人位置而多得古人筆意摹書易得古人位置而多失古人筆意臨書易進摹書易忘經意與不經意也夫臨摹之際毫髮失眞則神情頓異所貴詳謹世所

有蘭亭何翅數百本而定武爲最佳然定武本有數樣今取諸本參之其位置長短小大無不一同而肥瘠剛柔工拙要妙之處如人之面無有同者以此知定武雖石刻又未必得眞蹟之風神矣字書全以風神超邁爲主刻之金石其可苟哉雙鈎之法須得墨暈不出字外或郭填其内或朱其背正得肥瘦之本體雖然尤貴於瘦使工人刻之又從而刮治之則瘦者亦變爲肥矣或云雙鈎時須倒置之則亦無容私意於其間誠使下本明上紙薄倒鈎何害若下本晦上紙厚却須能書者爲之發其筆意可也夫鋒鋩圭角字之精神大抵雙鈎多失此又須朱其背時稍致意焉

書丹

筆得墨則瘦得朱則肥故書丹尤以瘦爲奇而圓熟美潤常有餘燥勁老古常不足朱使然也欲刻者不失眞未有若書丹者然書時盤薄不無少勞韋仲將升高書凌雲臺榜下則鬚髮已白藝成而下斯之謂歟若鍾繇李邕又自刻之可謂癖矣

情性

藝之至未始不與精神通其說見於昌黎送高閑序孫過庭云一時而書有乖有合合則流媚乖則凋疏神怡務閑一合也感惠徇知二合也時和氣潤三合也紙墨相發四合也偶然欲書五合也恐遽體留一乖也意違勢屈二乖也風燥日炎三乖也紙墨不稱

四乖也情怠手闌五乖也乖合之際優劣互差又云消息多方性情不一乍剛柔以合體忽勞逸而分驅或恬憺雍容内涵筋骨或折挫槎枿外曜鋒芒察之者尚精擬之者貴似至有未悟淹留偏追勁疾不能迅速翻效遲重夫勁速者超逸之機遲留者賞會之致將反其速行臻會美之方專溺於遲終爽絶倫之妙能速不速所謂淹留因遲就遲詎名賞會非其心閑手敏難以兼通者焉假令衆妙攸歸務存骨氣骨既存矣遒潤加之亦猶枝幹蕭踈凌霜雪而彌勁花葉鮮茂與雲日而相輝如其骨力偏多遒麗蓋少則枯槎架險巨石當路雖妍媚云闕而體質存焉若遒麗居優骨氣將劣譬夫芳林落葉空照灼而無依蘭

沼漂萍徒青翠而奚託是知偏工易就盡善難求雖學宗一家而變成多體莫不隨其性欲便以爲姿質直者則徑挺不通剛佷者又掘強無潤矜斂者弊於拘束脫易者失於規矩溫柔者傷於軟緩躁勇者過於剽迫狐疑者溺於滯澁遲重者終於拙鈍輕瑣者染於俗吏斯皆獨行之士偏翫所乖必能旁通點畫之情博究始終之理鎔鑄蟲篆陶鈞草擊至若數畫並施其形各異衆點齊列爲體互乖一點成一字之規一字乃終篇之準違而不犯和而不同留不常遲速不常疾帶燥方潤將濃遂枯泯規矩於方圓遁繩鉤之曲直乍顯乍晦若行若藏窮變態於毫端合情調於紙上無間心手忘懷楷則自可背羲獻而無失違鍾張而尚工其言盡善故具載

血脉

字有藏鋒出鋒之異粲然盈楮欲其首尾相應上下相接爲佳後學之士隨所記憶圖寫其形未能涵容皆支離而不相貫穿黄庭小楷與樂毅論不同東方畫讚又與蘭亭殊指一時下筆各有其勢固應介也予嘗歷觀古之名書無不點畫振動如見其揮運之時山谷云字中有筆如禪句中有眼豈欺我哉

燥潤 見用筆條

勁媚 見情性條

方圓

方圓者眞草之體用眞貴方草貴圓方者參之以圓圓者參之以方斯爲妙矣然而方圓曲直不可顯顯直須涵泳一出於自然如草書尤忌横直分明横直多則字有積薪束葦之狀而無蕭散之氣時時一出斯爲妙矣

向背

向背者如人之顧盼指畫相揖相背發於左者應於右起於上者伏於下大要點畫之間施設各有情理求之古人惟王右軍爲妙

位置

假如立人挑土田王衣示一切偏旁皆須令狹長則右有餘地矣在右者亦然不可太密太巧太密太巧是唐人之病也假如口字在左者皆須與上齊鳴呼

喉嚨等是也在下右者皆欲與下齊和扣等是也又如宀頭須令覆其下走辵皆須能承其上審量其輕重使相負荷計其大小使相副稱爲善

疎密

書以疎爲風神密爲老氣如佳之四横川之三直魚之四點畫之九畫必須下筆勁静疎密停勻爲佳當疎不疎反成寒乞當密不密必至凋疎

風神

風神者一須人品高二須師法古三須紙筆佳四須險勁五須高明六須潤澤七須向背得宜八須時出新意則自然長者如秀整之士短者如精悍之徒瘦者如山澤之臞肥者如貴游之子勁者如武夫媚者

如美女欹斜如醉仙端楷如賢士

遲速

遲以取姸速以取勁先必能速然後爲遲若素不能速而專事遲則無神氣若專事速又多失勢

筆鋒

下筆之初有搭鋒者有折鋒者其一字之體定於初下筆凡作字第一字多是折鋒第二三字承上筆勢多是搭鋒若一字之間右邊多是折鋒應其左故也又有平起者如隸畫藏鋒者如篆畫大要折搭多精神平藏善含蓄兼之則妙矣

歐陽文忠公試筆

南唐硯

其此一硯用之二十年矣當南唐有國時於歙州置硯務選工之善者命以九品之服月有俸廩之給號硯務官歲爲官造硯有數其硯四方而平淺者南唐官硯也其石尤精製作亦不類今工之侈窳此硯得自今王舍人原叔原叔家不識爲佳硯也兒子輩棄置之予始得之亦不知爲南唐物也有江南人年老者見之悽凄一作然曰此故國之物也因具道其所以然遂始寶惜之其貶夷陵也折其一角

宣筆

宣筆初不可用往時聖俞屢以爲惠尋復爲人乞去今得此甚可用遂深藏之

琴枕說

介甫嘗言夏月晝睡方枕爲佳問其何理云睡久氣蒸枕熱則轉一方冷處然則眞知睡者耶余謂夜彈琴唯石暉爲佳蓋金蚌瑟瑟之類皆有光色燈燭照之則炫燿非老翁夜視所宜白石照之無光唯目昏者爲便介甫知睡眞懶者余知琴徽直以老而目暗耳是皆可咲余家石暉琴得之二十年昨因患兩手中指拘攣醫者言唯數運動以導其氣之滯者謂唯彈琴爲可亦尋理得十餘年已忘諸曲物理損益相因固不能窮至於如此老莊之徒多寓物以盡人情信有以也哉

鑒畫

蕭條淡泊此難畫之意畫者得之覽者未必識也故飛走遲速意淺之物易見而閑和嚴靜趣遠之心難形若乃高下嚮背遠近重複此畫工之藝爾非精鑒者之事也不知此論爲是不余非知畫者强爲之說但恐未必然也然世謂好畫者亦未必能知此也此字不乃傷俗耶二十字一作然自謂好畫者未必能知此也

學書爲樂

蘇子美嘗言明窻淨几筆硯紙墨皆極精良亦自是人生一樂然能得此樂者甚稀其不爲外物移其好者又特稀也余晚知此趣恨字體不工不能到古人佳處若以爲樂則自足有餘

學書消日

自少所喜事多矣中年已來漸以廢去或厭而不爲或好之未厭力有不能而止者其愈久益深而尤不厭者書也至於學字爲於不倦時往往可以消日乃知昔賢留意于此不爲無意也

學書作故事

學書勿浪書事有可記者它時便爲故事

學眞草書

自此已後隻日學草書雙日學眞書眞書兼行草書兼指十年不勌當得書名然虛名已得而眞氣耗矣萬事物一作莫不皆然有以寓其意不知身之爲勞也有以樂其心不知物之爲累也然則自古無不累心

之物而有爲物所樂之心

學書費紙

學書費紙猶勝飲酒費錢曩時嘗見王文康公戒其子弟云吾平生不以全幅紙作封皮文康太原人世以晉人喜嗇資談笑信有是哉吾年向老亦不欲多耗用物誠未足以有益於人然衰年志思不壯於事少能快然亦其理耳

學書工拙

每書字嘗自嫌其不佳而見者或稱其可取嘗有初不自喜隔數日視之頗若稍可愛者然此初欲寓其心以銷日何用較其工拙而區區於此遂成一役之勞豈非人心蔽於好勝耶

作字要熟

作字要熟熟則神氣完實而有餘於靜坐中自是一樂事然患少暇豈其於樂處常不足耶

用筆之法

蘇子美嘗言用筆之法此乃柳公權之法也亦嘗較之斜正之間便分工拙能知此及虛腕則羲獻之書可以意得也因知萬事皆有法楊子云斷木爲棋刓革爲鞠亦皆有法豈正得此也

蘇子美論書

蘇子美喜論用筆而書字不迨其所論豈其力不副其心耶然萬事以心爲本未有心至而力不能者余獨以爲不然此所謂非知之難而行之難者也古之人不虛勞其心力故其學精而無不至蓋方其幼也未有所爲時專其力於學書及其漸長則其所（一無此字）學漸近於用今人不然多學書於晚年所以與古不同也

秋霖不止文書頗稀叢竹蕭蕭似聽愁滴顧見案上故紙數幅信筆學書樞密院東廳

蘇子美蔡君謨書

自蘇子美死後遂覺筆法中絶近年君謨獨步當世然謙讓不肯主盟往年予嘗戲謂君謨學書如泝急流用盡氣力不離故處君謨頗笑以爲能取譬今思此語已二（一無此名）十餘竟如何哉

李邕書

余始得李邕書不甚好之然疑邕以書自名必有深趣及看之久遂謂他書少及者得之最晚好之尤篤譬猶結交其始也難則其合也必久余雖因邕書得筆法然爲字絶不相類豈得其意而忘其形者邪因見邕書追求鍾王以來字法皆可以通然邕書未必獨然凡學書者得其一可以通其餘余偶從邕書而得之耳嘉祐五年春分日雪中西窗（一作齋）信筆

風法華

往時有風法華者偶然至人家見筆便書初無倫理久而禍福或應豈非好怪之士爲之遷就其事耶余每見筆輒書故江鄰幾比余爲風法華

九僧詩

近世時一作有九僧詩極有好句然今人家多不傳如馬放降來地鵰盤戰後雲春生桂嶺外人在海門西今之文士未能有此句也詳載詩話

弔僧詩

謝希深嘗誦哭僧詩云燒痕詩碑一作入集海角寺留真謂此人作詩不求好句只求好意余以謂意好句亦好矣賈島有哭僧詩云寫留行道影焚却坐禪身唐人謂燒却活和尚此句之大病也與詩話所載略同

郊島詩窮

唐之詩人類多窮士孟郊賈島之徒尤能刻篆一作琢窮苦之言以自喜或問二子其窮孰甚曰閬仙甚也何以知之曰以其詩見之郊曰種稻耕白水負薪斫青山島云市中有樵山我舍朝無煙井底有甘泉釜中乃空然蓋孟氏薪米自足而島家柴水俱無此誠可嘆一作笑然二子名稱高於當世其餘林翁處士用意精到者往往有之若雞聲茅店月人迹板橋霜則羇孤行旅流離辛苦之態見於數字之中至於野塘春水慢花塢夕陽遲則春物融怡人情和暢又有言不能盡之意茲亦精意刻琢之所得者耶

謝希深論詩

往在洛時嘗見謝希深誦一有曰字或作云縣古槐根出官清馬骨高又見晏丞相常愛笙歌歸院落燈火下樓臺希深曰清苦之意在言外而見於言中晏公曰世傳寇萊公詩云老覺腰金重慵便枕玉涼以爲富貴此特窮相者爾能道富貴之盛則莫如前言亦與希深所評者類爾二公皆有情味而善一作喜爲篇詠者其論如此歸田錄亦及此

温庭筠嚴維詩

余嘗愛唐人詩云雞聲茅店月人迹板橋霜則天寒歲暮風淒木落羇旅之愁如身履之至其曰野塘春水慢花塢夕陽遲則風酣日煦萬物駘一作佚蕩天人之意相與融怡讀之便覺欣然感發謂此四句可以坐變寒暑詩之爲巧猶畫工小筆爾以此知文章與造化爭巧可也詳載詩話

作詩須多誦古今詩

作詩須多誦古今人詩不獨詩爾其他一作餘文字皆一作盡然

漢人善以文言道時事

漢之文士善以文言道時事質而不俚茲所以爲難

蘇氏四六

往時作四六者多用古人語及廣引故事以衒二字一作自爲以博學而不思述事不暢近時文章變體如蘇氏父子以四六述叙委曲精盡不減古人文一作自學者變格爲文迨一作迄今三十年始得斯人不惟遲久而後獲實恐此後未有能繼者爾自古異人間出前後參差不相待余老矣乃及見之豈不爲幸哉

王濟譏張齊賢

張齊賢形體魁肥飲食兼數人然其爲相嘗有邊功

國朝宰相惟宋琪與齊賢知邊事然其常與王濟不相能濟剛峭之士也其後齊賢罷相歸洛陽買得午橋裴晉公綠野堂營爲別墅一日濟自洛至京師公卿間有問及齊賢午橋別墅者濟忽然曰昔爲綠野堂今作屠兒墓園矣聞者皆笑

晦明說

藏精於晦則明養神以（一作於）靜則安晦所以畜用靜所以應動善畜者不竭善應者無窮此君子修身治人之術然性近者得之易也付棐

廉恥說

廉恥士君子之大節罕能自守者利欲勝（一作牽）之耳物有爲其所勝雖善守者或牽而去故孟子謂勇過

賁育者誠（一作信）有旨哉君子之道闇然而日彰而今人求速譽遂得速毀以自損者理之當然（一作也字）

繫辭說

書不盡言言不盡意然自古聖賢之意萬古得以推而求之者豈非言之傳歟聖人之意所以存者得非書乎然則（一無此字）書不盡言之煩而盡其要言不盡意之委曲而盡其理謂書不盡言言不盡意者非深明之論也予謂繫辭非聖人之作初若可駭余爲此論迨今二十五年矣稍稍以余言爲然也六經之傳天地之久其爲二十五年者將無窮而不可以數計也予之言久當見信於人矣何必汲汲較是非於一世哉

論樂說

清濁二聲（一作音）爲樂之本而今自以爲知樂者猶未能達此安得言其細微之旨

六經簡要說

妙論精言不以多爲貴而人非聰明不能達其義余嘗聽人讀佛書其數十萬言謂可數談（一作言）而盡而溺其說者以謂欲曉愚下人故如此爾然則六經簡要愚下人（一有字）獨不得曉耶

試筆卷終

余家多文忠公書然比其沒余於篋中得十數帖耳今劉君乃能致此非篤好之不能也元豐二年正月初吉蘇轍子由題

此數十紙皆文忠公衝口而得信手而成初不加意者也其文采字畫皆有自然絕人之姿信天下之奇蹟也元祐四年九月十九日蘇軾書

書譜

吳郡孫過庭撰

夫自古之善書者漢魏有鍾張之絶晉末稱二王之妙王羲之云頃尋諸名書鍾張信為絶倫其餘不足觀可謂鍾張亡（云改作）沒而羲獻繼之又云吾書比之鍾張鍾當抗行或謂過之張草猶當鴈行然張精熟池水盡墨假令寡人耽之若此未必謝之此乃推張邁鍾之意也攷其專擅雖未果於前規摭以兼通故無慙於即事評者云彼之四賢古今特絶而今不逮古古質而今妍夫質以代興妍因俗易雖書契之作適以記言而淳醨一遷質文三變馳騖沿革物理常然貴能古不乖時今不同弊所謂文質彬彬然後君

子何必易雕宮於穴處反玉輅於椎輪者乎又云子敬之不及逸少猶逸少之不及鍾張意者以為評得其綱紀而未詳其始卒也且元常專工於隷書百英猶（尤改作）精於草體彼之二美而逸少兼之擬草則餘眞比眞則長草雖專工小劣而博涉多優總其終始匪無乖互謝安素善尺牘而輕子敬之書子敬嘗作佳書與之謂必存録安輒題後荅之甚以為恨安嘗問敬卿書何如右軍荅故當勝安云物論殊不爾子敬又荅時人那得知敬雖權以此辭折安所鑒自稱勝父不亦過乎且立身揚名事資尊顯勝母之里曾參不入以子敬之豪翰紹右軍之筆札雖復粗傳楷則實恐未克箕裘況乃假託神仙恥崇家範以斯成

學孰愈面牆後羲之往都臨行題壁子敬密拭除之輒書易其處私為不忝羲之還見乃嘆曰吾去時眞大醉也敬乃内慙是知逸少之比鍾張則專博斯別子敬之不及逸少無惑（或改作）疑焉余志學之年留心翰墨味鍾張之餘烈挹羲獻之前規極慮專精時逾二紀有乖入木之術無間臨池之志觀夫懸針垂露之異奔雷墜石之奇鴻飛獸駭之資鸞舞蛇驚之態絶岸頹峯之勢臨危據槁之形或重若崩雲或輕如蟬翼導之則泉注頓之則山安纎纎乎似初月之出天崖落落乎猶衆星之列河漢同自然之妙有非力運之能成信可謂志（智改作）巧兼優心手雙暢翰不虛動下必有由一畫之間變起伏於峯杪一點之内殊

衂（衄改作）挫於豪芒況云積其點畫乃成其字曾不傍窺尺牘俯習寸陰引班超以為辭援項籍而自滿任筆為體聚墨成形心昏擬效之方手迷揮運之理求其研妙不亦謬哉然君子立身務脩其本揚雄謂詩賦小道壯夫不為況復溺思豪氂淪精翰墨者也夫潛神對奕猶標坐隱之名樂志垂綸尚體行藏之趣詎若功定禮樂妙擬神仙猶埏埴之罔窮與工鑪而並運好異尚奇之士翫體勢之多方窮微測妙之夫得推移之奧賾著述者假其糟粕藻鑒者挹其菁華固義理之會歸信賢達之兼善者矣存精寓賞豈徒然與而東晉士人互相陶淬至於王謝之族郗庾之倫縱不盡其神奇咸亦挹其風味去之滋永斯道逾

微方復聞疑稱疑得末行末古今阻絶無所質問設有所會緘祕已深遂令學者茫然莫知領要徒見成功之美不悟所致之由或乃就分布於累年向規矩而猶遠圖眞不悟習草將迷假令薄能（鮮改作）草書粗傳隸法則好溺偏固自闕（閡改作）通規詎知心手會歸若同源而異派轉用之微（術改作）猶共樹而分條者乎加以趨變適時行書爲要題勒方富眞乃居先草不兼眞殆於專謹眞不通草殊非翰札眞以點畫爲形質使轉爲情性草以點畫爲情性使轉爲形質草乖使轉不能成字眞虧點畫猶可記文迴互雖殊大體相涉故亦傍通二篆俯貫八分包括篇章涵泳飛白若毫釐不察則胡越殊風者焉至如鍾繇隸奇張芝

草聖此乃專精一體以致絶倫伯英不眞而點畫狼籍元常不草使轉縱橫自茲已降不能兼善者有所不逮非專精也雖篆隸草章工用多變濟成厥美各有攸宜篆尚婉而通隸欲精而密草貴流而暢章務檢而便然後凜之以風神溫之以妍潤鼓之以枯勁和之以閑雅故可達其情性形其哀樂驗燥濕之殊節千古依然體老壯之異時百齡俄頃嗟乎不入其門詎窺其奧者也又一時而書有乖有合合則流媚乖則彫踈略言其由各有其五神怡務閑一合也感惠徇知二合也時和氣潤三合也紙墨相發四合也偶然欲書五合也心遽體留一乖也意違勢屈二乖也風燥日炎三乖也紙墨不稱四乖也情怠手闌五乖

也乖合之際優劣互差得時不如得器得器不如得志若五乖同萃思遏手蒙五合交臻神融筆暢暢無不適蒙無所從當仁者得意忘言罕陳其要企學者希風敘妙雖述猶踈徒立其工未敷厥旨不揆庸昧輙効所明庶欲弘既往之風規導將來之器識除繁去濫覩迹明心者焉代有筆陣圖七行中畫執筆（段添三手）圖貌乖舛點畫湮訛頃見南北流傳疑是右軍所製雖則未詳眞僞尚可發啓童蒙既常俗所存不藉編録至於諸家勢評多涉浮華莫不外狀其形内迷其理今之所撰亦無取焉若乃師宜官之高名徒彰史牒邯鄲淳之令範空著縑緗暨乎崔杜以來蕭羊已往代祀綿遠名氏滋繁或藉甚不渝人亡業顯或

憑附增價身謝道衰加以糜蠹不傳搜祕將盡偶逢緘賞時亦罕窺優劣紛紜殆難觀縷其有顯聞當代遺跡見存無俟抑揚自標先後且六文之作肇自軒轅八體之興始於嬴正其來尚矣厥用斯弘但今古不同妍質懸隔既非所習又亦略諸復有龍蛇雲露之流龜鶴花英之類乍圖眞於率爾或寫瑞於當年巧涉丹青工虧翰墨異夫楷式非所詳焉代傳羲之與子敬筆勢論十章文鄙理踈意乖言拙詳其旨趣殊非右軍且右軍位重才高調清詞雅聲塵未泯翰牘仍存觀夫致一書陳一事造次之際稽古斯在豈有貽謀令嗣道叶義方章則頓虧一至於此又云與張伯英同學斯乃更彰虛誕若指漢末伯英時代全

不相接必有晉人同號史傳何其寂寥非訓非經宜
從棄擇夫心之所達不易盡於名言之所通尚難
形於紙墨粗可髣髴其狀綱紀其辭冀酌希夷取會
佳境闕而未逮請俟將來今撰執使轉用之由以祛
未悟執謂深淺長短之類是也使謂縱橫牽掣之類
是也轉謂鉤鐶盤紆之類是也用謂點畫向背之類
是也方復會其數法歸於一途編列衆工錯綜羣妙
舉前賢之未及啓後學於成規窮其根源析其枝派
貴使文約理贍迹顯心通披卷可明下筆無滯詭辭
異說非所詳焉然今之所陳務裨學者但右軍之書
代多稱習良可據爲宗匠取立指歸豈惟會古通今
亦乃情深調合至（改作致）使摹搨日廣研習歲滋先後

著名多從散落歷代孤紹非其効歟試言其由略陳
數意止如樂毅論黃庭經東方朔畫讚太史箴蘭亭
集序告誓文斯並代俗所傳真得（改作行）絕致者也寫
樂毅則情多怫鬱書畫讚則意涉瓌奇黃庭經則怡
懌虛無太師箴又從橫爭折暨乎蘭庭（改作亭）興集思
逸神超私門誡誓情拘意（改作志）慘所謂涉樂方笑言
哀已歎豈惟駐想流波將貽嘽嗳之奏馳神睢渙方
思藻繪之文雖其目擊道存尚或心迷議舛莫不強
名爲體共習分區豈知情動形言取會風騷之意陽
舒陰慘本乎天地之心既失其情理乖其實原夫所
致安有體哉夫運用之方雖由己出規模所設信屬
目前差之一毫失之千里苟知其微（改作術）適可兼通

心不厭精手不忌（改作忘）熟若運用盡於精熟規矩闇
於胸襟自然容與徘徊意先筆後瀟（改作蕭）灑流落翰
逸神飛亦猶弘羊之心預乎無際庖丁之目不見全
牛嘗有好事就吾求習吾乃粗舉綱要隨而受（改作授）
之無不心悟手從言忘意得縱未窮於衆術斷可極
於所詣矣若思通楷則少不如老學成規矩老不如
少思則老而逾妙學乃少而可勉勉之不已抑有三
時時然一變極其分矣至如初學分布但求平正既
知平正務追險絕既能險絕復歸平正初謂未及中
則過之後乃通會通會之際人書俱老仲尼云五十
知命七十從心故以達夷險之情體權變之道亦猶謀
而後動動不失宜時然後言言必中理矣是以右軍

之書末年多妙當緣思慮通審志氣和平不激不厲
而風規自遠子敬已下莫不効（改作鼓）努爲力標置成
體豈獨工用不侔亦乃神情懸隔者也或有鄙其所
作或乃矜其所運自矜者將窮性域絕於誘進之途
自鄙者尚屈情涯必有可通之理嗟乎蓋有學而不
能未有（添不字）學而能者也考之即事斷可明焉然消
息多方性情不一乍剛柔以合體忽勞逸以（改作而）分
驅或恬憺雍容內涵筋骨或折挫槎枿外曜峯芒察
之者尚精擬之者貴似況擬不能似察不能精分布
猶踈形骸未檢濯（改作躍）泉之態未覩其妍窺井之談
已聞其醜縱欲唐突羲獻誣罔鍾張安能掩當年之
目杜將來之口慕習之輩尤宜慎諸至有未悟淹留

偏追勁疾不能迅速飜效遲重夫勁速者超逸之機遲留者賞會之致將反其速行臻會美之方專溺於遲終爽絶倫之妙能速不速所謂淹留因遲就遲詎名賞會非夫心閑手敏難以兼通者焉假令衆妙攸歸務存骨氣骨既存矣而遒潤加之亦猶枝幹（改作榦）扶踈凌霜雪而彌勁花葉鮮茂與雲日而相暉如其骨力偏多遒麗蓋少則若枯槎架險巨石當路雖妍媚之（改作云）闕而體質存焉若遒麗居優骨氣將劣譬夫芳林落蘂空照灼而無依蘭沼漂蓱徒青翠而奚託是知偏工易就盡善難求雖學宗一家而變成多體莫不隨其性欲便以爲姿質直者則徑挺不遒剛佷者又崛強無潤矜斂者弊於拘束脫易者失於規矩溫柔者傷於軟緩躁勇者過於剽迫狐疑者溺於滯澁遲重者終於蹇鈍輕瑣者譆（改作染）於俗吏斯皆獨行之士偏翫所乖易曰觀乎天文以察時變觀乎人文以化成天下況書之爲妙近取諸身假令運用未周尚虧工於祕奧而波瀾之際已濬發於靈臺必能傍通點畫之情博究始終之理鎔鑄虫（改作蟲）篆陶均草隸體五材之並用儀形不極象八音之迭起感會無方至若數畫並施其形各異衆點齊列爲體互乖一點成一字之規一字乃終篇之准違而不犯和而不同留不常遲遣不恒疾帶燥方潤將濃遂枯泯規矩於方圓遁鉤繩之曲直乍顯乍晦若行若藏窮變態於豪端合情調於紙上無間心手忘懷楷則自可

背羲獻而無失違鍾張而尚工譬夫絳樹青琴殊姿共艷隋珠和璧異質同妍何必刻鶴圖龍竟慙眞體得魚獲兎猶恡筌蹄同（改作聞）夫家有南威之容乃可論於淑媛有龍泉之利然後議於斷割語過其分實累樞機吾嘗盡思作書謂爲甚合時稱識者輒以引示其中巧麗曾不留目或有誤失翻被嗟賞既昧所見尤喻所聞或以年識（改作職）自高輕至（改作致）陵誚余乃假之以緗縹題之以古目則賢者致（改作改）觀愚者（改作夫）繼聲競貴（改作賞）豪末之奇罕議峯端之失猶惠侯之好僞似葉公之懼眞是知伯子之息流波蓋有由矣夫蔡邕不謬賞孫陽不妄顧者以其玄鑒精通故不滯於耳目也向使奇音在爨庸聽驚其妙響逸足伏櫪凡識知其絶羣則伯喈不足稱良樂未可尚也至若老姥遇題扇初怨而後請門生獲書机父削而子懊知之（改作與）不知也夫士屈於不知己而申於知己彼不知也曷足怪乎故莊子曰朝菌不知晦朔蟪蛄不知春秋老子云下士聞道大笑之不笑之則不足以爲道也豈可執冰而咎夏虫（改作蟲）哉自漢魏以（改作已）來論書者多矣妍蚩雜糅條目糾紛或重述舊章了不殊於既往或苟興新說竟無益於將來徒使繁者彌繁闕者仍闕令（改作今）撰爲六篇分成兩卷第其工用名曰書譜庶使一家後進奉以規模四海知音或存觀省緘祕之旨余無取焉垂拱三年寫記

書譜卷上

嘉定戊辰冬改正三十五字

此卷缺以弘治間華氏刻宋本補並以內府所藏眞跡校正

法帖刊誤目録

法帖刊誤目録終

法帖刊誤卷上 并序

左朝奉郎行祕書省祕書郎黄　伯思撰

淳化中內府旣博訪古遺蹟時翰林侍書王著受詔緒正諸帖著雖號工草隸然初不深書學又昧古今故祕閣法帖十弓中瑶珉雜糅論次乖譌世多耳觀遂乆莫辨故禮部郎米芾元章筆翰妙薦紳間在淮南幕府日嘗跋弓尾作數百語頗有條流但槩舉其目疎略甚多故諸部中或僞蹟著甚而不覺者若李懷琳所作衛夫人書逸少闊別稍乆帖之類有雖審其僞而譏訶未當者若知伯英大令諸草帖爲唐人書而不知乃書晉人帖語之類有譏訶雖當主名昭然而不能辨者若以田疇字爲非李斯書而不知乃李陽冰明州碑中字之類有誤著其主名者若以晉人章草諸葛亮傳中語遂以爲亮書之類是也其餘舛午尚多書家責能書者備故僕於元章慨然古語有之善書不鑒善鑒不書僕自幼觀古帖至多雖豪墨積習未至而心悟神解時有所得故作法帖刊誤凡論眞僞皆有據依使鍾王復生不易此評矣元章今已物故恨不示之後有高識賞予知言大觀戊子歲六月七日西都府院東齋序

第一帝王書

凡草書分波磔者名章草似此者但謂之草猶古隸之生今正書故章草當在草書先然本無章名因漢建初中杜操伯度善此書章帝稱之故後世目爲今

此卷首帖偶章草便以爲章帝書誤矣然此書亦前代作但録書者集成千字中語耳米徑以此辨之未中其病米云晉武書當是孝武非也僕案省啓帖與後譙王帖雖在疑録似非一家書續帖中炎報帖頗與此筆法同炎晉武名非孝武也然皆後人依放此帖末云故遣信還古者謂使爲信故逸少帖云信遂不取答眞誥云公至山下又遣一信見告謝宣城傳云荆州信去倚待陶隱居帖云明旦信還仍過取反凡言信者皆謂使人也近世猶有此語故虞永興帖云事已信人口具而今之流俗遂以遣書饋物爲信故謂之書信而謂前人之語亦然不復知魏晉以還所謂信者乃使之別名耳

阿史病轉差帖云晉宣帝亦未然

安軍破堽數朝三草書筆勢糾繞若一其僞不疑僕㓜時嘗觀世傳七賢書末有白字皆連名作點七人所作了無小異雖當時筆法傳授或同然人書不同亦如面焉不應乃尔無別因疑其僞是時宿輩長者或謂不然後觀竇臮書賦始知七賢帖果李懷琳僞作此三帝草書亦是類也

米云梁高當是齊高非也此帖末云蕭衍正梁武名梁武廟號高祖此書目誤以祖爲帝耳

宋明帝帖云報休祐休範二家內人知祐晉平王也範桂陽王也宋史以休祐爲休祜葢冊牘轉寫之訛當以祐爲是

弔江叔帖非唐文皇書案高宗永隆元年七月丙申江王元祥薨即此帖所謂江叔也高宗多以國呼諸父如滕叔不須賜謂滕王元嬰猶以元祥爲江叔此正高宗書也叔藝韞多材帖亦高宗書中云聊以示諶謂魯王靈夔之子范陽王諶也靈夔亦高宗叔史稱其篤學善草隸此帖所謂叔藝韞多材慈深善誨諶夙奉趨庭之訓早擅臨池之工者以此後有答進枇杷并移營五橋南二帖皆高宗書此數段並誤入太宗帖中

陳文帝謂宣帝我名子以伯汝宜以叔此卷陳永陽王伯智書誤録在長沙王叔懷後又据陳史長沙王但有叔堅而無叔懷其弟亦無此名觀帖尾作名處疑是叔愼叔愼陳岳陽王也葢摹傳之變

第二漢魏吳晉人書

唐文皇右軍傳賛云伯英臨池之妙無復餘蹤當是時遠購冥搜古帖畢出而御府所畜其富無倫尚無伯英書後世豈可復得非特唐也晉世見者亦寡故庾翼與右軍書云昔得伯英章草十紙過江亾失常歎妙蹟永絶此卷章草芝白一帖差近古亦疑先賢摹放也前知汝殊愁以下五帖米云皆張長史書信然但帖中有云數往虎丘祖希時面祖希張玄之字也玄之與大令同時虎丘地在江左當是長史書二王帖辭耳

崔子玉書云數附書知聞以解其憂唐人書也字亦

非漢
尚書宣示鍾書眞蹟本在王丞相導家導過江時藏衣帶中以遺逸少逸少以遺王脩脩死其母以脩平日所寶并入棺眞蹟遂絶此本右軍所臨者
白騎遂帖乃王大令臨唐開元中在滑臺人家并逸少臨宣示帖藏之故誤録在鍾部長風帖乃逸少早年書殊未變鍾體故亦誤眞此長風范母子等語二王帖間多有米云齊梁人書非也
皇象文武帖葢冩漢東觀校書郎中高彪送幽州督軍御史第五永箴耳結字亦古史本云呂尚七十此云師尚七十史本云明其果毅此云昭其果毅師作呂昭作明蓋作史者避晉諱五將三門下當云地有九變丘陵山川

人有計策六奇五間總兹三事謀則咨詢無曰己能務在求賢淮陰之勇廣野是尊勿謂時險不正其身勿謂無人莫識己眞忘富遺貴福禄乃存枉道依合復無所觀先公高節永越可遵佩藏斯戒以厲終身時蔡邕輩並賦詩送永獨彪作此箴邕等甚美之以爲莫尚也全章見東漢書此段軼之象書人間殊少惟建業有吳時天發神讖碑若篆若隸字勢雄偉相傳乃象書也張懷瓘目以沈著痛快眞得其筆勢云皇象後章草一表葢唐人僞作其體正與世傳曹植書鷂雀賦同皆非眞蹟至若孫皓上晉武表亦章草字字畫高古與此有間矣王小令此年帖本唐人所畜與二鍾虞松三帖爲一卷珉帖末云輔國司馬君筆勢婉雅與此有間矣此亦無後五字
謝安後一帖傳摹遠眞米以爲僞者葢以惶恐再拜當時罕用然於尊老或有之陶華陽眞誥中有帖云許玄惶恐再拜正晉世體
王世將二十四帖與第一卷數朝等僞帖字勢無異惟後兩表極古信能傳鍾氏筆意而右軍學之也表中有云頓乏勿勿案顔氏家訓云世中書翰多稱勿勿相承如此莫原其由或有妄言此忽忽之殘缺耳說文勿者州里所建之旗葢以趣民事故悤遽者稱勿勿僕謂顔氏以說文證此字爲長而今世流俗又妄於勿勿字中斜益一點讀爲悤字彌失眞矣按祭義云勿勿諸其欲其饗之也注勿勿猶勉勉也愨愛之貌杜牧之詩浮生長勿勿是知勿勿出於祭義一

人詩中用之不特稱於書翰耳

第三晉宋齊人書

庾亮書云奉告書箱先爲媞子作案江淮之間謂母曰媞此云媞子未知目何戚也尒疋云媞媞安也
庾翼帖稱故吏從事中郎案翼嘗爲陶侃太尉府從事中郎此當是與侃啓也
杜預十一月二十四日帖云道遠書問又簡間得來況非當時尺牘中語或是江左人書不特親故帖僞也親故末云數附書信以慰吾心亦近世流俗語耳
晉劉超爲人愼密自以書類元帝不敢與外書此帖不應尚傳又字勢與元帝大別其僞審矣謝莊首終

仕宋而題曰晉大誤王著敘王坦之書列於逸少諸子閒意以名皆從之殊不知坦之迺述子自太原王耳非琅琊族也非通古甚那至尒非通古甚那至尒川不去此七字意

非字下有不字

劉瓌之迺東晉時善八分者大令既不肯書太極殿榜謝安石遂令瓌之以八分題之今此帖非眞與王廙三十四日帖無異王氏疑操徽渙之四子書皆眞帖逸少七子上四人與子敬書具傳惟玄之肅之遺蹟未見餘皆得家範而體各不同是善學逸少書者猶顏延年對宋文帝論其諸子自謂竣得臣筆測得臣文奐得臣義躍得臣酒書亦猶是也僕今以擬王氏諸子則逸少之書凝之得其韻操之得其體徽之得其勢渙之得其貌獻之得其源然而大令之書特知名而與逸少方駕者蓋能本父之書意所循者大故也眞行則法鍾草聖則師張二家之法逸少所自出從而效之所以特高於諸王猶魯堂諸子由賜商偃皆以儒稱卒之得其傳者子淵而已

索靖七月二十六日帖本七紙晉王平南廙每寶玩之值永嘉亂乃四疊綴衣中以度江唐蒲州桑泉令豆盧器得之疊蹟猶存今所錄惟一紙耳摹傳失眞無復意象

紀瞻帖中有云貧家無以將意所謂物微意全也觀此語不得見筆蹟可判其僞矣山濤啓事與李懷琳所撰七賢書中濤書自相戈盾但此啓事文是而書非七賢帖中筆語皆妄也

此卷僞帖甚衆如庾翼後一帖與沈嘉王循司馬攸劉穆之王劭王歆張翼陸雲羊欣卞壼謝發與前杜預一帖及劉超劉瓌之紀瞻山濤等帖皆一體僞作

孔琳之帖有恨恨脚中轉劇近明散未覺益十二字偏小蓋行側注字摹帖者妄以入行耳當依本爲勝

王僧虔兩啓皆佳結字與擬王琰乞江郢所統郡啓同書聲信不虛得

第四梁陳唐人書

齊豫章王疑孫確子範之子在梁位司徒右長史此云征南將軍不知何據恐是梁邵陵王綸之子確也其書孝經一章亦近世僞體非江左書阮研帖亦然

蕭子雲有章草史孝山出師頌一章甚古雅與此卷正書列子遠矣紙中王濛筆下徐偃信篤論也

陳逵者晉西中郎將也此云陳朝陳逵書誤矣

褚河南潭府帖末云舅遂良報薛八侍中前外舅張知常以爲河南謫潭時無有薛姓爲侍中者僕嘗攷之信然案遂良以高宗永徽六年貶潭州都督前此上至神堯時爲侍中者裴矩齊王元吉杜如晦王珪魏元成楊師道劉洎張行成高季輔宇文節韓瑗凡十一人未有薛姓者至儀鳳中薛元超始作相既在遂良後又不作侍中當時在外鎮未有兼此官者及觀字勢亦斆褚作嫵媚態其僞必矣後家姪至一帖乃眞河南得意書翩翩有逸敬體以前帖視之如兼

葭倚瑤林也

山河帖乃褚河南所書枯樹賦中鈔出耳此庚子山作而褚書之後褚遂良述四字後人妄益

虞永興大運帖歐陽率更比年帖皆集二公碑中字爲之

柳少師與弟帖末云誠懸呈人多疑之以顏籀注漢書丞相衡傳云字以表德豈人所自稱柳不當稱字然嘗觀逸少敬謝帖自云王逸少白盧山遠公集盧循與遠書自云范陽盧子先叩頭則古人稱字葢或有之

陸柬之帖云近得告爲慰上下無恙不得吳興近問懸心得藥書散勢耿耿嘗也殊不類唐人語當是臨

晉宋人帖不尔效其語作此耳

薄紹之宋世爲丹陽尹書與羊欣齊名時號羊薄此卷目爲唐人謬甚矣

第五雜帖（跛記語覞）

自蒼頡至程邈書皆偽史籀書傳世者歧鼓耳今此書云揚州褱易德系字殊無三代體與其辭皆唐人筆也李斯書米云未知何人書僕案其文云田疇耕耨爲政朞月而致灋令使父子爲鄒魯乃李陽冰篆王密所撰明州刺史河東褱公紀德碣中字也其碑略云驚逋復田疇闢教以耕耨故爲政可朞月而致寬之則灋令非行公之化吏俗爲鄒魯使父子長幼各得其宜此帖乃摹田疇等十八字爲斯書與碑中篆無銖黍差而米云未知何人書葢未嘗見此碑耳

程邈在秦雲陽獄作隸字迺今漢碑中字是也有此隸方生今正書不應邈已作之

宋儋唐明皇時人學鍾書但作側戾殊失天勢王著録此書不知乃唐士意爲遠古人故與斯邈並列其誤至此儋有嵩山圭禪師等碑傳於世字亦不甚工

衞夫人帖葢唐初李懷琳作事見竇泉述書賦如續帖中嵇康絶交書世傳七賢帖皆懷琳僞蹟也此與師帖尤踈繆案梁蕭子雲荅武帝勑云臣昔不能拔賞隨時所貴規摹子敬多歷年所季二十六著晉史至二王列傳欲作論草隸法言不盡意遂不能成十許年始見勑旨論書一卷商略筆狀洞徹字體始變

子敬全範元常逮爾以來自覺功進此偽帖云但衞隨世所學規摹鍾繇遂歷多載年二十著詩論草隸又云筆勢洞精字體遒媚皆竊取子雲啓中語欲小改之遂失其句讀今世高識豈無何不悟此又衞夫人乃晉李矩妻李充母名鑠字茂猗既與師書自當著名不但稱夫族及姓也以數事考之其僞不疑又前輩論此帖以其勅字從力館從舍爲僞未中其病葢自二王以來譌字甚多陳爲陣策爲筴皆二王輩自製不可據此定眞僞也

隋詔書中敬字鈌其波葢淳化中摹此書時特省去避諱耳或指此目爲僞帖非也梁武帝書評乃命袁昂作者其荅啓云奉勑遣臣評古今書臣愚短豈敢

輒量江海但天旨諉臣斟酌是非謹品字法如前此云梁武評書誤矣袁昂不以書名而評裁諸家曲盡筆勢然論者以其評張芝書云如漢武愛道憑虛欲僊則欲僊而已至況薄紹之書乃云如僊人嘯樹則眞僊也爲比擬失倫此亦一病也寫此者字法局束天然太少疑非智果書果號得右軍骨借譽浮其實亦不至尒

何氏書若云何人耳或以爲何姓非也米以二帖爲歐陽率更書良是

敬祖鄱陽二帖大令部中已有此重出耳敬祖王導子武岡矦協也與大令不同時恐非其書

孤不度德量力與亮白董卓以來二帖皆諸葛傳中與昭烈問荅語有一段自孫權據有江東以下與此文相接誤寘第十卷王大令部中皆章草書雖字畫大小微異而筆勢若一大是全寫亮傳首語此文雖出亮言亦史家潤色之又中云亮曰亦史家所記米遂謂亮書差千里矣僕謂此帖當是逸少書蓋與此公章草豹奴帖筆法同

移屋有意適閑曬二帖眞羊中散書與唐薛邕家所畜筆精帖字勢同與法帖本部中三月六日帖殊不類彼六日帖乃僞也筆精帖眞羊公得意書或以爲逸少則過矣

法帖刊誤卷上

法帖刊誤卷下

左朝奉郎行祕書省祕書郎黃　伯思撰

第六王會稽書上

自適得書至慰馳竦（或作竦）耳中闇（疑當作間）諸帖除穆松及秋中二帖差似逸少書餘並近世不工書者僞作耳非特筆無晉韻又宅上靜眠過此如命等乃今流俗語不待觀筆蹟已可辨之

酸感至比加（和一作）下及宰相并啜豆鼠伏想娗等亦僞作蓋以逸少別帖垂三十年比加下癧等語廁其閒或云宰相安和帖乃郗愔書謂宰相者簡文作相王時也殷生者殷浩也然此或是書郗愔帖語耳而結字實近世人僞作愔書自與逸少早年抗衡而此帖了無晉韻其非審矣

鯉魚帖敬字行成帖殺字皆缺語在第五章夫人及蔡家二帖亦後人依放賈曾送張説赴朔方序中云備官而行成旅比從下云有詔具僚爰開祖宴且申後命寵以蕃錫此卷有此文自行字上祖字下皆亡之而作草書多不綴屬當是集逸少書寫此序耳先輩以爲張説送賈至文非也米亦以自是月下爲僞殊不知自行成下已僞蓋此帖失其首尾而米未嘗考賈曾文也

闊别稍久眷與時長帖末云遇信忽遽萬不一陳字既甚惡而筆語乃爾非逸少書無疑吾昨得一日一起帖米以爲張長史書有之但米論書多以草字差

大者爲非二王書一槩求之理恐未竟
追尋帖米以爲大令書非也字勢圜緊旣非獻之體
而中云吾老矣餘願未盡惟在子輩耳案大令壽四
十三初無後嗣與此不合又法書要録逸少帖内有
此語固宜在此卷
二十日以下二帖結體雖疎詞筆皆有王氏風氣殆
是唐人縱筆臨放非摹搨也
不得臨川問帖亦非逸少書庾子嵩非同時人也朱
處仁帖在十七帖閒其中有云往得其書信遂不取
荅謂昔嘗得其書而信人竟不取報書耳而世俗遂
誤讀爲往得其書信殊不知信者乃使人也自連下
語非若今之謂書信也第一篇晉武帖中已詳辨之

第七王會稽書中
得都下九日帖中云蔡公者蔡謨也仁祖者謝尚也
晉穆帝永和十二年秋桓公破姚襄至洛故此云乆
當至洛是時將以謝尚鎮司州以病止故此云得仁
祖二十六日問疾更委篤與陶穀家所畜逸少破羌
帖中所書事正同其帖云知虞帥云桓公以至洛即
摧破羌賊賊重命想必禽之王略始及舊都使人悲
慨深此公威略實著自當求之於古眞可以戰使人
歎息知仁祖小差此慰可言適范生書如其語無異
故須後問爲定今以書示君僕嘗跋之云晉穆帝永
和十二年秋桓温破姚襄于伊水遂至洛時將以謝
尚鎮之屬病不行所云桓公摧破羌賊及仁祖小差
正當時事也是時逸少去會稽内史已歲餘方遯迹
山水閒宜不復以世務經懷而此書乃歎宣武之盛
略悲舊都之始平憂國嗟時志猶不息惜其一憤遠
引使才猷約結弗光於世獨區區遺翰見寶後人覽
之深爲興歎此帖草法極工惜不載法帖閒故附見
此條
與足下意政同政當作正葢逸少祖尚書郎名正故
王氏作書正月或作初月或作一月他正字皆以政
代之後人相承斆之非也
自初月二日至前從洛帖皆僞如初月有云羲之是
耳頋知心素致使如然也願足下莫見責乃俗人僞
作第恐是著書覩其所補永禪師十字格韻與此正

同
十月七日帖米以爲集成子謂昨見君帖亦然葢二
帖字意皆不相屬而十月帖頗取十七帖中足慰前
可令必達以副此志遠想慨然等帖中語厠其閒如
云足下尚停數日得告承長平未佳足下小大佳也
知比得丹陽書熱日更甚期已至旦反想至七帖
後人依放中有云不易可得過夏知有患者早乘涼
行皆非當時人語承足下還來一帖不論可見其僞
荀矦帖云安好音信明公還得歸洛也詞筆皆如初
月帖（劉次莊釋云安好音信那可遇得歸洛也）
深以自慰晚復毒熱二帖唐文皇所臨者羲之白耳
帖不論可見其僞

僕近修小園子殊佳帖米以爲子敬書僕謂㝷動靜以下方是子敬筆前兩行乃唐人書字勢帖語與後迥殊

第八王會稽書下

羲之死罪小大悉佳帖書殊惡末云因緣不多亦近代所爲耳

足下各如常亦唐人作此初月帖差勝中云淡悶干嘔淡古淡液之淡干古干濕之干今人以淡作痰以干作乾非也據此當亦非今人所作

闊轉久帖末云卒未近緣如何非晉士語阮公故尔一帖非逸少書

蒸濕帖米云大令代父書非也葢結字殊不同詞亦異晉體

脩齡王胡之也重熙郗曇也安西庾翼也其云一昨得安西六日書無他無所知說故不復付送讓都共戫作表亦復常言耳案翼之鎮荆州以石虎衰暴妻表請北伐康帝及朝士皆遣使譬止孫綽輩亦致書諫之則逸少所見之表殆亦論北伐事也翼之此舉朝論弗以爲然故逸少以爲常言及聞其遷襄陽乃云稚恭遂進鎮東西齊舉想剋定有期也則始雖同羣議而終以爲當猶趙充國之討罕羌初是之者十三中十五最後十八有詔詰前言不便者皆頓首服無足怪也然翼有志無年徒奮十倍之氣而蔑一統之功此志士所嗟慨者逸少所書進鎮帖唐張彥遠載於書録今聞在王仲脩家

月半帖雖晉人語字不合作葢後人寫二王尺牘中語耳

此郡帖米謂與王述書非也逸少與藍田方隙而爲屬郡既檢察苛急主者疲於課對正救過不暇豈復尺牘間自彰其逋滯哉此帖官本傳摹甚失真如以就勞爲能勞小却爲小都皆轉失草法也

適欲遣書帖非逸少書

逸少十七帖本唐正觀御府中書張彥遠云王草書中烜赫著名帖也僕謂當時書卷首帖有十七日字故諸帖總謂之十七耳非帖數也本二十七條今官法帖有其十五散寘逸少書三卷中又續法帖有五而卭竹杖絲布衣漢講堂諸葛顯天鼠膏四果種虞安吉七條不載當是亡軼而世有完卷者傳模殊精非此比也此卷有帖云周益州送此卭竹杖卿尊長或須今送僕案十七帖有云去夏足下致卭竹杖皆至此士人多有尊老者皆卽分布令知足下遠惠之至以前帖觀之卽知此帖葢與周益州矣自昔相傳十七帖乃逸少與蜀太守者未必盡然然其中閒蜀事爲多是亦應皆與周益州書也但來禽一帖則或以爲與桓温而已本朝僧邦者有寄李昌武翰林詩云來禽簡寄桓宣武不知何據案此帖有云今在田里惟以此爲事足下致此子者大惠也逸少視桓公位殊遼絶與書不當尔耳然當時真長子猷輩猶嫚

侮桓公彼亦能容逸少作書若交友益無足怪温飛卿詩云畫圖驚畏獸書帖得來禽此帖垂寶非一世也

第九王大令書上

此卷王大令部僞者最少相過無復日借匪獻之韻自可賞

鵝還慰姊意帖鵝者王氏子姓之小字耳猶袁羊顧虎之類或以此鵝即逸少所愛之鵝甚可鄙笑二十九日帖云昨遂不奉恨深此近世人語非子敬書靜息帖云賴消息内外極生冷内外二字本行旁注故字差小而昧者摹塡著行中非也當依本為勝諸帖中此例甚多如十七帖中遠想慨然孔琳之帖悵悵

脚中轉劇等字本皆側注後人摹以入行雖失格體猶於理未害至於讀蘭亭敘者以不知老之將至旁一僧字為逸少作曽字之誤借使摹入行中則害理矣案古蘭亭敘本二十八行至第十四行間特闊者蓋接紙處而不與知字適在此行之末梁舍人徐僧權於其傍著名當時謂之押縫梁御府中法書率如此而此帖僧字下亡其權字近世人殊不知此乃云僧者曽之誤因讀為曽不知老之將至非也又案晉史逸少本傳及書録第十卷皆載此敘但云不知老之將至而無曽字益可是正乃知善摹帖者勿問其黯滅注缺橫斜細大一放其本而不小異乃不失眞矣今法帖多妄更易之至以注字入行大小既殊體不綴屬後人不曉從而效之一行之中洪纖頓異號子毋體如第五卷近世僞作釋智果書是也每一觀之使人深慨

靜息帖云礜石深是可疑事兄憙患散輒發癰散者寒食散之類散中益用礜石是性極熱有毒故云深可疑也劉表在荆州與王粲登障山見一岡不生百草粲曰此必古冢其人在世服生礜石熱蒸出外故草木焦滅鑿看果墓礜石滿塋又今洛水冬月不冰古人謂之温洛下亦有礜石今取此石置瓮水中水亦不冰又鸛伏卵以助暖氣其烈酷如此固不宜餌服子敬之語實然聊附于此

異苑魏武北征踰頓升嶺眺矚見山岡不生百草

王粲曰是古冢此人在世服礜石而石生熱蒸出外故卉木焦滅即令發看果得大墓内有礜石滿塋此叚本草（誤列在礬石部）此云劉表登障山當別有出

授衣帖歷世所傳自為一卷法帖中亡其帖尾政在此耳下當云當今可復使不萬全不願其以多笄難易得之便自可令不為因縣耳此者忉怛當不可言當不可言獻之死罪法帖無此四十三字又其間多有燥筆及漁食處而官帖不復依本其失多矣

奉對帖云方欲與姊極當年之足以之偕老豈謂乖反至此當是與郗家帖也案子敬病篤請道士上章法應首過子敬曰不憶餘事惟省與郗家離婚子敬前室郗曇女也郗氏自太尉鑒後為江左名族其姓

讀如絺繡之絺而世人以俗書郗字作郄因讀爲卻詵之卻非也卻詵乃春秋晉大夫卻縠郗鑒乃漢御史大夫郗慮之後姓原既異音讀迥殊後世因俗書相亂郗卻二姓遂不復辨亦近代氏族及小學二家之學不講故也陸魯望博古矣其詩有云一段清香染郄郎亦誤讀也今因郗氏帖聊尓及之以糺俗繆

梁中書郎虞龢表云逸少爲會稽子敬爲吳興故三吳之地偏多遺迹又是暮年遒美之時今此卷中亦時有吳興帖然大令帖傳于世佳者尚多如乞假表庾公帖周姊帖洛神賦劉氏所藏十二字等帖官帖中皆遺之頃以韻語題河南王氏所藏子敬帖云君家大令書盈紙筆勢翩翩趣多媚雖云沓拖如少年豈至拘攣同餓隸會七子五知名此公風槩尤超詣太極琁題猶重書（謂不書太極殿榜）一時凛凛標英氣半袖精紬衆爭求數幅新帬世尤貴當時親遇得已難況復傳今僅千歲龍珠歸浦劍還津此帖君藏眞得地才披尺許目增明鸞跂鴻驚欲飛逝硬黄響搨若傳吾完碧摹刊願垂世聊尓以記大令書事漫附于此（碧聊尓三字皆疑）

玄度時來一帖米以爲無名人作僕謂此眞晉人語但筆勢踈緩多失落耳謂大令書則非葢中云仁祖欲請爲軍司案獻之以晉孝武太元十一年年四十三卒上推謝尚於穆帝升平元年卒時獻之方年十三請軍司又在升平前大令是時纔十許歲安得已作書論時事殆是穆帝時他人書後玄度何來遲亦此類

薄冷益部二帖米以爲歐率更書實然但米誤以益部字爲益郎葢下接耆舊傳字此帖葢借陳壽所著益部耆舊傳也

詠史詩鬱鬱澗底松數句乃集大令書

一月二十九日黄門帖亦王氏書而非大令也

第十王大令書下

吾當託桓江州助汝帖米以爲張長史書雖未必然要非大令書也案此帖不至惡但縱任近俗無晉世清韻眞非大令書但殊不知亦寫右軍帖詞耳張彥遠右軍帖録有此語此卷亡其半其上略云汝決欲來下（張録於來下之字下有三十九字續帖略同）上方大枋想汝不過數枋足人方足（張録云人力當粗足）不果尓可白吾當託桓江州助汝續帖逸少部中有前段結字殊應摸矩葢王氏子弟臨逸少書勝此遠矣

疾不退至分張帖諸大草字語類江表人玄度何來亦似逸少語其字皆張長史藏眞輩僞作或自書二王帖語耳與第二卷知汝殊愁及藏眞長史部中諸帖一手也豹奴桓嗣也王氏甥故二王帖中時及之如云豹奴晚歸家之類然此豹奴惟省一書帖亦後人依放

極熱敬惟府君帖云來時幾得問希此消息極悶悶又云意甚無賴君有好藥（云云）極濟事邪又服油帖

云不至絕艱辛也皆近世俗言字勢亦不至佳非王氏帖明甚帖云意甚無賴君有好藥以時復與府中多少極濟事耶

七月二日獻之白七字人偽作也下章草云孫權據有江東以歷三世亦蜀志中語與第五卷章草不可爭鋒也語相接字雖大小異乃一人書語已見本章此段世字缺中畫蓋唐人臨摹時去之以避諱猶今集法帖時殺敬二字多省其波也但東連吳會與用武之國連武二字章草體差相亂摹者謬互置之

復面悲積宋齊人書

婕等帖王氏書亦非大令

鵝羣帖前輩謂此墨帖乃大令真筆僕觀此書殊不惡但怒張狂勁無晉諸賢韻味而前輩乃云此帖筆勢險遠如從空中數丈擲下恐是真筆此非僕之所敢知也又此帖詞云崇虛劉道士鵝羣並復歸也獻之等須向彼謝之亦非當時尺牘體蓋以大令父逸少嘗書道德經換鵝而山陰曇礦村道士舉羣贈之故以此事傅會作是帖耳案崇虛館乃宋明帝泰始四年建子敬晉人相去亡慮五十餘年何得已稱之其偽可無疑又案魏收釋老志太和十五年詔立道家寺宇於桑乾之陰名崇虛寺去晉愈遠矣予前所校量諸書詎敢自謂竟理要非臆決目論蓋書雖小道亦六藝之一能之既艱知亦匪易然天下理當爲天下士言之真賞難遇豈獨論書哉

法帖刊誤卷下

長睿頃官于洛因得從之游嘗閱吾家所藏內府帖且以米老跋尾示之惜其疎略遂著此書議論精確悉有證據使真贋了然誠前人所未到也是書之作實自余發之嘗作詩題吾家大令帖見於第九章云政和甲午正月十三日周南王玠晉王題於開封尹廳之東齋川本無

余待罪天祿與觀中祕古蹟石刻所本其真易識蓋了然知其偽者十九而後乃知黃子之作此書按賞者寡而掊擊者多故有以也書之考引載籍則昭昭矣至其洞察真贋品藻高下水墨之間毫釐千里則非書家者流心知其意未易不惑余是以道余所見於天祿者使世知其論刺之嚴如此皆不妄也政和五年三月中澣襄陵許翰崧老跋川本無

高宗皇帝御製翰墨志

余自魏晉以來至六朝筆法無不臨摹或蕭散或枯瘦或遒勁而不回或秀異而特立衆體備於筆下意簡猶存於取捨至若褉帖則測之益深擬之益嚴姿態橫生莫造其原詳觀點畫以至成誦不少去懷也

法書中唐人硬黃自可喜若其餘紙扎俱不精乃託名取售然右軍在時已苦小兒輩亂真況流傳歷代之久贋本雜出固不一幅鑒定者不具眼目所以去真益遠惟識者久於其道當能辨也

余每得右軍或數行或數字手之不置初若食蜜喉間少甘則已末則如食橄欖真味久愈在也故尤不忘於心手頃自束髮即喜攬筆作字雖屢易典刑而心所嗜者固有在矣凡五十年間非大利害相妨未始一日捨筆墨故晚年得趣橫斜平直隨意所適至作尺餘大字肆筆皆成每不介意至或膚腴瘦硬山林丘壑之氣則酒後頗有佳處古人豈難到也

衛夫人名鑠字茂猗晉汝陰太守李矩妻善鍾法能正書入妙王逸少師之杜甫謂學書初學衛夫人但恨無過王右軍也

端璞出下巖色紫如猪肝密理堅緻潴水發墨呵之即澤研試則如磨玉而無聲此上品也中下品則皆砂壤相雜不惟肌理既麤復燥而色赤如後歷新坑皆不可用製作既俗又滑不留墨且石之有眼余亦不取大抵瑕翳於石有嫌況病眼假眼韻度尤不足觀故所藏皆一段紫玉略無點綴

本朝士人自國初至今殊乏以字畫名世縱有不過一二數誠非有唐之比然

一祖

八宗皆喜翰墨特書大書飛帛分隸加賜臣下多矣余四十年間每作字因欲鼓動士類爲一代操觚之盛以六朝居江左皆南中士夫而書名顯著非一豈謂今非昔比視書漠然略不爲意果時移事異習尚亦與之汙隆不可力回也

詳書謂羊欣書如婢作夫人舉止羞澁不堪位置而世言米芾喜效其體蓋米法欹側頗協不堪位置之意聞薛紹彭嘗戲米曰公效羊欣而評者以婢比欣公豈俗所謂重儓者耶

本朝承五季之後無復字畫可稱至

太宗皇帝始搜羅法書備盡求訪當時以李建中字形瘦健姑得時譽猶恨絶無秀異至熈豐以後蔡襄李時雍體製方入格律欲度驊騮終以駸駸不爲絶賞繼蘇黃米薛筆勢瀾翻各有趣向然家雞野鵠識者自有優劣猶勝泯然與草木俱腐者

前人多能正書然後草書蓋二法不可不兼有正則端雅莊重結密得體若大臣冠劍儼立廊廟草則騰蛟起鳳振迅筆力頹脫豪舉終不失真所以齊高帝與王僧虔論書謂我書何如卿僧虔曰臣正書第一草書第三陛下草書第二而正書第三是臣無第二

陛下無第一帝大笑故知學書者必知正草二體不當闕一所以鍾王輩皆以此榮名不可不務也晉起太極殿謝安欲使獻之題榜以爲萬代寶當時名士已愛重若此而唐人評獻之謂雖有父風殊非新巧字勢踈瘦如枯木而無屈伸若餓隸而無放縱鄙之乃無佳處豈唐人能書者衆而好惡遂不同如是耶

米芾得能書之名似無負於海內芾於眞楷篆隸不甚工惟於行草誠入能品以芾收六朝翰墨副在筆端故沉著痛快如乘駿馬進退裕如不煩鞭勒無不當人意然喜効其法者不過得外貌高視闊步氣韻軒昂殊未究其中本六朝妙處醖釀風骨自然超逸也昔人謂支遁道人愛馬不韻支曰貧道特愛其神駿耳余於芾字亦然又芾之詩文詩無蹈襲出風煙之上覺其詞翰同有凌雲之氣覽者當自得

世傳米芾有潔疾初未詳其然後得芾一帖云朝靴偶爲他人所持心甚惡之因屢洗遂損不可穿以此得潔之理靴且屢洗餘可知矣又芾方擇壻會建康段拂字去塵芾釋之曰既拂矣又去塵眞吾壻也以女妻之又一帖云承借剩員其人不名自稱曰張大伯是何老物輒欲爲人父之兄若爲大叔猶之可也此豈以文滑稽者耶

士人作字有眞行草隸篆五體往往篆隸各成一家眞行草自成一家者以筆意本不同每拘於點畫無放意自得之蹟故別爲戶牖若通其變則五者皆在筆端了無閡塞惟在得其道而已非風神穎悟力學不倦至有筆塚研山者似未易語此

世有絳帖潭帖臨江帖此三書絳本已少惟潭帖爲勝者以錢希白所臨本也希白於字畫得佳處故於二王帖尤邃若臨江則失眞遠矣又淳化帖大觀帖當時以晉唐善本及江南所收帖擇善者刻之悉出上聖規摹故風骨意象皆存在識者鑒裁而學者悟其趣爾

士於書法必先學正書者以八法皆備不相附麗至側字亦可正讀不渝本體蓋隸之餘風若楷法既到則肆筆行草閒自然於二法臻極煥手妙體了無缺軼反是則流於塵俗不入識者指目矣吾於次叙得之因筆其梗槩

草書之法昔人用以趣急速而務簡易刪難省煩損複爲單誠非蒼史之蹟但習書之餘以精神之運識思超妙使點畫不失眞爲尚故梁武謂赴急書不失蒼公鳥跡之意顧豈卓吏所能爲也又其叙草大略雖趙壹非之似未易重輕其體勢兼昔人自製草書筆悉用長毫以利縱捨之便其爲得法必至於此

書學之弊無如本朝作字眞記姓名爾其點畫位置殆無一毫名世

先皇帝尤喜書致立學養士惟得杜唐稽一人餘皆體倣了無神氣因念東晉渡江後猶有王謝而下朝

士無不能書以擅一時之譽彬彬盛哉至若紹興以來雜書游絲書惟錢塘吳說篆法惟信州徐兢亦皆碌碌可嘆其弊也

昔人論草書謂張伯英以一筆書之行斷則再連續蟠屈拏攫飛動自然筋骨心手相應所以率情運用略無留礙故譽者云應指宣事如矢發機霆不暇激電不及飛皆造極而言創始之意也後世或云忙不及草者豈草之本旨哉正須翰動若馳落紙雲煙方佳耳

士人於字法若少加臨池之勤則點畫便有位置無面牆信手之愧前人作字煥然可觀者以師古而無俗韻其不學臆斷悉掃去之因念字之為用大矣哉於精筆佳紙遺數十言致意千里孰不改觀存歎賞之心以至竹帛金石傳於後世豈止不泯又為一代文物亦猶今之視昔可不務乎偶試筆書以自識

宋虞龢論文房之用有吳興青石圓研質滑而停墨殊勝南方瓦石今苕霅間不聞有此石硯豈昔以為珍今或不然或無好事者發之抑端璞徽硯既用則此石為世所略

唐何延年謂右軍永和中與太原孫承公四十有一人修祓禊擇毫製序用蠶繭紙鼠鬚筆遒媚勁健絕代更無凡三百二十四字有重者皆具別體就中之字有二十許變轉悉異遂無同者如有神助及醒後他日更書數百千本終不及此余謂神助及醒後更書百千本無如者恐此言過矣右軍他書豈減禊帖但此帖字數比他書最多若千丈文錦卷舒展玩無不滿人意軫在心目不可忘非若其他尺牘數行數十字如寸錦片玉玩之易盡也

本朝自建隆以後平定僭偽其間法書名蹟皆歸祕府

先帝時又加採訪賞以官職金帛至遣使詢訪頗盡探討命蔡京梁師成黃冕輩編類真贗紙書縑素備成卷秩皆用皁鸞鵲木錦褾褫白玉珊瑚為軸祕在內府用大觀政和宣和印章其間一印以秦璽書法為寶後有內府印標題品次皆

宸翰也捨此褾軸悉非珍藏其次儲於外祕余自渡江無復鍾王真跡間有一二以重賞得之褾軸字法亦顯然可驗

智永禪師逸少七代孫克嗣家法居永欣寺閣三十年臨逸少真草千文擇八伯本散在浙東後并禊帖傳弟子辯才唐太宗三召恩錫甚厚求禊帖終不與善保家傳抑可重也余得其千文藏之

楊凝式在五代最號能書每不自檢束號楊風子人莫測也其筆札豪放傑出風塵之際歷後唐周漢卒能全身名其知與字法亦俱高矣在洛中往往有題記平居好事者并壁匣寘坐右以為清玩

余嘗謂甚哉字法之微妙功均造物迹出窈冥未易以點畫工便為至極蒼史始意演幽發為聖跡勢合

卦象德該神明開闔形制化成天下至秦漢而下諸人悉胷次萬象布置模範想見神游八表道冠一時或帝子神孫廊廟才器稽古入妙用智不分經明行修操尚高潔故能發爲文字照映編簡至若虎視狼顧龍駭獸犇或草聖草賢或絶倫絶世冥合天矩觸塗造極非夫通儒上士詎可語此豈小智自私不學無識者可言也

翰墨志

魏晉眞墨世不多見故家大室號爲收書者所藏閒不過一二外此率多臨摹響搨往往失眞無復古意去古益遠雖石刻亦復艱得秦漢豊碑巨碣唯字畫深且大者僅存雖日就剥落而尚或髣髴可辨至如晉宋諸刻幾一字不可攷矣可勝歎哉恭惟

藝祖皇帝承五季分裂之餘平一天下諸國賓服文書禮樂復見全盛

太宗皇帝文德化成　淳化中盡取　御府歷代名蹟刻之祕閣每大臣登進二府則賜之於是魏晉書法傳布天下閣帖之名蓋始乎此自是好事者轉相傳摹而又增益他帖別爲卷第如絳帖潭帖之類枝分派別不知其幾世之得其一二者未暇詳攷往往自爲珍異此是彼非莫知厎止余生寂晚自幼粗知崇慕書學第識見淺陋所得不廣　淳化古帖恨未識眞近世所藏率是荐本絳帖家藏數種雖有同異並皆中原新刻近歲始獲見古本于三衢好事家然後知單公炳文之論不我欺也因取平生所見諸帖列成譜系以備遺忘若夫攷訂不精紀載未備尚俟博雅君子矜我者是正而增廣之淳祐乙巳仲春日在端午陶齋曹士冕書

法帖譜系

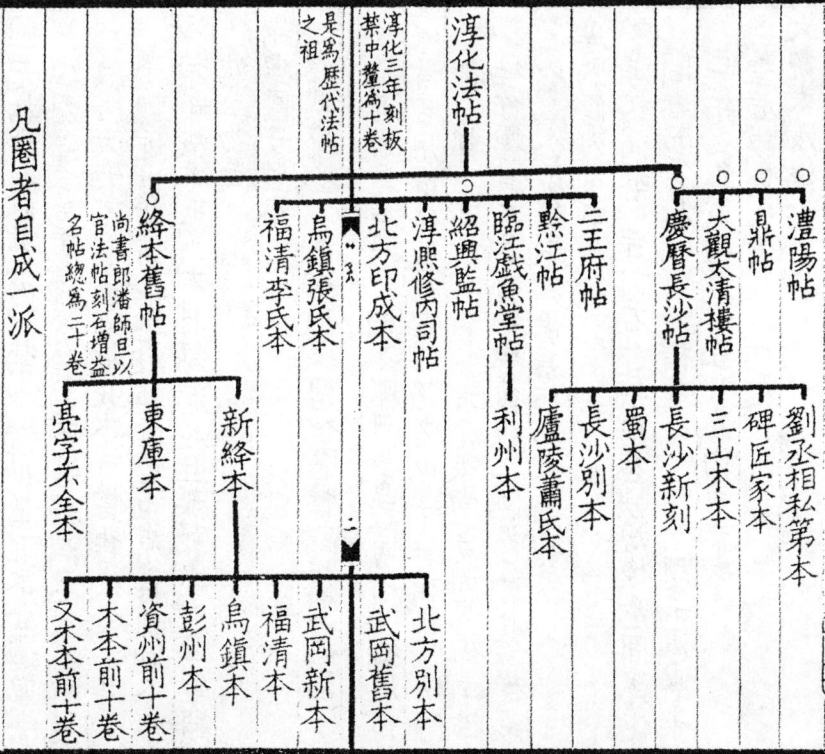

- 淳化法帖（淳化三年刻板禁中釐爲十卷 是爲歷代法帖之祖）
  - 慶曆長沙帖
    - 長沙新刻
    - 蜀本
    - 長沙別本
    - 廬陵蕭氏本
  - ○澧陽帖
    - 劉丞相私第本
  - ○鼎帖
    - 碑匠家本
  - ○大觀太清樓帖
    - 三山木本
  - 二王府帖
  - 黔江帖
  - 臨江戲魚堂帖
    - 利州本
  - ○紹興監帖
  - 淳熙修內司帖
  - 北方印成本
  - 烏鎮張氏本
  - 福清李氏本
  - ○絳本舊帖（尚書郎潘師旦以官法帖刻石增益名帖總爲二十卷）
    - 新絳本
      - 北方別本
      - 武岡舊本
      - 武岡新本
      - 福清本
      - 烏鎮本
      - 彭州本
      - 資州前十卷
      - 木本前十卷
      - 又木本前十卷
    - 東庫本
    - 亮字不全本

凡圈者自成一派

譜系雜說上

淳化法帖

　熈陵以武定四方載櫜弓矢文治之餘留意翰墨乃出　御府所藏歷代眞蹟命侍書王著模刻禁中釐爲十卷各於卷尾篆書題云淳化三年壬辰歲十一月六日奉
聖旨模勒上石

　敘說

太宗皇帝時嘗遣使購募前賢眞蹟集爲法帖十卷鏤板而藏之每有大臣進登二府則賜以一本其後不賜或傳板本在　御書院往時　禁中火災板焚遂不復賜或云板今在但不賜爾故人間尤以官法帖爲難得余得自薛公期云是家藏舊本今世人所有皆轉相傳模者也六一集古

太宗皇帝文德化成靖無他好留意翰墨潤色太平嘗借王氏所收書以集閣帖十卷內郗愔兩行二十四日帖乃此卷中者而於謝公帖親跋三字以還王氏其帖在李瑋家寶晉

太宗皇帝萬機之餘留精翰墨嘗詔天下購募鍾王眞蹟集爲法帖十卷模刻以賜群臣往時故相劉公沆在長沙以官法帖鏤板遂布於人間後有尚書郎潘師旦又擇其尤妙者別爲卷第與劉氏本並行至予集録古文不敢輒以官本參入私集遂於師旦所傳又取其尤者散入録中俾夫啓帙披卷者時一得之把翫欣然所以忘勸也集古

二王府帖

　山谷論　禁中板刻古法帖十卷當時皆用歙州貢墨墨本賜群臣今都下用錢萬二千便可購得元祐中親賢宅從　禁中借板墨百本分遺宮僚但用潘谷墨光輝有餘而不甚黟黑又多木橫裂紋士大夫不能盡別也此本可當舊板之半耳

予觀近世所謂二王府帖者蓋中原再刻石本非禁中板本也前有目録卷尾且無篆書題字蓋顯然二物矣

紹興國子監本

　紹興中以　御府所藏淳化舊帖刻板寘之國子監其首尾與淳化閣本略無少異當時　御府拓者多用匱紙蓋打金銀箔者也字畫精神極有可觀今都下亦時有舊拓者元板尚存邇來碑工往往作蟬翼本且以厚紙覆板上隱然爲銀錠櫰痕以惑人第損剥非復舊拓本之遒勁矣

淳熙修內司本

　淳熙間奉　旨刻石　禁中卷帙規模悉同淳化閣本而卷尾　乃楷書　題云淳熙十二年乙巳歲二月十五日修內司恭奉
聖旨模勒上石

大觀太清樓帖

　大觀中奉　旨刻石太清樓字行稍高而先後之

次亦與淳化帖小異其閒有數帖多寡不同或疑用真蹟摹刻凡標題皆蔡京所書卷尾題云大觀三年正月一日奉

聖旨模勒上石而又以建中靖國祕閣續帖十卷易其標題去其歲月與官屬名銜以爲後帖又刻孫過庭草書譜及貞觀十七帖總爲二十二卷吾家收 宣政閒所拓前十卷字畫有鋒芒且無損缺 開禧以後有榷場中來者已磨去亮字矣

臨江戲魚堂帖

元祐閒劉次莊以家藏淳化閣帖十卷摹刻堂上除去卷尾篆題而增釋文故家所藏往年拓本猶有典刑近所拓者字多刓缺亦有補換新刻者矣

利州本

慶元中四川總領權安節以戲魚帖并釋文重刻石于益昌官舍石今已不存權總江州德安人其家猶有當時墨本甚多釋文字畫較臨江帖爲稍大

慶曆長沙帖

丞相劉公沆帥潭日以淳化官帖命慧照大師希白模刻于石寘之郡齋增入霜寒十七日王濛顔真卿等諸帖而字行頗高與淳化閣本差不同逐卷各有歲月第一卷題云慶曆五年季夏慧照大師希白模勒第二卷慶曆八年仲冬月慧照大師希白重模第三卷則五年六月第四卷八年仲冬月第五卷戊子歲孟冬第六卷五年季夏第七卷五年仲秋月第八卷五年季夏月模勒上石第九卷八年仲冬月第十卷五年仲秋月每卷各有慶曆及慧照大師希白重模字不復贅録

劉丞相私第本

劉丞相既刻法帖于郡齋復依倣前本刻石十卷以歸私第子頊在九江見故家所藏一本與長沙本絕相似而小異其後有人跋云此先丞相私第本也疑是劉氏子弟所跋後復見一本于姑蘇與九江所見本同紙墨皆與南碑不類而慶曆等題字止三兩卷有之蓋即劉氏本也

長沙碑匠家本

舊傳長沙官本扃鑰不可常得碑匠之家別刻一本以應求者子頊收一本與長沙古本首尾略無少異而字體形模小小不同疑其爲碑匠家本頊又藏一本凡舊石損缺者皆別刻數行以易之其餘却只是舊石此必碑匠所爲也

長沙新刻本

舊刻毁于鬱攸之變 中興以後復刻新石其閒凡遇舊帖損缺處並不復刻字亦無卷尾歲月刻手甚繆殊不足觀

三山木板

三山帥司書庫有歷代帖板本蓋好事者以長沙舊帖刊勒卷帙規摹皆同今已散失不全矣嘉熙

庚子備員帥幕尚及見之

黔江帖

秦子明常以里中兒不能書爲病其將兵於長沙也買石摹刻僧寶月古法帖十卷謀舟載入黔江壁之黔江之紹聖院刻石者潭人湯正臣父子詳見山谷集中予淳祐甲辰道過三衢見好事家適有此帖其卷帙之多寡次序之先後字行之長短悉同淳化閣帖而紙墨髣髴似戲魚堂中興以前拓本其所以異者第一卷有淳化篆書三行其次有楷書一行云降授供備庫副使充東南第八副將訓練潭州諸軍潭州駐劄秦世章家本其後又一行云長沙湯正臣重模男仙芝靈芝鐫第二卷至八卷尾各題長沙湯正臣重模勒八字却無淳化篆書及世章銜位又第八卷取卿女壻帖內第二行休字立人作兩點第二卷鍾繇宣示帖內再世榮名作榮石正與戲魚帖同第九卷尾題長沙湯正臣摹　七字第十卷題長沙人湯正臣重摹男仙芝爲一行靈芝鐫爲一行此下似別有字偶裁損不可攷矣

北方印成本

余頃歲道過臨川時李編修伯高寀是邑出所藏法帖見示乃板本印成者是用北地厚皮紙印每叚自成一板四圍皆空白紙不施筐緣裝表而自然整齊成冊字畫亦甚可愛

烏鎮本

舊傳湖州烏鎮張氏以絳閣二帖鋟木家塾或遇良工模拓亦有可觀後聞板歸新市人家每連紙一幅可打一叚予在三山見一本于周氏後數卷板內時有直裂紋比到霅上獲一本於向氏叔堅之裔偶缺兩卷且以元祐間所拓戲魚帖足之此刻字畫差肥而極有筆意頗勝諸帖惜其間錯誤數字爲可恨耳趙宰叔愚云丙戌歲在宗庠有以法帖板質于齋舍族人者偶不記爲何人疑是此板亦未可知

福清本

福州福清縣民家舊有板刻絳閣急就章鴈塔題名四帖其刻稍精賣碑家得之往往駕名官帖以惑人但彼中匠者不善用蠟每每有砑光痕可以證驗

澧陽帖

澧陽舊有法帖石本其後散失僅存者右軍數帖而已

鼎帖

武陵郡齋板本較諸帖增益寖多博而不精殊無足取

不知處本

豫章士友董良史家有法帖拓本數卷與淳化官帖規模相似而筆意差弱似不逮所見諸本且不

知所出姑識于此以俟識者

長沙別本

嘉定間先君帥長沙予隨侍在焉時碑房中有斷石一片乃法帖第一卷尾段字行高低正與淳化帖同而絶不類古潭末後亦有淳化篆字此石實不知所從來近歲三山林伯鳳重刻于家直指爲古潭帖余未敢臆斷也

蜀本

予頃得一帖凡數卷于蜀中次序先後高低皆與長沙古帖同初亦疑爲黔江帖今見秦氏眞本則顯然二物矣大率此帖全用長沙古本摹刻而字行亦間有增減處既不知所出未敢臆説姑附見

七

于此

廬陵蕭氏本

右法帖十卷用十干爲號後有崇寧五年蕭公綸記其略云皇祐先伯父太博作邑和州之含山得墨帖於丞相兗國劉公摹刋未畢先君殿丞繼之始終六年乃獲成就迄今五十餘年刓缺太半今續完之以藏于家蓋用潭帖刻也慶元間已損失二十餘段共少三百四十餘行

譜系雜説上

譜系雜説下

絳本舊帖

歐陽公集古跋尾謂近時有尚書郎潘師旦以官帖私自模刻于家爲別本以行於世又云潘師旦者竊取官法帖中數十帖別自刻石以遺人而傳寫字多轉失然亦有可佳者觀此則絳帖是矣此帖世稱爲潘駙馬帖或又稱絳帖豈潘氏世居絳郡耶帖凡二十卷其次序卷帙雖與淳化官帖不同而實則祖之特有少增益耳已別注絳帖字鑑茲得以略

單炳文博雅君子也其論絳帖至爲精密頃刻石襄州有云淳化官本法帖今不復多見其次絳帖

一

取佳而舊本亦已艱得嘗以數本較之字畫多不侔煒家藏舊本第九卷大令書一卷第四行内面字右邊轉筆正在石破缺處隱然可見今本乃無右邊轉筆全不成字其面字下一字與第五行第七字亦不同又第七行第一字舊本乃行書上字今本乃草書心字筆法且俗以此推之今之所見多非舊本臨江帖大率與舊本同其間此一帖尤不差但字體頗肥不逮絳帖之遒勁也

余既獲見炳文絳帖辨證然後知近世所藏二十卷帖多非舊物每恨未識眞本而襄州所刻第九卷大令帖亦毀于王旻之變慮其遂至泯絶因以舊所藏本摹刻于家頗傳諸好事者淳祐甲辰自

霅川官滿得闕遄歸假道三衢始獲觀眞帖于滄洲毛監丞所不獨第九卷與單說正合而二十卷首尾俱全亦可謂珍玩矣且云得之金華潘氏是殆師旦之苗裔耶其帖之異同大略條列于后

帖總二十卷元無字號及段眼數目

第二卷

鍾繇宣示帖第一行内報字右邊直畫勾起向左畔第二行多字内下面夕字上畫微仰曲第五行名字右角微有一點第十行當字上三點全旁有微損却在空處

已欲日帖脚下有斷石紋

此卷内第一段與第三段石並缺右角

第九卷大令帖正與單炳文襄州所刻石本纖微弗差故家所藏未有其比

右潘氏絳帖二十卷紙墨字畫模印皆與今人所藏本不同而第九卷顯然可見自非單公炳文表而出之亦將泯於無聞矣北方所刻諸本往往南渡後北人轉相傳模無足深怪但武岡舊刻未知始於何年亦止用新本模刻爲可恨耳

東庫本

世傳潘氏析居法帖石分而爲二其後絳州公庫乃得其一於是補刻餘帖是名東庫本第九卷之舛誤蓋始乎此今好事之家所藏絳帖率多此本字畫精神遒勁亦自可愛而衞夫人一帖及宋儋帖頗多燥筆有如蘭亭敘羣字落筆之類此稍異於諸本其所以不及舊帖者以第九卷大令書石不破缺而炳文所論三字已誤且逐卷逐段各分字號以日月光天德山河壯帝居太平何以報願上登封書爲別此又異於舊帖也

亮字不全本

此帖與東庫本絕相似或只是一石但庾亮帖内亮字皆無右邊轉筆蓋避逆亮諱也

新絳本

右一帖二十卷首尾規模段眼字號並同東庫本獨衞夫人宋儋二帖無燥筆又字畫較東庫本微局促墨法雖與東庫本同然實是兩石吾家與毛希元皆有之

北本

右二十卷親戚劉用甫處有之墨色與古本相近而第九卷大令書只同新本未知何處所刻

又一本

董良史家所藏本第九卷大令書字畫亦誤獨面字有右邊轉筆異於他本且不與舊本同也

武岡舊本

右二十卷不知刻於何時碑段稍長而日月光天德等字號間於行中字畫亦清勁可愛而第一卷衞夫人宋儋無枯筆第九卷大令帖諸字皆誤信乎出於新絳也

武岡新帖
右二十卷帖即舊石也中厄於庸謬之人厭其字畫清瘦頗加修治遂失本眞其最可鄙笑者第二卷鍾繇帖内再卅榮名今名字已修作谷字矣且拓匠不工凡損剥處鑿痕宛然呈露而字畫模糊略不可辨帖之繆者莫甚於此

福清本
詳見淳化帖條下

烏鎮本
詳見淳化帖條下此乃板本非石也長沙折府所藏二十卷模刻頗精疑是此本第九卷後面帖字誤而鶩群帖止是微損字畫尚完此稍異於新絳

彭州本
掘地得之字畫清勁頗類舊武岡而差優予家有之

資州本
資州以新絳前十卷刻石予家多有之前有目録元刻麻石上續拓者不逮舊所得本道勁矣

木本前十卷
甲秀陳氏藏此墨本不知所出

又木本前十卷
右一帖頃獲于　都下不知所出稍不逮甲秀所藏雖皆出於新絳然亦自是一種

譜系雜説下

余酷耆古學留意法書名跡幾卅年頗以鑒賞自居嘗集前賢文集小説法帖之説爲攷一卷以便檢閲淳祐甲辰冬因侍陶齋曹公相與稽訂法書源流多所未聞他日出示譜系一編曰視予所記如何予曰博矣迺請而刻之梓東湖董　史書

庚申冬鄰火煽虐潛心閣殲焉初余頗惜此板不以他板雜特儲之閣逮是他板獲免秦禍而譜系反爲熒惑下取豈固有數邪余藏書滿閣古帖名碑祕之寶刻藏中一旦滅没於張天之煙焰生平日力事力心力爲之一空恨鬱無已幾成怨天雖然天其可怨邪因念曩與谷中校讎參訂以成此書谷中已矣書可其傳遂訪舊本於友朋間欲復板而行之月樵劉氏慨然授所藏俾就此志嗟夫予家名跡已如夢幻誅茅蓋頭政以爲窘頓切切於不急之務痼疾尚堪療哉板成載誌之末時則景定壬戌夏五月也史

百川學海

壬集

端溪硯譜

謹按端州治高要縣自唐爲高要郡
皇朝政和初以
太上皇潛藩賜號肇慶府府東三十三里有山曰斧柯在大江之南蓋靈羊峽之對山也斧柯山峻峙壁立下際潮水自江之湄登山行三四里即爲硯嵓也先至者曰下嵓下嵓之中有泉出焉雖大旱未嘗涸下嵓之上曰中嵓中嵓之上曰上嵓自上嵓轉山之背曰龍嵓龍嵓蓋唐取硯之所後下嵓得石勝龍嵓龍嵓不復取自山之下分路稍東至半邊山諸嵓西南沿溪而上曰蚌坑龍嵓斧柯山脚谷中石也大抵石以下嵓爲上中嵓龍嵓半邊山諸嵓次之上嵓又次之蚌坑最下此嵓石之品也下嵓石乾則灰蒼色潤則青紫色嵓有兩口其中則通爲一穴大者取研所自入也小者泉水所自出也故號曰水口即陳公密所開也嵓之北壁石背爲泉水所浸瀰漫湧溢下流爲溪嵓之中歲久崩摧石屑翳塞積水屈曲淺深人所莫測以是石工不復能採矣今世所有下嵓硯唐五季國初時物也今欲得下嵓北壁石者往往於泉水石屑中得之若南壁石尚或可採然自崇觀以後亦罕得矣北壁石蓋泉生其中非石生泉中也則潤可知矣嵓之上雖秋冬乾旱亦未嘗涸有泉珠散落如飛雨不絕北壁石眼正圓有青綠碧紫白黑暈十數重中復有瞳子南壁石即泉水半浸者稍不及

北壁眼之暈色皆少淡下嵓上嵓皆有山半上嵓之穴陟而取石中嵓之穴或陟或降下嵓之穴降而取石上嵓有三穴上穴曰土地嵓以土地祠居其上名焉中嵓曰梅樹嵓下穴今石工以爲中嵓者是也下穴兩口其間通爲一穴皆中嵓也土地嵓亦有兩穴其中亦相通土地嵓石色帶黄赤眼亦如之梅樹嵓石微黄赤稍輕而帶灰蒼色眼黄緑中嵓兩壁石與梅樹嵓同而少勝焉北壁石則與下嵓南壁石相類而少劣焉

大抵石性貴潤色貴青紫乾則灰蒼色潤則青紫色眼貴翠緑圓正有瞳子

石有眼則易分品第

若性枯燥色黄褐

乾則灰蒼色潤則青紫色

眼赤黄皆下品也

眼赤黄輕青緑重即漸爲上品矣

龍嵓石色深紫眼少

有即類中嵓半邊山者

半邊山諸嵓石色少灰青與下嵓南壁石中嵓北壁石相類但眼不若下嵓則眼暈少爾中嵓者層暈多

青緑赤黄紫色皆淺淡不同

然半邊山嵓極多眼

半邊山嵓近南者眼大暈差少緑近北者眼少

暈愈少所謂菉豆眼

蚌坑石性堅顔色深紫有眼即黄白微帶青色不正無瞳子雖潤亦不發墨

眼偏斜不正無暈道有翳

黄坑石即與上嵓石相類新坑石與半邊山石之劣者相類但半段碎小耳

小湘峽在州之西四十里其石類嵓石而性軟燥色深紫如蚌坑及後歷石眼亦類蚌坑石大抵潤及坑石而發墨勝之

後歷山在州北十里石性軟燥色深紫帶黄赤間亦有眼極類蚌坑堅潤不及發墨勝之

嵓石取諸嵓斧併力然後可得凡嵓石皆有黄臁如玉之瓜蔞也胞絡黄臁鑿去方見硯材世所謂子石

也子石嵓中有底石皆頑石極潤不發墨又色汙雜不可硯端人謂之鴨屎石底石之上大率如石榴子又如塼坯自底至頂中作三疊下疊居底石之上最佳品也石必有眼端人謂之脚石中疊居下疊之上次石也眼或有或無端人謂之腰石上疊居中疊之上又次石也皆無眼端人謂之頂石頂石之上皆盖石也亦頑麄而不堪用大抵三疊石皆有麄臁絡無非子石世人乃謂别一種子石非也蓋往往有崩落嵓中泉水中者其形偶圓類卵人或中摸得之故妄有此説

蚌坑石取於山下澗谷中皆波濤所擊風日所曝雷雨所摧皆頑很不才之物也但人能到其處皆可拾

取端人謂之野石蓋徧地是也甚易得之而他處人不識往往反愛之正以大璞少瑕翳耳其小湘石後歷石皆掘地取嵓石不假油蠟久則自光潤後歷非油蠟則不堪用歲次油臘敗則麄燥不堪用矣

蚌坑自鼎湖山諸谷水聚爲大溪轉斧柯山下出大江中半邊山諸嵓有大秋風小秋風獸頭獅子桃花河頭新坑黃坑等名皆在斧柯山下蓋山之麓也

凡有眼之石在本嵓中尤縝密溫潤端人謂石嫩則眼多老則眼少嫩石細潤發墨所以重有眼也青脉者必有眼故腰石脚石多有青脉而頂石多瑩淨端人謂青脉爲眼筋夫眼之別者曰鸜鵒曰鸚哥秦吉了也曰雀眼曰雞眼曰猫眼曰菉豆各以形似名之翠綠爲上

李賀有端州青花石硯歌蓋自唐以來便以青眼爲上黃赤爲下

硯之價下嵓水底脚石十倍於南壁一石南壁一石十倍於中嵓北壁石半邊山南諸嵓倍於中嵓南壁石半邊山北諸嵓及龍嵓中嵓南壁倍上嵓諸穴石上嵓諸穴倍小湘石小湘石倍後歷蚌坑石後歷之佳者亦與上嵓諸穴價等

硯之形製曰平底風字曰有脚風字曰垂裙風字曰古樣風字曰鳳池曰四直曰古樣四直曰雙錦四直曰合歡四直曰箕樣曰斧樣曰瓜樣曰卵樣曰璧樣曰人面曰蓮曰荷葉曰仙桃曰瓢樣曰鼎樣曰玉臺曰天研東坡嘗得石不加斧鑿以爲研後人尋嵓石自然平整者倣之曰蟾樣曰龜樣曰曲水曰鐘樣曰圭樣曰笏樣曰梭樣曰琴樣曰鏊樣曰雙魚樣曰團樣曰八稜角柄秉硯曰八稜秉硯曰竹節秉硯曰硯磚曰硯板曰房相樣曰琵琶樣曰月樣曰腰鼓曰馬蹄曰月池曰阮樣曰歙樣曰呂樣曰琴足風字曰蓬萊樣

宣和初御府降樣造形若風字如鳳池樣但平底耳有四環刻海水魚龍三神山水池作崑崙狀左日右月星斗羅列以供

太上皇書府之用

石之病者有曰鐵線

乃是臕皮隔處若於線上鑿之則應手而斷

曰瑕

白文

曰鑽

如蛀蟲眼

曰鷩

斧鑿觸裂者

曰火黯一名熨火焦

惟嵓石有之斜班處如火燒狀

曰黃龍

灰黃色如龍虵橫斜布石上

唯火黯端人不以爲病蓋嵓石必有之他山石皆無

端溪硯譜

右縉雲葉樾交叔傳此譜稍異於衆人之
說不知何人所撰稱
徽祖爲
太上皇必紹興初人云淳熙十年七月二
十四日東平榮芑書

硯譜目録

硯譜目録

硯譜

李後主硯

李後主留意筆扎所用澄心堂紙李廷珪墨龍尾石硯三者爲天下之冠

右軍風字硯

會稽有老叟云右軍之後持一風字硯大尺餘色正赤用之不減端石云右軍所用者石揚休以錢二萬得之

紅絲石

青州紅絲石外有皮表磨礱即其理紅黃相參理黃者其絲紅理紅者其絲黃須歃以水使足乃可用不然渴燥唐彥猷甚奇此硯以爲發墨不減端石蔡君謨又言端石瑩潤惟有鋩者尤發墨歙石多鋩惟膩者佳蓋物之奇者必異其類也

鳳咮石

蘇子瞻云僕好鳳咮石少得眞者唐彥猷以青州紅絲石爲甲或云唯堪作骰盆

端硯

蘇公易簡云柳公權論硯青州石爲第一絳州者次之殊不言端石世傳端溪中有草裳茸可爰匠琢石成硯用草裹之故自嶺表迄中夏而無損或云水中石其色青山半石其色紫山絶頂者尤潤如豬肝色者佳其貯水處有白赤黃色點者謂之鸜鵒眼脉理黃者謂之金線紋其山號斧柯昔人採石爲硯必中

牢祭之不爾雷雹失石所在

鸜鵒眼

端石有眼者最貴謂之鸜鵒眼石紋精美如木有節今不知者乃以爲石病吁可痛哉石有上下巖西坑後歷悉其下也惟上巖有眼眼之美者青黄緑三色相重多者自外至心凡九重其大者尤爲希有或布列硯中如北斗心房之形土人以眼多少爲價重輕其生於墨池之外者謂之高眼生於内者曰低眼高眼尤可尚以不爲墨漬常可睹也或云取石祭以中牢故老云無之又云石有金線爲美正其病也唐彦猷

子石

端石以子石爲上在大石中生蓋精石也流俗訛爲

紫石又以貯水不耗爲佳有眼爲貴眼石病也官司歲以爲貢在它硯上然十無一二發墨者但充翫好而已歐陽永叔

端溪

端溪有斧柯茶園將軍地同是一溪唯斧柯出者大不過三四指一兩呵津汗滴瀝真難得之物茶園次之將軍又次之鄭樵

活眼死眼

蘇易簡作文房四譜譜言四寳硯爲首筆墨兼紙皆爲隨時收索可與終身俱者唯硯而已譜中載四十餘品以青州紅絲石爲一斧柯山第二龍尾石第三餘皆在中下雖銅雀臺古瓦硯列於下品特存古物耳端所出有四巖石爲甲石屋次之西坑又次之後歷爲劣巖與西坑相去二十里石屋後歷七里而所産迥然不同猶建安産茶北源婺源去沙溪十數里而優劣差殊而巖石又分上下又有活眼死眼之别圓暈相重黄黑相間黳精在内晶瑩可愛謂之活眼四旁浸漬不甚鮮明謂之淚眼形體略具内外皆白殊無光彩謂之死眼活眼勝淚眼淚眼勝死眼死眼勝無眼

龍尾石

歙石出於龍尾溪以金星爲貴予少時得金坑礦石堅而發墨端溪以北巖爲上龍尾以深爲上龍尾遠於端溪上而端石以後出見貴爾歐陽永叔

李賀詩

永叔以端溪後出不然李賀有端州青花石硯詩云暗灑萇泓冷血痕則謂鸜鵒眼知端石爲硯久矣

諸州硯

淄州金雀石色紺青聲如金玉又有青金石叩之無聲發墨青州紫金石狀類端州西坑石發墨過之吉州　縣紫石亦類西坑登州駞基島石上有羅紋金星絳州角石色如白牛角歸州大沱石江水中石也止用於川峽人宿州出樂石潤膩發墨但無石脉萬州有懸金崖石又有磁洞石洮河出緑石性腴不起墨不耐久磨牢山丹石滑澤堅膩古瓦硯出相州魏銅雀臺里人因掘土往往得之虢州澄泥唐人品

硯以爲第一今人罕用澤州道人呂翁作澄泥硯堅重如石手觸輙生暈上著呂字青濰州石末硯皆庬硯也柳公權以爲第一當時未見歙石以爲上品耳

硯賦

傅玄硯賦云木貴其能軟石美其潤堅劉道友以浮查爲硯知古亦有木硯

銅硯蜯硯

劉聰謂晉懷帝曰頃贈朕柘木銅硯衷象贈庾翼蜯硯

水精硯

丁怨有水精硯大纔四寸許爲風字樣用墨即不出光發墨如歙石

玉硯

鎮潼留後李充伯得玉材琢爲圓硯發墨可愛

碧玉硯

許漢陽筆以白玉爲管硯乃碧玉以玻瓈爲匣

鐵硯

青州熟鐵硯甚發墨有柄可執晉桑維翰鑄生鐵硯

漆硯

晉儀注太子納妃有漆硯

竹硯

異物志云廣南以竹爲硯

滌硯

凡硯須日滌之縱未能亦須日易其水洗宜用小氊片或紙若久用石色爲墨漬汚即以麩炭磨洗復如新矣苦寒不宜用佳硯石理既凍墨亦少光

帝鴻氏之硯

黃帝得玉一紐治爲墨海其上篆文曰帝鴻氏之硯又太公金匱硯書曰石墨相著邪心讒言無得汚白是知硯其來尚矣硯者研也可研墨使和濡也

孔子硯

伍緝之從征記云魯國孔子廟中石硯一枚甚古朴孔子平生時物也及顏路所請者車亦存

硯溪

永嘉郡記云硯溪一源多石硯述異記云洞庭湖一陂有范蠡石牀石硯

一篋磨穴硯

古人有學書於人者數年自以藝成告而去辭師曰吾有一篋物可附於某處及山之下絕無所付人封題亦甚不密乃啓之皆磨穴者硯數十枚方知師夙所用者乃返山服膺至皓首方畢其藝

補百碎硯

石晉時關右有李處士能畫馴狸能開端硯百碎者賫歸旬日即復舊如新琢成略無瑕纇但莫得其法

後主青石硯

李後主得青石硯墨池中有黃石如彈丸水常滿終日用之不耗每以自隨後歸朝陶穀見而異之硯大不可持乃取石彈丸去後主搤其手振臂就取後主

請以寶玩爲謝陶不許後主曰唯此硯能生水他硯皆不可用陶試數十硯水皆不生後主索之良苦陶不能奈曰要當碎之石破中有小魚跳地上即死自是硯無復潤澤

眞材本性

硯當用石鏡當用銅此眞材本性也以瓦爲研如以鐵爲鏡耳

謝銅硯筆格啓

庾肩吾謝銅硯筆格啓云煙磨青石已踐孔子之壇管挿銅龍還笑王生之壁

石硯賦

黎逢石硯賦云琢而磨之其滑如砥欲研精而染翰在虗中而貯水水隨暈而還周墨浮光而黛起明而未融是以爲用乆而不渝故以爲美成器尚古徵闕里於素王匠法增華參會稽之内史又云一拳之石取其堅一勺之水取其净又云對此大匠厠諸鴻筆見珎於殺青之晨爲用於草玄之日

硯詩

僧貫休硯詩云低心蒙潤乆入匣更身安

石虗中傳

文嵩石虗中傳云石虗中字居默器度方圓中心坦然若汪汪萬頃之量封即墨侯與宣城毛元鋭燕人昜玄光華陰褚知白皆同出處

硯譜

採發第一

婺源硯在唐開元中獵人葉氏逐獸至長城里見疊石如城壘狀瑩潔可愛因携以歸刊粗成硯温潤大過端溪後數世葉氏諸孫持以與令令愛之訪得匠手斲爲硯由是山下始傳至南唐元宗精意翰墨歙守又獻硯并薦硯工李少微國主嘉之擢爲硯官今石工周全師之爾後匠者增益頗多今全最高年能道昔時事并召少微孫明（今家濟源）訪僞誥不獲傳多如此今山下葉氏繁息幾數百戶廼獵者之孫

石坑第二

羅紋山亦曰芙蓉溪硯坑十餘處蔓延百餘里皆山前後沿溪所生溪水中殊無石好事者相傳多云水中石又見蘇易簡硯譜云歙州龍尾山石亦端溪之亞訪於彼俗雖有龍尾山而山實無石蓋好事者取其美名以咤於世今次其石品與地坑之名如後

眉子坑在羅紋山開元中發屬程於地從溪下至取石處九丈五尺其闊二丈六尺深一丈三尺坑皆無土相雜

羅紋裏山坑在羅紋山後李氏時發今廢五十餘年名色未詳

羅紋坑在眉子坑之東李氏時發地向屬王仁高今絕籍爲硯户戴義八人共請之歲輸山稅三十金自山下至取石處計七十五丈闊十八丈深十五丈三尺石藏土中今土深三四丈乃至石也見石處謂之寨頭也

水舷坑在眉子坑外臨溪冬水涸時方可取春夏不可得發地丈餘廼至石率多金花眉子地屬程於

水巖坑在羅紋山西北地屬王十五景祐中發今廢四十年自水舷至坑五丈五尺闊一丈三尺穿籠取之久廢不可得蓋石工不知攻取法石裏如浪紋

溪頭坑又曰主持山在羅紋山金星坑之北約二三里廢已二十年不取其石金星率多虛慢焉

葉九山坑在溪頭坑之西約一里不取已三十年有眉子石紋麤慢與溪頭相次也

羅紋金星坑在羅紋山西北自羅紋坑相去四十五丈今廢不取蓋工用多所得少也

驢坑在縣之西北七十里屬詹觀景祐中曹平爲令時取之後王君玉爲守又取之近嘉祐中刁璆爲尉又取之其石有青綠暈也

濟源坑在縣之正北凡三坑並列曰碧裏坑在山上色理青瑩及半里有水步石大雨點白暈次十里入裏山石青細有金紋花暈厥狀不常

洞靈巖在縣西北一百二十里三洞相連石產巖之左右無定處材璞至少而瑕脈多或有絕病瑩淨者可擬端溪之品而石理燥慢

浙石屬衢州開化縣俗謂之玳瑁石其紋正如玳瑁傍視則有波紋者可爲碑材帛磓柱礎之類至易得

攻取第三

凡取石先具牲醪祝版擇日齋戒至山下設神位十餘於壇墠之上祝訖發之若稍褻慢必有蜂蠆虫蟒毒物傷人之患立出盖山川神物所擁護祕惜尤不欲廣傳人間所得不過百十枚即竭矣又當再祝之前後被壓死者十餘人今皆預祀享也與其陰助不得不愛重之

品目第四

眉子石其紋七種

金星地眉子　對眉子　短眉子　長眉子

簇眉子　闊眉子　金眉子

外山羅紋其紋十三種

麤羅紋　細羅紋　古犀羅紋　角浪羅紋

金星羅紋　松紋羅紋　石心羅紋　金暈羅紋

絞絲羅紋　刷絲羅紋　倒理羅紋　烏釘羅紋

卵石羅紋

裏山羅紋一等

金星疎慢

金星其紋三種

葵花　金暈　金星

驢坑一等

青色緑暈

洞靈巖紫石大小者如肝色今産浮梁縣巖嶺處處有其匠者或琢爲茶甌凌冬不可用也

浙石一等

紋如玳瑁班

水舷金紋厥狀十種

金紋如長壽僊人者　青班金紋如鶴舞者

金紋如雙鴛鴦者　金紋如斗者

金紋如枯槎僊人者　如金雲氣者

眉如卧蠶者　如雙魚蹲鵐者

金紋如湖中寒鴈者　如金壺缾者余常見之

修斲第五

硯斲初成先以蠟塗内外盖與石相益須借此則温潤光潔可愛於石殊無損而便於洗濯不惹墨漬初使以生薑汁塗研處即着墨今人多不知此云是瑕

病以墨蠟盖滅痕壘又云不發墨光始初磨墨兼帶少蠟滯暗墨色故也使三五度則無此病矣又出墨色者便使益好多漬難愛護欲着手氣必成痕迹故人多用蠟盖免此患也硯須每日洗浣去其積墨敗水則墨光瑩澤也

名狀第六

端樣　舍人樣　都官樣　玉堂樣

月樣　方月樣　龍眼樣　圭樣

方龍眼樣　瓜樣　方葫蘆樣　八角辟雍樣

方辟雍樣　馬蹄樣　新月樣　鏊樣

眉心樣　石心樣　瓢樣　天池樣

科斗樣　銀鋌樣　蓮葉樣　人面樣

毬頭樣　寶餅樣　笏頭樣　風字樣
古錢樣　外方裏圓　筒硯樣　蟾蜍樣
辟雍樣　方玉堂樣　尹氏樣　蝦蟆樣
犀牛樣　鸜鵒樣　琴樣　龜樣
已上並擇取樣製古雅者繪之於圖餘數名雖多種狀樣都俗也不取

石病第七

雞脚如麻石黯色類雞脚印行迹烏肫有痕如木葉若肉中之胜也隔路如墨痕如蚓跡行路浪痕偏纏如細帛紋其色或淺或深墨色贅子若烏豆狀隱起礙手殻藏於石中或開之廼有大壘搭線斜紋若硯斷硬線有起處隱手名工亦不能礪平也斷紋有紋兩不相着石上有微塵孔者乃石之膚也黄爛者土中石皮也

道路第八

自歙州大路一百八十里至西坑口入山三十里至羅紋山皆山谷大林莽盤屈鳥道也自婺源縣大路三十里過溪皆大嶺重複九十里至羅紋山下自州至濟源口一百九十里入小路七十里至濟源自縣至濟口八十里入小路七十里至濟源

匠手第九

縣城三姓四家一十一人
劉大名福誠　第三　第四　第五　第六
周四名全年七十　周二名進誠　周小四
周三名進昌　劉二無官名　朱三名明
靈屬里一姓三家六人
戴二名義和　第三　第五　第六
戴大名文宗　戴四名義誠
大容里濟口三姓四人
方七名守宗　男慶子　胡三名嵩興
汪大號汪王三

攻器第十

箕畚　銃　鐵大小鎚　長短鑿
鋼屑　鎯頭　鵶嘴鋤　木楸

大宋治平丙午歲重九日

歙州硯譜

歙硯說

唐侍讀硯譜云二十年前頗見人用龍尾石硯求之江南故老云昔李後主留意翰墨用澄心堂紙李庭邽墨龍尾硯三者爲天下冠當時貴之自李氏亡而石不出亦有傳至今者景祐中校理錢仙芝守歙始得李氏取石故處其地本大溪也常患水深工不可入仙芝改其流使由别道行自是方能得之其後縣人病其須索復溪流如初石乃中絶後邑官復改溪流遵錢公故道而後所得盡佳石也遂與端石並行

按圖經龍尾山在婺源縣長城里唐開元中葉氏得其地嘗取石爲硯不見稱於世故無聞焉蘇易簡硯譜云龍尾山石亞于端溪今雖多故坑無有石出環縣皆山也而石雖出他山寔龍尾之肢脉俱得謂之龍尾

自州一百八十里至西坑口入山谷林莽盤屈鳥道又三十里自縣三十里過溪大嶺重複九十里並至羅紋山下

自州一百九十里自縣八十里並至濟口入山又七十里至濟源

龍尾山亦名羅紋山下名芙蓉溪石坑最多延蔓百餘里取之不絶

眉子坑在羅紋山之西從溪下至坑十餘丈坑中無土深丈餘闊二三尺許

羅紋裏山在羅紋山後羅紋舊坑地名寨頭即錢云所訪南唐採石故坑也

水絃坑在眉子坑外臨溪至冬水涸方能取之入地丈餘石多金花

水蕨坦坑在羅紋山西北其理若浪

溪頭坑在金星坑之北五里

葉九坑在溪頭之西百里亦有眉子其理麄慢與溪頭坑石相上下

金星坑在羅紋山西北相去四十五丈

驢坑在縣西北七十里景祐中曹平爲令後王君玉爲守嘉祐中刁璆爲尉皆取之其石青中緑暈

濟源坑在縣之正北三坑相連

碧裏坑在濟山上色理青瑩相去半里有水步石大雨點石十里外有裏山石青細有金紋花暈其狀奇恠不常

洞靈巖在縣北一百二十里三洞相連石産於巖之左右無定所色擬端溪麄而燥復多瑕纇

淛石出衢州開化縣界斑若玳瑁然

麻石三尺中隱硯材數寸而已猶玉之在璞也坑往往在溪澗中至冬水涸合三二十人方可興工每打發一坑不三數日必雨雨即坑壠皆堙塞較其工力倍金銀坑中取礦者此其所以貴也往時必先祠以中牢方免諸患

大抵攻琢貴精治之不盡工雖有佳石亦常硯而已每得一石以鐵鑿擊之候其聲清圓乃可攻治度其

所宜然後制樣須令人捧不然內諸稻穀中欲其不
實也
蘇易簡云硯有薄如紙者蓋以薄爲利用云
龍尾石多產於水中故極温潤性本堅密扣之其聲
清越婉若玉振與他石不同色多蒼黑亦有青碧者
採人日增石亦漸少有得之巖崖中者色白而燥殊
不入用
眉子色青或紫短者簇者如卧蠶而犀紋立理長者
闊者如虎紋而松紋從理其曰鴈湖攢與對眉子最
爲精絕凡九品

鴈湖眉子　對眉子　金星眉子
菉豆眉子　錦蹙眉子　短眉子
長眉子　簇眉子　闊眉子

大抵石頑則光滑而磨墨不快石麄則黏墨而滲漬
難滌唯麄羅紋理不踈細羅紋石不嫩者爲佳凡十
二品

細羅紋　麄羅紋　暗細羅紋
松紋羅紋　角浪羅紋　金星羅紋
刷絲羅紋　倒地羅紋　石心羅紋
卵石羅紋　泥漿羅紋　算子羅紋

麄羅紋稍細者易爲磨墨細羅紋稍堅者最能發墨
或者以易磨墨爲發墨非也唯蔡君謨論得其要墨
在硯中隨筆旋轉滌之泮然盡去此乃石性堅潤能
發起不滯於硯耳若刷絲松紋角浪皆以其理踈易

於磨墨至於金星之類乃其餘事自有優劣獨泥漿
一品較之諸石紋理細密富於温潤但多不甚堅實
瓜子羅紋紋若瓜子羅紋然此最佳者也出水波坑
中幸而得之不可期或取羅紋側爲之甚能亂眞
驢坑石色青綠暈今不復出士大夫家間有藏者亦
罕見之
棗心青潤可愛中有小斑紋中廣上下皆銳形若棗
核然雖少疵瑕多失之頑固
唐公硯錄云嘗過金陵於翰林葉道卿處見一硯方
四五寸許其色淡青如秋雨新霽遠望暮天表裏瑩
潔都無紋理蓋所謂硯之美者也云得於歙不知出
於甚坑今不復有
裹山一種金星而踈慢
水絃金紋凡十種

青斑如舞鶴者　如長壽仙人者
如雙鴛鴦者　如枯槎仙人者
如朝霞雲氣者　如湖中寒鴈者
如雙魚躑鵖者　如壺瓶者
如卧蠶者　如斗者

硯以瑩淨爲先小有痕線皆不足甚貴石病有十
痕如蚓行迹
雞脚如雞迹麻石黯色
烏肫有痕如木葉若肉中胜也
浪痕徧纏如布帛紋作淺深黑色

贅子如烏豆隱起礙手開之多成大璺
搭線斜紋若斷裂者
黄爛者土中石皮也
硬線高起隱手雖良工不能礪平也
石上有微塵孔者石之膚也
斷紋兩不相着
硯之形制不一古人有以蚌爲之者取其適用而已舊有古端樣并世傳晉右軍將軍王逸少端樣皆外方内若峻坂然使墨下入水中至寫字時更不費研磨之工今之端樣蓋其遺法也或有爲硯板硯鏡之類微坳其首而已或直用平石一片别以器盛水旋滴入研墨以此知今人不如古人書字之多耳

歙硯說

辨歙石說

細羅紋石文如羅縠精細其色青瑩其理緊密堅重瑩淨無瑕璺乃硯之奇材也
麁羅紋似細羅紋而文理稍麁
暗細羅紋羅紋雖細晦而不露紋理隱隱石色微青黑
刷絲羅紋石紋精細密如刷絲纚然
金花羅紋羅紋地上間以金花亂點大細不常如畫工銷金
金暈羅紋金暈數重如抹畫者或暈如卵形及杏葉皆重疊數重
金星羅紋細金點如撒星者有金抹如眉子者有横抹金紋長短不定者
筭條羅紋比刷絲紋理疎而麁大正如排筭子
角浪羅紋直紋數路如角浪然
瓜子羅紋比細羅紋尤細狹如瓜子者
細棗心無羅紋而石紋兩頭尖如棗核

麁棗心較細棗心而麁
水波紋理横細如晴晝微風清沼漣漪之紋
對眉子石紋如人畫眉而細遍地成對者
錦蹙石暈如畫雲氣間以金暈如蹙錦然
錦蹙眉子石紋如眉子間有横金暈
羅漢入洞石中有金暈如雲氣下有羅漢龕座之形
金星眉子眉子疎匀而有金星間之
鱔肚眉子眉子疎而匀石紋如人字鱔肚紋間有金暈金星者
鴈攢湖眉子硯心有紋暈如注池四外眉子密密如群鴈飛集之狀
菉豆眉子石理稍黑微暗而斑內有短密眉子紋
金花眉子眉子石中有金花金暈者
短眉子眉子密短而匀

長眉子眉子長而差大
泥漿細羅紋而尤溫潤乃羅紋下坑石
夘石
雨點石
羅紋上坑石色微重中坑石色微淡下坑即泥漿石
棗心坑皆乾坑故石微燥
水波坑亦是棗心石
祁門縣出細羅紋石酷似泥漿石亦有羅紋但石理稍慢不甚堅色淡易乾耳此石甚能亂真人多以爲婺源泥漿石當須精辨之也
歙縣出刷絲硯甚好但紋理太分明無羅紋間有白路白點者是

辨歙石說

研出端谿其色如猪肝蒲萄中邊瑩澈光可以鑑粹然紫琳腴也患太滑不肯受墨歙石細者肌理如絲縠如涵星泓如眉有稜四壁垣垣削成類文王蒼璧而短處在不爲毛錐地好事者病焉邁智不足鑒物頗幸畜兩研其一正方爲斗形徑可五寸許腹有東坡先生爲仲豫銘二十四言常篋櫝藏去其一橢爲風字鏗然而輕提携周旋且二十年乆稱意便足曩寓五嶺無所買莫府于歙嘗出捐三千錢售眉子石一隨輒予人莫惜始之以識察之不精中之以二者之先入他無在顧眄者故差若省事景伯兄治歙期年能納其民於不忍欺之鄉斷斷廷下至無一迹獨念翰墨衆君子秉集吾土而主人莫之省既揭蘇氏文房譜于四寶堂又別刻研說三種以書來令綴語其下顧前云云不能巧自飾也客或謂兄曰使君雅無長物諸郎桉頭研不百錢直今使家挾是書人具是眼則美容龍尾之珍不幾於盡公亦能忘意亾嫌乎兄以手推客曰去紹興三十年十月二日弟左承議郎尚書禮部員外郎兼　國史院編修官邁跋

硯史

襄陽米　芾

人好萬殊而以甚同爲公甚不同爲惑喻之而移非真得之更而得之則必信其守夫博弈由賢乎已則吾是文必不見嗤于賞鑒之士

用品

器以用爲功玉不爲鼎陶不爲柱文錦之美方暑則不先於表出之綌楮葉雖工而無補於宋人之用夫如是則石理發墨爲上色次之形製工拙又其次文藻緣飾雖天然失硯之用

玉硯

玉出光爲硯着墨不滲甚發墨有光其云磨墨處不出光者非也余自製成蒼玉硯

唐州方城縣葛仙公巖石

石理向日視之如玉瑩如鑑光而着墨如澄泥不滑稍磨之墨已下而不熱生泡生泡者膠也古墨無泡膠力盡也若石滑磨久墨下遲則兩剛生熱故膠生泡也此石既不熱良久墨發生光如漆如油有艷不滲也歲久不乏常如新成有君子一德之操色紫可愛聲平而有韻亦有澹青白色如月如星而無暈此石近出始見十餘枚矣

温州華巖尼寺巖石

石理向日視之如方城石磨墨不熱無泡發墨生光如漆如油有艷不滲色赤而多有白沙點爲硯則避磨墨處比方城差慢難嶄而易磨亦有白點點處有玉性扣之聲平無韻校理石揚休所購王羲之硯者乃此石今人所收古硯間有此石形合晉畫約見四五枚矣

端州巖石

巖有四下巖上巖半邊巖後礫巖余嘗至端故得其說詳下巖第一穿洞深入不論四時皆爲水浸治平中貢硯取水月餘方及石石細扣之清越鸜鵒眼圓碧暈多明瑩石嫩甚者如泥無聲不着墨清越者温潤著墨快不熱無泡然良久微滲若油發艷亦有不乏者然方城温巖十磨此石三十磨方相及下巖既深工人所費多硯直不補故力無能取近年無復有聞有　仁廟已前賜史院官硯多是其後來歲貢惟上巖石上巖在山上石性乾紫色深理麄性硬眼黄差不圓而青色淡其巖深處間有潤者而眼終不如下巖也有着墨者拒墨者其着墨者初用半月前甚快蓋細砂石所發出理也半月後則退生光㨗墨又須以柔石發之已而復然拒墨者雖新成便拒墨此等石扣之聲皆堅響而老半邊巖者在山半石理同上巖色多青紫近黑多瑕而眼長如卵有瞎眼者中是白點死眼者黑點而暈細翳眼者或青或黑横亂其眼又多青不成眼圓點横長青間道如松木紋其極麄者費筆而稍細者多乏後礫石上人刻爲盆印合壓紙兒戲之物多夾砂無眼少瑕間有極細軟者

發墨不乏扣之無聲土人不貴而用實有在半邊上巖之上者不可常得又徧詢石工云子石未嘗有其在巖中實於大石版上鑿豈有中包一子者余嘗謂若溪流中多有卵石容差福可斵面磨墨所謂石子世因訛爲子石至有斵樣相似而爲之者於理必不於大石中心復生卵子也世之好奇者又以歙州羅紋石作子石硯文本直兩頭取銳則紋脫短至左右頰自然成漩紋便謂之是真子石可笑綠石帶黃色亦爲硯多以爲器材甚美而得墨快少光彩已上硯平生約見五七百枚十千已上無估

歙硯婺源石

歙州有硯圖石嵎最多種而赤紫石多瑕土人以線脉隔爲三種病今人以細羅紋無星爲上少時見一硯於士人趙光弼家其樣上狹四寸許下闊六寸許如二十幅紙厚色綠如公裳而點如紫金斑斑勻布無羅紋點中無瑕自後不復覩與此等者又士人周昌諤處見一小圓硯青羅紋一星紫金如鵝眼錢此二硯最奇大抵發墨不乏獨以色如常之石而以奇恠爲品高亦有赤紫色石無文理少瑕光澤如棗木土人以爲香爐之類亦斵爲硯與墨鬬而不相入經日便滑不可研矣又嘗一士人家見一金絲羅紋硯其紋半金半黑光彩與常異此外麄羅紋刷絲羅紋爲次第約見千餘枚矣但以色與瓦磚等品故不能高今但曾官歙者必收百餘枚土人以爲生終日成

一硯少有病不直數十金幸宂仍好直五七千已上無估

通遠軍覓石硯

石理澁可礪刃綠色如朝衣深者亦可愛又則水波紋間有黑小點土人謂之湔墨點有緊甚奇妙而硬者與墨鬬而慢甚者滲墨無光其中者甚佳在洮河綠石上自　朝廷開熈河始爲中國有亦有赤紫石色斑爲硯發墨過於綠者而不勻淨又有黑者戎人以礪刃而鐵色光肥亦可作硯而堅不發墨

西都會聖宮硯

會聖宮石在溪澗中色紫理如虢石差硬發墨不乏扣之無聲

青州青石

色類歙理皆不及發墨不乏有瓦礫之象

成州栗亭石

色青有銅點大如指理慢發墨不乏亦有瓦礫之象

潭州谷山硯

色淡青有紋如亂絲理慢扣之無聲得墨快發墨有光

成州栗玉硯

理堅色如栗不甚着墨爲器甚佳

歸州綠石硯

理有風濤之象紋頭緊慢不等治難平得墨快滲墨無光彩色綠可愛如賁色澹如水蒼玉

夔州黟石硯

色黑理乾間有墨點如墨玉光發墨不乏

廬山青石硯

大略與潭州谷山同

蘇州褐黃石硯

理麁發墨不滲類夔石土人刻成硯以草一束燒過爲慢灰火煨之色遂變紫用之與不煨者一同亦不燥乃知天性非水火所移

建溪黯澹石

理如牛角扣之聲堅清磨久不得墨縱得色變如灰作器甚佳

陶硯

相州土人自製陶硯在銅雀上以熟絹二重淘泥澄之取極細者燔爲硯有色綠如春波者或以黑白埴爲水紋其理細滑着墨不費筆但微滲

呂硯

澤州有呂道人陶硯以別色泥於其首純作呂字內外透後人効之有縫不透也其理堅重與凡石等以歷青火油之堅響滲入三分許磨墨不乏其理與方城石等

淄州硯

淄石理滑易乏在建石之次

高麗硯

理密堅有聲發墨色青間白有金星隨橫文密成列用久乏

青州蘊玉石紅絲石青石

理密聲堅清色青黑白點如彈不着墨墨無光好事者但置爲一器可紅絲石作器深佳大抵色白而紋紅者慢發墨亦漬墨不可洗必磨治之紋理斑石赤者不漬墨發墨有光而紋大不入看慢者經暍則色損凍則裂乾則不可磨墨浸經日方可用一用又可滌非品之善青石有麁文如羅近歙亦着墨不發

虢州石

理細如泥色紫可愛發墨不滲久之石漸損回硬墨磨之則有泥香

信州水晶硯

於他硯磨墨汁傾入用

蔡州白硯

理滑可爲器爲朱硯花蘂石亦作小朱硯

性品

大抵四方硯發墨久不乏者石必差軟扣之聲低而有韻歲久漸凹不發墨者石堅扣之堅響稍用則如鏡走墨余所品謂目擊自收經用者聞雖多不錄以傳疑古硯無不佳豈不嘗落非好事者手用之則尋棄擲之矣惟久在人間賢庸並善是以不乏傳也

樣品

晉硯見於晉顧愷之畫者有於天生壘石上刋人面者有十蹄圓銅硯中如鐵者余嘗以紫石作之有上

圓下方於圓純上刋兩竅置筆者有如鳳字兩足者
獨此甚多所謂鳳凰池也蓋以上並晉製見于晉人
圖畫世俗呼爲風字蓋不原兩足之製謂之鳳足至
今端州石工以兩眼相對於足傍者謂之鳳足鳳之
義取五色英文爍然成章也今人有收得右軍硯其
製與晉圖畫同頭狹四寸許下闊六寸許頂兩純皆
綽慢下不勒成痕外如內之製足狹長色紫類温巖
中凹成臼又有收得智永硯頭微圓又類箕象中亦
成臼矣又有人收古銅硯一龜銜一硯如蓮葉兩足
龜腹圓墨水不可出以筆頭就之則出又參政蘇文
簡家收唐畫唐太宗長孫后納諫圖宮人於瑪瑙盤
中托一圓頭鳳池硯似晉製頭純直微凸如書鳳字
左右純斜刋下不勒痕摺向頂亦然不滯墨其外隨
內勢簡易其後至隋唐工稍巧頭圓身微瘦下闊而
足或圓爲柱已不逺古至　本朝變成穹髙腰瘦刃
闊如鉞斧之狀　仁廟已前硯多作此製後差少資
政殿學士蒲傳正收　真宗所用硯與　仁廟賜駙
馬都尉李公炤鳳池硯形製一同至今尚方多此製
國初已來公卿家往往有之　仁宗已前賜史院官
硯皆端溪石純薄上狹下闊峻直不出足中坦夷猶
有鳳池之像或有四邊刋花中爲魚爲龜者凡此形
製多端下巖奇品也嘉祐末硯樣已如大指麄心甚
凸意求渾厚而氣象益不古純斗故勒深滯墨難滌
心凸故點筆不圓常如三角簇蓋古硯皆心凹後稍

正平未有凸者始自侍讀學士唐彦猷作紅絲辟雍
硯心髙凸至作馬蹄樣亦心凸至磨墨溜向身出觀
墨色則凸髙增浮泛之勢援毫則非便也其晉銅硯
雖如鏺然頂殊平以便援毫今杭州龍華寺收梁傅
大夫甆硯一枚甚大磁褐色心如鏺環水如辟雍之
製下作浪花擢環近足處而磨墨處無磁油然殊着
墨古墨稱螺亦恐不若近世堅不然殆不可磨也又
丹楊人多於古塚得銅硯三足蹄有蓋不鏤花中陷
一片陶今人往往作硯於其中翻以爲匣也唐墓中
間有得如蓮葉中凹兩足如鳳池之製甚薄足或如
棗也今歙人最多作形製而土人尤重端樣以平直
斗樣爲貴得美石無瑕必先作此樣滯墨甚可惜也
大抵石美無瑕方可施工璞而厚者土人多識其藏
疾不復巧製人或因其渾厚而美之余嘗惡歙樣俗
者凡刋改十餘硯纔半指許便有病見頓令人減愛
其端人不斲成祗持璞賣者亦多如是陳文惠丞相
家收一蜀王衍時皇太子陶硯連蓋蓋上有鳳坐一
臺餘雕雜花草涅之以金泥紅漆有字曰鳳凰臺此
製方直上狹笋在硯上中甚平也唐之製見文房四
譜今之製見歙州硯圖故不重出此人力所爲也吾
收一青翠疊石堅響三層傍一嵌磨墨上出一峯髙
尺餘頂復平嵌巖如亂雲四垂以覆硯以水澤頂則
隨葉垂珠滴硯心上有銘識事見唐莊南傑賦乃歷
代所寶也又收一正紫石四疊下有坐有足巧於瓔

盂足上起一枝細狹枝上盤兩疊長七寸餘闊四寸餘如靈芝首銳下闊天然鳳池之象中微凹點水磨墨可書十幅紙石理在方城之右此非人力所成信天下之環寶也

硯史

古今刀劍錄 并序

梁華陽道士陶　弘景　撰

夫刀劍之由出已久矣前王後帝莫不鑄之但以小事記注者不甚詳録遂使精奇挺異空成埋没慨然有想遂爲記云

夏禹子帝啓在位十年以庚戌八年鑄一銅劍長三尺九寸後藏之秦望山腹上刻二十八宿文有背面面文爲星辰背記山川日月

啓子太康在位二十九年歳在辛卯三月春鑄一銅劍上有八方面長三尺二寸頭方

孔甲在位三十一年以九年歳次甲辰採牛首山鐵鑄一劍銘曰夾古文篆書長四尺一寸

殷太甲在位三十二年以四年歳次甲子鑄一劍長二尺文曰定光古文篆書

武丁在位五十九年以元年歳次戊午鑄一劍長三尺銘曰照膽古文篆書

周昭王瑕在位五十一年以二年歳次壬午鑄五劍各投五嶽銘曰鎮嶽尚方古文篆書長五尺

簡王夷在位十四年以元年歳次癸酉鑄一劍長三尺銘曰駿大篆書

秦昭王稷在位五十二年以元年歳次丙午鑄一劍長三尺銘曰誠大篆書

秦始皇在位三十七年以三年歳次丁巳採北祗銅鑄二劍銘曰定秦小篆書李斯刻埋在阿房宮閣下一在觀臺下長三尺六寸

前漢劉季在位十二年以始皇三十四年於南山得一鐵劍長三尺銘曰赤霄大篆書及貴常服之此即斬蛇劍也

文帝恒在位二十三年以初元十六年歳次庚午鑄三劍長三尺六寸銘曰神龜多刻龜形以應大横之兆帝崩命入玄武宫

武帝徹在位五十四年以元光五年歳次乙巳鑄八劍長三尺六寸銘曰八服小篆書嵩恒霍華太山五嶽皆埋之

宣帝詢在位二十五年以本始四年鑄二劍長三尺一曰毛二曰貴以足下有毛故爲之皆小篆

平帝衎在位五年以元始元年歳次辛酉掘得一劍上有帝名因服之大篆書

王莽在僞位十七年以建國五年歳次庚午造威斗及神劍皆練五色石爲之銘曰神勝萬里伏小篆書長三尺六寸

更始劉聖公在僞位二年自造一劍銘曰更國小篆書

後漢光武秀在位三十三年未貴時在南陽鄠山得一劍文曰秀霸小篆書帝常服之

明帝莊在位十八年以永平元年歳次戊午鑄一劍上作龍形沉之於洛水中水清時常有見之者

章帝炟在位十三年以建初八年鑄一金劍令投於

伊水中以厭人膝之恠弘景按水經云伊水有一物如人膝頭有爪人浴輙沒不復出

安帝祐在位十九年以元初六年鑄一劍藏峨眉山疑山王也

順帝保在位十九年以永建元年鑄一劍長三尺四寸銘曰安漢小篆書後改年號

靈帝宏在位二十二年以建寧三年鑄四劍文曰中興一劍無故自失並小篆書

魏武帝曹操以建安二十年於幽谷得一劍長三尺六寸上有金字銘曰孟德王常服之

齊王芳以正始六年鑄一劍常服之無故自失但有空匣如故後有禪代之事兆始於此尋為司馬氏所廢

蜀主劉備以章武元年歲次辛丑採金牛山鐵鑄八劍各長三尺六寸一備自服一與太子禪一與梁王理一與魯王永一與諸葛亮一與關羽一與張飛一與趙雲並是亮書皆作風角處所有令稱元造刀五萬口皆連環及刃口列七十二錬柄中通之兼有二字房子容曰唐人尚書郎李章武本名方古貞元季年為東平帥李師古判官因理第掘得一劍上有章武字方古博物亞張茂先亦曰蜀相諸葛孔明所佩劍也乃改名師古為奏請為章武焉蓋蜀主八劍之一也

後主禪延熙二年造一大劍長一丈二尺鎮劍口山往往人見光輝後人求之不獲

吳王孫權以黃武五年採武昌銅鐵作千口劍萬口刀各長三尺九寸刀頭方皆是南銅越炭作之文曰大吳小篆書又赤烏年中有人得淮陰侯韓信劍帝以賜周瑜

孫亮以建興二年鑄一劍文曰流光小篆書

孫皓以建衡元年鑄一劍文曰皇帝吳王小篆書

晉武帝司馬炎以咸寧元年造八千口刀銘曰司馬

懷帝熾以永嘉元年造一劍長五尺銘曰步光小篆書

成帝衍以咸和元年造十三口刀銘曰興國

穆帝聃以永和五年於房山造五口劍銘曰五方單符隷書

孝武帝昌明以大元元年於華山頂埋一劍銘曰神劍隷書

宋武帝劉裕以永初元年鑄一刀銘其背曰定國小篆書長四尺後入於梁

少帝義符以景平元年造一刀銘曰五色小篆書

後廢帝昱以元徽二年於蔣山頂造一劍銘曰永昌篆書

順帝準以昇明元年掘得一刀銘曰上血其刀照一室帝奇之至二年七月帝使楊玉候織女玉候女不得懼死用以弑帝果如銘故知吉凶其徵先見矣

齊高帝蕭道成以建元二年造一刀銘曰定業長五

尺篆書自制之

明帝鸞以建武二年造一刀銘曰朝儀長四尺小篆書

梁武帝蕭衍以天監二年即位至普通中歲在庚子命弘景造神劒十三口用金銀銅錫鐵五色合爲之長短各依劒術法文曰服之者永治四方並小篆書

諸小國刀劒揔在此

前趙劉淵以元熙二年造一刀長三尺九寸文曰滅賊隸書

後趙石勒以建平元年造一刀用五百金工用萬人頭尖長三尺六寸銘曰建平隸書勒未貴時耕地得一刀銘曰石氏昌篆書

石季龍以建武十四年造一刀長五尺銘曰皇帝石氏隸書

後蜀李雄以晏平元年造刀五百口文曰騰馬隸書

前涼張寔造刀百口無故刀盡失文曰霸

後魏昭成帝拓跋揵以建國元年於赤冶城鑄刺刀十口金鏤赤冶字

道武帝珪以登國元年於嵩阿鑄一劒銘曰鎮山隸書

明元帝嗣以泰常元年造一劒長四尺銘背曰太常至眞君元年有道士繼天師白爲帝造劒長三尺六寸隸書因改元眞君

宣武帝恪以景明元年於白鹿山造一刀文曰白鹿隸書

前秦苻堅以甘露四年造一刀用五千工銘曰神術隸書

前燕慕容儁以元璽元年造二十八口刀銘曰二十八將隸書

後燕慕容垂以建興元年造二刀長七尺一雄一雌隸書若別處之則鳴

後秦姚萇以建初元年造一刀銘曰中山長三尺七寸隸書

西秦乞伏國仁以建義三年造一刀銘曰建義隸書

後涼呂光以麟嘉元年造一刀銘背曰麟嘉長三尺六寸

南涼禿髮烏孤以太初三年造一刀狹小長二尺五寸青色匠人曰當作之時夢見一人被朱服云吾是太一神來看汝作云此刀有獻必鳴後落突厥可汗所有也

南燕慕容玄明以建平元年作刀四口文曰建平隸書

西京李暠以永建元年造珠碧刀一口銘曰百勝隸書

北涼沮渠蒙遜以永安三年造刀百口銘曰永安隸書

夏州赫連勃勃以龍昇二年造五口刀背刃有龍雀環兼金縷作一龍形長三尺九寸銘曰古之利器吳

楚湛盧大夏龍雀名冠神都可以懷遠可以柔邇如風靡草威服九區宋王劉裕破長安得此刀後入於梁

吴將刀

周瑜作南郡太守造一刀背上有盪冦將軍字八分書

蔣欽拜列郡司馬造一刀文曰司馬隸書

周幼平擊曹公勝拜平虜將軍因造一刀銘背曰幼平

董元成少果勇自打鐵作一刀後討黄祖於蒙衝河元成引刀斷衝頭爲二流拜大司馬號斷蒙刀

潘文拜偏將軍爲擒關羽拜固陵太守因造一刀銘曰固陵

朱理君少受征討黄武中累功拜安國將軍作一佩刀文曰安國

關羽爲先主所重不惜身命自採都山鐵爲二刀銘曰萬人及羽敗羽惜刀投之水中

張飛初拜新亭侯自命匠鍊赤朱山鐵爲一刀銘曰新亭侯蜀大將也後被范強殺強將此刀入於吴

諸葛亮定黔中從青石祠過遂抽刀刺山投刀不拔而去行人莫測

黄忠漢先主定南郡得一刀赤如血於漢中擊夏侯軍一日之中手刃百數

魏將刀

鍾會克蜀於成都土中得一刀文曰太一會死入帳下王伯昇伯昇後渡江刀遂飛入水

鄧艾年十二曾讀陳太丘碑碑下掘得一刀黒如漆長三尺餘刀上常有氣淒淒然時人以爲神物

董卓少時耕野得一刀無文字四面隱起作山雲文斸玉如泥及卓貴示五官郎將蔡邕曰此項羽之刀也

袁紹在黎陽夢有一神受一寶刀及覺果在卧所銘曰思召紹解之曰思召紹字也

郭維於太原得一刀文曰宜爲將後遂爲將軍及與蜀將戰敗失此刀

王雙曾於市中買得一刀賣人曰得之者貴因不見雙後佩之爲魏將後與曹真一刀換也

古今刀劍錄

香譜目録

卷上

香之品

香之異

卷下

香之事

香譜卷上

香之品

龍腦香

酉陽雜俎云出波律國樹高八九丈可六七尺圍葉圓而背白其樹有肥瘦形似松脂作杉木氣乾脂謂之龍腦香清脂謂之波律膏子似豆蔻皮有甲錯海藥本草云味苦辛微温無毒主内外障眼三蟲療五痔明目鎮心秘精　又有蒼龍腦主風疹䵟人膏煎良不可點眼明浄如雪花者善久經風日或如麥麩者不佳云合黑豆糯米相思子貯之不耗今復有生熟之異稱生龍腦即上之所載是也其絶妙者目曰梅花龍腦有經火飛結成塊者謂之熟龍腦氣味差薄焉蓋易入他物故也

麝香

唐本草云生中臺川谷及雍州益州皆有之陶隱居云形似麞常食栢葉及噉蛇或於五月得者往往有蛇皮骨主辟邪殺鬼精中惡風毒療傷多以一子眞香分糅作三四子刮取血膜雜以餘物大都亦有精麤破皮毛共在裹中者爲勝或有夏食蛇蟲多至寒香蒲入春患急痛自以脚剔出人有得之者此香絶勝帶麝非但香辟惡以香眞者一子着腦間枕之辟惡夢及尸疰鬼氣今或傳有水麝臍其香尤美

沉水香

唐本草注云出天竺單于二國與青桂鷄骨棧香同

是一樹葉似橘經冬不彫夏生花白而圓細秋結實如檳榔色紫似甚而味辛療風水毒腫去惡氣樹皮青色木似櫸柳重實黑色沉水者是今復有生黃而沉水者謂之蠟沉又其不沉者謂之生結　又拾遺解紛云其樹如椿常以水試乃知餘見下卷天香傳中

白檀香

陳藏器云本草拾遺曰樹如檀出海南主心腹痛霍亂中惡鬼氣殺蟲又唐本草云味鹹微寒主惡風毒出崑崙盤盤之國主消風積水腫又有紫眞檀人磨之以塗風腫雖不生於中華而人間遍有之

蘇合香

神農本草云生中臺川谷陶隱居云俗傳是師子糞外國說不爾今皆從西域來眞者難別紫赤色如紫檀堅實極芬香重如石燒之灰白者佳主辟邪瘧癇痓去三蟲

安息香

本草云出西戎似栢脂黃黑色爲塊新者亦柔軟味辛苦無毒主心腹惡氣鬼疰　酉陽雜俎曰安息香出波斯國其樹呼爲辟邪樹長三丈許皮色黃黑葉有四角經冬不彫二月有花黃色心微碧不結實刻皮出膠如飴名安息香

鬱金香

魏略云生大秦國二三月花如紅藍四五月採之其

香十二葉爲百草之英　本草拾遺曰味苦無毒主蟲毒鬼疰鵶鶻等臭除心腹間惡氣鬼疰入諸香用說文曰鬱金芳草煑以釀鬯以降神也

雞舌香

唐本草云生崑崙及交愛以南樹有雌雄皮葉並似栗其花如梅結實似棗核者雌樹也不入香用無子者雄樹也採花釀以成香微溫主心痛惡瘡療風毒去惡氣

薰陸香

廣志云生南海又僻方注曰即羅香也　海藥本草云味平溫無毒主清人神其香樹一名馬尾香是樹皮鱗甲採之復生又唐本草注云出天竺國及邯鄲似楓松脂黃白色天竺者多白邯鄲者夾綠色香不甚烈微溫主伏尸惡氣療風水腫毒惡瘡

詹糖香

本草云出晉安岑州及交廣以南樹似橘煎枝葉爲之似糖而黑多以其皮及蠹糞雜之難得淳正者惟軟乃佳

丁香

山海經曰生東海及崑崙國二三月花開七月方結實　開寳本草注云生廣州樹高丈餘凌冬不凋葉似櫟而花圓細色黃子如丁長四五分紫色中有麄大長寸許者俗呼爲母丁香擊之則順理而折味辛主風毒諸腫能發諸香及止乾霍亂嘔吐驗

波律香

本草拾遺曰出波律國與龍腦同樹之清脂也除惡氣殺蟲疰見龍腦香即波律膏也

乳香

廣志云即南海波斯國松樹脂有紫赤櫻桃者名乳香蓋薰陸之類也仙方多用辟邪其性温療耳聾中風口噤婦人血風能發酒治風冷止大腸洩僻療諸瘡癤令内消今以通明者爲勝目曰的乳其次曰揀香又次曰瓶香然多夾雜成大塊如瀝青之狀又其細者謂之香纏

青桂香

本草拾遺曰即沉香同樹細枝緊實未爛者

鷄骨香

本草拾遺記曰亦棧香中形似雞骨者

木香

本草云一名蜜香從外國舶上來葉似薯蕷而根大花紫色功効極多味辛温而無毒主辟温療氣劣氣不足消毒殺蟲毒今以如雞骨堅實齧之粘齒者爲上復有馬兜苓根謂之青木香非此之謂也或云有二種亦恐非耳一謂之雲南根

降眞香

南州記曰生南海諸山又云生大秦國　海藥本草曰味温平無毒主天行時氣宅舍恠異並燒之有驗仙傳云燒之感引鶴降醮星辰燒此香甚爲第一小兒帶之能辟邪氣其香如蘇方木然之初不甚香得諸香和之則特美

艾蒳香

廣志云出西國似細艾又云松樹皮緑衣亦名艾蒳可以合諸香燒之能聚其煙青白不散　本草拾遺曰味温無毒主惡氣殺蛀蟲主腹冷洩痢

甘松香

本草拾遺曰味温無毒主鬼氣卒心腹痛脹蒲浴人身令香叢生葉細　廣志云甘松香生凉州

零陵香

南越志云一名燕草又名薰草生零陵山谷葉如羅勒山海經曰薰草似麻葉方莖氣如蘼蕪可以止癘

即零陵香味苦無毒主惡氣注心腹痛下氣令體香和諸香或作湯丸用得酒良

茅香花

唐本草云生劒南諸州其莖葉黑褐色花白非白茅也味苦温無毒主中惡温胃止嘔吐葉苗可煑湯浴辟邪氣令人香

棧香

本草拾遺曰亦沉香同樹以其肌理有黑脉者謂之也　黃熟香亦棧香之類也但輕虚枯朽不堪者今和香中皆用之

水盤香

類黃熟而殊大多雕刻爲香山佛像並出舶上

白眼香
亦黄熟之别名也其色差白不入藥品和香或用之
葉子香
即馢香之薄者其香尤勝於馢又謂之龍鱗香
雀頭香
本草云即香附子也所在有之葉莖都似三稜根若附子周匝多毛交州者最勝大如棗核近道者如杏仁許荆襄人謂之莎草根大下氣除胷腹中熱合和香用之尤佳
芸香
倉頡解詁曰芸蒿似邪蒿可食魚豢典略云芸香辟紙魚蠹故藏書臺稱芸臺
蘭香
川本草云味辛平無毒主利水道殺蟲毒辟不祥一名水香生大吳池澤葉似蘭尖長有岐花紅白色而香煑水浴以治風
芳香
本草云即白芷也一名茝又名虈又曰莞又曰苻離又名澤芬生下濕地河東川谷尤佳近道亦有道家以此香浴去尸蟲
蘹香
本草云即杜衡也葉似葵形如馬蹄俗呼爲馬蹄香藥中少用惟道家服令人身香
蕙香
廣志云蕙草緑葉紫花魏武帝以爲香燒之
白膠香
唐本草注云樹高大木理細莖葉三角商洛間多有五月斫爲坎十一月收脂　開寶本草云味辛苦無毒主癮疹風痒浮腫即楓香脂
都梁香
荆州記曰都梁縣有山山上有水其中生蘭草因名都梁香形如霍香　古詩曰博山鑪中百和香鬱金蘇合及都梁廣志云都梁出淮南亦名煎澤草也
甲香
唐本草云蠡類生雲南者大如掌青黄色長四五寸取黶燒灰用之南人亦煑其肉噉今合香多用謂能發香復來香煙須酒蜜煑製方可用法見下
白茅香
本草拾遺記曰味甘平無毒主惡氣令人身香煑汁服之主腹内冷痛生安南如茅根道家用煑湯沐浴
必栗香
内典云一名化木香似老椿　海藥本草曰味辛温無毒主鬼疰心氣斷一切惡氣葉落水中魚暴死木可爲書軸辟白魚不損書
兠婁香
異物志云出海邊國如都梁香　本草曰性微温療霍亂心痛主風水毒腫惡氣止吐逆亦合香用莖葉似水蘇

藒車香

本草拾遺曰味辛温主鬼氣去臭及蟲魚蛀物生彭城高數尺白花　爾雅曰藒車芞輿注曰香草也

兜納香

廣志曰生剽國　魏略曰出大秦國　本草拾遺曰味温甘無毒去惡氣温中除冷

耕香

南方草木狀曰耕香莖生細葉　本草拾遺曰味辛温無毒主臭鬼氣調中生烏滸國

木蜜香

内典云狀若槐樹　異物志云其葉如椿　交州記云樹似沉香　本草拾遺曰味甘温無毒主辟惡去邪鬼疰生南海諸山中種五六年便有香也

迷迭香

廣志云出西域魏文帝有賦亦嘗用　本草拾遺曰味辛温無毒主惡氣令人衣香燒之去邪

香之異

都夷香

洞冥記香如棗核食一顆歷月不飢或投水中俄滿大盂也

茶蕪香

王子年拾遺記燕昭王廣延國二舞人帝以茶蕪香屑鋪地四五寸使舞人立其上彌日無跡香出波弋國浸地則土石皆香着朽木腐草莫不茂蔚以薰枯骨則肌肉皆生又出獨異志

辟寒香

辟邪香瑞麟香金鳳香皆異國所獻杜陽編云自兩漢至皇唐皇后公主乘七寶輦四面綴五色玉香囊囊中貯上四香每一出遊則芬馥滿路

月支香

瑞應圖大漢二年月支國貢神香武帝取看之狀若燕卵凡三枚大似棗帝不燒付外庫後長安中大疫宫人得疾衆使者請燒一枚以辟疫氣帝然之宫中病者差長安百里内聞其香積九月不歇

振靈香

十洲記聚窟州有大樹如楓而葉香聞數百里名曰返魂樹根於玉釜中煑汁如飴名曰驚精香又曰振

靈香又曰返生香又曰馬精香又名却死香一種五名靈物也香聞數百里死屍在地聞即活

千畝香

述異記曰南郡有千畝香林名香往往出其中

十里香

述異記曰千年松香聞於十里

䕷齊香

酉陽雜俎曰出波斯國拂林呼爲頂敎梨咃長一丈餘圍一尺許皮色青薄而極光淨葉似阿魏每三葉生於條端無花結實西域人常八月伐之至冬更抽新條極滋茂若不剪除返枯死七月斷其枝有黄汁

其狀如蜜微有香氣入藥療百病

龜甲香

述異記曰即桂香之善者

兜末香

本草拾遺曰燒去惡氣除病疫　漢武帝故事曰西王母降上燒是香兜渠國所獻如大豆塗宮門香聞百里關中大疫死者相枕燒此香疫則止　内傳云死者皆起此則靈香非中國所致

沉光香

洞冥記塗魂國貢門中燒之有光而堅實難碎太醫以鐵杵舂如粉而燒之

沉榆香

封禪記黄帝列珪玉於蘭蒲蓆上然沉榆香舂雜寳爲屑以沉榆和之若泥以分尊卑華戎之位

茵墀香

拾遺記靈帝初平三年西域獻煑湯辟癘宫人以沐頭

石葉香

拾遺記曰此香疊疊狀如雲母其氣辟癘魏文帝時題腹國獻

鳳腦香

杜陽編穆宗嘗於藏眞島前焚之以崇禮敬

紫木香

述異記一名紅藍香又名金香又名麝香草香出蒼梧桂林二郡界

威香

孫氏瑞應圖曰瑞草曰一名威蕤王者禮備則生於殿前又云王者愛人命則生

百濯香

拾遺記孫亮寵姬四人合四氣香皆殊方異國所獻凡經踐躡安息之處香氣在衣彌年不歇因香名百濯復目其室曰思香媚寢

龍文香

杜陽編武帝時所獻忘其國名

千步香

述異記南海出千步香佩之香聞於千步草也今海

隅有千步草是其種也葉似杜若而紅碧相雜貢籍曰南郡貢千步香

薰肌香

洞冥記用薰人肌骨至老不病

蘅蕪香

拾遺記漢武帝夢李夫人授蘅蕪之香帝夢中驚起香氣猶著衣枕歷月不歇

九和香

三洞珠囊曰天人玉女擣羅天香按擎玉爐燒九和之香

九眞雄麝香

西京雜記趙昭儀上姊飛鷰三十五物有青木香沉

水香九眞雄麝香

罽賓國香

盧氏雜說楊牧嘗召崔安石食盤前置香一爐煙出如樓臺之狀崔别聞一香非似爐煙崔思之楊顧左右取白角楪子盛一漆毬子呈崔曰此罽賓國香所聞卽此香也

拘物頭花香

唐太宗實錄曰罽賓國進拘物頭花香香聞數里

昇霄靈香

杜陽編同昌公主薨主哀痛常令賜紫尼及女道冠焚昇霄靈之香擊歸天紫金之磬以導靈昇

祇精香

洞冥記出塗魂國燒此香魑魅精祇皆畏避

飛氣香

三洞珠囊隱訣云眞檀之香夜泉玄脂朱陵飛之香返生之香皆眞人所燒之香也

金磾香

洞冥記金日磾旣入侍欲衣服香潔變胡虜之氣自合此香帝果悅之日磾嘗以自薰宮人以見者以增其媚

五香

三洞珠囊曰五香一株五根一莖五枝一枝五葉一葉間五節五五相對故先賢名之五香之木燒之十日上徹九星之天卽靑木香也

千和香

三洞珠囊峨嵋山孫眞人然千和之香

兜婁婆香

楞嚴經壇前别安一小爐以此香煎取香水沐浴其炭然令猛熾

多伽羅香

釋氏會要曰多伽羅香此云根香多摩羅跋香此云藿香旃檀釋云與樂卽白檀也能治熱病赤檀能治風腫

大象藏香

釋氏會要曰因龍闘而生若燒其一丸興大光明細雲覆上味如甘露七晝夜降其甘雨

牛頭旃檀香

華嚴經云從離垢出若以塗身火不能燒

羯布羅香

西域記云其樹松身異葉花果亦别初採旣濕尚未有香木乾之後循理而折之其中有香木乾之後色如冰雪亦龍腦香

薝蔔花香

法華經云須曼那華香闍提華香末利花香羅羅華香青赤白蓮華香華樹香果樹香旃檀香沉水香多摩羅跋香多伽羅香象香馬香男香女香拘鞞陁羅樹香曼陁羅花香殊沙華香

香譜卷上

香譜卷下

香之事　述香

說文曰芳也篆從黍從甘隸省作香春秋傳曰黍稷馨香凡香之屬皆從香香之遠聞曰馨

香之美者曰𩡎音使　香之氣曰馦火兼反

曰馣音淹　曰馧於云反　曰馥扶福反

曰馤音愛　曰𩡷方滅反　曰馪音繽

曰馢音牋　曰馛步末反　曰𩡨匹結反

曰馝蒲結反　曰馞音悖　曰馠火含反

曰馩音焚　曰馚上同　曰䭯奴昆反

曰𩡝音彭𩡝大香　曰馜他胡反　曰䭲音倚

曰䭫音你　曰䭱普沒反　曰𩡸滿結反

曰馡普滅反　曰䭰烏孔反　曰馦音飄

至治馨香　尚書曰至治馨香感于神明

有飶其香　毛詩有飶其香邦家之光

其香始升　毛詩其香始升上帝居歆

昭其馨香　國語其德足以昭其馨香

國香　左傳蘭有國香

久而聞其香　國語入芝蘭之室久而聞其香

香序

宋范曄字蔚宗撰和香方其序云麝本多忌過分必害沈實易和盈斤無傷零藿慘虐詹糖粘濕甘松蘇合安息鬱金㮏多和羅之屬並被於外國無取於中土又棗膏昏懞甲煎淺俗非惟無助於馨烈乃當彌增於尤疾也此序所言悉以比類朝士麝本多忌比庾憬之棗膏昏懞比羊玄保甲煎淺俗比徐湛之甘松蘇合比惠休道人沈實易和蓋自比也

香尉

述異記漢雍仲子進南海香物拜涪陽尉人謂之香尉

香市

述異記曰南方有香市乃商人交易香處

薰爐

應劭漢官儀曰尚書郎入直臺中給女侍史二人皆選端正指使從直女侍史執香爐燒薰以從入臺中給使護衣

懷香

漢官典職曰尚書郎懷香握蘭趨走丹墀

香戶

述異記曰南海郡有採香戶

香洲

述異記曰朱崖郡洲中出諸異香往往有不知名者

披香殿

漢宮閣名長安有合歡殿披香殿

採香徑

郡國志吳王闔閭起響屧廊採香徑

啗香

杜陽編元載寵姬薛瑶英母趙娟幼以香啗英故肌肉悉香

愛香

襄陽記劉季和性愛香常如厠還輙過香爐上主簿張坦曰人名公作俗人不虚也季和曰荀令君至人家坐席三日香爲我如何坦曰醜婦効顰見者必走公欲遁走耶季和大笑

含香

應劭漢官曰侍中刁存年老口臭上出雞舌香含之

竊香

晉書韓壽字德真爲賈充司空掾充女窺見壽而悦焉因婢通慇勤壽踰垣而至時西域有貢竒香一著

人經月不歇帝以賜充其女密盜以遺壽後充與壽宴聞其芬馥意知女與壽通遂祕之以女妻壽

香囊

謝玄常佩紫羅香囊謝安患之而不欲傷其意因戲賭取焚之玄遂止又古詩云香囊懸肘後

沉香牀

異苑沙門支法有八尺沉香牀

金爐

魏武上雜物疏曰御物三十種有純金香爐一枚

博山香爐

東宫故事曰皇太子初拜有銅博山香爐　西京雜記丁緩又作九層博山香爐

被中香爐

西京雜記被中香爐本出房風其法後絶長安巧工丁緩始更之機環運轉四周而爐體常平可置之於被褥故以爲名

沉香火山

杜陽編隋煬帝每除夜殿前設火山數十皆沉香木根每一山焚沉香數車暗即以甲煎沃之香聞數十里

檀香亭

杜陽編宣州觀察使楊牧造檀香亭子初成命賓樂之

沉香亭

李白後集序開元中禁中初重木芍藥即今牡丹也得四本紅紫淺紅通白者上因移植於興慶池東沉香亭前

五色香煙

三洞珠囊許遠遊燒香皆五色香煙出

香珠

三洞珠囊以雜香擣之丸如梧桐子大青繩穿此三皇真元之香珠也燒之香徹天

金香

右司命君王易度游于東板廣昌之城長樂之鄉天女灌以平露金香八會之湯瓊鳳玄脯

鵲尾香爐

宋玉賢山陰人也既稟女質厥志彌高自専年及笄應適女兄許氏密具法服登車既至夫門時及交禮更著黄巾裙手執鵲尾香爐不親婦禮賓主駭愕夫家力不能屈乃放還遂出家梁大同初隱弱溪之間

百刻香

近世尚奇者作香篆其文準十二辰分一百刻凡然一晝夜已

水浮香

然紙灰以印香篆浮之水面爇竟不沉香獸以塗金為狻猊麒麟鳧鴨之狀空中以然香使煙自口出以為玩好復有雕木埏土為之者

香篆

鏤木以為之以範香塵為篆文然於飲席或佛像前往往有至二三尺徑者

焚香讀孝經

陳書岑之敬字思禮淳謹有孝行五歲讀孝經必焚香正坐

防蠹

徐陵玉臺新詠序曰辟惡生香聊防羽陵之蠹

香溪

吳宮故有香溪乃西施浴處又呼為脂粉溪

牀畔香童

天寶遺事元寶好賓客務於華侈器玩服用僭於王公而四方之士盡歸仰焉常於寢帳牀前刻矮童二人捧七寶博山香爐自暝焚香徹曙其驕貴如此

四香閣

天寶遺事云楊國忠嘗用沉香為閣檀香為欄檻以麝香乳香篩土和為泥飾閣壁每於春時木芍藥盛開之際聚賓於此閣上賞花焉禁中沉香之亭遠不侔此壯麗者也

香界

楞嚴經云因香所生以香為界

香嚴童子

楞嚴經云香嚴童子白佛言我諸比丘燒水沉香香氣寂然來入鼻中非木非空非煙非火去無所著來無所從由是意銷發明無漏得阿羅漢

天香傳

見丁晉公本集

古詩詠香爐

四座且莫諠願聽歌一言請説銅香爐崔嵬象南山上枝似松柏下根據銅盤雕文各異類離婁自相連誰能為此器公輸與魯般朱火然其中青煙颺其間順風入君懷四座莫不歎香風難久居空令蕙草殘

齊劉繪詠博山香爐詩

參差鬱佳麗合沓紛可憐蔽虧千種樹出没萬重山上鏤秦王子駕鶴乘紫煙下刻蟠龍勢矯首半銜連傍為伊水麗芝蓋出岩間復有漢游女拾羽弄餘妍榮色何雜糅縟繡更相鮮麏麚或騰倚林薄杳芊眠

掩華如不發含熏未肯然風生四指樹露湛曲池蓮
寒虫飛夜室秋虛没曉天

梁昭明太子銅博山香爐賦

稟至精之純質產靈嶽之幽深探般倕之妙旨運公輸之巧心有蕙帶而岩隱亦霓裳而外仙寫嵩山之籠嵸象鄧林之阡眠於時青煙司寒夕光翳景翠帷已低蘭膏未屏炎蒸内耀苾芬外揚以慶雲之呈色若景星之舒光信名嘉而用美永爲玩於華堂

漢劉向薰爐銘

嘉此正氣嶄岩若山上貫太華承以銅盤中有蘭綺朱火青煙

梁孝元帝香爐銘

蘇合氤氳飛煙若雲時濃更薄乍聚還分火微難盡風長易聞孰云道力慈悲所薰

古詩

博山爐中百和香鬱金蘇合與都梁
紅羅複斗帳四角垂香囊
開奩集香蘇　金爐絶沈燎
金泥蘇合香　薰爐雜棗香
丹轂七車香　百和裛衣香

香之法

蜀王薰御衣法

丁香　棧香　沉香
檀香　麝香已上各一兩　甲香三兩製如常法

右件香擣爲末用白沙蜜輕煉過不得熱用合和令勻入用之

江南李王帳中香法

右件用沉香一兩細剉加以鵝梨十枚研取汁於銀器内盛却蒸三次梨汁乾即用之

唐化度寺牙香法

沉香一兩半　白檀香五兩　蘇合香一兩
甲香一兩煮　龍腦半兩　麝香半兩

右件香細剉擣爲末用馬尾篩羅煉蜜溲和得所用之

雍文徹郎中牙香法

沉香　檀香　甲香
棧香各一兩　黄熟香一兩　龍麝各半兩

右件擣羅爲末煉蜜拌和勻入新瓷器中貯之密封埋地中一月取出用

延安郡公蘂香法

玄參半斤淨洗去塵土於銀器中以水煮令熟控乾切入銚中慢火炒令微煙出
甘松四兩擇去雜草塵土方秤定細剉之　白檀香剉
麝香顆者俟別藥成末方入研　的乳香細研同麝香入上三味各二錢

右並新好者杵羅爲末煉蜜和勻丸如鷄頭大每藥末一兩使熟蜜一兩末丸前再入杵臼百餘下油單密封貯瓷器中旋取燒之

供佛濕香法

檀香二兩　零陵香　棧香

藿香　白芷　丁香皮
甜參各一兩　甘松　乳香各半兩
消石一分
右件依常法事治碎剉焙乾擣爲細末别用白茅香八兩碎擘去泥焙乾用火燒候火焰欲絶急以盆蓋手巾圍盆口勿令通氣放冷取茅香灰擣爲末與前香一處逐旋入經煉好蜜相和重入藥臼擣令軟硬得所貯不津器中旋取燒之

牙香法

沉香　白檀香　乳香
青桂香　降眞香　甲香灰汁煮少時取出放冷用甘水浸一宿取出令焙乾
龍腦　麝香已上八味各半兩搗羅爲末煉蜜拌令勻

右别將龍腦麝香於淨器中研細入令勻用之

又牙香法

黄熟香　棧香　沉香各五兩
檀香　零陵香　藿香
甘松　丁香皮各三兩
麝香　甲香三兩黄泥漿煮一日後用酒煮一日
硝石　龍腦各三分　乳香半兩
右件除硝石龍腦乳麝同研細外將諸香擣羅爲散先用蘇合油一茶脚許更入煉過蜜二斤攪和令勻以瓷合貯之埋地中一月取出用之

又牙香法

沉香四兩　檀香五兩　結香
藿香　零陵香　甘松已上各四兩
丁香皮　甲香各二分　麝香
龍腦各三分　茅香四兩燒灰
右件爲細末煉蜜和勻用之

又牙香法

生結香　棧香　零陵香
甘松各三兩　藿香　丁香皮
甲香各一兩　麝香一錢
右爲麄末煉蜜放冷和勻依常法窨過爇之

又牙香法

檀香　玄參各三兩　甘松二兩
乳香　龍麝各半兩令研

右先將檀香玄參剉細盛於銀器内以水浸慢火煮水盡取出焙乾與甘松同擣羅爲末次入乳香末等一處用生蜜和勻久窨然後用之

又牙香法

白檀香八兩細劈作片子以臘茶清浸一宿控出焙令乾用蜜酒中拌令得所再浸一宿火焙乾　沉香三兩　生結香四兩
龍腦　麝香各半兩　甲香一兩先用灰煮次用一生土煮次用酒蜜煮瀝出用
右令將龍麝别研外諸香同擣羅入生蜜拌勻以瓷罐貯窨地中月餘出

印香法

夾䬼香

白檀香各半兩　白茅香貳兩

藿香壹分　甘松　甘草

乳香各半兩　䬼香貳兩　麝香四錢

甲香壹分　龍腦壹錢　沉香半兩

右除龍麝乳香別研外都擣羅爲末拌和令勻用之

又印香法

黃熟香六斤　香附子　丁香皮五兩

藿香　零陵香　檀香

白芷各四兩　棗半斤焙　茅香二斤

茴香二兩　甘松半斤　乳香一兩細研

生結香四兩

右擣羅爲末如常法用之

傅身香粉法

英粉令研　青木香　麻黃根

附子炮　甘松　藿香

零陵香已上各等分

右件除英粉外同擣羅爲細末用夾絹袋盛浴了傅之

梅花香法

甘松　零陵香各一兩　檀香

茴香各半兩　丁香一百枚　龍腦少許別研

右爲細末煉蜜令合和之乾濕得中用

衣香法

零陵香壹斤　甘松　檀香各拾兩

丁香皮半兩　辛夷半兩　茴香壹分

右擣羅爲末入龍麝少許用之

窨酒龍腦丸法

龍麝貳味用研　丁香　木香

官桂　胡椒　紅豆

縮砂　白芷已上各壹分　馬啍少許

右除龍麝令研外同擣羅爲細末蜜爲丸和如櫻桃大一斗酒置一丸於其中却封繫令密三五日開飲之其味特香美

毬子香法

艾葯壹兩松樹上青衣是也

酸棗壹升入水少許研取汁壹椀日煎成膏用

丁香　檀香　茅香

香附子　白芷五味各半兩　草豆蔻壹枚去皮

龍腦少許令研

右除龍腦令研外都擣羅以棗膏與熟蜜合和得中入臼杵令不粘杵即止丸如梧桐子大每燒一丸欲盡其煙直上如一毬子移時不散

窨香法

凡和合香須入窨貴其燥濕得宜也每合香和訖約多少用不津器貯之封之以蠟紙於靜室屋中入地三五寸瘞之月餘日取出逐旋開取然之則其香尤䭐馜也

薰香法

凡薰衣以沸湯一大甌置薰籠下以所薰衣覆之令潤氣通徹貴香入衣難散也然後於湯爐中燒香餅子一枚以灰蓋或用薄銀楪子尤妙置香在上薰之常令煙得所薰訖疊衣隔宿衣之數日不散

造香餅子法

軟灰三斤蜀葵葉或花一斤半（貴其粘）同擣令勻細如末可丸更入薄糊少許每如彈子大捏作餅子曬乾貯瓷瓶內逐旋燒用如無葵則以炭中半入紅花滓同搗用薄糊和之亦可

香譜卷下

茶經卷上

竟陵陸羽撰

一之源　二之具　三之造

一之源

茶者南方之嘉木也一尺二尺迺至數十尺其巴山峽川有兩人合抱者伐而掇之其樹如瓜蘆葉如梔子花如白薔薇實如栟櫚葉如丁香根如胡桃（瓜蘆木出廣州似茶至苦澁栟櫚蒲葵之屬其子似茶胡桃與茶根皆下孕兆至瓦礫苗木上抽）其字或從草或從木或草木并（從草當作茶其字出開元文字音義從木當作梌其字出本草草木并作茶其字出爾雅）其名一曰茶二曰檟三曰蔎四曰茗五曰荈（周公云檟苦茶揚執戟云蜀西南人謂茶曰蔎郭弘農云早取爲茶晚取爲茗或一曰荈耳）其地上者生爛石中者生櫟壤下者生黃土凡藝而不實植而罕茂法如種瓜三歲可採野者上園者次陽崖陰林紫者上綠者次笋者上牙者次葉卷上葉舒次陰山坡谷者不堪採掇性凝滯結瘕疾茶之爲用味至寒爲飲最宜精行儉德之人若熱渴凝悶腦疼目澁四支煩百節不舒聊四五啜與醍醐甘露抗衡也採不時造不精雜以卉莽飲之成疾茶爲累也亦猶人參上者生上黨中者生百濟新羅下者生高麗有生澤州易州幽州檀州者爲藥無效況非此者設服薺苨使六疾不瘳知人參爲累則茶累盡矣

二之具

籯（加追反）一曰籃一曰籠一曰筥以竹織之受五升或一枓二枓三枓者茶人負以採茶也（籯漢書音盈所謂黃金滿籯不如一經顏師古云籯竹器也受四升耳）

竈無用突者釜用脣口者

甑或木或瓦匪腰而泥籃以箄之篾以系之始其蒸也入乎箄既其熟也出乎箄釜涸注於甑中（甑不帶而泥之）又以穀木枝三亞者制之散所蒸牙笋并葉畏流其膏

杵臼一曰碓惟恒用者佳

規一曰模一曰棬以鐵制之或圓或方或花

承一曰臺一曰砧以石爲之不然以槐桑木半埋地中遣無所搖動

檐一曰衣以油絹或雨衫單服敗者爲之以檐置承上又以規置檐上以造茶也茶成舉而易之

芘莉（音把离）一曰嬴子一曰筹筤以二小竹長三赤軀二赤五寸柄五寸以篾織方眼如圃人土羅闊二赤以列茶也

棨一曰錐刀柄以堅木爲之用穿茶也

撲一曰鞭以竹爲之穿茶以解茶也

焙鑿地深二尺闊二尺五寸長一丈上作短墻高二尺泥之

貫削竹爲之長二尺五寸以貫茶焙之

棚一曰棧以木構於焙上編木兩層高一尺以焙茶也茶之半乾昇下棚全乾昇上棚

穿（音釧）江東淮南剖竹爲之巴川峽山紉穀皮爲之江東以一斤爲上穿半斤爲中穿四兩五兩爲小穿峽

中以一百二十斤爲上八十斤爲中穿五十斤爲小穿字舊作釵釧之釧字或作貫串今則不然如磨扇彈鑽縫五字文以平聲書之義以去聲呼之其字以穿名之

育以木制之以竹編之以紙糊之中有隔上有覆下有床傍有門掩一扇中置一器貯煻煨火令熅熅然江南梅雨時焚之以火（育者以其藏養爲名）

三之造

凡採茶在二月三月四月之間茶之笋者生爛石沃土長四五寸若薇蕨始抽凌露採焉茶之牙者發於藂薄之上有三枝四枝五枝者選其中枝穎拔者採焉其日有雨不採晴有雲不採晴採之蒸之擣之拍之焙之穿之封之茶之乾矣茶有千萬狀鹵莽而言如胡人鞾者蹙縮然（京錐文也）犎牛臆者廉襜然浮雲出山者輪囷然輕飈拂水者涵澹然有如陶家之子羅膏土以水澄泚之（謂澄泥也）又如新治地者遇暴雨流潦之所經此皆茶之精腴有如竹籜者枝幹堅實艱於蒸擣故其形籭簁然（上離下師）有如霜荷者至葉凋沮易其狀貌故厥狀委萃然此皆茶之瘠老者也自採至于封七經目自胡靴至于霜荷八等或以光黑平正言嘉者斯鑒之下也以皺黃坳垤言佳者鑒之次也若皆言嘉及皆言不嘉者鑒之上也何者出膏者光含膏者皺宿製者則黑日成者則黃蒸壓則平正縱之則坳垤此茶與草木葉一也茶之否臧存於口訣

茶經卷上

茶經卷中

竟陵陸　羽　撰

四之器

風爐灰承　筥　炭檛　鍑
交床　夾　紙囊　碾拂末
羅合　則　水方　漉水囊
瓢　竹筴　鹺簋揭　熟盂
盌　畚　札　滌方
巾　具列　都籃

風爐灰承

風爐以銅鐵鑄之如古鼎形厚三分緣闊九分令六分虛中致其杇墁凡三足古文書二十一字一足云坎上巽下离于中一足云體均五行去百疾一足云聖唐滅胡明年鑄其三足之間設三窗底一窗以爲通飈漏燼之所上並古文書六字一窗之上書伊公二字一窗之上書羹陸二字一窗之上書氏茶二字所謂伊公羮陸氏茶也置墆㙿於其内設三格其一格有翟焉翟者火禽也畫一卦曰离其一格有彪焉彪者風獸也畫一卦曰巽其一格有魚焉魚者水蟲也畫一卦曰坎巽主風离主火坎主水風能興火火能熟水故備其三卦焉其飾以連葩垂蔓曲水方文之類其爐或鍛鐵爲之或運泥爲之其灰承作三足鐵柈檯之

筥

筥以竹織之高一尺二寸徑闊七寸或用藤作木楦如筥形織之六出固眼其底蓋若利篋口鑠之

炭檛

炭檛以鐵六稜制之長一尺銳一豐中執細頭系一小鍡以飾檛也若今之河隴軍人木吾也或作鎚或作斧隨其便也

火筴

火筴一名筯若常用者圓直一尺三寸頂平截無葱臺勾鏁之屬以鐵或熟銅製之

鍑音輔或作釜或作鬴

鍑以生鐵爲之今人有業冶者所謂急鐵其鐵以耕刀之趄鍊而鑄之内摸土而外摸沙土滑於内易其摩滌沙澁於外吸其炎焰方其耳以正令也廣其緣以務遠也長其臍以守中也臍長則沸中沸中則末易揚末易揚則其味淳也洪州以瓷爲之萊州以石爲之瓷與石皆雅器也性非堅實難可持久用銀爲之至潔但涉於侈麗雅則雅矣潔亦潔矣若用之恒而卒歸於銀也

交床

交床以十字交之剜中令虛以支鍑也

夾

夾以小青竹爲之長一尺二寸令一寸有節節已上剖之以炙茶也彼竹之篠津潤于火假其香潔以益茶味恐非林谷間莫之致或用精鐵熟銅之類取其久也

紙囊

紙囊以剡藤紙白厚者夾縫之以貯所炙茶使不泄其香也

碾 拂末

碾以橘木爲之次以梨桑桐柘爲臼內圓而外方內圓備於運行也外方制其傾危也內容墮而外無餘木墮形如車輪不輻而軸焉長九寸闊一寸七分墮徑三寸八分中厚一寸邊厚半寸軸中方而執圓其拂末以鳥羽製之

羅合

羅末以合蓋貯之以則置合中用巨竹剖而屈之以紗絹衣之其合以竹節爲之或屈杉以漆之高三寸蓋一寸底二寸口徑四寸

則

則以海貝蠣蛤之屬或以銅鐵竹匕策之類則者量也准也度也凡煮水一升用末方寸匕若好薄者減之嗜濃者增之故云則也

水方

水方以椆木槐楸梓等合之其裏并外縫漆之受一斗

漉水囊

漉水囊若常用者其格以生銅鑄之以備水濕無有苔穢腥澀意以熟銅苔穢鐵腥澀也林栖谷隱者或用之竹木木與竹非持久涉遠之具故用之生銅其囊織青竹以捲之裁碧縑以縫之紐翠鈿以綴之又作綠油囊以貯之圓徑五寸柄一寸五分

瓢

瓢一曰犧杓剖瓠爲之或刊木爲之晉舍人杜毓荈賦云酌之以匏匏瓢也口闊脛薄柄短永嘉中餘姚人虞洪入瀑布山採茗遇一道士云吾丹丘子祈子他日甌犧之餘乞相遺也犧木杓也今常用以梨木爲之

竹筴

竹筴或以桃柳蒲葵木爲之或以柹心木爲之長一尺銀裹兩頭

鹺簋 揭

鹺簋以瓷爲之圓徑四寸若合形或瓶或罍貯鹽花也其揭竹制長四寸一分闊九分揭策也

熟盂

熟盂以貯熟水或瓷或沙受二升

盌

盌越州上鼎州次婺州次岳州次壽州洪州次或者以邢州處越州上殊爲不然若邢瓷類銀

越瓷類玉邢不如越一也若邢瓷類雪則越瓷類氷邢不如越二也邢瓷白而茶色丹越瓷青而茶色緑邢不如越三也晋杜毓荈賦所謂器擇陶揀出自東甌甌越也甌越州上口脣不卷底卷而淺受半升巳下越州瓷岳瓷皆青青則益茶茶作白紅之色邢州瓷白茶色紅壽州瓷黄茶色紫洪州瓷褐茶色黑悉不宜茶

畚

畚以白蒲捲而編之可貯盌十枚或用筥其紙帊以剡紙夾縫令方亦十之也

札

札緝栟櫚皮以茱萸木夾而縛之或截竹束而

管之若巨筆形

滌方

滌方以貯滌洗之餘用楸木合之制如水方受八升

滓方

滓方以集諸滓製如滌方處五升

巾

巾以絁布爲之長二尺作二枚互用之以潔諸器

具列

具列或作床或作架或純木純竹而製之或木法竹黄黑可扃而漆者長三尺闊二尺高六寸

其到者悉斂諸器物悉以陳列也

都籃

都籃以悉設諸器而名之以竹篾内作三角方眼外以雙篾闊者經之以單篾纖者縛之遞壓雙經作方眼使玲瓏高一尺五寸底闊一尺高二寸長二尺四寸闊二尺

茶經卷中

茶經卷下

竟陵陸　羽　撰

五之煑

凡炙茶慎勿於風燼間炙熛焰如鑽使炎涼不均持以逼火屢其飜正候炮(普教反)出培塿狀蝦蟇背然後去火五寸卷而舒則本其始又炙之若火乾者以氣熟止日乾者以柔止其始若茶之至嫩者茶罷熱搗葉爛而牙笋存焉假以力者持千鈞杵亦不之爛如漆科珠壯士接之不能駐其指及就則似無穰骨也炙之則其節若倪倪如嬰兒之臂耳既而承熱用紙囊貯之精華之氣無所散越候寒末之(末之上者其屑如細米末之下者其屑如菱角)其火用炭次用勁薪(謂桑槐桐櫪之類也)其炭曾經燔炙爲膻膩所及及膏木敗器不用之(膏木爲柏桂檜也敗器謂朽廢器也)古人有勞薪之味信哉其水用山水上江水中井水下(荈賦所謂水則岷方之注挹彼清流)其山水揀乳泉石池慢流者上其瀑湧湍漱勿食之久食令人有頸疾又多別流於山谷者澄浸不洩自火天至霜郊以前或潛龍蓄毒於其間飲者可決之以流其惡使新泉涓涓然酌之其江水取去人遠者井取汲多者其沸如魚目微有聲爲一沸緣邊如湧泉連珠爲二沸騰波鼓浪爲三沸已上水老不可食也初沸則水合量調之以鹽味謂棄其啜餘(啜嘗也市稅反又市悅反)無迺䤃䶣而鍾其一味乎(上古暫反下吐濫反無味也)第二沸出水一瓢以竹筴環激湯心則量末當中心而下有頃勢若奔濤濺沫以所出水止之而育其華也凡酌置諸盌令沫餑均(字書并本草餑均茗沫也蒲笏反)沫餑湯之華也華之薄者曰沫厚者曰餑細輕者曰花如棗花漂漂然於環池之上又如迴潭曲渚青萍之始生又如晴天爽朗有浮雲鱗然其沫者若綠錢浮於水渭又如菊英墮於鐏俎之中餑者以滓煑之及沸則重華累沫皤皤然若積雪耳荈賦所謂煥如積雪燁若春藪有之第一煑水沸而棄其沫之上有水膜如黑雲母飲之則其味不正其第一者爲雋永(徐縣全縣二反至美者曰雋永雋味也永長也史長曰雋永漢書蒯通著雋永二十篇也)或留熟以貯之以備育華救沸之用諸第一與第二第三盌次之第四第五盌外非渴甚莫之飲凡煑水一升酌分五盌(盌數少至三多至五若人多至十加兩爐)乘熱連飲之以重濁凝其下精英浮其上如冷則精英隨氣而竭飲啜不消亦然矣茶性儉不宜廣則其味黯澹且如一滿盌啜半而味寡況其廣乎其色緗也其馨𩡷也(香至美曰𩡷𩡷音使)其味甘檟也不甘而苦荈也啜苦咽甘茶也(一本云其味苦而不甘檟也甘而不苦荈也)

六之飲

翼而飛毛而走去而言此三者俱生於天地間飲啄以活飲之時義遠矣哉至若救渴飲之以漿蠲憂忿飲之以酒蕩昏寐飲之以茶茶之爲飲發乎神農氏聞於魯周公齊有晏嬰漢有楊雄司馬相如吳有韋

曜晉有劉琨張載遠祖納謝安左思之徒皆飲焉滂時浸俗盛於國朝兩都并荆俞閒以爲比屋之飲飲有觕茶散茶末茶餅茶者乃斫乃熬乃煬乃舂貯於瓶缶之中以湯沃焉謂之痷茶或用葱薑棗橘皮茱萸薄荷之等煑之百沸或揚令滑或煑去沫斯溝渠閒弃水耳而習俗不已於戲天育萬物皆有至妙人之所工但獵淺易所庇者屋屋精極所着者衣衣精極所飽者飲食食與酒皆精極之茶有九難一曰造二曰别三曰器四曰火五曰水六曰炙七曰末八曰煑九曰飲陰採夜焙非造也嚼味嗅香非别也羶鼎腥甌非器也膏薪庖炭非火也飛湍壅潦非水也外熟内生非炙也碧粉縹塵非末也操艱攪遽非煑也夏興冬廢非飲也夫珍鮮馥烈者其盌數三次之者盌數五若坐客數至五行三盌至七行五盌若六人已下不約盌數但闕一人而已其雋永補所闕人

七之事

王皇炎帝神農氏周魯周公旦齊相晏嬰漢仙人丹丘子黄山君司馬文園令相如楊執戟雄吳歸命侯韋太傅弘嗣晉惠帝劉司空琨琨兄子兖州刺史演張黄門孟陽傅司隸咸江洗馬充孫參軍楚左記室太沖陸吳興納納兄子會稽内史俶謝冠軍安石郭弘農璞桓揚州温杜舍人毓武康小山寺釋法瑶沛國夏侯愷餘姚虞洪北地傅巽丹陽弘君舉安任育宣城秦精燉煌單道開剡縣陳務妻廣陵老姥河内山謙之後魏瑯琊王肅宋新安王子鸞鸞弟豫章王子尚鮑昭妹令暉八公山沙門譚濟齊世祖武帝梁劉廷尉陶先生弘景皇朝徐英公勣

神農食經茶茗久服令人有力悦志

周公爾雅檟苦茶廣雅云荆巴閒採葉作餅葉老者餅成以米膏出之欲煑茗飲先炙令赤色擣末置瓷器中以湯澆覆之用葱薑橘子芼之其飲醒酒令人不眠

晏子春秋嬰相齊景公時食脱粟之飯炙三弋五卵茗菜而已

司馬相如凡將篇烏喙桔梗芫華款冬貝母木檗蔞芩草芍藥桂漏蘆蜚廉雚菌荈詫白斂白芷菖蒲芒消莞椒茱萸

方言蜀西南人謂茶曰蔎

吳志韋曜傳孫皓每饗宴坐席無不率以七勝爲限雖不盡入口皆澆灌取盡曜飲酒不過二升皓初禮異密賜茶荈以代酒

晉中興書陸納爲吳興太守時衛將軍謝安常欲詣納（晉書云納爲吏部尚書）納兄子俶怪納無所備不敢問之乃私蓄十數人饌安既至所設唯茶果而已俶遂陳盛饌珍羞必具及安去納杖俶四十云汝既不能光益叔父柰何穢吾素業

晉書桓温爲揚州牧性儉每讌飲唯下七奠拌茶果而已

搜神記夏侯愷因疾死宗人字苟奴察見鬼神見愷來收馬幷病其妻著平上幘單衣入坐生時西壁大床就人覓茶飲

劉琨與兄子南兗州刺史演書云前得安州乾薑一斤桂一斤黄芩一斤皆所須也吾體中潰悶常仰真茶汝可置之

傅咸司隷教曰聞南方有以困蜀嫗作茶粥賣爲簾事打破其器具 又賣餅於市而禁茶粥以蜀姥何哉

神異記餘姚人虞洪入山採茗遇一道士牽三青牛引洪至瀑布山曰予丹丘子也聞子善具飲常思見惠山中有大茗可以相給祈子他日有甌犧之餘乞

相遺也因立奠祀後常令家人入山獲大茗焉

左思嬌女詩吾家有嬌女皎皎頗白皙小字爲紈素口齒自清歷有姊字惠芳眉目粲如畫馳鶩翔園林果下皆生摘貪華風雨中倏忽數百適心爲茶荈劇吹噓對鼎鑠

張孟陽登成都樓詩云借問楊子舍想見長卿廬程卓累千金驕侈擬五侯門有連騎客翠帶腰吳鈎鼎食隨時進百和妙且殊披林採秋橘臨江釣春魚黒子過龍醢果饌踰蟹蝑芳茶冠六情溢味播九區人生苟安樂茲土聊可娛

傅巽七誨蒲桃宛柰齊柿燕栗峘陽黄梨巫山朱橘南中茶子西極石蜜

弘君舉食檄寒温既畢應下霜華之茗三爵而終應下諸蔗木瓜元李楊梅五味橄欖懸豹葵羮各一杯

孫楚歌茱萸出芳樹顛鯉魚出洛水泉白鹽出河東美豉出魯淵薑桂茶荈出巴蜀椒橘木蘭出高山蓼蘇出溝渠精稗出中田

華佗食論苦茶久食益意思

壺居士食忌苦茶久食羽化與韭同食令人體重郭璞爾雅注云樹小似梔子冬生葉可煑羮飲今呼早取爲茶晚取爲茗或一曰荈蜀人名之苦茶

世説任瞻字育長少時有令名自過江失志既下飲問人云此爲茶爲茗覺人有怪色乃自分明云向問飲爲熱爲冷

續搜神記晉武帝宣城人秦精常入武昌山採茗遇一毛人長丈餘引精至山下示以叢茗而去俄而復還乃探懷中橘以遺精精怖負茗而歸

晉四王起事惠帝蒙塵還洛陽黄門以瓦盂盛茶上至尊

異苑剡縣陳務妻少與二子寡居好飲茶茗以宅中有古塚每飲輒先祀之二子患之曰古塚何知徒以勞意欲掘去之母苦禁而止其夜夢一人云吾止此塚三百餘年卿二子恒欲見毀賴相保護又享吾佳茗雖潜壤朽骨豈忘翳桑之報及曉於庭中獲錢十萬似久埋者但貫新耳母告二子慙之從是禱饋愈甚

廣陵耆老傳晉元帝時有老姥每旦獨提一器茗往市鬻之市人競買自旦至夕其器不减所得錢散路傍孤貧乞人人或異之州法曹縶之獄中至夜老姥執所鬻茗器從獄牖中飛出

藝術傳燉煌人單道開不畏寒暑常服小石子所服藥有松桂蜜之氣所餘茶蘇而已釋道該說續名僧傳宋釋法瑤姓楊氏河東人永嘉中過江遇沈臺眞請眞君武康小山寺年垂懸車飯所飲茶永明中勑吳興禮致上京年七十九

宋江氏家傳江統字應遷愍懷太子洗馬常上疏諫云今西園賣醯麫藍子菜茶之屬虧敗國體

宋録新安王子鸞豫章王子尚詣曇濟道人於八公山道人設茶茗子尚味之曰此甘露也何言茶茗

王微雜詩寂寂掩高閣寥寥空廣厦待君竟不歸收領今就檟

鮑昭妹令暉著香茗賦

南齊世祖武皇帝遺詔我靈座上愼勿以牲爲祭但設餅果茶飲乾飯酒脯而已

梁劉孝綽謝晉安王餉米等啓傳詔李孟孫宣教旨垂賜米酒瓜筍葅脯酢茗八種氣苾新城味芳雲松江潭抽節邁昌荇之珍壃埸擢翹越葺精之美羞非純束野麏裛似雪之驢鮓異陶瓶河鯉操如瓊之粲茗同食粲酢類望楫免千里宿舂省三月種聚小人懷惠大懿難忘陶弘景雜録苦茶輕換膏昔丹丘子青山君服之

後魏録瑯琊王肅仕南朝好茗飲蓴羹及還北地又好羊肉酪漿人或問之茗何如酪肅曰茗不堪與酪爲奴

桐君録西陽武昌廬江晉陵好茗皆東人作清茗茗有餑飲之宜人凡可飲之物皆多取其葉天門冬拔揳取根皆益人又巴東別有眞茗茶煎飲令人不眠俗中多煑檀葉并大皁李作茶並冷又南方有瓜蘆木亦似茗至苦澁取爲屑茶飲亦可通夜不眠煑鹽人但資此飲而交廣最重客來先設乃加以香芼輩

坤元録辰州溆浦縣西北三百五十里無射山云蠻俗當吉慶之時親族集會歌舞於山上山多茶樹

括地圖臨遂縣東一百四十里有茶溪

山謙之吳興記烏程縣西二十里有温山出御荈

夷陵圖經黄牛荆門女觀望州等山茶茗出焉

永嘉圖經永嘉縣東三百里有白茶山

淮陰圖經山陽縣南二十里有茶坡

茶陵圖經云茶陵者所謂陵谷生茶茗焉

本草木部茗苦茶味甘苦微寒無毒主瘻瘡利小便去痰渴熱令人少睡秋採之苦主下氣消食注云春採之

本草菜部苦茶一名茶一名選一名游冬生益州川谷山陵道傍凌冬不死三月三日採乾注云疑此即是今茶一名茶令人不眠本草注按詩云誰謂茶苦又云堇茶如飴皆苦菜也陶謂之苦茶木類非菜流

茗春採謂之苦搽途遐反

枕中方療積年瘻苦茶蜈蚣並炙令香熟等分擣篩煑甘草湯洗以末傅之

孺子方療小兒無故驚蹶以苦茶葱鬚煑服之

八之出

山南以峽州上峽州生遠安宜都夷陵三縣山谷襄州荊州次襄州生南鄭縣山谷荊州生江陵縣山谷衡州下生衡山茶陵二縣山谷金州梁州又下金州生西城安康二縣山谷梁州生襄城金牛二縣山谷

淮南以光州上生光山縣黃頭港者與峽州同義陽郡舒州次生義陽縣鍾山者與襄州同舒州生太湖縣潛山者與荊州同壽州下盛唐縣生霍山者與衡山同也蘄州黃州又下蘄州生黃梅縣山谷黃州生麻城縣山谷並與荊州梁州同也

浙西以湖州上湖州生長城縣顧渚上中與峽州光州同生山桑儒師二■白茅山懸腳嶺與襄州荊南義陽郡同生鳳亭山伏翼閣飛雲曲水二寺啄木嶺與壽州常州同生安吉武康二縣山谷與金州梁州同常州次常州義興縣生君山懸腳嶺北峯下與荊州義陽郡同生圈嶺善權寺石亭山與舒州同宣州杭州睦州歙州下宣州生宣城縣雅山與蘄州同太平縣生上睦臨睦與黃州同杭州臨安於潛二縣生天目山與舒州同錢塘生天竺靈隱二寺睦州生桐廬縣山谷歙州生婺源山谷與衡州同潤州蘇州又下潤州江寧縣生傲山蘇州長洲縣生洞庭山與金州蘄州梁州同

劍南以彭州上生九隴縣馬鞍山至德寺棚口與襄州同綿州蜀州次綿州龍安縣生松嶺關與荊州同其西昌昌明神泉縣西山者並佳有過松嶺者不堪採蜀州青城縣生丈人山與綿州同青城縣有散茶木茶邛州次雅州瀘州下雅州百丈山名山瀘州瀘川者與金州同也眉州漢州又下眉州丹校縣生鐵山者漢州綿竹縣生竹山者與潤州同

浙東以越州上餘姚縣生瀑布泉嶺曰仙茗大者殊異小者與襄州同明州婺州次明州貨縣生榆莢村婺州東陽縣東自山與荊州同台州下始山豐縣生赤城者與歙州同

黔中生思州播州費州夷州江南生鄂州袁州吉州嶺南生福州建州韶州象州福州生閩方山之陰縣也其恩播費夷鄂袁吉福建泉韶象十一州未詳往往得之其味極佳

九之略

其造具若方春禁火之時於野寺山園叢手而掇乃蒸乃春乃■以火乾之則又棨樸焙貫相穿育等七事皆廢其煑器若松間石上可坐則具列廢用槁薪鼎櫪之屬則風爐灰承炭檛火筴交床等廢若瞰泉臨澗則水方滌方漉水囊廢若五人已下茶可末而精者則羅廢若援藟躋嵒引絙入洞於山口炙而末之或紙包合貯則碾拂末等廢既瓢盌筴札熟盂醝簋悉以一筥盛之則都籃廢但城邑之中王公之門二十四器闕一則茶廢矣

十之圖

以絹素或四幅或六幅分布寫之陳諸座隅則茶之源之具之造之器之煑之飲之事之出之略目擊而存於是茶經之始終備焉

茶經卷下

煎茶水記

江州刺史張　又新

故刑部侍郎劉公諱伯芻於又新丈人行也爲學精博頗有風鑒稱較水之與茶宜者凡七等

揚子江南零水第一

無錫惠山寺石水第二

蘇州虎丘寺石水第三

丹陽縣觀音寺水第四

揚州大明寺水第五

吳松江水第六

淮水最下第七

斯七水余嘗俱瓶於舟中親揖而比之誠如其説也

客有熟於兩浙者言搜訪未盡余嘗志之及刺永嘉過桐廬江至嚴子瀨溪色至清水味甚冷家人輩用陳黑壞茶潑之皆至芳香又以煎佳茶不可名其鮮馥也又愈於揚子南零殊遠及至永嘉取仙巖瀑布用之亦不下南零以是知客之説誠哉信矣夫顯理鑒物今之人信不迨於古人蓋亦有古人所未知而今人能知之者元和九年春予初成名與同年生期于薦福寺余與李德垂先至憩西廂玄鑒室會適有楚僧至置囊有數編書余偶抽一通覽焉文細密皆雜記卷末又一題云煑茶記云代宗朝李季卿刺湖州至維揚逢陸處士鴻漸李素熟陸名有傾蓋之懽因之赴郡抵揚子驛將食李曰陸君善于茶蓋天下聞名矣況揚子南零水又殊絶今者二妙千載一遇何曠之乎命軍士謹信者挈瓶操舟深詣南零陸利器以俟之俄水至陸以杓揚其水曰江則江矣非南零者似臨岸之水使曰某擢舟深入見者累百敢虚紿乎陸不言既而傾諸盆至半陸遽止之又以杓揚之曰自此南零者矣使蹶然大駭馳下曰某自南零齎至岸舟蕩覆半懼其尠挹岸水增之處士之鑒神鑒也其敢隱焉李與賓從數十人皆大駭愕李因問陸既如是所經歷處之水優劣精可判矣陸曰楚水第一晉水最下李因命筆口授而次第之

廬山康王谷水簾水第一

無錫縣惠山寺石泉水第二

蘄州蘭溪石下水第三

峽州扇子山下有石突然洩水獨清冷狀如龜形俗云蝦蟆口水第四

蘇州虎丘寺石泉水第五

廬山招賢寺下方橋潭水第六

揚子江南零水第七

洪州西山西東瀑布水第八

唐州柏巖縣淮水源第九（淮水亦佳）

廬州龍池山嶺水第十

丹陽縣觀音寺水第十一

揚州大明寺水第十二

漢江金州上游中零水第十三（水苦）

歸州玉虛洞下香溪水第十四
商州武關西洛水第十五未嘗泥
吳松江水第十六
天台山西南峰千丈瀑布水第十七
郴州圓泉水第十八
桐廬嚴陵灘水第十九
雪水第二十用雪不可太冷

此二十水余嘗試之非繫茶之精麄過此不之知也夫茶烹於所產處無不佳也蓋水土之宜離其處水功其半然善烹潔器全其功也李寘諸笥焉遇有言茶者即示之又新刺九江有客李滂門生劉魯封言嘗見說余醒然思往歲僧室獲是書因盡篋書在焉古人云瀉水置瓶中焉能辨淄澠此言必不可判也萬古以為信然蓋不疑矣豈知天下之理未可言至古人研精固有未盡強學君子孜孜不懈豈止思齊而已哉此言亦有裨於勸勉故記之

述煮茶泉品

夫渭黍汾麻泉源之異稟江橘淮枳土地之或遷誠物類之有宜亦臭味之相感也若乃擷華掇秀多識草木之名激濁揚清能辨淄澠之品斯固好事之嘉尚博識之精鑒自非嘯傲塵表逍遙林下樂追王濛之約不敗陸納之風其孰能與於此乎吳楚山谷間氣清地靈若後穎挺多孕茶荈為人採拾大率右於武夷者為白乳甲於吳興者為紫筍產禹穴者以天章顯茂錢塘者以徑山稀至於續廬之巖雲衡之麓鴉山著於無歙蒙頂傳於岷蜀角立差勝毛舉寔繁然而天賦尤異性靡受和苟制非其妙烹失於術雖先雷而嬴未雨而檐蒸焙以圖造作以經而泉不香水不甘爨之揚之若淤若滓予少得溫氏所著茶說嘗識其水泉之目有二十焉會西走巴峽經蝦蟆窟北憇蕪城汲蜀岡井東遊故都絕揚子江留丹陽酌觀音泉過無錫斞慧山水粉槍末旗蘇蘭薪桂且鼎且缶以飲以歠莫不瀹氣滌慮蠲病析酲祛鄙悋之生心招神明而還觀信乎物類之得宜臭味之所感幽人之佳尚前賢之精鑒不可及已噫紫華綠英均一草也清瀾素波均一水也皆忘情於庶彙或求伸於知己不然者叢薄之莽溝瀆之流亦奚以異哉遊鹿故宮依蓮盛府一命受職再朞服勞而虎丘之靈沸松江之清泚復在封畛居然挹注是嘗所得於鴻漸之目二十而七也昔酈元善於水經而未嘗知茶王肅癖於茗飲而言不及水表是二美吾無愧焉凡泉品二十列於右幅且使盡神方之四兩遂成奇功代酒限於七升無忘真賞云爾南陽葉清臣述泉品二十見張又新水經

大明水記　　歐陽脩

世傳陸羽茶經其論水云山水上江水次井水下又云山水乳泉石池漫流者上瀑湧湍漱勿食食久令人有頸疾江水取去人遠者井取汲多者其說止於

此而未嘗品第天下之水味也至張又新爲煎茶水記始云劉伯芻謂水之宜茶者有七等又載羽爲李季卿論水次第有二十種今考二說與羽茶經皆不合羽謂山水上而乳泉石池又上江水次而井水下伯芻以揚子江爲第一惠山石泉爲第二虎丘石井爲第三丹陽寺井爲第四揚州大明寺井第五而松江第六淮水第七與羽說皆相反季卿所說二十水廬山康王谷水第一無錫惠山石泉第二蘄州蘭溪石下水第三扇子峽蝦蟇口水第四虎丘寺井水第五廬山招賢寺下方橋潭水第六揚子江南零水第七洪州西山瀑布第八桐栢淮源第九廬州龍池山頂水第十丹陽寺井第十一揚州大明寺井第十二漢江中零水第十三玉虛洞香溪水第十四武關西洛水第十五松江十六天台千丈瀑布十七郴州圓泉十八嚴陵灘水十九雪水二十如蝦蟇口水西山瀑布天台千丈瀑布皆羽戒人勿食食而生疾其餘江水居山水上井水居江水一皆與茶經相反疑羽不當二說以自異使誠羽說何足信也得非又新妄附益之耶其述羽辨南零岸水特恠其妄也山水味有美惡而已欲舉天下之水一二而次第之者妄說也故其爲說前後不同如此然此井於揚水之美者也羽之論水惡渟浸而喜泉源故井取汲多者江雖長流然衆水雜聚故次山水惟此說近物理云

浮槎山水記

歐陽脩

浮槎山在愼縣南三十五里或曰浮巢二山其事出於浮圖老子之徒荒恠誕幻之說其上有泉自前世論水者皆弗道余嘗讀茶經愛陸羽善言水後得張又新水記載劉伯芻李季卿所列水次第以爲得之於羽然以茶經考之皆不合又新妄狂險譎之士其言難信頗疑非羽之說及得浮槎山水然後益知羽爲知水者浮槎與龍池山皆在廬州界中較其味不及浮槎遠甚而又新所記以龍池爲第十浮槎之水弃而不録以此知其所失多矣羽則不然其論曰山水上江次之井爲下山水乳泉石池漫流者上其言雖簡而於論水盡矣浮槎之水發自李侯嘉祐二年李侯鎮東留後出守廬州因遊金陵登蔣山飲其水又登浮槎至其山上有石池涓涓可愛蓋羽所謂乳泉漫流者也飲之而甘乃考圖記問故老得其事迹因以其水遺余於京師余報之曰李侯可謂賢矣盡窮天下之物無不得其欲者冨貴之樂也至於蔭長松藉豐草聽山溜之潺湲飲石泉之滴瀝此山林者之樂也而山林之士視天下之樂不一動其心或有欲於心顧力不可得而止者乃能退而獲樂於斯彼冨貴者之能致物矣而其不可兼者惟山林之樂爾惟李侯生長冨貴厭於耳目又知山林之爲樂至於攀緣上下幽隱窮絶人所不及者皆能得之其兼取於物者可謂多矣李侯折節好學善交賢士敏於爲政所至有能名凡物不能自見而待人以彰者有矣

其物未必可貴而因人以重者有矣故予爲誌其事
俾世知奇泉發自李侯始也

煎茶水記

七

茶録并序

朝奉郎右正言同修起居注臣蔡襄上進

臣前因奏事伏蒙　陛下諭臣先任福建轉運使日所進上品龍茶最爲精好臣退念艸木之微首辱

陛下知鑒若處之得地則能盡其材昔陸羽茶經不第建安之品丁謂茶圖獨論採造之本至於烹試曽未有聞臣輒條數事簡而易明勒成二篇名曰茶録

伏惟　清閒之宴或賜

觀采臣不勝惶懼榮幸之至謹序

上篇論茶

色

茶色貴白而餅茶多以珍膏油去聲其面故有青黃紫黑之異善別茶者正如相工之䀲人氣色也隱然察之於内以肉理潤者爲上既已末之黃白者受水昏重青白者受水鮮明故建安人鬭試以青白勝黃白

香

茶有眞香而入貢者微以龍腦和膏欲助其香建安民間試茶皆不入香恐奪其眞若烹點之際又雜珍果香艸其奪益甚正當不用

味

茶味主於甘滑惟北苑鳳凰山連屬諸焙所産者味佳隔溪諸山雖及時加意製作色味皆重莫能及也又有水泉不甘能損茶味前世之論水品者以此

藏茶

茶宜蒻葉而畏香藥喜温燥而忌濕冷故收藏之家以蒻葉封裹入焙中兩三日一次用火常如人體温温則禦濕潤若火多則茶焦不可食

炙茶

茶或經年則香色味皆陳於淨器中以沸湯漬之刮去膏油一兩重乃止以鈐箝之微火炙乾然後碎碾若當年新茶則不用此説

碾茶

碾茶先以淨紙密裹搥碎然後熟碾其大要旋碾則色白或經宿則色已昏矣

羅茶

羅細則茶浮麤則水浮

候湯

候湯最難未熟則沫浮過熟則茶沉前世謂之蟹眼者過熟湯也沉瓶中煮之不可辯故曰候湯最難

熁盞

凡欲點茶先須熁盞令熱冷則茶不浮

點茶

茶少湯多則雲脚散湯少茶多則粥面聚建人謂之雲脚粥面鈔茶一錢匕先注湯調令極勻又添注入環迴擊拂湯上盞可四分則止眡其面色鮮白著盞無水痕爲絶佳建安鬭試以水痕先者爲負耐久者爲勝故較勝負之説曰相去一水兩水

下篇論茶器

茶焙

茶焙編竹爲之裹以蒻葉蓋其上以收火也隔其中以有容也納火其下去茶尺許常温温然所以養茶色香味也

茶籠

茶不入焙者宜密封裹以蒻籠盛之置高處不近濕氣

砧椎

砧椎蓋以砧茶砧以木爲之椎或金或鐵取於便用

茶鈴

茶鈴屈金鐵爲之用以炙茶

茶碾

茶碾以銀或鐵爲之黄金性柔銅及碥石皆能生鉎音星不入用

茶羅

茶羅以絶細爲佳羅底用蜀東川鵝溪畫絹之密者投湯中揉洗以冪之

茶盞

茶色白宜黑盞建安所造者紺黑紋如兎毫其坯微厚熁之久熱難冷最爲要用出他處者或薄或色紫皆不及也其青白盞鬭試家自不用

茶匙

茶匙要重擊拂有力黄金爲上人間以銀鐵爲之竹者輕建茶不取

湯瓶

瓶要小者易候湯又點茶注湯有準黄金爲上人間以銀鐵或瓷石爲之

後序

臣皇祐中脩　起居注奏事
仁宗皇帝屢承
天問以建安貢茶并所以試茶之狀臣謂論茶雖禁中語無事於密造茶録二篇上進後知福州爲掌書記竊去藏稾不復能記知懷安縣樊紀購得之遂以刊勒行於好事者然多舛謬臣追念
先帝顧遇之恩攬本流涕輒加正定書之於石以永其傳治平元年五月二十六日三司使給事中臣蔡襄謹記

東溪試茶録

宋　子安　集

建首七閩山川特異峻極迴環勢絶如甌其陽多銀銅其陰孕鉛鐵厥土赤墳厥植惟茶會建而上羣峰益秀迎抱相向草木叢條水多黄金茶生其間氣味殊美豈非山川重複土地秀粹之氣鍾於是而物得以宜歟北苑西距建安之洄溪二十里而近東至東宫百里而遥（焙名有三十六東東宫其一也）過洄溪踰東宫則僅能成餅耳獨北苑連屬諸山者最勝北苑前枕溪流北涉數里茶皆氣弇然色濁味尤薄惡況其遠者乎亦猶橘過淮爲枳也近蔡公作茶録亦云隔溪諸山雖及時加意製造色味皆重矣今北苑焙風氣亦殊先春朝隮常雨霽則霧露昏蒸晝午猶寒故茶宜之茶宜高山之陰而喜日陽之早自北苑鳳山南直苦竹園頭東南屬張坑頭皆高遠先陽處歲發常早芽極肥乳非民間所比次出壑源嶺高土沃地茶味甲於諸焙丁謂亦云鳳山高不百丈無危峰絶巘而岡阜環抱氣勢柔秀宜乎嘉植靈卉之所發也又以建安茶品甲於天下疑山川至靈之卉天地始和之氣盡此茶矣又論石乳出壑嶺斷崖缺石之間蓋草木之仙骨丁謂之記録建溪茶事詳備矣至於品載止云北苑壑源嶺及總記官私諸焙千三百三十六耳近蔡公亦云唯北苑鳳凰山連屬諸焙所産者味佳故四方以建茶爲目皆曰北苑建人以近山所得故謂之壑源好者亦取壑源口南諸葉皆云彌珍絶傳致之間識者以色味品第反以壑源爲疑今書所異者從二公紀土地勝絶之目具疏園隴百名之異香味精麄之别庶知茶於草木爲靈最矣去畝步之間别移其性又以佛嶺葉源沙溪附見以質二焙之美故曰東溪試茶録自東宫西溪南焙北苑皆不足品第今略而不論

總敘焙名（北苑諸焙或還民間或隷北苑前書未盡今始終其事）

舊記建安郡官焙三十有八自南唐歲率六縣民採造大爲民間所苦我宋建隆已來環北苑近焙歲取上供外焙俱還民間而裁税之至道年中始分游坑臨江汾常西濛洲西小豐大熟六焙隷南劒又免五縣茶民專以建安一縣民力裁足之而除其口率泉慶曆中取蘇口曾坑石坑重院還屬北苑焉又丁氏舊録云官私之焙千三百三十有六而獨記官焙三十二東山之焙十有四北苑龍焙一乳橘内焙二乳橘外焙三重院四壑嶺五謂源六范源七蘇口八東宫九石坑十建溪十一香口十二火梨十三開山十四南溪之焙十有二下瞿一濛洲東二汾東三南溪四斯源五小香六際會七謝坑八沙龍九南鄉十中瞿十一黄熟十二西溪之焙四慈善西一慈善東二慈惠三船坑四北山之焙二慈善東一豐樂二

北苑（曾坑石坑附）

建溪之焙三十有二北苑首其一而園别爲二十五

苦竹園頭甲之鼯鼠窠次之張坑頭又次之苦竹園頭連屬窠坑在大山之北園植北山之陽大山多脩木叢林鬱薈相及自焙口達源頭五里地遠而益高以園多苦竹故名曰苦竹以高遠居衆山之首故曰園頭直西定山之隈土石迴向如窠然南挾泉流積陰之處而多飛鼠故曰鼯鼠窠其下曰小苦竹園又西至于大園絶山尾疎竹蓊翳昔多飛雉故曰雞藪窠又南出壤園麥園言其土壤沃宜穜麥也自青山曲折而北嶺勢屬如貫魚凡十有二又隈曲如窠巢者九其地利爲九窠十二壠隈深絶數里曰廟坑坑有山神祠焉又焙南直東嶺極高峻曰教練壠東入張坑南距苦竹帶北岡勢橫直故曰坑坑又北出鳳凰山其勢中跱如鳳之首兩山相向如鳳之翼因取象焉鳳凰山東南至于袁雲壠又南至于張坑又南最高處曰張坑頭言昔有袁氏張氏居於此因名其地焉出袁雲之北平下故曰平園絶嶺之表曰西際其東爲東際焙東之山縈紆如帶故曰帶園其中曰中歷坑東又曰馬鞍山又東黃淡窠謂山多黃淡也絶東爲林園又南曰柢園又有蘇口焙與北苑不相屬昔有蘇氏居之其園別爲四其最高處曰曾坑際上又曰尼園又北曰官坑上園下坑園慶曆中始入北苑歲貢有曾坑上品一斤叢出於此曾坑山淺土薄苗發多紫復不肥乳氣味殊薄今歲貢以苦竹園茶充之而蔡公茶録亦不云曾坑者佳又石坑者涉溪東北距焙僅一舍諸焙絶下慶曆中分屬北苑園之別有十一曰大番二曰石雞望三曰黃園四曰石坑古焙五曰重院六曰彭坑七曰蓮湖八曰嚴曆九曰烏石高十曰高尾山多古木脩林今爲本焙取材之所園焙歲久今廢不開二焙非産茶之所今附見之

壑源 葉源附

建安郡東望北苑之南山叢然而秀高峙數百丈如郛郭焉（民間所謂捍火山也）其絶頂西南下視建之地邑（民間謂之望州山）山起壑源口而西周抱北苑之羣山迤邐南絶其尾巋然山阜高者爲壑源頭言壑源嶺山自此首也大山南北以限沙溪其東曰壑水之所出水出山之南東北合爲建溪壑源口者在北苑之東北南徑數里有僧居曰承天有園隴北税官山其茶甘香特勝近焙受水則渾然色重粥面無澤道山之南又西至于章歷章歷西曰後坑西曰連焙南曰焙上又南曰新宅又西曰嶺根言北山之根也茶多植山之陽其土赤埴其茶香少而黃白嶺根有流泉清淺可涉涉泉而南山勢回曲東去如鉤故其地謂之壑嶺坑頭茶爲勝絶處又東別爲大窠坑頭至大窠爲正壑嶺實爲南山土皆黑埴茶生山陰厥味甘香厥色青白及受水則淳淳光澤（民間謂之冷粥面）視其面渙散如粟雖去社芽葉過老色益青明氣益鬱然其止則苦去而甘至（民間謂之草木大而味大是也）他焙芽葉遇老色益青濁氣

益勃然甘至則味去而苦留爲異矣大窠之東山勢平盡曰壑嶺尾茶生其間色黄而味多土氣絶大窠南山其陽曰林坑又西南曰壑嶺根其西曰壑嶺頭道南山而東曰穿欄焙又東曰黄際其北曰李坑山漸平下茶色黄而味短自壑嶺尾之東南溪流繚遶岡阜不相連附極南塢中曰長坑踰嶺爲葉源又東爲梁坑而盡于下湖葉源者土赤多石茶生其中色多黄青無粥面粟紋而頗明爽復性重喜沉爲次也

佛嶺

佛嶺連接葉源下湖之東而在北苑之東南隔壑源溪水道自章阪東際爲丘坑坑口西對壑源亦曰壑口其茶黄白而味短東南曰曾坑（今屬北苑）其正東曰後歷曾坑之陽曰佛嶺又東至于張坑又東曰李坑又有硬頭後洋蘇池蘇源郭源南源畢源苦竹坑岐頭槎頭皆周環佛嶺之東南茶少甘而多苦色亦重濁又有篢（音贍未詳此字）源石門江源白沙皆在佛嶺之東北茶泛然縹塵色而不鮮明味短而香少爲劣耳

沙溪

沙溪去北苑西十里山淺土薄茶生則葉細芽不肥乳自溪口諸焙色黄而土氣自龔漈南曰挺頭又西曰章坑又南曰永安西南曰南坑漈其西曰砰溪又有周坑范源温湯漈厄源黄坑石龜李坑章坑章村小梨皆屬沙溪茶大率氣味全薄其輕而浮浡浡如土色製造亦殊壑源者不多留膏盖以去膏盡則味少而無澤也（茶之面無光澤也）故多苦而少甘

茶名（茶之名類殊別故録之）

茶之名有七一曰白葉茶民間大重出於近歲園焙時有之地不以山川遠近發不以社之先後芽葉如紙民間以爲茶瑞取其第一者爲鬭茶而氣味殊薄非食茶之比今出壑源之大窠者六（葉仲元葉世萬葉世榮葉勇葉世積葉相）壑源巖下一（葉務滋）源頭二（葉團葉肱）壑源後坑（葉久）壑源嶺根三（葉公葉品葉居）林坑黄漈一（游容）丘坑一（游用章）畢源一（王大照）佛嶺尾一（游道生）沙溪之大梨漈上一（謝汀）高石巖一（雲擦院）大梨一（呂演）砰溪嶺根一（任道者）次有柑葉茶樹高丈餘徑頭七八寸葉厚而圓狀類柑橘之葉其芽發即肥乳長二寸許爲食茶之上品三曰早茶亦類柑葉發常先春民間採製爲試焙者四曰細葉茶葉比柑葉細薄樹高者五六尺芽短而不乳今生沙溪山中盖土薄而不茂也五曰稽茶葉細而厚密芽晚而青黄六曰晚茶盖雞茶之類發比諸茶晚生於社後七曰叢茶亦曰糵茶叢生高不數尺一歲之間發者數四貧民取以爲利

採茶（辨茶須知製造之始故次）

建溪茶比他郡最先北苑壑源者尤早歲多暖則先驚蟄十日即芽歲多寒則後驚蟄五日始發先芽者氣味俱不佳唯過驚蟄者最爲第一民間常以驚蟄爲候諸焙後北苑者半月去遠則益晚凡採茶必以晨興不以日出日出露晞爲陽所薄則使芽之膏腴

立耗於内茶及受水而不鮮明故常以早爲最凡斷芽必以甲不以指以甲則速斷不柔以指則多温易損擇之必精濯之必潔蒸之必香火之必良一失其度俱爲茶病民間常以春陰爲採茶得時日出而採則芽葉易損建人謂之採摘不鮮是也

茶病試茶辨味必須知茶之病故又次之

芽擇肥乳則甘香而粥面着盞而不散土瘠而芽短則雲脚渙亂去盞而易散葉梗半則受水鮮白葉梗短則色黄而泛梗謂芽之身除去白合處茶民以茶之色味俱在梗中烏蔕白合茶之大病不去烏蔕則色黄黑而惡不去白合則味苦澁丁謂之論備矣蒸芽必熟去膏必盡蒸芽未熟則草木氣存適口則知去膏未盡則色濁而味重受煙則香奪壓黄則味失此皆茶之病也受煙謂過黄時火中有煙使茶香盡而煙臭不去也壓去膏之時久留茶黄未造使黄經宿香味俱失弇然氣如假雞卵臭也

東溪試茶録

酒譜

竇　子野

酒名

說文曰酴酒母也醴一宿酒也醪滓汁酒也酎三重酒也醨薄酒也醑莤酒也

歡伯

酒為歡伯其義見易林無貴賤賢不肖夷夏共甘而樂之

播酒

皮日休詩云明朝有物充君信播酒三瓶寄夜航播酒江外酒名

酒旗

韓非子云宋人沽酒懸幟甚高酒市有旗始見於此或謂之布

劉白墮

江東人劉白墮善釀六月以甖盛酒於日中經旬味不動而愈香美使人久醉朝士千里相饋號白鶴觴亦名騎驢酒

醉聖

李白每醉為文未嘗差人目為醉聖白樂天自稱醉尹皮日休自稱醉士

祖台州書

晉祖台州與王荊州書古人以酒為戒願君屏爵弃卮焚罍毀榼殛儀狄於羽山放杜康於三危

崑崙觴

魏賈將有奴善別水嘗乘舟於黃河中流以匏瓠接河源水七八升經宿色如絳以釀酒名崑崙觴芳味絕妙

般若湯

北僧謂為般若湯蓋瘦詞以避法禁

卧黍穰

凡人醉卧黍穰中必成癩醉而飲茶必發膀胱氣食鹹多成消中

癭木杯

松陵唱和有癭木杯詩蓋用木節為之

竹根

老杜詩云醉倒終同卧竹根蓋以竹根為飲器也見江淹集

蓮子杯

唐人有蓮子杯白公詩中稱之周穆王時有杯名常滿

安石榴

頓孫國有安石榴取汁停盆中數日成美酒

酒令

酒令云孟嘗門下三千客大有同人湟水渡頭十万羊未濟小畜又云鋤麑觸槐死作木邊之鬼豫讓吞炭終為山下之灰又云夏禹見雨下使李牧送木屐與蕭何蕭何道何消田單定墾田使貢禹送禹貢與李德李德云得屐又云寺裏餵牛僧茹草觀中煮菜

道供柴又曰山上採黄芩下山逢着老翁吟老翁吟云白頭搔更短渾欲不勝簪上山採交藤下山逢着醉胡僧醉胡僧云何年飲着聲聞酒直到而今醉不醒山上採烏頭下山逢着少年遊少年遊云霞鞍金口騧豹袖紫貂裘又云碾茶曹子建開匣木懸虚

酒譜終

本心齋疏食譜

門人清漳友善書堂陳　達叟　編

本心翁齋居宴坐玩先天易對博山爐紙帳梅花石鼎茶葉自奉泊如也客從方外來竟日清言各有飢色呼山童供蔬饌客嘗之謂無人間煙火氣問食譜予口授二十品每品贊十六字與味道腴者共之

啜菽 菽豆也今豆腐條切淡煮蘸以五味

禮不云乎啜菽飲水素以絢兮瀏其清矣

羹菜 凡畦蔬根葉花實皆可羹也

先聖齊如菜羹瓜祭移以奉賓乃敬之至

粉餈 粉米蒸成加糖曰飴

天官籩人糗餌粉餈未見君子惄如調飢

薦韭 春薦韭一名鍾乳草

四之日蚤獻風祭韭我思古人如蘭其臭

貽來 來小麥也今水引蝴蝶麵

貽我來思玉屑壓細六出飛花天一生水

玉延 山藥也炊熟片切漬以生蜜

山有靈藥錄于仙方削數片玉漬百花香

瓊珠 圓眼乾荔也擘開取實煮以清泉

汲金井水煮瓊珠羹蚌胎的皪龍目晶熒

玉磚 炊餅方切椒鹽糝之

截彼圓璧琢成方磚有馨斯椒薄洒以鹽

銀齏 黃齏白水薑椒和之

泠泠水白剪剪銀黃齏鹽風味牙齒宮商

水團 秫粉包糖香湯浴之

團團秫粉點點蔗霜浴以沉水清甘且香

玉版 筍也可羹可菹

春風抽籜冬雪挑鞭淇奧公族孤竹君孫

雪藕 蓮根也生熟皆可薦籩

中虛七竅不染一塵豈但爽口自可觀心

土酥 蘆菔也作玉糝羹

雪浮玉糝月浸瑤池咬得菜根百事可爲

炊栗 蒸開蜜漬

周人以栗亦可以贄紫殼吹開黃中通理

煨芋 煨香片切

朝三暮四狙公何爲卻彼羊羔啗吾蹲鴟

采杞 狗杞也可餌可羹

丹實纍纍綠苗菁菁餌之羹之心開目明

甘薺 薺菜也東坡有食薺法且曰天生此物爲幽人山居之福

誰謂荼苦其甘如薺天生此物爲山居賜

菉粉 菉豆粉也鋪薑爲羹

碾破綠珠撒成銀縷熱蠲金石清徹肺腑

紫芝 蕈也木蕈爲良

漆園之菌商山之芝溼生者腴卉生者奇

白粲 炊玉粒沃以香湯

釋之叟叟蒸之浮浮有一簞食吾復何求

已上二十品不必求備得四之一斯足矣前五

品出經典列之前筵尊經也後十五品有則具無則止或樽酒疇酢暢叙幽情但勿醺酣恐俗此會詩詠采蘋禮嚴祭菜澗溪沼沚之毛可羞王公可薦鬼神以之待賓誰曰不宜第未免貽笑於公膳侯鯖之家然不笑不足爲道彼笑吾吾笑彼客辭出門大笑吾歸隱几亦一笑手録畢又自笑目閲過輒一笑萬一此譜散在人間世其傳笑將無窮也

本心齋疏食譜

笋譜

吳僧　贊寧　撰

一之名　二之出　三之食

四之事　五之說

一之名

筍者竹之萌也竹根曰鞭鞭節之間乳贅而生者竹屬兼草而木偕少陽之氣歟故初種根食土而下求乎母也

母水也而潤下得水而生也

及擢筍冒土而上愛乎子也

子火也而炎上鑽竹而生火也

皆自然之性也竹盛高平之地黃白息壤即是所宜也

得山阜良下田傷水則死矣

凡植竹正月二月引根鞭必西南而行

負陰就陽也

諺曰東家種竹西家理地謂其滋蔓而來生也其居東北隅者老竹也老種不生生亦不滋茂矣宜用稻麥糠糞之不可饒沃植之開坑深二尺許覆土厚五寸除瓦石軟柔之土為嘉大抵竹八月俗謂之小春熱欲去寒欲來氣至而涼故曰小春往往木有花草有莠竹得是氣也根伸而達亦謂為鞭行鞭頭為筍俗謂之僞筍

言僞者音訛也二筍也亦如花再生花也二果二菓亦同也

今吳會間八月鄉人往往掘土採鞭頭為筍向市而鬻然終傷損春筍而且害竹母凡百穀各以其初生為春熟為秋若筍以鞭行時分芽露白月為春

始生也用夏正

及乎外苞內實冒土而生當二三月為秋

為成熟時也然有四時之筍則春秋不定也許慎說文云竹冬生也

釋草云筍竹萌郭璞注竹初生也孫炎云竹初生曰萌生謂之筍詳孫之說始冒土者為萌萌芽也生長挺挺然為筍也尚書孔傳筍篛竹也詳孔之說篛竹白篛也白篛之類越多爾雅說芙蕖莖下本蔤郭注曰蔤莖下白亦可食篛在泥中也周禮說蒲菹亦蒲之篛也謂蒲始生取其中心入地篛大如匕柄正白噉之甘脆也凡草木有白篛嫩而堪食者皆曰白篛也今孔安國曰篛竹為筍已過為竹未勁故謂為篛竹也合言竹之篛篛即見白也所言篛者幼弱也加草者簡濫也箈箭萌郭注萌筍也周禮箈菹鴈醢箈菹即以箭筍鹽藏為菹實於籩豆中也虇蘆筍也爾雅菼薍其萌虇郭注江東呼蘆筍為蘆虇然則萑葦之類其初生者皆名虇也如是者只有多名也

一名筍

生成謂之筍

一名萌

一名篛竹　初生謂之萌言絶篛也
土内皮中謂之篛也
一名篸　箭竹萌即會稽箭筍也
一名蘿　蘆葦之初生緫名蘿萠今沙岸潮濤汨漱蘆葦
菼亂根露白晳然濯而食之味甜且脆詳蘿名
芽也今江東人言蘿牙之事是也
一名竹胎　出説文然筍茅之時卷葉左右重重然旋露節
而實終露外際籜苞裹而生堅勁爲竹故謂之

竹胎也
一名竹牙　即牙目之牙也
一名茁　謂竹萌初生茁茁然故殊方音訓之名也
一名初篁　初始也篁竹也見梁簡文帝集
一名竹子　張華神異經注子筍也
前之諸名别同異分少長也厥狀可尋而識也字體
説文云九竹屬皆從竹今筍上形下聲或作笋笋悉
通蓋旬尹聲相濫耳

二之出
周易震主蒼筤竹所生蒼筤笋若然者既得木少陽
之氣而弱亦負陰而就陽爲草則勁而彊耳
周禮揚州之利竹箭亦有篸萠之别名矣舉成數實
物也惟筍竹萠也皆四月生也
此據洛陽土中嵩少之間四月方生及秦隴終
南皆四月生也
笆竹筍　八月生盡九月成都蜀地有别受氣類一云笆
竹而竹與筍俱有刺芒也
鄧竹筍　長節而深根筍冬夏皆生鄉人掘土取筍廣志

作篃竹可作屋椽山海經同也
箭筍　十二月生會稽以來諸山絶多或叢生或蔓延
可如筯大長三四寸
䈄䉌筍　自甌越以南七月生至八月盡
鷰筍　錢唐多生其色紫苞當其鷰至時生故俗謂鷰
筍
天目筍　五月生盡六月其筍色黄出天目山端午後方
採鬻旱歲則無

竹王林筍

漢武世一女浣於勝水見竹節隨流近女子推去又來聞有音聲持歸破之得小兒男也及長以竹爲姓立以爲王其竹弃之於野化生成林其筍峉峉冒土南地熱其筍多冬生

桃竹筍

涪陵相思崖生此竹昔有童子在崖下吹竹神女見悅之投以桃竹釵童子報之以簾今桃枝與竹皆生崖畔其筍生亦柔弱有異因號崖爲相思也

孤竹筍

襄陽薤山下有孤竹三年方生一筍及筍成竹竹母已死矣代謝如春秋焉又周官曰孤竹之管孫竹之管陰竹之管鄭注曰孤竹特生者孫竹根之末生者陰竹生山北者今詳孤竹特生獨生筍者即子母不相同孫竹根鞭生筍者陰竹山北引鞭晚生筍者也

旋味筍

一名苦蒲筍福州南一日程多生苦竹春則生筍鄉人煑食甚苦而且澁及停久則味還可食故曰旋味筍

篥竹筍

出交趾其爲竹也實中勁彊有毒彼土人銳以刺虎中之則死筍亦內實

桂竹筍

山海經云桂竹甚毒傷人必死戴凱之竹譜云同山海經今未詳桂竹狀貌筍亦難識今恐篥筍異名實也篺堅不同此例然篺與篥信譜而錄即應今可食者早晚桂筍所以不同也

篵竹筍

生海畔山而竹與筍悉有毛傷人則死泊船海嶼慎勿取毛筍食又有篧筍同此毒廣志云篵竹堪作笛既有毒豈可作笛此同名而殊實也

篡竹筍

竹本根長千丈斷節爲大船生海畔山其竹萌可數丈猶爲筍也

篣竹筍

其竹皮薄而空多大者徑不過二寸皮上有麄澁文可爲錯鑢物并爪甲利於鐵作者若用久鈍則漿水洗還復快利其筍無肉今詳微多毛猶或殺人豈況麄可鑢筍皮亦澁理而可食乎一云篣竹一枝百葉有毒

篠簜筍

尚書曰揚州厥貢篠簜孔注云篠竹箭簜大竹禹貢揚州任土或曰今揚州絕少篠簜竹箭中爲矢者臨川會稽爲良非也曾不知夏禹時揚州土彊南極交廣皆一分墟近代分撫越也箭筍易識簜筍名詁訓故未詳

笙筍　七月生至十月間縉雲以南多出然味苦而節踈筍可大於箭筍少許山人採剥以灰汁熟煑之都爲金色然後可食苦味減而甘食甚佳也

篌筍　出温處建以來竹如苦竹長節而薄可作屋椽筍則春生可食

釣絲竹筍　南越多之竹本大如鼓形上節漸小高三四丈者若釣絲然筍下廣上鋭味甘可食發病

木竹筍　今靈隱山中亦出中堅亦通小脉節内若通草中也筍堅可食今人採竹作杖可愛或與䈏同類耳

邛竹筍　出蜀邛臨邛故曰邛竹其筍春生羅浮山記曰邛竹本出邛山張騫西至大宛所得歸而此山左右時有之鄉老多以爲杖今羅浮山有筍生又早時候與蜀不同其竹節横出中間練杵形爲杖如木刻竹筍中實食美山海經云龜山扶竹注筇也節高實中扶也名之扶老行也與扶竹並節者不同

赤竹笋　出閩中大者如椽堪作彈織箔扇筍不毒

衛丘竹筍　山海經云衛於山丘南帝俊借音舜字竹林在焉大可爲舟郭注云舜林中竹一節可以爲船筍可知矣

盧竹筍　其爲竹也葉闊而利可用割物實箬類也筍苦亦可食出盧州

對青竹筍　竹則一邊青一畔紫二色相映可愛筍萠可食出成都近孟昶據蜀作對青竹亭焉

慈母山筍　丹陽記江寧縣南慈母山竹可以爲簫管王褒洞簫賦所稱即此也其筍圓緻異於餘處自伶倫採竹嶰谷其後惟此簳見珍俗呼鼓吹山常禁伐者筍則三月生可食

鍾龍竹筍　戴凱之竹譜云此竹伶倫所伐也其筍生可食

漢竹筍　譜云大者一節受一斛小者受數斗可爲榑榼

利竹筍　其筍一節可受二三斗味雖甘而澁

篛筍　其竹蔓生若藤蔓屬實中而堅韌筍隨竹蔓而生亦實韌也

爾雅云簢笨中郭注其中空今詳竹皆空中或自根至梢空中則無節竹也疑簢竹一名笨中一云其中夾曰笨可以爲席如此者則其竹内隔夾與常竹不同故云笨中爲筍嫩而節夾薄也

𨛼竹筍

爾雅郭注堅中謂貞實與平常竹不同筍味同木竹筍

雲母筍

郭義恭廣志云雲母大竹也其筍亦相稱

箘筍簬筍

伊二本竹生荆楚間尚書荆州厥貢箘簬孔注

箘簬美竹也出雲夢之澤三國常致貢焉天下稱美蓋堪爲矢大者爲筆本母既曰美竹厥萌可曰美筍也

簩筍

廣志簩竹皮青肉白如雪軟韌可爲索字或從草從竹不定其筍皮青而筍肉皙白王子年拾遺記有簩竹作簫

少室竹筍

河圖曰少室之山大竹堪爲甑器其筍長偉堪食

渭川筍

史記曰渭川千畝竹其人與千户侯等今詳史記舉其本而不言筍筍利利人厥富可儕等王侯也筍晚四月方盛

鄠社竹筍

漢書曰秦地有鄠社竹林南山檀柘號陸海也鄠社多竹而勁小西夏結乾筍豈不是乎

鏞竹筍

出廣州此本竹絶大内空容得三升許米交廣以來人將此作升子量出納其内出黄可療風癎疾名天竹黄案竹黄名天竹言此竹大也亦猶天麻天蓼言天大如云雀麥鼠莧言小也或曰天竺之竺非也詳其竹亦療風筍功可見也一説竹黄是南海邊竹内塵沙加於竹凝結成

致竹兼筍皆療風疾

相迷竹筍

生廣州巳來竹狀與鏞竹少異其洪長亦同内空生黄堪作丸筍減鏞筍少分

桃枝竹筍

其竹勁直柔弱可爲篾爲席尚書顧命竹席是也其筍叢生其皮生毛聚虫蟻而不可食今觀此竹是處有之王彪之閩中賦亦見矣

新婦竹筍

出武林山陰其竹圓直韌可爲箋筍則三月而生可食

篁竹筍

竹譜曰篂竹似桂而概節其筍可食

篔竹筍

沈懷遠南粤志曰博羅縣東蒼州足篔竹既大薄且空中節直二丈其直如松詳其竹直二丈猶爲筍而可食

雞頭竹筍

竹譜曰雞頭竹似篁而細筍亦可食堪茹

斑竹筍

博物志云舜死二妃淚下染竹成斑妃死爲湘水神故曰湘妃竹詳其筍脫其殼乃爲篛竹方生斑筍不可食

篃筍

竹譜云篃竹江漢閒謂之竿篾一赤数葉葉大如履可以作蓬今詳葉如履即王彪之閩中賦云湘箬也其筍亦不大止是箬葉異諸竹耳又此竹與郿竹同也

篔簹筍

曹毗湘中賦云其竹則篔簹今詳其筍亦洪大竹節長四尺

沛竹筍

神異經云南方荒中有沛竹其長百丈圍二丈五六尺厚八九寸可以爲大船其子美煮而食之

白烏筍

湘中有此竹生是筍見魏曹毗賦又有實中竹即有實中筍蕣屬也

魚腸竹筍

梁簡文脩竹賦中見魚腸雲母之名曰映花靡等今詳魚腸爲名必像實而作其竹細而屈筍亦可以識矣

篁筍

八月生筍止十一月竹闔温巳來多節踈鄉人候抽長成竹梢弱正月時便断之以火燎之逐重起之可爲條而柔韌謂之竹麻泉州巳去路傍多生彼土人取逐節可八九尺堅捺之青皮纔爆内白肉便爲麻即不見火謂之麻竹南中

轉高長節踈其筍皮黑紫色其心實人取細切塩漬少頃以漿水漬再宿瀝乾餅藏泥封謂之笋笴此亦古之筍菹也笴義未詳

掌擘筍

嶺表録云桂廣皆殖大若茶椀竹厚而空小一夫止擘一竿堪爲茆屋椽梁柱其種者欽其竿每截二尺許打入土不踰月而生根葉明年長芽筍不數歲成林其筍南人亦藏之爲筍笴

竻竹筍

嶺表録云其竹枝上刺南人呼爲竻自根橫生枝條展轉如織雖野火焚燒只燎細枝嫩條其筍叢生轉復牢密邕州舊以爲城蠻蜒來侵竟

不能入

羅浮筍

羅浮山貞元中有人遊第十三嶺見巨竹有三十九節二丈餘圍筍甚牖直

雲丘帝筍

竹譜云帝陵上所生竹一節可以爲船筍大如本

匾竹筍

匡廬山中多其筍初冒土便匾薄及成竹匾而長今諸山中是處皆有之

箖箊筍

左思吴都賦曰竹則篔簹箖箊今詳其筍可食

射筒筍

見吴都賦吴越有之筍可食

簡篬竹筍

竹節踈而筍可食也

篻竹筍

其竹實中笋屬見吴都賦中筍堅大可食篻出韶州徑五六寸中爲弓弩筍堪食自秋生至于冬末春即不生矣

簕竹筍

天台圖經云五縣皆有言其竹韌也日南九眞炙生可作彈弓絃也

服傷筍

竹大者五六寸圍長二丈其中實滿筍至四月已後方出味甚美

狗竹筍

寧海已來多三寸圍節間有毛筍三月生可食諸邑皆有之

筀竹筍

今春二月已去吴越多生

扶竹筍

今武林山西舊謂雙竹院中所産脩篁嫩篠皆對抽並肖相傳云茲竹自永泰已來有之馮翊嚴諸爲其記王子敬竹譜云會稽箭竹錢塘扶竹蓋此雙竹即扶竹也譬猶東之地産桑兩兩

並生謂之扶桑矣今詳是竹爲筍便有合歡貌並出愚曾著扶竹賦

慈竹筍

四月生江南人多以灰煑食之其爲竹也内實而節踈性弱而可代藤用其形緊而細又靳黄生叢竹一叢數竿筍不外迸只向裏生如多只可刪科内五六月長筍明年方成竹其筍不堪食

玳瑁竹筍

薛翊異物志曰弓竹似筋藤斑駁如玳瑁其笋脫殼而微有斑文也

龍牙竹筍

出永嘉大羅山其竹長四五尺稀節人取必有大風雨雷電人下山則止近故節惠公令取種遇風而止其筍則春二月生也

棘竹筍

竹譜曰其筍味肥食之落人鬚髮

筣竹筍

齊民要術云筍無味

雞脛竹筍

食之肥美

檳榔竹筍

見杜臺卿淮賦

毛竹筍

出武陵洞口人斫竹隨生土俗云仙人入洞故生此竹以隔浮世也

篁竹筍

疑其狀類字或是篁竹筍皆無味

由梧竹筍

南方草木狀云由梧竹民間種之長百尺徑一尺八九寸交趾人作屋柱筍澁不可食

方竹筍

出澧州西溮川鐵冶辰山之陽其笋莖方二寸已來彼封人多爲臺卓衣架等其筍硬不堪食其竹節平其性堅其心實

丹竹筍

出道州瀧中峭壁之上竹每節可一丈或八尺徑不大裊裊搖空粉節上似有丹色心空肉薄舟人多劈爲百丈繂

毛斑竹筍

出蘄州初伐竹即無斑以灰汁洗之即斑見彼人多作簾席或笛管筍絕不堪食與二妃祠者不同矣

沙麻竹筍

南粤志中此竹人削爲弓弓似弩也或曰蘇麻竹或云麄麻竹此疑與斯摩同耳若斯摩筍一人只可擔兩莖耳亦堪爲筍笴

白竹筍

連州抱腹山多生此竹莖徑白節心少許綠彼土人出筍之後落籜撒梢時採此竹以灰煑水浸作竹布鞋或搥一節作箒謂曰竹拂若貢布一疋只重數兩也

匾竹筍

出廬山莖匾傳云釋惠遠使鬼神號辟虵行者捻此竹爲匾竹筍出皆匾堪食之

拂雲箒竹筍

出廬山莖大如指竹杪細葉密翠如箒彼人採爲方物贈人謂之拂雲箒竹纖長也

雙梢竹筍

出九疑山第二重麄臺側筍長獨莖及生枝葉

即分爲兩梢葉密而細亦謂爲合歡竹與象扶桑者少同

篠竹筍

出襄州卧龍山諸葛亮祠中筍堪食甚美漸長長百尺只梢上有葉土人作幡竿承落

木竹筍

韶州多生成竹一莖如萬歲藤一節長四尺無花而實實如草豆蔻土人塩之爲果實筍初生時磊磈然不堪食與今吳會間木竹筍一如笋食美而甘味不同

水竹筍

出黔南管内或巖下潭水中生其筍隨水深淺以成節若深一丈則筍出水面爲一節鑾蜓採取以爲食

古散竹筍

節似馬鞭葉似桐樹而小皮似栟櫚柔韌筍亦堪食

秋蘆竹筍

其竹似蘆身如荻蔗冬天不凋揷枝如生筍可食也

鶴膝竹筍

竹狀節下大小似苦竹而閩中土人呼爲槌竹亦堪作拄杖詳此同笻竹也筍可食

石篴竹筍

一名簟篣生閩中竹似石而小吳都賦曰簟篣有叢筍可食也

合歡竹筍

出南岳下諸州山溪間郴州最多其筍初生合歡形勢及成竹也或三莖合或兩莖合斷其間有竅竹皮或斑點文僧斷作針筩用也

紫竹筍

成都府人家庭心多苞叢而生其色沉紫可愛抽筍且稀心實筍不宜食

月竹筍

竹狀輕短叢生每月抽筍謂之月竹筍如箭竹萌人不食也

三稜竹筍

其狀若椶櫚葉莖柄三脊然筍細初抽川中人家竹林中忽有云吉兆也

二之食

李續本草云竹筍味甘無毒主消渴利水道益氣可久食又陳藏器云諸筍皆發冷血及氣不如苦筍不發病今詳諸說皆冷久食亦發風苦筍冷毒尤甚陳說非也以親驗爲證諸筍以豉汁漬之能解酒毒又本草云淡竹葉味辛平大寒主胷中痰熱欬逆上氣又菫竹吹苦竹淡竹甘竹葉又實中竹並以筍爲佳是知筍食去前病當葉根茹一半明矣若丹石熱渴煑淡竹根汁以療之筍汁亦可除丹砂毒噦嘔逆氣

鬼氣可取筍中酒服之謂糟中筍節中水也最止小兒嘔吐又食簝桂等筍或中簝桂之刺毒發唯草犀根能療之草犀解諸毒生嶺南及睦婺洪饒間生苗高二三尺獨莖對葉根如細辛生研服之以功如犀故名草犀陳藏器云也次則麻油薑皆殺筍毒凡食筍之要譬若治藥脩練得門則益人反是則損採筍之法可避露日出後掘深土取之半折取鞭根旋得投密竹器中以油單覆之勿令見風風吹旋堅以巾紛拭土又不宜見水含殼沸湯瀹之煑宜久

按煑筍實可一周時已熟或見生水還重煑一周時

驗知筍不可生生必損人苦筍宜久甘筍出湯後去殼澄煑筍汁爲羹茹味全加美然後始可與語爲食筍者矣此外不足筭也

不然蒸宜美味全煻灰中煨後入五味尤佳

採筍一日曰蔫二日曰菸見風則觸本堅入水則浸肉硬脫殼煑則失味生著刃則失柔採而停久非鮮也盛而苦風非藏也揀之脫殼非治也淨之入水非洗也蒸煑不久非食也筍萌之味或甘或苦甘則脾藏食苦則肝藏食原其木性實酸蓋本性也食甘多則損脾而逆胃何耶竹實少陽之氣終尅於脾土也食苦多則補肝而助膽何耶與肝同類木也二味都利大小腸

民間有煑苦筍才入出水自貽伊毒竹肉一周時臨熟爲水濺食可以皮膚爆裂苦筍與竹實同氣而降一等也

一說滑利大腸無益於肺也俗或謂之刮腸篦是也凡物過度而食益少而損多豈止筍耶殺筍之毒只蜀薑麻油如竹叢欲敗以油滓沃明年則凋踈矣

葅法周禮云如豆之實筍葅魚醢注箈箭萌筍竹萌今詳鄭注不言葅法如南人筍笴是也此久藏法鹽出水後加鹽糯米粥藏可以過暑月到無筍時食暴藏或鹽酢而已如蒲葅亦爾古加于豆籩中以享賓客用薦鬼神也

鮓法煑用鹽米粥藏之加以椒辛物或炒熟油藏爲醯食極美矣

藏法食經云淡竹安鹽中一宿煑糠令冷藏之冉出別煑糠加鹽藏之五日可食

生藏法將陶器一口可受一石者選肥筍覆之容泥塞之勿令風入到無筍時揭器則宛轉器中取其弱處翦之勿令見風入湯便瀹後方脫皮一將筍截其尖銳用鹽湯煑之停冷入瓶用前冷鹽湯同封瓶口令密後沉於井底至九月井水暖早取出如生可五味治之而食

乾法將大筍生去尖銳頭中折之多鹽漬停久曝乾用時久浸易水而漬作羹如新筍也

脯法作熟脯搥碎薑酢漬之火焙燥後盎中藏無令風犯

會稽箭筍乾法多將小筍蒸後以鹽酢焙乾凡筍宜蒸味全今越箭乾爲美啖也

結筍乾法秦隴已來出筍纖長土人用土鹽鹽乾結之市于山東道浸而爲臛菜甚美

取麻法南方作踈作扇作鞋取篁竹麻竹當其正月新竹上表獨是筍下已成竹逐節斷重重起已入湯煮柔韌作績纖踈作鞋隨意可也

四之事

竹之與筍蓋草木中之殊名親屬一物則其根葉密而堅其莖心空而直其枝背戾而裊其葉玲瓏而繁貞而不剛柔而不屈居天下之大端貫四時而不易葉蓋得氣之本也是故君子愛之壯者謂之竹弱者謂之筍厥譬母子焉少慕長焉言其濟人之利博矣歷代文士名而志之久則滋蔓以廣於後

神農　周成王　周公
尹吉甫　子夏　莊周
列禦寇　漢高祖　東方朔
張平子　馬援　漢樂安相李尤
魏侍中王粲　王子年　晉潘岳
左太冲　王宣　葛洪
陸雲　丘道護　吳孟宗
王彪之　郭璞　劉殷
丁固　木玄虛　江逌
戴凱之　劉虗哲　沈道虔
何隨　齊陳后　明僧紹
王儉　梁簡文帝　劉孝綽
范元琰　梁元帝　宗懍
陳江揔　陰鏗　蕭大圜
杜臺卿　北齊蕭慤　唐楊師道
李淳風　道士吳筠　段成式
白居易　陳藏器　釋志徹
陸龜蒙　劉恂　夏侯彪之
沈如琢　梁高祖　林諝
何光遠　程崇雅　范旻

神農本經中竹筍味甘主疾等居李英公本草同而廣今詳神農作本經非也三五之世朴略之風史氏不繁紀録無見斯實後醫工知草木之性託名炎帝耳

周成王將崩命召畢率諸侯相康王作顧命篇云敷重筍席（玄紛純席仍几）孔注蒻竹云私宴之坐故席机質飾也說筍席者多或云以蒻竹爲席今詳蒻竹筍新成豈堪起而爲篾非篾安能織席此恐不然知用筍皮殼破而編簟也故尚書正義云取筍竹之皮以爲席是也其正義中不取筍皮皮短故連言筍竹之皮即筍成竹時其皮長而勁可破織席明矣若取蒻竹破以爲篾而織者即同前篾席也今尚質取筍皮織也一云如取長節筍新成竹者起皮亦通而織但弱脆耳亦異前篾席此合質素之義也

周公作周禮云加豆之實筍菹魚醢鄭玄注凡菹醢皆以氣味相成其狀未聞箈菹鴈醢注箈箭萌

尹吉甫作韓奕詩以美宣王能錫命諸侯其三章韓侯出祖顯父餞之曰清酒百壺其殽維何炰鼈鮮魚其蔌維何維筍及蒲

子夏作爾雅云筍竹萌蒠箭萌等按張揖諸儒說周公作釋詁以訓成王一云子夏作釋訓叔孫通作釋言今云皆子夏作前三篇後諸篇續加糅罔知也如言昌歜豈可新制禮以諱事鬼神自犯父名而能訓子姪耶金縢云惟爾元孫某不言發是也郭璞云與於中古而注張仲周宣王時賢臣自為函矢陸羽說茶引釋草而列周公非也今筍列子夏亦未全是不

知釋草木何人作且引卜商爲是

莊子說萬物皆出於機皆入於機一氣萬形有變化云爲死生互質者也故曰羊奚比乎不筍久竹生於青寧

列子云羊奚比生乎不笋久竹生青寧文意同莊子

漢高祖爲亭長乃以竹皮爲冠令求盜卒往薛縣治冠應劭注以竹始生皮作冠今鵲尾冠是也薛魯國縣有竹冠師故高祖令往修治舊冠也賤時冠之及貴常冠所謂劉氏冠是也

東方朔著神異經記周巡天下所見山海經所不載者列之雖有而不論者亦列之說篃竹可以爲船其子美煮而食之可以亡創厲張茂先注子筍也惡厲創也

張平子作南都賦述南陽光武舊都也云春卯夏筍秋韭冬菁

東漢馬援至荔浦見冬笣笋上言禹貢厥包橘柚疑謂是也

漢樂安相李尤字伯仁作七疑云橙醯筍菹

魏侍中王粲作釋云越鰝涼拘全筍菹菁

王子年拾遺記云蓬萊山有浮筠之簳葉青莖紫子如大珠有青鸞棲其上下砂礰細如粉暴風至竹條翻起拂細砂如雲霧仙者來觀戲焉風吹竹折如鍾磬之音竹既如彼今詳萌謂仙筍矣

潘岳爲河陽懷令頻宰三邑勤於政績爲尚書郎廷

尉評免官作閑居賦云青筍紫薑按筍不過縹緑賦言青筍今是處竹萌多作青緑色非青碧色也

左太冲吳都賦云苞竹抽節往往縈結注苞謂筍苞皮抽節謂長也

王宣居宇堂前有筍兩莖一日盜折而亡宣頻而不言

葛洪云吳景帝時戍將廣陵發一塚有人體如生人共轝出死人懷中頹然出筍

陸雲字士龍爲性喜笑笑林云漢人有適吳吳人設筍問是何物語曰竹也歸煮其床簣而不熟乃謂其妻曰吳人轣轆欺我如此

丘道護誄　道士曇諦曰梨柚薦甘蒲筍爲蔌

孟宗字恭武江夏人爲性至孝從李肅學其母爲作厚褥大被人問其母曰小兒無德致客學者多貧故與爲廣被庶可氣類相接讀書不懈及長爲朱據軍吏將母在營既不得志遇夜雨屋漏因泣以謝母母勉之遷吳縣令在官得物未寄母不先食及母卒母性嗜筍冬節將至宗乃入林哀泣筍爲之生得以供祭

王彪之作閩中賦曰竹則苞甜亦苦縹箭班弓貟當函矢桃枝育蟲緗箬素筍彤竿緑筒

郭璞字景純博物多識世謂無比作爾雅箈箭萌注云筍周禮箈菹鴈醢又作菼薍其萌虇注云今江東呼蘆筍爲虇虇音繾綣之綣

晉劉殷年甫九歲孝性自然爲曾祖母冬思筍殷泣而獲供饋焉

丁固仕吳性敦孝敬母嘗思筍因遂泣竹生筍母子俱大賢位至封公貴極人望

木玄虛著四明山記云雪竇山北嵓生石乳其峯非人可升有毛竹銀筍詳其毛竹自生毛筍若銀筍即銀鑛如筍然如池州山穴曾有懸囚人下窺至百餘尋後見洞明煥遂手搴之得三數莖疑是此耶或云毛竹筍白如銀未詳

江逌作竹賦云望春擢筍應秋發堅

戴凱之作竹譜搜括竹類言有六十一焉筍類附在此也又云簠篬竹大如脚指虫食其筍皮類纊甚可愛

宋劉虐哲性孝謹母疾篤禱祈備徧夢一黃衣翁曰汝可取南山竹筍食之病立瘥驚覺俱依夢采南山竹筍饋母食之病愈

宋沈道虔人有拔屋後筍令人止之曰惜此筍欲成林更有佳者相與乃令人買大筍送與之

何隨華陽國志云人有盜其園筍隨見挈屐而歸恐盜者見也

齊孝宣陳皇后性嗜筍鴨卵永明九年詔太廟祭后薦筍鴨卵云

齊王儉贈高士宗測蒲褥筍席

齊明僧紹字眞承隱江東攝山齊太祖謂其弟慶符曰卿兄高尚朕雖不相接時通夢中焉遺紹竹根如意筍籜冠太祖聞紹出遊定林寺囑沙門僧遠欲相接竟不詣永明中徵不就而卒

梁簡文帝七勵云澄瓊漿之素色雜金筍之甘菹又春晚賦云望初篁之傍嶺愛新荷之發池

梁劉孝綽謝建安王餉米等啓傳教李孟孫宣教旨垂賜米酒瓜筍菹脯鮓茗至味芳雲杜潭抽節等

范元琰家有竹圃每人見盜筍苦於過溝元琰伐樹爲橋與盜者過盜人慼其情而息意不盜

梁元帝賦得竹詩曰作龍還葛水爲馬向并州柯亭臨絕澗桃枝夾細流冠學芙蓉勢花堪威鳳遊略諸句冠學芙蓉勢亦筍皮冠也

梁宗懍作荆楚歲時記云五月民並斷竹筍爲椶楝
葉插頭五絲繫臂謂爲長命縷
陳江揔歲暮還宅詩云悒然想泉石驅駕出中臺翫
竹春前筍驚花雪後梅
陳陰鏗侍宴賦得竹詩曰夾池一叢竹青翠不驚寒
葉醞宜城酒皮裁薛縣冠今詳陰鏗用漢高祖往薛
縣治筍殼冠也
隋蕭大圜竹花賦云洛下七賢湘中二女傾翠蓋之
踟躕泛蓮洲之容與倜儻傲人便娟笑語揃嫩筍以
含啼顧貞筠而命酹
杜臺卿作淮賦云綠筒縹箭罕節踈目檳榔之筍盛
冬所育

北齊蕭慤作春庭晚望詩曰春庭聊縱望春臺自相
隱窻梅落晚花池竹間初筍泉鳴知水急雲來覺山
近不愁花不飛只畏花飛盡
唐楊師道春朝閑步詩偃沐乘閑豫清晨步北林池
塘藉芳草蘭蕙襲幽衿霧中分曉日花裏叫春禽野
逕香恒滿山階筍屢侵何須命輕蓋桃李自成陰
唐李淳風撰占夢書云夢折筍得財象也夢竹生筍
者欲有子息也或云周公占夢按周禮說六夢外故
無委曲而言今言李淳風亦恐非也何則言詞淺近
妄說周禮之名此且附李下耳
道士吳筠著竹賦云一筍明其亂嗣三節獲乎嬰兒
段成式者唐相文昌之子著酉陽雜俎云張芬曾爲

南康行軍曲藝過人力舉七尺碑趯鞠高過半塔彈
力五斗常揀向陽巨筍纖以籠之隨長以土培之常
留寸許度計高四尺數長久方除籠伐之一尺十節
其色如金塗壁方長彈子作天下太平字
唐白樂天作筍歌布在華裔
唐陳藏器明草木性本草拾神農陶弘景李世績之
遺事多說筍療治發害之性也
釋志徹會昌年中於上元縣瓦官閣南有雙籠閑之
忘記歲月及詔拆浮圖開之徹得筍筆（一作筴）千餘頭
中藏者則大業拾遺藁也
唐僖宗朝陸龜蒙處士隱蘇臺甫里村亦號甫里先
生著筍賦云洪殺靡定方圓不均自注曰南方有方
竹今澧州游川鐵冶多方竹竹內實微通心若釵股
許筍可食亦實湘川人取竹作床椅有四稜上穿孔
入當耳

劉恂唐昭宗朝出爲廣州司馬官滿上京擾攘遂居
南海作嶺表録云邕溪簕筍交廣泶摩筍
唐夏侯彪之上新繁令問里胥曰竹筍一錢幾莖對
曰五莖取十千買五萬莖謂之曰吾未要且寄林中
養之至秋竹成一竿十丈遂成五十萬貪猥不道皆
此類也
沈如琢成都人有孝行母患渴非時思桑椹苦求不
遂家東一樹生摘以奉母母渴愈及亡負土成墳廬
於側白鵲二棲于廬冬筍抽十莖天寶二年詔旌表

朱梁高祖開平二年冬，商州進筍以爲瑞品，詔賜太守幣帛

林諝著閩中記述風土所生竹二十許類筍附而云何光遠作廣政録記孟氏有蜀時翰林學士徐光溥劉侍郎羲度分直忽覩庭中筍迸出徐因題之劉惟多譏誚徐託土本是蜀人徐詩曰迸出班犀數十株更添幽景向蓬壺出來似有凌雲勢用作丹梯得也無劉詩曰徐徐出土非人種枝葉難投日月壺爲是因緣生此地從他長養譬如無二學士從茲不睦

程崇雅者遂州蓬山縣人有孝譽母患冬月思筍焚香入林中哭泣感生大筍數株

范旻著邕管記有鹿頭筍諸色筍名類甚多不能備

述其名

五之雜説

凡草木受陰陽之氣從元化之主苟無範圍何大鈞鑄形而相肖故云木實從核以求其種〔柤爲梨屬 枳爲橘屬〕草萼從秀以求其醜〔葦醜芀〕竹之醜節種〔同蔗屬也〕厥性弱於木而強於草知非木實草木中之别類故爾雅曰如竹箭曰苞〔見釋木也〕篠箭〔見釋草也〕亦言菜〔筍爲人之所採取也〕民間説竹有生日即五月十三日也移竹栽取宜此日或陰雨土虚鞭行明年筍萌交出偷筍閭閻人隔垣籬必埋猫於家墻下明年筍迸過矣

筍皮扇今江東人取苦竹筍皮厚可三分磔開一尺五寸杉木爲柄漆紙飾緣内書畫適意止不受彩耳

筍皮僧家多取苦筍殼裁爲鞋屧中䌌可隔足汗耳

昔王子猷暫寄人家便令種竹或問暫居何煩子猷笑曰何可一日無此君後代人謂竹都爲此君今作譜者可命筍爲此君之子也

吾儕中有利口薄徒喜詆訶賢達曰汝是玉吾見汝作石時汝是竹吾見汝作筍時

俗聞呼筍爲龍孫若然者龍未聞化竹竹化爲龍豈宜言龍孫今詳理實竹爲龍龍且不生筍故嘉言巧論呼爲龍孫耳

或問筍有五色章采否對曰江東黄筀閑居賦有青筍閩中賦有素筍赤筍錢塘多紫桂筍自餘班狸緗縹不可勝言大約不過青緑色

本草木性甲乙氣

愚著物類相感志常寄書問天目舊友問山中所出伊僧嗜筍却迴詩云山中人事違天眼中修定〔天目一名天眼〕我本無根株只將筍爲命

諺曰臈月煑筍羹大人道便是昔有新婦不得舅姑意凡所須索必昔時而逆意其婦善承須不違所要皆巧圖與夫求變而副舅姑無以取責姑一日歲暮而索筍羹婦答即煑供上妯娌問之曰今臈月中何處求筍婦曰且應譽爲貴以順攘逆責耳其實何處求筍姑聞而後悔倍憐新婦故又諺曰恭敬不如從命受訓莫如從順

菌譜

芝菌皆氣茁也靈華三秀稱瑞尚矣朝菌晦朔莊生訕之至若儔其食品古則未聞自商山茹芝而五臺天花亦甲羣彙仙居介台括叢山入天仙靈所宮爰產異菌林居巖棲者左右芼之固黎莧之至腴蓴葵之上瑞比或以羞王公登玉食自有此山即有此菌未有此遇也遇不遇無預菌事緊欲盡菌之性而究其用第其品作菌譜淳祐乙巳秋九月山人陳仁玉序

合蕈

邑極西韋羌山高夐秀異寒極雪收林木堅瘦春氣微欲動土鬆芽活此菌候也菌質外褐色肌理玉潔芳薌韻味發釜鬲聞百步外蓋菌多種例柔美皆無香獨合蕈香與味稱雖靈芝之天花無是也非全德郎宜特尊之以冠諸菌合蕈始名舊傳昔嘗 上進標以台蕈 上遥見誤讀因承誤云數十年來既充苞貢山獠得善賈率曝乾以售罕獲生致邑孟溪山中亦同時產惟蕈柄高無香氣土人以是別於韋羌焉

稠膏蕈

邑西北孟谿山窅邃深莫測秋中山氣重霏雨零露浸釀山膏木腴蓓爲菌花戢戢多生山絕頂高樹杪初如蕊珠圓瑩類輕酥滴乳淺黃白色味尤甘勝巳乃傘張大幾掌味頓渝矣春時亦間生不能多稠膏得名土人謂稠木膏液所生耳合蕈他邦猶或有之此菌獨此邑此山所產故尤可貴鬻法當徐下鼎濳伺涫沸漉起謹勿匕撓撓則涎腥不可食性參和衆味而特全於酒烹齊既調溫厚滑甘雉尾蓴不足道也或欲致遠則複湯蒸熟貯之瓶罌然其味去出山遠矣

栗殼蕈

寒氣至稠膏將盡栗殼色者則其續也尚有典刑焉

松蕈

生松陰採無時凡物松出無不可愛松葉與脂伏靈琥珀皆松裔也昔之遁山服食求長年者寔松焉依人有病溲濁不禁者偶掇松下菌病良巳此其効也

竹蕈

生竹根味極甘當與筍通譜而菌爲北阮矣

麥蕈

多生溪邊沙壤鬆土中俗名麥丹蕈未詳味殊美絕類北方摩姑蕈品最優

玉蕈

生山中初寒時色潔皙可愛故謚爲玉然作羹微韌俗名寒蒲蕈

黃蕈

叢生山中梔鬱黃色俗名黃缵蕈又有名黃𦀚者殊峭硬有味

紫蕈

赬紫色亦山中產俗名紫富蕈品爲下

四季蕈

生林木中味甘而肌理麄峭不入品

鵝膏蕈

生高山狀類鵝子夂乃繖開味殊甘滑不謝稠膏然與杜蕈相亂杜蕈者生土中俗言毒蠚氣所成食之殺人甚美有惡宜在所黜食肉不食馬肝未爲不知味也凡中其毒者必笑解之宜以苦茗雜白礬勺新水併咽之無不立愈因著之俾山居者享其美而遠其害此譜外意也

菌譜

蟹譜

恠山　傅　肱　子　翼

蟹之爲物雖非登俎之貴然見於經引於傳著於子史志於隱逸歌詠於詩人雜出於小說皆有意謂焉故因益以今之所見聞次而譜之自總論而列爲上下二篇又叙其後聊亦以補博覽者所闕也神宋嘉祐四年冬序

總論

蟹水蟲也其字從虫（盰鬼反）亦曰魚屬故古文從魚作蟹以其外骨則曰介蟲取其橫行目爲螃蟹焉骨眼蜩腹蚷腦鱟足其爪類拳丁其螯類執鉞匡跪又皆外刺性復多躁或編諸繩縷或投諸笭箵則引聲噀沫必死方已類皆鰿育生於濟鄆者其色紺紫出於江浙者其色青白（此舉其所育多者爾凡有水之地不無此味）小者謂之蟚蜞中者謂之蟹匡長而銳者謂之蠞（音截）甚大者謂之蝤蛑雖皆有佳味獨蟹參於藥論耳明越谿澗石穴中亦出小蟹其色赤而堅俗呼爲石蟹與生伊洛者無異壓圓多腴而奪之螯臍長多瘠而與之蝦其於盛生夏者無遺穗以自充俗呼爲蘆根蟹（謂其止食芡蘆根）瘠小而味腥至八月則蛻形已蛻而形浸大秋冬之交稻粱已足各腹芒走江俗呼爲樂蟹最號肥美由江而納其芒於海中之魁遇冰雪則自伏淤泥不可得矣今人設啗具以案酒者此特爲之先置焉江淮間尚推重如此況非所育之地乎（何曾食疏弘君食撳虞悰飲食亦未必不珍此味也虞悰南史有傳惜名存而書亡此爲恨耳）曰蟚蜞者二月三月之盛出於海塗吳俗循所嗜尚歲或不至則指目禁煙謂非佳節也今之通泰其類寔繁然有同彭蜞差大而毛好耕穴田畝中謂之蟚基毒不可食晉蔡道明誤食之幾死尤宜慎辨也又多生於陂塘溝港穢雜之地往往因雨則瀕海之家列陣而上塡砌緣屋雖驅掃之不去也噫蟹雖微類至於輸芒以朝其魁其得自然之禮歟嗜慾已足捨陂港而之江海其得自然之智歟雖外則躁而內無他腸其得自然之正歟豈獨以其滋味飲食適人之口腹哉故論其略而冠諸二篇之首

上篇

離象

易之離象曰爲鼈爲蟹爲蠃爲蚌爲龜孔穎達云取其剛在外也

有匡

檀弓曰成人有其兄死而不爲衰者聞子皐將爲成宰爲衰成人曰蠶則績而蟹有匡范則冠而蟬有緌兄則死而子皐爲之衰孔穎達云蟹背殻似匡

仄行

周禮梓人爲簨簴別叙小虫蟹屬以爲雕琢鄭康成注云刻畫祭器博庶物也虫自外骨至胷鳴内有仄行者釋云蟹屬賈公彥䟽曰今人謂之螃蟹以其側行者也内郤行者螾衔之屬即由延也脰鳴者即蝦蟇也紆行者即蛇也案周禮祭器未有以由延旁蟹蝦蟇以蛇爲飾者不知起何法制且經文但云以雕琢耳康成専取爲祭器之飾義誠未安

蝤蠌

爾雅釋魚篇云蝤蠌小者蟧蟧螺屬見埤蒼或曰即蝤也似蟹而小

走遲

大司樂樂六變注蛤蟹走則遲

蟲孽

越王勾踐召范蠡曰吾與子謀吳子曰未可也今其稻蟹不遺種其可乎注蟹食稻對曰天應至矣人事未盡也王姑待之

性躁

荀子勸學篇云蟹六跪而二螯非蛇蟺之穴無所寄託者用心躁也注跪足也螯蟹首上如鉞者亭謂蟹皆八足此云六者謬文然今觀蟹行後兩小足不着地以其無用所略而不言

左持

晉春秋畢吏部卓字茂世嘗謂人曰左手持蟹螯右手執酒杯拍浮酒池中足樂一生哉

捕鼠

淮南子曰使蟹捕鼠必不得

不啖

虞預會稽典録云吞舟之魚不啖鰕蟹玉篇作鰕長鬚虫也能虎之爪不剥貍鼠

郭索

太玄銳首一蟹之郭索後蚓黄泉范明叔云一水也所稱泉亦爲水所稱蟹五爲裸所稱蚓言蟹之與蚓者用心之不一雖有郭索多足之蟹不如無足之蚓者以其用心之一也

蟚蜞

晉書蔡謨字明道初渡江見蟚蜞大喜曰蟹有八足加以二螯令烹之既食吐下委頓方知非蟹後詣謝尚而說之尚曰卿讀爾雅不熟幾爲勤學死

誅解系

晉解系字少連與趙王倫同討叛羌時倫信用佞人孫秀與系爭軍事更相表奏朝廷知系守正不撓而召倫還系表殺秀以謝氐羌不從後倫秀以宿憾收系兄弟梁王肜救系等倫曰我於水中見蟹且惡之況此人兄弟輕我邪遂害之

蛙矜

莊子秋水篇公子牟曰子獨不聞夫埳井之鼃乎謂東海之鼈曰吾樂與吾跳梁乎井幹之上入休乎闕甃之崖赴水則接掖持頤蹶泥則没足滅跗還虷音寒義云井中赤虫一名蛸蟹與科斗莫吾能若也

龜長

大戴禮云甲蟲三百六十四神龜爲之長蟹亦蟲之一也

侈味

南史何胤字子季出繼叔父曠所更字胤叔初胤侈於食味前必方丈後稍欲去甚者猶食白魚䱇市演反脯糖蟹以爲非見生物擬食蚶蠣使門人議之學生

鍾岏曰䱇魚就脯驟見屈伸蟹之將糖躁擾彌甚仁人用意深懷此怛至於車螯蚶蠣眉目內闕慚渾沌之竒獷殼外緘非金人之愼不悴不榮曾草木之不若無馨無臭與瓦礫其何殊故宜長充庖厨永爲口實

瑣蛣

郭景純江賦云瑣蛣腹蟹水母目蝦又松陵集注云瑣蛣似蚌常有一小蟹在腹中爲蛣出求食蟹或不至蛣餒死所以淮海人呼爲蟹奴

介蟲之孽

月令章句曰介者甲也謂龜蟹之屬後漢五行志

無腸公

抱朴子云山中無腸公子者蟹也

天文

釋典云十二星宮有巨蟹焉

食證

孟詵食療本草云蟹雖消食治胃氣理經絡然腹中有毒中之或致死急取大黃紫蘇冬瓜汁解之即差又云蟹目相向者不可食又云以鹽漬之甚有佳味沃以苦酒通利支節去五臟煩悶予謂亦不可与柹子同食發霍瀉

異名

中華古今注云蟚蜞小蟹也生海塗中食土一名長卿其一螯褊大者爲擁劍一名執火

誠嗜

混俗頤生論曰凡人常膳之間猪無筋魚無氣雞無髓蟹無腹皆物之稟氣不足者不可多食

兵異

軍略災篇云地忽生蟹當急遷砦柵不遷將士亡

集鼠

陶隱居云仙方以黑犬血灌蟹三日燒之諸鼠畢集

鱟類

郭景純傳山海經云鱟形如車文青黑色十二足長五六尺似蟹雌常負雄而行魚者取之必雙得即吳都賦所謂乘鱟者也呂延濟亦注云似蟹

浦名

南齊建武四年崔慧景作亂到都下今之金陵不克單馬

至蟹浦投漁人太叔榮之榮之故爲慧景門人時爲
蟹浦戍因斬慧景頭納鰌藍中送都下焉

畫

唐韓晉公滉善畫以張僧繇爲之師善狀人物異獸
水牛等外後妙於旁蟹

輸芒

孟詵食療本草云蟹至八月即啗芒兩莖長寸許東
嚮至海輸送蟹王之所陶隱居亦云今開蟹腹中猶
有海水乃是其證予謂即陸魯望云執穗以朝其魁
者也與夫羔羊跪乳蜂房會衙俱得自然之禮

蛉腹

唐顧況字逋翁混胎丈人攝魔還精符曰螟蛉之子
蝦目蟹腹即即周周兩不相掩此之謂體異而氣同

同鼠孽

唐陸龜蒙字魯望作稻鼠記引國語曰今吾稻蟹不
遺種豈吳人之土鼠與蟹更伺其便而効其力殲其
民歟

爲菑

晉隱逸傳夏統字仲御會稽永興人也幼孤貧養親
以孝睦聞初兄弟每採梠求食星行夜歸或至海邊
拘螊蠘以自資養

玉篇

八足蟹二螯八足蚽普流反似蟹二足亦見郭璞江賦蜅蟳上方武下布莫反蒲蟹也

月令

季冬行秋令介虫爲妖丑爲鼈蟹
羅願約新修蘇州圖經鳥獸蟲魚篇蟹居其末

圖經

琴聲

琴譜履霜操有蟹行聲

唐韻

蟚蜎戶八反似蟹而小亏謂即今之蟚蜎也一名蟚蜎耳虮五忽反蛤屬似蟹蟹水虫也
蝤蛑上自秋反下莫浮反似蟹而大生海邊蠞似蟹生海中亏謂於食品中與苣勝胡麻相宜螯
蟹屬螯蟹大脚也亏謂古今用螯跪字通作螯螃螃蟹釋云本蟹云俗加螃字亏案周禮疏推作
旁取其横行今字蓋虫乃是俗加陸德明所謂蟲屬要作虫旁草類皆從兩虫是也然則旁蟹之呼名古
矣但不當加虫字耳亏謂今秀州華亭縣濟村所出甚多小者謂之黃甲越人云和鹽泥養之可踰月
鯯魟下音功江蟲也形似蟹可食又音洪鯢鱧下音孩雄蟹也虷胡安反虷蟹一名蛸蟲
擁劍劍虫形似蟹崔豹古今注擁劍一名執火其螯赤謂之執火鯖蟹子也以水反又他果切
北
厴蟹腹下厴於琰反蝑鹽藏蟹事夜切江蜥寺絶反似蝤蛑生海中蚩虫似蟹四足音

說文

六足許慎說文云蟹六足二螯者也蛫九毀切唐韻云獸似龜白身赤首胥相居切蟹醢也
唐韻從虫鹽藏蟹

長生

陶隱居云仙方投蟹於漆中化爲水飲之長生

食莨

陶隱居云蟹未被霜者甚有毒以其食水莨也音建人
或中之不即療則多死至八月腹內有稻芒食之無
毒食證云大黃紫蘇冬瓜汁等是其所療方見食忌

斬王攄

晉書劉聰字玄明即僞位左都水使者襄陵王攄坐魚蟹不供斬于東市

藥證

本草云蟹蝑味鹹性寒有毒主胷中邪氣熱結痛喎僻面腫解結散血愈漆瘡養筋益氣取黃以塗久疽瘡無不差者又殺莨菪毒其爪大主破胞墮胎陳藏器本草云人或斷絕筋骨者取脛中髓及腦與黃微熬納瘡中即自然連續海藥本草云石蟹案廣州記云出南海祗是尋常蟹年深歲久日被水沫相把因茲化成石蟹每遇海潮即飄出又有一般者入洞穴年深亦成石蟹味鹹寒有毒主消青盲眼浮翳又主眼澁皆細研水飛入藥相佐用以點耳

蟹譜上篇

蟹譜下篇

恠山 傅 肱 子 翼

孝報

初杭俗嗜蟚蜞而鄙食蟹時有農夫田彦升者家於半道幼性至孝其母嗜蟹彦升慮其鄰比鬨笑常遠市於蘇湖間熟之以布囊貫歸俄而揚行密將田頵(於倫切)兵暴至鄉人皆竄避於山谷粮道不接或多餒死獨彦升挈囊負母竟以解免時人以爲純孝之報焉

殊類

震澤漁者陸氏子舉網得蟹其大如斗以螯剪其網皆斷陸氏子怒欲烹之其侶老於漁者遽進曰不可吾嘗聞龜蟹之殊類甚者必江湖之使也烹之不祥乃從而釋之蟹至水面横行里許方沒

貪化

神宗朝有大臣趙氏者某名雖於國功高然其性貪墨私門子弟苞苴上特優容之一日因錫宴上召伶官使諭己意伶者乃變易爲十五郎姓旁因命釣者俄

一人持竿而至遂於盤中引一蟹十五郎見而驚曰好手脚長我欲烹汝又念汝是同姓且釋汝翌日趙果出鎮近輔

採捕

今之採捕者於大江浦間承峻流環緯簾而障之其名曰斷音鍛於陂塘小溝港處則皆穴沮洳而居居人盤黒金作鈎狀置之竿首自探之夜則燃火以照咸附明而至焉若魚以餌而釣之

泉比

煎茶之法視其泉若蟹目然魚鱗然第一法

兵證

吳俗有蝦荒蟹亂之語蓋取其被堅執銳歲或暴至則鄉人用以為兵證也

貢評

國家貢口實於遠方者蛤蜊亦貢焉獨蟹不貢議者以為貢不貢固有差品予謂非也蛤蜊止生於海塗邇京州郡無有也故須上供旁蟹盛育於濟鄆商人輦負軌跡相継所聚之多不減於江淮奚煩遠貢哉予嘗見監御厨王染院云御食經中亦有煮蟹法但不常御錫命則進耳非謂無録而不在貢品

風蟲

蟹之腹有風蟲狀如木鼈子而小色白大發風毒食者宜去之

鬱洲

江淛諸郡皆出蟹而蘇尤多蘇之五邑婁縣為美即崑山也婁縣之中生鬱洲吳塘者又特肥大鬱洲即孫恩所保之地

食品

北人以蟹生析之酤以盐梅芼以椒橙盥手畢即可食目為洗手蟹

恠狀

吳沈氏子食蟹得背殻若鬼狀者眉目口鼻分布明白常寳翫之

斷弊

蟹至秋冬之交即自江順流而歸諸海蘇之人擇其江浦峻流處編簾以障之若犬牙焉致水不疾歸而歲常苦其患者有由然也雖州符遣卒俾令弃毀而吏民万端終不可禁羅江東云蛟蜃之為害也則絶流不顧漁人之鈎網噎水之病吳久矣又非蛟蜃之比絶流顧網其才識固自有小大哉長民者能推而不疑亦豊歲一助也

蟹杯

其斗之大者匡一名斗漁人或用以酌酒謂之蟹杯亦阿陵雲螺之流也阿陵酒樽用鼊魚殻謂之澁鋒蠏螯角內玄外黃松陵集海南人目螺之有文者曰雲螺亦用以酌酒

令旨

藝祖時嘗遣使至江表宋齊丘送於郊次酒行語熟使者啓令曰須啗二物各取南北所尚復以二物仍互用南北俚語使者曰先喫鱣魚又喫旁蟹一似拈

虬弄蝎齊丘繼聲曰先喫乳酪後喫喬團一似噇膿灌血時朝廷方草創用度不給倚江表爲外府故齊丘及之左右以令逼使之太甚相顧失色使者雅歎焉故歸朝而間行

蟹户

錢氏間置魚户蟹户專掌捕魚蟹若今台之藥户畦户睦之漆户比也

兵權

出師下砦之際忽見蟹則當呼爲横行介士權以安衆

蟹征

按周禮𣪠人職掌漁征入于玉府者貴其鬚骨之用以飾器物也今魚錐鯤鮪以至蝦蟹悉立征稅之目非若古人取鬚骨之意也二浙運使沈公立以歲征權奏罷之議者謂其識體

螺化

海中有小螺以其味辛謂之辣螺可食至二三月間多化爲蟚蜞今人有得蟚跪半成而尚留殼中者此其證也（近青龍鎮居民於江塗中得蟹螯蛻俱脱其自若初彼爲怪及熟烹去殼則將化爲蟬矣噫物之變化萬狀固不可究詰今觀蟬之首腹頗與蟹相類誠亦有是但慮驚俗又非予之所親見故附録之）

食珍

凡糟蟹用茱萸一粒置罌中經歲不沙

蟹浪

濟運居人夜則執火於水濱紛然而集謂之蟹浪

酒蟹

酒蟹須十二月間作於酒甕間撇清酒不得近糟和鹽浸蟹一宿却取出於罌中去其糞穢重實椒鹽訖疊淨器中取前所浸鹽酒更入少新撇者同煎一沸以别器盛之隔宿俟冷傾蟹中須令滿蟚蛆亦可依此法二三月間止用生乾煮酒

白蟹

秀州華亭縣出於三泖者最佳生於通陂塘者特大故鄉人呼爲泖蟹又亭林湖（近顧野王宅鄉人亦號爲顧亭林）於天聖末忽生白蟹（即海中所生蟹是也但蟹不生於淡水今忽有因號白蟹）瀕江之人以價倍常靡有孑遺止一年而種絶

溢浦摇江

吳人於港浦間用篙引小舟沉鐵脚網以取之謂之溢浦於江側相對引兩舟中間施網摇小舟徐行謂之摇江（上接斷下接於陂塘）

紀賦詠

蟹志（見陸龜蒙集）

中躁外撓兮冠帶之徂（陸龜蒙賦）

蟹奴晴上臨湘檻燕婢秋隨過海船（皮日休）

蟹因霜重金膏溢橘爲風多玉腦圓

二螯或把持（杜子美）

亥日饒蝦蟹（白樂天）

病中有人惠海蟹轉寄魯望（皮日休）

紺甲青筐染菭衣島夷初寄北人時離居定有石帆覺失伴唯應海月知族類分明連瑣𤥭瑣𤥭似小蚌有一小蟹在腹中𤥭出求食故淮海之人呼爲蟹奴形容好箇似蟚蜞病中無用雙螯處寄與夫君左手持

訓襲美見寄海蟹　陸龜蒙

藥盃應阻蟹螯香却乞江邊採捕郎自是揚雄知郭索太玄經云蟹之郭索且非何胤敢餦餭何胤侈於食味稍欲去其甚者猶有鮑腊糟蟹骨清猶似含春靄沫白還疑帶海霜強作南朝風雅客夜來偷醉早梅傍

蟹譜卷下　六

百川學海 癸集

荔枝譜 七篇

第一　莆陽蔡襄述

荔枝之於天下唯閩粵南粵巴蜀有之漢初南粵王尉佗以之備方物於是始通中國司馬相如賦上林云荅遝離支盖夸言之無有是也東京交阯七郡貢生荔枝十里一置五里一堠晝夜奔騰有毒虫猛獸之害臨武長唐羌上書言狀和帝詔太官省之魏文帝有西域蒲桃之比世譏其繆論豈當時南北斷隔所擬出於傳聞耶唐天寶中妃子尤愛嗜涪州歲命驛致時之詞人多所稱詠張九齡賦之以託意白居易刺忠州既形於詩又圖而序之雖髣髴顏色而甘滋之勝莫能著也洛陽取於嶺南長安來於巴蜀雖曰鮮獻而傳置之速腐爛之餘色香味之存者亡幾矣是生荔枝中國未始見之也九齡居易雖見新實驗今之廣南州郡與夔梓之間所出大率早熟肌肉薄而味甘酸其精好者僅比東閩之下等是二人者亦未始遇夫眞荔枝者也閩中唯四郡有之福州最多而興化軍最爲奇特泉漳時亦知名列品雖高而寂寥無紀將尤異之物昔所未有乎盖亦有之而未始遇乎人也予家莆陽再臨泉福二郡十年往還道由鄉國每得其尤者命工寫生秤集既多因而題目以爲倡始夫以一木之實生於海瀕巖險之遠而能名徹上京外被夷狄重於當世是亦有足貴者其於

果品卓然第一然性畏高寒不堪移殖而又道理遼絶曾不得班於盧橘江橙之右少發光采此所以爲之嘆惜而不可不述也

第二

興化軍風俗園池勝處唯種荔枝當其熟時雖有他果不復見省尤重陳紫富室大家歲或不嘗雖別品千計不爲滿意陳氏欲採摘必先閉户隔牆入錢度音鐸錢與之得者自以爲幸不敢較其直之多少也今列陳紫之所長以例衆品其樹晚熟其實廣上而圓下大可徑寸有五分香氣清遠色澤鮮紫殼薄而平瓤厚而瑩膜如桃花紅核如丁香母剥之凝如水精食之消如絳雪其味之至不可得而狀也荔枝以甘爲味雖百千樹莫有同者過甘與淡失味之中唯陳紫之於色香味自拔其類此所以爲天下第一也凡荔枝皮膜形色一有類陳紫則已爲中品若夫厚皮尖刺肌理黄色附核而赤食之有查食已而澁雖無酢味自亦下等矣

第三

福州種殖最多延貤原野洪塘水西尤其盛處一家之有至於萬株城中越山當州署之北鬱爲林麓暑雨初霽晚日照曜絳囊翠葉鮮明蔽映數里之間焜如星火非名畫之可得而精思之可述觀攬之勝無與爲比初著花時商人計林斷之以立券若後豊寡商人知之不計美惡悉爲紅鹽者水浮陸轉以入京師外至北戎西夏其東南舟行新羅日本流求大食之屬莫不愛好重利以醻之故商人販益廣而鄉人種益多一歲之出不知幾千萬億而鄉人得飫食者盖鮮以其斷林鬻之也品目至衆唯江家緑爲州之第一

第四

荔枝食之有益於人列仙傳稱有食其華實爲荔枝仙人本草亦列其功葛洪云蠲渴補髓所以唐羌疏曰未必延年益壽盖云雖有其傳豈果能哉亦諫止之詞也或以其性熱人有甘啖千顆未嘗爲疾即少覺熱以蜜漿解之其木堅理難老今有三百歲者枝葉繁茂生結不息此亦其驗也

第五

初種畏寒方五六年深冬覆之以護霜霰福州之西三舍曰水口地少加寒已不可殖大略其花春生蔌蔌然白色其色多少在風雨時與不時也有間歲生者謂之歇枝有仍歲生者半生半歇也春雨之際傍生新葉其色紅白六七月時色已變緑此明年開花者也今年實者明年歇枝也最忌麝香或遇之花實盡落其熟未更採摘虫鳥皆不敢近或已取之蝙蝠蜂蟻爭來蠹食園家有名樹旁植四柱小樓夜棲其上以警盜者又破竹五七尺摇之答答然以逼蝙蝠之屬

第六

紅盬（去聲）之法民間以盬梅鹵浸佛桑花爲紅漿投荔枝漬之曝乾色紅而甘酸可三四年不蟲（去聲）脩貢與商人皆便之然絶無正味白曬者正爾烈日乾之以核堅爲止畜之甕中密封百日謂之出汗（去聲）汗耐久不然踰歲壞矣福州舊貢紅盬蜜煎二種慶曆初太官問歲進之狀知州事沈邈以道遠不可致減紅盬之數而增白曬者兼令漳泉二郡亦均貢焉蜜煎剥生荔枝笮去其漿然後蜜煮之予前知福州用曬及半乾者爲煎色黄白而味美可愛其費荔枝減常歲十之六七然修貢者皆取於民後之主吏利其多取以責賂曬煎之法不行矣

第七（陳紫已下十二品有等次　虎皮已下二十品無等次）

陳紫因治居第平窊坎而樹之或云厥土肥沃之致今傳其種子者皆擇善壤終莫能及是亦賦生之異也

江緑大較類陳紫而差大獨香薄而味少淡故以次之其樹已賣蕖氏而民間猶以爲江家緑云

方家紅可徑二寸色味俱美言荔枝之大者皆莫敢擬歲生一二百顆人罕得之方氏子名蓁今爲大理寺丞

游家紫出名十年種自陳紫實大過之

小陳紫其樹去陳紫數十步初一家并種之及其成也差小又時有穗核者因而得名其家别居二紫亦分屬東西陳焉

宋公荔枝樹極高大實如陳紫而小甘美無異或云陳紫種出宋氏世傳其樹已三百歲舊屬王氏黄巢兵過欲斧薪之王氏媪抱樹號泣求與樹偕死賊憐之不伐宋公名誠公者老人之稱年餘八十子孫皆仕宦

藍家紅泉州爲第一藍氏兄弟圭爲太常博士丞爲尚書都官員外郎

周家紅獨立興化軍三十年後生益奇聲名乃損然亦不失爲上等

何家紅出漳州何氏世爲牙校嘗有郡將全樹買之樹在舍後將熟其子日領卒數十人穿其堂房乃至樹所其來無時舉家伏藏欲即伐去而不忍今猶存

焉

法石白出泉州法石院色青白其大次於藍家紅

緑核頗類江緑色丹而小荔枝皆紫核此以緑見異出福州

圓丁香丁香荔枝皆旁（去聲）蔕大而下鋭此種體圓與味皆勝

虎皮者紅色絶大繞腹有青紋正類虎斑嘗於福州東山大乘寺見之不知其出處

牛心者以狀言之長二寸餘皮厚肉澁福州唯有一株每歲貢乾荔枝皆調於民主吏常以牛心爲準民倍直購之以輸予嘗黜而不用

玳瑁紅荔枝上有黒點疎密如玳瑁斑福州城東有

之
硫黄顏色正黄而刺微紅亦小荔枝以色名之也
朱柹色如柹紅而扁大亦云朴柹出福州
蒲桃荔枝穗生一朶至一二百將熟多破裂凡荔枝每顆一梗長三五寸附於枝此等附枝而生樂天所謂朶如蒲桃者正謂是也其品殊下
蚶殼者殼為深渠如瓦屋焉
龍牙者荔枝之变恠者其殼紅可長三四寸彎曲如爪牙而無瓤核全樹忽變非常有也興化軍轉運司廳事之西嘗見之
水荔枝漿多而淡食之蠲渴荔枝宜依山或平陸有近水田者清泉流溉其味遂爾出興化軍

蜜荔枝純甘如蜜是謂過甘失味之中
丁香荔枝核如小丁香樹病或有之亦謂之穤核皆小實也
大丁香出福州天慶觀厚殼紫色瓤多而味微澁
雙髻小荔枝每朶數十皆並蔕雙頭因以目之
眞珠剖之純瓤圓白如珠荔枝之小者止於此
十八娘荔枝色深紅而細長時人以少女比之俚傳閩王王氏有女第十八好啖此品因而得名其冢今在城東報國院冢旁猶有此樹云
將軍荔枝五代間有為此官者種之後人以其官號其樹而失其姓名之傳出福州
釵頭顆紅而小可間婦人女子簪翹之側故特貴之

粉紅者荔枝多深紅而色淺者為異謂如傅朱粉之飾故曰粉紅
中元紅荔枝將絕纔熟以晚重於時予嘗七月二十四日得之
火山本出廣南四月熟味甘酸而肉薄穗生梗如枇杷閩中近亦有之山在梧州
右三十二品言姓氏尤其著者也言州郡記所出也不言姓氏州郡四郡或皆有也

荔枝譜

橘録序

橘出温郡最多種柑乃其別種柑自別為八種橘又自別為十四種棖子之屬類橘者又自別為五種合二十有七種而乳柑推第一故温人謂乳柑為真柑意謂他種皆若假設者而獨真柑為柑耳然橘亦出蘇州台州西出荆州而南出閩廣數十州皆木橘耳已不敢與温橘齒矧敢與真柑爭高下耶且温四邑俱種柑而出泥山者又傑然推第一泥山蓋平陽一孤嶼大都塊土不過覆釜其旁地廣袤只三二里許無連崗陰壑非有佳風氣之所淫漬鬱烝出三二里外其香味輒益遠益不逮夫物理何可攷耶或曰温並海地斥鹵宜橘與柑而泥山特斥鹵佳處物生其中故獨與他異予頗不然其説夫姑蘇丹丘與七閩兩廣之地往往多並海斥鹵何獨温而又豈無三二里得斥鹵佳處如泥山者自屈原司馬遷李衡潘岳王羲之謝惠連韋應物輩皆嘗言吳楚間出者而未嘗及温温最晚出晚出而群橘盡廢物之變化出没其浩不可攷如此以予意之温之學者繇晉唐間未聞有傑然出而與天下敵者至　國朝始盛至於今日尤號為文物極盛處豈亦天地光華秀傑不没之氣來鍾此土其餘英遺液猶被草木而泥山偶獨得其至美者耶予北人平生恨不得見橘著花然嘗從橘舟市橘亦未見佳者又安得所謂泥山者啗之去年秋把麾此來得一親見花而再食其實以為幸獨故事太守不得出城從遠遊無因領客入泥山香林中泛酒其下而客乃有遺予泥山者且曰橘之美當不減荔子荔子今有譜得與牡丹芍藥花譜並行而獨未有譜橘者予愛橘甚橘若有待於予不可以辭予因為之譜且妄欲自附於歐陽公蔡公之後亦有以表見温之學者足以夸天下而不獨在夫橘爾淳熙五年十月延安韓彦直序

橘録卷上

按開寳中陳藏器補神農本草書柑類則有朱柑乳柑黄柑石柑沙柑今永嘉所產實具數品且增多其目但名少異耳凢圃之所植柑比之橘纔十之一二大抵柑之植立甚難灌溉斸治少失時或歲寒霜雪頻作柑之枝頭殆無生意橘則猶故也得非瓊盃玉斝自昔易闕耶永嘉宰勾君璹有詩聲其詩曰只須霜一顆壓盡橘千奴則黄甘位在陸吉上不待辨而知

眞柑

眞柑在品類中最貴可珍其柯木與花實皆異凡木本多婆娑葉則纖長茂密濃陰蒲地花時韻特清遠逮結實顆皆圓正膚理如澤蠟始霜之旦園丁採以獻風味照座擘之則香霧噀人北人未之識者一見而知其爲眞柑矣一名乳柑謂其味之似乳酪温四邑之柑推泥山爲最泥山地不彌一里所產柑其大不七寸圍皮薄而味珍脉不黏瓣食不留滓一顆之核纔一二間有全無者南塘之柑比年尤盛太守燕賞爲秋日盛事前太守參政李公賞柑之詩曰忘機白鳥銜舩過堆案黄柑噀手香侍郎曽公之詞曰蒲樹葉繁枝重綴青黄千百皆佳句也

生枝柑

生枝柑似眞柑色青而膚麄形不圓味似石榴微酸崔豹古今注曰甘實形如石榴者爲壺柑疑此類是鄉人以其耐久留之枝間俟其味變甘帶葉而折堆之盤俎新美可愛故命名生枝

海紅柑

海紅柑顆極大有及尺以上圍者皮厚而色紅藏之久而味愈甘木高二三尺有生數十顆者枝重委地亦可愛是柑可以致遠今都下堆積道旁者多此種初因近海故以海紅得名

洞庭柑

洞庭柑皮細而味美比之他柑韻稍不及熟最早藏之至來歲之春其色如丹鄉人謂其種自洞庭山來故以得名東坡洞庭春色賦有曰命黄頭之千奴卷震澤而與還翠勺銀罌紫絡青綸物固唯所用醞釀得宜眞足以佐騷人之清興耳

朱柑

朱柑類洞庭而大過之色絶嫣紅味多酸以刀破之漬以塩始可食園丁云他柑必接唯朱柑不用接而成然鄉人不甚珍寵之賔祭斥不用

金柑

金柑在他柑特小其大者如錢小者如龍目色似金肌理細瑩圓丹可翫啜者不削去金衣若用以漬蜜尤佳歐陽文忠公歸田録載其香清味美置之樽俎間光彩灼爍如金彈丸誠珍果也都人初不甚貴其後因温成皇后好食之由是價重京師

木柑

木柑類洞庭少不慧耳膚理堅頑瓣大而乏膏液外彊中乾故得名以木

甜柑

甜柑類洞庭髙大過之每顆必八瓣不待霜而黄比之他柑加甜柑林未熟之日是柑最先摘置之席間青黄照人長者先嘗之子弟懷以歸爲親庭壽焉然是種不多見治圃者植一株二株焉故以少爲貴

棖子

棖子木有刺似朱欒而小永嘉植之不若古栝之盛比年始競有之經霜早黄膚澤可愛狀微有似眞柑但圓正細實非眞柑北人喜把翫之香氣馥馥可以熏袖可以芼鮮可以漬蜜眞嘉實也若真柑則無是二三者人自珍之得非瞭然在人耳目者葢眞柑之細邪

橘録卷上

橘録卷中

牛僧孺幽恠録有生於橘者摘剖之有四老人焉其一曰橘中之樂不減商山恨不能深根固蔕耳由是有橘隱名楚屈原作離騷其橘頌一章有曰后皇嘉樹橘采服受命不遷生南國宋謝惠連橘賦亦曰園有嘉樹橘柚煌煌以是知橘實佳物昔人所愛慕若此孔安國曰小曰橘大曰柚郭璞亦云柚以橙而大於橘温無柚而種橙者少非土所宜也本草載橘柚味辛温無毒主去胷中瘕熱利水穀止嘔欬久服通神輕身長年陶隱居云此言橘皮之功効若此其實之味甘酸食之多痰無益其説爲是隱居不敢輕注本草葢此類也陳藏器補本草謂橘之類有朱橘乳橘塌橘山橘黄淡子今類見之

黄橘

黄橘狀比之柑差褊小而香霧多於柑歲雨暘以時則肌充而味甘其圍四寸色方青黄時風味尤勝過是則香氣少減惟遇黄柑則避舍置之海紅生枝柑間未知其孰後先名之曰千奴真屈稱也

塌橘

塌橘狀大而褊其南枝之向陽者外緑而心甚紅經春味極甘美瓣大而多液其種不常有特橘之次也

包橘

包橘取其纍纍然若包聚之義是橘外薄内盈隔皮脉瓣可數有一枝而生五六顆者懸之極可愛然土

膏而樹壯者多有之不稱[redacted]也

綿橘

綿橘微小極軟美可愛故以名圃中間見一二樹結子復稀物以罕見爲奇此橘是也

沙橘

沙橘取細而甘美之稱或曰種之沙洲之上地虛而宜於橘故其味特珍然邦人稱物之小而甘美者必曰沙如沙瓜沙蜜沙糖之類特方言耳

荔枝橘

荔枝橘多出於橫陽膚理皺密類荔子故以取名橫陽與閩接軫荔子稱奇于閩黃橘擅美于温故慕而名之有言橘踰淮爲枳植物豈能變哉疑似之亂名

多此類

軟條穿橘

軟條穿橘其榦弱而條遠結實頗大皮色光澤滋味有餘其心虛有瓣如蓮子穿其中蓋接橘之始以枝之杪者爲之其體性終弱不可以犯霜不可以耐久又名爲女兒橘

油橘

油橘皮似以油飾之中堅而外黑蓋橘之若柤若柚者譬之而不聞其香食之而不可於口是又橘之僕奴也

緑橘

緑橘比他柑微小色紺碧可愛不待霜食之味已珍留之枝間色不盡變隆冬採之生意如新橫陽人家時有之不常見也

乳橘

乳橘狀似乳柑且極甘芳得名又名漳橘其種自漳浦來皮堅穰多味絕酸不與常橘齒鄉人以其頗魁梧時置之客間堪與飣座梨相值耳他日有以乳橘爲眞柑者特碔砆之似玉也

金橘

金橘生山逕間比金柑更小形色頗類木高不及尺許結實繁多取者多至數升肉瓣不可分止一核味不可食惟宜植之欄檻中園丁種之以鬻於市亦名山金柑周美成詞有露葉烟梢寒色重攢星低映小

珠簾爲是橘作

自然橘

自然橘謂以橘子下種待其長歷十年始作花結實味甚美由其本性自然不雜之人爲故其味全蓋他柑與橘必以柑淡子著土俟其婆娑作樹以枝接之爲柑爲橘爲多種俱非天也故是橘以自然名之然十年之計種之以木今之闢圃者多不年歲間爬其膚以驗其枯榮糞其本以計其久近誰能遲十年之久以收効耶是橘名之曰自然當矣接木之詳見於下篇

早黃橘

早黃橘著花結子比其類獨早秋始半其心已丹千

頭方酸而早黃橘之微甘已回齒頰矣王右軍帖有曰奉橘三百枚霜未降未可多得豈是類邪

凍橘

凍橘其顆如常橘之半歲八月人目爲小春枝頭時作細白花既而橘已黃千林已盡乃始傲然冰雪中著子甚繁春二三月始採之亦可愛前輩詩有曰梅柳攙先桃李晩東風元是一般春此詩不獨詠桃李物理皆然

朱欒

朱欒顆圓實皮麄瓣堅味酸惡不可食其大有至尺三四寸圍者摘之置几案間久則其臭如蘭是品雖不足珍然作花絶香鄉人拾其英烝香取其核爲種析其皮入藥最有補於時其詳具見下篇

香欒

香欒大於朱欒形圓色紅芳馨可翫

香圓

香圓木似朱欒葉尖長枝間有刺植之近水乃生其長如瓜有及一尺四五寸者清香襲人橫陽多有之土人置之明窻淨几間頗可賞翫酒闌幷刀破之葢不減新橙也葉可以藥病 藥疑作療

枸橘

枸橘色青氣烈小者似枳實大者似枳殼能治逆氣心胷痺痛中風便血醫家多用之

橘録卷中

橘録卷下

種治

柑橘宜斥鹵之地四邑皆距江海不十里凡圃之近塗泥者實大而繁味尤珍耐久不損名曰塗柑販而遠適者遇塗柑則爭售方種時高者畦壟溝以泄水每株相去七八尺歲四耡之薙盡草冬月以河泥壅其根夏時更溉以糞壤其葉沃而實繁者斯爲園丁之良

始栽

始取朱欒核洗淨下肥土中一年而長名曰柑淡其根荄蔟蔟然明年移而疎之又一年木大如小兒之拳遇春月乃接取諸柑之佳與橘之美者經年向陽之枝以爲貼去地尺餘細鋸截之剔其皮兩枝對接勿動搖其根撥掬土實其中以防水蒻護其外麻束之緩急高下俱得所以候地氣之應接樹之法載之四時纂要中是葢老圃者能之工之良者揮斤之間氣質隨異無不活者過時而不接則花實復爲朱欒人力之有參於造化每如此

培植

樹高及二三尺許翦其最下命根以瓦片抵之安於上雜以肥泥實築之始發生命根不斷則根迸于上中枝葉乃不茂盛

去病

木之病有二蘚與蠹是也樹稍久則枝榦之上苔蘚

生焉一不去則蔓衍日滋木之膏液蔭蘚而不及木故枝榦老而枯善圃者用鐵器時刮去之删其繁枝之不能華實者以通風日以長新枝木間時有蛀屑流出則有蟲蠧之相視其穴以物鉤索之則蟲無所容仍以眞杉木作釘窒其處不然則木心受病日以枝葉自凋異時作實瓣間亦有虫食柑橘每先時而黃者皆其受病於中治之以早乃可

澆灌

圃中貴雨暘以時旱則堅苦而不長雨則暴長而皮多拆或瓣不實而味淡園丁溝以泄水俾無浸其根方亢陽時抱甕以潤之糞壤以培之則無枯瘁之患

採摘

歲當重陽色未黃有採之者名曰摘青舟載之江浙間青柑固人所樂得然採之不待其熟巧於商者間或然爾及經霜之二三夕纔盡翦遇天氣晴霽數十輩爲群以小翦就枝間平蔕斷之輕置筐筥中護之必甚謹懼其香霧之裂則易壞霧之所漸者亦然尤不便酒香凡採者竟日不敢飲

收藏

採藏之日先淨埽一室密糊之勿使風入布稻藁其間堆柑橘於地上屏遠酒氣旬日一翻揀之遇微損謂之點柑即揀出否則侵損附近者屢汰去之存而待賈者十之五六人有掘地作坎攀枝條之垂者覆之以土至明年盛夏時開取之色味猶新但傷動枝苗次年不生耳

製治

朱欒作花比柑橘絶大而香就樹採之用箋香細作片以錫爲小甑每入花一重則實香一重使花多於香竅花甑之旁以溜汗液用器盛之炊畢徹甑去花以液浸香明日再烝凡三換花始暴乾入甆器密盛之他時焚之如在柑林中柑橘并金柑皆可切瓣勿離之壓去核漬之以蜜金柑著蜜尤勝他品鄉人有用糖爊橘者謂之藥橘入篘之灰于鼎間色乃黑可以將遠又橘微損則去皮以肉瓣安竈間用火熏之曰熏柑置之糖蜜中味亦佳

入藥

橘皮最有益於藥去盡脉則爲橘紅青橘則爲青皮皆藥之所須者大抵橘皮性温平下氣止蘊熱攻痰瘧服久輕身至橘子尤理腰膝近時難得枳實人多植枸橘于籬落間收其實剖乾之以之和藥味與商州之枳幾逼眞矣枸橘又未易多得取朱欒之小者半破之日暴以爲枳異方醫者不能辨用以治疾亦愈藥貴於愈疾而已孰辨其爲眞僞耶

橘録卷下

南方草木狀目録

卷上

草類

卷中

木類

卷下

果類

竹類

南方草木狀目録終

南方草木狀卷上 并序

永興元年十一月丙子振威將軍襄陽太守嵇　含　撰

南越交趾植物有四裔最爲奇周秦以前無稱焉自漢武帝開拓封疆搜來珍異取其尤者充貢中州之人或昧其狀乃以所聞詮叙有裨子弟云爾

甘蕉望之如樹株大者一圍餘葉長一丈或七八尺廣尺餘二尺許花大如酒杯形色如芙蓉著莖末百餘子大名爲房相連累甜美亦可蜜藏根如芋魁大者如車轂實隨華每華一闔各有六子先後相次子不俱生花不俱落一名芭蕉或曰巴苴剥其子上皮色黄白味似蒲萄甜而脆亦療飢此有三種子大如拇指長而鋭有類羊角名羊角蕉味最甘好一種子大如雞卵有類牛乳名牛乳蕉微减羊角一種大如藕子長六七寸形正方少甘最下也其莖解散如絲以灰練之可紡績爲絺綌謂之蕉葛雖脆而好黄白不如葛赤色也交廣俱有之三輔黄圖曰漢武帝元鼎六年破南越建扶荔宮以植所得奇草異木有甘蕉二本

耶悉茗花末利花皆胡人自西國移植於南海南人憐其芳香競植之陸賈南越行紀曰南越之境五穀無味百花不香此二花特芳香者緣自胡國移至不隨水土而變與夫橘北爲枳異矣彼之女子以綵絲穿花心以爲首飾

末利花似薔薇之白者香愈於耶悉茗

豆蔻花其苗如蘆其葉似薑其花作穗嫩葉卷之而生花微紅穗頭深色葉漸舒花漸出舊說此花食之破氣消痰進酒增倍泰康二年交州貢一篋上試之有驗以賜近臣

山薑花莖葉即薑也根不堪食於葉間吐花作穗如麥粒軟紅色煎服之治冷氣甚效出九真交趾

鶴草蔓生其花麴塵色淺紫蔕葉如柳而短當夏開花形如飛鶴觜翅尾足無所不備出南海云是媚草上有蟲老蛻爲蝶赤黄色女子藏之謂之媚蝶能致其夫憐愛

甘藷蓋薯蕷之類或曰芋之類根葉亦如芋實如拳有大如甌者皮紫而肉白蒸鬻食之味如薯蕷性不甚冷舊珠崖之地海中之人皆不業耕稼惟掘地種甘藷秋熟收之蒸曬切如米粒倉圌貯之以充糧糗是名藷糧北方人至者或盛具牛豕膾炙而末以甘藷薦之若粳粟然大抵南人二毛者百無一二惟海中之人壽百餘歲者由不食五穀而食甘藷故爾

花之美者有水蓮如蓮而莖紫柔而無刺

水蕉如鹿葱或紫或黄吴永安中孫休嘗遣使取二花終不可致但圖畫以進

蒟醬蓽茇也生於蕃國者大而紫謂之蓽茇生於番禺者小而青謂之蒟焉可以調食故謂之醬焉交趾九真人家多種蔓生

菖蒲番禺東有澗澗中生菖蒲皆一寸九節安期生

採服仙去但留玉舄焉

留求子形如梔子稜瓣深而兩頭尖似訶梨勒而輕及半黃已熟中有肉白色甘如棗核大治嬰孺之疾南海交阯俱有之

諸蔗一曰甘蔗交阯所生者圍數寸長丈餘頗似竹斷而食之甚甘笮取其汁曝數日成飴入口消釋彼人謂之石蜜吳孫亮使黃門以銀椀并蓋就中藏吏取交州所獻甘蔗餳黃門先恨藏吏以鼠屎投餳中啓言吏不謹亮呼吏持餳器入問曰此器既蓋之且有油覆無緣有此黃門將有恨汝吏叩頭曰嘗從臣求莞席臣以席有數不敢與亮曰必是此問之具服南人云甘蔗可消酒又名干蔗司馬相如樂歌曰太尊蔗漿折朝酲是其義也泰康六年扶南國貢諸蔗一丈三節

草麴南海多美酒不用麴蘗但杵米粉雜以衆草葉冶葛汁滫溲之大如卵置蓬蒿中蔭蔽之經月而成用此合糯爲酒故劇飲之既醒猶頭熱涔涔以其有毒草故也南人有女數歲即大釀酒既漉候冬陂池竭時寘酒罌中密固其上瘞陂中至春瀦水滿亦不復發矣女將嫁乃發陂取酒以供賀客謂之女酒其味絕美

芒茅枯時瘴疫大作交廣皆爾也土人呼曰黃茅瘴又曰黃芒瘴

南方冬無積藁灝海郡邑多馬有草葉類梧桐而厚取以秣馬謂之肥馬草馬頗嗜而食果肥壯矣

冬葉薑葉也苞苴物交廣皆用之南方地熱物易腐敗惟冬葉藏之乃可持久

蒲葵如栟櫚而柔薄可爲葵笠出龍川

藥有乞力伽术也瀕海所產一根有至數斤者劉涓子取以作煎令可丸餌之長生

赬桐花嶺南處處有自初夏生至秋蓋草也葉如桐其花連枝萼皆深紅之極者俗呼貞桐花貞皆訛也

水葱花葉皆如鹿葱花色有紅黃紫三種出始興婦人懷姙佩其花生男者即此花非鹿葱也交廣人佩之極有驗然其土多男不厭女子故不常佩也

蕪菁嶺嶠已南俱無之偶有士人因官攜種就彼種之出地則變爲芥亦橘種江北爲枳之義也至曲江方有菘彼人謂之秦菘

茄樹交廣草木經冬不衰故蔬圃之中種茄宿根有三五年者漸長枝榦乃成大樹每夏秋盛熟則梯樹採之五年後樹老子稀即伐去之別栽嫩者

綽菜夏生於池沼間葉類茨菰根如藕條南海人食之云令人思睡呼爲瞑菜

蕹葉如落葵而小性冷味甘南人編葦爲筏作小孔浮於水上種子於水中則如萍根浮水面及長莖葉皆出於葦筏孔中隨水上下南方之奇蔬也冶葛有大毒以蕹汁滴其苗當時萎死世傳魏武能啖冶葛至一尺云先食此菜

冶葛毒草也蔓生葉如羅勒光而厚一名胡蔓草寘毒者多雜以生蔬進之悟者速以藥解不爾半日輒死山羊食其苗即肥而大亦如鼠食巴豆其大如㹠蓋物類有相伏也

吉利草其莖如金釵股形類石斛根類芍藥交廣俚俗多蓄蠱毒惟此草解之極驗吳黃武中江夏李侯以罪徙合浦始入境遇毒其奴吉利者偶得是草與侯服遂解吉利即遁去不知所之侯因此濟人不知其數遂以吉利爲名豈李侯者徒非其罪或侯自有隱德神明啓吉利者救之耶

良耀草枝葉如麻黃秋結子如小栗煨食之解毒功用亞於吉利始者有得是藥者梁氏之子耀亦以爲名梁轉爲良爾花白似牛李出高涼

蕙草一名薰草葉如麻兩兩相對氣如蘼蕪可以止癘出南海

凡草木之華者春華者冬秀夏華者春秀秋華者夏秀冬華者秋秀其華竟歲故婦女之首四時未嘗無華也

南方草木狀卷上

南方草木狀卷中

楓人五嶺之間多楓木歲久則生瘤癭一夕遇暴雷驟雨其樹贅暗長三五尺謂之楓人越巫取之作術有通神之驗取之不以法則能化去

楓香樹似白楊葉圓而岐分有脂而香其子大如鴨卵二月華發乃著實八九月熟曝乾可燒惟九真郡有之

薰陸香出大秦在海邊有大樹枝葉正如古松生於沙中盛夏樹膠流出沙上方採之

榕樹南海桂林多植之葉如木麻實如冬青樹幹拳曲是不可以爲器也其本稜理而深是不可以爲材也燒之無焰是不可以爲薪也以其不材故能久而無傷其蔭十畝故人以爲息焉而又枝條既繁葉又茂細軟條如藤垂下漸漸及地藤梢入土便生根節或一大株有根四五處而橫枝及鄰樹即連理南人以爲常不謂之瑞木

益智子如筆毫長七八分二月花色若蓮著實五六月熟味辛雜五味中芬芳亦可鹽曝出交趾合浦建安八年交州刺史張津嘗以益智子粽餉魏武帝

桂出合浦生必以高山之巔冬夏常青其類自爲林間無雜樹交趾置桂園桂有三種葉如柏葉皮赤者爲丹桂葉似柿葉者爲菌桂其葉似枇杷葉者爲牡桂三輔黃圖曰甘泉宮南有昆明池池中有靈波殿以桂爲柱風來自香

朱槿花莖葉皆如桑葉光而厚樹高止四五尺而枝葉婆娑自二月開花至中冬即歇其花深紅色五出大如蜀葵有蘂一條長於花葉上綴金屑日光所爍疑若焰生一叢之上日開數百朵朝開暮落插枝即活出高凉郡一名赤槿一名日及

指甲花其樹高五六尺枝條柔弱葉如嫩榆與耶悉茗末利花皆雪白而香不相上下亦胡人自大秦國移植于南海而此花極繁細纔如半米粒許彼人多折置襟袖間盖資其芬馥爾一名散沫花

蜜香　沉香　鷄骨香　黄熟香

棧香　青桂香　馬蹄香　鷄舌香

案此八物同出於一樹也交趾有蜜香樹幹似柜柳其花白而繁其葉如橘欲取香伐之經年其根幹枝節各有别色也木心與節堅黑沉水者爲沉香與水面平者爲鷄骨香其根爲黄熟香其幹爲棧香細枝緊實未爛者爲青桂香其根節輕而大者爲馬蹄香其花不香成實乃香爲鷄舌香珍異之木也

桄榔樹似栟櫚實其皮可作綆得水則柔韌胡人以此聯木爲舟皮中有屑如麪多者至數斛食之與常麪無異木性如竹紫黑色有文理工人解之以製弈枰出九真交趾

訶梨勒樹似木梡花白子形如橄欖六路皮肉相着可作飲變白髭髮令黑出九真

蘇枋樹類槐花黑子出九眞南人以染絳漬以大庾之水則色愈深

水松葉如檜而細長出南海土産衆香而此木不大香故彼人無佩服者嶺北人極愛之然其香殊勝在南方時植物無情者也不香於彼而香於此豈屈於不知已而伸於知已者歟物理之難窮如此

刺桐其木爲林三月三時布葉繁密後有花赤色間生葉間旁照他物皆朱殷然三五房凋則三五復發如是者竟歲九眞有之

棹樹幹葉俱似椿以其葉鬻汁漬果呼爲棹汁若以棹汁雜彘肉食者即時爲雷震死棹出高凉郡

杉一名披粘合浦東二百里有杉一樹漢安帝永初五年春葉落隨風飄入洛陽城其葉大常杉數十倍術士廉盛曰合浦東杉葉也此休徵當出王者帝遣使驗之信然乃以千人伐樹役夫多死者其後三百人坐斷株上食過足相容至今猶存

荆寧浦有三種金荆可作枕紫荆堪作牀白荆堪作履與他處牡荆蔓荆全異又彼境有杜荆指病自愈節不相當者月暈時刻之與病人身齊等置牀下雖危困亦愈

紫藤葉細長莖如竹根極堅實重重有皮花白子黑置酒中歷二三十年亦不腐敗其莖截置烟炱中經時成紫香可以降神

榼藤依樹蔓生如通草藤也其子紫黑色一名象豆三年方熟其殼貯藥歷年不壞生南海解諸藥毒

蜜香紙以蜜香樹皮葉作之微褐色有紋如魚子極香而堅韌水漬之不潰爛泰康五年大秦獻三萬幅常以萬幅賜鎮南大將軍當陽侯杜預令寫所撰春秋釋例及經傳集解以進未至而預卒詔賜其家令上之

抱香履抱木生於水松之旁若寄生然極柔弱不勝刀鋸乘濕時刳而爲履易如削瓜既乾則韌不可理也履雖猥大而輕者若通脱木風至則隨飄而動夏月納之可禦蒸濕之氣出扶南大秦諸國泰康六年扶南貢百雙帝深歎異然哂其制作之陋但置諸外府以備方物而已按東方朔瑣語曰木履起於晉文公時介之推逃禄自隱抱樹而死公撫木哀歎遂以爲履每懷從亡之功輙俯視其履曰悲乎足下足下之稱亦自此始也

南方草木狀卷中

南方草木狀卷下

檳榔樹高十餘丈皮似青桐節如桂竹下本不大上枝不小調直亭亭千萬若一森秀無柯端頂有葉葉似甘蕉條派開破仰望眇眇如插叢蕉於竹杪風至獨動似舉羽扇之掃天葉下繫數房房綴數十實實大如桃李天生棘重累其下所以禦衛其實也味苦澁剖其皮鬻其膚熟如貫之堅如乾棗以扶留藤古賁灰并食則滑美下氣消穀出林邑彼人以爲貴婚族客必先進若邂逅不設用相嫌恨一名賔門藥餞

荔枝樹高五六丈餘如桂樹緑葉蓬蓬冬夏榮茂青華朱實實大如雞子核黄黒似熟蓮實白如肪甘而多汁似安石榴有甜酢者至日將中翕然俱赤則可食也一樹下子百斛三輔黄圖曰漢武帝元鼎六年破南越建扶荔宫扶荔者以荔枝得名也自交趾移植百株于庭無一生者連年移植不息後數歲偶一株稍茂然終無華實帝亦珍惜之一旦忽萎死守吏坐誅死者數十遂不復茂矣其實則歲貢焉郵傳者疲斃於道極爲生民之患

椰樹葉如栟櫚高六七丈無枝條其實大如寒瓜外有麄皮次有殼圓而且堅剖之有白膚厚半寸味似胡桃而極肥美有漿飲之得醉俗謂之越王頭云昔林邑王與越王有故怨遣俠客刺得其首懸之於樹俄化爲椰子林邑王憤之命剖以爲飲器南人至今效之當刺時越王大醉故其漿猶如酒

楊梅其子如彈丸正赤五月中熟熟時似梅其味甜酸陸賈南越行紀曰羅浮山頂有胡楊梅山桃繞其際海人時登採拾止得於上飽啖不得持下東方朔林邑記曰林邑山楊梅其大如杯椀青時極酸既紅味如崖蜜以醞酒號梅香酎非貴人重客不得飲之

橘白華赤實皮馨香有美味自漢武帝交趾有橘官長一人秩二百石主貢御橘吳黃武中交趾太守士燮獻橘十七實同一蔕以爲瑞異群臣畢賀

柑乃橘之屬滋味甘美特異者也有黃者有赬者赬者謂之壺柑交趾人以席囊貯蟻鬻於市者其窠如薄絮囊皆連枝葉蟻在其中并窠而賣蟻赤黃色大於常蟻南方柑樹若無此蟻則其實皆爲群蠹所傷無復一完者矣今華林園有柑二株遇結實上命群臣宴飲于旁摘而分賜焉

橄欖樹身聳枝皆高數丈其子深秋方熟味雖苦澁咀之芬馥勝含雞骨香吳時歲貢以賜近侍本朝自泰康後亦如之

龍眼樹如荔枝但枝葉稍小殼青黃色形圓如彈丸核如木梡子而不堅肉白而帶漿其甘如蜜一朶五六十顆作穗如蒲萄然荔枝過即龍眼熟故謂之荔枝奴言常隨其後也東觀漢記曰單于來朝賜橙橘龍眼荔枝魏文帝詔群臣曰南方果之珍異者有龍眼荔枝令歲貢焉出九真交趾

海棗樹身無閑枝直聳三四十丈樹頂四面共生十餘枝葉如栟櫚五年一實實甚大如杯盌核兩頭不尖雙卷而圓其味極甘美安邑御棗無以加也泰康五年林邑獻百枚昔李少君謂漢武帝曰臣嘗遊海上見安期生食臣棗大如瓜非誕說也

千歲子有藤蔓出土子在根下鬚綠色交加如織其子一苞恒二百餘顆皮殼青黃色殼中有肉如栗味亦如之乾者殼肉相離撼之有聲似肉豆蔻出交趾

五歛子大如木瓜黃色皮肉脆軟味極酸上有五稜如刻出南人呼稜爲歛故以爲名以蜜漬之甘酢而美出南海

鉤緣子形如瓜皮似橙而金色胡人重之極芬香肉甚厚白如蘆菔女工競雕鏤花鳥漬以蜂蜜點燕檀巧麗妙絕無與爲比泰康五年大秦貢十缶帝以三缶賜王愷助其珍味夸示於石崇

海梧子樹似梧桐色白葉似青桐有子如大栗肥甘可食出林邑

海松子樹與中國松同但結實絕大形如小栗三角肥甘香美亦鐏俎間佳果也出林邑

菴摩勒樹葉細似合昏花黃實似李青黃色核圓作六七稜食之先苦後甘術士以變白鬚髮有驗出九真

石栗樹與栗同但生於山石罅間花開三年方結實其殼厚而肉少其味似胡桃人熟時或爲群鸚鵡至啄食略盡故彼人極珍貴之出日南

人面子樹似含桃結子如桃實無味其核正如人面故以爲名以蜜漬之稍可食以其核可玩於席間飣餖禦客出南海

雲丘竹一節爲船出扶南然今交廣有竹節長二丈其圍一二丈者往往有之

篻簩竹皮薄而空多大者徑不過二寸皮麄澁以鎊犀象利勝於鐵出大秦

石林竹似桂竹勁而利削爲刀割象皮如切芋出九眞交趾

思摩竹如竹大而筍生其節筍既成竹春而筍復生節焉交廣所在有之

箄竹葉踈而大一節相去六七尺出九眞彼人取嫩者磓浸紡績爲布謂之竹踈布

越王竹根生石上若細荻高尺餘南海有之南人愛其青色用爲酒籌云越王棄餘筭而生竹

南方草木狀卷下

竹譜

晉武昌戴　凱之　慶豫撰

植類之中有物曰竹不剛不柔非草非木

山海經爾雅皆言以竹爲草事經聖賢未有改易然則稱草良有難安竹形類既自乖殊且經中文說又自背伐經云其草多族復云其竹多篙又云雲山有桂竹若謂竹是草不應稱竹今既稱竹則非草可謂知矣竹是一族之總名一形之偏稱也植物之中有草木竹猶動品之中有魚鳥獸也年月久遠傳寫謬誤今日之疑或非古賢之過也而此之學者謂事經前賢不敢辨正何異匈奴惡郅都之名而畏木偶之質耶

小異空實大同節目

夫竹之大體多空中而時有實十或一耳故曰小異然雖有空實之異而未有竹之無節者故曰大同

或茂沙水或挺巖陸

桃枝篔簹多植水渚篁篠之屬必生高燥

條暢紛敷青翠森肅質雖冬蒨性忌殊寒九河鮮育五嶺實繁

九河即徒駭太史馬頰覆釜胡蘇簡絜鉤盤鬲津禹所導也在平原郡五嶺之說互有異同余往交州行路所見兼訪舊老考諸古志則今南康始安臨賀爲北嶺臨漳寧浦爲南嶺五都界内各有一嶺以隔南北之水俱通南越之地南康臨賀始安三郡通廣州寧浦臨漳二郡在廣州西南通交州或趙他所通或馬援所併厥跡在焉故陸機請伐鼓五嶺表道九眞也徐廣雜記以剡松陽建安康樂爲五嶺其謬遠矣俞益期與韓康伯以晉興所統南移大營九岡爲五嶺之數又其謬也九河鮮育忌隆寒也五嶺實繁好殊溫也

萌筍苞籜夏多春鮮根幹將枯花䈏乃縣

竹生花實其年便枯死䈏竹實也䈏音福

䈙必六十復亦六年

竹六十年一易根易根輒結實而枯死其實落土復生六年遂成町竹謂死爲䈙䈙音紂

䉵龍之美爰自崑崙

䉵龍竹名黃帝使伶倫伐之於崑崙之墟吹以應律聲譜云䉵龍大竹此言非大小之稱笛賦云䉵龍非也自一竹之名耳所生若是大竹豈中律管與笛

員丘帝竹一節爲船巨細已聞形名未傳

員丘帝俊竹一節爲船郭注云一節爲船未詳其義俊即舜字假借也

桂實一族同稱異源

桂竹高四五丈大者二尺圍闊節大葉狀如甘竹而皮赤南康以南所饒也山海經云靈原桂

竹傷人則死是桂竹有二種名同實異其形未
詳
衛尤勁薄博矢之賢
衛細竹也出蜀志薄肌而勁中三續射博箭衛
音衛見三倉
篁任篙笛體特堅圓
篁竹堅而促節體圓而質堅皮白如霜粉大者
宜行船細者爲笛篁音皇見三倉
棘竹駢深一叢爲林根如椎輪節若束針亦曰笆竹
城固是任篾筍既食鬚髮則侵
棘竹生交州諸郡叢初有數十莖大者二尺圍
肉至厚實中夷人破以爲弓枝節皆有刺彼人
種以爲城卒不可攻萬震異物志所種爲藩落
阻過層墉者也或卒崩根出大如十石物縱横
相承如繅車一名笆竹見三倉筍味落人鬚髮
單體虛長各有所育
單竹大者如腓虛細長爽嶺南夷人取其筍未
及竹者灰煮績以爲布其精者如穀焉
苦實稱名甘亦無目
苦竹有白有紫而味苦甘竹似篁而茂葉下節
味甘合湯用之此處處亦有
弓竹如藤其節卻曲生多卧土立則依木長幾百尋
狀若相續質雖含文須膏乃縛
弓竹出東垂諸山中長數十丈每節輒曲既長

且軟不能自立若遇木乃倚質有文章然要須
膏塗火灼然後出之篾卧竹上出也
厥族之中蘇麻特奇脩榦平節大葉繁枝凌羣獨秀
蓊茸紛拔
蘇麻竹長數丈大者尺餘圍概節多枝叢生四
枝葉大如履竹中可愛者也此五嶺左右徧有
之
篔簹射筒䈽簩桃枝長爽纖葉清肌薄皮千百相亂
洪細有差
數竹皮葉相似篔簹最大大者中甑笋亦中射
筒薄肌而最長節中貯箭因以爲名䈽簩葉薄
而廣越女試劍竹是也桃枝是其中最細者並
見方志賦桃枝皮赤編之滑勁可以爲席顧命
篇所謂篾席者也爾雅釋草云四寸一節爲桃
枝郭注云竹四寸一節爲桃枝余之所見桃枝
竹節短者不兼寸長者或踰尺豫章徧有之其
驗不遠也恐爾雅所載草族自别有桃枝不必
是竹郭注加竹字取之謬也山海經云其木有
桃枝劒端又廣志魯木篇云桃枝出朱提郡曹
爽所用者也詳察其形寧近於木也但未詳爾
雅所云復是何桃枝耳經雅所説二族决非作
席者矣廣志以藻爲竹是誤後生學者往往有
爲所誤者耳
相繇既戮厥土維腥三堙斯沮尋竹乃生物尤世遠

略狀傳名
禹殺共工相繇二臣膏流爲水其處腥臊不植
五穀禹三堙皆沮尋竹生焉在崑崙之北有嶽
之山見大荒北經中
般腸實中與笆相類於用寡宜爲筍殊味
般腸竹生東郡緣海諸山中其筍最美云與笆
竹相似出閩中並見沈志其形未詳
筋竹爲矛稱利海表槿仍其幹刃即其杪生於日南
別名爲篻
筋竹長二丈許圍數寸至堅利南土以爲矛其
筍未成竹時堪爲弩絃見徐忠南中奏劉淵材
云夷人以史葉竹爲矛余之所聞即是筋竹豈

非一物而二名者也
百葉參差生自南垂傷人則死醫莫能治亦曰篣竹
厥毒若斯彼之同異余所未知
百葉竹生南垂界甚有毒傷人必死一枝百葉
因以爲名沈志劉淵材云篣竹有毒夷人以刺
虎豹中之輒死或有一物二名未詳其同異
簹與由衙厥體俱洪圍或累尺簹實衙空南越之居
梁柱是供
簹實厚肥孔小幾於實中二竹皆大竹也土人
用爲梁柱簹竹安成以南有之其味苦俗號簹
由衙竹交州廣志云亦有生於永昌郡爲物叢
生吳郡賦所謂由衙者篁簹音雹性柔弱見三

倉
竹之堪杖莫尚於筇磥砢不凡狀若人功豈必蜀壤
亦産餘邪一曰扶老名實縣同
筇竹高節實中狀若人刻爲杖之極廣志云出
南廣邛都縣然則邛是地名猶高梁董張騫傳
云於大夏見之出身毒國始感邛杖終開越巂
越巂則古身毒也張孟陽云邛竹出興古盤江
縣山海經謂之扶竹生尋伏山去洞庭西北一
千一百二十里黃圖云華林園有扶老三株如
此則非一處賦者不得專爲蜀地之生也禮記
曰五十杖於家六十杖於鄉者扶老之器也此
竹實旣固杖又名扶老故曰名實縣同也

䈽䉒二族亦甚相似杞髮苦竹促節薄齒束物體柔
殆同麻枲
䈽䉒二種至似苦竹而細軟肌薄䈽筍亦無味
江漢間謂之苦䈽見沈志䈽音聊䉒音禮齒有
文理也
蓋竹所生大抵江東上密防露下踈來風連畝接町
竦散崗潭
蓋竹亦大薄肌白色生江南深谷山中不聞人
家植之其族類動有頃畝典錄賀齊傳云討建
安賊洪明於蓋竹蓋竹以名地猶酸棗之邑豫
章之名邦者類是也
雞脛似篁高而筍脆稀葉梢杪類記黃細

雞脛篁竹之類纖細大者不過如指踈葉黃皮
彊肌無所堪施筍美青斑色緑沿江山崗所饒
也

狗竹有毛出諸東裔物類衆詭于何不計

狗竹生臨海山中節間有毛見沈志
有竹象蘆因以爲名東甌諸郡緣海所生肌理匀淨
筠色潤貞凡今之篾匪茲不鳴

此竹膚是蘆出揚州東垂諸郡浙江以東爲甌
越故曰東甌蘇成公始作篾似於今篾故曰凡
今之篾

會稽之箭東南之美古人嘉之因以命矢

箭竹高者不過一丈節間三尺堅勁中矢江南
諸山皆有之會稽所生最精好故爾雅云東南
之美者有會稽之竹箭焉非總言矣大抵中矢
者雖多此箭爲最古人美之以首其目見方言
是以楚俗　伯細箭五十跪加莊王之背明
非矢者也

箘簬載籍貢名荆鄙

箘簬二竹亦皆中矢皆出雲夢之澤禹貢篇出
荆州書云厎貢厥名言其有美名故貢之也大
較故是會稽箭類耳皮特黒澁以此爲異呂氏
春秋云駱越之箘然則南越亦產不但荆也

篃亦箘徒概節而短江漢之間謂之䉛竹

山海經云其竹名篃生非一處江南山谷所饒
也故是箭竹類一尺數節葉大如履可以作篷
亦中作矢其筍冬生廣志云魏時漢中太守王
圖每冬獻筍俗謂之箛筍箛苦怪反

根深耐寒茂彼淇苑

北土寒冰至冬地凍竹根類淺故不能植唯箛
根深故能晚生淇園衛地殷紂竹箭園也見班
彪志淮南子曰烏號之弓貫淇衛之箭也毛詩
所謂瞻彼淇奧綠竹猗猗是也

篲篠蒼蒼接町連篁性不卑植必也嵩崗踰矢稱大
出尋爲長物各有用掃之最良

篲篠中掃箒細竹也特異他篠見廣志至大者
不過如箭長者不出一丈根杪條等下節生惟
高陰動有町畝廬山所饒也掃箒之選尋陽人
往往取下都貨焉

又有族類爰挺嶧陽懸根百仞竦榦風生簫笙之選
有聲四方質清氣亮衆管莫伉

魯郡鄒山有篠形色不殊質特堅潤宜爲笙管
諸方莫及也笙賦云所謂鄒山大竹嶧陽孤桐
此山竹特能貞絶也

亦有海篠生於島岑節大盈尺榦不滿尋形枯若筋
色如黃金徒爲一異罔知所任

海中之山曰島山有此篠大者如筋內實外堅
拔之不曲生既危埆海又多風枝葉稀少狀若
枯筋質雖小異無所堪施交州海石林中徧饒

是也

赤白二竹還取其色白薄而曲赤厚而直沅澧所豐

餘邦頗植

頗少也俗曰白鹿竹亦可作簟潯陽郡人呼爲白木竹爍時皮肉皆赤武陵溪中是所豐是也

肅肅簩簝叟叟攢植擢筍於秋冬乃成竹無大無小

千萬脩直簟幕内冪繡文外艷

簩簝竹大如脚指堅厚脩直腹中白幕闌隔狀如濕麵生衣將成竹而筍皮未落輙有細虫齧之隕籜之後虫齧處往往成赤文頗似綉畫可愛南康所生見沈志也

箛築誕節内實外澤作貢漢陽以供輅策

箛築竹生於漢陽時獻以爲輅馬策見南郡賦

浮竹亞節虛軟厚肉臨溪覆潦栖雲蔭木洪筍滋肥

可爲旨蓄

浮竹長者六十尺肉厚而虛軟節闊而亞生水次彭蠡以南大嶺以北徧有之其筍未出時掘取以甜糟藏之極甘脆南人所重旨蓄謂草萊甘美者可蓄藏之以候冬詩曰我有旨蓄可以御冬

厥性異宜各有所育䈽植于宛笭生于蜀

䈽竹見南郡賦笭竹見蜀都賦

細篠大簜

書云篠簜既敷鄭玄云篠箭簜大竹也

竹之通目玄名統體譬牛與犢人之所知事生軌躅

車迹曰軌馬迹曰躅

赤縣之外焉可詳録臆之必之匪邁伊矚

鄒子云今四海謂之瀛海瀛海之内謂之赤縣瀛海之外如赤縣者復有八故謂之九州非禹貢所謂九州也天地無邊蒼生無量人所聞見因軌躅所及然後知耳蓋何足云若耳目所不知便斷以不然豈非愚近之徒者耶故孔子將聖無意無必莊生達邁以人所知不若所不知豈非苞鑒無窮師表群生之謂乎

竹譜

菊譜

譜叙　　彭城　劉　蒙

草木之有花浮冶而易壞凡天下輕脆難久之物者皆以花比之宜非正人達士堅操篤行之所好也然余嘗觀屈原之爲文香草龍鳳以比忠正而菊與蘭桂荃蕙蘭芷江蘺同爲所取又松者天下歲寒堅正之木也而陶淵明乃以松名配菊連語而稱之夫屈原淵明寔皆正人達士堅操篤行之流至於菊猶貴重之如此是菊雖以花爲名固與浮冶易壞之物不可同年而語也且菊有異於物者凡花皆以春盛而實者以秋成其根柢枝葉無物不然而菊獨以秋花悦茂於風霜搖落之時此其得時者異也有花葉者花未必可食而康風子乃以食菊仙又本草云以九月取花久服輕身耐老此其花異也花可食者根葉未必可食而陸龜蒙云春苗恣肥得以採擷供左右杯按又本草云以正月取根此其根葉異也夫以一草之微自本至末無非可食有功於人者加以花色香態纖妙閑雅可爲丘壑燕静之娱然則古人取其香以比德而配之以歲寒之操夫豈獨然而已哉洛陽非風俗大抵好花菊品之數比他州爲盛劉元孫伯紹者隱居伊水之瀕萃諸菊而植之朝夕嘯詠乎其側蓋有意譜之而未暇也崇寧甲申九月余得爲龍門之游得至君居坐於舒嘯堂上顧玩而樂之於是相與訂論訪其居之未嘗有因次第焉夫牡丹荔枝香笋茶竹硯墨之類有名數者前人皆譜録今菊品之盛至於三十餘種可以類聚而記之故隨其名品論叙于左以列諸譜之次

說疑

或謂菊與苦薏有兩種而陶隱居日華子所記皆無千葉花疑今譜中或有非菊者也然余嘗讀隱居之説以謂莖紫色青作蒿艾氣爲苦薏今余所記菊中雖有莖青者然而爲氣香味甘枝葉纖少或有味苦者而紫色細莖亦無蒿艾之氣又今人間相傳爲菊其已久矣故未能輕取舊説而棄之也凡植物之見取於人者栽培灌溉不失其宜則枝葉華實無不猥大至其氣之所聚乃有連理合頴雙葉並蔕之瑞而況於花有變而爲千葉者乎日華子曰花大者爲甘菊花小而苦者爲野菊若種園蔬肥沃之處復同一體是小可變而爲甘也如是則單葉變而爲千葉亦有之矣牡丹芍藥皆爲藥中所用隱居等但記花之紅白亦不云有千葉者今二花生于山野類皆單葉小花至於園圃肥沃之地栽鉏糞養皆爲千葉然後大花千葉變態百出然則奚獨至於菊而疑之注本草者謂菊一名日精按説文從鞠而爾雅菊治蘠月令云鞠有黄華疑皆傳寫之誤歟若夫馬蘭爲紫菊瞿麥爲大菊烏喙苗爲鴛鴦菊旋覆花爲艾菊與其他妄濫而竊菊名者皆所不取云

定品

或問菊奚先曰先色與香而後態然則色奚先曰黃者中之色土王季月而菊以九月花金土之應相生而相得者也其次莫若白西方金氣之應菊以秋開則於氣爲鍾焉陳藏器云白菊生平澤花紫者白之變紅者紫之變也此紫所以爲白之次而紅所以爲紫之次云有色矣而又有香有香矣而後有態是其爲花之尤者也或又曰花以艷媚爲悅而子以態爲後歟曰吾嘗聞於古人矣妍卉繁花爲小人而松竹蘭菊爲君子安有君子而以態爲悅乎至於具香與色而又有態是猶君子而有威儀也菊有名龍腦者具香與色而態不足者也菊有名都勝者具色與態而香不足者也菊之黃者未必皆勝而置于前者正其色也菊之白者未必皆劣而列于中者次其色也雜羅香毬玉鈴之類則以瓌異而升焉至於順聖楊妃之類轉紅受色不正故雖有芬香態度不得與諸花爭也然余獨以龍腦爲諸花之冠是故君子貴其質焉後之視此譜者觸類而求之則意可見矣

花總數三十有五品以品視之可以見花之高下以花視之可以知品之得失具列之如左云

龍腦第一

龍腦一名小銀臺出京師開以九月末類金萬鈴而葉尖謂花上葉色類人間染鬱金而外葉純白夫黃菊有深淺色兩種而是花獨得深淺之中又其香氣芬烈甚似龍腦是花與香色俱可貴也諸菊或以態度爭先者然標致高遠譬如大人君子雍容雅淡識與不識固將見而悅之誠未易以妖冶嫵媚爲勝也

新羅第二

新羅一名玉梅一名倭菊或云出海外國中開以九月末千葉純白長短相次而花葉尖薄鮮明瑩徹若瓊瑶然花始開時中有青黃細葉如花蘂之狀盛開之後細葉舒展廼始見其蘂焉枝正紫色葉青支股而小凡菊類多尖闕而此花之蘂分爲五出如人之有支股也與花相映標韻高雅似非尋常之比也然余觀諸菊開頭枝葉有多少繁簡之失如桃花菊則恨葉多如毬子菊則恨花繁此菊一枝多開一花雖有旁枝亦少雙頭並開者正素獨立之意故詳紀焉

都勝第三

都勝出陳州開以九月末鵝黃千葉葉形圓厚有雙紋花葉大者每葉上皆有雙畫直紋如人手紋狀而內外大小重疊相次蓬蓬然疑造物者着意爲之凡花形千葉如金鈴則太厚單葉如大金鈴則太薄惟都勝新羅御愛棣棠頗得厚薄之中而都勝又其最美者也余嘗謂菊之爲花皆以香色態度爲尚而枝常恨麄葉常恨大凡菊無態度者枝葉累之也此菊細枝少葉婀娜有態而俗以都勝目之其有取于此乎花有淺深兩色蓋初開時色深爾

御愛第四

御愛出京師開以九月末一名笑靨一名喜容淡黃千葉葉有雙紋齊短而闊葉端皆有兩闕內外鱗次亦有瓌異之形但恨枝幹差麄不得與都勝爭先爾葉比諸菊最小而青每葉不過如指面大或云出禁中因此得名

玉毬第五

玉毬出陳州開以九月末多葉白花近蘂微有紅色花外大葉有雙紋瑩白齊長而蘂中小葉如翦茸初開時有青殼久乃退去盛開後小葉舒展皆與花外長葉相次倒垂以玉毬目之者以其有圓聚之形也枝幹不甚麄葉尖長無刓闕枝葉皆有浮毛頗與諸菊異然顏色標致固自不凡近年以來方有此本好事者競求致一二本之直比于常菊蓋十倍焉

玉鈴第六

玉鈴未詳所出開以九月中純白千葉中有細鈴甚類大金鈴菊凡白花中如玉毬新羅形態高雅出於其上而此菊與之爭勝故余特次二菊觀名求實似無愧焉

金萬鈴第七

金萬鈴未詳所出開以九月末深黃千葉菊以黃爲正而鈴以金爲質是菊正黃色而葉有鐸形則於名實兩無愧也菊有花密枝褊者人間謂之鞍子菊實與此花一種特以地脉肥盛使之然爾又有大萬鈴大金鈴蜂鈴之類或形色不正比之此花特爲竊有其名也

大金鈴第八

大金鈴未詳所出開以九月末深黃有鈴者皆如鐸鈴之形而此花之中實皆五出細花下有大葉承之每葉之有雙紋枝與常菊相似葉大而疎一枝不過十餘葉俗名大金鈴蓋以花形似秋萬鈴爾

銀臺第九

銀臺深黃萬銀鈴葉有五出而下有雙紋白葉開之初疑與龍腦菊一種但花形差大且不甚香其俗謂龍腦菊爲小銀臺蓋以相似故也枝幹纖柔葉青黃而麄疎近出洛陽水北小民家未多見也

棣棠第十

棣棠出西京開以九月末深黃雙紋多葉自中至外長短相次如千葉棣棠狀凡黃菊類多小花如都勝御愛雖稍大而色皆淺黃其最大者若大金鈴菊則又單葉淺薄無甚佳處唯此花深黃多葉大於諸菊而又枝葉甚青一枝聚生至十餘朶花葉相映顏色鮮好甚可愛也

蜂鈴第十一

蜂鈴開以九月中千葉深黃花形圓小而中有鈴葉擁聚蜂起細視若有蜂窠之狀大抵此花似金萬鈴獨以花形差小而尖又有細蘂出鈴葉中以此別爾

鵝毛第十二

鵝毛未詳所出開以九月末淡黃纖細如毛生於花

萼上凡菊大率花心皆細葉而下有大葉承之間謂之托葉今此毛花自内自外葉皆一等但長短上下有次爾花形小於金萬鈴亦近年新花也

毬子第十三

毬子未詳所出開以九月中深黄千葉尖細重疊皆有倫理一枝之杪聚生百餘花若小毬諸菊黄花最小無過此者然枝青葉碧花色鮮明相映尤好也

夏金鈴第十四

夏金鈴出西京開以六月深黄千葉甚與金萬鈴相類而花頭瘦小不甚鮮茂蓋以生非時故也或曰非時而花失其正也而可置於上乎曰其香是也其色是也若生非其時則係於天者也夫時以生非其時而置之諸菊之上香色不足論矣奚以貴質哉

秋金鈴第十五

秋金鈴出西京開以九月中深黄雙紋重葉花中細蘂皆出小鈴萼中其萼亦如鈴葉但此花葉短廣而青故譜中謂鈴葉鈴萼者以此有如蜂鈴狀余頃年至京師始見此菊戚里相傳以爲愛玩其後菊品漸盛香色形態往往出此花上而人之貴愛寖落矣然花色正黄未應便置諸菊之下也

金錢第十六

金錢出西京開以九月末深黄雙紋重葉似大金菊而花形圓齊頗類滴滴花（欄檻處有亦名滴滴金亦名金錢子）人未識者或以爲棠棣菊或以爲大金鈴但以花葉辨之乃可見爾

鄧州黄第十七

鄧州黄開以九月末單葉雙紋深於鵝黄而淺於鬱金中有細葉出鈴萼上形樣甚似鄧州白但小差爾按陶隱居云南陽酈縣有黄菊而白者以五月採今人間相傳多以白菊爲貴又採時乃以九月頗與古説相異然黄菊味甘氣香枝幹葉形全類白菊疑乃弘景所記爾

薔薇第十八

薔薇未詳所出九月末開深黄雙紋單葉有黄細蘂出小鈴萼中枝幹差細葉有支股而圓今薔薇有紅黄千葉單葉兩種而單葉者差淡人間謂之野薔薇蓋以單葉者爾

黄二色第十九

黄二色九月末開鵝黄雙紋多葉一花之間自有深淡兩色然此花甚類薔薇菊惟形差小又近蘂多有亂葉不然亦不辨其異種也

甘菊第二十

甘菊生雍州川澤開以九月深黄單葉閭巷小人且能識之固不待記而後見也然余竊謂古菊未有瓌異如今者而陶淵明張景陽謝希逸潘安仁等或愛其香或詠其色或採之於東籬或泛之於酒斝疑皆今之甘菊花也夫以古人賦詠賞愛至於如此而一旦以今菊之盛遂將棄而不取是豈仁人君子之於

物哉故余特以甘菊置於白紫紅菊三品之上其大意如此

酴醿第二十一

酴醿出相州開以九月末純白千葉自中至外長短相次花之大小正如酴醿而枝幹纖柔頗有態度若花葉稍圓加以檀蘂眞酴醿也

玉盆第二十二

玉盆出滑州開以九月末多葉黃心內深外淡而下有闊白大葉連綴承之有如盆盂中盛花狀然人間相傳以謂玉盆菊者大率皆黃心碎葉初不知其得名之由後請疑於識者始以眞菊相示乃知物之見名於人者必有形似之實非講尋無倦或有所遺爾

鄧州白第二十三

鄧州白九月末開單葉雙紋白花中有細蘂出鈴蕚中凡菊單葉如薔薇菊之類大率花葉圓密相次（花葉謂頭上白葉非枝葉之葉他稱花葉倣此）而此花葉皆尖細相去稀踈然香比諸菊甚烈而又正爲藥中所用蓋鄧州菊潭所出爾枝幹甚纖柔葉端有支股而長亦不甚青

白菊第二十四

白菊單葉白花蘂與鄧州白相類但花葉差闊相次圓密而枝葉麄繁人未識者多謂此爲鄧州白余亦信以爲然後劉伯紹訪得其眞菊較見其異故譜中別開鄧州白而正其名曰白菊

銀盆第二十五

銀盆出西京開以九月中花中皆細鈴比夏秋萬鈴差踈而形色似之鈴葉之下別有雙紋白葉故人間謂之銀盆者以其下葉正白故也此菊近出未多見至其茂肥得地則一花之大有若盆者焉

順聖淺紫第二十六

順聖淺紫出陳州鄧州九月中方開多葉葉比諸菊最大一花不過六七葉而每葉盤疊凡三四重花葉空處閒有筒葉輔之大率花形枝幹類垂絲棣棠但色紫花大爾余所記菊中惟此最大而風流態度又爲可貴獨恨此花非黃白不得與諸菊爭先也

夏萬鈴第二十七

夏萬鈴出鄜州開以五月紫色細鈴生於雙紋大葉之上以時別之者以有秋時紫花故也或以菊皆秋生花而疑此菊獨以夏盛按靈寶方曰菊花紫白又陶隱居云五月採今此花紫色而開於夏時是其得時之正也夫何疑哉

秋萬鈴第二十八

秋萬鈴出鄜州開以九月中千葉淺紫其中細葉盡爲五出鐸形而下有雙紋大葉承之諸菊如棣棠是其最大獨此菊與順聖過焉或云與夏花一種但秋夏再開爾今人閒起草爲花多作此菊蓋以其瓌美可愛故也

繡毬第二十九

繡毬出西京開以九月中千葉紫花花葉尖闊相次

聚生如金鈴菊中鈴葉之狀大率此花似荔枝菊花中無筒葉而萼邊正平爾花形之大有若大金鈴菊者焉

荔枝第三十

荔枝枝紫出西京九月中開千葉紫花葉卷爲筒謂花葉也凡菊鈴葉有五出皆如鐸鈴之形又有卷生爲筒無尖闕者故謂之筒葉他與此同大小相間凡菊鈴并蘂皆生托葉之上葉背乃有花萼與枝相連而此菊上下左右攢聚而生故俗以爲荔枝者以其花形正圓故也花有紅者與此同名而純紫者蓋不多爾

垂絲粉紅第三十一

垂絲粉紅出西京九月中開千葉葉細如茸攢聚相次而花下亦無托葉人以垂絲目之者蓋以枝榦纖弱故也

楊妃第三十二

楊妃未詳所出九月中開粉紅千葉散如亂茸而枝葉細小嫋嫋有態此實菊之柔媚爲悅者也

合蟬第三十三

合蟬未詳所出九月末開粉紅筒葉花形細者與蘂雜比方盛開時筒之大者裂爲兩翅如飛舞狀一枝之杪凡三四花然大率皆筒葉如荔枝菊有蟬形者蓋不多爾

紅二色第三十四

紅二色出西京開以九月末千葉深淡紅叢有兩色而花葉之中間生筒葉大小相映方盛開時筒之大者裂爲二三與花葉相雜比茸茸然花心與筒葉中有青黃紅蘂頗與諸菊相異然余恠桃花石榴川木瓜之類或有一株異色者每以造物之付受有不平歟抑將見其巧歟今菊之變其黃白而爲粉紅深紫固可恠而又一株亦有異色並生者也是亦深可恠歟花之形度無甚佳處特記其異爾

桃花第三十五

桃葉粉紅單葉中有黃蘂其色正類桃花俗以此名蓋以言其色爾花之形度雖不甚佳而開於諸菊未有之前故人視此菊如木中之梅焉枝葉最繁密或有無花者則一葉之大踰數寸也

雜記

叙遺

余聞有麝香菊者黃花千葉以香得名有錦菊者粉紅碎花以色得名有孩兒菊者粉紅青萼以形得名有金絲菊者紫花黃心以蘂得名嘗訪於好事求於園圃既未之見而說者謂孩兒菊與桃花一種又云種花者剪搯爲之至錦菊金絲則或有言其與別名非菊者若麝香菊則又出陽翟洛人實未之見夫既已記之而定其品之高下又因傳聞附會而亂其先後之次是非余譜菊之意故特論其名色列於記花之後以俟博物之君子證其謬焉

補意

余嘗恠古人之於菊雖賦詠嗟嘆嘗見於文詞而未嘗說其花瓌異如吾譜中所記者疑古之品未若今日之富也今遂有三十五種又嘗聞於蒔花者云花之形色變易如牡丹之類歲取其變者以爲新今此菊亦疑所變也余之所譜雖自謂甚富然搜訪所有未至與花之變易後出則有待於好事者焉君子之於文亦闕其不知者斯可矣若夫掇擷治療之方栽培灌種之宜宜觀於方冊而問於老圃不待予言也

拾遺

黃碧單葉兩種生於山野籬落之間宜若無足取者然譜中諸菊多以香色態度爲人愛好剪鉏移徙或至傷生而是花與之均賦一性同受一色俱有此名而能遠近山野保其自然固亦無羨於諸菊也余嘉其大意而收之又不敢雜置諸菊之中故特列之於後云

菊譜

菊譜并序

石湖范　成大　至能

山林好事者或以菊比君子其説以謂歲華晼晩草木變衰乃獨燁然秀發傲睨風露此幽人逸士之操雖寂寥荒寒而味道之腴不改其樂者也神農書以菊爲養性上藥能輕身延年南陽人飲其潭水皆壽百歲使夫人者有爲於當年醫國庇民亦猶是而已菊於君子之道誠有臭味哉月令以動植志氣候如桃桐輩直云始華而菊獨曰菊有黄華豈以其正色獨立不伍衆草變詞而言之歟故名勝之士未有不愛菊者至陶淵明尤甚愛之而菊名益重又其花時秋暑始退歲事既登天氣高明人情舒閒騷人飲流亦以菊爲時花移檻列斛輦致觴詠間謂之重九節物此雖非深知菊者要亦不可謂不愛菊也愛者既多種者日廣吴下老圃伺春苗尺許時掇去其顚數日則岐出兩枝又掇之每掇益岐至秋則一榦所出數百千朶婆娑團欒如車蓋熏籠矣人力勤土又膏沃花亦爲之屢變頃見東陽人家菊圖多至七十種淳熙丙午范村所植止得三十六種悉爲譜之明年將益訪求它品爲後譜云

黄花

勝金黄一名大金黄菊以黄爲正此品最爲豐縟而加輕盈花葉微尖但條梗纖弱難得團簇作大本須留意扶植乃成

疊金黄一名明州黄又名小金黄花心極小疊葉穠密狀如笑靨花有富貴氣開早

棣棠菊一名金餅子花纎穠酷似棣棠色深如赤金它花色皆不及蓋奇品也窠株不甚高金陵最多

疊羅黄狀如小金黄花葉尖瘦如翦羅縠三兩花自作一高枝出叢上意度瀟灑

麝香黄花心豐腴傍短葉密承之格極高勝亦有白者大略似白佛頂而勝之遠甚吴中比年始有

千葉小金錢略似明州黄花葉中外疊疊整齊心甚大

太眞黄花如小金錢加鮮明

單葉小金錢花心尤大開最早重陽前已爛熳

垂絲菊花蘂深黄莖極柔細隨風動揺如垂絲海棠

鴛鴦菊花常相偶葉深碧

金鈴菊一名荔枝菊舉體千葉細瓣簇成小毬如小荔枝枝條長茂可以攬結江東人喜種之有結爲浮圖樓閣高丈餘者余頃北使過欒城其地多菊家家以盆盎遮門悉爲鸞鳳亭臺之狀即此一種

毬子菊如金鈴而差小二種相去不遠其大小名字出於栽培肥瘠之别

小金鈴一名夏菊花如金鈴而極小無大本夏中開

藤菊花密條柔以長如藤蔓可編作屏幛亦名棚菊種之坡上則垂下裊數尺如纓絡尤宜池潭之瀕

十樣菊一本開花形模各異或多葉或單葉或大或

小或如金鈴往往有六七色以成數通名之曰十樣衢嚴閒花黄杭之屬邑有白者

甘菊一名家菊人家種以供蔬茹凡菊葉皆深緑而厚味極苦或有毛惟此葉淡緑柔瑩味微甘咀嚼香味俱勝擷以作羹及泛茶極有風致天隨子所賦即此種花差勝野菊甚美本不繫花

野菊旅生田野及水濱花單葉極瑣細

白花

五月菊花心極大每一鬚皆中空攢成一匾毬子紅白單葉繞承之每枝只一花徑二寸葉似同蒿夏中開近年院體畫草蟲喜以此菊寫生

金杯玉盤中心黄四傍淺白大葉三數層花頭徑三

寸菊之大者不過此本出江東比年稍移栽吴下此與五月菊二品以其花徑寸特大故列之於前

喜容千葉花初開微黄花心極小花中色深外微暈淡欣然丰艷有喜色甚稱其名久則變白尤耐封殖可以引長七八尺至一丈亦可攬結白花中高品也

御衣黄千葉花初開深鵝黄大略似喜容而差疎瘦久則變白

萬鈴菊中心淡黄鎚子傍白花葉繞之花端極尖香尤清烈

蓮花菊如小白蓮花多葉而無心花頭疎極蕭散清絶一枝只一葩緑葉亦甚纖巧

芙蓉菊開就者如小木芙蓉尤穠盛者如樓子芍藥但難培植多不能繁蕪

茉莉菊花葉繁縟全似茉莉緑葉亦似之長大而圓淨

木香菊多葉略似御衣黄初開淺鵝黄久則淡白花葉尖薄盛開則微卷芳氣最烈一名腦子菊

酴醿菊細葉稠疊全似酴醿比茉莉差小而圓

艾葉菊心小葉單緑葉尖長似蓬艾

白麝香似麝香黄花差小亦豐腴韻勝

白荔枝與金鈴同但花白耳

銀杏菊淡白時有微紅花葉尖緑葉全似銀杏葉

波斯菊花頭極大一枝只一葩喜倒垂下久則微捲如髮之鬈

佛頂菊亦名佛頭菊中黄心極大四傍白花一層繞之初秋先開白色漸沁微紅

桃花菊多葉至四五重粉紅色濃淡在桃杏紅梅之閒未霜即開最爲妍麗中秋後便可賞以其質如白之受采故附白花

燕脂菊類桃花菊深紅淺紫比燕脂色尤重比年始有之此品既出桃花菊遂無顔色蓋奇品也姑附白花之後

紫菊一名孩兒菊花如紫茸叢茁細碎微有菊香或云即澤蘭也以其與菊同時又常及重九故附於菊

後序

菊有黄白二種而二黄爲正洛人於牡丹獨曰花而

不名好事者於菊亦但曰黄花皆所以貴珍之故也譜先黄而次白陶隱居謂菊有二種一種莖紫氣芳味甘葉嫩可食花微小者爲眞其青莖細葉作蒿艾氣味苦花大名苦意非眞也今吴下惟甘菊一種可食花細碎品不甚高餘味皆苦白花尤甚花亦大隱居論藥既不以此爲眞後復云白菊治風眩陳藏器之説亦然靈寶方及抱朴子丹法文悉用白菊蓋與前説相抵牾今詳此唯甘菊一種可食亦入藥餌餘黄白二花雖不可茹皆可入藥而治頭風則尚白者此論堅定無疑併附著於後

范氏菊譜

菊譜

吴門老圃史　正志　撰

菊草屬也以黄為正所以槩稱黄花漢俗九日飲菊酒以祓除不祥蓋九月律中無射而數九俗尚九日而用時之草也南陽酈縣有菊潭飲其水者皆壽神仙傳有康生服其花而成仙菊有黄華北方用以凖節令大略黄華開時節候不差江南地暖百卉造作無時而菊獨不然玫其理菊性介烈高潔不與百卉同其盛衰必待霜降草木黄落而花始開嶺南冬至始有微霜故也本草一名日精一名周盈一名傅延年所宜貴者苗可以菜花可以藥囊可以枕釀可以飲所以高人隱士籬落畦圃之間不可一日無此花也陶淵明植於三徑采於東籬裛露掇英泛以忘憂鍾會賦以五美謂圓華高懸凖天極也純黄不雜后土色也早植晚登君子德也冒霜吐頴象勁直也杯中體輕神仙食也其為所重如此然品類有數十種而白菊一二年多有變黄者余在二水植大白菊百餘株次年盡變為黄花今以色之黄白及雜色品類可見於吴門者二十有七種大小顔色殊異而不同自昔好事者為牡丹芍藥海棠竹筍作譜記者多矣獨菊花未有為之譜者殆亦菊花之闕文也歟余姑以所見為之若夫耳目之未接品類之未備更俟博雅君子與我同志者續之今以所見具列于後

黄

大金黄

心密花瓣大如大錢

小金黄

心微紅花瓣鵝黄葉翠大如衆花

佛頭菊

無心中邊亦同

小佛頭菊

同上微小又云疊羅黄

金整菊

比佛頭頗瘦花心微窪

金鈴菊

心微青紅花瓣鵝黄色葉小又云明州黄

深色御袍黄

心起突色如深鵝黄

淺色御袍黄

中深

金錢菊

心小花瓣稀

毬子黄

中邊一色突起如毬子

棣棠菊

色深黄如棣棠狀比甘菊差大

甘菊

色深黄比棣棠頗小

野菊

細瘦枝柯凋衰多野生亦有白者

白

金盞銀臺

心突起瓣黃四邊白

樓子佛頂

心大突起似佛頂四邊單葉

添色喜容

心微突起瓣密且大

纏枝菊

花瓣薄開過轉紅色

玉盤菊

黃心突起淡白緣邊

單心菊

細花心瓣大

樓子菊

層層狀如樓子

萬鈴菊

心茸茸突起花多半開者如鈴

腦子菊

花瓣微皺縮如腦子狀

荼蘼菊

心青黃微起如鵝黃色淺

雜色紅紫

十樣菊

黃白雜樣亦有微紫花頭小

桃花菊

花瓣全如桃花秋初先開色有淺深深秋亦有白者

芙蓉菊

狀如芙蓉亦紅色

孩兒菊

紫萼白心茸茸然葉上有光與他菊異

夏月佛頂菊

五六月開色微紅

後序

菊之開也既黃白深淺之不同而花有落者有不落者蓋花瓣結密者不落盛開之後淺黃者轉白而白色者漸轉紅枯于枝上花瓣扶踈者多落盛開之後漸覺離披遇風雨撼之則飄散滿地矣王介甫武夷詩云黃昏風雨打園林殘菊飄零滿地金歐陽永叔見之戲介甫曰秋花不落春花落爲報詩人子細看介甫聞之笑曰歐陽九不學之過也豈不見楚辭云夕餐秋菊之落英東坡歐公門人也其詩亦有欲伴騷人賦落英與夫却遶東籬嗅落英亦用楚辭語耳王彥賓言古人之言有不必盡循者如楚辭言秋菊落英之語余謂詩人所以多識草木之名蓋爲是也歐王二公文章擅一世而左右佩紉彼此相笑豈非於草木之名猶有未盡識之而不知有落有不落者

耶王彥賓之徒又從而爲之贅疣蓋益遠矣若夫可餐者乃菊之初開芳馨可愛耳若夫衰謝而後落豈復有可餐之味楚辭之過乃在於此或云詩之訪落以落訓始也意落英之落蓋謂始開之花耳然則介甫之引證殆亦未之思歟或者之説不爲無據余學爲老圃而頗識草木者因併書于菊譜之後淳熙歲次乙未閏九月望日吳門老圃叙

菊譜

五

梅譜并序

石湖范　成大　至能

梅天下尤物無問智賢愚不肖莫敢有異議學圃之士必先種梅且不厭多他花有無多少皆不繫重輕余於石湖玉雪坡既有梅數百本比年又於舍南買王氏僦舍七十楹盡拆除之治爲范村以其地三分之一與梅吴下栽梅特盛其品不一今始盡得之隨所得爲之譜以遺好事者

江梅遺核野生不經栽接者又名直脚梅或謂之野梅凡山間水濵荒寒清絶之趣皆此本也花稍小而踈瘦有韻香最清實小而硬

早梅花勝直脚梅吴中春晚二月始爛熳獨此品於冬至前已開故得早名錢塘湖上亦有一種尤開早余嘗重陽日親折之有横枝對菊開之句行都賣花者争先爲奇冬初折未開枝寘浴室中薰蒸令拆強名早梅終瑣碎無香余頃守桂林立春梅已過元夕則嘗青子皆非風土之正杜子美詩云梅蘂臈前破梅花年後多惟冬春之交正是花時耳

官城梅吴下圃人以直脚梅擇它本花肥實美者接之花遂敷腴實亦佳可入煎造唐人所稱官梅止謂在官府園圃中非此官城梅也

消梅花與江梅官城梅相似其實圓小鬆脆多液無滓多液則不耐日乾故不入煎造亦不宜熟惟堪青啖北梨亦有一種輕鬆者名消梨與此同意

古梅會稽最多四明吴興亦間有之其枝樛曲萬狀蒼蘚鱗皴封滿花身又有苔鬚垂於枝間或長數寸風至緑絲飄飄可玩初謂古木久歷風日致然詳考會稽所産雖小株亦有苔痕蓋別是一種非必古木余嘗從會稽移植十本一年後花雖盛發苔皆剥落殆盡其自湖之武康所得者即不變移風土不相宜會稽隔一江湖蘇接壤故土宜或異同也凡古梅多苔者封固花葉之眼惟罅隙間始能發花花雖稀而氣之所鍾豐腴妙絶苔剥落者則花發仍多與常梅同去成都二十里有卧梅偃蹇十餘丈相傳唐物也謂之梅龍好事者載酒遊之清江酒家有大梅如數間屋傍枝四垂周遭可羅坐數十人任子嚴運使買得作凌風閣臨之因遂進築大圃謂之盤園余生平所見梅之奇古者惟此兩處爲冠隨筆記之附古梅後

重葉梅花頭甚豐葉重數層盛開如小白蓮梅中之奇品花房獨出而結實多雙尤爲瑰異極梅之變化工無餘巧矣近年方見之蜀海棠有重葉者名蓮花海棠爲天下第一可與此梅作對

緑蕚梅凡梅花跗蒂皆絳紫色惟此純緑枝梗亦青特爲清高好事者比之九疑仙人蕚緑華京師艮嶽有蕚緑華堂其下專植此本人間亦不多有爲時所貴重吴下又有一種蕚亦微緑四邊猶淺絳亦自難得

百葉緗梅亦名黄香梅亦名千葉香梅花葉至二十餘瓣心色微黄花頭差小而繁密别有一種芳香比常梅尤穠美不結實

紅梅粉紅色標格猶是梅而繁密則如杏香亦類杏詩人有北人全未識渾作杏花看之句與江梅同開紅白相映園林初春絶景也梅聖俞詩云認桃無緑葉辨杏有青枝當時以爲著題東坡詩云詩老不知梅格在更看緑葉與青枝蓋謂其不韻爲紅梅解嘲云承平時此花獨盛於姑蘇晏元獻公始移植西岡圃中一日貴游賂園吏得一枝分接由是都下有二本嘗與客飲花下賦詩云若更開遲三二月北人應作杏花看客曰公詩固佳待北俗何淺耶晏笑曰傖父安得不然王琪君玉時守吴郡聞盜花種事以詩遺公曰館娃宫北發精神粉瘦瓊寒露蘂新園吏無端偷折去鳳城從此有雙身當時罕得如此比年展轉移接殆不可勝數矣世傳吴下紅梅詩甚多惟方子通一篇絶唱有紫府與丹來換骨春風吹酒上凝脂之句

鴛鴦梅多葉紅梅也花輕盈重葉數層凡雙果必並蔕惟此一蔕而結雙梅亦尤物

杏梅花比紅梅色微淡結實甚匾有斕斑色全似杏味不及紅梅

蠟梅本非梅類以其與梅同時香又相近色酷似蜜脾故名蠟梅凡三種以子種出不經接花小香淡其品最下俗謂之狗蠅梅經接花踈雖盛開花常半含名磬口梅言似僧磬之口也最先開色深黄如紫檀花密香穠名檀香梅此品最佳蠟梅香極清芳殆過梅香初不以形狀貴也故難題詠山谷簡齋但作五言小詩而已此花多宿葉結實如垂鈴尖長寸餘又如大桃奴子在其中

後序

梅以韻勝以格高故以横斜踈瘦與老枝怪奇者爲貴其新接稚木一歲抽嫩枝直上或三四尺如酴醾薔薇輩者吴下謂之氣條此直宜取實規利無所謂韻與格矣又有一種糞壤力勝者於條上茁短横枝狀如棘針花密綴之亦非高品近世始畫墨梅江西有楊補之者尤有名其徒倣之者實繁觀楊氏畫大略皆氣條耳雖筆法奇峭去梅實遠惟廉宣仲所作差有風致世鮮有評之者余故附之譜後

梅譜

洛陽牡丹記

花品叙第一

廬陵歐陽脩述

牡丹出丹州延州東出青州南亦出越州而出洛陽者今爲天下第一洛陽所謂丹州花延州紅青州紅者皆彼土之尤傑者然來洛陽纔得備衆花之一種列第不出三已下不能獨立與洛花敵而越之花以遠罕識不見齒然雖越人亦不敢自譽以與洛陽爭高下是洛陽者是天下之第一也洛陽亦有黄芍藥緋桃瑞蓮千葉李紅郁李之類皆不減他出者而洛陽人不甚惜謂之果子花曰某花云云至牡丹則不名直曰花其意謂天下眞花獨牡丹其名之著不假曰牡丹而可知也其愛重之如此說者多言洛陽於三河閒古善地昔周公以尺寸考日出没測知寒暑風雨乖與順於此此蓋天地之中草木之華得中氣之和者多故獨與他方異予甚以爲不然夫洛陽於周所有之土四方入貢道里均乃九州之中在天地崑崙旁礴之閒未必中也又況天地之和氣宜徧四方上下不宜限其中以自私夫中與和者有常之氣其推於物也亦宜爲有常之形物之常者不甚美亦不甚惡及元氣之病也美惡隔并而不相和入故物有極美與極惡者皆得於氣之偏也花之鍾其美與夫癭木擁腫之鍾其惡醜好雖異而得一氣之偏病則均洛陽城圍數十里而諸縣之花莫及城中者出其境則不可植焉豈又偏氣之美者獨聚此數十里之地乎此又天地之大不可考也已凡物不常有而爲害乎人者曰災不常有而徒可怪駭不爲害者曰妖語曰天反時爲灾地反物爲妖此亦草木之妖而萬物之一恠也然比夫癭木擁腫者竊獨鍾其美而見幸於人焉余在洛陽四見春天聖九年三月始至洛其至也晚見其晚者明年會與友人梅聖俞遊嵩山少室緱氏嶺石唐山紫雲洞既還不及見又明年有悼亡之戚不暇見又明年以留守推官歲滿解去只見其蚤者是未嘗見其極盛時然目之所矚已不勝其麗焉余居府中時嘗謁錢思公於雙桂樓下見一小屏立坐後細書字滿其上思公指之曰欲作花品此是牡丹名凡九十餘種余時不暇讀之然余所經見而今人多稱者纔三十許種不知思公何從而得之多也計其餘雖有名而不著未必佳也故今所録但取其特著者而次第之

姚黄	魏花	細葉壽安
鞓紅亦曰青州紅	牛家黄	潛溪緋
左花	獻來紅	葉底紫
鶴翎紅	添色紅	倒暈檀心
朱砂紅	九蘂眞珠	延州紅
多葉紫	麄葉壽安	丹州紅
蓮花萼	一百五	鹿胎花
甘草黄	一擫紅	玉板白

花釋名第二

牡丹之名或以氏或以州或以地或以色或旌其所異者而志之姚黄左花魏花以姓著青州丹州延州紅以州著細葉麄葉壽安潛溪緋以地著一撚紅鶴翎紅朱砂紅玉板白多葉紫甘草黄以色著獻來紅添色紅九蘂眞珠鹿胎花倒暈檀心蓮花萼一百五葉底紫皆志其異者

姚黄者千葉黄花出於民姚氏家此花之出於本未十年姚氏居白司馬坡其地屬河陽然花不傳河陽傳洛陽洛陽亦不甚多一歲不過數朶

牛黄亦千葉出於民牛氏家比姚黄差小眞宗祀汾陰還過洛陽留宴淑景亭牛氏獻此花名遂著

甘草黄單葉色如甘草洛人善别花見其樹知爲某花云獨姚黄易識其葉嚼之不腥

魏家花者千葉肉紅花出於魏相仁溥家始樵者於壽安山中見之斲以賣魏氏魏氏池館甚大傳者云此花初出時人有欲閲者人税十數錢乃得登舟渡池至花所魏氏日收十數緡其後破亡鬻其園今普明寺後林池乃其地寺僧耕之以植桑麥花傳民家甚多人有數其葉者云至七百葉錢思公嘗曰人謂牡丹花王今姚黄眞可爲王而魏花乃后也

鞓紅者單葉深紅花出青州亦曰青州紅故張僕射齊賢有第西京賢相坊自青州以馲駞馱其種遂傳洛中其色類腰帶鞓謂之鞓紅

獻來紅者大多葉淺紅花張僕射罷相居洛陽人有獻此花者因曰獻來紅

添色紅者多葉花始開而白經日漸紅至其落乃類深紅此造化之尤巧者

鶴翎紅者多葉花其末白而本肉紅如鴻鵠羽色

細葉麄葉壽安者皆千葉肉紅花出壽安縣錦屏山中細葉者尤佳

倒暈檀心者多葉紅花凡花近萼色深至其末漸淺此花自外深色近萼反淺白而深檀點其心此尤可愛

一撚紅者多葉淺紅花葉杪深紅一點如人以三指撚之

九蘂眞珠紅者千葉紅花葉上有一白點如珠而葉密蹙其蘂爲九叢

一百五者多葉白花洛花以穀雨爲開候而此花常至一百五日開最先

丹州延州花者皆千葉紅花不知其至洛之因

蓮花萼者多葉紅花青趺三重如蓮花萼

左花者千葉紫花葉密而齊如截亦謂之平頭紫

朱砂紅者多葉紅花不知其所出有民門氏子者善接花以爲生買地於崇德寺前治花圃有此花洛陽豪家尚未有故其名未甚著花葉甚鮮向日視之如猩血

葉底紫者千葉紫花其色如墨亦謂之墨紫花在叢中旁必生一大枝引葉覆其上其開也比他花可延十日之久噫造物者亦惜之耶此花之出比他花最遠傳云唐末有中官爲觀軍容使者花出其家亦謂之軍容紫歲久失其姓氏矣

玉板白者單葉白花葉細長如拍板其色如玉而深檀心洛陽人家亦少有余嘗從思公至福嚴院見之問寺僧而得其名其後未嘗見也

潛溪緋者千葉緋花出於潛溪寺寺在龍門山後本唐相李藩別墅今寺中已無此花而人家或有之本是紫花忽於叢中特出緋者不過一二朶明年移在他枝洛人謂之轉（音篆）枝花故其接頭尤難得

鹿胎花者多葉紫花有白點如鹿胎之紋故蘇相（禹珪）宅今有之

多葉紫不知其所出初姚黃未出時牛黃爲第一牛黃未出時魏花爲第一魏花未出時左花爲第一左花之前唯有蘇家紅賀家紅林家紅之類皆單葉花當時爲第一自多葉千葉花出後此花黜矣今人不復種也牡丹初不載文字唯以藥載本草然於花中不爲高第大抵丹延已西及褒斜道中尤多與荊棘無異土人皆取以爲薪自唐則天已後洛陽牡丹始盛然未聞有以名著者如沈宋元白之流皆善詠花草計有若今之異者彼必形於篇詠而寂無傳焉唯劉夢得有詠魚朝恩宅牡丹詩但云一藂千萬朶而已亦不云其美且異也謝靈運言永嘉竹間水際多牡丹今越花不及洛陽甚遠是洛花自古未有若今之盛也

風俗記第三

洛陽之俗大抵好花春時城中無貴賤皆插花雖負擔者亦然花開時士庶競爲遊遨往往於古寺廢宅有池臺處爲市井張幄帟笙歌之聲相聞最盛於月陂堤張家園棠棣坊長壽寺東街與郭令宅至花落乃罷洛陽至東京六驛舊不進花自今徐州李相迪爲留守時始進　御歲遣牙校一員乘驛馬一日一夕至京師所進不過姚黃魏花三數朶以菜葉實竹籠子藉覆之使馬上不動搖以蠟封花蔕乃數日不

落大抵洛人家家有花而少大樹者蓋其不接則不佳春初時洛人於壽安山中斲小栽子賣城中謂之山篦子人家治地爲畦塍種之至秋乃接接花工尤著者一人謂之門園子豪家無不邀之姚黃一接頭直錢五千秋時立券買之至春見花乃歸其直洛人甚惜此花不欲傳有權貴求其接頭者或以湯中蘸殺與之魏花初出時接頭亦直錢五千今尚直一千接時須用社後重陽前過此不堪矣花之本去地五七寸許截之乃接以泥封裹用軟土擁之以蒻葉作庵子罩之不令見風日唯南向留一小戶以達氣至春乃去其覆此接花之法也（用瓦亦可）種花必擇善地盡去舊土以細土用白斂末一斤和之蓋牡丹根甜多

引蟲食白斂能殺蟲此種花之法也澆花亦自有時或用日未出或日西時九月旬日一澆十月十一月三日二日一澆正月隔日一澆二月一日一澆此澆花之法也一本發數朶者擇其小者去之只留一二朶謂之打剝懼分其脉也花纔落便翦其枝勿令結子懼其易老也春初既去蒻庵便以棘數枝置花叢上棘氣暖可以辟霜不損花芽他大樹亦然此養花之法也花開漸小於舊者蓋有蠹蟲損之必尋其穴以硫黃簪之其旁又有小穴如鍼孔乃蟲所藏處花工謂之氣窗以大鍼點硫黃末鍼之蟲既死花復盛此醫花之法也烏賊魚骨用以鍼花樹入其膚花樹死此花之忌也

牡丹記

牡丹榮辱志目録

迂愚叟丘 璿 道源

牡丹榮辱志目録

牡丹榮辱志

迂愚叟丘 璿 道源

花卉蕃廡於天地間莫踰牡丹其貌正心荏莖節蔕蘂聳抑撿曠有剛克柔克態遠而視之疑美丈夫女子儼衣冠當其前也苟非鍾純淑清粹氣何以傑全德於三月内迂愚叟聵造化意以榮辱志其事欲姚之黄爲王魏之紅爲妃無所忝冒何哉位既尊矣必授之以九嬪九嬪佐矣必隷之以世婦世婦廣矣必定之以保傅保傅任矣則彤管位矣則命婦立命婦立則嬖倖愿嬖倖愿則近屬睦近屬睦則踈族親踈族親則外屏嚴外屏嚴則宫闈壯宫闈壯則叢脞革叢脞革則君子小人之分達君子小人之分達則亨泰屯難之兆繼繼之者莫大乎善也成之者莫大乎性也禀乎中根本茂矣善歸已色香厚矣如是則施之以天道順之以地利節之以人欲其栽其接無竭無滅其生其成不縮不盈非獨爲洛陽一時歡賞之盛將以爲天下嗜好之勸也

姚黄爲王

名姚花以其名者非可以中色斥萬乘之尊故以王以妃示上下等夷也

魏紅爲妃

天子立后以正内治故關雎爲風化之治妃嬪世婦所以輔佐淑德符家人之封焉然後鵲巢采蘋采蘩列夫人職以助諸侯之政令

以魏花爲妃配乎王爵視崇高富貴一之於
内外也

九嬪

牛黄　細葉壽安　九蘂真珠

鶴翎紅　鞓紅　潜谿緋

朱砂紅　添色紅　蓮葉九蘂

世婦

麤葉壽安　甘草黄　一捻紅

倒暈檀　丹州紅　一百五

鹿胎　鞍子紅　多葉紅

獻來紅

今得其十别求異種補之

御妻

玉版白　多葉紫　葉底紫

左紫　添色紫　紅蓮萼

延州紅　駱駝紅　紫蓮萼

蘇州花　常州花　潤州花

金陵花　錢塘花　越州花

青州花　密州花　和州花

自蘇臺會稽至歴陽郡好事者衆栽殖尤
夥八十一之數必可備矣

花師傅

蓂莢　指佞草　萐蓮

燕胎芝　螢火芝　五色靈芝

九莖芝　碧蓮　瑶花

碧桃

花形史

同穎禾　兩歧麥　三脊茅

朝日蓮　連理木　薝蔔花

長樂花

花命婦

上品芍藥　黄樓子等　粉口

柳浦　茆山冠子　醉美人

紅纈子　白纈子　黄絲頭

紅絲頭　蟬花　重葉海棠出蜀中

千葉瑞蓮

花嬖倖

中品芍藥　長命女花出蜀中　素馨

茉莉　荳蔻　虞美人出蜀中

丁香　含笑　男真

鴛鴦草出蜀中　女真　七寶花

石蟬花出蜀中　玉蟬花出蜀中

花近屬

瓊花　紅蘭　桂花

娑羅花　棣棠　迎春

黄拒霜　黄雞冠　忘憂草

金鈴菊　酴醾　山茶

千葉石榴　王蝴蝶　黄酴醾出蜀中

玉屑

花踈屬

麗春　七寶花出蜀中　石瓜花出蜀中

石巖　千葉菊　紫菊

添色拒霜出蜀中　羞天花　金錢

金鳳　山丹　吉貝

木蓮花　石竹　單葉菊

滴滴金　紅雞冠　矮雞冠

黃蜀葵　千葉郁李

花戚里

旌節　玉盤金盞　鵝毛玉鳳出蜀中

瑞聖　瑞香　御米

都勝　玉簪

花外屏

金沙　紅薔薇　黃薔薇

玫瑰　客有　刺紅

紅薇　紫薇　朱槿

白槿　海木瓜　錦帶

杜鵑　梔子　紫荊

史君子　凌霄　木蘭

百合

花宮闈

諸類桃　諸類李　諸類梨

諸類杏　紅梅　早梅

櫻桃　山櫻　蒲桃

木瓜　桐花　栗花

棗花　木錦　紅蕉

花叢脞

紅蓼　牽牛　鼓子

芫花　蔓陀羅　金燈

射干　水洪　地錦

地釘　黃躑躅　野薔薇

薺菜花　夜合　蘆花

楊花　金雀兒　菜花

花君子

溫風　細風　清露

暖日　微雲　沃壤

永晝　油幕　朱門

甘泉　醇酒　珍饌

新樂　名倡

花小人

狂風　猛雨　赤日

苦寒　蜜蜂　蝴蝶

螻蟻　蚯蚓　白晝青蠅

黃昏蝙蝠　飛塵　妬芽

蠹　麝香　桑螵蛸

花亨泰

閏三月　五風十雨　主人多喜事

婢能歌樂　妻孥不倦排當

僮僕勤幹　子弟韞籍

正開值生日　欲謝時待解酲

門僧解栽接　借園亭張筵

從貧處移入富家

花屯難

醜婦妬與憐　猥人愛與嫌

盛開值私忌　主人慳鄙

和園賣與屠沽　三月内霜雹

賞處看碁鬪茶　筵上持七八

盛開債主臨門　箔子遮圍

露頭跣足對酌　遭權勢人乞接頭

剪時和花眼　正歡賞酗酒

頭戴如廁　聽唱辭傳家宴

酥煎了下麥飯　凋落後苕帚掃

園吏澆濕糞　落村僧道士院觀裏

牡丹榮辱志終

揚州芍藥譜

將仕郎守大理寺丞知揚州江都縣事王　觀　撰

天地之功至大而神非人力之所能竊勝惟聖人惟能體法其神以成天下之化其功蓋出其下而曾不少加以力不然天地固亦有間而可窮其用矣余嘗論天下之物悉受天地之氣以生其小大短長辛酸甘苦與夫顏色之異計非人力之可容致巧於其間也今洛陽之牡丹維揚之芍藥受天地之氣以生而小大淺深一隨人力之工拙而移其天地所生之性故奇容異色間出於人間以人而盜天地之功而成之良可怍也然而天地之間事之紛紜出於其前不得而曉者此其一也洛陽土風之詳已見於今歐陽公之記而此不復論維揚大抵土壤肥膩於草木爲宜禹貢曰厥草惟夭是也居人以治花相尚方九月十月時悉出其根滌以甘泉然後剥削老硬病腐之處揉調沙糞以培之易其故土凡花大約三年或二年一分不分則舊根老硬而侵蝕新芽故花不成就分之數則小而不舒不分與分之太數皆花之病也花之顏色之深淺與葉蘂之繁盛皆出於培壅剥削之力花既萎落亟剪去其子屈盤枝條使不離散故脉理不上行而皆歸於根明年新花繁而色潤雜花根窠多不能致遠惟芍藥及時取根盡取本土貯以竹席之器雖數千里之遠一人可負數百本而不勞至於他州則壅以沙糞雖不及維揚之盛而顏色亦非他州所有者比也亦有踰年即變而不成者此亦係夫土地之宜不宜而人力之至不至也花品舊傳龍興寺山子羅漢觀音彌陁之四院冠於此州其後民間稍稍厚賂以匄其本壅培治事遂過於龍興之四院今則有朱氏之園最爲冠絶南北二圃所種幾於五六萬株意其自古種花之盛未之有也朱氏當其花之盛開飾亭宇以待來游者逾月不絶而朱氏未嘗厭也揚之人與西洛不異無貴賤皆喜戴花故開明橋之間方春之月拂旦有花市焉州宅舊有芍藥廳在都廳之後聚一州絶品於其中不下龍興朱氏之盛往歲州將召移新守未至監護不密悉爲人盜去易以凡品自是芍藥廳徒有其名爾今芍藥有三十四品舊譜只取三十一種如緋單葉白單葉紅單葉不入名品之内其花皆六出維揚之人甚賤之余自熙寧八年季冬守官江都所見與夫所聞莫不詳熟又得八品焉非平日三十一品之比皆世之所難得今悉列于左舊譜三十一品分上中下七等此前人所定今更不易

上之上

冠羣芳

大旋心冠子也深紅堆葉頂分四五旋其英密簇廣可及半尺高可及六寸艷色絶妙可冠羣芳因以名之枝條硬葉踈大

賽群芳

小旋心冠子也漸添紅而緊小枝條及緑葉並與大旋心一同凡品中言大葉小葉堆葉者皆花葉也言緑葉者謂枝葉也

寶粧成

髻子也色微紫於上十二大葉中密生曲葉回環裹抱團圓其高八九寸廣半尺餘每一小葉上絡以金線綴以玉珠香欺蘭麝奇不可紀枝條硬而葉平

盡天工

柳浦青心紅冠子也於大葉中小葉密直妖媚出衆儻非造化無能爲也枝硬而緑葉青薄

曉粧新

白纈子也如小旋心狀頂上四向葉端點小殷紅色每一朶上或三點或四點或五點象衣中之點纈也緑葉甚柔而厚條硬而絶低

點妝紅

紅纈子也色紅而小並與白纈子同緑葉微似瘦長

上之下

疊香英

紫樓子也廣五寸高盈尺於大葉中細葉二三十重上又聳大葉如樓閣狀枝條硬而高緑葉疎大而尖柔

積嬌紅

紅樓子也色淡紅與紫樓子不相異

中之上

醉西施

大軟條冠子也色淡紅惟大葉有類大旋心狀枝條軟細漸以物扶助之緑葉色深厚疎而長以柔

道粧成

黄樓子也大葉中深黄小葉數重又上展淡黄大葉枝條硬而絶黄緑葉疎長而柔與紅紫者異此品非今日之黄樓子也乃黄絲頭中盛則或出四五大葉小類黄樓子蓋本非黄樓子也

掬香瓊

青心玉板冠子也本自茅山來白英團掬堅密平頭枝條硬而緑葉短且光

素妝殘

退紅茅山冠子也初開粉紅即漸退白青心而素淡稍若大軟條冠子緑葉短厚而硬

試梅裝

白冠子也白纈中無點纈者是也

淺妝勻

粉紅冠子也是紅纈中無點纈者也

中之下

醉嬌紅

深紅楚州冠子也亦若小旋心狀中心緊堆大葉葉下亦有一重金線枝條高緑葉疎而柔

擬香英

紫寶相冠子也紫樓子心中細葉上不堆大葉者

妬嬌紅

紅竇相冠子也紅樓子心中細葉上不堆大葉者

縷金囊

金線冠子也稍似細條深紅者於大葉中細葉下抽金線細細相雜條葉並同深紅冠子者

下之上

怨春紅

硬條冠子也色絕淡甚類金線冠子而堆葉條硬而綠葉疎平稍若柔

妒鵞黄

黄絲頭也於大葉中一簇細葉雜以金線條高綠葉疎柔

蘸金香

蘸金蘂紫單葉也是髻子開不成者於大葉中生小葉小葉尖蘸一線金色是也

試濃粧

緋多葉也緋葉五七重皆平頭條赤而綠葉硬皆紫色

下之中

宿粧殷

紫高多葉也條葉花並類緋多葉而枝葉絕高平頭凡檻中雖多無先後開並齊整也

取次粧

淡紅多葉也色絕淡條葉正類緋多葉亦平頭也

聚香絲

紫絲頭也大葉中一叢紫絲細細是也枝條高綠葉疎而柔

簇紅絲

紅絲頭也大葉中一簇紅絲細細是也枝葉並同紫者

下之下

效殷粧

小矮多葉也與紫高多葉一同而枝條低隨燥濕而出有三頭者雙頭者鞍子者銀絲者俱同根而土地肥瘠之異者也

會三英

三頭聚一萼而開

合懽芳

雙頭並蔕而開二朶相背也

擬繡韉

鞍子也兩邊垂下如所乘鞍狀地絕肥而生

銀含稜

銀緣也葉端一稜白色

新收八品

御衣黄

黄色淺而葉疎蘂差深散出於葉間其葉端色又微碧高廣類黄樓子也此種宜升絕品

黄樓子

盛者五七層間以金線其香尤甚

袁黄冠子

宛如髻子間以金線色比鮑黄

峽石黄冠子

如金線冠子其色深如鮑黄

鮑黄冠子

大抵與大旋心同而葉差不旋色類鵝黄

楊花冠子

多葉白心色黄漸拂淺紅至葉端則色深紅間以金線

湖纈

紅色深淺相雜類湖纈

黽池紅

開須並蔕或三頭者大抵花類軟條也

後論

維揚東南一都會也自古號爲繁盛自唐末亂離群雄據有數經戰焚故遺基廢迹往往蕪没而不可見今天下一統井邑田野雖不及古之繁盛而人皆安生樂業不知有兵革之患民間及春之月惟以治花木飾亭榭以往來遊樂爲事其幸矣哉揚之芍藥甲天下其盛不知起於何代觀其今日之盛古想亦不減於此矣或者以謂自有唐若張祜杜牧盧仝崔涯章孝標李嶸王播皆一時名士而工於詩者也或觀於此或遊於此不爲不久而略無一言一句以及芍藥意其古未有之始盛於今未爲通論也海棠之盛莫甚於西蜀而杜子美詩名又重於張祜諸公在蜀日久其詩僅數千篇而未嘗一言及海棠之盛張祜輩詩之不及芍藥不足疑也芍藥三十一品乃前人之所次余不敢輒易後八品乃得於民間而寂佳者然花之名品時或變易又安知止此八品而已哉後將有出兹八品之外者余不得而知當俟來者以補之也

芍藥譜卷終

海棠譜　敘

錢塘陳　思

世之花卉種類不一或以色而艷或以香而妍是皆鍾天地之秀爲人所欽羨也梅花占於春前牡丹殿於春後騷人墨客特注意焉獨海棠一種風資艷質固不在二花下自杜陵入蜀絶吟於是花世因以此薄之其後都官鄭谷已爲舉似（谷詩浣花溪上空惆悵子美無情爲發揚）本朝列聖品題雲章奎畫烜燿千古此花始得顯聞于時盛傳於世矣今採取諸家雜録及彙次唐以來諸人詩句以爲一編目曰海棠譜雖纂集未能詳盡聊預衆譜之列云開慶改元長至日敘

海棠譜卷上

敘事

蜀花稱美者有海棠焉然記牒多所不録蓋恐近代有之何者古今獨弃此而取彼耶嘗聞　眞宗皇帝御製後苑雜花十題以海棠爲首章賜近臣唱和則知海棠足與牡丹抗衡而可獨步於西州矣因搜擇前志惟唐相賈元靖耽著百花譜以海棠爲花中神仙誠不虚美耳近世名儒巨賢發于歌詠清辭麗句往往而得立慶曆中爲縣洪雅春多暇日地富海棠幸得爲東道主惜其繁艷爲一隅之滯卉爲作海棠記敘其大槩及編次諸公詩句于古復率蕪拙作五言百韻詩一章四韻詩一章附于卷末好事者幸無誚焉　沈立海棠記序

棠之稱甚衆若詩有蔽芾甘棠又曰有杕之杜又爾雅釋木曰杜甘棠也（郭璞注今之杜梨）杜赤棠白者棠又呂氏春秋果之美者棠實又俗説有地棠棠梨沙棠味如李無核較是數説俱非謂海棠也凡今草木以海爲名者酉陽雜俎云唐贊皇李德裕嘗言花名中之帶海者悉從海外來故知海檉海柳海石榴海木瓜之類俱無聞於記述豈以多而爲稱耶又非多也誠恐近代得之于海外耳又杜子美海棠行云欲栽北辰不可得惟有西域胡僧識若然則贊皇之言不誣矣海棠雖盛稱於蜀而蜀人不甚重今京師江淮尤競植之每一本價不下數十金勝地名園目爲佳致

而出江南者復稱之曰南海棠大抵相類而花差小色尤深耳棠性多類梨核生者長遲逮十數年方有花都下接花工多以嫩枝附梨而贅之則易茂矣種宜壚壤膏沃之地其根色黃而盤勁其木堅而多節其外白而中赤其枝柔密而脩暢其葉類杜大者縹綠色而小者淺紫色其紅花五出初極紅如臙脂點點然及開則漸成纈暈至落則若宿粧淡粉矣其蔕長寸餘淡紫色於葉間或三蕚至五蕚為叢而生其蘂如金粟蘂中有鬚三如紫絲其香清酷不蘭不麝其實狀如梨大若櫻桃至秋熟可食其味甘而微酸茲棠之大槩也 沈立海棠記

杜子美居蜀累年吟詠殆遍海棠奇艷而詩章獨不及何耶鄭谷詩云浣花溪上空惆悵子美無情為發揚是已　本朝名士賦海棠甚多往往皆用此為實事如石延年云杜甫句何略薛能詩未工錢易詩云子美無情甚都官著意頻李定詩云不霑工部風騷力猶占勾芒造化權獨王荆公詩用此作梅花詩最為有意所謂少陵為爾牽詩興可是無心賦海棠末句云多謝許昌傳雅什蜀都曾未識詩人不道破為尤工也 韻語陽秋

東坡海棠詩曰只恐夜深花睡去更燒銀燭照紅粧事見太真外傳曰上皇登沈香亭召太真妃于時卯醉未醒命力士使侍兒扶掖而至妃子醉韻殘粧鬢亂釵橫不能再拜上皇笑曰豈妃子醉是海棠睡未足耳 冷齋夜話

東坡謫黃州居于定惠院之東雜花滿山而獨海棠一株土人不知貴東坡為作長篇平生喜為人寫人間刻石者自有五六本云吾平生最得意詩也 古今詩話

韓持國雖剛果特立風節凛然而情致風流絶出時輩許昌崔象之侍郎舊第今為杜君章所有廳後小亭僅丈餘有海棠兩株持國每花開輒載酒日飲其下竟謝而去歲以為常至今故吏尚能言之 石林詩話

少游在黃州飲於海橋橋南北多海棠有老書生家海棠叢間少游醉臥宿於此明日題其柱曰喚起一聲人悄衾暖夢寒窗曉瘴雨過海棠開春色又添多少社甕釀成微笑半破癯瓢共舀覺健倒急投床醉鄉廣大人間小東坡愛之恨不得其腔當有知之者耳 冷齋夜話

李丹大夫客都下一年無差遣乃授昌州議者以去家遠乃改授鄂州倅淵材聞之乃吐飯大步往謁李曰誰為大夫謀昌佳郡也柰何弃之李驚曰供給豐乎曰非也民訟簡乎曰非也曰然則何以知其佳淵材曰海棠無香昌州海棠獨香非佳郡乎聞者傳以為笑 墨客揮犀

前輩作花詩多用美女比其狀如曰若教解語應傾國任是無情也動人陳俗哉山谷作酴醿詩曰露濕何郎試湯餅日烘荀令炷爐香乃用美丈夫比之若

將出類而吾叔淵材作海棠詩又不然曰雨過温泉浴妃子露濃湯餅試何郎意尤工也 冷齋夜話

仁宗朝張冕學士賦蜀中海棠詩沈立取以載海棠記中云山木瓜開千顆顆水林檎發一攢攢注云大約木瓜林檎花初開皆與海棠相類若冕言則江西人正謂棠梨花耳惟紫綿色者始謂之海棠按沈立記言其花五出初極紅如燕脂點點然及開則漸成纈暈至落則若宿粧淡粉審此則似木瓜林檎六花者非眞海棠明矣晏元獻云已定復搖春水色似紅如白海棠花然則元獻亦與張冕同意耶 復齋漫録

閩中漕宇修貢堂下海棠極盛三面共二十四叢長條脩幹頃所未見每春著花眞錦繡段其間有如紫

綿揉色者亦有不如此者蓋其種類不同不可一槩論也至其花落則皆若宿粧淡粉矣余三春對此觀之至熟大率富沙多此官舍人家往往皆種之並是帚子海棠正與蜀中者相類斯可貴耳今江浙間別有一種柔枝長蔕顔色淺紅垂英向下如日蔫者謂之垂絲海棠全與此不相類蓋強名耳 苕溪漁隱

吾叔劉淵材曰平生死無恨所恨者五事耳人問其故淵材欲説斂目不言久之曰吾論不入時聽恐汝曹輕易之問者力請乃荅曰第一恨鰣魚多骨二恨金橘太酸三恨蓴菜性冷四恨海棠無香五恨曾子固不能詩聞者大笑淵材瞠目荅曰諸子果輕易吾論也 冷齋夜話

王介甫梅詩云少陵爲爾牽詩興可是無心賦海棠杜默云倚風莫怨唐工部後裔誰知不解詩曾不若東坡柯丘海棠長篇冠古絶今雖不指名老杜而補亡之意蓋使來世自曉也 碧溪詩話

東風嫋嫋泛崇光香霧霏霏月轉廊只恐夜深花睡去更燒銀燭照紅粧先生常作大字如掌書此詩似是晚年筆札與集本不同者嫋嫋作渺渺霏霏作空濛故墨跡舊藏秦少師伯陽後歸林右司子長今從墨蹟 吳興沈氏註東坡詩

東坡謫居齊安時以文章游戲三昧齊安樂籍中李宜者色藝不下他妓他妓因燕席中有得詩曲者宜以語訥不能有所請人皆咎之坡將移臨汝於飲餞

處宜哀鳴力請坡半酣笑謂之曰東坡居士文名久何事無言及李宜恰似西川杜工部海棠雖好不吟詩 詩話總龜

蜀潘炕有嬖妾解愁姓趙氏其母夢吞海棠花蘂而生頗有國色善爲新聲 外史檮杌

黎舉常云欲令梅聘海棠棖子臣櫻桃及以芥嫁筍但恨時不同然牡丹酴醿楊梅枇杷盡爲執友 雲仙散録

海棠花欲鮮而盛於冬至日早以糟水澆根下 瑣碎録

李贊皇花木記以海爲名者悉從海外來如海棠之類是也 同前

海棠候花謝結子剪去來年花盛而無葉 同前

眞宗御製後苑雜花十題以海棠爲首近臣唱和 瑣碎後録

唐相賈眈著百花譜以海棠爲花中神仙 同前

重葉海棠曰花命婦又云多葉海棠曰花戚里 牡丹榮辱志

每歲冬至前後正宜移掇窠子隨手使肥水澆以盦過麻屑糞土壅培根柢使之厚密纔到春暖則枝葉自然大發著花亦繁密矣 長春備用

許昌薛能海棠詩敘蜀海棠有聞而詩無聞 花木録

南海棠木性無異惟枝多屈曲數數有刺如杜梨花亦繁盛開稍早 同前

黄海棠木性類海棠青葉微圓而色深光滑不相類花半開鵝黄色盛開漸淺黄矣 同前

海棠色紅以木瓜頭接之則色白 長樂志

徐儉樂道隱於藥肆中家植海棠結巢其上引客登木而飲 紺珠集

海棠譜卷上

海棠譜卷中

詩上

海棠 御製

每至春園獨有名天然與染半紅深芳菲占得歌臺地妖艷誰憐向日臨莫道無情閑笑臉任從折戴上冠簪偏宜雨後看顔色幾處金杯爲爾斟

海棠 眞宗御製

春律行將半繁枝忽競芳霏霏含宿霧灼灼艷朝陽戲蝶棲輕蘂遊蜂逐遠香物華留賦詠非獨務雕章

又 同前

翠蕚凌晨綻清香逐處飄高低臨曲檻紅白間纖條潤比攅温玉繁如簇絳綃盡堪圖畫取名筆在僧繇

會僚屬賞海棠偶有題詠 光宗御製

濃淡名花産蜀鄉半含風露浥新粧嬌嬈不減舊時態誰與丹青爲發揚

觀海棠有成 同前

東風用意施顔色艷麗偏宜著雨時朝詠暮吟看不足羨他逸蝶宿深枝

唐薛許昌能海棠詩并序

蜀海棠有聞而詩無聞杜工部子美於斯有之矣得非興象不出没而有懷何天之厚余獲此遺遇僅不敢讓用當其無因賦五言一章二十句學陳梁之紫妍漢魏之朱不以彼物擇其功不以陳言踵其趣或

其人之適此有若韓宣子者風雅盡在蜀矣吾其庶幾又花植於府之古營因刻貞石以遺吾黨將來君子業詩者苟未變於道無賦耳咸通七年十二月二十三日叙

酷烈復離披玄功莫我知青苔浮落處暮栁閒開時醉帶遊人插連陰彼叟移晨前清露濕晏後惡風吹香少傳何計妍多畫半遺島蘇連水脉庭綻雜松枝偶泛因沉硯閑飄欲亂碁遶山生玉壘和郡徧坤維負賞慙休飲牽吟分失飢明年應不見留此贈巴兒

又七言

四海應無蜀海棠一時開處一城香晴來使府低臨檻雨後人家散出墻閑地細飄浮淨蘚短亭深綻隔垂楊從來看盡詩誰苦不及懽遊與畫將

海棠　鄭谷

春風用意勻顏色銷得攜觴與賦詩濃麗最宜新著雨嬌嬈全在欲開時莫愁粉黛臨窻懶梁廣丹青點筆遲朝醉暮吟看不足羨他蝴蝶宿深枝

蜀中賞海棠

濃淡方春滿蜀鄉半隨風雨斷鶯腸浣花溪上空惆悵子美無情爲發揚杜工部旅蜀詩集中無海棠之題

擢第後入蜀經羅利路見海棠盛開偶題

鄭谷

上國休誇紅杏艷沉溪自照綠苔磯一枝低帶流鶯睡數片狂和舞蝶飛堪恨路長移不得可無人與畫將歸手中已有新春桂多謝煙香更入衣

奉和　眞宗御製後苑雜花海棠

晏樞相殊

太液波才綠靈和絮未飄霞文光啓旦珠琲密封條積潤涵仙露濃英奪海綃九陽資造化天意屬喬繇

同和　劉內翰筠

遅景烘初綻鮮風惜未飄蝶寬迷密徑鶯語近新條芳蕙薰宫錦丹漿暈海綃惟時奉宸唱賡奉愧咎繇

海棠　晏樞相

輕盈千結亂櫻藂占得年芳近碧櫳逐處間勻高下萼幾番分破淺深紅煙晴始覺香纓綻日極猶疑蝎蔕融數夕朱欄未飄落再三珍重石尤風

又

杳靄何驚目鮮妍欲蕩寬向人無限思當畫不勝繁浩露晴方浥遊蜂暖更暄只應春有意留贈子山園

又

昔聞遊客話芳菲濯錦江頭幾萬枝縱使許昌詩筆健可能終古絕妍辭

又

濯錦江頭樹移根藥砌中只應春有意偏與半粧紅

和樞密侍郎因看海棠憶禁苑此花最盛

晏樞相

青瑣曾留眄珍藂宛未移幸分霖雨潤猶見艷陽姿岸幘來朱檻攀條憶絳蕤能令人愛樹不獨召南詩

又　郭待制 稹

朱欄明媚照横塘芳樹交加枕短墻傳得東君深意態淡成西蜀好風光破紅枝上仍施粉繁翠陰中旋撲香應爲無詩怨工部至今含露作啼粧

又　石學士 延年

君看海棠格群花品詎同嬌嬈情自富蕭散艷非窮蒨縠班吳苑梅羅碎蜀宮錦窠杯裏影綉段隙前烘心亂香無數莖柔動滿裁意分巫峽雨腰細漢臺風盛若霞藏日鮮於血洒空高低千點赤深淺半開紅粧指朱纔布膏唇檀更融色焦無可壓體瘦不成豐枝重輕浮外苞疎密間中難勝蜂不定易入蝶能通

蜀地海棠繁媚有思加膩餘豐條苒弱可愛北方所未見諸公作詩流播西人予素好玩不能自嘿然所道皆在前人陳迹中如國風申章亦無媿云

宋景文公

蜀國天餘照珍葩地所宜濃芳不隱葉併艷欲然枝簇影分羣蕚均霞點萬蕤回文錦成後夾煎燎烘時蜂蘂迎銜密鶯梢向坐危淺深雙絶態啼笑兩妍姿絳節排煙竦丹缸落帶垂童容郎畏薄便面到憂遲媚日能徐照暄風肯遽吹 蜀少疾風故花愈盛 惜歡當晼晚留恨付離披麗極都無比繁多僅自持損香饒麝栢照影欠瑶池畫要精侔色歌須巧騁辭舉樽頻語客細摘玩芳期

和晏尚書海棠

媚柯攢仄倚春暉封植寧同北枳移 花自西蜀流種而穠麗不變 台嶺分霞爭抱蕚蜀宮裁錦鬬纏枝不憂輕露蒙時潤正恨炎風獵處危把酒凭欄堪併賞莫容私恨爲披離

海棠

西域流根遠中都屬賞偏初無可並色竟不許勝妍薄暝霞烘爛平明露濯鮮長衾繡作地密帳錦爲天 吳人語欒覆爲帳天 淺影才欹檻柯横欲照筵愁心隨落處醉眼著繁邊的誇粧靚畨畨恃笑嗎何嘗見蘭媚要是掩櫻然艷足非他譽香輕且近傳所嗟名後出遺載楚臣篇

又 三首並同前

萬蕚霞乾照曙空向來心賞已多同未如此日家園樂數徧繁枝奕奕紅

暮春月内署書閣前海棠花盛開率爾七言八韻寄長卿諫議　張洎

去歲海棠花發日曾將詩句詠芳妍今來花發春依舊君已雄飛玉案前驟隔清塵樞要地獨攀紅蘂艷陽天疎枝高映銀臺月嫩葉低含倚閣煙花落花開懷勝賞春來春去感流年清辭早綴巴人唱妙翰猶緘蜀國牋共仰壯圖方赫耳自嗟衰鬢轉皤然因憑鶯蝶傳消息莫忘蓬萊有病仙

海棠　程琳

海外移根灼灼奇風情閑麗比應稀晶熒寶蕚排珠琲旖旎芳叢簇繡帷繁極只愁隨暮雨飄多何計駐春暉浣花溪上年年意露濕煙霞拂客衣

海棠　學士李定

青帝行春信自專精心知向海棠偏不霑工部風騷力猶占句芒造化權倚檻半開紅朶密遶池初應翠枝連誰人與拔栽瓊苑看與花王鬬後先

海棠　著作石揚休

化工裁剪用功專濯錦江頭價最偏酷愛幾思憑畫手難題渾覺挫詩權豔凝絳纈深深染樹認紅綃密密連因想當年武平一枝枝眷賜侍臣先

海棠　直講范鎮

不知眞宰是誰專主得韶光此樹偏吟筆偶遺工部意賦辭今職翰林權風飜翠幕晨香入霞照危墻夕影連移植上園如得地芳名應在紫薇先

又　石揚休

開盡妖桃落盡梨淺萼深蕚照華池都緣西蜀盤根遠豈是東君屬意遲煙慘別容曛宿酒露凝啼臉失臙脂須知賈相風流甚曾許神仙品格奇

和　學士李定

輕紅如杏素遮梨直似佳人照碧池已是化工教艷絕莫嫌青帝與開遲煙滋綽約明雙臉雨借夭饒入四脂西蜀有名須得地瓊林高壓百花奇

和燕龍圖海棠　推官揚諤

西漢欺盧橘東陽愛野棠許昌奇此遇子美欠先揚杜宇三春艷蚕叢一國香燕脂點亂雨生色麗斜陽冨艷東君節暄妍白帝方錦樓祈水色玉壘換山光風格林檎細腰支郁李長天生笑容質時様舞衣裳少吐深深染全開淡淡粧煙媒護緑蔕風陣損朱房旋失因臨水閑飄弗過墻佩亡愁殺甫簪脫即連姜蝶舞菱花照鶯啼菴畫堂仙如弄玉少墜似緑珠常不見還成悔相思幾欲狂春深濯錦水日晚浣紗方卧對移簾押吟看近筆牀池清滿園倒鳥起一枝昂紫燕銜泥急黄蜂趁蜜忙化工眞用意銷得與攜觴

海棠　殿丞髙惟幾

故國庸岷外孤根楚苑中使梅休妬白仙杏已饒紅旋恐陽城破尋憂下蔡空幾時夢巫峽獨立怨春風

海棠　髙覿

錦里花中色最奇妖饒天賦本來稀綺霞忽照迷紅障穀露輕籠設翠幃繁朶有情粧媚景纖枝無力帶殘暉好將綉向羅裙上來作香閨楚楚衣

海棠　凌景陽

名園封植幾經春露濕煙梢畫不眞多謝許昌傳雅什蜀都曾未識詩人

海棠　學士張冕

海棠栽植徧塵寰未必成都欲詠難山木瓜開千顆顆水林檎發一攢攢大約木瓜林檎花初發皆與海棠相類但花稀而先葉耳惟山木瓜水林檎尤似山木瓜揚州有之楮木叢也初疑紅豆爭頭綴忽覺燕脂

衆手九西蜀僧家根撥小南荆官舍樹支寬高穿羣木無因蔽平倚危樓最好看十畝園林渾似火數方池面悉如丹錦袍萬丈仍連袂白傅珠被齊光更合歡楚詞風嫋細腰粧正罷楚宫露晞銅雀淚新乾晨曦遠借形雲暖秋魄微侵甲帳寒會讌豈勞供幄幕採香應見費龍檀穠燒游女青絲髮般染妖姬白玉冠賓席半移偎茜綬使車多執簇雕鞍層層排朶紫飛蝶密密交柯宿翠翰詩客早慚矜縷管畫工誰敢銜霜紈本期相伴千場醉可忍輕遨百卉殘川路尚移隨迅瀨蕃船猶折出長瀾飄零絳雪深盈尺收拾晴霞散結團時去獨應賢者識色空潛有達人觀譜爲仙子終須美花譜以海棠爲神仙王禹偁海仙詩序實作寒梅況不

酸寒梅事具序中五六年來離別恨春宵頻夢石臺盤荆王石臺盤在後園海棠林下至今存焉

西園海棠　范純仁

丹葩翠葉競妖濃蜂蝶飜飜弄暖風濯雨正疑宫錦爛媚晴先奪曉霞紅芬菲劒外從來勝歡賞天涯爲爾同却想鄉關足塵土只應能見畫圖中

英韶在前徒矜下里之曲風雅未喪豈繫擊轅之音不圖綴綺靡之辭抑將導敦厚之旨耳海棠雖盛於蜀人不甚貴因暇偶成五言百韻律詩一章四韻詩一章附于卷末知我者無加焉　沈立

岷蜀地千里海棠花獨妍萬株佳麗國二月艷陽天叢蕚匀如布脩莖巧似編形雲輕點綴赤玉碎雕鐫瑟瑟光輸瑩猩猩血借鮮淺深相向背踈密遞勾牽輕蒨重重染丹砂細細研蘂纖金粟拱鬚嫩紫絲拳紅蠟隨英滴明璣著顆穿初莖爭裊娜翹軟共蹁躚絶代知無價生香不減箋分靈應桂苑鍾粹定星躔木帝經邦相花王入室賢祥飈加剪拂御靄共陶甄真宰陰推轂勾芒與著鞭不須憂薄命好爲惜流年贊翼施生柄扶持煦嫗權主張韶令正調燮淑威宣和氣高低洽芳心次第還金釵人十二珠履客三千雲雨迷巫峽風波怨洛川姸婷宜佳楚妖冶合居燕綉被通宵展華燈徹曙燃横披前檻外半出假山巔暗羡遊蜂採偷輸蟻穴沿瘦嫌蛛網織柔怯女蘿纏

蓄恨憑誰訊無言只自憐文君酒壚伴楊子草堂前品格生來別風流到老全繁中生悵望衆裏見喧闐暄暖精神出晴明意態便闗闗鶯對語兩兩燕高騫天上宜封殖人間偶佇延共櫻園別館與杏擁斜阡清暖簾爭卷黄昏幕尚褰低籠金韉騄高映畫鞦韆忽認梁園妓深疑閬苑仙忩忩來蕙圃遠遠別芝田羞隱暝濛霧輕如淡蕩煙乍逢開羽扇初喜下雲軿髣髴向星靨依稀帶翠鈿五銖衣宛轉七寶帳翩翾獨立挨霓節成行列彩旃困宜欹虎枕步好襯金蓮舞定休回袖粧濃不傅鉛蓋張松鬱鬱茵藉草芊芊馥郁蘭供夢扶踈柳伴眠軀輕彌綽約腰細更便嬛婭姹常顒若幽柔自洒然侍兒羅白芷婢子列芳荃

口口濃檀注腮腮薄粉填解圍施葉幄買笑有榆錢
旖旎環瑶席婆娑匝玳筵嬌依屏曲曲泣對露涓涓
南陌輕埃蔽東郊夕照連幾時休縹渺從此識嬋娟
是處遺簪珥誰家不管絃妬姬貪恐失戲稚惜何顛
折閃搔頭褪擘擬約腕楦戴遮鬟上鳳裝壓鬢邊蟬
汲引新懽聚消磨宿忿蠲縱觀須倒載命宴必加籩
飜曲教歌媛更詞送酒船鄉心湏暫解病眼當時痊
迢遞來油壁從容佳錦韉雅宜交讓比穠興棣華聯
不憤參朱槿寧甘混木綿酴醾潛失色躑躅敢差肩
素柰思投迹夭桃耻備員梧桐愧金井芍藥濫花磚
倂壓辛夷俗潜排寶馬嫣天恩無久恃人寵莫長專
布影交三徑敷榮遍一廛凝眸方暐曄迴首旋翩翩
可忍驚飈挫胡煩急景煎珊瑚隨手碎絳雪繞枝旋
拂漢霞初散當樓月自圓飄零隨蠛蠓散亂逐漪漣
灼灼龜城外亭亭錦水邊抱愁應慘慼有淚即潺湲
午影迷蝴蝶朝寒怨杜鵑物情元倚伏人意莫拘攣
擢秀高羣木稱珍極八埏未開獨脉脉憂落固悁悁
別著新文紀重尋舊譜箋共知紅艷好誰辨赤心堅
實事陪朱李根宜灌醴泉栽須憐竹栢樹莫繞烏鳶
恥託膏腴茂當隨富貴遷為多猶底滯因遠尚迍邅
客思易成亂心期未省愆晝思摩詰筆吟稱薛濤牋
醉目休頻送詩情豈易緣薛能誇麗句鄭谷賞佳篇
止感芳姿美那怜託地偏山經猶罕記方志未多傳
巧詠憂才竭冥搜得意滇遐陬寡真賞僻境忍輕捐
抽秘慙非據探奇敢讓先援毫叙名卉聊用放懷焉

又

占斷香與色蜀花徒自開園林無即俗蜂蝶落仍來
青帝若為意東風無限才古今吟不盡百韻愧空裁

海棠譜卷中

海棠譜卷下

詩下

商山海棠　王元之

錦里名雖盛商山艷更繁別疑天與態不稱土生根淺著紅蘭染深於絳雪噴待開先釀酒怕落預呼䰟香裏無勍敵花中是至尊桂須辭月窟桃合避仙源浮動冠頻側霓裳袖忽飜望夫臨水石窺客出墻垣贈別難饒柳忘憂肯讓萱輕輕飛燕舞脉脉息嬀言蕙陋虛侵逕梨凡浪占園論心留蝶宿低面厭鶯喧不忝神仙品（好事者作花品以此爲神仙）何辜造化恩自期栽御苑誰使擲山村綺季荒祠畔仙娥古洞門煙愁思舊夢雨泣怨新婚畫恐明妃恨移同卓氏奔秪教三月見不得四時存繡被堆籠勢燕脂浥淚痕貳車春未去應得伴芳樽

別堂後海棠　同前

一堆紅雪媚青春惜別須教淚滿巾好在明年莫憔悴校書兼是愛花人（此花余去後是推官王校書移入）

題錢塘縣羅江東手植海棠　王元之

江東遺跡在錢塘手植庭花滿縣香若使當年居顯位海棠今日是甘棠

寓居定慧院之東雜花滿山有海棠一株土人不知貴也　東坡

江城地瘴蕃草木只有名花苦幽獨嫣然一笑竹籬間桃李漫山總麤俗也知造物有深意故遣佳人在空谷自然富貴出天姿不待金盤薦華屋朱脣得酒暈生臉翠袖卷紗紅映肉林深霧暗曉光遲日暖風輕春睡足雨中有淚亦悽愴月下無人更清淑先生食飽無一事散步逍遥自捫腹不問人家與僧舍拄杖敲門看脩竹忽逢絕艷照衰朽歎息無言揩病目陋邦何處得此花無乃好事移西蜀寸根千里不易到銜子飛來定鴻鵠天涯流落俱可念爲飲一樽歌此曲明朝酒醒還獨來雪落紛紛那忍觸

海棠　前人

東風嫋嫋泛崇光香霧霏霏月轉廊只恐夜深花睡去高燒銀燭照紅粧

遊海棠西山示趙彥成　邵康節

東風吹雨過溪門白白朱朱亂遠村灘石已無回棹勢岸楓猶出繫船痕時危不厭江山僻客好惟知笑語溫莫上南岡看春色海棠花下却銷䰟

海棠　韓持國

濯錦江頭千萬枝當來未解惜芳菲而今得向君家見不怕春寒雨濕衣

在禁林時有懷荆南舊遊　元厚之

去年曾醉海棠叢聞說新枝發舊紅昨夜夢回花下飲不知身在玉堂中

海棠　洪覺範
酒入香腮笑不知小粧初罷醉兒癡一株柳外墻頭見却勝千叢著雨時

海棠　崔德符
渾是華清出浴初碧綃斜掩見紅膚便教桃李能言語要比嬌妍比得無

海棠并序　梅聖俞
道損司門前日過訪別且云計程二月到郡正看暗惡海棠頗見太守風味因爲詩以送行
蜀州海棠勝兩川使君欲賞意已猛春露洗開千萬株燕脂點素攢細梗朝看不足夜秉燭何暇更尋桃與杏青泥劒棧將度時跨馬莫辭霜氣冷

海棠　同前
江鷰入朱閣海棠繁錦條醉生燕玉頰瘦聚楚宮腰曾不分香去尤宜著意描誰能共吹笛樹下想前朝予嘗於宋宣獻宅見圖畫明皇於海棠花下臥吹觱篥寧王吹笛黄幡綽拍

又
要識吕同蜀須看線海棠燕脂色欲滴紫蠟蔕何長夜雨偏宜著春風一任狂當時杜子美吟徧獨相忘

海棠　王荆公
綠嬌隱約眉輕掃紅嫩妖饒臉薄粧巧筆寫傳功未盡清才吟詠興何長

移岳州去房陵道中見海棠　張芸叟
馬息山頭見海棠羣仙會處錦屏張天寒日晚行人絕自落自開還自香

和何靖山人海棠　文與可
爲愛香苞照地紅倚欄終日對芳叢夜深忽憶南枝好把酒更來明月中

晁二家有海棠去歲花開晁二呼杜卿家小娃歌舞花下痛飲今春花開復欲招客而杜已出守戲以詩調之　張文潜
頗疑蜂蝶過鄰家知是東墻去歲花駿馬無因迎小妾鴟夷何用強隨車

雨中對酒庭下海棠經雨不謝

陳參政與義
巴陵二月客添衣草草杯盤恨醉遲燕子不禁連夜雨海棠猶待老人詩天翻地覆傷春色齒豁頭童祝聖時白竹籬前湖海闊茫茫身世兩堪悲

陪粹翁舉酒於君子亭亭下海棠方開　同上
世故驅人殊未央即從地主借繩床春風浩浩吹游子暮雨霏霏濕海棠古國衣冠無態度隔簾花葉有輝光使君禮數能寬否酒味撩人我欲狂

和冬曦海棠　程金紫敦厚
花中名品異人重比甘棠苞嫩相思密紅深琥珀光好風傳馥郁凡卉愧芬芳爛熳雲成瑞葳蕤女有嬙

生來先蜀國開處始朝陽賞即笙歌地題稱翰墨場
煙霞容易散蜂蝶等閑忙誰是多情侶欄邊重舉觴

今晨秋氣蕭瑟不意海棠再開因書二絕期
好事者和　同前

曾逐狂飈取意飛一時春色便依稀舊叢還有香心
在却被西風管領歸

露濕胭脂淚臉寒獨將幽恨倚欄干精神不比籬邊
菊莫把尋常醉眼看

雨中海棠

玉腕紅輕不耐寒無端風雨苦相干曉來試卷珠簾
看蔌蔌飛香滿畫欄

惜海棠開晚　同前

今年春色可勝嗟二月山中未見花長憶去年今夜
月海棠花影到窻紗

海棠　僧如壁

賣花檐上看桃李頓使春工不直錢莫恠海棠不受
折要令雲髻絕塵緣

江左謂海棠爲川紅　吳中復

靚粧濃淡蘂蒙茸高下池臺細細風却恨韶華偏蜀
土更無顏色似川紅尋香只恐三春暮把酒欣逢一
笑同子美詩才猶閣筆至今寂寞錦城中

海棠　劉子翬

幽姿淑態弄春晴梅借風流柳借輕種處靜宜臨野
水開時長是近清明幾經夜雨香猶在染盡胭脂畫

不成詩老無心爲題拂至今惆悵似含情

海棠　郭震

又隨桃李一時榮不逐東風處處生疑是四方嫌不
種教於蜀地獨垂名

海棠　強祠部至

西蜀傳芳日東君著意時鮮葩猩薦血紫蕚蠟融脂
絳闕疑流落瓊欄合護持無詩任工部今有省郎知

和東坡海棠　趙次公

露井喜微帶曉光枝邊燦煥映回廊細看素臉元如
玉初點胭脂駐靚粧

和東坡定惠院海棠　同前

化工妙手開羣木酷向海棠私意獨殊姿艷艷雜花
裏端覺神仙在流俗睡起胭脂懶未勻天然膩理還
豐肉繁華增麗態度遠婀娜含嬌風韻足豈唯婉孌
彤管姝真同窈窕關雎淑未能奔往白玉樓要當貯
以黃金屋顛錐風爰欲黃昏脉脉難禁倚脩竹可憐
俗眼不知貴空把容光照山谷此花本出西南地李
杜無詩恨遺蜀高才没世孰彫龍後輩補亡難刻鵠
貂裘季子客齊安相逢忽慰羈人目當年甫白君可
繼爲花重賦陽春曲把酒因澆礧磈胸搜句輒傾空
洞腹多情恐作綵雲散兒童莫信來輕觸

海棠　康肅吳公芾

海棠元自有天香底事時人故謗傷不信請來花下
坐惱人鼻觀不尋常

和澤民求海棠　同前

君是詩中老作家笑將麗句換名花花因詩去情非淺詩爲花來語更嘉須好栽培承雨露莫令憔悴困塵沙他年爛熳如西蜀我欲從君看綺霞

見市上有賣海棠者悵然有感　同前

連年蹤跡滯江鄉長憶吾廬萬海棠想得春來增絶麗無因歸去賞芬芳偶然檐上逢人賣猶記樽前爲爾狂何日故園修舊好賸燒銀燭照紅粧

和陳子良海棠四首　同前

春來人物盡熈熈紅紫無情亦滿枝正引衰翁詩思動舉頭那更得君詩

花開春色麗晴空惱我狂來只逐叢試問妖嬈誰與比一株勝却萬株紅

雨後花頭頓覺肥細看還是舊風姿坐餘自有香芬馥不許凡人取次知

十年栽種滿園花無似茲花艷麗多已是譜中推第一不須還更問如何

寄朝宗　同前

海棠已試十分粧細看妖嬈更異常不得與君同勝賞空燒銀燭照花光

所思亭海棠初開折贈兩使者　張栻

未須比擬紅深淺更莫平章香有無過雨夕陽樓上看千花容有此膚腴

東風著物本無私紅入花梢特地奇想得霜臺春思滿一枝聊遣博新詩

黃海棠　洪适

漢宮嬌半額雅淡稱花仙天與溫柔態粧成取次妍

垂絲海棠　同前

脉脉似崔徽朝朝長看地誰能解倒懸扶起雲鬟墜

次韻陸務觀海棠　文簡程公大昌

喚回殘睡強矜持淺破朱唇倚笛吹千古妖妍磨不盡長隨春色上花枝

題苦竹寺海棠洞　相山王之道

翠袖朱唇一笑開倚風無力競相偎陽城豈是僧家物端恐齊奴步障來

海棠　陸游

誰道名花獨故宮（謂故蜀燕王宮）東城盛麗足爭雄橫陳錦幛闌干外盡吸紅雲酒醆中貪看不辭持夜燭倚狂直欲擅春風拾遺舊詠悲零落瘦損腰圍擬未工（老杜不應無海棠詩意其失傳爾）

又

十里迢迢望碧雞一城晴雨不曾齊今朝未得平安報便恐飛紅已作泥

又

蜀地名花擅古今一枝氣可壓千林讒彈更到無香處常恨人言太刻深

張園觀海棠　同前

朝陽照城樓春容極明媚走馬蜀錦園名花動人意嚴粧漢宮曉一笑初破睡定知夜宴歡酒入妖骨醉低鬟羞不語困眼嬌欲閉雖艷無俗姿太息真富貴結束吾方歸此別知幾歲黄昏廉纖雨千點裛紅淚

夜宴賞海棠醉書　同前

便便癡腹本來寬不是天涯強作歡燕子歸來新社雨海棠開後却春寒醉誇落紙詩千首歌費纏頭錦百端深院不聞傳夜漏忽驚蠟淚已堆盤

病中久止酒有懷成都海棠之盛　同前

碧雞坊裏海棠時彌月兼旬醉不知馬上難尋前夢境樽前誰記舊歌辭目窮落日横千嶂腸斷春光把一枝説與故人應不信茶煙禪榻鬢成絲

春晴懷故園海棠　楊萬里

故園今日海棠開夢入江西錦繡堆萬物皆春人獨老一年過社燕方回似青如白天濃淡欲墮還飛絮往來無那風光餐不得遣詩招入翠瓊杯

張子儀太守折送秋日海棠　同前

新樣西風較劣些重陽還放海棠花春紅更把秋霜洗且道精神佳不佳

木渠籬菊緫無光秋色今年付海棠爲底夜深花不睡翠紗袖上月和霜

海棠譜卷下

師曠禽經

晉太傅張　華　註

子野曰鳥之屬三百六十鳳爲之長故始於此

鳳者羽族之長

鳳雄凰雌

凰鴻前麟後蛇首魚尾龍文龜身鷰頷雞喙駢翼首載德頂揭義背負仁心抱忠翼挾信足履正小音鍾大音皷不啄生草五采備舉飛則羣鳥從出則王政平國有道

亦曰瑞鶠

景純注爾雅云瑞應鳥也雞頭蛇頸燕頷龜背魚尾五彩色高六尺許出爲王者之嘉瑞孝經援神契曰王者德及鳥獸則鳳鳥翔

亦曰鸑鷟

鳳之小者曰鸑鷟五彩之文三歲始備也

羽族之君長也鸞瑞鳥

鸞者鳳鳥之亞始生類鳳久則五彩變易故字從變省禮斗儀曰天下太平安寧則見其音如鈴䜌䜌然也周之文物大備法車之上綴以大鈴如鸞之聲也後改爲鑾

一曰雞趣

顧野王符瑞圖曰雞趣王者有德則見

首翼赤曰丹鳳青曰羽翔白曰化翼玄曰陰翥黃曰土符

別五采而爲名也

鳳翥鸞舉百羽從之

鸞鳳翔止百鳥皆從也以類化

鳳靡鸞吪百鳥瘞之

鳳死曰靡鸞死曰吪禽鳥啄土以瘞藏之

慈鳥反哺

慈鳥曰孝鳥長則反哺其母大觜鳥否

白脰鳥不祥

鳥之白脰者西南人謂之鬼雀鳴則凶咎

巨喙鳥善警

鳥之巨觜者善避矰弋彈射曰善警

哀鳥吟夜

鳥之失雄雌則夜啼

鷙鳥之善搏者曰鶚

鶚大人見而悚愕也

竊玄曰鷐

色淺黑而大者其羽蟲鳥毛也

鴘曰鵃

鷹色蒼黃謂之鴘廣雅曰鴘鷹二歲色也鷹生二歲如繫也

骨曰鶻瞭曰鷂

能遠視也瞭目明白音了

鷐曰鸇

晨風也向風摇翅其回迅疾狀類雞色青搏鷙

雀食之左傳云若鷹鸇之逐鳥雀

奪曰雜

如鸇而小者其脰上下亦取鳥雀如攘奪也

王鴡鴡鳩魚鷹也

毛詩曰王雎摯而有別多子江表人呼以爲魚鷹雌雄相愛不同居處詩之國風始關雎也

亦曰白鷢

鷢之色白者

亦曰白鷹

狀如鷹尾上白也

雉介鳥也

善搏鬬也

亦曰鳩

爾雅曰雉絶有力奮

五采備曰翬

爾雅曰伊洛而南素質五采皆備成章曰翬江淮而南青質五采皆備成章曰鷂言其毛色光輝也周禮后六服一曰翬衣取其雉性介而守以比后德也

亦曰夏翟

書曰羽畎夏翟雉尾至夏則光鮮也

亦曰鷂雉

青質五采解見上注

朱黄曰鷩雉

背毛黄腹毛赤頸毛綠而鮮明周禮鷩冕取此

白曰韓雉

江南呼曰白雉

玄曰海雉

羽色純黑亦善鬬生海中山島上

首有彩毛曰山雞

山雉長尾尤珍護之林木之森欝者不入恐觸其尾也雨則避於巖石之下恐濡濕也久雨亦不出而求食死者甚衆

頸有彩囊曰避株

雉屬出華嶽及盛山中晴暘則頸出彩色作囊遇樹木則避之故曰避株任昉曰亦名吐綬鳥

背有采羽曰翡翠

狀如鵁鶄而色正碧鮮縟可愛飲啄於澄瀾洄淵之側尤惜其羽日濯於水中今王公之家以爲婦人首飾其羽直千金

腹有采文曰錦雞

狀如鳩鴿膺前五色如孔雀羽出南詔越山中歲採捕之爲王者冠服之飾

鳲鳩戴勝布穀也

揚雄曰鳲鳩戴勝生樹穴中不巢生爾雅曰鵖鴔戴鵀鵀即首上勝也頭上尾起故曰戴勝而農事方起此鳥飛鳴於桑間云五穀可布種也故曰布穀月令曰戴勝降于桑一名桑鳩仲春

鷹所化也
亦曰鵠鵴
鳴自呼
亦曰穫穀
江東呼為穫穀見揚雄方言
春耕候也
云此鳥鳴時耕事方作農人以為候
鶬鶊鵹黃黃鳥也
今謂之黃鶯黃鸝是也野民曰黃栗留語聲囀耳其色鵹黑而黃故名鵹黃詩云黃鳥以色呼也
亦曰楚雀
北人呼為楚雀
亦曰商庚夏蠶候也
云此鳥鳴時蠶事方興蠶婦以為候對上文也
雞鸒惡烏路反其類
雞與山鵲惡其類相值則相摶鸒狀類鵲長尾丹觜
鴛鴦玄鳥愛其類
鴛鴦匹鳥也玄鳥鷰也二鳥朝奇而暮偶愛其類也
鳱以水言自北而南
鳱音鴈隨陽鳥也冬適南方集于江干之上故字從干

鳽以山言自南而北
鳽亦音鴈中春寒盡鴈始北嚮燕代尚寒猶集于山陸岸谷之間故字從斤
鶴以聲交而孕
雄鳴上風雌承下風則孕
鵲以音感而孕
鵲乾鵲也上下飛鳴則孕
白鶂相眡而孕
雄雌相視而孕
鵁鶄睛交而孕
狀類鳧而足高相視而睛不眩轉孕而生鶵
鸛嶲周子規也啼必北嚮
爾雅曰嶲周甌越間曰怨鳥夜啼達旦血漬草木凡鳴皆北嚮也
江介曰子規
啼苦則倒懸於樹自呼曰謝豹
蜀右曰杜宇
望帝杜宇者蓋天精也李膺蜀志曰望帝稱王於蜀時荊州有一人化從井中出名曰鼈靈於楚身死屍反泝流上至汶山之陽忽復生乃見望帝立以為相其後巫山龍鬬壅江不流蜀民墊溺鼈靈乃鑿巫山開三峽降丘宅土民得陸居蜀人住江南羌住城北始立木柵周三十里令鼈靈為刺史號曰西州後數歲望帝以其功

高禪位於鼈靈號曰開明氏望帝修道處西山而隱化爲杜鵑鳥或云化爲杜宇鳥亦曰子規鳥至春則啼聞者悽惻

隨楊越雉鷓鴣也飛必南翥

廣志云鷓鴣似雌雉飛但徂南不北也

晉安曰懷南

異物記云鷓鴣白黑成文其鳴自呼象小雉其志懷南不北徂也

江左曰逐隱

古今注曰南方有鳥名鷓鴣向南飛畏霜露早與暮出稀有時夜棲則以樹葉覆其背燕人亦不知有此鳥也

鶡毅鳥也毅不知死

狀類雞首有冠性敢于鬬死猶不置是不知死也左傳鶡冠武士戴之象其勇也

鷗信鳥也信不知用

鷗水鳥如鵁鶄而小隨潮而翔迎浪蔽日曰信鷗鷗之別類群鳴啫啫優優隨大小潮來也食小魚鰕螋之屬雖潮至則翔水嚮以爲信反爲鷙鳥所擊是知信而不知所以自害也

鷸有文而貪

鷸狀類鶯紺色錯出有文色水際伺蚌出啄啄食之反爲蚌所持死水中不知所食以爲害左傳曰聚鷸爲冠是也

鳶不擊有貪

鳶鴟也不善搏擊貪於攫肉也詩曰鳶飛戾天

鮑昭曰寒鴟嚇雛

鵜志在水

鵜鶘水鳥也似鶚而大喙長尺餘頷下有胡如大囊受數外湖中取水以聚群魚候其竭涸奄取食之一名淘河詩曰維鵜在梁志在水也

鴷志在木

爾雅曰鴷斲木鳥巢木中觜如雞長數寸常斲樹食蠹虫啄振木虫皆動也

鳩拙而安

鳩鳴鳩也方言云蜀謂之拙鳥不善營巢取鳥巢居之雖拙而安處也雄呼晴雌鳴陰

鷦巧而危

鷦鷯桃雀也狀類黃雀而小燕人謂之巧婦亦謂之女鴎關東人呼曰巧雀亦謂之巧女喙尖取茅秀爲巢刺以縑麻若紡績爲巢或一房或二房懸於蒲葦之上枝折巢敗巧而不知所託

鳧鶩之雜

鳧鶩鴨屬色不純正故曰雜矣

鷳鷺之絜

鷳白鷳似山雞而色白行上閑暇

題鴂鳴而草衰

爾雅謂之鵙鵙伯勞也狀類鶹鷅而大左傳謂

之伯趙方言曰孤雞鳴則草衰
澤雉啼而麥齊
澤雉如商庚春季之月始鳴麥平隴也
風翔則風
風禽鳶類越人謂之風伯飛翔則天大風
雨舞則雨
一足鳥一名商羊字統曰商羊一名雨天將雨
則飛鳴孔子辯之於齊庭也
霜蜚則霜
鷫鸘鳥名其羽可爲裘以辟寒鷫鸘飛則隕霜
露翥則露
露禽鶴也古今注鶴千載變蒼又千載變黑所
謂玄鶴也子野鼓琴玄鶴來舞露下則鶴鳴也
鶴之馴養於家庭者飲露則飛去
林鳥朝嘲
林鳥朝之將翔也聚而噍啁
水鳥夜㖡山鳥巖棲
山巖之鳥多不巢
原鳥地處
⿰阿鳥⿰監鳥鳥之屬是
靈鵲兆喜
鵲噪則喜生
惟鵬塞耳
一名休鶹廣雅曰江東呼爲惟鳥聞之多禍人

惡之掩塞耳矣
鴽鶉野則義豢則搏
月令曰田鼠化爲鴽關東謂之鶉蜀隴謂之循
在田得食鳴相呼夜則群飛晝則草伏馴養之
久見食相搏鬭也
水騖澤則群擾則逐
騖野鴨也飛止大澤之中群處既豢擾之惡其
族類而相逼逐也
鸚鵡摩背而瘖
鸚鵡出隴西能言鳥也人以手撫拭其背則瘖
瘂矣
鴝鵒剔舌而語
山海經謂之覸鵒今人育其雛以竹刀剔舌本
教之言語謝尚能作鴝鵒舞之
扶老強力
古今注云扶老禿鶖也狀如鶴大者高七八尺
善與人鬭好啗蛇脯羞一作炙食之益人氣力走
及奔馬也
鶺鴒友悌
雀屬也爾雅曰鶺鴒雝渠毛詩曰水鳥也大雀
高尺尖尾長喙頸黑青灰色腹下正白飛則鳴
行則搖又曰鶺鴒在原兄弟急難鶺鴒共母者
飛鳴不相離詩人取以喻兄弟相友之道也
寀寮雝雝鴻儀鷺序

鴻鴈屬大曰鴻小曰鴈飛有行列也鷺白鷺也
小不踰大飛有次序百官縉紳之象詩以振鷺
比百寮雍容喻朝美易曰鴻漸于干干盤聖人
皆以鴻鷺之群擬官師也

鷃雀啁啁下齊衆庶

鷃籬鷃也雀屬衆人之象言多也

鶉鶠雄鶻牝庳

鶉雀也鶠也二鳥皆雄者足高雌者足短

鳩鵽雌前雄後

鳩鳭鳩也鵽大如鴿生關西爲鳥憨急二鳥雌
飛則隨雌止則止雌常在前也

鷇將生子呼母應

鳥伏卵將成子鳴于鷇母應之

鷇旣生母呼子應

鳥旣鷇母呼則子應之

班鳩辨鶵

班次序也凡哺子朝從上下暮從下上他鳥皆
否

梟鴟害母

梟在巢母哺之羽翼成啄母目翔去也

舒鴈鳴前後和

舒鴈飛成行也雌前呼雄後應也

群棲獨警

夜棲川澤中千百爲群有一鴈不瞑以警衆也

覆卵則鸛入水

鸛水鳥也伏卵時數入水冷則不𣪘取礜石周
卵以助暖氣故方術家以鸛巢中礜石爲眞物
也

鷩脡月

伏月卵則向月取其氣助卵也

宵鳸司夜行鳸主晝雄翼掩左雌羽掩右

爾雅曰鳥雌雄不可別者以翼右掩左雄左掩
右雌

物食長喙

食物之生者皆長喙水鳥之屬也

穀食短喙

鳥食五穀者喙皆短

搏則利觜

鳥善搏鬭者利觜

鳴則引吭

善啼鳴頸長也

毛協四時

春則毛弱夏則稀少而改易秋則刷理冬則更
生細毛自温

色合五方

倉鷹之屬以象東方木行朱鳥之屬以象南方
火行黄鳥之屬應土行以象季夏白鷺之屬以
象西方金行玄鳥以象北方水行

羽物變化轉於時令

仲春之節鷹化爲鳩季春之節田鼠化爲駕仲秋之節鳩復化爲鷹季秋之節雀入大水化爲蛤孟冬之節雉入水化爲蜃淮南子曰鼈化爲鶉鶉化爲鸇鸇化爲布穀布穀復爲鷂順節令以變形也

乾道始終以成物性

生物者乾之始成物者乾之終隨時變化成就萬物之性也

師曠禽經

名山洞天福地記

國家保安宗社修金籙齋設羅天醮祈恩請福謝過
消災投金龍玉簡於天下名山洞府謹按本教龜山
白玉上經具列所在去處云爾

第一王屋洞周迴一萬里名小有清虛之天在東都
第二委羽洞周迴一萬里名大有虛明之天在兖州
東嶽
第三西城洞周迴三千里名太玄總真之天在梁州
西王母所居崑崙之别宫
第四西玄洞周迴一千里名三玄極真之天在華州
第五青城洞周迴二千里名寶仙九室之天在蜀青
城縣
第六赤城洞周迴三百里名上玉清平之天在台州
唐興縣
第七羅浮洞周迴五百里名朱明耀真之天在惠州
博羅縣八十里
第八句曲洞周迴一百五十里名金壇華陽之天在
潤州金壇縣界屬茅山
第九林屋洞周迴四百里名佐神幽墟之天在蘇州
洞庭湖中
第十括蒼洞周迴三百里名成德隱玄之天在台州
樂安縣界有宫一所
右十洞天大小悉皆相通光明景曜妙異不可備
陳

太上列上真之封掌之
第一洞霍童山周迴三千里名霍林之天在福州長
溪縣有三所觀及遊仙湖
第二洞東嶽太山周迴一千里名蓬玄之天在兖州
第三洞南嶽衡山周迴七百里名朱陵之天在衡州
衡山縣
第四洞西嶽華山周迴三百里名總仙之天在華州
第五洞北嶽鎮山周迴一百三十里名總玄之天在
鎮州
第六洞中嶽嵩山周迴三千里名思真之天在洛州
第七洞峨嵋山周迴三百里名靈陵太妙之天在蜀
嘉州
第八洞廬山周迴二百六十里名洞靈詠真之天在
江州
第九洞四明山周迴一百八十里名丹山赤水之天
在明州
第十洞會稽山周迴三百五十里名陽明洞天一名
極玄太元之天在越州
第十一洞太白山周迴五百里名玄德之天在明州
第十二洞西山周迴三百里名天寶極玄之天在洪
州
第十三洞大圍山周迴三百里名好生玄上之天在
潭州醴陵縣
第十四洞潛山周迴八十里名天柱司玄之天在舒

州懷寧縣
第十五洞鬼谷山周廻七十里名玄思之天在信州
貴溪縣
第十六洞武夷山周廻一百二十里名昇眞化玄之
天在建寧府
第十七洞玉笥山周廻一百二十里名太秀法樂之
天在臨江軍
第十八洞華蓋山周廻三十里名容成太玉之天在
温州永嘉縣
第十九洞蓋竹山周廻八十里名長耀寶元之天在
台州臨海縣
第二十洞都嶠山周廻一百八十里名寶玄之天在
容州
第二十一洞白石山周廻七十里名瓊秀長眞之天
在和州
第二十二洞句漏山周廻四十里名玉闕寶圭之天
在容州流陽縣
第二十三洞九疑山周廻三十里名相眞太虛之天
在道州
第二十四洞洞陽山周廻一百十里名洞陽隱觀之
天在潭州
第二十五洞幕阜山周廻一百里名玄眞太元之天
在鄂州唐年縣
第二十六洞大酉山周廻一百里名大酉華妙之天
在辰州
第二十七洞金庭山周廻三百里名金庭崇妙之天
在剡縣
第二十八洞麻姑山周廻一百五十里名丹霞之天
在撫州南城縣
第二十九洞仙都山周廻三百里名祈仙之天在處
州縉雲縣
第三十洞青田山周廻四十里名青田太鶴之天在
處州青田縣
第三十一洞鍾山周廻一百里名朱湖太生之天在
潤州上元縣
第三十二洞良常山周廻三十里名方會之天在茅
山東北
第三十三洞紫蓋山周廻八十里名紫玄洞照之天
第三十四洞天目山周廻二百里名太微玄蓋之天
在杭州餘杭縣
第三十五洞桃源山周廻七十里名白馬玄光之天
在朗州武陵縣
第三十六洞金華山周廻一百五十里名金華洞元
之天在婺州金華山
右三十六小洞天出本教龜山白玉上經
地肺山在潤州茅山
蓋竹山在台州臨海縣
石磕山在台州黃巖縣

東仙源在台州樂安縣
青嶼山在西海
赤水山在真誥巖
郁木坑在臨江軍新淦縣
丹霞洞在撫州南城縣
君山在洞庭湖中
桂源山在桂州桂陽縣
靈墟在天台山
沃州在剡縣南
天姥岑在唐興縣
若耶溪在會稽縣
金庭山在剡縣

清遠山在浦陽縣
安山在交州
馬嶺山在郴州
鵝羊山在潭州長沙縣
洞真墟在長沙縣西
青玉壇在衡山祝融峰西
洞靈源在南嶽招仙觀西
光天壇在南嶽
洞宮在長溪縣
陶山在溫州安固縣
三皇井在溫州永嘉縣
爛柯山在衢州西安縣

芹溪在建寧府建陽縣
龍虎山在信州貴溪縣
靈山在饒州
泉水源在龍川界
金精山在虔州虔化縣
閤皁山在臨江軍新淦縣
始豐山在豐城縣
逍遙山在洪州南昌縣
東白源在洪州新吳縣
鉢池在楚山
論山在潤州丹徒縣
毛公壇在洞庭湖中

雞籠山在和州歷陽縣
桐栢山在台州唐興縣
平都山在忠州
綠羅山在武陵縣
彰龍山在澧陽縣
抱福山在連州
大面峯在鄂州
虎溪在江州
元辰山在都昌縣
馬蹄山在饒州鄱陽縣
德山在武陵縣
藍水在河中

玉峰在河中
天柱山在杭州於潛縣
商谷山在商州
張公洞在常州宜興縣
湖魚洞在姚州西
白山中條山在河中
司馬悔山在天台山北面
綿竹山在蜀西川
甘山在黔中
瑰山在溪山
金城山在古限戍
雲山在朗州武陵縣
北卬山在東都
武當山在均州
女几山在洛州福昌縣
少室山在東都
廬山在江州
西仙源在台州嶠嶺
南田山在東海
玉瑠山在樂城縣
抱犢山在鎮州
右七十二福地

名山洞天福地記

續百川學海

續百川學海序

昔人謂得書之難難於探淵珠網海樹蓋亦以崖壁鼎鐘之所鏤臺榭墟墓之所閉當陵谷變遷水火㚘蝕能傳于世者幾何即幸而善守先代遺文野修緒業于萬一又誠如叔祥氏所言學士炫奇博而不樂傳或子孫爲門戶計而不敢傳于是家矜寳秘之惜人踵還癡之諺故邇日欲見異人異書爲尤難已若典謨風雅自昭著日月並在縹緗非所語秘惟帳藏懷袖之奇也藉第就顯著而棄此譬富家子唯務玉食而不嘗山珍海錯可乎屬雜物稗說多不雅馴唯學海一書皆彙唐宋名卿材大夫所別撰大則譚經考世次亦不失廣見博聞矧一語一目先輩之風流于是乎在余暇日檢覈儧手訂采其遺佚者爲續篇雖琴罇書畫用如小物多關至理陶通明恥一事不知陶士行羅頭屑爲用予所謂考信六藝又何疑焉梓成僭引其首昌江吳永撰

戊集

己集

庚集

厚德錄　李元綱
樂善錄　李昌齡
還冤錄　顏之推
博異記　鄭還古
集異記　薛用弱

辛集

歲華紀麗　費著
家世舊事　程頤
教坊記　崔令欽
青樓集　黃雪蓑
小名錄　陸龜蒙
侍兒小名錄　洪遂
麟書　汪若海
尤射　繆襲
煎茶水記　張又新

壬集

詩式　釋皎然
詩品　鍾嶸
詩品　司空圖
書品　庾肩吾
書法　歐陽詢
筆陣圖　衛夫人
衍極論書　鄭杓
續畫品錄　李嗣真
公私畫史　裴孝源
名畫記　張彥遠
畫梅譜　華光道人
畫竹譜　李衎
墨竹譜　管夫人

癸集

樂府雜錄　段安節
羯鼓錄　南卓
嘯旨　孫廣
握奇經　風后
女孝經　鄭氏
墨經　晁氏

令旨解二諦義

梁昭明太子

二諦理實深玄自非虛懷無以通其弘遠明道之方其由非一舉要論之不出境智（智字滿添）或時以鏡明義或時以智顯行至於二諦即是就境明義若迷（迷字俊改）其方三有不絕若達其致（虞訂）萬累斯遣所言二諦者一是眞諦二（虞訂）名俗諦眞諦亦名第一義諦（諦字鄧生添）俗諦亦（俗諦亦三字滿改）名世諦眞諦俗諦以定體立名第一義諦世諦以褒貶立目若以次第言說應云一眞諦二俗諦一與（虞訂）二合數則爲三非直數過於二亦名有前後於義非便眞既不因俗而有俗亦不由眞而生正可得言一眞一俗眞者是實義即是平等更無異法能爲雜間俗者即是集義（虞訂）此法得生浮僞起作第一義者就無生境中別立美名言此法最勝最妙無能及者世者以隔別爲義生滅（滅字滿改）流動無有住相涅槃經言出世人所知名第一義諦世人所知名爲世諦此即文證褒貶之理二諦立名差別不同眞俗（虞訂）世等以一義說第一義諦以二義說（滿曰恐有錯誤）正言此理德既第一義亦第一世既浮僞更無有義所以但立世名諦者以審實爲義眞諦審實是眞俗諦審實是俗眞諦離有離無俗諦即有即無（即無二字滿添）即有即無斯是假名離有離無此爲中道眞是中道以不生爲體俗既假名以生法爲體

南澗寺慧超諮曰浮僞起作名之爲俗離於有無名之爲眞未審浮僞爲當與眞一體爲當有異

令旨答曰世人所知生法爲體出世人所知不生爲體依人作論應如是說若論眞即有是空俗（虞補）指空爲有依此義明不得別異

又諮眞俗既云一體未審眞諦亦有起動爲當起動自動不關眞諦

令旨又答眞諦寂然無起動相凡夫惑識自橫見起動

又諮未審有起動而凡夫橫見無起動而凡夫橫見

令旨又答若有起動則不名橫見以無動而見動（虞補）所以是橫

又諮若法無起動則唯應一諦

令旨又答此理常寂自此一諦橫見起動復是一諦
唯應有兩不得言一
又諮爲有橫見爲無橫見
令旨又答依人爲語有此橫見
又諮若依人語故有橫見依法爲談不應見動
令旨又答法乃無動不妨橫者自見其動
丹陽尹晉安王蕭綱諮曰解旨伊人爲辨有生不生
未審浮虛之與不生只是一體爲當有異
令旨答曰凡情所見見其起動聖人所見見其不生
依人爲論乃是異體若語相即則不成異且如向釋

二諦義 三

不復多論
又諮若眞不異俗俗不異眞豈得俗人所見生法爲
體聖人所見不生爲體
令旨答卽（虞訂）俗知眞卽眞見俗就此爲談自成無異
約人辨（虞補）見自有生不生（虞補）殊辨（辨字滿改虞 此辨字應衍）
又諮未審俗諦之體既云浮幻何得於眞實之中見
此浮幻
令旨答眞實之體自（虞補）無浮幻惑者橫構（虞訂）謂之爲

有無傷眞實體自玄虛
又諮聖人所見見不流動凡夫所見自見流動既流
不流異愚謂不得爲（虞補）一
令旨答不謂流不流各是一體正言凡夫於不流之
中（虞訂）橫見此流所以是爲論可得成一
又諮眞寂之體本自不流凡夫見流不離眞體然則
但有一眞不成二諦
令旨答體恒相卽（卽字郘生訂）理不得異但凡見浮虛聖
覩眞寂約彼凡聖可得立二諦（虞補）

二諦義 四

招提寺慧琰諮曰凡夫見俗以生法爲體聖人見眞
以不生爲體未審生與不生但見其異復依何義（虞訂）
而得辨一
令旨答曰凡夫於無構有聖人卽有辨無有無相卽
此談一體
又諮未審此得談一一何所名
令旨答曰正（虞補）以有不異無無不異有故名爲一更
無異名
又諮若無不異有有不異無但見其一云何爲二

令旨答凡夫見有聖人見無兩見既分所以成二
又諮聖人見無無可稱諦凡夫見有何能一作稱諦
令旨答聖人見無在聖爲諦凡夫審謂爲有故於凡
爲諦
棲玄寺曇宗諮曰聖人爲見世諦爲不見世諦
令旨答曰聖知凡人見有世諦若論聖人不復見此
又諮聖人既不見世諦云何以世諦教化衆化生字邪
訂
令旨答聖人無惑自虞訂不見世諦無妨聖人知凡夫

所見故曲隨物情說有二諦
又諮聖人知凡見世諦即此凡夫不
令旨答此凡即是世諦聖人亦不見此凡
又諮聖既不見凡字邪虞生訂凡焉知凡見世諦
令旨答聖雖自虞改二字刋無凡亦能知有凡自謂爲有
故曲赴其情爲說世諦
司徒從事中郎王規諮曰未審眞俗既不同豈得相
即之義
令旨答聖人所得自見其無凡人所得自見其有見
自不同虞訂無妨俗不出眞外
又諮未審既無異質而有二義爲當義離於體爲
當即義即體
令旨答更不相出名爲一體愚聖見殊自成異義
又諮凡夫爲但見俗亦得見虞改二字刋眞不邪生添
令旨答止得見俗虞訂不得見眞
又諮體既相即虞訂寧不覩眞
令旨答凡若見眞不應覩俗覩俗二字虞補既妄虞訂焉得
見眞

靈根寺僧遷諮曰若第一以無過爲義此是讚嘆之
名眞離於俗亦應是讚嘆之名
令旨答曰即此體虞訂眞不得言歎第一義諦既更立
美名所以是歎
又諮無勝我者既得稱讚嘆虞補我體即眞何故非嘆
令旨答無勝我者所以得稱讚嘆虞補我體即眞亦是
我眞故非讚嘆
又諮我無過者所以得稱讚嘆我是不僞何得非讚
令旨答不僞只是當體之名如人體義謂之解義正

足稽（一作稱）其實體豈成讚歎
又諮此法無能出者焉能（一作得）即是讚歎
令旨答既云無出非讚如何
羅平侯蕭正立諮曰未審俗諦是生法以（虞補）不
令旨答曰俗諦之體正是生法
又諮俗既橫見何得有生
令旨答橫見爲有所以有生
又諮橫見爲有實自無法實既無法說何爲生
令旨答即此生法名爲橫見亦即此橫見名爲生法

又諮若是橫見不應（虞訂）無（當作有字）生若必有生何名（虞改）
橫見
令旨答既云橫見實自無生（虞訂）但橫見爲有有此橫
生
衡山侯蕭恭諮曰未審第一義諦既有義目何故世
（虞訂）諦獨無義名（虞訂）
令旨答曰世既浮俗無義可辨
又諮若無義可辨何以稱諦
令旨答凡俗審見故立諦名

又諮若凡俗見有得受諦名亦應凡俗見有得安義
字
令旨答凡俗審見故諦名可立浮俗無義何得强字
爲義
又諮浮俗雖無實義不無浮俗之義既有此浮俗何
得不受義名
令旨答正以浮俗故無（無字滿改）義可辯若有義可辯何
名浮俗
中興寺僧懷諮曰令旨解言眞不離俗俗不離眞未

審眞是有相俗是有相有無相殊何得同體
令旨答曰相與無相此處不同但凡所見有即是聖
（虞改）所見無即是凡以此爲論可得無別
又諮既是一法云何得見爲兩見既有兩豈是一法
令旨答理乃不兩隨物所見故得有兩
又諮見既有兩豈不相違
令旨答法若實兩可得相違法實（一作當虞改）（實字滿改）不兩
人見自兩就此作論焉得相乖
又諮人見有兩可說兩人理既是一豈得有兩

令旨答理(一本有雖字)不兩而令(一作約 虞改)人成兩
始興王第四男蕭映諮曰第一義諦其義第一德亦第一不
令旨答曰義既第一德亦第一
又諮直言第一已包德義何得復加義字以致繁複
令旨答直言第一在義猶昧第一見義可得盡美
又諮若加以義字可得盡美何不加以德(德字虞補)字可得盡美
令旨答第一是德豈得復加但加義字則德義雙美

又諮直稱第一是見其美偏加義字似有所局
令旨答第一表德復加義字二美俱陳豈有所局
吳平世子蕭勵諮曰通旨云第一義諦世諦褒貶立名眞俗二諦定體立名尋眞諦之理既妙絕言慮未審云何有定體之旨
令旨答曰談其無相無眞不眞寄名相說以眞定體
又諮若眞無諦無體今寄言辨體未審眞體無相何寄言辨相
令旨答寄言辨體猶恐貶德若復寄言辨相則有累虛玄
又諮眞諦玄虛離於言說今既稱有眞豈非寄言辨相
令旨答寄(虞補)有此名名自是相無傷此理無相虛寂
又諮未審此寄言辨體爲是當理爲不當理
令旨答無名而說名不令當理
又諮若寄言辨名名不當理未審此寄將作何說(一本作將何所說)
令旨答雖不當理爲接引衆生須名相說
宋熙寺慧令諮眞諦以不生爲體俗諦以生法爲體而言不生即生生即不生爲當體中(不)相即爲當義中相即
令旨答云體中相即義不相即
又諮義既不即體云何即
令旨答凡見其有聖觀其無約見成異就體(虞改)恒即
又諮體既無兩何事須即
令旨答若體無別兩緣見有兩見既兩異須明體
又諮若如解旨果是就人明即(虞補)

令旨答約人見爲二二諦所以明生就名見人印此
亦何（虞訂）妨
始興王第五男蕭曄諮曰眞諦稱眞是實眞不
令旨答曰得是（虞訂）實眞
又諮菩薩會眞之時爲忘俗忘（虞補）眞不
令旨答忘俗忘眞故說會眞
又諮若忘俗忘眞故說會眞（眞字滿改）忘俗忘眞何得（一作）
謂（虞改）實眞
令旨答若存俗存眞何謂實眞（滿改）正由兩遣故謂實

又諮若忘俗忘（俗忘二字滿改）眞而是實眞亦應忘眞忘俗
眞
令旨答忘俗忘眞所以見眞忘眞忘俗彌見非俗
而是實俗
又諮菩薩會眞既忘俗忘眞今呼實眞便成乖理
令旨答假呼實眞終自（虞）忘眞兩忘稱實何謂乖理
興皇寺法宣諮曰義旨云俗諦是有是無故以生法
爲體未審有法有體可得稱生無（虞改滿既字）是無法云
何得有生義

令旨答俗諦有無相待而立既是相待故並得稱生
又諮若有無兩法並稱爲生生義既一則有無無異
令旨答俱是凡夫所見故生義得同是有是無焉得
不異
又諮若有無果別應有生不生
令旨答既相待立名故同一生義
程鄉侯蕭祇諮曰未審第一之名是形待以（虞改）不
令旨答正是形待
又諮第一無相有何形待

令旨答既云第一豈待形待
又諮第一是待既稱第一世諦待於第一何不名（虞補）
爲第二若俗諦是待而不稱第二亦應眞諦是待不
名第一
令旨答若稱第一是待於義已足無假說俗第二方
成相待
又諮若世（世字俊改）諦之（虞訂）名不稱第二則第一之稱無
所形待
令旨答第一褒眞既云相待世名是待直置可知

光澤寺法雲諮曰聖人所知之境此是眞諦未審能知之智爲是眞諦爲是俗諦
令旨答曰能知是智所知是境智來冥（冥字滿改）境得言即眞
又諮有智之人爲是眞諦爲是俗諦
令旨答若呼有智之人即是俗諦
又諮未審俗諦之人何得有眞諦之智
令旨答聖人能忘於俗所以得有眞智（眞訂）
又諮此人既冥無生亦應不得稱人

令旨答冥於無生不得言人寄名相說常自有人
靈根寺慧令諮曰爲於眞諦中見有爲俗諦中見有
令旨答曰於眞諦中橫見有有俗
又諮俗諦之有爲實爲虛
令旨答是虛妄之有
又諮爲當見妄爲當見有
令旨答見於妄有
又諮無名相中何得見有名相
令旨答於無名相見有名相所以妄有
又諮於無名相妄見爲有譬如火熱惑者言冷得就熱中有冷相不若於無相而有名相亦於火中（二字到郤）應有此冷（生改）
令旨答火自常熱妄見有冷此自惑冷熱未嘗異（虛改）
湘宮寺慧興諮曰凡夫之惑爲當但於眞有迷於俗亦迷
令旨答曰於眞見有此是迷眞既見有俗不成迷俗
又諮若使解俗便成解眞若不解眞豈得解俗
令旨答眞理虛寂惑心不解雖不解眞何妨解俗
又諮此心不解眞於眞可是惑此心既解俗於惑應非惑

令旨答實而爲語通自是惑（滿曰疑有誤）辨俗森羅於俗中名解
莊嚴寺僧旻諮曰世俗心中所得空解爲是眞解爲是俗解
令旨答可名相似解
又諮未審相似爲眞爲俗
令旨答習觀無生不名俗解未見無生不名眞解

又諮若能照之智非真非俗亦應所照之境非真非
俗若是非真非俗則有三諦
令旨答所照之境既即無生無生（虞補）是真豈有三諦
又諮若境即真境何不智即真智
令旨答未見無生故非真智何妨此智未真而習觀
真境豈得以智未真智（智字滿攺）而使境非真境
宣武寺法寵諮曰真諦不生不滅俗諦有生有滅真
俗兩義得言有異談其法體只得是一未審體從於
義亦得有二不

令旨答曰體亦不得合從於義
又諮未審汝凡聖兩見得言兩義亦就凡聖兩見得
言兩體
令旨答理不相異所以云一就凡聖兩見得有二體
之殊
又諮若使凡者見有聖人見無便應凡夫但見世諦
有聖人應見太虛無（二字到邵生訂）
令旨答太虛亦非聖人所見太虛得名由於相待既
由待生並凡所見

又諮凡夫所見空有得言是一不
令旨答就凡為語有實異無約聖作談無不異有
建業寺僧愍諮曰俗人解俗為當解俗參差而言解
俗為當見俗虛假而言解俗
令旨答只是見俗參差而言解俗
又諮俗諦不但參差亦是虛妄何故解參差而不解
虛妄
令旨答若使凡夫（夫字邵攺）解虛妄即是解真不解虛妄
所以名為解俗

光澤寺敬脫諮曰未審聖人見真為當漸見為當頓
見
令旨答漸見
又諮無相虛懷一見此理萬相並寂未審何故見真
得有由漸
令旨答自凡之聖所有淺深真自虛寂不妨見有由
漸
又諮未審一得無相並忘（虞訂）萬有為不悉忘
令旨答一得相萬有悉

又諮一得無相忘萬有者亦可一（虞訂）得虛懷將彼眞
境不應漸見
令旨答如來會寂自是窮眞淺行聖人恒自漸見
又諮若見眞有淺不可頓會亦應漸忘萬有不可頓
忘
令旨答解有優劣故有漸見忘懷無偏故萬有並寂
令旨解法身義（并問答）
法身虛寂遠離有無之境獨脫因果之外不可以智
知不可以識識豈是稱謂所能論辨將欲顯理不容

嘿然故隨從言說致有法身之稱天竺云達磨舍利
此土謂之法身若以當體則是自性之目若以言說
則是相待立名法者軌則為旨身者有體之義軌則
之體故曰法身略就言說粗陳其體是常（常字滿改）住身
是金剛身重加研覈其則不爾若定是金剛卽為名
相定是常住便成方所所謂常住本是寄名稱名（一作
曰虞訂）金剛本是譬說及談實體則性同無生故云佛（改）
身無為不墮諸（虞補）法故涅槃經說如來之身非身是
身無量無邊無有足跡無知無形畢竟清靜無知清
靜而不可為無稱曰妙有而復非有離無離有所謂
法身
招提寺慧琰諮曰未審法身無相不應有體何得用
體以釋身義
令旨答曰無名無相乃無體可論寄以名相不無妙
（妙字卻改）體
又諮若寄以名相不無妙體則寄以名相不成無相
令旨答既云寄以名相足明理實無相
又諮若寄以名相而理實無相理既無相云何有體

令旨答寄言軌物何得無體
又諮亦應寄言軌物非復無相
令旨答軌物義邊（虞補）理非無相所言無相本談妙體
又諮眞實本來無相正應以此軌物何得隱斯眞實
強言生相
令旨答眞實無相非近學所窺是故接諸庸淺必須
寄以言（虞改相）
光澤寺法雲諮曰未審法身常住是萬行得不
令旨答曰名相道中萬行所得

又諮旣爲萬行所得豈是無相若必無相豈爲萬行所得

令旨答無名無相何曾有得寄以名相假言有得

又諮實有萬行實得佛果安可以無相全無所得

令旨答問者住心謂實有萬行今謂萬行自空豈有實果可得

又諮見有衆生修習萬行未審何故全謂無爲

令旨答凡俗所見謂之爲有理而檢之實無(虞改)萬行

又諮經說常住以爲妙有(虞訂)如其假說何謂妙有

令旨答寄以名相故說妙有理絕名相何妙何有

莊嚴寺僧旻諮曰未審法身絕相智不能知絕相智何得猶有身稱

令旨答曰無名無相曾有何身(二字到邵生訂)假名相說故曰法身

又諮亦應假名相說是智所照何得不可以智知不可以識識

令旨答亦得寄名相慧眼所見

又諮若慧眼(眼字邵生補)能見則可以智知若智不能知則慧眼無見

令旨答慧眼無見亦無法可見

又諮若云無見有何法身

令旨答理絕聞見實無法身

又諮若無法身則無正覺正覺旣有法身豈無

令旨答恒是寄言故有正覺正覺旣在寄言法身何得定有

宣(虞改)武寺法寵諮曰未審法身之稱爲正在妙體(一作虞本)金姿丈六亦是法身

令旨答曰通而爲論本跡皆是別而爲語止在常住

又諮若止在常住(住字滿改)不應有身若通取丈六丈六(虞補)何謂法身

令旨答常住旣有妙體何得無身丈六亦能軌物故可通稱法身

又諮若常住無累方稱法身丈六有累(累字滿改)何謂法身

令旨答衆生注仰妄見丈六丈六非有有何實果

又諮若丈六非有指何爲身

令旨答隨物見有謂有應身
又諮既曰應身何謂法身
令旨答通相爲辨故兼本跡衆求實義不在金姿
靈根寺慧令諮曰未審爲以極智名曰法身爲以全
一作絕虞改相故曰法身
令旨答無名無相是集藏法身圓極智慧是實智法
身
又諮無名無相則無身不身既有法身何謂無相
令旨答正以無相故曰法身
又諮若以無相故曰法身則智慧名相非復法身
令旨答既是無相智慧豈非法身
又諮如其有身何名無相若是無相何得有身
令旨答於無名相假說法身
又諮若假說法身正存名相云何直指無相而謂法
身
令旨答既於無相假立名相豈得異此無虞訂相而說
法身
靈味寺靜安諮曰未審法身乘應以不

令旨答法身無應
又諮本以應化故稱法身若無應化何謂法身
令旨答本以軌則之體名爲法身應化之談非今所
軌
又諮若無應化云何可軌既爲物軌豈無應化
令旨答衆生注仰蒙益故云能爲物軌化緣已畢何
所應化化字滿改
又諮若能益衆生便成應化若無應化何以益物
令旨答能生注仰軌則自成何勞至人俯應塵俗
又諮既生注仰豈無應化若無應化注仰何益
令旨答正由世尊至極神妙特深但令注仰自然蒙
祐若應而後益何謂至神不應而益故成窮美虞補若
必令實應與菩薩豈殊

毛詩草木鳥獸蟲魚疏卷上

唐吳郡陸璣

方秉蕑兮

蕑卽蘭香草也春秋傳曰刈蘭而卒楚辭云紉秋蘭孔子曰蘭當爲王者香草皆是也其莖葉似藥草澤蘭但廣而長節節中赤高四五尺漢諸池苑及許昌宮中皆種之可著粉中故天子賜諸侯茝蘭藏衣著書中辟白魚也

采采芣苢

芣苢一名馬舃一名車前一名當道喜在牛跡中生故曰車前當道也今藥中車前子是也幽州人謂之牛舌草可鬻與煮同作茹大滑其子治婦人難產

言采其蝱

蝱今藥草貝母也其葉如栝樓而細小其子在根下如芋子正白四方連累相着有分解也

谷中有蓷

蓷似萑方莖白華華生節間舊說及魏博士濟陰周元明皆云菴䕡是也韓詩及三蒼說悉云蓷益母也故曾子見益母感恩案本草云茺蔚一名益母故劉歆曰蓷臭穢卽茺蔚也

集于苞杞

杞其樹如樗一名苦杞一名地骨春生作羹茹微苦其莖似莓子秋熟正赤莖葉及子服之輕身益氣

言采其藚

藚今澤蕮也其葉如車前草大其味亦相似徐州廣陵人食之

蔦與女蘿

蔦一名寄生葉似當盧子如覆盆子赤黑甜美女蘿今兔絲蔓連草上生黃赤如金今合藥兔絲子是也非松蘿松蘿自蔓松上生枝正青與兔絲殊異

有蒲與荷

荷芙蕖江東呼荷其莖茄其葉蕸莖下白蒻其花未發爲菡萏已發爲芙蕖其實蓮蓮青皮裏白子爲的的中有青長三分如鉤爲薏味甚苦故俚語云苦如薏是也的五月中生生噉脆至秋表皮黑的成食或可磨以爲飯如粟飯輕身益氣令人强健又可爲糜

幽州揚豫取備饑年其根爲藕幽州謂之光旁爲光
如牛角

　　參差荇菜

荇一名接余白莖葉紫赤色正圓徑寸餘浮在水上
根在水底與水深淺等大如釵股上青下白鬻其白
莖以苦酒浸之脆美可案酒

　　于以采蘋

蘋今水上浮蓱是也其粗大者謂之蘋小者曰蓱季
春始生可糝蒸以爲茹又可用苦酒淹以就酒

　　于以采藻

藻水草也生水底有二種其一種葉如雞蘇莖大如
箸長四五尺其一種莖大如釵股葉如蓬蒿謂之聚
藻扶風人謂之藻聚爲發聲也此二藻皆可食煑挼
去腥氣米麪糝蒸爲茹嘉美揚州饑荒可以當穀食
饑時蒸而食之

　　言采其茆

茆與荇菜相似葉大如手赤圓有肥者著手中滑不
得停莖大如七柄葉可以生食又可鬻滑美江南人

謂之蓴菜或謂之水葵諸陂澤水中皆有

　　蒹葭蒼蒼

蒹水草也堅實牛食之令牛肥强青徐州人謂之蒹
兖州遼東通語也葭一名蘆菼一名薍薍或謂之荻
至秋堅成則謂之萑其初生三月中其心挺出其下
本大如箸上銳而細揚州人謂之馬尾以今語驗之
則蘆薍別草也

　　菉竹猗猗

有草似竹高五六尺淇水側人謂之菉竹也菉竹一

草名其莖葉似竹青綠色高數尺今淇澳傍生此人
謂此爲綠竹

　　苕之華

苕一名陵時一名鼠尾似王芻生下濕水中七八月
中華紫似今紫草華可染皂煑以沐髮即黑葉青如
藍而多華

　　隰有游龍

游龍一名馬蓼葉麄大而赤白色生水澤中高丈餘

　　食野之苹

蒿葉青白色莖似箸而輕脆始生香可生食又可蒸
食
于以采蘩
蘩皤蒿凡艾白色爲皤蒿今白蒿春始生及秋香美
可生食又可蒸食一名游胡北海人謂之旁勃故大
戴禮夏小正傳云蘩游胡游胡旁勃也
菁菁者莪
莪蒿也一名蘿蒿生澤田漸洳之處葉似邪蒿而細
科生三月中莖可生食又可蒸食香美味頗似蔞蒿
言刈其蔞
蔞蔞蒿也其葉似艾白色長數寸高丈餘好生水邊
及澤中正月根芽生旁莖正白生食之香而脆美其
葉又可蒸爲茹
食野之蒿
蒿青蒿也香中炙啖荆豫之間汝南汝陰皆云菣也
采采卷耳
卷耳一名枲耳一名胡枲一名苓耳葉青白色似胡
荽白華細莖蔓生可煮爲茹滑而少味四月中生子
正如婦人耳中璫今或謂之耳璫草鄭康成謂是白
胡荽幽州人呼爲爵耳
贈之以芍藥
芍藥今藥草芍藥無香氣非是也未審今何草司馬
相如賦云芍藥之和揚雄賦曰甘甜之和芍藥之美
七十食也
采葑采菲
葑蔓菁幽州人或謂之芥菲似葍莖粗葉厚而長有
毛三月中蒸鬻爲茹甘美可作羹幽州人謂之芴爾
雅又謂之蒠菜今河内人謂之宿菜
言采其蕨
蕨虌也山菜也周秦曰蕨齊魯曰虌初生似蒜莖紫
黑色可食如葵
言采其薇
薇山菜也莖葉皆似小豆蔓生其味亦如小豆藿可
作羹亦可生食今官園種之以供宗廟祭祀
言采其葍
葍一名葍幽州人謂之燕葍其根正白可著熱灰中

溫噉之饑荒之歲可蒸以禦饑漢祭甘泉或用之其草有兩種葉細而行赤有臭氣也

薄言采芑

芑菜似苦菜也莖青白色摘其葉白汁出肥可生食亦可蒸爲茹青州謂之芑西河鴈門芑尤美胡人戀之不出塞

誰謂荼苦

荼苦菜生山田及澤中得霜甜脆而美所謂堇荼如飴內則云濡豚包苦用苦菜是也

匏有苦葉

匏葉少時可爲羹又可淹煮極美揚州人食至八月葉卽苦故曰苦葉

卬有旨苕

苕苕饒也幽州人謂之翹饒生莖如勞豆而細葉似蒺藜而青其莖葉綠色可生食如小豆藿也

言采其莫

莫莖大如箸赤節節一葉似柳葉厚而長有毛刺今人繅以取繭緒其味酢而滑始生可以爲羹又食五方通謂之酸迷冀州人謂之乾絳河汾之間謂之莫

莫莫葛藟

藟一名巨苽似燕薁亦延蔓生葉如艾白色其子赤可食酢而不美幽州謂之推藟

覩爾如荍

荍一名芘芣一名荊葵似蕪菁華紫綠色可食微苦

北山有萊

萊草名其葉可食今兖州人蒸以爲茹謂之萊蒸

取蕭祭脂

蕭荻今人所謂荻蒿者是也或云牛尾蒿似白蒿白葉莖麤科生多者數十莖可作燭有香氣故祭祀以脂爇之爲香許愼以爲艾蒿非也郊特牲云旣奠然後爇蕭合馨香是也

白茅包之

白茅包之茅之白者古用包裹禮物以充祭祀縮酒用

可以漚紵

紵亦麻也科生數十莖宿根在地中至春自生不歲種也荆揚之間一歲三收州一作今官園種之歲再割割便生剝之以鐵若竹刮其表厚皮自脱但得其裏韌如筋者煮之用緝謂之徼紵今南越紵布皆用此麻

卭有旨鷊

鷊五色作綬文故曰綬草

南山有臺

臺夫須舊説夫須莎草也可為蓑笠都人士云臺笠緇撮或云臺草有皮堅細滑緻可為簦笠南山多有

茹藘在阪

茹藘茅蒐蒨草也一名地血齊人謂之茜徐州人謂之牛蔓今圃人或作畦種蒔故貨殖傳云巵茜千石亦比千乘之家

白華菅兮

菅似茅而滑澤無毛根下五寸中有白粉者柔韌宜為索漚及曝尤善也

蘞蔓于野

蘞似栝樓葉盛而細其子正黑如燕薁不可食也幽州人謂之烏服其莖葉煮以哺牛除熱

匪莪伊蔚

蔚牡蒿也三月始生七月華華似胡麻而紫赤八月為角角似小豆角鋭而長一名馬新蒿

隰有萇楚

萇楚今羊桃是也葉長而狹華紫赤色其枝莖弱過一尺引蔓于草上今人以為汲灌重而善没不如楊柳也近下根刀切其皮著熱灰中脱之可韜筆管

芄蘭之支

芄蘭一名蘿摩幽州謂之雀瓢柔弱恒蔓于地有所依緣則起

浸彼苞稂

稂童梁禾秀為穗而不成崱嶷然謂之童梁今人謂之宿田翁或謂守田也甫田云不稂不莠外傳曰馬不過稂莠皆是也

言采其蓫

蓫牛蘈揚州人謂之羊蹄似蘆服而莖赤可瀹為茹

滑而美也多啖令人下氣幽州人謂之蓫

梓椅梧桐

梓者楸之疏理白色而生子者爲梓梓實桐皮曰椅今人云梧桐也則大類同而小別也桐有青桐白桐赤桐白桐宜琴瑟今雲南牂牁人績以爲布似毛布

有條有梅

條槄也今山楸也亦如下田楸耳皮葉白色亦白材理好宜爲車板能濕又可爲棺木宜陽共北山多有之梅樹皮葉似豫章葉大如牛耳一頭尖赤心華赤

黄子青不可食枏葉大可三四葉一藂木理細緻于豫章子赤者材堅子白者材脆荆州人曰梅終南及新城上庸皆多樟枏終南與上庸新城通故亦有枏也

北山有楰

楰楸屬其樹葉木理如楸山楸之異者今人謂之苦楸濕時脆燥時堅今永昌又謂鼠梓漢人謂之楰

常棣

常棣許慎曰白棣樹也如李而小如櫻桃正白今官圓種之又有赤棣樹亦似白棣葉如刺榆葉而微圓子正赤如郁李而小五月始熟自關西天水隴西多有之

爰有樹檀

檀木皮正青滑澤與繫迷相似又似駁馬駁馬梓榆其樹皮青白駁犖遥視似馬故謂之駁馬故里語曰斫檀不諦得繫迷繫迷尚可得駁馬繫迷一名挈榼故齊人諺曰上山斫檀挈榼先殫下章云山有苞棣隰有樹檖皆山隰木相配不宜謂獸

柞棫拔矣

柞棫三蒼說棫即柞也其材理全白無赤心者爲白桵直理易破可爲犢車軸又可爲矛戟鐓

隰有杞桋

桋葉如柞皮薄而白其木理赤者爲赤棟一名桋白者爲棟其木皆堅韌今人以爲車轂

山有杻

杻檍也葉似杏而尖白色皮正赤爲木多曲少直枝葉茂好二月中葉疏華如楝而細蘂正白蓋此樹今

官園種之正名曰萬歲既取名于億萬其葉又好故
種共汲山下人或謂之牛筋或謂之檍材可爲弓弩
幹也
其灌其栵
栵栭葉如榆也木理堅韌而赤可爲車轅
其檉其椐
檉河柳生水旁皮正赤如絳一名雨師枝葉似松椐
樻節中腫以扶老今靈壽是也今人以爲馬鞭及杖
弘農共北山甚有之

山有樞
樞其針刺如柘其葉如榆瀹爲茹美滑于白榆榆之
類有十種葉皆相似皮及木理異爾
山有栲
栲葉似櫟木皮厚數寸可爲車輻或謂之栲櫟許慎
正以栲讀爲糗今人言栲失其聲耳
集于苞栩
栩今柞櫟也徐州謂櫟爲杼或謂之爲栩其子爲皁
或言皁斗其殼爲汁可以染皁今京洛及河内多言

杼斗或云橡斗謂櫟爲杼五方通語也
無浸穫薪
穫今柳榆也其葉如榆其皮堅韌剝之長數尺可爲
絙索又可爲甑帶其材可爲杯器
集于苞杞
杞柳屬也生水傍樹如柳葉麄而白色木理微赤故
今人以爲車轂今共北淇水傍魯國泰山汶水邊純
杞也
其下維穀

穀幽州人謂之穀桑或曰楮桑荊揚交廣謂之穀中
州人謂之楮殷中宗時桑穀共生是也今江南人績
其皮以爲布又擣以爲紙謂之穀皮紙長數丈潔白
光輝其裏甚好其葉初生可以爲茹
榛楛濟濟
楛其形似荊而赤莖似蓍上黨人織以爲斗筥箱器
又揉以爲釵故上黨人調問婦人欲買赭不曰竈下
計有黄土問買釵不曰山中自有楛
揚之水不流束蒲

蒲柳有兩種皮正青者曰小楊其一種皮紅正白者曰大楊其葉皆長廣似柳葉皆可以爲箭幹故春秋傳曰董澤之蒲可勝既乎今人又以爲箕鑵之楊也

蔽芾其樗

山樗與下田樗略無異葉似差狹耳吳人以其葉爲茗

椒聊之實

椒聊聊語助也椒樹似茱萸有針刺莖葉堅而滑澤蜀人作茶吳人作茗皆合煮其葉以爲香今成皐諸

山間有椒謂之竹葉椒其樹亦如蜀椒少毒熱不中合藥也可著飲食中又用蒸雞豚最佳香東海諸島上亦有椒樹枝葉皆相似子長而不圓甚香其味似橘皮島上麞鹿食此椒葉其肉自然作椒橘香也

山有苞櫟

苞櫟秦人謂柞爲櫟河內人謂木蓼爲櫟椒椒之屬也其子房生爲梂木蓼子亦房生

食鬱及薁

鬱其樹高五六尺其實大如李色赤食之甘

樹之榛栗

榛栗屬有兩種其一種之皮葉皆如栗其子小形似杼子味亦如栗所謂樹之榛栗者也其一種枝葉如木蓼生高丈餘作胡桃味遼東上黨皆饒山有榛之榛枝葉似栗樹子似橡子味似栗枝莖可以爲燭五方皆有栗周秦吳揚特饒吳越被城表裏皆栗唯漁陽范陽栗甜美長味他方者悉不及也倭韓國諸島上栗大如雞子亦短味不美桂陽有莘栗叢生大如杼子中仁皮子形色與栗無異也但差小耳又有奧

栗皆與栗同子圓而細或云即莘也今此惟江湖有之又有茅栗佳栗其實更小而木與栗不殊但春生夏花秋實冬枯爲異耳

摽有梅

梅杏類也樹及葉皆如杏而黑耳曝乾爲腊置羹臛虀中又可含以香口

蔽芾甘棠

甘棠今棠棃一名杜棃赤棠也與白棠同耳但子有赤白美惡子白色爲白棠甘棠也少酢滑美赤棠子

澁而酢無味俗語云澀如杜是也赤棠木理韌亦有以作弓幹

唐棣之華

唐棣奧李也一名雀梅亦曰車下李所在山中皆有其花或白或赤六月中成實大如李子可食

隰有樹檖

檖一名赤蘿一名山梨今人謂之楊檖其實如梨但實甘小異耳一名鹿梨一名鼠梨齊郡廣饒縣堯山魯國河內共北山中有今人亦種之極有脆美者亦如梨之美者

北山有枸

枸樹山木其狀如櫨一名枸骨高大如白楊所在山中皆有理白可爲函板枝柯不直子者枝端大如指長數寸噉之甘美如飴八九月熟江南特美今官園種之謂之木蜜古語云枳枸來巢言其味甘故飛鳥慕而巢之本從南方來能令酒味薄若以爲屋柱則一屋之酒皆薄

顔如舜華

舜一名木槿一名櫬一名曰椵齊魯之間謂之王蒸今朝生暮落者是也五月始花故月令仲夏木槿榮

采荼薪樗

樗樹及皮皆似漆青色耳其葉臭

唯筍及蒲

筍竹萌也皆四月生唯巴竹筍八月九月生始出地長數寸鬻以苦酒豉汁浸之可以就酒及食

毛詩草木鳥獸蟲魚疏下

鳳凰于飛

鳳雄曰鳳雌曰皇其雛為鸑鷟或曰鳳凰一名鶠非梧桐不棲非竹實不食

鶴鳴于九皐

鶴形狀大如鵝長三尺脚青黑高三尺餘赤頂赤目喙長四寸餘多純白亦有蒼色蒼色者人謂之赤頰常夜半鳴淮南子亦云鷄知將旦鶴知夜半其鳴高亮聞八九里雌者聲差下今吳人園囿中及士大夫家皆養之雞鳴時亦鳴

鸛鳴于垤

鸛鸛雀也似鴻而大長頸赤喙白身黑尾翅樹上作巢大如車輪卵如三升杯望見人按其子令伏徑舍去一名負釜一名黑尻一名背竈一名皁裙又泥其巢一傍為池含水滿之取魚置池中稍稍以食其雛若殺其子則一村致旱災

鴥彼晨風

晨風一名鸇似鷂青黃色燕含鉤喙嚮風搖翅乃因風飛急疾擊鳩鴿燕雀食之

鴥彼飛隼

隼鷂屬也齊人謂之擊征（擊一作鷙）或謂之題肩（肩一作眉）或謂之雀鷹春化為布穀者是也此屬數種皆為隼

有集維鷮

鷮微小于翟也走而且鳴曰鷮鷮其尾長肉甚美故林慮山下人語曰四足之美有麃兩足之美有鷮麃者似鹿而小

關關雎鳩

雎鳩大小如鳩深目目上骨露出幽州人謂之鷲

鳲鳩在桑

鳲鳩鴶鵴今梁宋之間謂布穀為鴶鵴一名擊穀一名桑鳩按鳲鳩有均一之德飼其子旦從上而下暮從下而上平均如一

宛彼鳴鳩

鳴鳩今雲南鳥大如鳩而黃啼鳴相呼不同集謂金鳥或云黃當為鳩聲轉故名移也又云鳴鳩一名爽又云是鷙

翩翩者鵻

鵻其今小鳩也一名鶉鳩幽州人或謂之鶻鵰梁宋之間謂之鵻揚州人亦然

脊令在原

脊令大如鷃雀長脚長尾尖喙背上青灰色腹下白頸下黑如連錢故杜陽人謂之連錢

黃鳥于飛

黃鳥黃鸝鶹也或謂之黃栗留幽州人謂之黃鶯或謂之黃鳥一名倉庚一名商庚一名鵹黃一名楚雀齊人謂之搏黍關西謂之黃鳥當葚熟時來在桑間故里語曰黃栗留看我麥黃葚熟亦是應節趨時之鳥或謂之黃袍

鴟鴞

鴟鴞似黃雀而小其喙尖如錐取茅莠爲巢以麻紩之如刺襪然縣著樹枝或一房或二房幽州人謂之鸋鴂或曰巧婦或曰女匠關東謂之工雀或謂之過羸關西謂之桑飛或謂之襪雀或曰巧女

交交桑扈

桑扈青雀也好竊人脯肉脂及膏故曰竊脂

肇允彼桃蟲

桃蟲今鷦鷯是也微小于黃雀其雛化而爲鵰故俗語鷦鷯生鵰

振鷺于飛

鷺水鳥也好而潔白故謂之白鳥齊魯之閒謂之舂鉏遼東樂浪吳揚人皆謂之白鷺大小如鴟青脚高尺七八寸尾如鷹尾喙長三寸所頭上有毛十數枚長尺餘毿毿然與衆毛異甚好將欲取魚時則弭之今吳人亦養焉好羣飛鳴楚威王時有朱鷺合沓飛翔而來舞則復有赤者舊鼓吹朱鷺曲是也然則鳥名白鷺赤者少耳此舞所持持其白羽也

維鵜在梁

鵜水鳥形如鶚而極大喙長尺餘直而廣口中正赤頷下胡大如數升囊好羣飛若小澤中有魚便羣共抒水滿其胡而棄之令水竭盡魚在陸地乃共食之故曰淘河

鴻飛遵渚

鴻鵠羽毛光澤純白似鶴而大長頸肉美如雁又有小鴻大小如鳧色亦白今人直謂鴻也

弋鳧與鴈

鳧大小如鴨青色卑脚短喙水鳥之謹愿者也

肅肅鴇羽

鴇鳥似鴈而虎文連蹄性不樹止樹止則爲苦故以喻君子從征役爲危苦也

翩彼飛鴞

鴞大如斑鳩綠色惡聲之鳥也入人家凶賈誼所賦鵩鳥是也其肉甚美可爲羹臛又可爲炙漢供御物各隨其時唯鴞冬夏常施之以其美故也

流離之子

流離梟也自關而西謂梟爲流離其子適長大還食其母故張奐云鶹鷅食母許慎云梟不孝鳥是也

麟之趾

麟麕身牛尾馬足黄色圓蹄一角角端有肉音中鐘呂行中規矩遊必擇地詳而後處不履生蟲不踐生草不羣居不侶行不入陷阱不罹羅網王者至仁則出令幷州界有麟大小如鹿非瑞麟也故司馬相如賦曰射麋脚麟謂此麟也

于嗟乎騶虞

騶虞卽白虎也黑文尾長于軀不食生物不履生草君王有德則見應德而至者也

有熊有羆

熊能攀緣上高樹見人則顛倒自投地而下冬多入穴而蟄始春而出脂謂之熊白羆有黄羆有赤羆大於熊其脂如熊白而麄理不如熊白美也

羔裘豹飾

豹赤豹毛赤而文黑謂之赤豹毛白而文黑謂之白豹

獻其貔皮

貔似虎或曰似熊一名執夷一名白狐其子爲豰遼東人謂之白羆

狼跋其胡

狼牡名獾牝名狼其子名獥有力者名迅其鳴能小能大善爲小兒啼聲以誘人去數十步止其猛捷者

人不能制雖善用兵者亦不能免也其膏可煎和其
皮可爲裘

敎猱升木

猱獼猴也楚人謂之沐猴老者爲玃長臂者爲猨猨
之白腰者爲獑胡獑胡猨駿捷于獼猴其鳴嗷嗷而
悲

有鱣有鮪

鱣出江海三月中從河下頭來上鱣身形似龍銳頭
口在頷下背上腹下皆有甲縱廣四五尺今于盟津

東石磧上釣取之大者千餘斤可蒸爲臛又可爲鮓
子可爲醬鮪魚形似鱣而色青黑頭小而尖以鐵兜
鍪口在頷下其甲可以磨薑大者不過七八尺益州
人謂之鱣鮪大者爲王鮪小者爲叔鮪一名鮥肉色
白味不如鱣也今東萊遼東人謂之尉魚或謂之仲
明魚仲明者樂浪尉也溺死海中化爲此魚又河南
鞏縣東北崖上山腹有穴舊說此穴與江湖通鮪從
此穴而來北入河西上龍門入漆沮故張衡賦云王
鮪岫居山穴爲岫謂此穴也

維魴及鱮

魴今伊洛濟潁魴魚也廣而薄肥恬而少力細鱗魚
之美者漁陽泉州及遼東梁水魴特肥而厚尤美
于中國魴故其鄉語居就糧梁水魴鱮似魴厚而頭
大魚之不美者故里語曰網魚得鱮不如啗茹其頭
尤大而肥者徐州人謂之鰱或謂之鱅幽州人謂之
鴞鷃或謂之胡鱅

魚麗于罶魴鯉

魴鯉爾雅曰鯉鮦也許慎以爲鯉魚璣以爲似鯉類

狹而厚

九罭之魚鱒魴

鱒似鯶魚而鱗細于鯶也赤眼多細文

魚麗于罶鱨鯊

鱨一名揚合黄頰魚似燕頭魚身形厚而長骨正黄
魚之大而有力解飛者今江東呼黄鱨魚一名黄頰
魚尾微黄大者長尺七八寸許鯊吹沙也似鯽魚狹
而小體圓而有黑點一名重脣籥鯊常張口吹沙

象弭魚服

魚服魚獸之皮也魚獸似猪東海有之一名魚貍其皮背上斑文腹下純青今以爲弓鞬步义者也其皮雖乾燥以爲弓鞬矢服經年海水將潮及天將雨其毛皆起水潮還及天晴其毛復如故雖在數千里外可以知海水之潮氣自相感也

鼉鼓逢逢

鼉形似蜥蜴四足長丈餘生卵大如鵞卵甲如鎧今合藥鼉魚甲是也其皮堅厚可以冒鼓

成是貝錦

貝水中介蟲也龜鼈之屬大者蚢小者爲貝其文彩之異大小之殊甚衆古者貨貝是也餘蚳黃爲質以白爲文餘泉白爲質黃爲文又有紫貝其白質如玉紫點爲文皆行列相當其大者常有徑一尺小者七八寸今九眞交趾以爲杯盤寶物也

螽斯

爾雅曰螽蜙蝑也楊雄云舂黍也幽州人謂之舂箕舂箕卽舂黍蝗類也長而青長角長股青色黑斑其股似玳瑁文五月中以兩股相搓作聲聞數十步

喓喓草蟲

草蟲常羊也大小長短如蝗奇音青色好在茅草中今人謂蝗子爲螽子兖州人謂之螣

趯趯阜螽

阜螽蝗子一名負蠜今人謂蝗子爲螽子兖州人亦謂之螣

莎鷄振羽

莎鷄如蝗而斑色毛翅數重翅正赤或謂之天鷄六月中飛而振羽索索作聲幽州謂之蒲錯

去其螟螣及其蟊賊

螟似虸蚄而頭不赤螣蝗也賊桃李中蠹蟲赤頭身長而細耳或說云蟊螻蛄食苗根爲人害許愼云吏冥冥犯法卽生螟吏乞貸則生蟘吏抵冒取人財則生蟊舊說云螟螣蟊賊一種蟲也如言寇賊姦宄內外言之耳故犍爲文學曰此四種蟲皆蝗也實不同故分釋之

螟蛉有子

螟蛉者犍爲文學曰桑上小青蟲也似步屈其色青

而細小或在草葉上螺嬴土蜂也一名蒲盧似蜂而小腰故許慎云細腰也取桑蟲負之于木空中或書簡筆筒中七日而化爲其子里語曰咒云象我象我

蟋蟀在堂

蟋蟀似蝗而小正黑有光澤如漆有角翅一名蛬一名蜻蛚楚人謂之王孫幽州人謂之趣織督促之言也里語曰趨織鳴懶婦驚是也

蜉蝣之羽

蜉蝣方土語也通謂之渠略似甲蟲有角大如指長三四寸甲下有翅能飛夏月陰雨時地中出今人燒炙噉之美如蟬也樊光曰是糞中蝎蟲隨雨而出朝生而夕死

如蜩如螗

鳴蜩蟬也宋衛謂之蜩陳鄭云蜋海岱之間謂之蟬蟬通語也

螗蟬之大而黑色者有五德文清廉儉信一名蝘虭一名虭蟟青徐謂之螇螰楚人謂之蟪蛄秦燕謂之蛥蚗或名之蜓蚞

伊威在室

伊威一名委黍一名鼠婦在壁根下甕底土中生似白魚者是也

蠨蛸在戶

蠨蛸長踦一名長脚荆州河內人謂之喜母此蟲來著人衣當有親客至有喜也幽州人謂之親客亦如蜘蛛爲網羅居之

碩鼠

樊光謂即爾雅鼫鼠也許慎云鼫鼠五伎鼠也今河東有大鼠能人立交前兩脚于頸上跳舞善鳴食人禾苗人逐則走入樹空中亦有五伎或謂之雀鼠其形大故叙云石鼠也魏今河東河北縣也詩言其方物宜謂此鼠非今大鼠又不食禾苗本草又謂螻蛄爲石鼠亦五伎古今方土名蟲鳥物異名同故異也

如鬼如蜮

蜮短狐也一名射影如龜三足江淮水濱皆有之人在岸上影見水中投人影則殺之故曰射影也南方人將入水先以瓦石投水中令水濁然後入或曰含

細沙射人入人肌其創如疥

卷髮如蠆

蠆一名杜伯河內謂之蚊幽州謂之蠍

胡爲虺蜴

虺蜴一名蠑螈蜴也或謂之蛇医如蜥蜴青綠色大如指形狀可惡

領如蝤蠐

蝤蠐生糞中爾雅曰蟦蠐也蝤蠐蝎也

魯詩

申公培魯人少事齊人浮丘伯受詩爲楚王太子戊傅及戊立爲王胥靡申公申公媿之歸魯以詩經爲訓以教無傳疑是爲魯詩于是蘭陵王臧代趙綰皆從申公受學臧爲郎中令綰爲御史大夫皆以明堂事自殺其他弟子如同郡臨淮太守孔安國膠西內史周霸城陽內史夏寬東海太守碭魯賜長沙內史蘭陵繆生膠西中尉徐偃膠東內史鄒人闕門慶忌治官皆有廉節稱申公卒瑕丘江公盡能傳之以授魯許生免中徐公而韋賢治詩事江公許生至丞相賜子玄成亦至丞相及兄子賞以詩授哀帝至大司馬由是魯詩有韋氏學而東平王式以事徐公許生爲昌邑王師其後山陽張長安東平唐長賓沛褚少孫亦先後事式爲博士由是又有張唐褚氏之學張生兄子游卿以詩授元帝爲諫大夫其門人瑯琊王扶爲泗水中尉陳留許晏爲博士由是張家更有許氏學初薛廣德亦事王式以博士論石渠授龔舍廣德至御史大夫舍至山陽太守時平原高嘉亦以詩授元帝爲上谷太守傳子容少爲光祿大夫孫詡以父任爲郎中以世傳魯詩知名王莽時逃去不仕又有曲阿包咸師事博士右師細君習魯詩亦去歸鄉里世祖即位徵詔爲博士至大司農咸舉孝廉除郎中至大鴻臚永平初任城魏應亦以習魯詩爲博士徵拜騎都尉卒于官

齊詩

轅固生齊人以治詩孝景時爲博士竇太后好老子書召問固曰此家人言耳太后怒令固刺彘帝憐之以利兵與固彘應手倒後帝以固廉直拜爲清河王

太傅固老罷歸巳九十餘矣公孫弘亦事固固授昌邑太傅夏侯始昌始昌授東海刻人后蒼蒼爲博士至少府蒼授諫大夫翼奉前將軍蕭望之丞相匡衡衡授大司空瑯邪師丹高密太傅伏理詹事穎川滿昌由是齊詩有翼匡師伏之學滿昌又授九江張郎瑯琊皮容皆至大官其後伏黯傳理家學改定章句作解說九篇位至光祿勳以授嗣子恭恭以黯任爲郎永平中拜司空恭刪黯章句定爲二十萬言年九十卒又蜀郡任末廣漢景鸞皆以明習齊詩教授皆遁而卒

韓詩

韓嬰燕人景帝時爲常山太傅嬰推詩之意而作內外傳其言頗與齊魯間殊淮南賁生受之燕趙間言詩者由韓生河內趙子事嬰授同國蔡誼誼至丞相誼授同國食子公與王吉吉爲昌邑王中尉食生爲博士授泰山豐吉吉授淄川長孫順順爲博士豐爲部刺史由是韓詩有王食長孫之學豐授山陽張順順授東海髮福皆至大官建武初博士淮陽薛漢傳父業尤善說災異讖緯受詔定圖讖當世言詩推爲長後爲千乘太守坐事下獄死弟子犍爲杜撫會稽澹臺敬伯鉅鹿韓伯高最知名撫定韓詩章句建初中爲公車令卒官其所作詩題約義通學者傳之曰杜君注撫授會稽趙曄曄舉有道瑯琊又有光祿勳九江召馴閬中令巴郡楊仁山陽張匡皆習韓詩匡爲作章句舉有道徵博士不就

毛詩

孔子刪詩授卜商商爲之序以授魯人曾身授魏人季克克授魯人孟仲子仲子授振牟子振牟子授趙人荀卿荀卿授魯國毛亨亨作詁訓傳以授趙國毛萇時人謂亨爲大毛公萇爲小毛公以其所傳故名其詩曰毛詩萇爲河間獻王博士授同國貫長卿長卿授阿武令解延年延年授徐敖敖授九江陳俠爲新莽講學大夫由是言毛詩者本之徐敖將九江謝曼卿亦善毛詩乃爲其訓東海衛宏從曼卿受學因作毛詩序得風雅之旨世祖以爲議郎濟南徐巡師事宏亦以儒顯其後鄭衆賈逵傳毛詩馬融作毛詩

傳鄭玄作毛詩箋然魯齊韓詩三氏皆立博士惟毛
詩不立博士耳

古今考序

渠陽山中暇日編校經傳自西漢諸儒去古未遠已不能盡識三代遺制凡冕服車旗類以叔孫通所作漢禮器制度爲據其所臆度者無以名之則曰猶今之某物然孔賈諸儒爲之疏義則又謂去漢久遠雖漢法亦不可考因歎三代遺制始變於周末大壞於秦漢而盡亡於魏晉以後雖名物稱謂字義音釋亦鮮有存者故使經生學士白首窮經而疲弊於訓詁佔畢之末有終其身而不能盡知者方秦之焚書者

云云嗚呼是誰之咎歟解之繇曰无所往其來復吉有攸往夙吉漢承秦敝大難既解是无所往也而脉於來復夙吉之戒徒能隨世就是爲秦漢以後規模賈誼所謂建久安之勢成長治之業者蓋欲及時定制盡復三代之舊爲萬世太平計而一時君臣不足以知此至董仲舒王吉則浸遠浸疏蓋由是人情習於簡陋古制蓋不可考矣姑即漢紀隨文辯證作古今考

古今考

宋　魏了翁

高帝紀

自秦而上即始封之國武王跡所基以爲代號舜起側微然自顓帝以來有國至瞽瞍故因居嬀汭以虞爲號由匹夫而有天下乃自漢始故無所因曩與陳項諸人各以始王爲號至魏晉齊梁隋唐以後則往往由枋臣禪代故多以封爵亦與漢異

高皇帝者何漢五年羣臣上皇帝尊號此有天下十

一年諡號曰高宗皇帝

戴氏所集禮記如中庸如閒居諸篇始有三王之文至左氏始有五伯之文孟子始有五霸之說人主自號皇帝自秦政始而漢因之諡曰高皇帝則亦襲始皇之陋也三皇五帝之稱號聖人未嘗言雖三王五伯亦未嘗及僅見於孟氏書戴氏禮而禹之爲王亦未嘗見凡書之言夏王者皆桀也商人周人始正王號自陋儒俗師强爲等差於是抗皇號於至高而妄意帝稱羞與王伍蓋春秋時

矣楚越皆稱王矣至於戰國則齊魏韓趙諸君亦稱王王號既卑則强者不得不帝於是秦昭王稱西帝齊閔王稱東帝尋懼而復稱王至秦政廿六年遂兼皇帝號然猶進之以廿六年之久亦見其有未慊於心者漢初大抵反秦以從民望而於典章法度猥襲秦餘如皇帝之稱最爲固陋而因仍不改於是有效尤而動如南越王稱南武帝蓋生而自爲謚矣極於後世如漢哀帝以方士之說爲聖劉太平之號唐高宗中宗以武韋二婦人之言有天皇應天之號紛紛錯出由是踵爲故常姑摘其人言之元宗德宗皆以聖神文武皇帝爲號此二君昏僻召亂者也而以是稱之又將誰欺德宗尚以爲未足乃於朱泚未平之日徇羣臣之請欲更加二字夫此四言且不敢當其一而唐之君臣少之乃知後世虚名侈號君臣同一愚也成湯曰武王周文曰寧王則人稱之而已不自居也安有累善積美至十餘言而不厭乎賴神宗皇帝黜去尊號之請足以一洗千載之陋然尚有未盡改者謚者節以壹惠也今自唐至于國朝帝謚之多至七八字反以字多而難于省記義廣而不能取信且以一二言之如所謂曰聖曰神則大而化聖而不可知今猶以爲未足也加之以文武抑不知聖神不足以統文武耶藉曰書既言之矣又始舉其一言之唐帝之謚莫多于宣宗蓋高祖太宗猶不過七字宣宗至十有八字宣視諸帝固亦稍優游而遂謂玄聖至明與武文睿智仁神等字無一不備夫如是過于堯舜三王遠矣而唐業之衰實始于此

漢者何高皇帝起漢中即始王以爲代號也自羲昊以來書志可考者皆有始祖舜雖側微然自顓帝以來有國至瞽瞍失之至夏后氏殷人周人以訖于嬴政則皆以始封爲代號夏之後爲杞至楚簡王而後息殷之後爲宋至齊湣王而後息周自后稷迄于赧王大抵三代之宗廟血食皆二千餘年自秦罷侯置守于是始有由匹夫而有天下者故往往無所因襲一時如劉如項如陳不得不以

始王爲號至魏晉齊梁隋唐以後則率以枋國淩
成禪代故又以封爵爲號亦與漢異
高祖
既曰高祖矣此其言高祖何繫之帝則謚也繫之
祖則廟號也武丁祖甲太甲雖有廟號而丁甲以
目爲紀由殷而上無謚或以堯舜禹湯等爲謚非
也至殷始有三宗至周始有文武等謚至高帝以
後而一人有謚有號然謚曰高皇帝廟曰高祖猶
通一高字也至文帝以後然後號與謚異猶曰太
宗世宗中宗世祖云爾又東漢後則一人之身既
曰明帝又曰顯宗既曰章帝又曰肅宗不知節惠
者安所據也明章猶可宗也又其後也和帝曰穆
宗殤帝曰　宗安帝曰恭帝則終漢之世無一而
非宗矣又其後也帝謚少而五六言多至十七八
言雖有博識強記之士固已不能悉數施諸召命
奏疏亦以文繁難于節約其勢必以廟號陵名代
之則是一人而兼十餘字之美義有相包字猶別
出雖有昏僻之主猶得仁聖之名施諸當時人已

議朝臣之庸鄙書諸簡冊人復議世道之澆訛相
承至今謚爲虚設僅以陵廟見諸典章又極其事
而言之則必如殷三宗漢七制無害其爲廟號以
其有德可宗而不在迭毀之數也和殤安順以來
胡爲而皆無不可宗之帝有天下者知和殤安順
亦得爲宗則知廟號乃承陋襲訛不可不速已也
沛豐邑中陽里人
此謂泗水郡之屬縣曰沛沛之聚邑曰豐其里曰
中陽蓋自秦滅古制郡縣里邑之剗迹不可考今
姑言之古者大而別之曰九州細而別之曰天子
諸侯所治皆曰國國之外曰野則六鄉六遂與三
等采地在焉其得名縣者有三畿王畿之內曰縣
則天子之寰內是也寰師縣宰六遂之內有縣凡二千
五百家則四甸爲縣是也三百里至四百里爲縣
則甸稍縣都是也至春秋末趙簡子誓師則曰上
大夫受縣下大夫受郡杜預引周書作雒篇謂千
里一縣縣有四郡襄昭五年左傳亦云晉有四十
縣遺守四十乘則縣有百乘合乎周書而背乎周

禮未知孰爲可信大抵皆未是後所謂縣在秦孝公併邑聚而爲縣而縣之名始此也郡之名不見於經亦始見於趙鞅之言乃是縣統郡而不以郡統縣自秦始皇并天下爲三十六郡然後以郡統縣其時縣猶有邑在焉故曰沛豐邑

姓劉氏

古未有姓氏併書者春秋傳曰天子建國因生以賜姓胙之土而命之氏杜預謂若舜由媯汭故陳爲媯姓胙之以土而命氏以陳外傳亦曰帝嘉禹

德賜姓曰姒而氏曰有夏胙四岳國賜姓曰姜而氏曰有呂蓋繫之以姓命之以氏故子孫雖同姓而各別氏也氏又謂之族蓋舉其人則曰華氏向氏指其宗則曰戴族桓族若此者可以纍求大率姓受於天子族稟之國君然其間容有不賜姓者各從其父之姓族如黃帝之子二十五人而得姓者纔十有二是也又有不稟時君之命而自爲氏者士會之帑處秦爲劉氏伍員之子在齊爲王孫氏智伯之將滅自別其族爲輔氏雖曰別氏然未有總書曰姓某氏者至於後世則姓氏之制不明故舉稱氏爲姓而不知別且同姓別氏禮所謂雖百世而昏姻不通者今豈復知此或疑劉氏之始詳見贊末

母媼父太公

古者父爲士子爲天子諸侯祭以天子諸侯其尸服以士服蓋天子諸侯之有父者鮮矣儀禮喪服有爲君之父母期則君固有父在者第始封之君則有之天子之父則罕瞽瞍之卒不知何時此不

可攷武王滅殷則文考已殁故併取太王王季爲王迹所由興者而追王焉漢高帝起自亭長祖豐公父太公皆不知名母媼不知姓與前代之興絕異古人有謂父爲太公者雖不見於經而齊世家云西伯獵遇呂尚曰吾太公望子久矣故號太公望以此知太公者古人以爲父稱周之時有爵者稱公至楚縣尹爲公晉大夫伯有稱公蓋名稱之褻至秦時濫不可制故亭長之父亦稱公至後漢章帝紀祠太上皇於萬年縣注名煓（它官反）一名執

嘉此不知何所據而遷因乃不及之恐未可信也
自五年以後先媼曰昭靈夫人葢自初起兵時媼
已卒於小黃北矣旣有天下惟父獨存而止稱太
公非敢忘之以古無此典耳因家令言始剏太上
皇之號以隆之不惟古制所無且古亦未有太字
後人加點以別太字于是人主之父母皆曰太至
于祖母則曰帝太太后或曰太皇太后夫皇云者
祭祀之所稱太云者後世以爲父卒母存之號今
用之人主之父母則無所忌葢所沿襲者久矣其

後昭靈爲后高祖之兄之姊之女皆追尊爲王后
而最可怪者高帝之伯嫂爲陰安侯仲嫂皆王后
豈陰安尚有撩釜之憾故下后一等耶名稱之不
正莫甚于此自是而後則天子之妾母若本生父
母皆有生封死贈之文晉魏以後則曉然著令文
武官各得以品秩封贈父祖大非古意葢追冊追
命追祖春秋時雖已有之然出于王朝所賜未有
持法令以自陳者況以三歲一贈無所限極莫中
士服而廟貌公衮者有之此于禮奚據故鄭康成
謂追王者以王禮改葬葢疑名與服異使如后世
三歲一贈則死者數離發掘之害亦不得一安於
其土矣

母媼夢與神遇 闕

隆準而龍顏

準於五則爲揆平取王之器所謂繩直生準是也
亦所以協樂律而史記謂始皇長準高祖隆準皆
相承爲鼻豈面目以是取正邪經傳有額有角未
有稱顏者曰額曰顏亦後世之稱史冊用字之訛

如此類甚衆本不足辨因一及之以見風氣旣降
稱謂亦非

試吏廷中吏

古者三公曰三吏卿大夫以及邦國之仕者皆曰
羣吏而別爲府史胥徒賈奚之等以異貴賤府史
胥徒無吏稱也至此始混爲一區

亭長 亭有兩卒一爲亭父掌開閉掃除一爲求盜掌捕盜賊

周制五家爲比五比爲閭四閭爲族五族爲黨五
黨爲州五州爲鄉秦人易之十里一亭十亭一鄉

蓋田制壞而鄉法廢專以譏防姦商檢捉盜賊爲事而先王相保相愛相賙相賞之實亡無復有存者矣

嘗從王媼武負貰酒

古者戒羣飲使萍氏紀酒禾酤使民慼酒以自粥也私粥不已民相與爭利則暴君汙吏必至榷酤蓋此時實啓之

蕭何爲主吏主進令諸大夫曰進不滿千錢坐諸堂下

按顏注大夫客之貴者夫大夫之稱至隆極貴豈豊沛縣吏民可得而通稱乎公邑長亦曰大夫蕭叔夫夫之類是也卿亦號大夫單伯會伐宋傳云周夫夫面記亦曰諸侯之上大夫卿是也孤亦曰大夫春秋書宋人殺其大夫是也公亦曰大夫詩謂三事大夫是也韓信謂諸軍爲士大夫容有軍吏在焉要是自春秋以後名稱混亂矣

賀錢萬

詩所謂錢蓋農器也上聲以泉幣爲錢不知自何時始小學書亦無此字史記平準書載虞夏之幣三品管子論禹湯以金鑄幣未有錢之號也至管子國語呂氏春秋史記漢則周齊秦晉楚趙之幣皆名錢矣

呂公者好相人

相人二字始見於左傳文公元年內史叔服能相人至荀卿始爲書非之然未得其要大抵呂公能相高祖之當貴而不能相呂后之覆宗此大學所莫知其子之惡其是之謂歟

高祖爲亭長素易諸吏乃紿爲謁曰賀錢萬實不持錢入呂公大驚起迎之門

古者歲時月吉以禮會民讀法必習射必行飲酒之禮所以申之孝悌書其德行道藝非以事虞樂也所謂周禮其猶醵歟則古亦有合錢飲酒之禮特民自樂耳今縣有重客而民得持錢入縣縣遣功曹主進滿千錢者升之堂上不則退之堂下惟商財賄姦僞商德亭長以警盜送徒爲事亦一役夫耳乃得以虛聲紿謁恐喝重使延迎之門遂坐

上坐且上坐賓位也必令一亭長以氣奪之絕無鄉飲謀賓澹臺以公事造偃之風俗之壞意久矣而史書之以爲美談

魯元公主

韋昭以元爲謚顏籀非之劉攽曰此史臣追書也是皆未問古者婦人有字配姓如伯姬仲子孟姜季嬴之等是也有以氏以姓者魯國姜是也有以姓繫之夫氏者衛孔姬晉趙姬之等是也有以姓繫夫爵如楚息嬀齊棠姜魯秦姬之等是也有系

夫謚如宋共姬齊昭姬晉懷嬴魯定姒秦穆姬衛莊姜之類是也有系之子如陳夏姬宋景曹是也又有越禮而妄自爲謚則齊共姬昭姬魯聲子也姜晉辰嬴衛戴嬀之等不可勝數魯元生而封魯死而追謚名之不正甚矣古者邑于謝則歸謝邪之蔡則治蔡若假之名而實不往則其于義也何居必責之就國則婦無與公事使以魯爵而居趙古亦未有此此一時率意變古極于後世有父爲秦公而母爲魏國夫人者以秦公之妻而爵之魏

則疑于再適矣有一婦人而封兩大國者則疑于兩從矣至于國朝命婦封爵之不正與后之有謚猶如舊制后謚以上一字係之帝此亦稍得禮意惟公卿大夫之妻無謚始爲合禮公主之稱雖非非古亦周女下嫁命魯主昏之意

老父相呂后曰夫人天下貴人也

古者邦君之妻曰夫人邦人稱之曰君夫人卿大夫之妻曰内子人亦曰内子夫人之號無敢竊也今亭長之妻客稱之曰夫人然則過相稱謂不知

起于何時雖春秋時亦未有此流及後世則夫人遂爲貴賤之通稱

高祖爲亭長以竹皮爲冠及貴常冠所謂劉氏冠

古者衣服不貳所以同風俗壹民德自春秋以後如鷸冠翠被胡服以皆先王之所禁今以亭長自爲竹皮冠亦見王制之不明人皆得以率情妄作其後爵公乘以上方得冠劉氏冠一時之爲一人之見而遂儕於先王之命服服之日變月變而不復先王之舊盖由日改月化民由之而不知可勝歎夫

高祖爲亭長爲送徒驪山

送徒驪山秦政自營墳墓也古之帝王未始有是劉向曰黃帝葬于橋山堯葬濟陰丘隴皆小葬具甚微舜葬蒼梧二妃不從禹葬會稽不改其列文武周公葬于畢皆無丘壠之處雖然此僅言薄葬耳而經傳咸無帝王自營墳墓之文考之儀禮自始死小斂大斂殯奠後始記筮宅然則筮宅蓋生者之事也或曰事不預定而取便于倉卒可乎曰古之葬與今異冢人掌公墓之地辨其兆域而爲之圖先王之葬居中以昭穆爲左右若文王葬于畢則子孫皆就而葬之文王居中武王爲昭居左成王爲穆居右則兆域之列固有定序下至公卿大夫皆以爵列爲丘封之度雖萬民墓地亦墓大夫掌之蓋自天子以至庶人未有不族葬而序列者故兆域既有定序丘封亦有定制非如後世有某山某水之說則取辦于殯斂殷奠之後乃人情事理之當然閭閻秦惠文等五王始大作丘壠多其瘞藏至秦政自爲驪山用吏徒數十萬人曠日者十年上崇山墳下錮三泉其高五十餘丈周迴五里餘石槨爲游館人膏爲燈燭水銀爲江海黃金爲鳧雁被以珠玉飾以翡翠中成遊觀上成山林慮人之窺伺也則爲機械之變以射穿擲之人慮爲機者之泄也則生薶工匠慮無與其共樂也則多殺宮人以實之曾未幾何外被項籍之災內罹牧豎之禍然則役徒數十萬祗以自戮其尸焉耳矣由是而後襲爲故常漢之陵與廟率是人主自爲之

高祖送徒驪山徒多道亡自度比至皆亡之夜皆解縱所送徒徒中壯士願從者十餘人

古者井牧之制修則五家爲比五比爲閭四閭爲族五族爲黨五黨爲州五州爲鄉絲聯繩貫有保有愛不惟寓親睦之意亦以察姦宄之萌夫間有遂遂上有徑溝上有畛洫上有涂澮上有道川上有路以達于畿不惟爲潴泄之計亦以嚴出入之限行旅之往來有節然後可以達國民之轉徙有授然後可以出鄉而諜賊之人相戕之人鬭囂之

人不時不物之人各有官以察之當是時也使有曠山亡徒一人則必有縛而問之寧聽其肆行阡陌間而無所忌憚與高帝身履其事而不知變秦以復千古盗自是後門關道路之政戶口客主之數徒爲具文豈惟無復賙鄉親睦之意雖姦惡慝無由察知民立乎覆載之間自生自死自往自來縣官亦不以爲事而君師之職廢矣

秦二世元年陳勝起蘄

自秦以前未有以全盛之天下十五年而亡者亦未有隴上之耕夫無尺寸之資以取天下者此罷封建廢井田之明驗也古者封國之制計不易之田以爲都鄙田方千里公侯田方百里伯七十里子男五十里不能五十里附於諸侯曰附庸其山林陵麓川澤各隨田以爲封疆之界大抵制國不過千乘都城不過百雉家富不過百乘五國以爲屬屬有長十國以爲連連有帥三十國以爲卒卒有正二百一十國以爲州州有伯天子賜之弓矢然後得專征賜之斧鉞然後得專殺天子適諸侯

曰巡守巡所守也春省耕而補不足秋省斂而助不給入其疆土地辟田野治養老尊賢俊傑在位則有慶慶以地反是則有責一不朝則貶其爵再不朝則削其地三不朝則六師移之諸侯朝於天子曰述職述所職也唐虞三代其制各異或五載一巡守羣后四朝或比年一小聘三年一大聘五年一朝或六年五服一朝又六年王乃大時巡制雖小異大抵東南西北朝聘循環天子無踰時不與四方諸侯接四方諸侯無踰年不禀命于天子此開誠心布公道正侯度達民隱故能君無失道臣無干紀民無覬覦裔無謀夏此封國之大畧也

方里爲井一井八家爲田九百畝四井爲邑四邑爲丘四丘爲乘凡六十四井一丘之賦戎馬一匹牛三頭四丘爲縣四縣爲都蓋甸地方八里八八六十四井旁加一里爲成郎三十六井是爲百井一成之賦長轂一乘甲士三人步卒七十二人八百夫中取七十五人爲什一之法五家爲比五比爲閭四閭爲族五族爲黨五黨爲州五州爲鄉六鄉出事百乘六遂

亦百乘五人爲伍五伍爲兩四兩爲卒五族爲旅五旅爲師五師爲軍總萬二千五百人千乘之車步卒甲士七萬五千人是爲六軍天子提封有萬井出車萬乘爲六軍者十大都之田方三十二里爲井一千有奇爲家八千有奇出車十乘有奇公侯之國方百里爲用萬井或爲十都或爲九都爲夫家八萬出車百乘步卒甲士七千五百人爲師者三是故天子萬乘言車數也諸侯千乘大夫百乘言夫數也

中華古今注卷上

宋　馬縞

帝王宮闕都邑羽儀冕服州縣儀仗軍器等部注

凡六十六門

宮

宮謂之室室謂之宮皆所以通古今之語明同實而兩名之也秦始皇造阿房宮闕五百步南北千丈上可坐萬人下可建五丈旗輦咸陽二百里内爲宮觀二百七十所皆複道相連

闕

闕者觀也古每門樹兩觀於其前所以標表宮門也其上可居登之則可遠觀故謂之觀人臣將朝至此則思其所闕故謂之闕其上皆丹堊其下皆畫雲氣僊靈奇禽怪獸以昭示萬民焉蒼龍闕畫蒼龍白虎闕畫白虎玄武闕畫玄武朱雀闕上有朱雀二枚

城

城者盛也所以盛受人物也城門皆築土爲之累土曰臺故亦謂之臺門也

城隍

隍者城池之無水者也

秦所築長城

秦始皇三十二年得讖書云亡秦者胡也乃使蒙恬築長城以備之蓋秦終於二世帝胡亥也非爲胡人所患秦所築城土色皆紫漢塞亦然故稱紫塞者焉

長安御溝

謂之楊溝植高楊於其上也一曰羊溝謂羊喜觝觸垣墻故爲溝以隔之故曰羊溝亦曰禁溝引終南山水從宮内過所謂御溝

封疆

畫界者封土爲臺以表識疆境也畫界者於二封之間又爲壝埒以畫界分城也

闤闠

闤者市墻也闠者市門也

肆店

肆者所以陳貨鬻之物也店者所以置貨鬻之物也

罘罳屏

屛之遺象也𡎺門外之舍也臣來朝君至門外當就舍更詳其所應應對之事也𡎺之者言𡎺也行至門内屛外復應思惟也罘罳復思也漢西京罘罳合板爲之亦築土爲之每門闕殿舍皆有焉如今郡國廳前亦樹之也

宗廟

宗者宗祀也廟者貌也所以髣髴先人之靈貌也天子七廟諸侯五廟大夫三廟士二廟庶人無廟四時之祭也

漢成帝廟

顧成廟有三玉鼎二真金鑪槐樹悉爲扶老鉤欄畫雲龍角虡於其上也

堯誹謗木

程雅問曰堯設誹謗之木何也答曰今之華表木也以橫木交柱頭狀如華也形如桔槔大路交衢悉施焉或謂之表木以表王者納諫也亦以表識衢路秦乃除之漢始復修焉今西京謂之交午柱也

方徵

徵者繞也所以繞逆蠻使不得侵入中國也方者方面也南方徵色赤故稱丹徵焉

關塞

關者長安之關門也函谷關潼關之屬也塞者塞也所以擁塞

孫亮金螭屛風

孫亮吳主權之子也作金螭屛風鏤作瑞應圖一百二十種之祥物也

孫權舸船

孫權吳之主也時號舸爲赤龍小船爲馳馬言如龍之飛于天如馬之走陸地也

漢高祖斬白蛇劒

漢世傳高祖斬白蛇劒長七尺漢高祖自稱提三尺劒而取天下有問余者余告之曰漢高爲泗上亭長送徒驪山所提劒理應三尺耳後富貴別得七尺寶劒捨舊而服之漢之後世唯聞高祖以所佩劒斬白蛇而高祖常佩此劒即斬蛇之劒也

魏武帝軍樞

魏武所制也以軍中服之輕便有作五色幟以表方面也

吳大帝寶刀

吳大帝有寶刀三其一曰百鍊二曰青犢三曰漏影

孫文臺青玉馬鞍

孫文臺獲青玉馬鞍其光照於衢路也

魏武帝馬勒酒椀

魏武帝以馬勒車渠石爲酒椀

大駕指南車

起於黄帝與蚩尤戰於涿鹿之野蚩尤作大霧皆迷四方於是乃作指南車以示四方遂擒蚩尤而即位故後漢恒建舊説云周公所作也周公治致太平越常氏重譯來獻白雉一黑雉二象牙一使者迷其歸路周公錫以文錦二疋軿車五乘皆爲司南之制使越裳氏載之以南緣扶南林邑海際朞年而至其國使大夫宴將送至國而還至始制車轄轊皆以鐵還至鐵亦銷盡以屬巾車氏攻而載之常爲先導示服遠人而正四方也車法在尚方故事漢末喪亂其法中絕馬先生鈞紹而作焉今指南車馬先生之遺法也

金根車

秦制也秦併天下閲三代之輿服謂殷得瑞山車一曰金根故因作爲金根之車秦乃增飾而乘輿焉漢因而不改

辟惡車

秦制也桃弓葦矢所以禳除不祥也春秋云桃弓荆矢以除其災所謂辟惡也

記里鼓

所以識道里也謂之大章車起於西京亦曰記里車車上有二層皆有木人焉行一里下一層擊鼓行十里上層擊鍾尚方故事有作車法

街鼓

唐舊制京城内金吾昏曉傳呼以戒行者馬周請置六街鼓號之曰鼕鼕鼓

華蓋

黄帝所作也與蚩尤戰於涿鹿之野常有五色

金枝玉葉止於帝上有花鵲之象故因而作華蓋焉

曲蓋

太公所作也武王伐紂大風折蓋太公因折蓋之形制曲蓋焉戰國常以賜將帥自漢朝乘輿用謂曰轓輗蓋有軍號者賜其一焉

雉尾扇

起於殷世高宗有鴝雉之祥服章多用翟羽周制以爲王后夫人之車服輦車有翣即緝雉羽爲扇翣以鄣翳風塵也漢朝乘輿服之後以賜梁孝王魏晉已

來以爲常准諸王皆得用之

鄣扇

長扇也漢世多豪俠象雉尾而制長扇也

五明扇

舜所作也舜授堯禪廣開視聽求賢人以自輔故作五明扇秦漢公卿士大夫皆得用之魏晉非乘輿不得用之也

警蹕

所以戒行徒也周禮蹕而不警秦制出警入蹕謂出軍者皆警戒入國者皆蹕止之故曰出警入蹕也至漢朝梁孝王稱警稱蹕降天子一等焉一曰蹕路也謂行者皆警於塗路也

唱

上所以促行徒也上鼓爲行節也

冕服

牛亭問冕者繁露何也答曰假玉而下垂如露而繁也文選云袞冕垂旒所以蔽明黈纊塞耳所以閉聰尚書云日月星辰山龍華蟲作會宗彝藻火粉米黼

黻絺繡以五彩彰施于五色也所謂天子袞冕之服

金斧

黃鉞也鐵斧玄鉞也三代通用之以斷斬今以黃鉞爲乘輿之飾玄鉞諸公王得建之武王以黃鉞斬紂故王者以爲戒太公以玄鉞斬妲巳故婦人以爲戒漢制諸公亦建玄鉞以太公秉之助武王斷斬故爲諸公之飾焉大將出征特加黃鉞者以銅爲之黃金塗刃及柄不得純金也得賜黃鉞則斬持節

公王建鍠
秦改鐵作皇制也一本云鍠秦制也今諸王妃公主
輿乘輿通建之

信幡

古之徽號也所以題表官號以爲符信故謂之信幡
乘輿則畫爲白虎取其義而有威信之德也魏朝有
青龍幡朱雀幡玄武白虎幡黄龍幡而五色以詔東
方郡國以青龍信南方郡國以朱雀信西方郡國以
白虎信北方郡國以玄武信朝廷畿内則以黄龍信

亦以麒麟幡高貴鄉公討晉文王自秉黄龍幡以麾
是令晉朝唯用白虎幡書信幡用鳥書取其飛騰輕
疾也一曰以鴻鴈鷰乳有去來之信也

豹尾

周制也所以象君子之豹變也尾言謙也古軍征建
之今唯乘輿行建焉

馬前弓箭

兩漢京兆及河南尹執金吾司隸校尉皆使人導引
傳呼使者止坐者起四人持弓矢走者則射之有乘
高窺闕者亦射之魏晉已來則用角弓設而不用焉

貍頭白首

昔秦始皇東巡狩有猛獸突於帝前有武士戴貍皮
白首獸畏而遁遂軍仗儀服皆戴作貍頭白首以衛
不虞也

龍虎節

孝經云制節謹度滿而不溢高而不危所以長守貴
也唐節制皆從太府寺准三禮定之周禮云山國用
虎節土國用人節澤國用龍節紫檀木畫其形象御

親金書以賜重臣碧油龍之殺而不用則倒進之漢
蘇武使單于不拜單于怒令武北海窖中牧羊齧
節食雪臥節旄落還漢仗節而迴旄落盡也

軍容袜額

昔禹王集諸侯於塗山之夕忽大風雷震雲中甲馬
及九十一千餘人中有服金甲及鐵甲不被甲者以
紅絹袜其首額禹王問之對曰此袜額蓋武士之首
服皆佩刀以爲衛從乃是海神來朝也一云風伯雨
師自此爲用後至秦始皇巡狩至海濱亦有海神來

朝皆戴袜額緋衫大口袴以爲軍容禮至今不易其
制

櫜鞬三仗

起自周武王之制也武王伐紂散鹿臺之財發巨橋
之粟歸馬于華山之陽放牛于桃林之野鑄劍戟以
爲農器示天下不復用兵武王以安必防危理必防
亂故設弓匣劍以軍儀示不忘武也舊儀鞴鞬三仗
首袜額紅謂之櫜鞬三仗也

戈戟

魯陽以長戈指日日爲之退舍戈由殳也戟以木爲
之後世刻爲無復典刑赤油韜之亦謂之迣戟亦謂
之棨戟公王已下通用以爲前驅唐五品已上皆施
棨戟於門

矛殳

矛亦楯也殳亦戟之象也詩云伯也執殳爲王前驅
其器也以木爲之

刀劍

河圖云黃帝攝政前有蚩尤兄弟八十一人並獸身
人語銅頭鐵額食砂石子造立兵仗刀戟大弩威震
天下誅殺無道不仁不慈萬民欲令黃帝行天子事
黃帝仁義不能禁蚩尤遂不敵黃帝乃仰天而歎天
遣玄女授黃帝兵法符制以服蚩尤吳大帝有寶三
見上注中吳大帝有寶劍六其一曰白蛇二曰紫電
三曰辟邪四曰奔星五曰青冥六曰百里晉朝武帝
時武庫火焚有智伯頭又云王莽孔子履高祖斬蛇劍二
物皆爲火焚之唯劍飛上天而去也又晉時牛斗間
常有紫氣張華知非王者之氣乃是劍氣乃以雷煥

爲豐城令張華知煥博識到縣乃掘縣獄深得劍兩
枚一送與張華一煥自佩後華卒子韙佩過延平津
躍入水使人尋之乃見化爲龍也雷煥卒子亦佩之
於延平津亦躍入水化爲龍矣高祖斬白蛇劍見上
注中

枷棒

易云荷校滅耳凶禮云去桎梏桎梏亦枷杻也六月
盛暑去囚火枷杻決斷刑獄放宥之也唐時則天朝
周典來俊臣羅告天下衣冠遇族者不可勝數俊臣

特制刑獄造十枚大枷一曰定百脉二曰喘不得三曰突地吼四曰著即臣（棒號即臣）五曰失魂魄六曰實同反七曰反是實八曰死豬愁九曰求即死十曰求破家遭此枷者宛轉于地斯須悶絕別有一枷名曰勑（普逃切）尾榆見即臣復有鐵圈籠頭名號數十又招集告事者常數百人造立密羅織經一卷每栲訊囚入先設枷棒破平人家不知其數

棒

棒者崔正熊注車輻也漢朝執金吾金吾亦棒也以

銅爲之黄金塗兩足以謂之金吾御史大夫司隸校尉亦得執焉用以夾車故謂之車輻一曰形似輻故曰車輻魏曹操爲洛陽北部尉乃懸五色棒於門以威豪猾也

車輻

棒形如車輻見上注中

旄旆

旌者旌也旌表賢人之德旆者善也以彰善人之德旌類旗之象旆類白旄之制書云旌別淑慝

麾旄

麾者所以指麾也武王執白旄以麾是也乘輿以黄諸公以朱刺史二千石以纁也

文武車耳

古重較也文官青耳武官赤耳或曰重較在車藩上重起如牛角故曰重較

青布囊

所以盛印也劾奏之日則以青布囊盛印於前示奉

王法而行也非劾奏之日則以青繒爲囊盛印於後謂劾奏尚其質直故用布非劾奏日文明故用繒自晉朝已來劾奏之官專以印居前非劾奏之官專以印居後

簪白筆

古珥筆之遺象也腰帶劒珥筆示君子有文武之備焉

文武冠

文官進賢冠古緌貌冠之遺象也武官冠古緇布冠之遺象也緇布冠上古之法武人質木故須法焉

鑾輅

鑾者所謂和鑾也禮云行前朱雀或謂朱鳥也鑾輅衡上金爵者朱鳥口銜鈴鈴謂之鑾所謂和鑾者也前有鸞鳥故謂鸞鸞口銜鈴故謂之鸞或謂爲鑾輦一而異義也

五輅

禮云春乘青輅駕蒼龍戴青旂衣青衣服蒼玉夏乘朱輅駕赤騮戴赤旂衣朱衣服赤玉秋乘白輅駕白駱戴白旂衣白衣服白玉冬乘玄輅駕鐵驪戴玄旂

衣玄衣服玄玉其制見三禮圖

貂蟬

胡服也貂者須其文而不煥炳外柔易而內剛勁也蟬者清虛識變也在位者有文而不自耀有武而不示人清虛自牧識時而動也

部伍兵陣

部伍者一伍之伯也五人曰伍長爲伯故稱伍伯一曰戶伯漢制兵吏五人一戶一竈置一伯故云戶伯亦曰大伯以爲一竈之主也漢諸王公行戶伯各率其伍以道引也古兵士服韋弁今戶伯服赤幘纁衣常韎弁之遺法也

部者

封部之屬也語云千乘之邑百乘之家可使治其賦也

兵陳

左傳云兵由火也不戢將自焚老子云兵者不祥之器不得已而用之是以上將軍居右偏將軍居左言以喪禮處之

陣

陣者勝拒敵也類常山之率然擊其首則尾應擊其尾則首應擊其中則首尾俱應率然者常山之長蛇也唐朝高宗臨殿策問負半千曰兵書言天陣地陣人陣何也半千對曰天陣者是星辰孤虛地陣者是山川向背人陣者是偏裨彌縫以臣所見則不然夫師出以義有若時雨得天之時此天陣也兵在足食且戰且耕得地之利此地陣也卒乘輕利將師和睦此人陣也高宗大賞策爲上第

武臣缺胯襖子

隋文帝征遼詔武官服缺胯襖子取軍用如服有所妨也其三品已上皆紫至武德元年高祖詔其諸衛將軍每至十月一日皆服缺胯襖子織成紫瑞獸襖子左右武衛將軍服豹文襖子左右翊衛將軍服瑞鷹文襖子其七品已上陪位散員官等皆服綠無文綾襖子至今不易其制又侍中馬周請於汗衫等上常以立冬日加服小缺襖子詔從之永以爲式

文武品階腰帶

蓋古革帶也自三代已來降至秦漢皆庶人服之而貴賤通以銅爲銙以韋爲鞓六品已上用銀爲銙九品已上及庶人以鐵爲銙沿至貞觀二年高祖三品已上以金爲銙服綠庶人以鐵爲銙服白向下插垂頭而取順合呼撻尾漢中興每以端午賜百僚烏犀腰帶魏武帝賜宮人金隱起師子銙腰帶以助將軍之勇也高祖貞觀中端午賜文官黑玳瑁腰帶武官黑銀腰帶示色不改更故也

九環帶

唐革隋政天子用九環帶百官士庶皆同

靴笏

靴者蓋古西胡也昔趙武靈王好胡服常服之其制短靿黃皮閑居之服至馬周改制長靿以殺之加之以氈及條得著入殿省敷奏取便乘騎也文武百僚咸服之至貞觀三年安西國進緋韋短靿靴詔內侍省分給諸司至大曆二年宮人錦靿靴侍於左右笏者記其忽忘之心禮云天子以圭諸侯以球大夫以魚須一品至五品以象爲之六品至九品以木爲之

禮云端畢紳搢笏唐德宗朝太尉段秀實以笏擊逆臣朱泚不忠反遭其禍

履舄

履者屨之不帶也不借草屨也以其輕賤易得故人人自有不假借也漢文帝履不借以視朝是也舄者以木置履下乾腊不畏泥濕也天子赤舄凡舄色皆象裳也禮云解屨不敢當階就屨跪而舉之春申君客三千皆朱屨也漢制功臣閣老四賜曰入朝不趨贊拜不名劍履上殿肩輿入宮淳于髡諫楚王曰若

堂上燭滅男女雜坐履舄交錯臣當此之時一飲二石晏子諫齊王曰今嚴賤而踊貴也言齊王好刖人之足欲諫之也

厨人襪衣

厨人襪衣廝徒之服也取其便於用耳乘輿進食者有服襪衣前漢董偃綠幘青褠加襪衣以見武帝厨人之服也

伺風烏

夏禹所作也禁中置之以爲恒式

玉佩

玉佩之法漢末喪亂而不傳至魏侍中王粲識古佩之法更制焉

天子乘輿赤綬

天子乘輿之制赤綬四采黃赤縹紺黃爲圭長二丈九尺五百首諸侯赤綬四采赤黃縹淳赤圭長二丈一尺三百首

公侯大將軍紫綬

紫綬二采紫白淳紫圭長一丈七尺一百八十首公王封君服紫綬九卿中二千石綠綬三采青白紅青圭長二丈七尺一百二十首一千石六百石墨綬三采青紺淳青圭長一丈六尺八十首四百石五百石之長同前制也三百石二百石黃綬淳黃一采圭長一丈五尺六十首一百石青綬青紺綸一采婉轉繆織長一丈二尺自青綬已上皆長三尺二寸綠綬同采而首半之縌者古佩璲也佩綬相迎受故曰縌紫綬已上縌綬之間施玉環玦自墨綬已下縌皆長三尺與黃綬同采而首半之凡先合單方爲一絲四絲

爲一扶五扶爲一首五成爲一文文采淳爲一圭皆廣一尺六寸

中華古今注卷中

皇后冠帶士庶衣裳文籍書契草木答問釋義部

注凡四十四門

皇后太后印綬

太皇太后皇太后綬其制與天子乘輿同赤綬四采黄赤縹紺淳黄爲圭長二丈九尺五百首長公主天子貴人與諸侯王同制其赤綬四采赤黄縹紺赤圭長二丈一尺三百首諸國貴人相國皆緑綬三采緑紫紺淳緑圭長二丈一尺三百四十首纁綬玉環鈌等已在天子乘輿綬門中見上卷注中

冪䍦

冪䍦者唐武德貞觀年中宫人騎馬多着冪䍦而全身障蔽至永徽年中後皆用帷帽施裙到頸漸爲淺露至明慶年百官家口若不乘車便坐檐子至神龍末冪䍦殆絶其冪䍦之象類今之方巾全身障蔽繒帛爲之若便於事非乘車轝及坐檐子即此制誠非便於時也開元初宫人馬上着胡帽靚粧露面士庶咸効之至天寳年中士人之妻著丈夫靴衫鞭帽

外一體也

魏宫人長眉蟬鬢

魏宫人好畫長眉令作蛾眉驚鶴髻魏文帝宫人絶所愛者有莫瓊樹薛夜來陳尚衣段巧笑皆日夜在帝側瓊樹始制爲蟬鬢望之縹緲如蟬翼故曰蟬鬢巧笑始以錦衣絲履作紫粉拂面尚衣能歌舞夜來善爲衣裳皆爲一時之冠絶

頭髻

自古之有髻而吉者繫也女子十五而笄許嫁於人

以繫他族故曰髻而吉榛木爲笄笄以約髮也居喪以桑木爲笄表變孝也皆長尺有二寸洎至夏后以銅爲笄於兩旁約髮也爲之髮笄殷后服盤龍步摇梳流蘇珠翠三服服龍盤步摇若侍去梳蘇以其步步而摇故曰步摇周文王又制平頭髻昭帝又制小鬟雙裙髻始皇詔后梳凌雲髻三妃梳望僊九鬟髻九嬪梳參鸞髻至漢高祖又令宫人梳奉聖髻武帝又令梳十二鬟髻又梳墮馬髻靈帝又令梳瑶臺髻魏文帝令宫人梳百花髻芙蓉歸雲髻梁天監中武

帝詔宮人梳迴心髻歸眞髻作白粧青黛眉有忽髩髻隋有淩虛髻祥雲髻隋大業中令宮人梳朝雲近香髻歸秦髻奉僊髻節暈粧貞觀中梳歸順髻又太眞偏梳朶子作啼粧又有愁來髻又飛髻又百合髻作白粧黑眉

冠子朶子扇子

冠子者秦始皇之制也令三妃九嬪當暑戴芙蓉冠子以碧羅爲之插五色通草蘇朶子披淺黄藂羅衫把雲母小扇子靸蹲鳳頭履以侍從令宮人當暑著黄

黄羅髻蟬冠子五花朶子披淺黄銀泥飛雲帔把五色羅小扇子靸金泥飛頭鞋至隋帝於江都宮水精殿令宮人戴通天百葉冠子插瑟瑟鈿朶皆垂珠翠披紫羅披把半月雉尾扇子靸瑞鳩頭履子謂之僊飛其後改更踵繁不可具紀

釵子

蓋古笄之遺象也至秦穆公以象牙爲之敬王以玳瑁爲之始皇又金銀作鳳頭以玳瑁爲脚號曰鳳釵又至東晉有童謡言織女死時人插白骨釵子白粧爲織女作孝至隋煬帝宮人插鈿頭釵子常以端午日賜百僚玳瑁釵冠後漢書貴人助蠶玳瑁釵

梁冀盤桓釵

盤桓釵梁冀婦之所制也梁冀妻改翠眉爲愁眉長安婦女好爲盤桓髻到于今其法不絶墮馬髻今無復作者倭墮髻一云墮馬之餘形也

粉

自三代以鉛爲粉秦穆公女弄玉有容德感僊人簫史爲燒水銀作粉與塗亦名飛雲丹傳以簫曲終而

同上昇

燕脂

蓋起自紂以紅藍花汁凝作燕脂以燕國所生故曰燕脂塗之作桃紅粧

花子

秦始皇好神僊常令宮人梳僊髻帖五色花子畫爲雲鳳虎飛昇至東晉有童謡云織女死時人帖草油花子爲織女作孝至後周又詔宮人帖五色雲母花子作碎粧以侍宴如供奉者帖勝花子作桃花粧插

通草朶子著短袖衫子

衫子背子

衫子自黃帝無衣裳而女人有尊一之義故衣裳相連始皇元年詔宮人及近侍宮人皆服衫子亦曰半衣蓋取便於侍奉背子隋大業末煬帝宮人百官母妻等緋羅蹙金飛鳳背子以爲朝服及禮見賓客舅姑之長服也天寶年中西川貢五色織成背子玄宗詔曰觀此一服費用百金其後金玉珍異並不許貢

裙襯裙

古之前制衣裳相連至周文王令女人服裙裙上加翟衣皆以絹爲之始皇元年宮人令服五色花羅裙至今禮席有短裙焉襯裙隋大業中煬帝制五色夾纈花羅裙以賜宮人及百僚母妻又制單絲羅以爲花籠裙常侍宴供奉宮人所服後又於裙上剪絲鳳綴於縫上取象古之褕翟至開元中猶有制焉

宮人披襖子

蓋袍之遺象也漢文帝以立冬日賜宮侍承恩者及百官披襖子多以五色繡羅爲之或以錦爲之始有其名煬帝宮中有雲鶴金銀泥披襖子則天以赭羅上銀泥襖子以燕居

鞋子

自古即皆有謂之履絇繶皆畫五色至漢有伏虎頭始以布鞔繶上脫下加以錦爲飾至東晉以草木織成即有鳳頭之履聚雲履五朶履宋有重臺履梁有笏頭履分捎履立鳳履又有五色雲霞履漢有繡鴛鴦履昭帝令冬至日上舅始

靸鞋

蓋古之履也秦始皇常靸望僊鞋衣藂雲短褐以對隱逸求神僊至梁天監年中武帝解脫靸鞋以絲爲之今天子所履也

女人披帛

古無其制開元中詔令二十七世婦及寶林御女良人等尋常宴參侍令披畫披帛至今然矣至端午日宮人相傳謂之奉聖巾亦曰續壽巾續聖巾蓋非參從見之服

麻鞋

起自伊尹以草爲之草屩周文王以麻爲之名曰麻鞋至秦以絲爲之令宮人侍從著之庶人不可至東晋又加其好公主及宮貴皆絲爲之凡娶婦之家先下絲麻鞋一緉取其和鞋之義

襪

三代及周著角襪以帶繫於踝至魏文帝吳妃乃改樣以羅爲之後加以綵繡畫至今不易至隋煬帝宮人織成五色立鳳朱錦襪靿

席帽

本古之圍帽也男女通服之以韋之四周垂絲網之施以朱翠丈夫去飾至煬帝淫侈欲見女子之容詔去帽戴幞頭巾子幗也以皁羅爲之丈夫藤席爲之骨鞔以繒乃名席帽至馬周以席帽油御雨從事

大帽子

本岀與草野之服也至魏文帝詔百官常以立冬日貴賤通戴謂之溫帽

搭耳帽

本胡服以韋爲之以羔毛絡縫趙氏靈王更以綾絹皁色爲之始並立其名爪牙帽子葢軍戎之服也又隱太子常以花搭耳帽子以畋獵遊宴後賜武臣及内侍從

烏紗帽

武德九年十一月太宗詔曰自今已後天子服烏紗帽百官士庶皆同服之

幞頭

本名上巾亦名折上巾但以三尺皁羅後裹髮葢庶人之常服沿至後周武帝裁爲四脚名曰幞頭以至

唐侍中馬周更與羅代絹又令重繫前後以象二儀兩邊名爲三撮取法三才百官及士庶爲常服

巾子

隋大業十年禮官上䟽裹頭者宜裹巾子與桐木爲之内外皆漆在外及庶人常服沿至證明二年則天賜羣臣絲葛巾子呼爲武家高巾子亦曰武氏内樣

汗衫

葢三代之襯衣也禮曰中單漢高祖與楚交戰歸帳中汗透遂改名汗衫至今亦有中單但不緣而不開

半臂

尚書上僕射馬周上疏云士庶服章有所未通者臣請中單上加半臂以爲得禮其武官等諸服長衫亦謂之判餘以別文武詔從之

袜肚

蓋文王所制也謂之腰巾但以繒爲之宮女以綵爲之名曰腰綵至漢武帝以四帶名曰袜肚至靈帝賜宮人蹙金絲合勝袜肚亦名齊襠

裩

裩三代不見所述周文王所製裩長至膝謂之弊衣賤人不下服曰良衣蓋良人之服也至魏文帝賜宮人緋交襠即今之裩也

袴

蓋古之袴也周武王以布爲之名曰褶敬王以繒爲之名曰袴但不縫口而已庶人衣服也至漢章帝以綾爲之加下緣名曰口常以端午日賜百官水紋綾袴蓋取清慢而理人若百官母及妻妾等承恩者則別賜羅紋勝袴取其曰勝今太常二人服紫綃袴褶緋衣執永籥以舞之又時黃帝講武之臣近侍者朱韋袴褶已下屬於鞋

布衫

三皇及周末庶人服短褐襦服深衣秦始皇以布開胯名曰衫用布者尊女工之尚不忘本也侍中馬周取深衣之造加襴衫爲庶人之禮見之表至仕官服之

袍衫

袍者自有虞氏即有之故國語曰袍以朝見也秦始

皇三品以上綠袍深衣庶人白袍皆以絹爲之至貞觀年中左右尋常供奉賜袍丞相長孫無忌上儀於袍上加襴取象於緣詔從之

緋綾袍

舊北齊則長帽短靴合胯襖子朱紫玄黃各從所好天子多著緋袍百官士庶同服隋改江南天子則曰帢帽公卿則巾褐襦北朝雜以[illegible]之制北齊貴臣多著黃文綾袍百官士庶同服之

被

語云必有寢衣長一身有半

燧銅鏡

以銅爲之形如鏡照物則影倒向日則火生與艾承之則火出矣

莫難珠

一名莫難珠色黄出東國也

程雅問三皇五帝

程雅問董仲舒曰曷爲稱三皇五帝對曰三皇者三才也五帝者五土也三王者三明也五霸者五岳也

牛亭問將離草名

牛亭問曰將離相贈與芍藥一名可離故曰相贈與芍藥相招召則以文無文無一名當歸也欲忘人之憂則贈丹棘丹棘一名忘思使人忘憂也欲蠲人之忿則贈以青裳青裳一名歡合則忘忿也

程雅問拾櫨鬼木

程雅問拾櫨鬼木曰無患何也荅曰昔有神巫曰瑤眊能符劾百鬼得鬼則以木爲棒棒煞之世人傳以此木爲衆鬼所畏取此木爲器用以厭却邪鬼故曰無患也

牛亭問書契所造

牛亭問曰自古有書契以來便應有筆世稱蒙恬作秦筆耳以柘木爲管以鹿毛爲柱以羊毛爲被所爲蒼毫非爲兎毫竹管筆也

孫興公稱皇帝龍鬚草

孫綽字興公也作天台賦擲地作金聲孫興公問曰世稱皇帝鑿峴山得僊乘龍上天群臣援龍鬚鬚墜地而生草世名曰龍鬚有之乎荅曰非也有龍鬚草

一名縉雲草故世人爲之傳非也今草有龍鬚者江東亦織爲席曰西王母席可複是西王母騎虎而墮其鬚乎

牛亭問籍者何云

荅曰籍者一尺二寸竹牒記人之年名字物色懸之宫門案省相應乃得入也

程雅問口傳者何云

荅曰傳者以木爲之長一尺五寸書符信於其上又一板封以御史印章所以爲期信即如今之過所也

言經過所在爲證也

牛亭問草木

牛亭問曰草木生類乎答曰生類也有識乎曰亡識問亡識寧爲生類也答曰物有生而有識者有生而無識者有不生而有識者有不生而亡識者夫生而有識者蟲類是也生而無識者草木是也不生而有識者神鬼是也不生而無識者水土是也

中華古今注卷下

古今音樂鳥獸魚蟲龜鱉等部凡六十八門

雉朝飛

犢木子所作也齊處士湣宣王時人年五十無妻出薪於野見雉雌雄相隨意動心悲乃作雉朝飛曲以自傷焉其聲中絕魏武帝宮人有靈女者故冠軍陰升之姊年七歲入漢宮學鼓琴琴特鳴異於餘妓善爲新聲能傳此曲靈女至明帝崩後出嫁爲尹更生妻

別鶴操

商陵牧子所作也娶妻五年無子父兄將爲改娶妻聞之中夜倚戶而悲嘯牧子聞之愴然而悲乃歌曰將乖比翼隔天端山川悠遠路漫漫攬衣不寢食忘飧後人因爲樂章

走馬引

樗里牧恭所作也爲父報讎殺人而亡藏於山谷之下有天馬夜降圍其室而鳴夜覺聞其走聲以爲吏追乃奔而亡明朝視之乃天馬跡也遂惕然而悟曰

豈吾所處之將危矣遂荷衣糧而去入于沂澤援琴而鼓之爲天馬聲故曰走馬引

安南王歌

安南小山所作也南王食求僊遍體方士遂以八公相攜俱去莫知所在小山之徒思戀不已乃作南王歌焉

武溪深

馬援南征所作也援門王處寄生善吹笛援作歌以和之名曰武溪深其曲曰滔滔武溪一何深鳥飛不

渡獸不能臨歎我武溪多毒淫

吳趨曲

吳人以歌其地

箜篌引

朝鮮津卒霍里子高妻麗玉所作也子高晨起刺船而櫂有一白首狂夫披髮提壺亂河游而渡其妻隨而止不及遂墮河水死於是援箜篌鼓之作公無渡河聲音悽愴曲終自投河而死霍里子高還以其聲授妻麗玉麗玉傷之乃引箜篌而寫其聲聞者莫不墮淚飲泣焉麗玉以其曲傳鄰女麗容名曰箜篌引

悲歌

平陵東翟義門人之所作也王莽殺義門人作此歌以怨也

薤露蒿里歌

立喪歌也出田橫門人橫自殺門人傷之爲悲歌言人命如薤上之露易晞滅也亦謂人死魂精歸于蒿里故有二章其一章曰薤上朝露何易晞露晞明朝更復落人死一去何時歸其二章曰蒿里誰家地聚

斂精魄無賢愚鬼伯一何相催促人命不得少踟蹰至孝武帝時李延年乃分二章爲二曲薤露送公卿貴人蒿里歌送士夫庶人使挽柩者歌之世亦呼挽歌

長歌　短歌

言人壽命長短不可妄求

陌上桑歌

出秦氏女子秦氏邯鄲人有女名羅敷爲邑人千乘王人妻王氏後爲趙王家令羅敷出採桑於陌上趙

王登臺見而悅之因飲酒欲奪之羅敷行彈箏乃作陌上桑歌以自明焉

杞梁妻歌

杞植妻妹朝日之所作也杞植戰死妻曰上無考中無夫下無子人之苦至矣乃抗聲長哭長城感之頹遂投水而死其妹悲姊子賢貞操乃爲作歌名曰杞梁妻賢杞梁植字也

董逃歌

後漢遊童所作也後有董卓作亂卒以逃亡後人習

之以爲歌章樂府奏之以爲規戒

短簫鐃歌

軍樂也黃帝岐伯所作以建武揚德風勸戰士也周禮所謂王大捷則令凱樂歌也漢樂有黃門鼓吹天子所以宴樂羣臣短簫鐃歌鼓吹之一章耳亦以賜有功諸侯也

上霤

地名也其地人有父母沒兄弟不字孤弟有鄰人爲其弟作悲歌以諷其兄故曰上霤田曲也

日重光月重輪

群臣爲漢明帝所作也明帝爲太子樂人以歌詩四首以贊太子之德其一曰日重光其二曰月重輪其三曰星重耀其四曰海重潤漢末喪亂後二章亡舊說云天子之德光明如日規輪如月衆耀如星占潤如海光明皆比太子德賢故曰重耳

橫吹

胡樂也張博望入西域傳其法西京唯得摩訶兜勒二曲李延年因胡曲更造新聲二十八解乘輿以爲

武樂後漢以給邊將和帝時萬人將軍用之魏晉已來二十八解不復俱存世用者黃鵠隴頭出關入關出塞入塞折楊柳黃覃子赤之楊望行人一十四曲

後漢蔡邕益琴爲九絃

鞞鼓

高辛氏娶于陳豐氏女制鞞鼓鍾磬塤篪

問大琴大瑟

荅曰古者伏羲氏造二十五絃瑟不聞二十絃之瑟廣雅云瑟長三尺六寸六分五絃舜之所造有琴卽

有瑟云

女媧問笙簧

問曰上古音樂未和而獨制笙簧其義云何荅曰女媧伏羲妹蛇身人首斷鼇足而立四極欲人之生而制其樂以為發生之象其大者十九簧小者十二簧也

釣竿歌

伯常子妻所作也伯常子避仇河濱為漁父其妻思之每至河則作釣竿之歌後司馬相如作釣竿歌詩

今傳為古曲

楊鳥

白鷹也似鷹而尾上白

扶老

禿鶖也狀如鶴而大大者高八尺善與人鬭好啖蛇

鴈

自河北渡江南瘠瘦能高飛不畏繒繳江南渡饒每至還河北體肥不能高飛恐有虞人所獲常銜蘆長數寸以防繒繳

鳧

常在海邊沙上食砂石皆消爛唯食海蛤不消隨其矢出用為藥倍勝者也

鶴

千載則變蒼又千歲變黑所謂玄鶴也

馬

自識其駒非其駒則齧殺之

猿

五百年化為玃

鷓鴣

南方有鳥曰鷓鴣其名自呼常向日而飛畏霜露早晚稀出有時夜飛飛則出以樹葉覆背上

驢

為牡則馬為牝則駏

秦始皇馬

有七名馬一曰追風二曰白兎三曰躡景四曰追電五曰飛翮六曰銅雀七曰神鳧

晉眞駛馬

曹眞有駃馬名爲驚帆言其馳驟烈風舉帆之疾也

鴛鴦

水鳥鳧類也雌雄未嘗相離人得其一則其一思而死故謂之匹鳥也

兎

口有闕尻有九孔

獐

有牙而不噬一名麕獐見人懼謂之章惶

鹿

青州人謂鹿爲獐也

鵲

一名神女俗云七月塡河成橋詩云維鵲有巢而鳩居之言其鳩拙假鵲而成巢也

雀

一名佳賓言常棲宿人家如賓客也詩云誰謂雀無角何以穿我屋

鷰

一名神女一名天女一名鷙鳥詩云燕燕于飛差池其羽齊人呼爲鳦也

鴝鵒

一名鴟鳩一名鵲鴝今之布穀也江東呼爲獲穀也

烏

一名孝烏一名玄烏燕白脰烏也脰烏子須食母亦能自食其子也

鷄

一名燭夜禮云雞曰翰音鷮雞赤羽逸周禮曰文翰若采雞周成王時蜀人獻也

狗

名黄羊犬曰美獻

鼣犬

周成王時渠搜國獻鼣犬能飛食虎豹

猪

一名參軍一名豕豕曰剛鬣禮云豚曰腯肥亦曰豯江東呼爲豨皆通名也豕生子多謂之豵

羊

一名髯鬚參軍禮云羊曰柔毛易曰羝羊觸藩羸其

角不能進不能退恭羊好能觝觸墻垣

鵁鶄

似鳧脚高毛冠江東人家養之以厭水災

螢火

一名耀夜一名景天一名熠燿一名燐一名丹鳥一名夜光一名宵燭一名丹良腐草爲之食蚊蚋

螻蛄

一名天螻一名螜一名石鼠有五能而不成伎術其一曰飛不過屋其二曰緣不過木其三曰泅不度谷

其四曰掘不能覆其身其五曰走不能絕人

蟋蟀

一名秋吟蛬秋初生得寒則鳴噪濟南人謂之嬾婦一名青蛩今之促織也

蝙蝠

一名僊鼠一名飛鼠五百歲色白腦重集物則頭垂故謂爲倒掛蝙蝠食之神僊

蟛蚏

小蟹也生海邊塗中食土一名長卿其有一螯大者名爲擁劒一名執火

長跂

蠨蛸也身小足長故謂長跂小蜘蛛長脚也俗呼爲蟢子

蠅虎

蠅狐也形似蜘蛛而色灰白善捕蠅螘一曰蠅虎子

莎雞

一名促織一名絡緯一名蟋蟀促織謂其鳴聲如急一曰促機絡緯一曰紡緯

蚯蚓

一名蜜壇一名曲壇善長吟於地中江東謂之歌女或謂鳴砌亦呼爲蹇蚓

飛蛾

善拂燈一名火化一名慕光

蝘蜓

一曰守宮一曰龍子善於樹上捕蟬食之其長細五色者名曰蜥蜴其長大者名曰蠑螈醫大者長三尺其色玄紺善魅人一曰玄螈一名綠螈

蜻蛉

一名青亭一名蝴蝶色青而大是也小而黄者曰胡梨一曰胡離小而赤者曰赤卒一曰絳騶一曰赤衣使者好集大水上亦名爲赤弁丈人

蛺蝶

一名野蛾一名風蝶江東人爲之撻末色白而背青者也其有大如蝙蝠者或青斑名曰鳳車一名鬼車生江南甘橘園中

紺蝶

一曰青令似蜻蛉而色玄紺江東人爲紺幡亦曰童幡皆曰天雞好以七月群飛暗天海邊夷貊食之謂海中青蝦化爲之也

魚子

魚子曰蟣亦曰鯤言如散稻米凡魚子總名鯤也

鯉魚

鯉魚之大者鱣魚即今之赤鯉魚也兖州人謂赤鯉爲赤驥謂青鯉爲青馬謂黑鯉爲玄駒謂白鯉爲白旗謂黄鯉爲黄雉

鱣魚

鱣之大者曰鮪鮪鱣屬也大者名王鮪小者名鮛鮪今宜都郡自京門已上江中通出鱏鱣之魚有一魚狀如鱣小庭平人謂之鮥子即此魚也

蜣蜋

能以土苞屎轉而成丸團正無邪角莊周所謂蛣蜣之智在於轉丸者也蜣蜋一名蛣蜣一名丸一名弄丸

蝸牛

陵螺也形如蛞蝓殼如小螺熱則自懸葉下野人爲圓舍如蝸牛故曰蝸舍亦曰蝸牛之子舍蝸殼婉轉有文章紋縛爲結似螺殼文故曰螺縛童子結髪亦曰結髻亦謂其形似螺殼也

白魚

赤尾曰魟一曰魧或曰魱雄又曰魧魚子好群浮水上者曰白萍

蝦蟇子

一名科斗一名玄針一名玄魚形圓而尾大而尾脱

脚生也

烏賊

名河伯度事小史

鯨魚

海魚也大者長千里小者數千丈一生數萬子常以五六月就岸邊生子至七八月導從其子還大海中鼓浪成雷噴沫成雨水族畏悉逃匿魚無敢當者其雌曰鯢大亦長千里眼爲明月珠

水居

狀如人乘馬衆魚導從一名魚伯大水有之漢末有人河際見之馬人皆有鱗甲如大鯉魚但手足耳鼻似人不異視之良久乃入水

龜名

玄衣督郵又龜名十號一曰神龜二曰靈龜三曰攝龜四曰寶龜五曰文龜六曰筮龜七曰山龜八曰擇龜九曰水龜十曰火龜凡物含異氣不可以常理推耳火龜由火鼠耳千歲之龜常有白氣冉冉而起

耳

蠶名

河伯從事江東人謂青衣魚爲婢鯿魚爲童子魚爲土父鱉一名河伯使者

草蟲

結草蟲一名結葦好於草末折屈草葉以爲巢窟處處有之

鶢鶋

國語云海鳥曰爰居漢元帝有大鳥如馬駒時人謂之爰居出即凶也

程雅問蠶

蠶爲天駟星化何云女兒荅曰大古時人遠征家有一女并馬一匹女思父乃戲馬曰爾能爲我迎得父歸吾將嫁汝馬乃絕韁而去之父所父疑家有故乘之而還駿馬見女輒怒而奪父繫之父怪而密問其女女具以寔荅父乃射煞馬曝皮於庭所女以足蹙之曰爾馬也欲人爲婦自取屠剝何如言未竟皮欻然起抱女而行父還失女後大樹之間得乃盡化爲績蠶於樹其繭厚大於常蚕鄰婦取養之其收二倍

今世人爲蠶爲女兒蓋古之遺語也

程雅問龜

問曰靈龜五色知吉凶何也答曰靈龜五色似玉背陰向陽知存亡吉凶千歲遊於蓮之上五色具焉甚額上兩骨起骨起似角解人言浮於蓮蓍下南方人以龜支床足經二十餘歲老人死移床龜尚生不死能行氣導引至神若此

牛亭問蟬

問蟬曰齊女何也答曰昔齊后忿而死尸變爲蟬登庭樹嘒唳而鳴王悔恨故世名蟬爲齊女焉

牛亭問蟻

玄駒何也答曰昔河内人見有人馬數千萬皆如黍米遊動往來從旦至暮家人與火燒之人皆蚊蚋馬皆成大蟻故呼蚊蚋曰黍民蟻玄駒也

玄晏先生問鳳

問曰鳳爲羣鳥之王有之乎答曰非也鳳瑞應之鳥也其雌曰凰雞頭蛇頸鸞領龜背魚尾五色具采其高六尺與鳥之異也出則爲祥非常見之鳥也人自皦之與鳥別也

小爾雅

漢　魯　孔鮒

廣詁一

淵懿邃頤深也封巨莫莽艾祁大也頒賦鋪敷布也
蓋戴幬蒙冒覆也鍾崇府最積灌聚櫕叢也閱搜履
庀具也攻爲詁相旬宰營匠治也燭被褈屑潔也勿
蔑微曼末沒無也隆巢岸峻高也逼尼附切局鄰傅
戚近也卲媚吉伐美也賢良繁優饒夥多也幾蔡模
臬法也（蔡取蓍龜義亦法也）爰換變貿交更易也生造奏詣進

也索寒探衰鉤掠採略也開徹接通達也固歷彌宿
舊尚久也彌愈滋強益也赫㪅爽曉昕著讀曙明也
皆附襲就因也封畛際限疆略界也承第班列次也
戶竣捲急止也（戶取其闔竣竣取其改皆止之義）幽暗闇昧冥也最
冗自質要也疆窮充竟也而乃爾若汝也控彎挽引
也承贊凉助佐也尋由以用也要捷集戢成也肆赴
捷疾也造之如適也擾督撫拾也肆予齒餘也拓斥
啓闢開也杜實充物塞也實物滿也獎率厲勸也勸
勉事力也經屑省過也闕缺間隙也迭遞交更也潛

劃沒滅也玄黔驪黝黑也縞皓素白也彤騂緼朱也
涅濫沉滅沒也載功物事也

廣言二

晏明陽也昕晏晚也箕歷數也耆艾老也僉皆同也
交校報也舒布展也揚翥舉也索略求也奚害何也
里度居也周浹匝也充該備也列敶陳也輶輴輿也
廢措置也駕乘凌也收最斂也禁錄也掌司主也偷
督屬也麗著愿也載略行也沓襲合也抵享當也庶
徹通也修舒長也校職交也謁復白也勑質正也齊

茂本也延衍散也末沒終也仳辨別也菲涼薄也復
旋還也祖翼送也吾卬我也姓命孳子也諧龢和也
悛痛覺也懷猜恨也艾盡止也憫忿也奸犯也汩猾
亂也縮績抽也暨捷及也苞跋本也肆臬極也謨題
視也犯肆突也束縻縛也肆從逐也放投棄也恭蕪
草也暴暎曬也㷄也晞烯乾也跂跡蹈也衍演廣也
衰從長也荷揚擔也仍再也徇歸也工官也稽考也
顛殞也蹐墜也戕殘也剿截也辟除也慁患也遘[illegible]
遯間非也順退也抗禦也斬取也蟲戲也褊狹也[illegible]

忌也沮疑也虧損也毀壞也判散也蔽斷也交俱也
俘罰也夷傷也枳害也締閉也縻細也辨使也牧臨
也嘗試也頼贏也若乃也嗟發聲也奏爲也振救也
庸償也賈價也贍足也曹偶也麗兩也縲數也遑快
也越遠也姑且也胥可也釋解也庸善也荐重也登
升也厲勉也赫顯也韙是也丕莊也佞才也暨息也
詁言也愿謹也丰豐也都盛也腆厚也肆緩也競逐
也紀基也惎忌教也整願也愸強也薄迫也燀炊也
貪取也質信也饎饋也憑依也藉借也際接也閡限

也盧寄也萃集也蹉倅也尤恠也菅慚也索空也素
故也觀此也傀往也矜惜也狃忕也覬望也何任也
御侍也幾慎也選擇也宣示也

廣訓三

諸之乎也旃焉也惡乎於何也烏乎吁嗟也吁嗟嗚
呼也有所嘆美有所傷痛隨事有義也無念念也無
寧寧也無顯顯也不承承也不啻不似也繩之譽之
也詰朝明旦也遐不黃耇言壽考也公孫碩膚德音
不瑕道成王大美聲稱遠也鄂不韡韡言韡韡也我

從事獨賢勞事獨多也魴鱮甫甫語其大也麀鹿麌
麌語其衆也海物維錯錯雜也雜毛曰尨雜彩曰繪
雜言曰哤

廣義四

凡無妻無夫通謂之寡寡夫曰煢寡婦曰嫠妾婦之
賤者謂之屬婦屬逮也逮婦之名言其微也并分而
得謂之幸詰責以辭謂之讓男女不以禮交謂之淫
上淫曰烝下淫曰報勞淫曰通不直失節謂之慙慙
愧也面慙曰戁心慙曰恧體慙曰逡

廣名五

諱死謂之大行死而復生謂之大蘇疾甚謂之殆諱
太子命曰未可以戚先王請諸侯命曰未可以近先
君請大夫命曰未可以從先子空棺謂之櫬有尸謂
之柩殯死者謂之賵衣服謂之襚埋柩謂之殔羊至切
殔坎謂之埳壙謂之竁下棺謂之窆塡竁謂之封宰
冢也塋也無主之鬼謂之殤

廣服六

治絲曰織織縒也麻苧葛曰布布通名也纊綿也絮

之細者曰纊繒之精者曰縞縞之麤者曰素葛之精者曰絺麤者曰綌在首謂之元服弁髦太古布冠冠而敝之者也題頭也顛頟額頞也璽謂之印綬謂之紱襜褕謂之童容亦云蔽膝布褐而紩之謂之蘢褸紩縫也袴謂之褰蔽膝謂之袡帶之垂者謂之厲大巾謂之幂覆帳謂之幄幄幕也簀床第也大扇謂之翣杖謂之梃鍵謂之籥亦作鑰棋局謂之奕在足謂之履履尊者曰達履謂之金舄而金絇也

廣器七

射有張布謂之侯侯中者謂之鵠鵠中者謂之正正方二尺正中者謂之槷槷方六寸棘戟也鉞鉞斧也干瞂盾也戈句孑戟也槷倪棘亦瞂方越翔矛之飾謂之室室謂之鞞鞞琫珌鞞之飾也矢服謂之箙小船謂之艇艇之小者曰艄船頭謂之舳尾謂之艫櫓謂之橈車轅上者謂之轙轙謂之轄軫謂之枕較謂之軨衡扼也扼上者謂之烏啄槃纆緶也綯索也大者謂之索小者謂之繩誂而灰之爲紼樛而縿之爲綫垌地也墉墻謂之墉高平謂之太原汪池也水之北謂之汭澤

小爾雅

廣謂之衍

廣物八

藁謂之稈稈謂之芻生曰穀謂之粒粢謂之蔬禾穗謂之穎截穎謂之銍拔心曰揠拔根曰擢把謂之秉秉四曰筥筥十曰稯棘實謂之棗桑之實謂之葚柞之實謂之橡

廣鳥九

去陰就陽者謂之陽鳥鴻鴈是也純黑而反哺者謂之烏小而腹下白不反哺者謂之鴉烏白項而羣飛者謂之燕烏白脰烏也鴉烏鷽也鷽斯也亦曰鵯鶋

廣獸十

豕彘也彘豬也其子曰豚豕之大者謂之豜小者謂之豵烏之所乳謂之巢雞雉所乳謂之窠鹿之所息謂之潛潛槮也積柴水中而魚舍焉

廣度十一

跬一舉足也倍跬謂之步司馬法六尺爲步倍跬乃其大略四尺謂之仞倍仞謂之尋尋舒兩肱也倍尋謂之常五尺謂之墨倍墨謂之丈倍丈謂之端倍端謂之兩倍兩謂

之疋疋有謂之束禮玄纁五兩以兩爲束每束兩爲卷之二丈雙合則成疋凡十卷爲五束以應天九地十之數與此制異焉

廣量十二

一手之盛謂之溢兩手謂之掬掬四謂之豆豆四謂之區區四謂之釜釜二有半謂之藪藪二有半謂之缶缶二謂之鍾鍾二謂之秉秉十六斛

廣衡十三

二十四銖曰兩兩有半曰捷倍捷曰舉倍舉曰鋝鋝謂之鍰二鍰四兩謂之斤斤十謂之衡衡有半謂之秤秤二謂之鈞鈞四謂之石石四謂之鼓

五色線

宋撰人闕

半面笑

賈弼見人曰愛君美貌欲易君頭許之後能半面笑半面啼兩手把筆文辭各異

肥遺

華山蛇名見則天下大旱

驚蛺蝶

北齊魏伏在京輕薄人號曰驚蛺蝶

番雨堂

古槐中蟻穴也

昌廬

帝王錄有赤雀銜丹書止於昌廬

都公

虛呼左右為都公

鴛鴦尾

魏志魏文帝夢兩尾落地為鴛鴦

燈婢

寧王以木婢執燈呼灯婢

風流罪過

北齊郎基為鄭州長史性清儉惟令人寫書潘千樣遺書曰在官寫書亦是風流罪過

折襪線

韓昭仕蜀王氏為禮部尚書粗有文章至於琴棋書射亦皆涉獵以此恩幸於王衍時人為昭事藝如折襪線無一條長也

華獨坐

華歆字子魚

口案

張九齡引囚口撰案卷人謂之張公口案

朱愁粉瘦

朱愁粉瘦兮不生羅綺

醉龍

蔡邕飲酒乃至一石常醉在路上臥人名曰醉龍

鬼笑貧

劉伯龍家貧將營十一之方忽見一鬼在旁撫掌

[illegible]伯龍歎曰貧窮固有命遂止

錦雨

夏澍名連陰雨名錦雨

魚倉

青田溪冬天水熱如湯衆魚歸之名曰魚倉

沉著痛快

吳人皇象能草世稱沉著痛快

射木人

後漢時苗當爲壽春令謁治中蔣濟濟醉不見納辭後苗歸而刻木書曰酒徒蔣濟以弓矢射之蔣聞之亦不能罪

裙腰路

白樂天杭州春望云誰開湖寺西南路艸綠裙腰一道斜

西笑

人聞長安樂則出門西向而笑聞肉味美則過屠門而大嚼

瀟洒侯

陸龜蒙詩叢竹當封瀟洒侯

朱書題名

杏園宴後於慈恩塔下題名同年人推一善書人書之他時有將相則朱書之

騎火茶

龍安有騎火茶最上不在火前不在火後故也清明改火故曰騎火茶

花妾

收之晚晴賦雜花如妾如婢

五色線　八

乞漿得酒

太歲在午人馬食土歲在辰巳貨妻賣子歲在申酉乞漿得酒

村落如鷄飛

阿含經云人民村邑相近如鷄飛